中国保税区出口加工区年鉴

CHINA FREE TRADE ZONE AND EXPORT PROCESSING ZONE YEARBOOK

(2008)

中国保税区出口加工区协会　编

中国财政经济出版社

图书在版编目（CIP）数据

中国保税区出口加工区年鉴. 2008/中国保税区出口加工区协会编.—北京：中国财政经济出版社，2008.12

ISBN 978-7-5095-1038-4

Ⅰ.中… Ⅱ.中… Ⅲ.①保税区-中国-2008-年鉴 ②出口加工区-中国-2008-年鉴 Ⅳ.F752-54

中国版本图书馆CIP数据核字(2008)第165035号

主编单位：中国保税区出口加工区协会

责任编辑：武志庆

中国财政经济出版社出版

URL:http://www.cfeph.cn

E-mail:cfeph@cfeph.cn

社址：北京市海淀区阜成路甲28号 邮政编码：100142

发行处电话：88190406 财经书店电话：64033436

北京外文印刷厂印刷 各地新华书店经销

787×1092毫米 16开 31印张 755 000字

2008年12月第1版 2008年12月北京第1次印刷

定价：280.00元

ISBN 978-7-5095-1038-4/F·0866

通用厂房

厦门出口加工区热忱欢迎以下企业入驻：

大进大出、两头在外的加工贸易企业；

原材料、零部件品种繁多，在区外加工贸易手册管理极为繁琐的企业；

出口产品的龙头企业，即通常所说的下游企业，产品组装在区内，配套在外；

开展国际中转、国际配送、国际采购、国际转口贸易业务的企业。

招商热线：0592-6892888
联系人：谢小姐　李先生
网址：www.amoyepz.com

厦门出口加工区鸟瞰图

中国保税区出口加工区协会
CHINA FREE TRADE ZONE AND EXPORT PROCESSING ZONE ASSOCIATION

POWERING YOUR FUTURE 注力未来，

漕河泾出口加工区
Caohejing Export & Processing Zone

卡口

海关广场

秦皇岛出口加工区

厂房

封关验收货物通关

海关监管大楼

验收揭牌仪式

验收签约

检验检疫报关大厅

一心西服有限公司车间

烟 台 出 口 加 工 区

在2007年4月28日举行拓展保税物流功能试点仪式上管委会宋家来主任致辞

2007年4月28日烟台出口加工区拓展保税物流功能正式启动

烟台出口加工区拓展保税物流功能试点启动仪式

杭州出口加工区

杭州出口加工区位于杭州经济技术开发区内，是2000年4月经国务院批准设立的首批出口加工区之一。批准面积2.92平方公里，首期封关面积2.001平方公里。2001年5月28日封关运作以来，已引进企业30家，总投资4.362亿美元，已形成了以笔记本电脑、汽车配件、家用电器为主的产业结构。

2007年，杭州出口加工区实现工业总产值128.15亿元；进出口总额25.07亿美元，其中出口15.15亿美元；税收总额1.29亿元，其中工商税收9362.5万元。到年底，土地租让面积77.6万平方米，房屋竣工面积39.17万平方米；全年开工厂房建筑面积12.24万平方米。

作为浙江地区的第一家出口加工区，杭州出口加工区率先进行了封闭式保税加工的实践，取得了骄人的成效，为杭州经济技术开发区、杭州市乃至浙江省的保税加工业发展提供一个功能性政策平台。

党工委书记、管委会主任　盛成皿

东芝信息机器（杭州）有限公司

杭州市市长蔡奇到区内企业矢崎电子调研

杭州出口加工区鸟瞰图

松江出口加工区

松江出口加工区由A区和B区组成，总规划面积5.96平方公里。A区于2000年4月27日经国务院批准设立，为全国首批出口加工区之一，规划面积2.98平方公里。B区于2003年3月14日经国务院批准设立，规划面积2.98平方公里。

松江出口加工区地理位置优越，距上海虹桥国际机场20公里，距上海浦东国际机场42公里；周边有沪杭高速公路、同三国道、嘉金高速公路、松闵公路、沪松公路等高等级的公路，构成了便捷的公路交通网络。

松江出口加工区拥有一座包括上海外国语大学、上海对外贸易学院、上海立信会计大学、东华大学、华东政法大学、上海工程技术大学和上海视觉艺术学院7所大学的现代化大学城、2所大专院校、31所中学、7所职业学校、28所技术学校、1所电大。人力资源相当充沛，可以为区内企业提供不同专业、不同层次的专门人才，同时还可以为区内企业提供各种人员培训服务。

松江出口加工区实行全封闭管理，区内海关、商检、税务、工商、银行、外贸、运输、报关等一应俱全，落户企业在区内可办理完一切进出口手续。区内货物进出口的通关物流时间只需4小时，达到先进国家水平。

2007年，松江出口加工区被国务院批准为全国七个试点出口加工区之一，在原先的保税加工功能之外，拓展了保税物流功能，并取得了开展研发、测试和维修等新业务的试点，使得上海松江出口加工区的企业能够享受到更加完善的政策配套，为企业打通上下游形成完整的产业链提供了政策支持。

松江出口加工区在中外投资者及社会各界的支持下，已经成为全国乃至全球最重要的IT产业生产基地和投资者大展鸿图的家园。2007年园区完成工业总产值2128.3亿元。实现进出口总额386.1636亿美元，同比增长47.56%。其中进口129.2763亿美元，增长28.65%；出口256.8873亿美元，增长59.35%。随着出口加工区功能的拓展，上海松江出口加工区将集研发、生产、检测、维修及保税物流功能于一体，成为功能最完善、配套最齐全、服务最优化、发展最稳健的出口加工区。

沈阳(张士)出口加工区

辽宁沈阳（张士）出口加工区坐落于沈阳经济技术开发区内，依托铁西新区装备制造业聚集区的优势，出口加工区具有独特的投资优势。除享有国家赋予出口加工区的海关、检验检疫、税收、外汇等多项优惠政策外，还享有“无费区”政策、“港口出口加工区”政策、贴息政策等其他特殊优惠政策。出口加工区内企业在享受上述优惠政策的同时，还可享受国家级经济技术开发区和振兴东北老工业基地的相关优惠政策。

加工区根据产业定位和未来发展需要，规划了四大功能分区：

重型工业区：建设完成了两栋重工标准厂房，适合机械加工、汽车零部件制造企业使用。

轻型工业区：规划建设1栋轻工标准厂房，适用于纺织、服装、电子、电气等轻工行业。

专业生产区：为满足一些重点项目对生产厂房的特殊需求，可根据入驻企业的生产需要，定向开发建设专用生产厂房。

物流产业区：根据国家对出口加工区叠加保税物流功能的政策，规划了2.1万平方米的物流产业区，以满足物流企业的需要。

出口加工区内基础设施完善，已经完成了围网、道路、办公楼、验货平台、监管仓库及海关监管设施的建设。海关、商检、运输、仓储等机构一应俱全，企业不出园区即可办理相关手续。园区已实现了道路通、给水通、排水通、热力通、燃气通、电力通、电讯通、宽带通、土地平整等“八通一平”。

出口加工区管委会设管理一处、管理二处两个招商部门。

管理一处：联系人：张大志　电话：024-25371738　传真：024-25373500

管理二处：联系人：窦　逵　电话：024-25373209　传真：024-25373500

轻工标准厂房

深圳保税区

这是一片神奇的土地。福田、沙头角、盐田港三个保税区和盐田港保税物流园区，犹如深圳经济发展的四颗明珠，熠熠生辉。福田保税区的五彩飞虹，独领风骚，自豪地跨越深港两地；沙头角保税区晶莹剔透，淋漓尽致，骄傲地闪耀在大鹏湾畔；盐田港保税区和保税物流园区强强依托，通达四海，热情地期待着时代弄潮。三区一园，随着深圳经济特区的成长而不断发展壮大，创造了一个又一个的辉煌。

这里是投资者的乐园，无数财富的梦想在这里孕育并成为现实。深圳保税区和保税物流园区已形成了以高新技术、现代物流产业为龙头，出口加工、转口贸易、国际贸易、采购配送为基础的产业结构，成为集加工、生产、商贸、物流、研发为一体的多功能的特殊经济区域，不仅支持了腹地经济的发展，也使区域经济总量高速增长。目前，世界30多个国家和地区的投资者在区内设立了1500多家企业，财富500强企业有37家落户。在方圆3.43平方公里的土地上，工业总产值和进出口总额等主要经济指标多年占深圳总量的10%以上。

深圳市保税区管理局是深圳市政府的派出机构，统一管理三个保税区和盐田港保税物流园区的行政事务。下设三个服务中心，为投资客商提供咨询和服务。保税区和物流园区均设有海关和出入境检验检疫部门，为区内企业提供便利、快捷的通关和商品检验检疫服务。

深圳的保税区拥有特殊的地缘和政策优势、配套设施一应俱全。管理局以“保税区的发展是我们的骄傲，社会评价的好坏是我们的荣辱”为服务宗旨，实行“一站式”服务方式和紧贴国际惯例运作的管理模式，让投资者安心、放心、开心。

深圳保税区坚持以科学发展观统揽全局，抓住特殊经济区域“先行先试”的发展机遇，正在实施保税区“一区两翼”发展战略。“一区”就是推动福田保税区向自由贸易区发展，在深圳中部率先建立起自由贸易区，“两翼”是指推进在深圳东、西两翼分别建设保税区与海港和航空港联动的国际保税物流园，为今后在深圳东部和西部各建一个自由贸易区或自由港区奠定政策和产业基础。

目前，经国务院批准设立的保税区与港区联动发展的盐田港保税物流园区，已正式封关运作，这将进一步提升深圳港作为国际枢纽港的地位，成为深圳建设国际化城市腾飞强有力的一翼。

同迎朝阳起，共谱新篇章。给我一个机会，还你一个奇迹。我们竭诚欢迎中外客商来保税区参观考察和投资兴业，共绘发展宏图！

我们从这里扬帆起航
——深圳市保税区区歌

厦门象屿保税区

1

2

1. 保税区东大门夜景
2. 现代物流园区堆场一角
3. 繁忙的东渡港区
4. 航空港物流园区

3

4

1

2

1. 建设中的厦门国际物流中心

2. 象屿集团旗下太平物流公司仓库

3. 繁忙的东渡港区

4. 建设中的现代码头

3

4

中国保税区出口加工区年鉴

2008

《中国保税区出口加工区年鉴》2008

编　委　会

编写人员名单

（按姓氏笔划为序）

于秋杰　于洪锡　马悦波　王　虎　王海霞　尤　芳　尹吉涛　邓慧玲
古道明　卢春生　代　斌　孙　嵩　纪　丽　刘忠芳　刘海波　刘凯明
苏飞雪　李金团　李宗杰　李明哲　李海露　李斯塔　豆高平　迟建东
吴宇凌　张　红　张志强　张本林　张旭东　张华栋　张朝阳　张惠锋
陈　兰　陈　杰　陈一洁　陈红星　何佳音　赵苏峰　苗　艺　杨　军
牧　兰　陆雅君　周福平　金　妹　金永珍　罗　讯　查永庚　胡惠丽
洪秀文　姜　玲　施一玉　姚　巍　高　众　宣黎芳　宦　潇　宾　勇
顾　泓　袁　璐　唐　越　唐顺德　徐　卿　黄　瑾　黄红莲　盛　洁
盛　瑞　梁丽娜　韩　兵　韩　梅　彭晓梅　游绍勇　谢　炜　蔡　锋
熊观淮　魏　林　穆　楠

编辑部成员

主　任： 安建军

副主任： 李春生　吴　忠

成　员： 武志庆　戴掣宇　陈一洁　梁晓青　寿　玲　吴增安　王金刚

中国保税区出口加工区协会
CHINA FREE TRADE ZONE AND EXPORT PROCESSING ZONE ASSOCIATION

编辑说明

一、《中国保税区出口加工区年鉴》是由中国保税区出口加工区协会主编，中国财政经济出版社编辑出版的大型资料性实用工具书，公开向国内外发行。

二、《中国保税区出口加工区年鉴》的宗旨是面向海内外政府官员、投资商、研究机构、科技界及各界人士，用详实的统计数据和文字记叙全面、系统、准确地介绍中国保税区、出口加工区、保税物流园区、保税港区的开发建设历程和成就，介绍其基础条件、投资环境及有关法规和优惠政策等，为各有关机构与单位提供媒介服务，以推动中国保税区、出口加工区、保税物流园区、保税港区经济的协调发展。

三、《中国保税区出口加工区年鉴》中的数据已经上海外高桥保税区统计所审核，《中国保税区出口加工区年鉴》中部分文字稿件中的数据，由于统计口径不同，方法不一，可能出现不一致，应以统计数据篇中的数据为准。

四、《中国保税区出口加工区年鉴》中的数据表格“比上年增长（%）”显示为“—”或“-100”，表示上年同期数没有或不可比。

五、《中国保税区出口加工区年鉴》中深圳保税区包括福田、盐田港和沙头角三家保税区。

六、《中国保税区出口加工区年鉴》在编撰过程中，得到了海关总署领导、各保税区、出口加工区领导和有关人员的关心和支持，在此深表谢意。

七、由于我们水平有限、经验不足，请社会各届对《中国保税区出口加工区年鉴》提出宝贵意见。今后我们将更充分汇集保税区和出口加工区的信息资料，逐步扩展年鉴内容，使其发挥更大的作用。

《中国保税区出口加工区年鉴》编辑部

2008年11月

中国保税区出口加工区协会
CHINA FREE TRADE ZONE AND EXPORT PROCESSING ZONE ASSOCIATION

目 录

文献法规篇

国务院关税税则委员会关于2007年关税实施方案的通知
税委会［2006］33号　2006年12月19日 …………………………………… (3)
关于《中华人民共和国海关加工贸易企业联网监管法》(署令第150号）执行中有关问题的公告　2007年第1号
2007年1月8日 …………………………………… (22)
中华人民共和国海关对保税仓库及所存货物管理操作规程
2007年1月26日 …………………………………… (24)
中华人民共和国海关对出口监管仓库及所存货物管理操作规程
2007年1月26日 …………………………………… (32)
海关总署关于印发海关特殊监管区域基础和监管设施验收标准的通知
2007年1月31日 …………………………………… (39)
中华人民共和国海关加工贸易单耗管理办法
2007年3月1日 …………………………………… (42)
商务部、海关总署、环保总局公告　2007年第17号
关于公布2007年加工贸易禁止商品目录
2007年4月5日 …………………………………… (45)
中华人民共和国海关珠澳跨境工业区珠海园区管理办法
2007年4月8日 …………………………………… (79)
海关总署关于印发出口加工区拓展保税物流功能及开展研发、检测、维修业务试点管理办法的通知
署加函［2007］133号　2007年4月9日 …………………………………… (85)

海关总署关于出口加工区拓展保税物流功能及开展研发、检测、维修业务试点有关问题的通知
署加发［2007］168号　2007年4月19日 …………………………………………（87）
商务部　海关总署公告　2007年第41号
关于对部分钢材出口实行出口许可证管理有关问题
2007年4月30日 …………………………………………………………………（89）
海关总署公告　2007年第22号
关于对部分商品进出口暂定税率进行调整
2007年5月30日 …………………………………………………………………（92）
海关总署公告　2007年第23号
关于发布加工贸易单耗管理办法有关问题
2007年5月30日 …………………………………………………………………（96）
海关总署加贸司关于推荐使用出口加工区辅助管理系统的函
署加贸函［2007］49号　2007年6月11日 ………………………………………（97）
海关总署、商务部、质检总局、环保总局关于开展出口加工区边角料、废品、残次品出区处理试点的通知
署加函［2007］234号　2007年6月12日 ………………………………………（103）
财政部、国家税务总局关于调低部分商品出口退税率的通知
财税［2007］90号　2007年6月19日 ……………………………………………（105）
财政部、国家税务总局关于调低部分商品出口退税率的补充通知
财税［2007］97号　2007年7月10日 ……………………………………………（162）
海关总署公告　2007年第38号
关于对部分铝产品进出口关税税率进行调整
2007年7月24日 …………………………………………………………………（163）
国家外汇管理局关于印发《保税监管区域外汇管理办法》的通知
汇发［2007］52号　2007年8月15日 ……………………………………………（164）
国家税务总局关于开展保税物流功能试点出口加工区有关税收问题的通知
国税函［2007］901号　2007年8月21日 …………………………………………（167）
海关总署公告　2007年第46号
关于《商务部、海关总署2007年第44号公告》的有关执行问题
2007年8月22日 …………………………………………………………………（169）
财政部、海关总署、国家税务总局关于保税物流中心（B型）扩大试点期间适用税收政策的通知
财税［2007］125号　2007年8月30日 ……………………………………………（172）
商务部、海关总署、银监会公告　2007年第71号
台账保证金缴纳方式公告
2007年9月5日 ……………………………………………………………………（175）
海关总署第164号令
2007年9月3日 ……………………………………………………………………（176）

中华人民共和国海关保税港区管理暂行办法 ……………………………………………………（177）
商务部关于支持中西部地区承接加工贸易梯度转移工作的意见
商产发［2007］428 号 2007 年 11 月 22 日 ………………………………………（182）
海关总署、国家税务总局关于扩大出口监管仓库入仓退税政策试点范围的通知
署加发［2007］494 号 2007 年 12 月 5 日 ………………………………………（185）
财政部、国家税务总局关于取消小麦等原粮及其制粉出口退税的通知
财税［2007］169 号 2007 年 12 月 14 日 ………………………………………（187）
国务院关税税则委员会关于 2008 年关税实施方案的通知
税委会［2007］25 号 2007 年 12 月 14 日 ………………………………………（189）
商务部、海关总署公告 2007 年第 110 号
公布《2007 年第二批加工贸易禁止类商品目录（禁止出口）》
2007 年 12 月 21 日 ……………………………………………………………………（220）
海关总署公告 2007 年第 74 号
关于调整部分化肥及制肥原料出口关税税率
2007 年 12 月 24 日 ……………………………………………………………………（229）

保税区篇

2007 年全国保税区（保税物流园区）经济运行情况分析 ……………………………（233）
上海外高桥保税区 ………………………………………………………………………（238）
SHANGHAI WAIGAOQIAO FREE TRADE ZONE
大连保税区 ………………………………………………………………………………（241）
DALIAN FREE TRADE ZONE
天津港保税区 ……………………………………………………………………………（244）
TIANJIN PORT FREE TRADE ZONE
青岛保税区 ………………………………………………………………………………（247）
QINGDAO FREE TRADE ZONE
张家港保税区 ……………………………………………………………………………（250）
ZHANGJIAGANG FREE TRADE ZONE
宁波保税区 ………………………………………………………………………………（253）
NINGBO FREE TRADE ZONE
福州保税区 ………………………………………………………………………………（255）
FUZHOU FREE TRADE ZONE
厦门象屿保税区 …………………………………………………………………………（258）
XIAMEN FREE TRADE ZONE
汕头保税区 ………………………………………………………………………………（261）
SHANTOU FREE TRADE ZONE
广州保税区 ………………………………………………………………………………（263）
GUANGZHOU FREE TRADE ZONE

深圳保税区 …………………………………………………………………………………………… (265)
SHENZHAN FREE TRADE ZONE
珠海保税区 …………………………………………………………………………………………… (268)
ZHUHAI FREE TRADE ZONE
海口保税区 …………………………………………………………………………………………… (270)
HAIKOU FREE TRADE ZONE
洋山保税港区 ………………………………………………………………………………………… (271)
YANGSHAN FREE TRADE RORT AREA
苏州工业园综合保税区 ……………………………………………………………………………… (273)
SUZHOU INDUSTRIAL PARK INTEGRAED FREE TRADE ZONE

出口加工区篇

2007 年全国出口加工区主要经济指标统计分析 ………………………………………………… (277)
昆山出口加工区 ……………………………………………………………………………………… (281)
KUNSHAN EXPORT PROCESSING ZONE
松江出口加工区 ……………………………………………………………………………………… (283)
SONGJIANG EXPORT PROCESSING ZONE
金桥出口加工区（南区） …………………………………………………………………………… (285)
JINQIAO EXPORT PROCESSING ZONE（SOUTH AREA）
烟台出口加工区 ……………………………………………………………………………………… (286)
YANTAI EXPORT PROCESSING ZONE
威海出口加工区 ……………………………………………………………………………………… (289)
WEIHAI EXPORT PROCESSING ZONE
深圳出口加工区 ……………………………………………………………………………………… (291)
SHENZHEN EXPORT PROCESSING ZONE
广州出口加工区 ……………………………………………………………………………………… (293)
GUANGZHOU EXPORT PROCESSING ZONE
厦门出口加工区 ……………………………………………………………………………………… (295)
XIAMEN EXPROT PROCESSING ZONE
杭州出口加工区 ……………………………………………………………………………………… (297)
HANGZHOU EXPORT PROCESSING ZONE
大连出口加工区 ……………………………………………………………………………………… (299)
DALIAN EXPORT PROCESSING ZONE
成都出口加工区 ……………………………………………………………………………………… (301)
CHENGDU EXPORT PROCESSING ZONE
北京天竺出口加工区 ………………………………………………………………………………… (303)
BEIJING TIANZHU EXPORT PROCESSING ZONE
武汉出口加工区 ……………………………………………………………………………………… (305)

WUHAN EXPORT PROCESSING ZONE
珲春出口加工区 …… (306)
HUNCHUN EXPORT PROCESSING ZONE
重庆出口加工区 …… (307)
CHONGQING EXPORT PROCESSING ZONE
天津出口加工区 …… (308)
TIANJIN EXPORT PROCESSING ZONE
无锡出口加工区 …… (310)
WUXI EXPORT PROCESSING ZONE
南通出口加工区 …… (312)
NANTONG EXPORT PROCESSING ZONE
秦皇岛出口加工区 …… (314)
QINHUANGDAO EXPORT PROCESSING ZONE
芜湖出口加工区 …… (317)
WUHU EXPORT PROCESSING ZONE
西安出口加工区（A 区） …… (320)
XIAN EXPORT PROCESSING ZONE（ZONE A）
西安出口加工区（B 区） …… (322)
XIAN EXPORT PROCESSING ZONE（ZONE B）
呼和浩特出口加工区 …… (324)
HUHEHAOTE EXPORT PROCESSING ZONE
郑州出口加工区 …… (326)
ZHENGZHOU EXPORT PROCESSING ZONE
南京出口加工区 …… (329)
NANJING EXPORT PROCESSING ZONE
连云港出口加工区 …… (331)
LIANYUNGANG EXPORT PROCESSING ZONE
苏州国家高新技术产业开发区出口加工区 …… (333)
SUZHOU NATIONAL NEW & HI – TECH DISTRICT EXPORT PROCESSING ZONE
镇江出口加工区 …… (335)
ZHENJIANG EXPORT PORCESSING ZONE
青浦出口加工区 …… (337)
QINGPU EXPORT PROCESSING ZONE
漕河泾出口加工区 …… (339)
CAOHEJING EXPORT PROCESSING ZONE
闵行出口加工区 …… (341)
MINHANG EXPORT PROCESSING ZONE
济南出口加工区 …… (343)
JINAN EXPORT PROCESSING ZONE

青岛出口加工区 …………………………………………………………………………………………… (345)
QINGDAO EXPORT PROCESSING ZONE
潍坊出口加工区 …………………………………………………………………………………………… (347)
WEIFANG EXPORT PROCESSING ZONE
北海出口加工区 …………………………………………………………………………………………… (350)
BEIHAI EXPORT PROCESSING ZONE
乌鲁木齐出口加工区 ……………………………………………………………………………………… (352)
URUMQI EXPORT PROCESSING ZONE
常熟出口加工区 …………………………………………………………………………………………… (354)
CHANGSHU EXPORT PROCESSING ZONE
青岛西海岸出口加工区 …………………………………………………………………………………… (356)
QINGDAO WEST - COAST EXPORT PROCESSING ZONE
沈阳（张士）出口加工区 ………………………………………………………………………………… (359)
SHENYANG ZHANGSHI EXPORT PROCESSING ZONE
南昌出口加工区 …………………………………………………………………………………………… (362)
NANCHANG EXPORT PROCESSING ZONE
廊坊出口加工区 …………………………………………………………………………………………… (363)
LANGFANG EXPORT PROCESSING ZONE

统计资料篇

2007 年全国保税区经济指标统计汇总表 ………………………………………………………………… (367)
2007 年全国各保税区实际进出口统计表 ……………………………………………………………… (372)
2007 年全国保税区分贸易方式实际进出口统计表 ……………………………………………………… (373)
2007 年全国保税区进口商品分类表 ……………………………………………………………………… (374)
2007 年全国保税区出口商品分类表 ……………………………………………………………………… (375)
2007 年全国保税区进口国别排名前 30 位 ……………………………………………………………… (376)
2007 年全国保税区出口国别排名前 30 位 ……………………………………………………………… (377)
2007 年全国保税区企业进口额排名前 30 位 …………………………………………………………… (378)
2007 年全国保税区企业出口额排名前 30 位 …………………………………………………………… (379)
2007 年全国保税物流园区经济指标统计汇总表 ………………………………………………………… (380)
2007 年全国物流园区实际进出口统计表 ………………………………………………………………… (383)
2007 年保税港区下分贸易方式实际进出口统计表 ……………………………………………………… (384)
2007 年全国各保税区主要经济指标完成情况表 ………………………………………………………… (385)
2007 年全国各保税区主要外商投资情况表 ……………………………………………………………… (398)
2007 年全国各保税区出口加工企业工业产值排名表 …………………………………………………… (402)
2007 年全国各保税区贸易企业商品销售额排名表 ……………………………………………………… (407)
2007 年全国各保税区物流企业营业收入排名表 ………………………………………………………… (410)
2007 年全国出口加工区经济指标统计汇总表 …………………………………………………………… (414)

2007 年出口加工区实际进出口统计表 …………………………………………………………… (427)
2007 年全国出口加工区进口商品分类表 ………………………………………………………… (429)
2007 年全国出口加工区出口商品分类表 ………………………………………………………… (430)
2007 年全国出口加工区进口国别排名前 30 位 ………………………………………………… (431)
2007 年全国出口加工区出口国别排名前 30 位 ………………………………………………… (432)
2007 年全国出口加工区企业进口额排名前 30 位 ……………………………………………… (433)
2007 年全国出口加工区企业出口额排名前 30 位 ……………………………………………… (434)
2007 年全国各出口加工区主要经济指标完成情况表 …………………………………………… (435)
2007 年全国各出口加工区主要外商投资情况表 ………………………………………………… (462)
2007 年全国各出口加工区出口加工企业工业产值排名表 ……………………………………… (467)
2007 年全国各出口加工区出口加工企业产品销售额排名表 …………………………………… (475)

文献法规篇

中国保税区出口加工区协会
CHINA FREE TRADE ZONE AND EXPORT PROCESSING ZONE ASSOCIATION

国务院关税税则委员会关于2007年关税实施方案的通知

税委会［2006］33号　2006年12月19日

海关总署：

《2007年关税实施方案》已经国务院关税税则委员会第八次全体会议审议通过，并报国务院批准，自2007年1月1日起实施。

特此通知。

附件：2007年关税实施方案

附件：

2007年关税实施方案

一、进口关税调整

（一）根据我国加入世界贸易组织承诺的关税减让义务，对进口关税作如下调整：

1. 降低“进口税则”中聚乙烯等44个税目的最惠国税率（见附表一），其余税目的最惠国税率维持不变。

2. 对9个非全税目信息技术产品继续实行海关核查管理（见附表二）；

3. 对小麦等8类45个税目的商品实行关税配额管理。对尿素、复合肥、磷酸氢二铵三种化肥的配额税率执行1%的税率。对配额外进口的一定数量棉花实行6%～40%滑准税，其他商品的税率维持不变（见附表三）；

4. 调整部分商品的从量税税率。对感光材料等55种商品实行从量税、复合税（见附表四）。

（二）对棉花采摘机等部分进口商品实行暂定税率（见附表五）。

（三）根据我国与有关国家或地区签署的贸易或关税优惠协定，对有关国家或地区实施协定税率：

1. 对原产于韩国、印度、斯里兰卡、孟加拉和老挝的部分商品实行“亚太贸易协定”协定税率（见附表六［1］）；

2. 对原产于文莱、印度尼西亚、马来西亚、新加坡、泰国、菲律宾、越南、缅甸、老挝和柬埔寨的部分商品实施中国—东盟自由贸易区协定税率（见附表六［2］）；

3. 对原产于智利的部分商品实施“中国—智利自由贸易协定”协定税率（见附表六［3］）；

4. 对原产于巴基斯坦的部分商品实施中巴自贸区“早期收获”协定税率（见附表六［4］）；

5. 对原产于中国香港的已完成原产地标准核准的产品实施零关税（见附表六［5］）；

6. 对原产于中国澳门的已完成原产地标

准核准的产品实施零关税（见附表六［6］）；

（四）根据我国与有关国家或地区签署的贸易或关税优惠协定以及国务院有关决定，实施特惠税率：

1. 对原产于老挝、柬埔寨和缅甸的部分产品实施特惠税率（见附表七［1］）；

2. 对原产于老挝和孟加拉的部分产品实施特惠税率（见附表七［2］）；

3. 对原产于安哥拉共和国、贝宁共和国、布隆迪共和国、佛得角共和国、中非共和国、科摩罗联盟、刚果民主共和国、吉布提共和国、厄立特里亚国、埃塞俄比亚联邦民主共和国、几内亚共和国、几内亚比绍共和国、莱索托王国、利比里亚共和国、马达加斯加共和国、马里共和国、毛里塔尼亚伊斯兰共和国、莫桑比克共和国、尼日尔共和国、卢旺达共和国、赛内加尔共和国、塞拉利昂共和国、苏丹共和国、坦桑尼亚联合共和国、多哥共和国、乌干达共和国、赞比亚共和国和赤道几内亚共和国等28个非洲最不发达国家的部分商品实施特惠税率（见附表七［3］）；

4. 对原产于也门共和国、马尔代夫共和国、萨摩亚独立国、瓦努阿图共和国、阿富汗伊斯兰共和国等5个最不发达国家的部分商品实施特惠税率（见附表七［4］）。

（五）普通税率维持不变。

二、出口关税调整

（一）“出口税则”的出口税率维持不变（见附表八）；

（二）对钢坯等部分出口商品实行暂定税率（见附表九），其中，对一般贸易和边境小额贸易出口尿素征收季节性暂定税率。

三、税则税目调整

（一）根据《协调制度》的转版情况，结合我国实际，对进出口税则进行相应转换（见附表十）。

（二）对部分税则税目进行调整（见附表十一），调整后，2007年版税则税目共计7646个。

四、进境物品进口税政策调整

根据2006年国务院调整消费税政策的有关精神，调整进境物品进口税政策（见附表十二）。

附表一：进口商品最惠国税率调整表

附表五：进口商品暂定税率表

附表九：出口商品暂定税率表

附表十二：进境物品进口税率表

附表一：

进口商品最惠国税率调整表

序号	税则号列	商品名称（简称）	2006年最惠国税率（%）	2007年最惠国税率（%）
1	08101000	鲜草莓	19.8	18.4
2	08129000	暂时保藏的其他水果及坚果	28.6	27.7
3	22060000	其他发酵饮料	49.1	46.8
4	29173611	精对苯二甲酸	8.6	7.6
5	29173619	其他对苯二甲酸	8.6	7.6
6	32041100	分散染料及以其为基本成分的制品（不论是否已有化学定义）	7.7	7.1
7	32041200	酸性染料（不论是否预金属络合）及以其为基本成分的制品（不论是否已有化学定义）；媒染染料及以其为基本成分的制品（不论是否已有化学定义）	7.7	7.1

续表

序号	税则号列	商品名称（简称）	2006 年最惠国税率（%）	2007 年最惠国税率（%）
8	32041600	活性染料及以其为基本成分的制品（不论是否已有化学定义）	7.7	7.1
9	33049900	其他美容品或化妆品及护肤品	12.8	9.7
10	33051000	洗发剂（香波）	10.6	8.6
11	38255000	废的金属酸洗液、液压油、制动油及防冻液	10	6.5
12	39011000	初级形状比重<0.94 的聚乙烯	9.1	7.8
13	39012000	初级形状比重≥0.94 的聚乙烯	9.1	7.8
14	39021000	初级形状的聚丙烯	8.6	7.6
15	39022000	初级形状的聚异丁烯	8.6	7.6
16	39023010	初级形状的乙烯丙烯共聚物（乙丙橡胶丙烯单体单元的含量大于乙烯单体单元）	8.6	7.6
17	39023090	初级形状的其他丙烯共聚物	8.6	7.6
18	39029000	其他初级形状的烯烃聚合物	8.6	7.6
19	39031100	初级形状的可发性聚苯乙烯	8.6	7.6
20	39031900	初级形状的其他聚苯乙烯	8.6	7.6
21	39033000	丙烯腈-丁二烯-苯乙烯共聚物	8.6	7.6
22	39039000	初级形状的其他苯乙烯聚合物	8.6	7.6
23	39041000	初级形状的纯聚氯乙烯	8.6	7.6
24	39042100	初级形状未塑化的聚氯乙烯	8.6	7.6
25	39042200	初级形状已塑化的聚氯乙烯	8.6	7.6
26	39045000	初级形状的偏二氯乙烯聚合物	8.6	7.6
27	39071010	初级形状的聚甲醛	8.6	7.6
28	39071090	其他初级形状的聚缩醛	8.6	7.6
29	39072000	初级形状的其他聚醚	8.6	7.6
30	39073000	初级形状的环氧树脂	8.6	7.6
31	39076011	高粘度聚对苯二甲酸乙二酯切片	8.6	7.6
32	39076019	其他聚对苯二甲酸乙二酯切片	8.6	7.6
33	39079100	初级形状的不饱和聚酯	8.6	7.6
34	39081011	聚酰胺-6，6 切片	8.6	7.6
35	39081019	初级形状聚酰胺切片	8.6	7.6
36	39095000	初级形状的聚亚氨酯	8.6	7.6
37	39151000	乙烯聚合物的废碎料及下脚料	8.6	7.6
38	39152000	苯乙烯聚合物的废碎料及下脚料	8.6	7.6
39	39153000	氯乙烯聚合物的废碎料及下脚料	8.6	7.6
40	39159010	聚对苯二甲酸乙二酯的塑料废碎料及下脚料	8.6	7.6
41	39159090	其他塑料的废碎料及下脚料	8.6	7.6
42	39173900	塑料制的其他管子	8.6	7.6
43	39204300	按重量计增塑剂含量不小于6%的聚氯乙烯板、片、膜、箔及扁条	8.6	7.6
44	39204900	按重量计增塑剂含量小于6%的聚氯乙烯板、片、膜、箔及扁条	9	7.6

附表五：

进口商品暂定税率表

序号	ex	税则号列	商品名称	2007 年最惠国税率（%）	2007 年暂定税率（%）
1		03033110	冻格陵兰庸鲽鱼	10	5
2		05119111	受精鱼卵	12	0
3		15020090	已炼制的牛羊脂肪	8	7
4		15159020	印楝油及其分离品	20	10
5		18010000	整颗或破碎的可可豆，生的或焙炒的	8	4
6		23099090	其他配制的动物饲料	6.5	4
7	ex	24039100	再造烟草	57	40
8		25030000	硫磺	3	1.5
9		25101010	未碾磨的磷灰石	3	0
10		25102010	已碾磨的磷灰石	3	0
11		25151100	原状或粗加修正的大理石	4	1
12		25161100	原状或粗加修正的花岗石	4	1
13		25162000	原状或粗加修正的砂岩	3	1
14		25281000	天然硼砂及其精矿	3	1
15		25289000	天然粗硼酸，含硼酸干重不超过 85%	5	1
16	ex	25309099	天青石	3	1
17		27011100	未制成型的无烟煤，不论是否粉化	3	1
18		27011210	炼焦煤	3	0
19		27011290	其他烟煤	6	1
20		27011900	未制成型的其他煤，不论是否粉化	5	1
21		27012000	煤砖、煤球及类似用煤制固体燃料	5	1
22		27021000	褐煤	3	1
23		27022000	制成型的褐煤	3	1
24		27030000	泥煤（包括肥料用泥煤）不论是否成型	5	1
25		27040010	煤制焦炭及半焦炭不论是否成型	5	0
26		27040090	甑炭	5	1
27		27050000	煤气、水煤气、炉煤气及类似气体，石油气及其他烃类气除外	5	1
28		27060000	从煤、褐煤、或泥煤蒸馏所得的焦油及矿物焦油，不论是否脱水或部分蒸馏，包括再造焦油	6	1
29		27073000	粗二甲苯	6	3
30		27075000	其他芳烃混合物	7	3

续表

序号	ex	税则号列	商品名称	2007年最惠国税率(%)	2007年暂定税率(%)
31	ex	27082000	针状沥青焦	6	1
32		27101110	车用汽油及航空汽油	5	2
33	ex	27101191	壬烯（碳九混合异构体含量高于90%）	9	4
34	ex	27101199	异戊烯同分异构体混合物	9	5
35		27101911	航空煤油	9	2
36	ex	27101919	正构烷烃（C9～C13）	6	2
37		27101921	轻柴油	6	2
38	ex	27101929	350度以下馏出物体积百分比小于20%，550度以下馏出物体积百分比大于80%的蜡油	6	0
39	ex	27131210	已煅烧针状石油焦	3	1
40		28020000	升华硫磺、沉淀硫磺、胶态硫磺	5.5	1.5
41	ex	28046190	多晶硅	4	2
42		28051100	钠	5.5	1
43		28051200	钙	5.5	1
44		28051900	其他碱金属及碱土金属	5.5	1
45		28053011	钕	5.5	1
46		28053012	镝	5.5	1
47		28053019	其他未相互混合或熔合的稀土金属、钪及钇	5.5	1
48		28053021	已相互混合或熔合的稀土金属、钪及钇，电池级	5.5	1
49		28053029	其他已相互混合或熔合的稀土金属、钪及钇	5.5	1
50		28092010	磷酸及偏磷酸、焦磷酸	1	0
51		28121010	氯化亚砜	5.5	2
52		28141000	氨	5.5	1
53		28182000	氧化铝，但人造刚玉除外	8	3
54	ex	28269000	六氟磷酸锂	5.5	2
55		28342110	肥料用硝酸钾	4	1
56		28369100	锂的碳酸盐	5.5	2
57		28369930	碳酸钴	5.5	2
58		28401100	无水四硼酸钠	5.5	2
59		28401900	其他四硼酸钠	5.5	2
60	ex	28419000	钴酸锂	5.5	2
61		29012100	乙烯	2	0
62		29031500	1，2－二氯乙烷（ISO）	5.5	1
63		29032100	氯乙烯	5.5	1
64		29036110	邻二氯苯	5.5	3
65		29042020	硝基甲苯	5.5	3
66		29051210	正丙醇	5.5	3
67		29051430	叔丁醇	5.5	3
68		29053200	1，2－丙二醇	5.5	3

续表

序号	ex	税则号列	商品名称	2007 年最惠国税率（%）	2007 年暂定税率（%）
69		29071211	间甲酚	5.5	3
70		29071212	邻甲酚	5.5	3
71		29071910	邻仲丁基酚、邻异丙基酚	4	2
72		29094100	二甘醇	5.5	3
73	ex	29094990	2－正丙氧基乙醇	5.5	3
74	ex	29121900	正丙醛	5.5	3
75	ex	29121900	乙二醛	5.5	3
76		29141300	甲基异丁基甲酮	5.5	3
77		29155010	丙酸	5.5	3
78		29162010	DV 菊酸甲酯、二溴菊酸	4	2
79	ex	29162090	二氯菊酰氯（DV 菊酰氯）	6.5	2
80		29171200	已二酸及其盐和酯	6.5	3
81		29172010	四氢苯酐	4	2
82		29173611 29173619	对苯二甲酸	7.6	6.5
83		29211910	二正丙胺	4	2
84		29211920	异丙胺	6.5	2
85	ex	29211990	三乙胺、月桂胺、一乙胺、正丁胺	6.5	3
86		29212110	乙二胺	6.5	3
87	ex	29212900	二乙烯三胺	6.5	3
88	ex	29214300	邻甲苯胺	6.5	3
89	ex	29214920	2，4、2，6－二甲基苯胺	6.5	2
90		29214940	2，6－二乙基苯胺	6.5	2
91	ex	29221320	芳基聚氧乙烯磷酸酯	6.5	3
92		29224210	谷氨酸	10	5
93		29261000	丙烯腈	6.5	5
94	ex	29269090	乙二腈	6.5	1
95	ex	29309090	DL－羟基蛋氨酸	6.5	5
96	ex	29309090	乙硫醇	6.5	3
97	ex	29333210	六氢吡啶	4	2
98		29336910	三聚氰氯	6	2
99		29419051	7－氨基脱乙酰氧基头孢烷酸、7－氨基头孢烷酸	6	4
100		31031010	重过磷酸钙	4	1
101		31031090	其他过磷酸钙	4	1
102		31039000	其他矿物磷肥或化学磷肥	4	1
103		31042090	其他氯化钾	3	1
104		31043000	硫酸钾	3	1
105		31049010	光卤石、钾盐及其他天然粗钾盐	3	1
106		31049090	其他矿物钾肥及化学钾肥	3	1

续表

序号	ex	税则号列	商品名称	2007 年最惠国税率（%）	2007 年暂定税率（%）
107		31051000	制成片状及类似形状或每包毛重不超过 10 公斤的 31 章各货品	4	1
108		31054000	磷酸二氢铵及磷酸二氢铵与磷酸氢二铵的混合物	4	1
109		31055100	含有硝酸盐及磷酸盐的肥料	4	1
110		31055900	其他含氮、磷两种肥效元素的矿物肥料或化学肥料	4	1
111		31056000	含磷、钾两种元素的肥料	4	1
112		31059000	其他肥料	4	1
113	ex	32082010	分散于或溶于非水介质的光导纤维用涂料（主要成分为聚胺酯丙烯酸酯类化合物）	10	6
114	ex	32089010	光导纤维用涂料（主要成分为聚胺酯丙烯酸酯类化合物）	10	6
115	ex	33012999	黄樟油	15	7
116		33013010	鸢尾凝脂（香膏类）	20	10
117	ex	34029000	十二烷基苯磺酸钙甲醇溶液（十二烷基苯磺酸钙含量应高于 70%）	9	7
118	ex	35030010	明胶	12	5
119		37024221	印刷电路板制造用光制抗蚀干膜	2.1 元/平方米	0.6 元/平方米
120	ex	37024291	红外或氦氖激光胶片，宽度 >80 厘米，长度大于 1000 米	2.4 元/平方米	1.05 元/平方米
121		37024422	印刷电路板制造用光制抗蚀干膜	2.1 元/平方米	0.9 元/平方米
122		37025520	未曝光的窄长彩色电影胶卷（正片）	11 元/平方米	6 元/平方米
123	ex	37071000	感光乳剂（不含银的）	8	4
124		38011000	人造石墨	6.5	3
125	ex	38170000	混合烷基苯	6.5	4
126		38237000	工业用脂肪醇	13	9
127	ex	38249090	电极浆料（主要成分为银、镍或铜和有机溶剂，用于生产片式陶瓷电容器）	6.5	3
128	ex	38249090	高钛渣（二氧化钛质量百分含量大于 70% 的）	6.5	0
129	ex	38249090	生产等离子显示屏用的银电极浆料、介质浆料、障蔽浆料、荧光粉浆料	6.5	3
130	ex	39011000	聚乙烯（进口 CIF 价高于 2000 美元/吨）	7.8	3
131	ex	39012000	聚乙烯（进口 CIF 价高于 2000 美元/吨）	7.8	3
132	ex	39021000	电工级初级形状聚丙烯树脂（灰分含量不大于 30ppm）	7.6	3
133	ex	39072000	聚四亚甲基醚二醇	7.6	5
134	ex	39073000	溴的质量百分含量在 18% 及以上或进口 CIF 价格高于 3800 美元/吨的环氧树脂（如溶于溶剂，以纯环氧树脂折算溴的百分含量）	7.6	4
135	ex	39119000	偏苯三酸酐和异氰酸预缩聚物	6.5	3
136	ex	39119000	芳基酸与芳基胺预缩聚物	6.5	3

续表

序号	ex	税则号列	商品名称	2007 年最惠国税率（%）	2007 年暂定税率（%）
137	ex	39119000	改性三羟乙基脲酸酯类预缩聚物	6.5	3
138	ex	39121100	未塑化二、三醋酸纤维素	6.5	1
139	ex	39201090	乙烯—四氟乙烯膜（四氟乙烯单体含量约 50%），比重 1.7—1.75 克/立方厘米	6.5	1
140		40011000	天然胶乳	20	10，或 720 元/吨。两者从低
141		40012100	烟胶片	20	20，或 2600 元/吨。两者从低
142		40012200	技术分类天然橡胶	20	20，或 2600 元/吨。两者从低
143	ex	40112000	断面宽度 30 英寸及以上的轮胎	10	3
144	ex	40116100	断面宽度 24 英寸及以上的轮胎	17.5	6
145	ex	40116300	断面宽度 24 英寸及以上的轮胎	17.5	6
146	ex	40116900	断面宽度 30 英寸及以上的轮胎	17.5	6
147	ex	40119200	断面宽度 24 英寸及以上的轮胎	25	6
148	ex	40119400	断面宽度 24 英寸及以上的轮胎	25	6
149	ex	40119900	断面宽度 30 英寸及以上的轮胎	25	3
150		40129010	航空用实心或半实心橡胶轮胎	3	1
151		40139010	航空用橡胶内胎	3	1
152		41041111	全粒面未剖层或粒面剖层蓝湿牛皮	7	5
153		41041911	其他蓝湿牛皮	7	5
154		41041920	其他湿马皮	7	5
155		41051010	蓝湿绵羊、羔羊皮	14	12
156	ex	41062100	蓝湿山羊皮	14	12
157		41063110	蓝湿猪皮	14	12
158	ex	44089019	家具饰面单板	3	1
159		45011000	未经加工或简单加工的天然软木	6	3
160		48022010	照相原纸	7.5	5
161		48115110	彩色相纸用双面涂塑纸	7.5	2
162	ex	56013000	由两种或两种以上有机聚合物纺制的纤维（横截面为皮芯结构或并列结构或海岛结构），长度不超过 5 毫米	10	5
163	ex	68061000	矿物纤维，渣球含量小于 5%	10.5	5
164	ex	68071000	聚脂－铜复合胎基改性沥青根阻防水卷材	12	1
165	ex	68159910	碳纤维纱线（碳元素含量大于 90%）	17.5	8

续表

序号	ex	税则号列	商品名称	2007 年最惠国税率（%）	2007 年暂定税率（%）
166	ex	69071000	瓷砖、陶瓷等产品，未打磨和上釉的陶瓷（表面最宽小于 7 厘米）	24.5	22
167	ex	70023900	光通信用微光组件的玻璃毛细管、定位管（外径小于 3 毫米）	12	3
168	ex	70049000	光学平板玻璃，厚度 0.7 毫米以下	17.5	9
169	ex	70052900	浮法玻璃，气泡、杂质的大小小于等于 30 微米	15	8
170	ex	70071110	空载重量 25 吨及以上飞机的挡风玻璃	2	1
171	ex	70071900	低铁钢化太阳能电池组件封装专用玻璃（最大含铁量 0.02% Fe_2O_3，玻璃厚度 2.5 毫米—3.5 毫米）	14	12
172	ex	70112090	显示管玻壳及其零件	10	6
173	ex	70140090	带有抗红外和防反射薄膜的滤波玻璃	17.5	9
174	ex	70195200	覆铜箔板用长丝平纹布，开纤或每平方米重 < =180 克	12	6
175		70200011	导电玻璃	10.5	7
176	ex	70200019	等离子模块生产用高应变点玻璃（应变点在 550℃及以上）	10.5	5
177	ex	70200099	石英玻璃，平整度小于等于 1 微米	15	8
178		71011011	天然黑珍珠	21	0
179		71011091	天然黑珍珠	21	0
180	ex	71049019	蓝宝石衬底（由人造刚玉加工而成，厚度小于0.5 毫米）	6	1
181		71159010	工业或试验室用贵或包金属制品	3	0
182		72024100 72024900	铬铁	2	1
183		72026000	镍铁	2	1
184		72029300	铌铁	2	1
185	ex	72031000	热压铁块	2	0
186		72041000	铸铁废碎料	2	0
187		72043000	镀锡钢铁废碎料	2	0
188		72044100	机械加工中产生的钢铁废料	2	0
189		72091810	厚度 < 0.3 毫米冷轧卷材	6	3
190	ex	72269990	铁镍合金带材（生产集成电路框架用）	7	4
191		73044110	锅炉管（包括内螺纹）	10	5
192		73044910	锅炉管（包括内螺纹）	10	5
193		74020000	未精炼铜、电解精炼用铜阳极	2	0
194		74040000	铜废碎料	1.5	0
195	ex	74101100	覆铜板及印刷线路板用铜箔	4	1

续表

序号	ex	税则号列	商品名称	2007 年最惠国税率（%）	2007 年暂定税率（%）
196		75011000	镍锍	3	0
197		75012010	镍湿法冶炼中间品	3	0
198		75021000	金属镍（未煅轧）	3	1
199		76020000	铝废碎料	1.5	0
200		76061120	厚度在 0.3 毫米及以上，但不超过 0.36 毫米的铝板	6	1
201		81052010	钴湿法冶炼中间品	4	0
202	ex	81052090	钴锍及其他冶炼钴时所得的中间产品	4	0
203	ex	81129220 81129920	钒氮合金	3	0
204		84079010	沼气发动机	12	9
205	ex	84079090	转速 < 3600 转/分钟的发电机用汽油发动机、税号 8426—8430 所列机械用转速 <4650 转/分钟的汽油发动机	18	8
206	ex	84082010	输出功率在 441 千瓦（600 马力）及以上的柴油发动机	9	4
207	ex	84082090	额定功率小于 100 千瓦的轿车用柴油发动机	25	15
208	ex	84099999	电控柴油喷射装置	8.4	5
209	ex	84119910	涡轮轴航空发动机用零件	5	0
210	ex	84123100	三坐标测量机用气缸	14	7
211	ex	84129090	风力发电设备用桨叶	8	5
212	ex	84148030	轿车用增压器，最大增压压力不低于 1.7Bar	7	3
213	ex	84162019	溴化锂空调用燃烧机	10.5	5
214	ex	84335100	功率≥160 马力的联合收割机	8	5
215	ex	84335990	自走式青储饲料收获机	8	5
216		84423021	计算机直接制版设备（CTP）	9	0
217	ex	84424000	计算机直接制版机器用零件	7	0
218	ex	84431921	纺织用圆网印花机	10	8
219	ex	84431922	纺织用平网印花机	10	8
220		84433110	静电感光式多功能一体机	10	3
221	ex	84433221	幅宽 >60 厘米的喷墨印刷设备，可与网络或计算机连接	8	3
222	ex	84433222	幅宽 >60 厘米的静电照相印刷设备（激光印刷机），可与网络或计算机连接	8	3
223		84335920	棉花采摘机	8	5
224	ex	84439190	胶印机用墨量遥控装置（包括墨色控制装置、墨量调节装置、墨斗体等组成部分）	6	0
225	ex	84481100	多臂机或提花机　转速指标：500 转/分以上	8	4
226	ex	84483200	精梳机钳板、顶梳装置，精梳机锡林部件、精梳机车头凸轮传动、行星齿轮部件，精梳联合梳理装置，清梳联合给棉装置，清梳联合机盖板清洁装置	6	3

续表

序号	ex	税则号列	商品名称	2007 年最惠国税率（%）	2007 年暂定税率（%）
227		84483310	络筒锭	6	3
228		84483920	电子清纱器	6	3
229		84483930	空气捻接器	6	3
230	ex	84483940	环锭细纱机紧密纺装置	6	0
231		84484910	接、投梭箱	6	3
232		84484920	引纬、送经装置	6	3
233	ex	84484990	自动寻纬、补纬装置、打纬装置	6	3
234	ex	84518000	柔软整理机	12	10
235	ex	84518000	磨毛机、丝光机	12	10
236	ex	84518000	定型机、涂层机	12	10
237	ex	84518000	罐蒸机、精炼机	12	10
238	ex	84518000	剪绒、洗缩联合机	12	10
239	ex	84518000	预缩机	12	10
240	ex	84518000	服装液氨整理机	12	10
241	ex	84518000	服装定型焙烘炉	12	10
242	ex	84518000	剪毛联合机	12	10
243	ex	84518000	织物轧光机	12	6
244		84734010	自动柜员机出钞器	10.5	1
245	ex	84734090	钞票清分机零附件	10.5	5
246		84789000	烟草加工及制作机器的零件	10	5
247	ex	84834020	磨煤机用行星齿轮减速器（由螺旋伞齿轮加行星齿轮二级立式减速机构组成，转盘外圆直径为：1300 毫米—2400 毫米）	8	2
248	ex	84834090	风力发电设备用变速箱	8	5
249	ex	85011091	激光视盘机机芯精密微型电机	9	6
250	ex	85011099	功率不大于 0.5 瓦（园柱型：直径不大于 6 毫米，高不大于 25 毫米；扁园型：直径不大于 15 毫米，厚不大于 5 毫米）非用于激光视盘机机芯的微型电机	9	5
251	ex	85015300	高速（200 千米/时）电力机车的交流异步牵引电动机	12	3
252		85023100	风力发电设备	8	5
253		85030030	风力发电设备的零件	3	1
254	ex	85044014	功率小于 1 千瓦，稳压系数低于万分之一的直流稳压电源（税号 8471 所列机器用除外）	7	3
255		85044091	具有变流功能的半导体模块	10	0
256	ex	85044099	高速（200 千米/时）电力机车的牵引变流器	10	3

续表

序号	ex	税则号列	商品名称	2007 年最惠国税率（%）	2007 年暂定税率（%）
257	ex	85144000	焊缝中频退火装置	10	7
258	ex	85229031	具有刻录功能的激光视盘机机芯	30	15
259	ex	85229039	其他视频信号录制或重放设备的零件	30	10
260	ex	85229039	激光视盘机的激光收发装置（激光头）	30	10
261	ex	85229039	激光视盘机激光收发装置用的零件	30	3
262	ex	85258013	手机用摄像组件（由镜头 + CCD/CMOS + 数字信号处理电路三部分构成）	35	6
263	ex	85261090	飞机机载雷达（包括气象雷达、地形雷达和空中交通管制应答系统）	5	1
264	ex	85299042	摄录一体机、数码相机、手机用取像模块	12	6
265	ex	85299049	摄像机、摄录一体机、数码相机的其他零件	12	3
266	ex	85299081	投影电视机用光机	15	7
267		85299082	等离子显像组件及其零件（含滤光片）	15	5
268	ex	85318010	音量不超过 110 分贝的小型蜂鸣器	15	7.5
269	ex	85371011 85371019	机床用数控装置（包括 CNC 操作单元，无论其是否带有配套的伺服放大器和伺服电机）	5	3
270	ex	85393290	彩色液晶投影机的照明光源	8	4
271		85404000	彩色的数据/图形显示管，屏幕荧光点间距小于 0.4 毫米	8	4
272	ex	85443020	车辆用电控柴油机的线束	10	5
273	ex	85462090	输变电架空线路用长棒形瓷绝缘子瓷件（单支长度为 1—2 米，实芯）	12	3
274	ex	85489000	贴片滤波器	12	6
275	ex	87019011	功率大于 150 马力的轮式拖拉机	8	5
276	ex	87019019	功率大于 150 马力的其他拖拉机	8	5
277	ex	87042300	装有驾驶室的固井水泥车、压裂车、混砂车用底盘（车辆总重量超过 35 吨）	15	10
278	ex	87042300	起重 55 吨及以上的汽车起重机用底盘	15	8
279	ex	87059090	跑道除冰车	12	10
280	ex	87084030	扭矩 >1500 纳米非公路自卸车用变速箱	6	3
281	ex	87084050	扭距 ≥90kgm 变速箱、分动箱	10	6
282	ex	87085082	30 座及以上的客车用非驱动桥及其零件	15	10
283	ex	87089420	30 座及以上客车用转向器	10	8
284	ex	87085072	轴荷 ≥10 吨的中后驱动桥的零件	10	8
285	ex	87089420	30 座及以上客车用转向器的零件	10	8

续表

序号	ex	税则号列	商品名称	2007 年最惠国税率（%）	2007 年暂定税率（%）
286	ex	87089939	非公路用自卸车未列名零部件	6	3
287	ex	87089450	总重≥14 吨柴油型货车转向器的零件	10	8
288	ex	87084050	扭距≥90kgm 变速箱、分动箱的零件	10	6
289	ex	87089999	混合动力汽车动力传动装置，由发电机、电动机和动力分配装置组成	10	6
290	ex	88024010	空载重量在 25 吨及以上，但重量不超过 45 吨的客运飞机	5	1
291	ex	90019000	背投电视机显示屏（包括非涅耳透镜屏幕、双透镜屏幕和保护屏）	8	6
292	ex	90019000	光通信用微光组件的光学元件（包括工作波长为 800 纳米～1700 纳米的薄膜滤光片、自聚焦透镜、法拉第旋转片）	8	4
293	ex	90019000	激光视盘机激光收发装置用的微型镜片	8	1
294	ex	90021190	彩色液晶投影机的镜头及镜头组件	15	6
295	ex	90021190	数码相机的镜头	15	6
296	ex	90132000	2.5GB/S 及以上 SDH、波分复用光传输设备的 980 纳米、1480 纳米的泵浦激光器	6	3
297		90138030	液晶显示板	5	3
298	ex	90142000	航空惯性导航仪	2	1
299		90189080	宫内节育器	4	0
300	ex	90219000	人工耳蜗植入装置	4	0
301	ex	90229090	射线发生器的零部件	6	3
302	ex	90318090	跑道摩擦系数测试仪	5	3
303	ex	90328900	三坐标测量机用自动控制柜	7	3
304	ex	90328900	飞机自动驾驶系统（包括自动驾驶、电子控制飞行、自动故障分析、警告系统配平系统及推力监控设备及其相关仪表）	7	1
305	ex	90330000	飞机自动驾驶系统（包括自动驾驶、电子控制飞行、自动故障分析、警告系统配平系统及推力监控设备及其相关仪表）的零件	6	1
306	ex	92012000	完税价格 50000 美元及以上的大钢琴	17.5	1
307	ex	92021000	完税价格 15000 美元及以上的弓弦乐器	17.5	1
308	ex	92051000	完税价格 2000 美元及以上的铜管乐器	17.5	1
309	ex	92059090	完税价格 10000 美元及以上的其他管乐器	17.5	1

注：“ex”表示实施暂定税率的商品以“商品名称”描述为准。其余以税号为准。

附表九：

出口商品暂定税率表

序号	ex	税则号列	商品名称（简称）	税则税率（%）	2007年暂定税率（%）
1		03019210	鳗鱼苗	20	10
2	ex	05069090	已脱胶骨、角柱	40	0
3		25085000	红柱石，蓝晶石及硅线石，不论是否煅烧		10
4		25086000	富铝红柱石		10
5		25101010	未碾磨磷灰石		10
6		25101090	未碾磨天然磷酸钙、天然磷酸铝钙及磷酸盐白垩，磷灰石除外		10
7		25102010	已碾磨磷灰石		10
8		25102090	已碾磨天然磷酸钙、天然磷酸铝钙及磷酸盐白垩，磷灰石除外		10
9		25292100	按重量计氟化钙含量≤97%的萤石		10
10		25292200	按重量计氟化钙含量>97%的萤石		10
11		25309020	稀土金属矿		10
12		26011110	平均粒径小于0.8毫米的未煅烧铁矿砂及其精矿；但焙烧黄铁矿除外		10
13		26011120	平均粒径不小于0.8毫米，但不大于6.3毫米的未煅烧铁矿砂及其精矿；但焙烧黄铁矿除外		10
14		26011190	平均粒径大于6.3毫米的未烧结铁矿砂及其精矿，但焙烧黄铁矿除外		10
15		26011200	已烧结铁矿砂及其精矿		10
16		26012000	焙烧黄铁矿		10
17		26020000	锰矿砂及其精矿，包括以干重计含锰量在20%及以上的锰铁砂及其精矿		10
18		26030000	铜矿砂及其精矿		10
19		26040000	镍矿砂及其精矿		10
20		26050000	钴矿砂及其精矿		10
21		26060000	铝矿砂及其精矿		10
22	ex	26080000	灰色饲料氧化锌（氧化锌 ZnO 含量大于80%）	30	0
23		26090000	锡矿砂及其精矿	50	20
24		26100000	铬矿砂及其精矿		10
25		26121000	铀矿砂及其精矿		10
26		26122000	钍矿砂及其精矿		10
27		26131000	已焙烧钼矿砂及其精矿		10
28		26139000	其他钼矿砂及其精矿		10

续表

序号	ex	税则号列	商品名称（简称）	税则税率（%）	2007年暂定税率（%）
29		26140000	钛矿砂及其精矿		10
30		26151000	锆矿砂及其精矿		10
31		26161000	银矿砂及其精矿		10
32		26169000	其他贵金属矿砂及其精矿		10
33		26171090	其他锑矿砂及其精矿		10
34		26179010	朱砂（辰砂）		10
35		26179090	其他矿砂及其精矿		10
36		26180010	冶炼钢铁产生的锰渣		10
37		26180090	冶炼钢铁产生的其他粒状熔渣（熔渣砂）		10
38		26190000	冶炼钢铁产生的熔渣、浮渣、氧化皮及其他废料		10
39		26201100	含硬锌的矿灰及残渣		10
40		26201900	含其他锌的矿灰及残渣		10
41		26202100	含铅汽油的淤渣及含铅抗震化合物的淤渣		10
42		26202900	其他主要含铅的矿灰及残渣		10
43		26203000	主要含铜的矿灰及残渣		10
44		26204000	主要含铝的矿灰及残渣		10
45		26206000	含砷、汞、铊及其混合物，用于提取或生产砷、汞、铊及其化合物的矿灰及残渣		10
46		26209100	含锑、铍、镉、铬及其混合物的矿灰及残渣		10
47		26209910	主要含钨的矿灰及残渣		10
48		26209990	含其他金属及化合物的矿灰及残渣		10
49		27011210	未制成型的炼焦烟煤，不论是否粉化		5
50		27040010	煤制焦炭及半焦炭不论是否成型		5
51		27060000	从煤、褐煤、或泥煤蒸馏所得的焦油及矿物焦油，不论是否脱水或部分蒸馏，包括再造焦油		5
52		27090000	石油原油及从沥青矿物提取的原油		5
53		28047090	其他磷	20	10
54		28111100	氢氟酸（氟化氢）		10
55		28259012	三氧化钨		5
56		28418010	仲钨酸铵		5
57		28461010	氧化铈		10
58		28461020	氢氧化铈		10
59		28461030	碳酸铈		10
60		28461090	铈的其他化合物		10
61		28469011	氧化钇		10
62		28469012	氧化镧		10
63		28469013	氧化钕		10
64		28469014	氧化铕		10
65		28469019	其他氧化稀土		10

续表

序号	ex	税则号列	商品名称（简称）	税则税率（%）	2007 年暂定税率（%）
66		28469028	混合氯化稀土		10
67		28469029	未混合氯化稀土		10
68		28469030	氟化稀土		10
69		28469048	混合碳酸稀土		10
70		28469049	未混合碳酸稀土		10
71		28469090	稀土金属、钇、钪的其他化合物		10
72		28499020	碳化钨		5
73		29022000	苯	40	0
74		31021000	尿素		2007 年 1 月 1 日至 9 月 30 日：30%；2007 年 10 月 1 日至 12 月 31 日：15%
75		44012100	针叶木木片或木粒		10
76		44012200	非针叶木木片或木粒		10
77		44091010	针叶木地板条（块）		10
78		44092910	其他非针叶木地板条		10
79		44190031	木制一次性筷子		10
80		44219021	木制圆签、圆棒、冰果棒、压舌片及类似一次性制品		10
81		72021100	锰铁，含碳量 >2%	20	10
82		72021900	锰铁，含碳量≤2%	20	10
83		72022100	硅铁，含硅量 >55%	25	10
84		72022900	硅铁，含硅量≤55%	25	10
85		72023000	硅锰铁	20	10
86		72024100	铬铁，含碳量 >4%	40	10
87		72024900	铬铁，含碳量≤4%	40	10
88		72025000	硅铬铁		10
89		72026000	镍铁		10
90		72027000	钼铁		10
91		72028010	钨铁		10
92		72028020	硅钨铁		10
93		72029100	钛铁及硅钛铁		10
94		72029210	按重量计含钒量在 75% 及以上的钒铁		10
95		72029290	其他钒铁		10
96		72029300	铌铁		10
97		72031000	直接从铁矿还原的铁产品		10
98		72039000	其他铁，海绵铁，产品纯度 >99.94%		10
99		72051000	生铁、镜铁及钢铁颗粒		10
100		72052900	生铁、镜铁及其他钢铁粉末		10
101		72061000	铁及非合金钢锭		10

续表

序号	ex	税则号列	商品名称（简称）	税则税率（%）	2007年暂定税率（%）
102		72069000	其他初级形状的铁及非合金钢		10
103		72071100	宽度<厚度两倍的矩形截面钢坯，C<0.25%		10
104		72071200	其他矩形截面钢坯，C，0.25%		10
105		72071900	其他含碳量<0.25%的钢坯		10
106		72072000	含碳量≥0.25%的钢坯		10
107		72181000	不锈钢锭及其他初级形状产品		10
108		72189100	矩形截面的不锈钢半制成品		10
109		72189900	其他不锈钢半制成品		10
110		72241000	合金钢锭及其他初级形状合金钢		10
111		72249010	单重≥10吨的粗铸锻件坯		10
112		72249090	其他合金钢坯		10
113		74010000	铜锍、沉积铜（泥铜）		15
114		74020000	未精炼铜，电解精炼用的铜阳极	30	15
115		74031100	精炼铜的阴极及阴极型材	30	10
116		74031200	精炼铜的线锭	30	10
117		74031300	精炼铜的坯段	30	10
118		74031900	其他未锻轧的精炼铜	30	10
119		74032100	未锻轧的铜锌合金（黄铜）	30	5
120		74032200	未锻轧的铜锡合金（青铜）	30	5
121		74032900	未锻轧的其他铜合金	30	5
122		74040000	铜废碎料	30	15
123		74071000	精炼铜条、杆及型材及异型材	30	0
124		74072100	铜锌合金条、杆及型材及异型材	30	0
125		74072900	其他铜合金条杆、型材及异型材	30	0
126		74081100	最大截面尺寸>6毫米的精炼铜丝	30	0
127		74081900	其他精炼铜丝	30	0
128		74082100	铜锌合金丝	30	0
129		74082200	铜镍合金丝或铜镍锌合金丝	30	0
130		74082900	其他铜合金丝	30	0
131		74091100	成卷的精炼铜板、片、带	30	0
132		74091900	其他精炼铜板、片、带	30	0
133		74092100	成卷的铜锌合金板、片、带	30	0
134		74092900	其他铜锌合金板、片、带	30	0
135		74093100	成卷的铜锡合金板、片、带	30	0
136		74093900	其他铜锡合金板、片、带	30	0
137		74094000	铜镍合金或铜镍锌合金板、片、带	30	0
138		74099000	其他铜合金板、片、带	30	0
139		75021000	未锻轧的非合金镍	40	15

续表

序号	ex	税则号列	商品名称（简称）	税则税率（%）	2007年暂定税率（%）
140		75022000	未锻轧镍合金	40	15
141		75089010	电镀用镍阳极	40	15
142		76011010	按重量计含铝量在99.95%及以上的非合金铝	30	0
143		76011090	按重量计含铝量在99.95%以下的非合金铝	30	15
144		76012000	未锻轧铝合金	30	0
145		76020000	铝废碎料	30	15
146		76041000	非合金铝条、杆、型材及异型材	20	0
147		76042100	铝合金制空心异型材	20	0
148		76042900	铝合金制条、杆、其他型材及异型材	20	0
149		76051100	最大截面尺寸超过7毫米的非合金铝丝	20	0
150		76051900	其他非合金铝丝	20	0
151		76052100	最大截面尺寸超过7毫米的铝合金丝	20	0
152		76052900	其他铝合金丝	20	0
153		76061120	厚度在0.3毫米及以上，但不超过0.36毫米的非合金铝制矩形铝板片带	20	0
154		76061190	非合金铝制矩形的其他板、片及带	20	0
155		76061220	厚度<0.28毫米的铝合金制矩形铝板片带	20	0
156		76061230	厚度在0.28毫米及以上，但不超过0.35毫米的铝合金制矩形铝板片带	20	0
157		76061240	厚度>0.35毫米的铝合金制矩形铝板片带	20	0
158		76069100	非合金铝制非矩形的板、片及带	20	0
159		76069200	铝合金制非矩形的板、片及带	20	0
160		79011110	按重量计含锌量在99.995%及以上的未煅轧锌	20	0
161		79011190	99.99≤含锌量<99.995%的未煅轧锌	20	5
162		79011200	含锌量<99.99%的未锻轧锌	20	5
163		79012000	未锻轧锌合金	20	0
164		81011000	钨粉		5
165		81019400	未锻轧钨		5
166		81019700	钨废碎料		15
167		81021000	钼粉		15
168		81029400	未锻轧钼		15
169		81029700	钼废碎料		15
170		81101010	未锻轧锑	20	5
171		81110010	未锻轧锰；锰废碎料；粉末		15
172		81122100	未锻轧铬、铬粉末		15
173		81122200	铬废碎料		15
174		81129230	未锻轧铟；铟废碎料；铟粉末		15

注："ex"表示实施暂定税率的商品以"商品名称"描述为准。其余以税号为准。

附表十二：

进境物品进口税率表

税号	物品名称	税率（%）
1	书报、刊物、教育专用电影片、幻灯片、原版录音带、录像带、金、银及其制品、食品、饮料、本表税号2、3、4税号及备注不包含的其他商品	10
2	纺织品及其制成品、摄像机、摄录一体机、数码像机及其他电器用具、照像机、自行车、手表、钟表（含配件、附件）	20
3	高尔夫球及球具、高档手表	30
4	烟、酒、化妆品	50

注：避孕用具和避孕药品，超过海关规定的自用合理数量部分按有关规定予以退运或按货物进口程序办理报关及验放手续。

关于《中华人民共和国海关加工贸易企业联网监管法》（署令第150号）执行中有关问题的公告 2007年第1号

2007年1月8日

为进一步完善海关对加工贸易联网企业的管理，现就《中华人民共和国海关加工贸易企业联网监管办法》（署令第150号，以下简称《办法》）执行中有关问题公告如下：

一、在商务部门对企业申请联网监管进行前置审批的基础上，主管海关对申请企业是否具备联网监管条件进行审核。经审核符合联网监管条件的，主管海关应向企业制发《海关实施加工贸易联网监管通知书》。

二、主管海关以企业分类管理为基础，并根据企业实际情况确定实施联网监管的模式。

采用电子账册模式进行联网监管的，不实行银行保证金台账制度；采用电子手册模式进行联网监管的，仍实行银行保证金台账制度。

三、联网企业管理类别下调的，应按调整后的企业管理类别确定联网监管模式或采取风险管理措施。

联网企业能够缴纳风险担保金或提供银行担保的，主管海关可继续对其按电子账册模式实施联网监管；企业不能缴纳风险担保金或不能提供银行担保的，主管海关应将其电子账册模式调整为电子手册模式实施联网监管。风险担保金或银行担保的金额按照银行保证金台账“实转”的有关规定办理。

四、联网企业需备案、变更电子底账的，应向商务主管部门申领相应批准文件。

主管海关凭商务主管部门制发的批准文件办理联网企业电子底账的备案、变更手续。

五、联网企业因故内销保税料件或其制成品的，应事先向商务主管部门申领《加工贸易保税进口料件内销批准证》。

联网企业凭商务主管部门制发的《加工贸易保税进口料件内销批准证》，按加工贸易监管规定向主管海关办理内销缴税手续；经海关批准在《加工贸易保税进口料件内销批准证》范围内先行内销保税料件或其制成品的，联网企业应在内销当月内向海关集中办理内销缴税的申报手续。

六、联网企业属于《办法》第十六条第（一）项所列情形的，按本公告第三条规定办理。

联网企业属于《办法》第十六条所列其他情形或涉嫌走私违规已立案调查的，主管海关可根据实际情况，要求企业缴纳风险担保金或提供银行担保；联网企业不缴纳风险担保金或不提供银行担保的，主管海关对其电子底账设置为停账状态，待联网企业办理海关相关手续或按要求整改后予以恢复。

七、联网企业由于身份识别卡丢失而申请停账的，主管海关可为其办理停账手续。

八、联网企业已不具备加工贸易经营资格的，主管海关相应注销其电子底账。

九、联网企业应根据监管核查要求，向主管海关动态报送单耗、深加工结转、外发加工、保税转内销和库存等联网核查数据，海关按规定进行核查。

十、本公告自下发之日起执行。

特此公告。

中华人民共和国海关
对保税仓库及所存货物管理操作规程

2007 年 1 月 26 日

第一章　总　　则

第一条　为规范海关对保税仓库及所存货物的管理，根据《中华人民共和国海关对保税仓库及所存货物的管理规定》（以下简称《管理规定》）及其他有关法律、行政法规、规章，制定本规程。

第二条　海关对保税仓库的设立、经营管理以及对保税仓库所存货物的管理适用本规程。

第三条　海关应使用 H2000 保税仓库电子账册，对保税仓库的备案、变更、进出口进行管理。

第四条　直属海关负责检查、监督、指导、协调、规范本关区内保税仓库的监管业务。仓库主管海关负责辖区内保税仓库及所存货物的实际监管。

第二章　保税仓库的设立

第五条　直属海关应制定本关区保税仓库布局规划，并对外公布。布局规划在对外公布后，向总署备案。

保税仓库布局规划调整后应重新对外公布，并向总署备案。

第六条　企业设立保税仓库的申请，由拟设立的保税仓库所在地主管海关受理。

第七条　仓库主管海关受理申请时应收取以下单证：

（一）《保税仓库申请书》；

（二）《保税仓库申请事项表》；

（三）可行性报告；

（四）经营企业法人工商营业执照复印件；

（五）税务登记证复印件（国税和地税）；

（六）股权结构证明书复印件（合资企业）；

（七）开户银行证明复印件；

（八）拟开展保税仓储的营业场所的用地土地所有权或使用权证明复印件，以及拟开展保税仓储的营业场所的产权证明，属租借房屋的还应收取房屋租赁合同；

（九）申请设立的保税仓库位置图及平面图；

（十）仓库管理制度；

（十一）对申请设立寄售维修型保税仓库的，还应收取经营企业与外商的维修协议；

（十二）经营企业财务制度与会计制度；

（十三）消防验收合格证书；

（十四）其他需要的相关材料。

企业申请设立保税仓库时，如仓库已建成或租赁仓库经营的，海关应一次性收取以上所有单证、文件；如保税仓库尚在建设中的，以上第（八）、第（十三）项单证可缓收，在仓库验收时收取。

第八条　仓库主管海关负责审核仓库经营企业提交的书面材料和证件，根据以下情形分别作出处理：

（一）申请材料齐全、符合法定形式的，

或者申请人按照海关的要求提交全部补正申请材料的，应当作出受理决定；

（二）对申请材料不齐全或者不符合法定形式的，应当场或者在签收申请材料后5个工作日内一次告知申请企业需补正的全部内容，逾期不告知的，自收到申请材料之日起即为受理；

（三）申请材料仅存在文字性、技术性或者装订等可以当场更正错误的，应当允许申请人当场更正并签章确认。

第九条 仓库主管海关收到企业申请之日，即为受理海关行政许可申请之日。对申请人全部补正申请材料后受理海关行政许可申请的，收到全部补正申请材料之日为受理海关行政许可申请之日。

第十条 仓库主管海关受理企业申请后，于受理申请之日起20个工作日内审查完毕，填写《海关保税仓库/出口监管仓库审批表》（附件1）将审查意见和相关材料报直属海关。直属海关应自收到仓库主管海关报送的审查意见之日起20个工作日内作出决定。

仓库主管海关应留存企业申请文件资料一套，以备建档。

第十一条 海关受理设立保税仓库申请后应重点审核以下事项：

（一）申请企业应经工商行政管理部门注册登记，具有企业法人资格；

（二）申请公用型保税仓库的企业，其经营范围中应有仓储业务，申请自用型仓库的企业，必须符合总署对自用型保税仓库的定义；

（三）申请寄售维修型保税仓库的，应有进口设备供应商和经营企业关于设备售后维修的协议或合同；

（四）申请企业注册资本应达到300万人民币；

（五）申请企业应当已在海关办理进出口收发货人注册登记，但不得同时拥有进出口货物收发货人和报关企业双重身份；

（六）申请企业应具备向海关缴纳税款的能力；

（七）申请企业应具有专门存储保税货物的营业场所，且保税仓库的营业场所地址、面积等应与提供的房产证相符；

（八）申请设立的保税仓库应当符合海关对保税仓库布局的要求；

（九）保税仓库应符合国家土地管理、规划、交通、消防、安全、质检、环保等方面法律、行政法规及有关规定；

（十）申请经营特殊许可商品存储的，应持有规定的特殊许可证件；

（十一）申请经营备料保税仓库的加工贸易企业，年出口额应达到1000万美元；

（十二）经营企业应具备符合海关监管要求的保税仓库管理制度、符合会计法要求的会计制度；

（十三）申请设立公用型保税仓库和寄售维修型保税仓库的，面积不应低于2000平方米；

（十四）申请设立液体危险品保税仓库的，容积不应低于5000立方米；

（十五）申请设立的保税仓库应具备符合海关监管要求的安全隔离设施、监管设施和办理业务必需的其他设施；

（十六）保税仓库应具备符合海关监管要求的保税仓库计算机管理系统并与海关联网；

（十七）法律、行政法规、海关规章规定的其他条件。

如保税仓库尚未建成的，第（十三）至（十六）项的要求可在验收时审核，但应要求企业的申请材料中承诺达到这些条件。

第十二条 经批准设立的保税仓库，海关应根据企业申请，在批准设立后一年内进行验收。验收时应收取下列单证：

（一）企业验收申请；

（二）消防验收合格证书；

（三）产权证明，租借房屋的还应收取房屋租赁合同（申请时已收的除外）；

（四）海关认为需要的其他单证。

第十三条 仓库主管海关应自接到材料之日起10日内进行实地验收。验收时，应核实以下事项：

（一）仓库面积或容积是否符合批准的面积或容积；

（二）仓库安全隔离设施、监管设施等是否符合海关监管要求；

（三）是否建立符合海关监管要求的保税仓库管理制度、符合会计法要求的会计制度；

（四）是否具备仓库作业必需的设备和与海关联网的计算机管理系统；

（五）其他需验收的事项。

第十四条 验收结束后，仓库主管海关应填制《海关保税仓库/出口监管仓库勘验记录表》；同时填制《海关保税仓库/出口监管仓库审批表》，报直属海关审批。

直属海关自收到仓库主管海关报送材料之日起10日内审核完毕，必要时可会同仓库主管海关进行实地核实。直属海关审核验收通过的，应予以批注，并将有关材料交仓库主管海关留存。

对验收不合格的，海关应书面告知仓库经营企业。

第十五条 保税仓库通过验收后，由直属海关统一制作下发《保税仓库注册登记证书》，批准企业开展相关业务。

第十六条 直属海关应按照行政许可要求出具批准文件，由仓库主管海关将批准文件转交到企业，同时在制发《保税仓库注册登记证书》后的30个工作日之内通过“保税仓库/出口监管仓库网上备案系统”向总署备案。

第十七条 保税仓库经营企业应于每月初5个工作日前，向海关提交月报关单报表、库存总额报表及其他海关认为必要的月报单证，将上月仓库货物入、出、转、存、退等情况以计算机电子数据和书面形式报送仓库主管海关。

第十八条 仓库主管海关应为各保税仓库建立管理档案。有关保税仓库设立、变更、电子账册备案、核查、报表、补税、放弃、年审、撤销等单证，应存入档案。

第三章 电子账册的建立

第十九条 仓库主管海关在保税仓库验收通过后，应通知经营企业办理建立电子账册所需的各项手续，仓库主管海关应通知保税仓库经营企业办理联系函，凭联系函到海关企管部门办理保税仓库的注册登记手续。

第二十条 仓库主管海关保税部门在出具注册登记联系函时，应收取以下单证：

（一）《保税仓库情况登记表》；

（二）《保税仓库登记证书》复印件；

（三）经营企业营业执照复印件。

第二十一条 仓库主管海关保税部门应核准保税仓库的规范名称，规范名称中应包括经营企业名称和保税仓库性质，并以“保税仓库”作后缀。

核准名称后在《保税仓库企业情况登记表》上批注仓库性质及第七位代码，随同登记证书复印件做关封交企业向企管部门办理注册登记手续。

保税仓库的注册编码第7位为类别代码，其中“D”为公用保税仓库、“E”为液体危险品保税仓库、“F”为寄售维修保税仓库、“G”暂为空，“H”为其他专用型保税仓库、“I”为备料保税仓库，第8至第10位为顺序号。

第二十二条 仓库主管海关应按要求为企业建立保税仓库经营范围电子账册和通关电子账册。

仓库主管海关可根据仓库的具体情况选择备案式（K账册）或记账式电子账册（J账册）。

第二十三条 电子账册备案时，海关可按照进出口商品规范申报目录的要求进行审核。

电子账册商品的计量单位应满足海关监管要求，对机电产品、电子产品等应以数量单位建账。

第二十四条 电子账册的备案商品仓库主

管海关应进行归类审核。归类审核时，仓库主管海关应一并审核商品名称、备案计量单位等。

第二十五条 保税仓库电子账册的商品项在满足以下全部条件的情况下，可适当归并：

（一）商品的10位HS编码相同；

（二）商品名称相同；

（三）商品的备案/申报计量单位相同；

（四）商品价格相差不大。

第二十六条 一个保税仓库原则上建立一份经营范围电子账册和一份通关电子账册。

根据企业需求和方便海关监管的需要，在一份经营范围电子账册项下可以建立多份通关电子账册。

第二十七条 建立通关电子账册海关审核要点：

（一）经营单位应为海关批准的保税仓库经营单位；

（二）收货单位应为海关核准的保税仓库规范名称及代码；

（三）保税仓库名称和代码应与保税仓库性质一致；

（四）保税仓库备案商品不能超出仓库的经营范围，不得有国家规定不得存入保税仓库的商品；

（五）电子账册有效期应小于保税仓库经营企业经营期限。如仓库租赁房屋开展经营的，应小于保税仓库房屋租赁期；

（六）备案商品名称、计量单位应符合海关申报规范并满足监管需要；

（七）备案商品编码应准确；

（八）其他需要审核的事项。

第二十八条 海关应在电子账册审核环节进行以下操作：

（一）设置与批准内容一致的保税仓库面（容）积；

（二）设置电子账册最大周转金额；

（三）确定是否需要设置某项商品的最大周转数量。

第四章 保税仓库的管理

第一节 保税仓库的延期

第二十九条 《保税仓库注册登记证书》有效期为3年。

第三十条 保税仓库经营企业办理仓库延期手续，仓库主管海关应当在《保税仓库注册登记证书》有效期届满30个工作日前要求企业提交以下资料：

（一）保税仓库延期申请；

（二）《保税仓库注册登记证书》；

（三）工商营业执照和税务登记证复印件；

（四）《进出口货物收发货人注册登记证书》；

（五）保税仓库库址、土地使用权证明文件或者租赁仓库的租赁协议或者租赁土地建仓库的租赁协议；

（六）海关认为必要的其他材料。

上述资料凡提供复印件的，应当同时提交原件以供海关核对。

第三十一条 海关应当在保税仓库注册登记许可有效期届满前作出是否准予延期的决定。

仓库主管海关在收到保税仓库申请之日起15个工作日内填制《海关保税仓库/出口监管仓库审批表》，随附企业相关材料上报直属海关，直属海关应在15个工作日内作出是否准予延期的决定。直属海关审核准予延期的，应予以批注，并将材料交仓库主管海关留存。

海关对不再具备保税仓库设立许可条件的，不予办理延期手续。直属海关在做出不予延期决定后的30个工作日内，通过“保税仓库/出口监管仓库网上备案系统”向总署备案。

第二节 保税仓库的变更

第三十二条 保税仓库需变更仓库名称、地址、仓储面积的，仓库主管海关应收取下列资料：

（一）书面申请；

（二）可行性报告；

（三）《保税仓库注册登记证书》；

（四）《进出口货物收发货人注册登记证书》；

（五）工商营业执照和税务登记证书；

（六）保税仓库设立的批准文件；

（七）仓库土地使用权证明文件或租赁仓库的租赁协议（仅变更仓库地址和仓储面积提供）；

（八）仓库地理位置及平面图等有关资料（仅变更仓库地址和仓储面积提供）；

（九）仓库竣工合格证明文件和仓储设施消防验收合格证书（仅变更仓库地址和仓储面积提供）。

上述资料凡提供复印件的，应同时提交原件以供海关核对。

第三十三条 仓库主管海关受理变更申请后，应按以下要求审核：

（一）申请变更的单证是否齐全、有效；

（二）保税仓库地址、面（容）积、库位等变更后是否仍达到保税仓库应具备的条件；

（三）2004年2月1日前批准设立的保税仓库，申请变更的，应按照《管理规定》设定的条件和标准重新审核后办理变更手续。

第三十四条 经批准变更地址、仓储面积的保税仓库，海关应根据企业申请，在批准变更1年内、新库址开展业务前进行验收。验收程序按本规程第十三条和第十四条的规定办理。

第三十五条 仓库主管海关审核后认为符合规定的，应填制《海关保税仓库/出口监管仓库审批表》，并随附企业申请资料报送直属海关审批。直属海关审核准予变更的，应予以批注，并将有关材料交仓库主管海关留存。

保税仓库注册变更后，仓库主管海关应向企业出具《海关保税仓库变更/延期通知书》。

海关认为必要时应下库核实变更事项。

第三十六条 保税仓库经营企业变更企业名称、注册资本、组织形式、法定代表人等事项，仓库经营企业应于批准文件下发之日起10日内向仓库主管海关提交变更文件资料复印件。仓库主管海关填写《海关保税仓库/出口监管仓库审批表》，并自收到企业变更文件资料之日起10日内将有关材料报直属海关审批。

第三十七条 经营企业变更有关事项的，仓库主管海关应核实以下内容：

（一）经营企业名称的变更，经营保税仓库的企业主体资格没有改变，且保税仓库未通过变更企业名称的方式转给其他企业经营；

（二）企业的注册资本、组织形式、法人代表变更后仍应满足保税仓库经营企业需要具备的条件。

第三十八条 经核实经营企业变更后仍符合保税仓库设立要求的，仓库主管海关将相关资料报送直属海关审批。

第三十九条 直属海关应在保税仓库批准设立和变更后30个工作日内向总署备案。

第三节 保税仓库的撤销与注销

第四十条 保税仓库经营企业以隐瞒申请情况或提供虚假申请资料等不正当手段取得设立保税仓库行政许可的，由仓库主管海关书面报告直属海关，经审核通过后撤销企业的经营资格。

仓库主管海关应在撤销保税仓库前要求企业办结库存货物的征税、退运、放弃或销毁手续。

第四十一条 保税仓库有下列情形之一的，海关应书面通知保税仓库企业，并按照《管理规定》的有关规定，说明注销原因；

（一）经营期满、合约中止或终止的；

（二）丧失设立保税仓库条件的；

（三）无正当理由连续6个月未经营保税仓储业务的；

（四）保税仓库不参加年审或者年审不合

格的。

第四十二条 海关注销保税仓库应按如下规定办理：

（一）仓库主管海关应收取以下单证和物品：

1. 经营企业出具的保税仓库注销申请；

2.《保税仓库注册登记证书》；

3. 保税仓库库存货物处理报告；

4. 其他须收取的单证。

（二）仓库主管海关收到注销申请后，应核实保税仓库是否有库存货物，是否有其他遗留问题。保税仓库有库存货物的，应要求企业办结库存货物的补税、退运或放弃手续。

（三）仓库主管海关应填制《海关保税仓库/出口监管仓库审批表》，并随附企业相关材料报直属海关审批。直属海关审核准予注销的，应予以批注，并将有关材料交仓库主管海关留存。

第四十三条 保税仓库撤销、注销后，仓库主管海关应及时注销相应电子账册。直属海关应在办结保税仓库撤销、注销手续后30日内，通过"保税仓库/出口监管仓库网上备案系统"向总署备案。

第四十四条 对保税仓库经营企业遗失《保税仓库注册登记证书》的，仓库主管海关应要求其在地级市以上媒体公开刊登《遗失声明》。仓库主管海关应对企业递交的书面申请予以审核，报直属海关给予补发《保税仓库注册登记证书》。

第四节 保税仓库的核查

第四十五条 仓库主管海关可根据保税仓库的监管需要以及企业经营管理等情况，对保税仓库采取盘查、抽查、巡查等方式进行核查。在实际核查中，可视情况交叉、综合运用3种核查方式。

第四十六条 保税仓库有以下情况，仓库主管海关应下库核查：

（一）保税仓库有走私违规嫌疑的；

（二）申请开展简单加工业务的；

（三）保税仓库库存货物申请延期的；

（四）保税仓库报告所存货物有损坏、变质、灭失等情况的；

（五）企业月报和海关电子账册数据不吻合的；

（六）企业申请放弃货物的；

（七）保税仓库进出口货物数量和金额有异常的；

（八）企业申请注销保税仓库的；

（九）存在海关监管风险的其他情形。

第四十七条 仓库主管海关应每年对辖区内仓库企业的基本管理情况和总体经营及管理情况进行盘查。实施盘查时，仓库主管海关应盘查企业实际库存，并对海关及企业电子账册进、出、转、存的数据进行比对。

对保税仓库的盘查每年不少于一次。

第四十八条 实施盘查时，仓库主管海关应向保税仓库经营企业收取以下资料：

（一）仓库经营情况报告；

（二）仓库财务会计报告；

（三）工商营业执照复印件；

（四）《保税仓库注册登记证书》复印件；

（五）海关认为需要的其他资料。

第四十九条 对保税仓库进行盘查的，仓库主管海关应填写《保税仓库/出口监管仓库盘查报告表》，并形成综合盘查报告随附相关资料报直属海关审核。

对保税仓库进行抽查、巡查，仓库主管海关应填写《保税仓库/出口监管仓库抽查巡查报告表》。

第五章 保税仓库货物的管理

第一节 货物入仓管理

第五十条 对直接在口岸海关办理进口申报和货物放行手续的保税仓库货物，口岸海关应按"直接转关"的转关运输方式办理通关手续。

第五十一条 保税仓库入仓货物在仓库主管海关申报，在口岸海关验放的，按以下方式办理：

（一）仓库主管海关按“提前报关”的转关运输方式办理入仓手续。仓库主管海关和口岸海关在同一直属海关内的，经直属海关批准，可不按转关运输方式、由企业在办理报关手续后自行提取货物入仓。

（二）经海关批准，按“属地申报、口岸验放”模式，由企业在办理报关手续后自行提取货物入仓。

第二节 货物出仓管理

第五十二条 保税仓库出仓复运出境货物，仓库主管海关按转关运输方式办理出库手续。仓库主管海关和口岸海关在同一直属海关内的，经直属海关批准，可不按转关运输方式、由企业自行提取货物出仓办理报关手续。

经海关批准，企业也可按“属地申报、口岸验放”模式出仓报关。

第五十三条 保税仓库货物出仓运往境内其他地方转为正式进口的，在仓库主管海关办结出仓报关手续，填制出口报关单，监管方式填写“1200”，进口报关单按实际进口监管方式填报。

第五十四条 保税仓库货物出仓转为正式进口的，须由仓库主管海关保税监管部门审核同意后方可报关，进口报关单按实际进口监管方式填报。

第五十五条 保税仓库内的寄售维修零配件如申请以保修期内免税方式出仓的，除验核收取前条单证外，海关还应收取以下单证：

（一）《保税仓库寄售维修件保修期内维修免税申请表》；

（二）原设备进口货物报关单；

（三）原设备进口税款缴纳证明、减免税证明；

（四）商品检验机关出具的原进口货物品质不良的检验证明书或买卖双方签订的索赔协议；

（五）维修记录单；

（六）其他有关证明。

保税部门留存一套上述单证的复印件后，正本退企业报关。

第五十六条 保税仓库寄售维修零部件申请免税出仓的，海关应审核：

（一）进口报关单的经营单位应与保税仓库电子账册一致；

（二）免税出仓的维修件应在保修期内，但最长不应超过原设备进口之日起3年；

（三）维修件应由外商免费提供；

（四）进口报关单贸易方式应为“无代价抵偿货物”（代码为“3100”）；

（五）被更换的零部件是否已退运或放弃；

（六）对被更换的零部件超过三个月尚未退运的，须收取与维修件进口税等额的风险担保金；

（七）核对企业提交的原设备进口货物报关单，属异地关区的，需经原设备进口地海关确认。

第五十七条 对以保修期内免税方式出仓的维修件，仓库主管海关应做好被更换的零部件退运或放弃等手续的跟踪销账。

第五十八条 保税仓库企业如申请以集中报关方式出仓的，仓库主管海关应履行书面批准手续，海关应收取企业集中报关的书面申请，申请中应写明集中报关的商品名称、发货流向、发货频率、合理理由等。

第五十九条 海关按以下要求办理集中报关手续：

（一）根据企业资信状况和风险度，仓库主管海关可收取保证金；

（二）集中报关的时间应根据出货的频率和数量价值等合理设定；

（三）为保证海关有效监管，企业当月出库的货物最迟应在次月5个工作日前办理报关手续，并不得跨年度申报；

（四）集中报关申请应报仓库主管海关分

管关长审批，并存档备查。

第六十条 企业在设立保税仓库后申请开展简单加工后出仓的，仓库主管海关应收取企业书面申请，并注意审核是否符合对货物进行分级分类、分拆分拣、分装、计量、组合包装、打膜、加刷唛码、刷贴标志、改换包装、拼装等辅助性简单作业的特征。

第三节 货物的流转管理

第六十一条 保税仓库与海关特殊监管区域或其他海关保税监管场所往来流转的货物，按转关运输的有关规定办理相关手续。

保税仓库和特殊监管区域或其他海关保税监管场所在同一直属关区内的，经直属海关批准，可不按转关运输方式办理。

第六十二条 保税仓库货物转往其他保税仓库的，应各自在其仓库主管海关报关，报关时应先办理进口报关，再办理出口报关。

第四节 保税仓库货物的延期和放弃管理

第六十三条 保税仓库申请保税仓库货物延期的，海关应收取以下单证：

（一）申请延期报告；

（二）申请延期货物清单，清单应包括原入库日期、品名、数量、金额、存放库位等；

（三）其他必要单证。

第六十四条 海关批准的保税仓库货物存储期延期后一般不应超过2年，如延期后货物存储期未超出2年的，由仓库主管海关批准。

特殊情况下，延期后货物存储期超出2年的，应报直属海关批准。

第六十五条 保税仓库货物超出规定的存储期限未申请延期或海关不批准延期申请的，仓库主管海关应要求企业办理超期货物的退运、补税、放弃、销毁等手续。

企业逾期3个月未办理上述手续的，海关应根据《中华人民共和国海关法》的有关规定予以处理。

第六十六条 保税仓库货物申请放弃处理的，仓库主管海关按放弃货物的有关规定办理。

第六章 附 则

第六十七条 本规程由总署负责解释。

第六十八条 本规程自2007年1月26日起施行。

中华人民共和国海关对出口监管仓库及所存货物管理操作规程

2007年1月26日

第一章 总 则

第一条 为规范海关对出口监管仓库及所存货物的管理，根据《中华人民共和国海关对出口监管仓库及所存货物的管理办法》（以下简称《管理办法》）以及其他有关法律、行政法规、规章，制定本规程。

第二条 海关对出口监管仓库的设立、经营管理以及对出口监管仓库所存货物的管理适用本规程。

第三条 直属海关负责检查、监督、指导、协调、规范本关区内出口监管仓库的监管业务。

仓库主管海关负责辖区内出口监管仓库及所存货物的实际监管。

第二章 出口监管仓库的设立

第四条 直属海关应制定本关区出口监管仓库布局规划，并对外公布。布局规划在对外公布后，向总署备案。

出口监管仓库布局规划调整后应重新对外公布，并向总署备案。

第五条 出口监管仓库分为出口配送型仓库和国内结转型仓库。

仓库经营企业可同时经营出口配送型和国内结转型两种类型出口监管仓库。在同一仓库地址不同库区的，同时经营两种类型出口监管仓库的仓库经营企业，应对两类仓库作物理隔断，并设置明显标识。

符合入仓退税条件的出口监管仓库，可由仓库经营企业申请，经批准后享受入仓退税政策。

第六条 对符合《管理办法》第九条规定，申请设立出口监管仓库的经营企业，仓库所在地海关依照《管理办法》第十条的规定，收取书面材料和相关证件（如企业属租赁土地建仓库情形的，还需收取“租赁土地建仓库的租赁协议”）。

第七条 仓库所在地海关负责审核仓库经营企业提交的书面材料和证件，根据以下情形分别作出处理：

（一）申请材料齐全、符合法定形式的，或者申请人按照海关的要求提交全部补正申请材料的，应当作出受理决定；

（二）对申请材料不齐全或者不符合法定形式的，应当场或者在签收申请材料后5日内一次告知申请企业需补正的全部内容，逾期不告知的，自收到申请材料之日起即为受理；

（三）申请材料仅存在文字性、技术性或者装订等可以当场更正错误的，应当允许申请人当场更正并签章确认。

第八条 仓库所在地海关收到企业申请之日，即为受理海关行政许可申请之日。对申请人全部补正申请材料后受理海关行政许可申请的，收到全部补正申请材料之日为受理海关行政许可申请之日。

第九条 仓库所在地海关受理企业申请后，可派员到出口监管仓库现场进行验核，并于受理申请之日起20日内审查完毕，填写《海关保税仓库/出口监管仓库审批表》后，将审查意见和相关材料报直属海关。直属海关应自收到仓库所在地海关报送的审查意见之日起20日内作出决定。

仓库所在地海关应留存企业申请文件资料一套，以备建档。

第十条 出口监管仓库经批准设立后，仓库库址所在地海关为仓库主管海关。

第十一条 海关按照《管理办法》第十二条的规定对申请设立的出口监管仓库进行验收。

仓库主管海关自接到仓库经营企业提交验收的书面申请及随附相关材料之日起10日内进行实地验收，并填写《海关保税仓库/出口监管仓库勘验记录表》，填写《海关保税仓库/出口监管仓库审批表》及相关材料报直属海关审核。

直属海关自收到主管海关报送材料之日起10日内审核完毕，必要时可会同仓库主管海关进行实地核实。

第十二条 对验收合格的出口监管仓库，直属海关核发《海关出口监管仓库注册登记证书》，批准企业开展相关业务。

对验收不合格的，海关应书面告知仓库经营企业。

第十三条 直属海关应按照行政许可要求出具批准文件，由仓库主管海关将批准文件转交到企业，并在批准文件下发之日起30日内通过“保税仓库/出口监管仓库网上备案系统”向总署备案。

第十四条 仓库主管海关在出口监管仓库批准设立后，建立仓库档案进行管理。

档案资料包括出口监管仓库申请材料、《海关出口监管仓库注册登记证书》（复印件）、仓库管理账册、进出仓单据（证）、仓库月报表、核查资料、走私违规情况，以及出口监管仓库的设立、变更、撤销和注销等相应文件和资料。

第十五条 仓库主管海关应于每月5日前向仓库经营企业收取月报表，报表应如实记录仓库货物的进、出、转、存、退等情况。

第十六条 海关应对出口监管仓库货物实行电子账册管理，并与建立符合监管要求内部计算机管理系统的仓库实行联网管理。

第三章 出口监管仓库的管理

第一节 出口监管仓库延期

第十七条 仓库经营企业申请延期审查的，须在《海关出口监管仓库注册登记证书》有效期届满30日前向仓库主管海关提交以下资料：

（一）出口监管仓库延期申请；

（二）《海关出口监管仓库注册登记证书》；

（三）工商营业执照和税务登记证书；

（四）《进出口货物收发货人注册登记证书》；

（五）出口监管仓库库址、土地使用权证明文件或者租赁仓库的租赁协议或者租赁土地建仓库的租赁协议；

（六）需要提交的其他资料。

上述资料凡提供复印件的，应当同时提交原件以供海关核对。

第十八条 海关应当在出口监管仓库注册登记许可有效期届满前作出是否准予延期的决定。仓库主管海关在收到申请后填写《海关保税仓库/出口监管仓库审批表》，并于15日内将审核意见报直属海关，直属海关在15日内作出是否准予延期的决定。

海关对不再具备仓库设立许可条件的，不予办理延期手续。直属海关在做出不予延期决定后的30日内，通过“保税仓库/出口监管仓库网上备案系统”向总署备案。

第二节 出口监管仓库的变更

第十九条 出口监管仓库需变更仓库名

称、地址、仓储面积的，仓库主管海关应收取下列资料：

（一）书面申请；

（二）可行性报告；

（三）《海关出口监管仓库注册登记证书》；

（四）《进出口货物收发货人注册登记证书》；

（五）工商营业执照和税务登记证书；

（六）出口监管仓库设立的批准文件；

（七）仓库土地使用权证明文件或租赁仓库的租赁协议（仅变更仓库地址和仓储面积提供）；

（八）仓库地理位置及平面图等有关资料（仅变更仓库地址和仓储面积提供）；

（九）仓库竣工合格证明文件和仓储设施消防验收合格证书（仅变更仓库地址和仓储面积提供）。

上述资料凡提供复印件的，应同时提交原件以供海关核对。

第二十条 仓库主管海关应对仓库经营企业提交的申请资料进行审查，提出初审意见报直属海关审核。

变更仓库地址、仓储面积的，海关应根据企业申请，在批准变更一年内、新库址开展业务前进行验收。验收程序按本规程第十一条和第十二条的规定办理。

第二十一条 出口监管仓库经营企业变更企业名称、注册资本、组织形式、法定代表人等事项，仓库经营企业应于批准文件下发之日起10日内向仓库主管海关提交变更文件资料复印件。仓库主管海关填写《海关保税仓库/出口监管仓库审批表》，并自收到企业变更文件资料之日起10日内将有关材料报直属海关审批。

第二十二条 出口监管仓库经营企业变更事项的，仓库主管海关应核实以下内容：

（一）仓库经营企业变更企业名称的，出口监管仓库的经营企业主体没有改变，且出口监管仓库未通过变更企业名称的方式转给其他企业经营；

（二）仓库经营企业的注册资本、组织形式、法人代表变更后仍满足出口监管仓库经营企业需要具备的条件。

第三节 出口监管仓库的撤消与注销

第二十三条 出口监管仓库经营企业以隐瞒申请情况或提供虚假申请资料等不正当手段取得设立出口监管仓库行政许可的，由仓库主管海关书面报告直属海关，经审核通过后撤销企业的经营资格。

仓库主管海关应在撤销出口监管仓库前要求企业办结库存货物的征税、退运、放弃或销毁手续。

第二十四条 出口监管仓库发生《管理办法》第二十一条规定行为之一的，仓库主管海关应填写《海关保税仓库/出口监管仓库审批表》并随附相关资料，向直属海关提交注销该出口监管仓库的报告。对有库存货物的，仓库主管海关应要求企业办结库存货物的补税、退运等手续后方能注销。

直属海关审核同意后，注销《海关出口监管仓库注册登记证书》。仓库主管海关应收回《海关出口监管仓库注册登记证书》，并于注销之日起10日内上交直属海关。

第二十五条 对出口监管仓库经营企业遗失《海关出口监管仓库注册登记证书》的，仓库主管海关应要求其在地级市以上媒体公开刊登《遗失声明》。仓库主管海关应对企业递交的书面申请予以审核，报直属海关给予补发《海关出口监管仓库注册登记证书》。

第二十六条 出口监管仓库有撤销和注销的，直属海关应在办结手续后30日内通过“保税仓库/出口监管仓库网上备案系统”向总署备案。

第四节 出口监管仓库的核查

第二十七条 仓库主管海关可根据出口监管仓库的监管需要以及企业经营管理等情况，

对出口监管仓库采取盘查、抽查、巡查等方式进行核查。在实际核查中，可视情况交叉、综合运用以上三种核查方式。

第二十八条 出口监管仓库有下列情形的，仓库主管海关应下库核查：

（一）出口监管仓库有走私违规嫌疑的；

（二）申请开展简单加工业务的；

（三）出口监管仓库库存货物申请延期的；

（四）出口监管仓库报告所存货物有损坏、变质、灭失等情况的；

（五）企业月报和海关电子账册数据不吻合的；

（六）企业申请放弃货物的；

（七）出口监管仓库进出口货物数量和金额有异常的；

（八）仓库经营企业申请注销出口监管仓库的；

（九）存在海关监管风险的其他情形。

第二十九条 仓库主管海关应对辖区内仓库经营企业的基本管理情况和总体经营情况进行盘查。实施盘查时，仓库主管海关应盘查企业实际库存，并对海关及企业电子账册进、出、转、存的数据进行比对。对出口监管仓的盘查每年不少于一次。

第三十条 实施盘查时，仓库主管海关应向仓库经营企业收取以下资料：

（一）仓库经营情况报告；

（二）仓库财务会计报告；

（三）工商营业执照复印件；

（四）《海关出口监管仓库注册登记证书》；

（五）《进出口收发货人注册登记证书》；

（六）海关认为需要的其他资料。

第三十一条 对出口监管仓库进行盘查的，仓库主管海关应填写《海关保税仓库/出口监管仓库盘查报告表》，并形成综合盘查报告随附相关资料报直属海关审核。

对出口监管仓库进行抽查、巡查的，仓库主管海关应填写《海关保税仓库/出口监管仓库抽查巡查报告表》。

第四章 出口监管仓库所存货物的管理

第一节 货物入仓管理

第三十二条 办理出口货物报关入仓手续时，仓库主管海关应当收取以下单证：

（一）注明拟存出口监管仓库名称的《出口货物报关单》；

（二）对外签订的货物出口合同或《海关加工贸易手册》（纸质或电子数据的）；

（三）属于许可证件管理的货物，需提交相关许可证件；

（四）加盖出口监管仓库经营企业报关专用章的《出口监管仓库货物入仓清单》；

（五）非自理报关的，应提供《代理报关委托书》；

（六）海关认为需要提交的其他随附单证。

仓库主管海关对《出口监管仓库入仓清单》的内容进行审核通过后，按通关作业规范要求对上述报关单证进行审核。

第三十三条 在启运地海关办结出口报关手续的出口货物，以转关运输方式存入出口监管仓库的，仓库主管海关应当收取以下单证：

（一）加盖出口监管仓库经营企业报关专用章的《出口监管仓库货物入仓清单》；

（二）《进/出口转关货物申报单》或《进/出境载货清单》；

（三）海关认为需要提交的其他单证。

仓库主管海关对《出口监管仓库入仓清单》的内容进行审核通过后，按通关作业规范要求对上述报关单证进行审核。

第三十四条 存入享受入仓退税政策出口监管仓库的货物，仓库主管海关应在办理货物入仓结关手续后，即予签发出口货物报关单证明联；对转关存入享受入仓退税政策出口监管仓库的货物，仓库主管海关应在货物入仓后核销转关申报单，向启运地海关发送结关核销电子回执，启运地海关签发出口货物报关单证明联。

第三十五条 存入不享受入仓退税政策的出口监管仓库货物，仓库主管海关应在货物全部实际离境后，予以签发出口货物报关单证明联；对转关存入不享受入仓退税政策出口监管仓库的货物，仓库主管海关必须在货物实际离境后，向启运地海关发送结关核销电子回执，启运地海关签发出口货物报关单证明联。

第三十六条 对仓库经营企业申请以集中报关方式办理货物入仓手续的，仓库主管海关应要求企业提交书面申请和《海关出口监管仓库申请事项审批表》，履行书面审批手续。

每批次货物入仓时，仓库主管海关应当收取以下资料：

（一）加盖出口监管仓库经营企业报关专用章的《出口监管仓库货物入仓清单》；

（二）对外签订的货物出口合同或《海关加工贸易手册》（纸制或电子数据的）；

（三）属于许可证件管理的，需提交相关许可证件；

（四）海关认为需要提交的其他资料。

仓库主管海关应对《出口监管仓库货物入仓清单》进行审核；对加工贸易货物在加工贸易登记手册上进行核注，对凭集中申报后已结关的报关单核扣加工贸易登记手册等备案数据；对凭许可证件出口的，海关将许可证件签注后退还申报人，并留存许可证件的复印件；应当征收税、费的，海关按集中申报有关规定办理。

仓库主管海关应要求企业将全部《出口监管仓库货物入仓清单》数据进行汇总，并按本规程第三十二条的规定向海关申报。

集中申报的期限不得超过1个月，且不得跨年度办理。

第三十七条 出口监管仓库开展流通性增值服务业务，仓库主管海关应要求企业提交《海关出口监管仓库申请事项审批表》，经审核同意后方可开展此项业务。海关应对此项业务实行登记管理。

出口监管仓库货物可在货物存入仓库后、报关前，在仓库主管海关特准的时间和划定的专门区域内进行品质检验。

第三十八条 对在出口监管仓库内开展流通性增值服务所需的国内设备、材料，仓库主管海关应要求仓库经营企业提交书面申请报告及《海关出口监管仓库申请事项审批表》，经审核同意后方可运入仓库。海关应对此项业务实行登记管理。

第三十九条 对出口配送型监管仓库存放为拼装出口货物而进口货物，以及为改换本仓库货物包装而进口包装物料的，仓库主管海关应要求仓库经营企业划定专门区域存放，并设定明显标识；同时，应要求发货人或其代理人委托仓库经营企业提交书面申请及《海关出口监管仓库申请事项审批表》，经审核同意后，方可开展此项业务。海关应对此项业务实行登记管理。

仓库主管海关应对上述货物按进口保税货物监管方式办理通关手续。上述货物存入出口监管仓库后，不得转国内销售，不得流转至特殊监管区域或场所。

第二节 货物出仓管理

第四十条 出口监管仓库货物在仓库主管海关申报出仓，并从本仓库主管海关口岸出境的，仓库主管海关应当收取以下单证：

（一）《出口货物报关单》；

（二）加盖出口监管仓库经营企业报关专用章的《出口监管仓库货物出仓清单》；

（三）运输工具装运单证；

（四）非自理报关的，应提供《代理报关委托书》；

（五）海关认为需要提交的其他单证。

仓库主管海关对《出口监管仓库出仓清单》的内容进行审核通过后，方按通关作业规范要求对上述报关单证进行审核。

第四十一条 出口监管仓库货物在仓库主管海关申报出仓，并从非本仓库主管海关口岸出境的，仓库主管海关应当收取以下单证：

（一）《出口货物报关单》；

（二）加盖出口监管仓库经营企业报关专用章的《出口监管仓库货物出仓清单》；

（三）《进/出口转关货物申报单》或《进/出境载货清单》；

（四）非自理报关的，应提供《代理报关委托书》；

（五）海关认为需要提交的其他单证。

仓库主管海关对《出口监管仓库出仓清单》的内容进行审核通过后，方按转关作业的有关规定对上述报关单证进行审核。

第四十二条 出口监管仓库货物不在仓库主管海关申报出仓，从口岸海关直接申报出境时，按以下程序办理手续：

仓库主管海关应当审查仓库经营企业提交的《海关出口监管仓库申请事项审批表》和《出口监管仓库货物出仓清单》，审核同意后，开具《海关出口监管仓库货物口岸申报业务联系单》；企业在口岸海关办理申报手续时，口岸海关收取以下单证：

（一）《出口货物报关单》；

（二）《海关出口监管仓库申请事项审批表》；

（三）《海关出口监管仓库货物口岸申报业务联系单》；

（四）加盖出口监管仓库经营企业报关专用章的《出口监管仓库货物出仓清单》；

（五）《进/出境载货清单》及随附单证；

（六）非自理报关的，应提供《代理报关委托书》；

（七）海关认为需要提交的其他随附单证。

口岸海关在《出口货物报关单》（主管海关存查联）上加盖放行章后，退回报关企业交仓库主管海关。

仓库主管海关在收到口岸海关《出口货物报关单》（主管海关存查联）后，对《出口监管仓库货物出仓清单》进行审核确认。

第四十三条 对出口监管仓库所存货物转为国内进口的，仓库主管海关应要求仓库经营企业提交书面申请报告及《海关出口监管仓库申请事项审批表》。经审核同意后，按照实际贸易方式和货物实际状态办理进口报关手续。

第四十四条 已出仓离境的出口监管仓库货物需退运的，应按海关退运货物的规定在口岸海关办理手续，退运货物不得转入出口监管仓库。

从境内存入出口监管仓库货物需退仓的，仓库主管海关应要求仓库经营企业提交书面申请及《海关出口监管仓库申请事项审批表》。经审核同意后，撤销原报关单证和《出口监管仓库货物入仓清单》。

转关入仓货物需退回启运地海关的，启运地海关应向发货人或其代理人收取申请报告，经审核同意后，向仓库主管海关出具相关证明；仓库主管海关收到启运地海关相关证明后，按进口转关方式办理通关手续。

第四十五条 已签发报关单退税证明联的货物申请办理退运、退仓手续时，海关应要求出口企业提交有关货物未办理出口退税或所退税款已退还税务机关的证明文件。

第四十六条 经海关批准后，对符合条件的仓库经营企业，可适用“属地申报，口岸验放”通关模式办理货物出仓手续。

第四十七条 出口监管仓库货物因质量等原因需要更换的，仓库主管海关应要求仓库经营企业提交书面申请、《海关出口监管仓库申请事项审批表》及由商检机构、行业中介检验机构或收、发货人出具的质量检验报告。经审核同意后，仓库经营企业方可开展此项业务。

被更换货物须在更换货物实际入仓后方能出仓，仓库主管海关应对货物的更换进行实际监管，并实行登记管理。

第四十八条 货物拼装出口时，《出口货物报关单》和《出口监管仓库货物出仓清单》可按原入仓货物的实际状态分别申报，但须在《出口货物报关单》和《出口监管仓库货物出仓清单》备注栏内注明“拼装货物”。

第三节　货物的流转管理

第四十九条　出口监管仓库与海关特殊监管区域或其他海关保税监管场所往来流转的货物，按转关运输的有关规定办理相关手续。

出口监管仓库和特殊监管区域或其他海关保税监管场所在同一直属关区内的，经直属海关批准，可不按转关运输方式办理。

第五十条　对同一主管海关管辖的出口监管仓库与海关特殊监管区域或其他海关保税监管场所往来流转的货物，海关应要求货物转出和转入企业提交《海关出口监管仓库货物流转申请表》，经审核后，再填制相应报关单证申报。

第四节　出口监管仓库货物的延期和放弃管理

第五十一条　出口监管仓库申请出口监管仓库货物延期的，发货人或其代理人应在货物储存期满10日前向海关提交书面延期申请报告及《海关出口监管仓库申请事项审批表》。

仓库主管海关应对发货人或其代理人书面延期申请报告及《海关出口监管仓库申请事项审批表》进行审核，经审核同意后予以延期，但延期不得超过6个月。

第五十二条　出口监管仓库货物超出规定的存储期限未申请延期或海关不批准延期申请的，仓库主管海关应要求企业办理超期货物的退运、补税、放弃、销毁等手续。

第五章　附　　则

第五十三条　本规程实施行政许可的期限以工作日计算，不含法定节假日。

第五十四条　本规程下列用语的含义：

退运货物，指因质量不符、延误交货或其他原因退运进境的货物。

退仓货物，指已办结出口报关手续从境内存入出口监管仓库未实际离境，因质量不符、延误交货或其他原因，经海关核准后退回国内的货物，但转国内进口的货物除外。

第五十五条　本规程由总署负责解释。

第五十六条　本规程自2007年1月26日起施行。

海关总署关于印发海关特殊监管区域基础和监管设施验收标准的通知

2007 年 1 月 31 日

广东分署，天津、上海特派办，各直属海关、院校：

为规范出口加工区海关监管隔离设施的建设标准，总署于 2000 年制定并印发了《出口加工区隔离设施及海关有关监管设施标准》（署税［2000］311 号）和《关于对出口加工区卡口设置专用通道的要求》（署税［2000］680 号）（以下统称“原标准”）。6 年多来，“原标准”对出口加工区的建设起到了积极的规范作用，为海关的有效监管提供了有力保障。正是由于出口加工区高标准的建设起到了示范作用，国务院要求这期间批准设立的跨境工业区、保税物流园区和保税港区等海关特殊监管区域，比照出口加工区的标准建设。随着海关特殊监管区域种类的日益增多以及功能的不断拓展，“原标准”在执行过程中也出现了一些需修改和完善的问题。

为进一步规范海关特殊监管区域的管理，统一建设标准和验收标准，以适应新形势的发展要求，总署会同国家发展改革委、财政部、国土资源部、商务部、交通部、税务总局、工商总局、质检总局及外汇局等九部门联合制定了《海关特殊监管区域基础和监管设施验收标准》（以下简称《验收标准》）。《验收标准》适用于保税港区、综合保税区、保税区、出口加工区、保税物流园区和跨境工业区等经国务院批准设立的海关特殊监管区域。现予印发，请各直属海关将《验收标准》转发本关区内各类海关特殊监管区域管委会，并指导他们严格按照《验收标准》进行规划建设海关监管设施。对《验收标准》印发之日起开工建设的各类海关特殊监管区域，各地海关要严格按照《验收标准》做好经国务院批准新设立的各类海关特殊监管区域的预验收工作，联合验收小组也将依《验收标准》进行正式验收，《验收标准》印发之日前已按“原标准”建设的隔离围网，仍按“原标准”进行验收。

《验收标准》自印发之日起施行。同时，《出口加工区隔离设施及海关有关监管设施标准》（署税［2000］311 号）、《关于对出口加工区卡口设置专用通道的要求》（署税［2000］680 号）同时废止。

附件：海关特殊监管区域基础和监管设施验收标准

附件：

海关特殊监管区域基础和监管设施验收标准

一、海关特殊监管区域（以下简称特殊区域）基础设施标准严格依据经批准的特殊区域规划控制面积和四至范围进行规划设计；依法办理农用地转用、土地征收和供地审批手续，取得国有土地使用权；基础设施开发建设完毕，实现七通一平；区内无生活居住建筑设施。

二、特殊区域与非特殊区域之间隔离围墙标准特殊区域与非特殊区域之间应设置隔离围墙（设立在独立海岛上的特殊区域可视情特殊处理），隔离围墙应为不间断全封闭式隔离设施，不得有破损和缺口。隔离围墙距地面的总净高度不低于3米。距隔离网内、外直径5米内不得有永久性建筑，不得种植高度超过0.5米的灌木和其他植物。电线杆、路灯等配电设备必须距离围网不少于5米，距隔离网内、外直径5米内如有变电塔等配电设施，应对该配电设施在原来围网的基础上进行独立围网。

隔离围网通过特殊区域的河道应不间断，河道两边地面以上高度不低于2.5米，河道围网或金属槛栅应设至河床。

（一）永久性围墙：分为金属网状、金属槛栅、实体墙等式样。

1. 金属网状式：由基座、金属网状钢管架、铁丝网组成。

（1）底部：地面以上为内砖外水泥砂浆罩面或浇注水泥式基台，高0.35~0.5米。

（2）中部：为金属菱型网状钢管架结构。钢管与金属网间距，金属网与底部基台间距均不大于0.05米。

①钢管（或方钢）高度不低于2.5米，直径不小于0.07米；

②金属网高2.2米，宽1.5米，网丝直径不小于0.005米；

③网眼见方不大于0.0025平方米。

（3）上部：横排列三根带刺铁丝网，每根间距0.1米或高为0.3米的金属网。

2. 金属槛栅式：由基座、金属槛栅组成。

（1）底部：地面以上为内砖外水泥砂浆罩面或浇注水泥式基台，高0.35~0.5米；

（2）中部：

①槛栅实体水泥柱0.35~0.4×0.35~0.4厘米，柱与柱之间间隔5~6米；

②金属槛栅为直径不小于0.015米的方、圆钢加顶端枪尖组成；

③金属槛栅间距不超过0.1米。

3. 实体墙式：由底座、实体建筑材料组成。

（1）底中部：内砖外水泥浆罩面或水泥浇注，横截直径不小于0.25米。

（2）上部：横排列三根带刺铁丝网，每根间距0.1米。

（二）过渡性围墙：由水泥桩和铁丝网组成。

1. 铁丝网：高2米，长3米，可以拆卸。

2. 桩头略高于网，两个桩头间距3.2米。

三、进出特殊区域卡口、通道设施及有关监管设施标准

（一）进出特殊区域通道（包括临时通道）：为保证海关对进出特殊区域的货车（包括货物）、客车、人员的有效监管，特殊区域要设置供货车、客车、人员进出的专用通道。专用通道至少3条，应分别设置进区货车通道、出区货车通道、客车及人员通道。

进出区客车及人员通道可视情况合为一条，但要留出空间，以备在需要的时候，将客

车和人员进、出通道分开。专用通道间有隔离设施，并设有明显标志。

（二）卡口：货物通道应设置检查卡口。在卡口安装电子闸门放行系统、车辆自动识别系统、单证识别系统、与 H2000 联网的电子地磅系统和视频监控系统，卡口与货物验放部门实行联网。卡口硬件应比照海关总署已招标的卡口设备型号、参数标准配置。在客车及人员通道安装电子闸门放行系统、读卡器及视频监控系统。

为方便特殊区域人员进出，可根据实际情况在特殊区域设置一个行政卡口，行政卡口必须设置相应监控设施，专人值守，原则上只能进出人员。

可根据实际需要在特殊区域内设立用于基建车辆进出的临时出入口，临时出入口必需设置相应的监控设施，专人职守，在使用完毕后予以关闭或改造成普通围墙。

（三）验货场地：特殊区域卡口附近应设有验货专用场地，其面积视具体情况而定。验货场地应配有可供海关、检验检疫部门共同使用的验货平台，配置与 H2000 联网的电子地磅系统、必备的照明设施等。

（四）监管仓库：特殊区域内应设有符合监管要求、可供海关及检验检疫部门共同使用的监管仓库，仓库内安装有照明设施和视频监控系统。验货平台应与监管仓库相接，并可进行铲车作业。

（五）巡逻通道：区内沿隔离围墙设有供海关监管、巡逻的专用通道，横宽不少于 4 米。为确保海关 24 小时监管，沿巡逻通道要安装照明设施。

（六）监控系统：沿特殊区域隔离围网设置视频监控系统和报警系统，保证海关对围网周界全方位无盲区监控。在海关认为有必要实施监控的其他地点，如监管仓库、验货平台、卡口等处设置适当的监控系统。监控系统应在验收前安装到位，并能够正常运行。所有报警系统设施不能对人身造成伤害。

特殊区域所需配置的视频监控系统、报警系统，由特殊区域主管部门负责建设，经验收合格后交付使用；其他专用的海关和检验检疫部门所需监控设备，由海关总署、质检总局统一配置。具体配置规模，由特殊区域所在地海关、检验检疫部门根据实际业务量提出设计方案，报海关总署、质检总局审批确定。

（七）检验处理场所和设施：特殊监管区域内应设有检验检疫所需的熏蒸消毒或销毁处理场所和设施，符合安全要求，有警示标志，并配有现场办公用房、药品器械库和必要的消毒器具以及存放待处理物品的防疫库。距生活和工作区域不少于 50 米。

（八）特殊区域应建立符合海关、检验检疫监管要求的网络环境和计算机管理系统，满足外汇、税务等部门有关业务监管信息共享的管理需要。

四、海关及检验检疫部门监管、办公和休息用房标准

（一）监管用房：在两条货车通道的中间应设立海关监管用房，面积不小于 20 平方米，宽度不少于 3 米。

（二）办公用房：特殊区域主管部门应向驻区海关及检验检疫部门提供永久性办公用房。办公用房内应有专供企业办理货物进出区手续的办事大厅，办事大厅应在显著位置设置企业办事流程等方便企业办理业务的设施。在永久性办公用房建成使用前，特殊区域主管部门应为驻区海关及检验检疫部门提供可开展海关及检验检疫业务的临时办公室。

（三）休息用房：由于海关、检验检疫对特殊区域实行 24 小时监管和通关，特殊区域主管部门应向驻区海关及检验检疫部门提供休息用房。

五、海关及检验检疫部门监管配套设施

特殊区域主管部门应向驻区海关及检验检疫部门提供必要的办公条件，保证海关及检验检疫部门办公所需水、电供应以及通信线路的畅通。

中华人民共和国海关加工贸易单耗管理办法

2007 年 3 月 1 日

第一章　总　　则

第一条　为了规范加工贸易单耗（以下简称单耗）管理，促进加工贸易的健康发展，根据《中华人民共和国海关法》及其他有关法律、行政法规的规定，制定本办法。

第二条　海关对单耗的管理适用本办法。

第三条　单耗是指加工贸易企业在正常加工条件下加工单位成品所耗用的料件量，单耗包括净耗和工艺损耗。

第四条　加工贸易企业应当在加工贸易备案环节向海关进行单耗备案。

第五条　单耗管理应当遵循如实申报、据实核销的原则。

第六条　加工贸易企业向海关提供的资料涉及商业秘密，要求海关保密并向海关提出书面申请的，海关应当依法予以保密。加工贸易企业不得以保密为由，拒绝向海关提供有关资料。

第二章　单耗标准

第七条　单耗标准是指供通用或者重复使用的加工贸易单位成品耗料量的准则。单耗标准设定最高上限值，其中出口应税成品单耗标准增设最低下限值。

第八条　单耗标准由海关根据有关规定会同相关部门制定。

第九条　单耗标准应当以海关公告形式对外发布。

第十条　单耗标准适用于海关特殊监管区域、保税监管场所外的加工贸易企业，海关特殊监管区域、保税监管场所内的加工贸易企业不适用单耗标准。

第十一条　海关特殊监管区域、保税监管场所外的加工贸易企业应当在单耗标准内向海关进行单耗备案或者单耗申报。

海关特殊监管区域、保税监管场所外的加工贸易企业申报的单耗在单耗标准内的，海关按照申报的单耗对保税料件进行核销；申报的单耗超出单耗标准的，海关按照单耗标准的最高上限值或者最低下限值对保税料件进行核销。

第十二条　尚未公布单耗标准的，加工贸易企业应当如实向海关申报单耗，海关按照加工贸易企业的实际单耗对保税料件进行核销。

第三章　申报单耗

第十三条　申报单耗是指加工贸易企业向海关报告单耗的行为。

第十四条　加工贸易企业应当在成品出口、深加工结转或者内销前如实向海关申报单耗。

加工贸易企业确有正当理由无法按期申报单耗的，应当留存成品样品以及相关单证，并在成品出口、深加工结转或者内销前提出书面申请，经主管海关批准的，加工贸易企业可以在报核前申报单耗。

第十五条 加工贸易企业申报单耗应当包括以下内容：

（一）加工贸易项下料件和成品的商品名称、商品编号、计量单位、规格型号和品质；

（二）加工贸易项下成品的单耗；

（三）加工贸易同一料件有保税和非保税料件的，应当申报非保料件的比例、商品名称、计量单位、规格型号和品质。

第十六条 下列情况不列入工艺损耗范围：

（一）因突发停电、停水、停气或者其他人为原因造成保税料件、半成品、成品的损耗；

（二）因丢失、破损等原因造成的保税料件、半成品、成品的损耗；

（三）因不可抗力造成保税料件、半成品、成品灭失、损毁或者短少的损耗；

（四）因进口保税料件和出口成品的品质、规格不符合合同要求，造成用料量增加的损耗；

（五）因工艺性配料所用的非保税料件所产生的损耗；

（六）加工过程中消耗性材料的损耗。

第十七条 加工贸易企业应当采取纸质或者电子数据形式申报单耗。

第十八条 加工贸易企业可以向海关申请办理单耗变更或者撤销手续，但下列情形除外：

（一）保税成品已经申报出口的；

（二）保税成品已经办理深加工结转的；

（三）保税成品已经申请内销的；

（四）海关已经对单耗进行核定的；

（五）海关已经对加工贸易企业立案调查的。

第四章 单耗审核

第十九条 单耗审核是指海关依据本办法审查核实加工贸易企业申报的单耗是否符合有关规定、是否与加工实际相符的行为。

第二十条 海关为核查单耗的真实性和准确性，可以行使下列职权：

（一）查阅、复制加工贸易项下料件、成品的样品、影像、图片、图样、品质、成分、规格型号以及加工合同、订单、加工计划、加工报表、成本核算等账册和资料；

（二）查阅、复制工艺流程图、排料图、工料单、配料表、质量检测标准等能反映成品的技术要求、加工工艺过程以及相应耗料的有关资料；

（三）要求加工贸易企业提供核定单耗的计算方法、计算公式；

（四）对保税料件和成品进行查验或者提取货样进行检验或者化验；

（五）询问加工贸易企业的法定代表人、主要负责人和其他有关人员涉及单耗的有关情况和问题；

（六）进入加工贸易企业的货物存放场所、加工场所，检查与单耗有关的货物以及加工情况；

（七）对加工产品的单耗情况进行现场测定，必要时，可以留取样品。

第二十一条 海关对加工贸易企业申报的单耗进行审核，符合规定的，接受加工贸易企业的申报。

第二十二条 海关对加工贸易企业申报单耗的真实性、准确性有疑问的，应当制发《中华人民共和国海关加工贸易单耗质疑通知书》（以下简称《单耗质疑通知书》，格式见附件），将质疑理由书面告知加工贸易企业的法定代表人或者其代理人。

第二十三条 加工贸易企业的法定代表人或者其代理人应当自收到《单耗质疑通知书》之日起10个工作日内，以书面形式向海关提供有关资料。

第二十四条 加工贸易企业未能在海关规定期限内提供有关资料、提供的资料不充分或者提供的资料无法确定单耗的，海关应当对单耗进行核定。

第二十五条 海关可以单独或者综合使用

技术分析、实际测定、成本核算等方法对加工贸易企业申报的单耗进行核定。

第二十六条 单耗核定前，加工贸易企业缴纳保证金或者提供银行担保，并经海关同意的，可以先行办理加工贸易料件和成品的进出口、深加工结转或者内销等海关手续；加工贸易企业实行银行保证金台账实转，且台账实转金额不低于应缴税款金额的，可以免予提供担保。

第二十七条 加工贸易企业对单耗核定结果有异议的，可以向作出单耗核定海关的上一级海关提出书面复核申请，上一级海关应当自收到复核申请后45日内作出复核决定。

第五章 附 则

第二十八条 本办法下列用语的含义：

净耗，是指在加工后，料件通过物理变化或者化学反应存在或者转化到单位成品中的量。

工艺损耗，是指因加工工艺原因，料件在正常加工过程中除净耗外所必需耗用、但不能存在或者转化到成品中的量，包括有形损耗和无形损耗。工艺损耗率，是指工艺损耗占所耗用料件的百分比。单耗＝净耗/（1－工艺损耗率）。

技术分析方法，是指海关通过对成品的结构、成分、配方、工艺要求等影响单耗的各种因素进行分析和计算，核定成品单耗的方法。

实际测定方法，是指海关运用称量和计算等方法，对加工过程中单耗进行测定，通过综合分析核定成品单耗的方法。

成本核算方法，是指海关根据会计账册、加工记录、仓库账册等原料消耗的统计资料，进行对比和分析，计算核定成品单耗的方法。

第二十九条 违反本办法，构成走私或者违反海关监管规定行为的，由海关依照《中华人民共和国海关法》和《中华人民共和国海关行政处罚实施条例》的有关规定予以处理；构成犯罪的，依法追究刑事责任。

第三十条 本办法由海关总署负责解释。

第三十一条 本办法自2007年3月1日起施行。2002年3月11日海关总署令第96号发布的《中华人民共和国海关加工贸易单耗管理办法》同时废止。

商务部、海关总署、环保总局公告 2007年第17号
关于公布2007年加工贸易禁止商品目录

2007年4月5日

根据2007年《中华人民共和国进出口税则》和国家宏观调控的要求，商务部、海关总署、环保总局拟定了2007年加工贸易禁止类商品目录，现予公布并将有关事项公告如下：

一、国家已公布的禁止进出口商品同样适用于加工贸易方式。

二、本公告自2007年4月26日起执行。

三、本公告中新增补商品在2007年4月26日以前已经商务主管部门批准的加工贸易业务，允许按规定向海关申请加工贸易备案，并在经审批的合同有效期内执行完毕；以企业为单元管理的联网监管企业允许在2008年4月5日前执行完毕。上述业务到期仍未执行完毕的不予延期，按加工贸易有关规定办理。

四、加工贸易禁止类目录中新增补商品到期无法出口需申请内销的，企业须按照《海关总署、财政部、商务部、人民银行、税务总局2006年第52号公告》规定，根据海关税款缴款书日期的上一年度中国人民银行公布的活期存款利率征收缓税利息。

五、本公告也适用于保税区、出口加工区等海关特殊监管区域，但本公告发布之前区内已设立的企业除外。

六、除本公告所列商品外，禁止为种植、养殖等出口产品而进口种子、种苗、种畜、化肥、饲料、添加剂、抗生素等开展加工贸易，禁止开展进口料件属于国家禁止进口商品的加工贸易（如含淫秽内容的废旧书刊，含有害物、放射性物质的工业垃圾等）。

七、按照《中华人民共和国枪支管理法》规定，禁止以加工贸易方式生产、出口仿真枪支。

八、自本公告发布之日起，商务部、海关总署和环保总局2005年第105号公告、2006年第63号公告、第82号公告所列商品目录停止执行，以本公告为准，其他规定继续有效。

附件：加工贸易禁止类目录

附件：

加工贸易禁止类商品目录

序号	商品编码	商品名称	禁止方式		
1	0207142100	冻的鸡翼		进口	
2	0207142200	冻的鸡爪		进口	
3	0207142900	冻的其他食用鸡杂碎		进口	
4	0207270000	冻的火鸡块及杂碎		进口	
5	0301921010	花鳗鲡鱼苗			进出口（新增）
6	0301921090	其他鳗鱼苗			进出口（新增）
7	0302650010	鲜或冷鲸鲨、噬人鲨、姥鲨（出口加工区、保税区除外，但不得深加工结转和外发加工）			进口
8	0302650090	其他鲜或冷角鲨及其他鲨鱼（出口加工区、保税区除外，但不得结转和外发加工）			进口
9	0303750010	冻鲸鲨、噬人鲨、姥鲨（出口加工区、保税区除外，但不得结转和外发加工）			进口
10	0303750090	其他冻角鲨及其他鲨鱼（出口加工区、保税区除外，但不得结转和外发加工）			进口
11	0305592010	干鲸鲨、噬人鲨、姥鲨鱼翅（出口加工区、保税区除外，但不得结转和外发加工）			进口
12	0305592090	其他干鱼翅（出口加工区、保税区除外）		进口	
13	0410001000	燕窝（出口加工区、保税区除外）		进口	
14	0506100000	经酸处理的骨胶原及骨	出口（新增）	进口	
15	0506901110	含牛羊成分的骨废料	出口（新增）	进口	
16	0506901190	含牛羊成分的骨粉	出口（新增）	进口	
17	0506901910	其他骨废料	出口（新增）	进口	
18	0506901990	其他骨粉	出口（新增）	进口	
19	0506909021	已脱胶的豹骨	出口（新增）	进口	
20	0506909029	未脱胶的豹骨	出口（新增）	进口	
21	0506909031	已脱胶的濒危野生动物的骨及角柱	出口（新增）	进口	
22	0506909039	未脱胶的濒危野生动物的骨及角柱	出口（新增）	进口	
23	0506909091	已脱胶的其他骨及角柱	出口（新增）	进口	
24	0506909099	未脱胶的其他骨及角柱	出口（新增）	进口	
25	0507901000	羚羊角及其粉末和废料	出口（新增）	进口	
26	0507902000	鹿茸及其粉末（出口加工区、保税区除外，但不得结转和外发加工）		进口	
27	0507909000	龟壳，鲸须，鲸须毛，鹿角及其他角	出口（新增）	进口	

续表

序号	商品编码	商品名称	禁止方式		
28	0508001010	珊瑚及濒危水产品的粉末、碎料	出口（新增）	进口	
29	0508001090	其他水产品壳、骨的粉末及废料	出口（新增）	进口	
30	0508009010	珊瑚及濒危水产品的壳、骨	出口（新增）	进口	
31	0508009090	其他水产品的壳、骨	出口（新增）	进口	
32	1211201000	鲜或干的西洋参（出口加工区、保税区除外，但不得结转和外发加工）			进口
33	1211903500	鲜或干的青蒿			进出口
34	1703100000	甘蔗糖蜜		进口	
35	1703900000	其他糖蜜		进口	
36	2103901000	味精			进出口
37	2201101000	未加糖及未加味的矿泉水			进出口
38	2201909000	其他水、冰及雪			进出口
39	2207100000	酒精浓度在 80% 及以上的未改性乙醇			进出口
40	2207200010	任何浓度的改性乙醇			进出口
41	2207200090	任何浓度的其他酒精			进出口
42	2502000000	未焙烧的黄铁矿			进出口
43	2503000000	各种硫磺	出口		
44	2504101000	磷片状天然石墨	出口		
45	2504109000	其他粉末或粉片状天然石墨	出口		
46	2504900000	其他天然石墨	出口		
47	2505100000	硅砂及石英砂（进口加工非 7202 铁合金产品除外）	出口		
48	2505900000	其他天然砂	出口		
49	2506100000	石英	出口		
50	2506200000	石英岩	出口		
51	2507001000	不论是否煅烧的高岭土	出口		
52	2507009000	不论是否煅烧的其他高岭土类似土	出口		
53	2508100000	膨润土	出口		
54	2508300000	耐火粘土	出口		
55	2508400000	其他粘土	出口		
56	2508500000	红柱石，蓝晶石及硅线石	出口		
57	2508600000	富铝红柱石	出口		
58	2508700010	火泥	出口		
59	2508700090	第纳斯土	出口		
60	2509000000	白垩	出口		
61	2510101000	未碾磨磷灰石	出口（新增）	进口	
62	2510109000	其他未碾磨天然磷酸钙（包括天然磷酸铝钙及磷酸盐白垩）	出口（新增）	进口	

续表

序号	商品编码	商品名称	禁止方式		
63	2510201000	已碾磨磷灰石	出口（新增）	进口	
64	2510209000	其他已碾磨天然磷酸钙（包括天然磷酸铝钙及磷酸盐白垩）	出口（新增）	进口	
65	2511100000	天然硫酸钡（重晶石）	出口		
66	2511200000	天然碳酸钡（毒重石）	出口		
67	2512001000	硅藻土	出口		
68	2512009000	其他硅质化石粗粉及类似的硅质土	出口		
69	2513100000	浮石	出口		
70	2513200000	刚玉岩、天然刚玉砂等天然磨料	出口		
71	2514000000	板岩		进口	
72	2515110000	原状或粗加修整的大理石及石灰华	出口		
73	2515120000	矩形大理石及石灰华	出口		
74	2515200000	其他石灰质碑用或建筑用石；蜡石	出口		
75	2516110000	原状或粗加修整花岗岩	出口		
76	2516120000	矩形花岗岩	出口		
77	2516200001	原状或粗加修整砂岩	出口		
78	2516200090	矩形砂岩	出口		
79	2516900000	其他碑用或建筑用石	出口		
80	2517100000	卵石，砾石及碎石，圆石子及燧石		进口	
81	2517410000	大理石碎粒、碎屑及粉末		进口	
82	2517490000	编 2515 及 2616 所列其他石碎粒等		进口	
83	2518100000	未煅烧白云石	出口		
84	2518200000	已煅烧白云石	出口		
85	2518300000	夯混白云石	出口		
86	2519100000	天然碳酸镁（菱镁矿）	出口		
87	2519901000	熔凝镁氧矿	出口		
88	2519902000	烧结镁氧矿（重烧镁）	出口		
89	2519903000	碱烧镁（轻烧镁）	出口		
90	2519909100	化学纯氧化镁	出口		
91	2519909910	其他氧化镁含量在 70% 以上的矿产品	出口		
92	2519909990	其他氧化镁	出口		
93	2520100000	生石膏，硬石膏	出口		
94	2520201000	牙科用熟石膏	出口		
95	2520209000	其他熟石膏	出口		
96	2521000000	石灰石助熔剂，石灰石及其他钙石		进口	
97	2522100000	生石灰		进口	
98	2522200000	熟石灰		进口	

续表

序号	商品编码	商品名称	禁止方式		
99	2522300000	水硬石灰		进口	
100	2525100000	原状云母及劈开的云母片	出口		
101	2525200000	云母粉	出口		
102	2525300000	云母废料	出口		
103	2526101000	未破碎及未研粉的天然冻石	出口		
104	2526102000	未破碎及未研粉的滑石	出口		
105	2526201000	已破碎或已研粉的天然冻石	出口		
106	2526202000	已破碎或已研粉的滑石	出口		
107	2528100000	天然硼砂及其精矿	出口		
108	2528900000	其他天然硼酸盐及精矿；天然粗硼酸，含硼酸干重不超 85%	出口		
109	2529100000	长石	出口		
110	2529210000	按重量计氟化钙含量≤97% 的萤石	出口		
111	2529220000	按重量计氟化钙含量 >97% 的萤石	出口		
112	2529300000	白榴石，霞石及霞石正长岩	出口		
113	2530101000	未膨胀的绿泥石	出口		
114	2530102000	未膨胀的蛭石及珍珠岩	出口		
115	2530200000	硫镁矾矿及泻盐矿（天然硫酸镁）	出口		
116	2530901000	矿物性药材	出口		
117	2530902000	稀土金属矿	出口（新增）	进口	
118	2530909100	硅灰石	出口		
119	2530909910	废镁砖	出口		
120	2530909920	叶腊石	出口		
121	2530909901	天青石	出口		
122	2530909990	其他矿产品	出口		
123	2601111000	未烧结铁矿砂及其精矿（非钢铁冶炼行业除外）		进口	
124	2601112000	未烧结铁矿砂及其精矿（非钢铁冶炼行业除外）		进口	
125	2601119000	其他未烧结铁矿砂及其精矿（非钢铁冶炼行业除外）		进口	
126	2601120000	已烧结铁矿砂及其精矿（非钢铁冶炼行业除外）		进口	
127	2601200000	焙烧黄铁矿人（非钢铁冶炼行业除外）		进口	
128	2602000000	锰矿砂及其精矿		进口	
129	2603000010	铜矿砂及其精矿		进口	
130	2603000090	铜矿砂及其精矿		进口	
131	2604000000	镍矿砂及其精矿		进口	
132	2605000000	钴矿砂及其精矿		进口	
133	2606000000	铝矿砂及其精矿（非电解铝和氧化铝生产除外）		进口	
134	2607000000	铅矿砂及其精矿		进口	

续表

序号	商品编码	商品名称	禁止方式		
135	2608000001	灰色饲料氧化锌		进口	
136	2608000090	其他锌矿砂及其精矿		进口	
137	2609000000	锡矿砂及其精矿		进口	
138	2610000000	铬矿砂及其精矿		进口	
139	2611000000	钨矿砂及其精矿		进口	
140	2612100000	铀矿砂及其精矿		进口	
141	2612200000	钍矿砂及其精矿		进口	
142	2613100000	已焙烧钼矿砂及其精矿		进口	
143	2613900000	其他钼矿砂及其精矿		进口	
144	2614000000	钛矿砂及其精矿		进口	
145	2615100000	锆矿砂及其精矿		进口	
146	2615901000	水合钽铌原料		进口	
147	2615909010	铌，钽精矿及其矿砂		进口	
148	2615909090	钒矿砂；钒精矿		进口	
149	2616100000	银矿砂及其精矿		进口	
150	2616900001	黄金矿砂		进口	
151	2616900009	其他贵金属矿砂及其精矿		进口	
152	2617101000	生锑（锑精矿，选矿产品）		进口	
153	2617109000	其他锑矿砂及其精矿		进口	
154	2617901000	朱砂、辰砂		进口	
155	2617909000	其他矿砂及其精矿		进口	
156	2618001000	主要含锰的冶炼钢铁产生的粒状熔渣		进口	
157	2618009000	其他的冶炼钢铁产生的粒状熔渣		进口	
158	2619000000	熔渣，浮渣，氧化皮及其他废料		进口	
159	2620110000	含硬锌的矿灰及残渣		进口	
160	2620190000	含其他锌的矿灰及残渣		进口	
161	2620400000	主要含铝的矿灰及残渣		进口	
162	2620999010	含五氧化二钒 >10% 的矿灰及残渣		进口	
163	2621900000	其他矿渣及矿灰		进口	
164	2701110010	无烟煤			进出口
165	2701110090	无烟煤滤料			进出口
166	2701121000	炼焦烟煤			进出口
167	2701129000	其他烟煤			进出口
168	2701190000	其他煤			进出口
169	2701200000	煤砖、煤球及类似用煤制固体燃料			进出口
170	2702100000	褐煤			进出口
171	2702200000	制成型的褐煤			进出口

续表

序号	商品编码	商品名称	禁止方式		
172	2703000000	泥煤（包括肥料用泥煤）			进出口
173	2704001000	焦炭或半焦炭			进出口
174	2704009000	甑炭			进出口
175	2705000000	煤气、水煤气、炉煤气及类似气体			进出口
176	2706000000	矿物焦油			进出口
177	2708100000	沥青			进出口
178	2708200001	针状沥青焦			进出口
179	2708200090	其他沥青焦			进出口
180	2710111000	车用汽油及航空汽油		进口	
181	2710191100	航空煤油		进口	
182	2710191200	灯用煤油		进口	
183	2710192100	轻柴油		进口	
184	2710192200	5－7 燃料油			进出口（新增）
185	2710192910	蜡油			进出口（新增）
186	2710192920	重柴油			进出口（新增）
187	2710192990	其他柴油及燃料油			进出口（新增）
188	2710199900	其他重油；其他重油制品			进出口（新增）
189	2711110000	液化天然气			进出口
190	2711120000	液化丙烷			进出口
191	2711131000	直接灌注香烟打火机等用液化丁烷			进出口
192	2711139000	其他液化丁烷			进出口
193	2711140000	液化的乙烯、丙烯、丁烯及丁二烯			进出口
194	2711191000	其他直接灌注打火机等用液化燃料			进出口
195	2711199000	其他液化石油气及烃类气		进口	
196	2711210000	气态天然气			进出口
197	2711290000	其他气态石油气及烃类气		进口	
198	2713111000	硫的重量百分比小于3%的未煅烧石油焦		进口（新增）	
199	2713119000	其他未煅烧石油焦		进口（新增）	
200	2713121001	已煅烧针状石油焦		进口（新增）	
201	2713121090	其他已煅烧石油焦		进口（新增）	
202	2713129000	其他已煅烧石油焦		进口（新增）	
203	2713200000	石油沥青		进口	
204	2713900000	其他石油等矿物油类的残渣			进出口
205	2714100000	沥青页岩、油页岩及焦油砂			进出口
206	2714901000	天然沥青（地沥青）			进出口
207	2714902000	乳化沥青			进出口
208	2714909000	沥青岩			进出口

续表

序号	商品编码	商品名称	禁止方式		
209	2715000000	天然沥青等为基本成分沥青混合物			进出口
210	2804690000	其他含硅量少于99.99%的硅	出口	进口（新增）	
211	2804701000	黄磷（白磷）	出口（新增）	进口	
212	2804709010	红磷	出口（新增）	进口	
213	2804709090	其他磷	出口（新增）	进口	
214	2804800000	砷	出口		
215	2805301100	钕，未相混合或相互熔合	出口		
216	2805301200	镝，未相混合或相互熔合	出口		
217	2805301300	铽	出口		
218	2805301911	金属镧	出口		
219	2805301912	金属镨	出口		
220	2805301913	金属钐	出口		
221	2805301914	金属铕	出口		
222	2805301915	金属钪	出口		
223	2805301916	金属钇	出口		
224	2805301921	颗粒<500微米的铈及其合金	出口		
225	2805301929	其他金属铈	出口		
226	2805301990	其他稀土金属	出口		
227	2805302100	电池级稀土金属、钪及钇，已相互混合或熔合	出口		
228	2805302900	其他稀土金属、钪及钇，已相混合或相互熔合	出口		
229	2811110000	氢氟酸	出口		
230	2812104900	其他非金属氯化物	出口		
231	2818100000	人造刚玉，不论是否已有化学定义	出口（新增）		
232	2818200000	氧化铝（非电解铝行业除外）		进口	
233	2818300000	氢氧化铝	出口		
234	2825901200	三氧化钨	出口		
235	2825909000	其他金属的氧化物及氢氧化物	出口		
236	2826199010	氟化钾	出口		
237	2826199020	氟化氢钾	出口		
238	2826199030	氟化铅，四氟化铅，氟化镉	出口		
239	2826199090	其他氟化物	出口		
240	2826900010	氟钽酸钾	出口（新增）		
241	2827490000	其他氯氧化物及氢氧基氯化物	出口		
242	2827590000	其他溴化物及溴氧化物	出口		
243	2827600000	碘化物及碘氧化物	出口		
244	2833110000	硫酸钠	出口		
245	2833292000	铬的硫酸盐	出口（新增）		

续表

序号	商品编码	商品名称	禁止方式		
246	2841300000	重铬酸钠	出口（新增）		
247	2841500000	其他铬酸盐及重铬酸盐，过铬酸盐	出口（新增）		
248	2834299000	其他硝酸盐	出口		
249	2841801000	仲钨酸铵	出口		
250	2842901000	雷酸盐，氰酸盐及硫氰酸盐	出口		
251	2842909013	亚砷酸钠，亚砷酸钾，亚砷酸钙	出口		
252	2842909014	亚砷酸锶，亚砷酸钡，亚砷酸铁	出口		
253	2842909015	亚砷酸铜，亚砷酸锌，亚砷酸铅	出口		
254	2842909016	亚砷酸锑，砷酸铵，砷酸氢二铵	出口		
255	2842909017	砷酸钠，砷酸氢二钠，砷酸二氢钠	出口		
256	2842909018	砷酸钾，砷酸二氢钾，砷酸镁	出口		
257	2842909019	砷酸钙，砷酸钡，砷酸铁	出口		
258	2842909021	砷酸亚铁，砷酸铜，砷酸锌	出口		
259	2842909022	砷酸铅，砷酸锑，偏砷酸钠	出口		
260	2842909023	硒化铅，硒化镉，碲化镉	出口		
261	2842909090	其他无机酸盐及过氧酸盐	出口		
262	2846101000	氧化铈	出口		
263	2846102000	氢氧化铈	出口		
264	2846103000	碳酸铈	出口		
265	2846109010	氰化铈	出口		
266	2846109090	铈的其他化合物	出口		
267	2846901100	氧化钇	出口		
268	2846901200	氧化镧	出口		
269	2846901300	氧化钕	出口		
270	2846901400	氧化铕	出口		
271	2846901500	氧化镝	出口		
272	2846901600	氧化铽	出口		
273	2846901920	氧化铒	出口		
274	2846901930	氧化钆	出口		
275	2846901940	氧化钐	出口		
276	2846901950	氧化镨	出口		
277	2846901970	氧化镱	出口		
278	2846901980	氧化钪	出口		
279	2846901990	其他氧化稀土	出口		
280	2846902800	混合氯化稀土	出口		
281	2846902900	未混合氯化稀土	出口		
282	2846903000	氟化稀土	出口		

续表

序号	商品编码	商品名称	禁止方式		
283	2846904800	混合碳酸稀土	出口		
284	2846904900	未混合碳酸稀土	出口		
285	2846909000	稀土金属、钇、钪的其他化合物	出口		
286	2849100000	碳化钙	出口		
287	2849200000	碳化硅	出口		
288	2849902000	碳化钨	出口		
289	2852000000	汞的无机或有机化合物，汞除外			进出口
290	2853001000	饮用蒸馏水			进出口
291	2853002000	氯化氰			进出口
292	2853009010	饮用纯净水			进出口
293	2853009020	氰，氰化碘，氰化溴等			进出口
294	2853009030	单氰胺			进出口
295	2853009090	其他无机化合物、压缩空气等			进出口
296	2903410000	三氯氟甲烷			进出口（新增）
297	2903420000	二氯二氟甲烷			进出口（新增）
298	2903430010	三氯三氟乙烷，用于清洗剂除外			进出口（新增）
299	2903440010	二氯四氟乙烷			进出口（新增）
300	2903440090	氯五氟乙烷			进出口（新增）
301	2903451000	氯三氟甲烷			进出口（新增）
302	2903510010	林丹			进出口
303	2903510090	1，2，3，4，5，6－六氯环已烷			进出口
304	2903520010	艾氏剂（ISO）及七氯（ISO）			进出口
305	2903520090	氯丹（ISO）			进出口
306	2903590030	灭蚁灵			进出口
307	2903620000	六氯苯及滴滴涕			进出口
308	2908110000	五氯苯酚			进出口
309	2908199090	其他仅含卤素取代基的衍生物及盐（非农药生产的除外）			进出口
310	2908910000	地乐酚及其盐和酯			进出口
311	2918180000	乙酯杀螨醇			进出口
312	2920110000	对硫磷（ISO）及甲基对硫磷（ISO）			进出口
313	2924120090	久效磷（ISO）及磷胺（ISO）			进出口
314	2930500000	敌菌丹（ISO）及甲胺磷（ISO）			进出口
315	2931000012	氯沙林、氯梭曼			进出口
316	3004909020	含紫杉醇成分的药品			进出口
317	3101001100	未经化学处理的鸟粪	出口（新增）	进口	
318	3101001900	未经化学处理的其他动植物肥料	出口（新增）	进口	

续表

序号	商品编码	商品名称	禁止方式		
319	3101009010	经化学处理的含动物源性成分（如粪、羽毛等）的动植物肥料	出口（新增）	进口	
320	3101009090	经化学处理的其他动植物肥料	出口（新增）	进口	
321	3102100001	尿素	出口（新增）	进口	
322	3102100090	尿素	出口（新增）	进口	
323	3102210000	硫酸铵	出口（新增）	进口	
324	3102290000	硫酸铵和硝酸铵的复盐及混合物	出口（新增）	进口	
325	3102300000	硝酸铵	出口（新增）	进口	
326	3102400000	硝酸铵与碳酸钙等的混合物	出口（新增）	进口	
327	3102500000	硝酸钠	出口（新增）	进口	
328	3102600000	硝酸钙和硝酸铵的复盐及混合物	出口（新增）	进口	
329	3102800000	尿素及硝酸铵混合物的水溶液	出口（新增）	进口	
330	3102901000	氰氨化钙	出口（新增）	进口	
331	3102909000	其他矿物氮肥及化学氮肥	出口（新增）	进口	
332	3103101000	重过磷酸钙	出口（新增）	进口	
333	3103109000	其他过磷酸钙	出口（新增）	进口	
334	3103900000	其他矿物磷肥或化学磷肥	出口（新增）	进口	
335	3104201000	分析纯的氯化钾	出口（新增）	进口	
336	3104209000	其他氯化钾	出口（新增）	进口	
337	3104300000	硫酸钾	出口（新增）	进口	
338	3104901000	光卤石，钾盐及其他天然粗钾盐	出口（新增）	进口	
339	3104909000	其他矿物钾肥及化学钾肥	出口（新增）	进口	
340	3105100010	制成片状或零售包装的硝酸铵	出口（新增）	进口	
341	3105100090	制成片状或零售包装的 31 章其他货	出口（新增）	进口	
342	3105200001	化学肥料或矿物肥料	出口（新增）	进口	
343	3105200090	化学肥料或矿物肥料	出口（新增）	进口	
344	3105300001	磷酸氢二铵	出口（新增）	进口	
345	3105300090	磷酸氢二铵	出口（新增）	进口	
346	3105400000	磷酸二氢铵	出口（新增）	进口	
347	3105510000	含有硝酸盐及磷酸盐的肥料	出口（新增）	进口	
348	3105590000	其他含氮、磷两种元素肥料	出口（新增）	进口	
349	3105600000	含磷、钾两种元素的肥料	出口（新增）	进口	
350	3105900000	其他肥料	出口（新增）	进口	
351	3204110000	分散染料及以其为基本成分的制成品			进出口
352	3805100000	松节油		出口（新增）	
353	3805901000	以 α 萜品醇为基本成分的松油		出口（新增）	
354	3805909000	粗制二聚戊烯；亚硫酸盐松节油等		出口（新增）	

续表

序号	商品编码	商品名称	禁止方式		
355	3808501010	零售包装的含有一种38章子目注释—所列物质的货品			进出口（新增）
356	3808501090	零售包装含多种38章子目注释—所列物质的货品			进出口（新增）
357	3808509010	非零售包装的含有一种38章子目注释—所列物质的货品			进出口（新增）
358	3808509090	非零售包装含多种38章子目注释—所列物质的货品			进出口（新增）
359	3808911100	蚊香			进出口
360	3808911900	零售包装的其他杀虫剂成药			进出口
361	3808919000	非零售包装杀虫剂成药			进出口
362	3808921000	零售包装的杀菌剂成药			进出口
363	3808929010	非零售包装的医用杀菌剂			进出口
364	3808929021	经农药杀菌剂浸渍的纸质水果套袋			进出口
365	3808929029	非零售包装的其他农用杀菌剂成药			进出口
366	3808929090	非零售包装的非农用杀菌剂成药			进出口
367	3808931100	零售包装的除草剂成药			进出口
368	3808931900	非零售包装的除草剂成药			进出口
369	3808939100	零售包装抗萌剂及植物生长调节剂			进出口
370	3808939900	非零售抗萌剂及植物生长调节剂			进出口
371	3808940010	医用消毒剂			进出口
372	3808940090	非医用消毒剂			进出口
373	3808991000	零售包装的杀鼠剂及其他农药			进出口
374	3808999000	非零售包装的杀鼠剂及其他农药			进出口
375	3824710011	二氯二氟甲烷和二氟乙烷的混合物			进出口（新增）
376	3824710012	一氯二氟甲烷和二氯二氟甲烷的混合物			进出口（新增）
377	3824710013	一氯二氟甲烷和一氯五氟乙烷的混合物			进出口（新增）
378	3824710014	三氟甲烷和一氯三氟甲烷的混合物			进出口（新增）
379	3824710015	二氟甲烷和一氯五氟乙烷的混合物			进出口（新增）
380	3824710016	二氯二氟甲烷和一氟一氯甲烷的混合物			进出口（新增）
381	3824710017	一氟一氯甲烷和二氯四氟乙烷的混合物			进出口（新增）
382	3824710018	二氯二氟甲烷和二氯四氟乙烷的混合物			进出口（新增）
383	3824710090	其他含甲烷、乙烷或丙烷的全氯氟烃（CFCs）混合物			进出口（新增）
384	3824790000	其他含甲烷、乙烷或丙烷的卤化衍生物的混合物			进出口（新增）
385	3824909010	粗制碳化硅	出口（新增）		
386	4004000090	橡胶废碎料及下脚料及其粉、粒		进口（新增）	
387	4101201110	规定重量逆鞣整张生濒危野牛皮		进口	
388	4101201190	规定重量逆鞣处理整张生牛皮		进口	

续表

序号	商品编码	商品名称	禁止方式		
389	4101201910	规定重量非逆鞣整张濒危生野牛皮		进口	
390	4101201990	规定重量非逆鞣处理整张生牛皮		进口	
391	4101202010	规定重量整张濒危生野马皮		进口	
392	4101202090	规定重量整张生马皮		进口	
393	4101501110	重>16千克逆鞣整张濒危生野牛皮		进口	
394	4101501190	重>16千克逆鞣处理整张生牛皮		进口	
395	4101501910	重>16千克非逆鞣整张濒危生野牛皮		进口	
396	4101501990	重>16千克非逆鞣处理整张生牛皮		进口	
397	4101502010	重>16千克整张濒危生野马皮		进口	
398	4101502090	重>16千克整张生马皮		进口	
399	4101901110	其他逆鞣处理濒危生野牛皮		进口	
400	4101901190	其他逆鞣处理生牛皮		进口	
401	4101901910	其他濒危生野牛皮		进口	
402	4101901990	其他生牛皮		进口	
403	4101902010	其他濒危生野马皮		进口	
404	4101902090	其他生马皮		进口	
405	4102100000	带毛的绵羊或羔羊生皮		进口	
406	4102211000	浸酸逆鞣不带毛绵羊或羔羊生皮		进口	
407	4102219000	浸酸非逆鞣不带毛绵羊或羔羊生皮		进口	
408	4102291000	其他不带毛逆鞣绵羊或羔羊生皮		进口	
409	4102299000	其他不带毛非逆鞣绵羊或羔羊生皮		进口	
410	4103200000	爬行动物的生皮		进口	
411	4103300010	生鹿猪、姬猪皮		进口	
412	4103300090	生猪皮		进口	
413	4103901100	逆鞣山羊板皮		进口	
414	4103901900	非逆鞣山羊板皮		进口	
415	4103902100	其他逆鞣山羊或小山羊皮		进口	
416	4103902900	其他非逆鞣山羊或小山羊皮		进口	
417	4103909010	其他濒危野生动物生皮		进口	
418	4103909090	其他生皮		进口	

进口4101—4103产品直接出口皮革制成品、其他制品或深加工结转4104—4115的除外，具体按“商产发［2006］390”执行

序号	商品编码	商品名称	禁止方式		
419	4104111110	蓝湿濒危野牛皮（全粒面未剖或粒面剖层，经鞣制不带毛）	出口		
420	4104111190	全粒面未剖层或粒面剖层蓝湿牛皮（经鞣制不带毛）	出口		
421	4104111910	湿濒危野牛皮（全粒面未剖或粒面剖层，经鞣制不带毛）	出口		

续表

序号	商品编码	商品名称	禁止方式		
422	4104111990	全粒面未剖层或粒面剖层湿牛皮（经鞣制不带毛）	出口		
423	4104112010	湿濒危野马皮（全粒面未剖或粒面剖层，经鞣制不带毛）	出口		
424	4104112090	全粒面未剖层或粒面剖层湿马皮（经鞣制不带毛）	出口		
425	4104191110	其他蓝湿濒危野牛皮（经鞣制不带毛）	出口		
426	4104191190	其他蓝湿牛皮（经鞣制不带毛）	出口		
427	4104191910	其他湿濒危野牛皮（经鞣制不带毛）	出口		
428	4104191990	其他湿牛皮（经鞣制不带毛）	出口		
429	4104192010	其他湿濒危野马皮（经鞣制不带毛）	出口		
430	4104192090	其他湿马皮（经鞣制不带毛）	出口		
431	4104410010	濒危野牛马干革（全粒面未剖或粒面剖层，经鞣制不带毛）	出口		
432	4104410090	全粒面未剖层或粒面剖层干革（经鞣制不带毛）	出口		
433	4104491010	其他机器带用濒危野牛马皮革（经鞣制不带毛）	出口		
434	4104491090	其他机器带用牛马皮革（经鞣制不带毛）	出口		
435	4104499010	其他濒危野牛马皮革（经鞣制不带毛）	出口		
436	4104499090	其他牛马皮革（经鞣制不带毛）	出口		
437	4105101000	蓝湿绵羊或羔羊皮（经鞣制不带毛）	出口		
438	4105109000	其他绵羊或羔羊湿革（经鞣制不带毛）	出口		
439	4105300000	绵羊或羔羊干革（经鞣制不带毛）	出口		
440	4106210001	蓝湿山羊皮（经鞣制不带毛）	出口		
441	4106210090	其他山羊或小山羊湿革（经鞣制不带毛）	出口		
442	4106220000	山羊或小山羊干革（经鞣制不带毛）	出口		
443	4106311010	蓝湿鹿猪、姬猪皮（经鞣制不带毛）	出口		
444	4106311090	其他蓝湿猪皮（经鞣制不带毛）	出口		
445	4106319010	鹿猪、姬猪湿革（经鞣制不带毛）	出口		
446	4106319090	其他猪湿革（经鞣制不带毛）	出口		
447	4106320010	鹿猪、姬猪干革（经鞣制不带毛）	出口		
448	4106320090	其他猪干革（经鞣制不带毛）	出口		
449	4106400000	爬行动物皮革（经鞣制不带毛）	出口		
450	4106910010	其他濒危野生动物湿革（经鞣制不带毛）	出口		
451	4106910090	其他动物湿革（经鞣制不带毛）	出口		
452	4106920010	濒危其他野生动物干革（经鞣制不带毛）	出口		
453	4106920090	其他动物干革（经鞣制不带毛）	出口		
454	4107111010	全粒面未剖层整张濒危野牛皮	出口		
455	4107111090	全粒面未剖层整张牛皮	出口		
456	4107112010	全粒面未剖层整张濒危野马皮	出口		

续表

序号	商品编码	商品名称	禁止方式		
457	4107112090	全粒面未剖层整张马皮	出口		
458	4107121010	粒面剖层整张濒危野牛皮	出口		
459	4107121090	粒面剖层整张牛皮	出口		
460	4107122010	粒面剖层整张濒危野马皮	出口		
461	4107122090	粒面剖层整张马皮	出口		
462	4107191010	其他机器带用整张濒危野牛马皮革	出口		
463	4107191090	其他机器带用整张牛马皮革	出口		
464	4107199010	其他整张濒危野牛马皮革	出口		
465	4107199090	其他整张牛马皮革	出口		
466	4107910010	全粒面未剖层非整张濒危野牛马皮	出口		
467	4107910090	全粒面未剖层非整张革	出口		
468	4107920010	粒面剖层非整张濒危野牛马皮革	出口		
469	4107920090	粒面剖层非整张革	出口		
470	4107991010	其他机器带用非整张濒危野牛马皮	出口		
471	4107991090	其他机器带用非整张牛马皮革	出口		
472	4107999010	其他非整张濒危野牛马皮革	出口		
473	4107999090	其他非整张牛马皮革	出口		
474	4112000000	加工的绵羊或羔羊皮革	出口		
475	4113100000	加工的山羊或小山羊皮革	出口		
476	4113200010	加工的鹿猪、姬猪皮革	出口		
477	4113200090	加工的猪皮革	出口		
478	4113300000	加工的爬行动物皮革	出口		
479	4113900010	加工的其他濒危野生动物皮革	出口		
480	4113900090	加工的其他动物皮革	出口		
481	4114100010	油鞣其他濒危野生动物皮革	出口		
482	4114100090	油鞣其他动物皮革	出口		
483	4114200000	漆皮及层压漆皮；镀金属皮革	出口		
484	4115100000	再生皮革	出口		
485	4115200010	皮革废渣、灰渣、淤渣及粉末	出口		
486	4115200090	皮革或再生皮革边角料	出口		
487	4301100000	整张生水貂皮（不论是否带头，尾或爪经鞣制不带毛）	出口（新增）		
488	4301300000	阿斯特拉罕等羔羊的整张生毛皮（还包括喀拉科尔，波斯，印度，中国或蒙古等羔羊 ）	出口（新增）		
489	4301600010	整张濒危生狐皮（不论是否带头，尾或爪）	出口（新增）		
490	4301600090	其他整张生狐皮（不论是否带头，尾或爪）	出口（新增）		
491	4301801010	整张生濒危野兔皮（不论是否带头，尾或爪）	出口（新增）		

续表

序号	商品编码	商品名称	禁止方式		
492	4301801090	整张生兔皮（不论是否带头，尾或爪）	出口（新增）		
493	4301809010	整张的其他生濒危野生动物毛皮（不论是否带头，尾或爪，包括整张濒危生海豹皮）	出口（新增）		
494	4301809090	整张的其他生毛皮（不论是否带头，尾或爪，包括整张生海豹皮）	出口（新增）		
495	4301901000	未鞣制的黄鼠狼尾	出口（新增）		
496	4301909010	其他濒危野生动物未鞣头尾（加工皮货用，包括爪及其他块、片）	出口（新增）		
497	4301909090	适合加工皮货用的其他未鞣头、尾（包括爪及其他块、片）	出口（新增）		
498	4401100000	薪柴			进出口
499	4401210010	濒危针叶木木片或木粒			进出口
500	4401210090	其他针叶木木片或木粒			进出口
501	4401220010	濒危非针叶木木片或木粒			进出口
502	4401220090	其他非针叶木木片或木粒			进出口
503	4401300000	锯末、木废料及碎片			进出口
504	4402100000	竹炭			进出口
505	4402900010	以木材为原料直接烧制的木炭			进出口
506	4402900090	其他木炭			进出口
507	4403100010	油漆，着色剂等处理濒危树种原木	出口		
508	4403100090	其他油漆，着色剂等处理的原木	出口		
509	4403201010	其他红松原木	出口		
510	4403201090	其他樟子松原木	出口		
511	4403202000	其他白松、云杉和冷杉原木	出口		
512	4403203000	其他辐射松原木	出口		
513	4403204000	其他落叶松原木	出口		
514	4403209010	其他濒危针叶木原木	出口		
515	4403209090	其他针叶木原木	出口		
516	4403410000	其他红柳安木原木	出口		
517	4403491000	其他柚木原木	出口		
518	4403492000	其他奥克曼 OKOUME 原木	出口		
519	4403493000	其他龙脑香木、克隆原木	出口		
520	4403494000	其他山樟 Kapur 原木	出口		
521	4403495000	其他印加木 Intsia spp. 原木	出口		
522	4403496000	其他大干巴豆 Koompassia spp.	出口		
523	4403497000	其他异翅香木 Anisopter spp.	出口		

续表

序号	商品编码	商品名称	禁止方式		
524	4403499010	其他本章子目注释热带濒危原木	出口		
525	4403499090	其他本章子目注释所列热带原木	出口		
526	4403910000	栎木（橡木）原木	出口		
527	4403920000	山毛榉木原木	出口		
528	4403991000	楠木原木	出口		
529	4403992000	樟木原木	出口		
530	4403993000	红木原木	出口		
531	4403994000	泡桐木原木	出口		
532	4403995000	水曲柳原木	出口		
533	4403996000	北美硬阔叶木原木	出口		
534	4403998010	其他未列名温带濒危非针叶木原木	出口		
535	4403998090	其他未列名温带非针叶木原木	出口		
536	4403999010	其他未列名濒危非针叶原木	出口		
537	4403999090	其他未列名非针叶原木	出口		
538	4404100010	濒危针叶木的箍木等及类似品	出口		
539	4404100090	其他针叶木的箍木等及类似品	出口		
540	4404200010	濒危非针叶木箍木等	出口		
541	4404200090	其他非针叶木箍木等	出口		
542	4405000000	木丝及木粉			进出口
543	4406100000	未浸渍的铁道及电车道枕木			进出口
544	4406900010	濒危木已浸渍铁道及电车道枕木			进出口
545	4406900090	其他已浸渍的铁道及电车道枕木			进出口
546	4407101011	端部接合的红松厚板材	出口		
547	4407101019	端部接合的樟子松厚板材	出口		
548	4407101090	非端部接合的红松和樟子松厚板材	出口		
549	4407102010	端部接合的白松（云杉冷杉）厚板材	出口		
550	4407102090	非端部接合白松（云杉冷杉）厚板材	出口		
551	4407103010	端部接合的辐射松厚板材	出口		
552	4407103090	非端部接合的辐射松厚板材	出口		
553	4407104010	端部接合的花旗松厚板材	出口		
554	4407104090	非端部接合的花旗松厚板材	出口		
555	4407109011	端部接合其他濒危针叶木厚板材	出口		
556	4407109019	端部接合其他针叶木厚板材	出口		
557	4407109091	非端部接合其他濒危针叶木厚板材	出口		
558	4407109099	非端部接合的其他针叶木厚板材	出口		
559	4407210010	端部接合美洲桃花心木	出口		

续表

序号	商品编码	商品名称	禁止方式		
560	4407210090	非端部接合美洲桃花心木	出口		
561	4407220010	端部接合的苏里南肉豆蔻木、巴西胡桃木及美洲轻木	出口		
562	4407220090	非端部接合的苏里南肉豆蔻木、巴西胡桃木及美洲轻木	出口		
563	4407250010	端部接合的红柳安木板材	出口		
564	4407250090	非端部接合的红柳安木板材	出口		
565	4407260010	端部接合白柳安其他柳安木板	出口		
566	4407260090	非端部接合白柳安其他柳安木板材	出口		
567	4407270010	端部结合的沙比利木板材	出口		
568	4407270090	非端部结合的沙比利木板材	出口		
569	4407280010	端部接合的伊罗科木板材	出口		
570	4407280090	非端部接合的伊罗科木板材	出口		
571	4407291010	端部接合的柚木板材	出口		
572	4407291090	非端部接合的柚木板材	出口		
573	4407292010	端部接合的非洲桃花心木木板材	出口		
574	4407292090	非端部接合的非洲桃花心木木板	出口		
575	4407293010	端部接合的波罗格 Merban 板材	出口		
576	4407293090	非端部接合的波罗格 Merban 板材	出口		
577	4407299011	端部接合拉敏木厚板材	出口		
578	4407299012	其他未列名濒危热带木厚板材	出口		
579	4407299019	端部接合其他未列名热带木厚板材	出口		
580	4407299091	非端部接合其他未列名濒危热带木板材	出口		
581	4407299099	非端部接合其他未列名热带木板材	出口		
582	4407910010	端部接合的栎木（橡木）厚板材	出口		
583	4407910090	非端部接合的栎木（橡木）厚板材	出口		
584	4407920010	端部接合的山毛榉木厚板材	出口		
585	4407920090	非端部接合的山毛榉木厚板材	出口		
586	4407930010	端部接合的枫木厚板材	出口		
587	4407930090	非端部接合的枫木厚板材	出口		
588	4407940010	端部接合的樱桃木厚板材	出口		
589	4407940090	非端部接合的樱桃木厚板材	出口		
590	4407950010	端部接合的白蜡木厚板材	出口		
591	4407950090	非端部接合的白蜡木厚板材	出口		
592	4407991010	端部接合樟木/楠木/红木厚板材	出口		
593	4407991090	非端部接合樟木/楠木/红木厚板材	出口		
594	4407992010	端部接合的泡桐木厚板材	出口		

续表

序号	商品编码	商品名称	禁止方式		
595	4407992090	非端部接合的泡桐木厚板材	出口		
596	4407993010	端部接合的北美硬阔叶材厚板材	出口		
597	4407993090	非端部接合的北美硬阔叶材厚板材	出口		
598	4407998011	端部接合其他温带濒危非针叶板材	出口		
599	4407998019	端部接合的其他温带非针叶厚板材	出口		
600	4407998091	其他温带濒危非针叶厚板材	出口		
601	4407998099	非端部接合的其他温带非针叶厚板	出口		
602	4407999012	端部接合的濒危木厚板材	出口		
603	4407999019	端部接合的其他木厚板材	出口		
604	4407999091	非端部接合的其他濒危木厚板材	出口		
605	4407999099	非端部接合的其他木厚板材	出口		
606	4408101110	胶合板等多层板制濒危针叶木单板	出口		
607	4408101190	其他胶合板等多层板制针叶木单板	出口		
608	4408101910	其他饰面濒危针叶木单板	出口		
609	4408101990	其他饰面针叶木单板	出口		
610	4408102010	制胶合板用濒危针叶木单板	出口		
611	4408102090	其他制胶合板用针叶木单板	出口		
612	4408109010	其他濒危针叶木单板材	出口		
613	4408109090	其他针叶木单板材	出口		
614	4408311100	胶合板多层板制饰面红柳安木单板	出口		
615	4408311900	其他饰面用红柳安木单板	出口		
616	4408312000	红柳安木制的胶合板用单板	出口		
617	4408319000	红柳安木制的其他单板	出口		
618	4408391110	胶合板多层板制饰面桃花心木单板	出口		
619	4408391120	胶合板多层板制饰面拉敏木单板	出口		
620	4408391130	胶合板多层板制饰面濒危木单板	出口		
621	4408391190	胶合板多层板制饰面热带木单板	出口		
622	4408391910	其他饰面用桃花心木单板	出口		
623	4408391920	其他饰面用拉敏木单板	出口		
624	4408391930	其他饰面用濒危木单板	出口		
625	4408391990	其他饰面本章子目注释热带木单板	出口		
626	4408392010	其他桃花心木制的胶合板用单板	出口		
627	4408392020	其他拉敏木制的胶合板用单板	出口		
628	4408392030	其他濒危木制的胶合板用单板	出口		
629	4408392090	其他列名热带木制的胶合板用单板	出口		
630	4408399010	其他桃花心木制的其他单板	出口		

续表

序号	商品编码	商品名称	禁止方式		
631	4408399020	其他拉敏木制的其他单板	出口		
632	4408399030	其他列名濒危热带木制的其他单板	出口		
633	4408399090	其他列名的热带木制的其他单板	出口		
634	4408901110	胶合板多层板制饰面拉敏木单板	出口		
635	4408901190	胶合板多层板制饰面其他木单板	出口		
636	4408901210	温带濒危非针叶木制饰面用木单板	出口		
637	4408901290	其他温带非针叶木制饰面用木单板	出口		
638	4408901911	家具饰面用拉敏木单板	出口		
639	4408901919	其他家具饰面用单板	出口		
640	4408901991	其他饰面用拉敏木单板	出口		
641	4408901999	其他饰面用单板	出口		
642	4408902110	温带濒危非针叶木制胶合板用单板	出口		
643	4408902190	其他温带非针叶木制胶合板用单板	出口		
644	4408902910	其他拉敏木制的胶合板用单板	出口		
645	4408902990	其他木制胶合板用单板	出口		
646	4408909110	温带濒危非针叶木制其他单板材	出口		
647	4408909190	温带非针叶木制其他单板材	出口		
648	4408909910	其他拉敏木制的其他单薄板	出口		
649	4408909990	其他木材，但针叶木热带木除外	出口		
650	4409101010	一边或面制成连续形状的濒危针叶木制地板条、块	出口		
651	4409101090	一边或面制成连续形状的其他针叶木地板条、块	出口		
652	4409109010	一边或面制成连续形状濒危针叶木材	出口		
653	4409109090	其他一边或面制成连续形状的针叶木材	出口		
654	4409211010	一边或面制成连续形状的濒危竹地板条（块）	出口		
655	4409211090	一边或面制成连续形状的竹地板条（块）	出口		
656	4409219010	一边或面制成连续形状的其他濒危竹材	出口		
657	4409219090	一边或面制成连续形状的其他竹材	出口		
658	4409291010	一边或面制成连续形状的拉敏木地板条、块	出口		
659	4409291020	一边或面制成连续形状的桃花心木地板条、块	出口		
660	4409291030	一边或面制成连续形状的其他濒危木地板条、块	出口		
661	4409291090	一边或面制成连续形状的其他非针叶木地板条、块	出口		
662	4409299010	一边或面制成连续形状的拉敏木	出口		
663	4409299020	一边或面制成连续形状的桃花心木	出口		
664	4409299030	一边或面制成连续形状的其他濒危木	出口		
665	4409299090	一边或面制成连续形状的其他非针叶木材	出口		
		（上述 4407—4409 产品使用进口木材的除外）			

续表

序号	商品编码	商品名称	禁止方式		
666	4419003100	木制一次性筷子	出口	进口（新增）	
667	4419003210	酸竹制一次性筷子	出口	进口（新增）	
668	4419003290	其他竹制一次性筷子	出口	进口（新增）	
669	4501100000	未加工或简单加工的天然软木	出口（新增）		
670	4501901000	软木废料	出口（新增）		
671	4501902000	碎的、粒状的或粉状的软木（软木碎、软木粒或软木粉）	出口（新增）		
672	4502000000	块，板，片或条状的天然软木	出口（新增）		
673	4503100000	天然软木塞子		进口	
674	4503900000	其他天然软木制品		进口	
675	4504100000	块，板，片及条状压制软木		进口	
676	4504900000	其他压制软木及其制品		进口	
677	4701000000	机械木浆	出口（新增）		
678	4702000000	化学木浆，溶解级	出口（新增）		
679	4703110000	未漂白针叶木碱木浆或硫酸盐木浆	出口（新增）		
680	4703190000	未漂白非针叶木碱木浆等	出口（新增）		
681	4703210000	漂白针叶木碱木浆或硫酸盐木浆	出口（新增）		
682	4703290000	漂白非针叶木碱木浆或硫酸盐木浆	出口（新增）		
683	4704110000	未漂白的针叶木亚硫酸盐木浆	出口（新增）		
684	4704190000	未漂白的非针叶木亚硫酸盐木浆	出口（新增）		
685	4704210000	漂白的针叶木亚硫酸盐木浆	出口（新增）		
686	4704290000	漂白的非针叶木亚硫酸盐木浆	出口（新增）		
687	4705000000	机械与化学联合制浆法制的木浆	出口（新增）		
688	4706100000	棉短绒纸浆	出口（新增）		
689	4706200000	从回收纸或纸板提取的纤维浆	出口（新增）		
690	4706300000	其他纤维状纤维素竹浆	出口（新增）		
691	4706910000	其他纤维状纤维素机械浆	出口（新增）		
692	4706920000	其他纤维状纤维素化学浆	出口（新增）		
693	4706930000	其他纤维状纤维素半化学浆	出口（新增）		
694	4707100000	回收（废碎）的未漂白牛皮、瓦楞纸或纸板	出口		
695	4707200000	回收（废碎）的漂白化学木浆制的纸和纸板	出口		
696	4707300000	回收（废碎）的机械木浆制的纸或纸板	出口		
697	4707900000	其他回收纸或纸板	出口		
698	4801000000	成卷或成张的新闻纸	出口		
699	4802100000	手工制纸及纸板	出口		
700	4802201000	照相原纸	出口		

续表

序号	商品编码	商品名称	禁止方式		
701	4802209000	其他光，热，电敏纸，纸板的原纸	出口		
702	4802400000	壁纸原纸	出口		
703	4802540000	每平米克重＜40 克的书写，印刷等用未涂布薄纸或纸板	出口		
704	4802550010	成卷 40 克≤每平米重≤150 克的胶版纸	出口		
705	4802550090	成卷 40 克≤每平米重≤150 克未涂布中厚纸	出口		
706	4802560010	成张 40 克≤每平米重≤150 克胶版纸	出口		
707	4802560090	成张 40 克≤每平米重≤150 克未涂布纸	出口		
708	4802570010	其他 40 克≤每平米重≤150 克的胶版纸	出口		
709	4802570090	其他 40≤每平米≤150 克未涂布中厚纸	出口		
710	4802580000	书写、印刷等用未涂布厚纸（板）	出口		
711	4802611000	成卷新闻纸	出口		
712	4802619000	其他成卷书写、印刷用未涂布纸	出口		
713	4802620000	成张书写、印刷用未涂布纸	出口		
714	4802691000	其他新闻纸	出口		
715	4802699000	其他书写、印刷用未涂布纸	出口		
716	4803000000	卫生纸、面巾纸、餐巾纸及类似纸	出口		
717	4804110010	平米重 115—360 克未漂白、成卷或成张未涂布牛皮挂面纸	出口		
718	4804110090	其他未漂白牛皮挂面纸	出口		
719	4804190000	漂白的牛皮挂面纸	出口		
720	4804210000	未漂白的袋用牛皮纸	出口		
721	4804290000	漂白的袋用牛皮纸	出口		
722	4804310010	平米重 115—150 克未漂白、成卷或成张未涂布其他牛皮纸	出口		
723	4804310090	其他未漂白的其他薄牛皮纸及纸板	出口		
724	4804390090	每平米重量≤150 克的其他牛皮纸及纸板	出口		
725	4804410010	150 克＜平米重＜225 克未漂白、成卷或成张未涂布其他牛皮纸	出口		
726	4804410090	其他未漂白的其他厚牛皮纸及纸板	出口		
727	4804420000	本体均匀漂白的中厚牛皮纸及纸板	出口		
728	4804490000	其他漂白的中厚牛皮纸及纸板	出口		
729	4804510010	平米重 225—360 克未漂白、成卷或成张的未涂布其他牛皮纸	出口		
730	4804510090	其他未漂白的其他厚牛皮纸及纸板	出口		
731	4804520000	本体均匀漂白的厚牛皮纸及纸板	出口		

续表

序号	商品编码	商品名称	禁止方式		
732	4804590000	其他漂白的厚牛皮纸及纸板	出口		
733	4805110000	半化学的瓦楞原纸	出口		
734	4805120000	草浆瓦楞原纸	出口		
735	4805190000	其他瓦楞原纸	出口		
736	4805240000	强韧箱纸板（再生挂面纸板）	出口		
737	4805250000	强韧箱纸板（再生挂面纸板）	出口		
738	4805300000	亚硫酸盐包装纸	出口		
739	4805400000	滤纸及纸板	出口		
740	4805500000	毡纸及纸板	出口		
741	4805911000	电解电容器原纸	出口		
742	4805919000	其他未经涂布薄纸及纸板	出口		
743	4805920000	其他未经涂布中厚纸及纸板	出口		
744	4805930000	其他未经涂布厚纸及纸板	出口		
745	4806100000	植物羊皮纸	出口		
746	4806200000	防油纸	出口		
747	4806300000	描图纸	出口		
748	4806400000	高光泽透明或半透明纸	出口		
749	4807000000	成卷或成张的复合纸及纸板	出口		
750	4808100000	瓦楞纸及纸板	出口		
751	4808200000	袋用皱纹牛皮纸	出口		
752	4808300000	其他皱纹牛皮纸	出口		
753	4808900000	其他皱纹纸及纸板，压纹纸及纸板	出口		
754	4809200000	大张（卷）的自印复写纸	出口		
755	4809900000	其他大张（卷）的拷贝纸或转印纸	出口		
756	4810130001	成卷的铜版纸	出口		
757	4810130090	其他书写/印刷或类似用途纸/纸板	出口		
758	4810140001	成张的铜版纸	出口		
759	4810140090	其他成张的书写、印刷的纸及纸板	出口		
760	4810190001	其他铜版纸	出口		
761	4810190090	其他书写、印刷用途的纸及纸板	出口		
762	4810220000	书写、印刷用途的轻质涂布纸	出口		
763	4810290000	其他书写、印刷用途的纸及纸板	出口		
764	4810310010	白板纸、白卡纸	出口		
765	4810310090	涂无机物的薄漂白牛皮纸及纸板	出口		
766	4810320010	白板纸、白卡纸	出口		
767	4810320090	涂无机物的厚漂白牛皮纸及纸板	出口		

续表

序号	商品编码	商品名称	禁止方式		
768	4810390000	涂无机物的其他牛皮纸及纸板	出口		
769	4810920000	其他涂无机物的多层纸及纸板	出口		
770	4810990000	其他涂无机物的纸及纸板	出口		
771	4811100000	焦油纸及纸板，沥青纸及纸板	出口		
772	4811410000	自粘的胶粘纸及纸板	出口		
773	4811490000	其他胶粘纸及纸板	出口		
774	4811511000	漂白的彩色相纸用双面涂塑厚纸	出口		
775	4811519000	漂白的其他涂，浸，盖厚纸及纸板	出口		
776	4811591000	用塑料浸涂的绝缘纸及纸板	出口		
777	4811599000	用塑料涂布，浸渍的其他纸及纸板	出口		
778	4811601000	用蜡或油等涂布的绝缘纸及纸板	出口		
779	4811609000	用蜡或油等涂布的其他纸及纸板	出口		
780	4811900000	其他经涂布，浸渍，覆盖的纸及纸	出口		
781	4812000000	纸浆制的滤块，滤板及滤片	出口		
782	4813100000	成小本或管状的卷烟纸	出口		
783	4813200000	宽度≤5 厘米成卷的卷烟纸	出口		
784	4813900000	其他卷烟纸	出口		
785	4814100000	用木粒或草粒等饰面的壁纸	出口		
786	4814200000	用塑料涂面或盖面的壁纸及类似品	出口		
787	4814900000	其他壁纸及类似品，窗用透明纸	出口		
788	4816200000	小卷（张）自印复写纸	出口		
789	4816901000	小卷（张）热敏转印纸	出口		
790	4816909000	小卷（张）胶印版纸及其他拷贝纸	出口		
备注：全部使用进口木浆（4701—4706）、生产中不添加国产浆，出口纸及其制品（4801—4816）的除外					
791	5102110000	未梳喀什米尔山羊绒毛	出口		
792	5102192000	未梳其他山羊绒	出口		
793	5202100000	废棉纱线		进口	
794	5202990000	其他废棉		进口	
795	5505100000	合成纤维废料		进口	
796	5505200000	人造纤维废料		进口	
797	6310100010	新的或未使用过的纺织材料制经分拣的碎织物等		进口	
798	6310100090	其他纺织材料制经分拣的碎织物等		进口	
799	6310900010	新的或未使用过的纺织材料制其他碎织物等		进口	
800	6310900090	其他纺织材料制碎织物等		进口	
801	6801000000	长方砌石，路缘石，扁平石	出口		
802	6802101000	大理石制砖，瓦，方块及类似品	出口		

续表

序号	商品编码	商品名称	禁止方式		
803	6802109000	其他石料制砖瓦、方块及类似品	出口		
804	6802211000	经简单切削或锯开的大理石及制品	出口		
805	6802219000	经简单切削或锯开的蜡石及制品	出口		
806	6802220000	经简单切削或锯开的其他石灰石	出口		
807	6802230000	经简单切削或锯开的花岗岩及制品	出口		
808	6802290000	经简单切削或锯开的其他石及制品	出口		
		（6801—6802 使用进口石材的除外）			
809	6806200000	页状蛭石，膨胀粘土，泡沫矿渣			进出口
810	6807100001	聚酯—铜复合胎基改性沥青根阻防水卷材			进出口
811	6807100090	成卷的沥青或类似原料的制品			进出口
812	6807900000	其他形状的沥青或类似原料的制品			进出口
813	6815100000	非电器用的石墨或其他碳精制品	出口		
814	6815200000	泥煤制品			进出口
815	6902100000	含 >50% 镁，钙，铬耐火砖及类似品	出口		
816	6902200000	含 >50% 铝，硅耐火砖及类似品	出口		
817	6902900000	其他耐火砖及耐火陶瓷建材制品	出口		
818	6903100000	含 >50% 石墨其他耐火陶瓷制品	出口		
819	6903200000	含 >50% 氧化铝其他耐火陶瓷制品	出口		
820	7110199000	其他半制成铂	出口		
821	7110210000	未锻造或粉末状钯	出口		
822	7110291000	板、片状钯	出口		
823	7110299000	其他半制成钯	出口		
824	7110310000	未锻造或粉末状铑	出口		
825	7110391000	板、片状铑	出口		
826	7110399000	其他半制成铑	出口		
827	7110410000	未锻造或粉末状铱、锇、钌	出口		
828	7110491000	板、片状铱、锇、钌	出口		
829	7110499000	其他半制成铱、锇、钌	出口		
830	7201100000	非合金生铁，按重量计含磷量在 0.5% 及以下（非钢铁冶炼行业除外）		进口	
831	7201200000	非合金生铁，按重量计含磷量在 0.5% 以上（非钢铁冶炼行业除外）		进口	
832	7201500010	合金生铁（非钢铁冶炼行业除外）		进口	
833	7201500090	镜铁（非钢铁冶炼行业除外）		进口	
834	7202110000	锰铁，含碳量在 2% 以上	出口		
835	7202190000	锰铁，含碳量不超过 2%	出口		

续表

序号	商品编码	商品名称	禁止方式		
836	7202210000	硅铁，含硅量在55%以上	出口		
837	7202290000	硅铁，含硅量不超过55%	出口		
838	7202300000	硅锰铁	出口		
839	7202410000	铬铁，含碳量在4%以上	出口		
840	7202490000	铬铁，含碳量不超过4%	出口		
841	7202500000	硅铬铁	出口		
842	7202600000	镍铁	出口		
843	7202700000	钼铁	出口		
844	7202801000	钨铁	出口		
845	7202802000	硅钨铁	出口		
846	7202910000	钛铁及硅钛铁	出口		
847	7202921000	按重量含钒在75%及以上钒铁	出口		
848	7202929000	其他钒铁	出口		
849	7202990000	其他铁合金	出口		
850	7203100001	热压铁块		进口	
851	7203100090	其他直接从铁矿还原的铁产品		进口	
852	7203900000	其他海绵铁产品或纯度在99.94%及以上的铁		进口	
853	7204100000	铸铁废碎料		进口	
854	7204210000	不锈钢废碎料		进口	
855	7204290000	其他合金钢废碎料		进口	
856	7204300000	镀锡钢铁废碎料		进口	
857	7204410000	机械加工中产生的废料		进口	
858	7204490010	废汽车钢铁压件		进口	
859	7204490020	以回收钢铁为主的废五金电器		进口	
860	7204490090	未列名钢铁废碎料		进口	
861	7204500000	供再熔的碎料钢铁锭		进口	
862	7205100000	生铁、镜铁及钢铁颗粒（非钢铁冶炼行业除外）		进口	
863	7205210000	合金钢粉末（非钢铁冶炼行业除外）		进口	
864	7205290000	生铁、镜铁及其他钢铁粉末（非钢铁冶炼行业除外）		进口	
865	7206100000	铁锭及非合金钢锭（非钢铁冶炼行业除外）		进口	
866	7206900000	其他初级形状的铁及非合金钢（非钢铁冶炼行业除外）		进口	
867	7207110000	宽度小于厚度两倍的矩形截面钢坯（非钢铁冶炼行业除外）		进口	
868	7207120000	其他矩形截面钢坯，含碳量小于0.25%		进口	
869	7207190000	按重量计其他含碳量小于0.25%的钢坯		进口	

续表

序号	商品编码	商品名称	禁止方式		
870	7207200000	按重量计含碳量不小于0.25%的钢坯		进口	
871	7218100000	不锈钢锭及其他初级形状不锈钢产品（非钢铁冶炼行业除外）		进口	
872	7218910000	矩形截面的不锈半制成品		进口	
873	7218990000	其他不锈钢半制成品		进口	
874	7224100000	其他合金钢锭及其他初级形状		进口	
875	7224901000	粗铸锻件坯		进口	
876	7224909000	其他合金钢坯		进口	
877	7401000000	铜锍，沉积铜（泥铜）	出口		
878	7402000000	未精炼铜、电解精炼用铜阳极	出口		
879	7403110000	精炼铜的阴极及阳极型材	出口		
880	7403120000	未锻轧的精炼铜线锭	出口		
881	7403130000	未锻轧的精炼铜坯段	出口		
882	7403190000	其他未锻轧的精炼铜	出口		
883	7403210000	未锻轧的铜锌合金（黄铜）	出口		
884	7403220000	未锻轧的铜锡合金（青铜）	出口		
885	7403290000	其他未锻轧的铜合金	出口		
886	7404000010	以回收铜为主的废电机等		进口	
887	7404000090	铜废碎料	出口		
888	7405000000	铜母合金	出口		
889	7406101000	精炼铜非片状粉末	出口		
890	7406102000	白铜或德银制非片状粉末	出口		
891	7406103000	铜锌合金（黄铜）非片状粉末	出口		
892	7406104000	铜锡合金（青铜）非片状粉末	出口		
893	7406109000	其他铜合金非片状粉末	出口		
894	7406201000	精炼铜片状粉末	出口		
895	7406202000	白铜或德银制片状粉末	出口		
896	7406209000	其他铜合金片状粉末	出口		
897	7501100000	镍锍	出口		
898	7501209000	其他氧化镍烧结物、镍的其他中间产品	出口		
899	7502100000	未锻轧的非合金镍	出口		
900	7502200000	未锻轧的镍合金	出口		
901	7503000000	镍废碎料	出口		
902	7504001000	非合金镍粉及片状粉末	出口		
903	7504002000	合金镍粉及片状粉末	出口		
904	7508901000	电镀用镍阳极	出口		

续表

序号	商品编码	商品名称	禁止方式		
905	7601101000	未锻轧非合金铝	出口		
906	7601109000	其他未锻轧非合金铝	出口		
907	7602000010	以回收铝为主的废电线等	出口		
908	7602000090	铝废碎料	出口		
909	7603100010	颗粒<500 微米的微细球形铝粉	出口		
910	7603100090	其他非片状铝粉	出口		
911	7603200000	铝片状粉末	出口		
912	7801100000	未锻轧的精炼铅	出口		
913	7801910000	按重量计所含其他元素是以锑为主的未锻轧铅	出口		
914	7801990000	其他未锻轧铅	出口		
915	7802000000	铅废碎料	出口		
916	7804200000	铅粉及片状粉末	出口		
917	7901119000	其他含锌量≥99.99%的未锻轧锌	出口		
918	7901120000	含锌量低于99.99%的未锻轧非合金锌	出口		
919	7901200000	未锻轧锌合金	出口		
920	7902000000	锌废碎料	出口		
921	7903100000	锌末	出口		
922	7903900010	颗粒<500 微米的锌及其合金	出口		
923	7903900090	其他锌粉及片状粉末	出口		
924	8001100000	未锻轧非合金锡	出口		
925	8001201000	未锻轧的巴氏合金	出口		
926	8001202000	未锻轧的焊锡	出口		
927	8001209000	其他未锻轧的锡合金	出口		
928	8002000000	锡废碎料	出口		
929	8101100010	颗粒<500 微米的钨及其合金	出口		
930	8101940000	未锻轧钨，包括简单烧结成的条、杆	出口		
931	8101970000	钨废碎料	出口		
932	8101991000	锻轧钨条、杆；型材及异型材，板、片、带、箔	出口		
933	8102100000	钼粉	出口		
934	8102940000	未锻轧钼，包括简单烧结成的条、杆	出口		
935	8102970000	钼废碎料	出口		
936	8103201100	松装密度小于2.2克/立方厘米的钽粉	出口		
937	8103201900	其他钽粉	出口		
938	8103209000	其他未锻轧钽，包括简单烧结而成的条、杆	出口		
939	8103300000	钽废碎料	出口		
940	8104110000	含镁量至少为99.8%的未锻轧镁	出口		

续表

序号	商品编码	商品名称	禁止方式		
941	8104190000	其他未锻轧镁	出口		
942	8104200000	镁废碎料	出口		
943	8104300010	颗粒＜500微米的镁及其合金	出口		
944	8104300090	其他已分级的镁锉屑，车屑，颗粒；粉末	出口		
945	8105201000	钴湿法冶炼中间品	出口		
946	8105209001	钴锍及其他冶炼钴时所得中间产品	出口		
947	8105209010	钴≥99.5%的超细钴粉	出口		
948	8105300000	钴锍废碎料	出口		
949	8106001010	高纯度未锻轧的铋及其废料、粉末	出口		
950	8106001090	其他未锻轧铋、废碎料、粉末	出口		
951	8107200000	未锻轧镉；粉末	出口		
952	8107300000	镉废碎料	出口		
953	8108201000	海绵钛	出口		
954	8108209010	颗粒＜500微米的钛及其合金	出口		
955	8108209090	其他未锻轧钛；粉末	出口		
956	8108300000	钛废碎料	出口		
957	8109200010	颗粒＜500微米的锆及其合金	出口		
958	8109200090	其他未锻轧锆；粉末	出口		
959	8109300000	锆废碎料	出口		
960	8110101000	未锻轧锑	出口		
961	8110102000	锑粉末	出口		
962	8110200000	锑废碎料	出口		
963	8111001000	未锻轧锰；锰废碎料；粉末	出口		
964	8111009000	其他锰及制品	出口		
965	8112120000	未锻轧铍、粉末	出口		
966	8112130000	铍废碎料	出口		
967	8112210000	未锻轧铬；粉末	出口		
968	8112220000	铬废碎料	出口		
969	8112510000	未锻轧铊；粉末	出口		
970	8112520000	铊废碎料	出口		
971	8112921000	未锻轧的锗；锗废碎料；锗粉末	出口		
972	8112922001	未锻轧钒氮合金	出口		
973	8112922090	未锻轧的钒；钒废碎料；钒粉末	出口		
974	8112923000	未锻轧的铟；废碎料；粉末	出口		
975	8112924000	未锻轧的铌；废碎料；粉末	出口		
976	8112929010	未锻轧的铪、铪合金；废碎料；粉末	出口		

续表

序号	商品编码	商品名称	禁止方式		
977	8112929090	未锻轧的镓、铼；废碎料；粉末	出口		
978	8112991000	其他锗及其制品	出口		
979	8112992001	其他钒氮合金	出口		
980	8112992090	其他钒及其制品	出口		
981	8112993000	锻轧的铟及其制品	出口		
982	8112994000	锻轧的铌及其制品	出口		
983	8112999010	锻轧的铪及其制品	出口		
984	8112999090	锻轧的镓、铼及其制品	出口		
985	8113000000	金属陶瓷及其制品	出口		
986	8506300000	氧化汞的原电池及原电池组			进出口
987	8507100000	起动活塞式发动机用铅酸蓄电池	出口		
988	8507200000	其他铅酸蓄电池	出口		
989	8548100000	电池废碎料及废电池		进口	
990	8908000000	供拆卸的船舶及其他浮动结构体		进口	
991	8415101000	独立窗式或壁式空气调节器		旧机电产品进口	
992	8415102100	制冷量≤4 千大卡/时分体式空调		旧机电产品进口	
993	8415102200	制冷量>4 千大卡/时分体式空调		旧机电产品进口	
994	8415200000	机动车辆上供人使用的空气调节器		旧机电产品进口	
995	8415811000	制冷量≤4 千大卡/时空调器		旧机电产品进口	
996	8415812000	制冷量>4 千大卡/时空调器		旧机电产品进口	
997	8415821000	制冷量≤4 千大卡/时的其他空调器		旧机电产品进口	
998	8415822000	制冷量>4 千大卡/时的其他空调		旧机电产品进口	
999	8415830000	未装有制冷装置的空调器		旧机电产品进口	
1000	8415901000	制冷量≤4 千大卡/时等空调的零件		旧机电产品进口	
1001	8415909000	制冷量>4 千大卡/时等空调的零件		旧机电产品进口	
1002	8415812000	制冷量>4 千大卡/时空调器		旧机电产品进口	
1003	8415822000	制冷量>4 千大卡/时的其他空调		旧机电产品进口	
1004	8417100000	矿砂、金属的焙烧、熔化用炉		旧机电产品进口	
1005	8417802000	放射性废物焚烧炉		旧机电产品进口	
1006	8417809010	平均温度>1000℃的耐腐蚀焚烧炉		旧机电产品进口	
1007	8417809090	其他非电热的工业用炉及烘箱		旧机电产品进口	
1008	8418101000	容积>500 升冷藏－冷冻组合机		旧机电产品进口	
1009	8418102000	200<容积≤500 升冷藏冷冻组合机		旧机电产品进口	
1010	8418103000	容积≤200 升冷藏－冻组合机		旧机电产品进口	
1011	8418211000	容积>150 升压缩式家用型冷藏箱		旧机电产品进口	
1012	8418212000	压缩式家用型冷藏箱		旧机电产品进口	

续表

序号	商品编码	商品名称	禁止方式		
1013	8418213000	容积≤50 升压缩式家用型冷藏箱		旧机电产品进口	
1014	8418291000	半导体制冷式家用型冷藏箱		旧机电产品进口	
1015	8418292000	电气吸收式家用型冷藏箱		旧机电产品进口	
1016	8418299000	其他家用型冷藏箱		旧机电产品进口	
1017	8418301000	制冷温度≤ -40℃的柜式冷冻箱		旧机电产品进口	
1018	8418302100	制冷 > -40℃大的其他柜式冷冻箱		旧机电产品进口	
1019	8418302900	制冷 > -40℃小的其他柜式冷冻箱		旧机电产品进口	
1020	8418401000	制冷温度≤ -40℃的立式冷冻箱		旧机电产品进口	
1021	8418402100	制冷温度 > -40℃大的立式冷冻箱		旧机电产品进口	
1022	8418402900	制冷温度 > -40℃小的立式冷冻箱		旧机电产品进口	
1023	8418500000	装有冷藏或冷冻装置的其他设备，用于存储及展示		旧机电产品进口	
1024	8418612010	压缩式制冷机组的热泵		旧机电产品进口	
1025	8418612090	其他压缩式热泵，税目 8415 的空气调节器除外		旧机电产品进口	
1026	8418619000	其他热泵，税目 8415 的空气调节器除外		旧机电产品进口	
1027	8418692010	其他压缩式制冷设备		旧机电产品进口	
1028	8418692090	其他制冷机组		旧机电产品进口	
1029	8418699010	带制冷装置的发酵罐		旧机电产品进口	
1030	8418699090	其他制冷设备		旧机电产品进口	
1031	8418910000	冷藏或冷冻设备专用的特制家具		旧机电产品进口	
1032	8418991000	制冷机组及热泵用零件		旧机电产品进口	
1033	8418999100	制冷温度≤ -40℃冷冻设备零件		旧机电产品进口	
1034	8418999200	制冷温度 > -40℃大冷藏设备零件		旧机电产品进口	
1035	8418999910	耐腐蚀冷凝器		旧机电产品进口	
1036	8418999990	编号 8418 其他制冷设备用零件		旧机电产品进口	
1037	8443321100	专用于税目 8471 所列设备的针式打印机		旧机电产品进口	
1038	8443321200	专用于税目 8471 所列设备的激光打印机		旧机电产品进口	
1039	8443321300	专用于税目 8471 所列设备的喷墨打印机		旧机电产品进口	
1040	8443321900	专用于税目 8471 所列设备的其他打印机		旧机电产品进口	
1041	8443322101	幅宽 >60 厘米的喷墨印刷设备		旧机电产品进口	
1042	8443329010	传真机		旧机电产品进口	
1043	8443329090	其他印刷（打印）机、复印机和电传打字机		旧机电产品进口	
1044	8443391100	将原件直接复印（直接法）的静电感光复印设备		旧机电产品进口	
1045	8443391200	将原件通过中间体转印（间接法）的静电感光复印设备		旧机电产品进口	
1046	8443392100	带有光学系统的其他感光复印设备		旧机电产品进口	
1047	8443392200	接触式的其他感光复印设备		旧机电产品进口	

续表

序号	商品编码	商品名称	禁止方式		
1048	8443392300	热敏的其他感光复印设备		旧机电产品进口	
1049	8443392400	热升华的其他感光复印设备		旧机电产品进口	
1050	8443393100	数字式喷墨印刷机		旧机电产品进口	
1051	8443393200	数字式静电照相印刷机（激光印刷机）		旧机电产品进口	
1052	8443393900	其他数字式印刷设备		旧机电产品进口	
1053	8443399000	其他印刷（打印）机、复印机		旧机电产品进口	
1054	8443911000	印刷用辅助机器		旧机电产品进口	
1055	8443992000	数字印刷设备的零件		旧机电产品进口	
1056	8471701000	计算机硬盘驱动器		旧机电产品进口	
1057	8471702000	自动数据处理设备的软盘驱动器		旧机电产品进口	
1058	8471703010	具有刻录功能的光盘驱动器		旧机电产品进口	
1059	8471703090	其他光盘驱动器		旧机电产品进口	
1060	8471709000	自动数据处理设备的其他存储部件		旧机电产品进口	
1061	8471800000	其他自动数据处理设备的部件		旧机电产品进口	
1062	8471900010	专用于复制的光盘刻录机		旧机电产品进口	
1063	8471900090	未列名的磁性或光学阅读器		旧机电产品进口	
1064	8516500000	微波炉		旧机电产品进口	
1065	8516603000	电饭锅		旧机电产品进口	
1066	8517110000	无绳电话机		旧机电产品进口	
1067	8517121011	GSM 数字式手持无线电话整套散件		旧机电产品进口	
1068	8517121019	其他 GSM 数字式手持无线电话机		旧机电产品进口	
1069	8517121021	CDMA 数字式手持无线电话整套散件		旧机电产品进口	
1070	8517121029	其他 CDMA 数字式手持无线电话机		旧机电产品进口	
1071	8517121090	其他手持式无线电话机		旧机电产品进口	
1072	8517122000	对讲机		旧机电产品进口	
1073	8517129000	其他用于蜂窝网络或其他无线网络的电话机		旧机电产品进口	
1074	8517180000	其他电话机		旧机电产品进口	
1075	8517623500	集线器		旧机电产品进口	
1076	8517623600	路由器		旧机电产品进口	
1077	8517623900	其他有线数字通信设备		旧机电产品进口	
1078	8517629100	其他无线用户接入网网络设备		旧机电产品进口	
1079	8517629900	其他接收、转换并发送或再生音像或其他数据用的设备		旧机电产品进口	
1080	8517691001	用于呼叫、提示和寻呼的便携式接收器		旧机电产品进口	
1081	8517691090	其他无线通信设备		旧机电产品进口	
1082	8517699000	其他有线通信设备		旧机电产品进口	

续表

序号	商品编码	商品名称	禁止方式		
1083	8521101100	广播级磁带录像机		旧机电产品进口	
1084	8521101900	其他磁带型录像机		旧机电产品进口	
1085	8521102000	磁带放像机		旧机电产品进口	
1086	8521901110	具有录制功能的视频高密光盘（VCD）播放机		旧机电产品进口	
1087	8521901190	其他视频高密光盘（VCD）播放机		旧机电产品进口	
1088	8521901210	具有录制功能的数字化视频光盘（DVD）播放机		旧机电产品进口	
1089	8521901290	其他数字化视频光盘（DVD）播放机		旧机电产品进口	
1090	8521901910	具有录制功能的其他激光视盘播放机		旧机电产品进口	
1091	8521901990	其他激光视盘播放机		旧机电产品进口	
1092	8521909010	用于光盘生产的金属母盘生产设备		旧机电产品进口	
1093	8521909090	其他视频信号录制或重放设备		旧机电产品进口	
1094	8523520000	“智能卡”		旧机电产品进口	
1095	8525801110	抗辐射电视摄像机		旧机电产品进口	
1096	8525801190	其他特种用途电视摄像机		旧机电产品进口	
1097	8525801200	非特种用途广播级电视摄像机		旧机电产品进口	
1098	8525801301	手机用摄像组件		旧机电产品进口	
1099	8525801390	其他非特种用途电视摄像机及其他摄像组件		旧机电产品进口	
1100	8525802100	特种用途的数字照相机		旧机电产品进口	
1101	8525802200	非特种用途的单镜头反光型数字照相机		旧机电产品进口	
1102	8525802900	非特种用途的其他数字照相机		旧机电产品进口	
1103	8525803100	特种用途视频摄录一体机		旧机电产品进口	
1104	8525803200	非特种用途的广播级视频摄录一体机		旧机电产品进口	
1105	8525803300	非特种用途的家用型视频摄录一体机		旧机电产品进口	
1106	8525803900	非特种用途的其他视频摄录一体机		旧机电产品进口	
1107	8528410000	专用或主要用于税目 84.71 商品的阴极射线管监视器		旧机电产品进口	
1108	8528491000	其他彩色的阴极射线管监视器		旧机电产品进口	
1109	8528499000	其他黑白或其他单色的阴极射线管监视器		旧机电产品进口	
1110	8528511000	专用或主要用于税目 84.71 商品的液晶监视器		旧机电产品进口	
1111	8528519000	其他专用或主要用于税目 84.71 商品的监视器		旧机电产品进口	
1112	8528591000	其他彩色的监视器		旧机电产品进口	
1113	8528599000	黑白或其他单色的监视器		旧机电产品进口	
1114	8528610010	专用或主要用于税目 84.71 商品的彩色投影机		旧机电产品进口	
1115	8528610090	其他专用或主要用于税目 84.71 商品的投影机		旧机电产品进口	
1116	8528691000	其他彩色的投影机		旧机电产品进口	
1117	8528699000	黑白或其他单色的投影机		旧机电产品进口	
1118	8528711000	彩色的卫星电视接收机		旧机电产品进口	

续表

序号	商品编码	商品名称	禁止方式
1119	8528718000	其他彩色的电视接收装置	旧机电产品进口
1120	8528719000	黑白的或其他单色的电视接收装置	旧机电产品进口
1121	8528721100	其他彩色的模拟电视接收机	旧机电产品进口
1122	8528721200	其他彩色的数字电视接收机，阴极射线显像管的	旧机电产品进口
1123	8528721900	其他彩色的电视接收机，阴极射线显像管的	旧机电产品进口
1124	8528722100	彩色的液晶显示器的模拟电视接收机	旧机电产品进口
1125	8528722200	彩色的液晶显示器的数字电视接收机	旧机电产品进口
1126	8528722900	其他彩色的液晶显示器的电视接收机	旧机电产品进口
1127	8528723100	彩色的等离子显示器的模拟电视接收机	旧机电产品进口
1128	8528723200	彩色的等离子显示器的数字电视接收机	旧机电产品进口
1129	8528723900	其他彩色的等离子显示器的电视接收机	旧机电产品进口
1130	8528729100	其他彩色的模拟电视接收机	旧机电产品进口
1131	8528729200	其他彩色的数字电视接收机	旧机电产品进口
1132	8528729900	其他彩色的电视接收机	旧机电产品进口
1133	8528730000	黑白或其他单色的电视接收机	旧机电产品进口
1134	8534001000	四层以上的印刷电路	旧机电产品进口
1135	8534009000	四层及以下的印刷电路	旧机电产品进口
1136	8540110000	彩色阴极射线电视显像管	旧机电产品进口
1137	8540120000	黑白或单色阴极射线电视显像管	旧机电产品进口
1138	8540400000	点距 <0.4 毫米彩色数据/图形显示管	旧机电产品进口
1139	8540500000	黑白或其他单色数据/图形显示管	旧机电产品进口
1140	8540609000	其他阴极射线管	旧机电产品进口

备注：在保税区、出口加工区等海关特殊监管区域开展我国上述出口机电产品售后维修业务的除外

中华人民共和国海关
珠澳跨境工业区珠海园区管理办法

2007 年 4 月 8 日

第一章 总 则

第一条 为了规范海关对珠澳跨境工业区珠海园区（以下简称珠海园区）的监管，根据《中华人民共和国海关法》（以下简称海关法）和其他有关法律、行政法规的规定，制定本办法。

第二条 珠海园区是经国务院批准设立的海关特殊监管区域。珠海园区实行保税区政策，与中华人民共和国关境内的其他地区（以下称区外）之间进出货物在税收方面实行出口加工区政策。

第三条 海关在珠海园区派驻机构，依照本办法对进出珠海园区的货物、物品、运输工具以及珠海园区内企业、场所实行 24 小时监管。

第四条 珠海园区实行封闭式管理。珠海园区与区外以及澳门园区之间，应当设置符合海关监管要求的围网隔离设施、卡口、视频监控系统以及其他海关监管所需的设施。

珠海园区和澳门园区之间设立专用口岸通道，用于两个园区的货物、物品、运输工具以及人员进出。珠海园区和区外之间设立进出区卡口通道，用于珠海园区与区外之间的货物、物品、运输工具以及人员进出。

第五条 珠海园区内不得建立商业性生活消费设施。除安全保卫人员和企业值班人员外，其他人员不得在珠海园区居住。

第六条 珠海园区可以开展以下业务：

（一）加工制造；

（二）检测、维修、研发；

（三）拆解、翻新；

（四）储存进出口货物以及其他未办结海关手续货物；

（五）进出口贸易，包括转口贸易；

（六）国际采购、分销和配送；

（七）国际中转；

（八）商品展示、展销；

（九）经海关批准的其他加工和物流业务。

第七条 珠海园区内企业（以下简称区内企业）应当具有法人资格，具备向海关缴纳税款以及履行其他法定义务的能力，并且在区内拥有专门的营业场所。特殊情况下，经直属海关批准，区外法人企业可以依法在珠海园区内设立分支机构。

区内企业应当按照《中华人民共和国海关对报关单位注册登记管理规定》以及相关规定向海关办理注册登记、变更、注销、行政许可延续以及换证等手续。

第八条 区内企业应当依据《中华人民共和国会计法》以及国家有关法律、行政法规的规定，设置符合海关监管要求的账簿、报表，记录本企业的财务状况和有关进出珠海园区货物、物品的库存、转让、转移、销售、加工、使用和损耗等情况，如实填写有关单证、账册，凭合法、有效凭证记账并且进行核算。

第九条 海关对区内企业实行电子账册监管制度和计算机联网管理制度。

珠海园区行政管理机构或者其经营主体应当在海关指导下通过“电子口岸”平台建立供海关、区内企业以及其他相关部门进行电子数据交换和信息共享的计算机公共信息平台。

区内企业应当建立符合海关联网监管要求的计算机管理系统，按照海关规定的认证方式，提供符合海关查阅格式的电子数据并且与海关信息系统联网。

第十条 区内企业不实行加工贸易银行保证金台账制度。

第十一条 有下列情形之一的，区内企业应当在情况发生之日起5个工作日内书面报告海关，并且办理相关手续：

（一）遭遇不可抗力的；

（二）海关监管货物被盗窃的；

（三）区内企业分立、合并、破产的。

第十二条 法律、行政法规禁止进出口的货物、物品，不得进出珠海园区。

第二章 对珠海园区与境外之间进出货物的监管

第十三条 海关对珠海园区与境外之间进出的货物实行备案制管理，但法律、行政法规另有规定的货物除外。珠海园区与境外之间进出的货物，由货物的收发货人或者代理人填写进出境货物备案清单，向海关备案。

对于珠海园区与境外之间进出的货物，区内企业提出书面申请并且经海关批准的，可以办理集中申报手续，但法律、行政法规和规章另有规定的除外。

第十四条 珠海园区与境外之间进出的货物应当向珠海园区主管海关申报。珠海园区与境外之间进出货物的进出境口岸不在园区主管海关管辖区域的，区内企业应当办理有关手续。

第十五条 珠海园区与境外之间进出的货物，不实行进出口配额、许可证件管理，但法律、行政法规和规章另有规定的除外。

第十六条 从境外进入珠海园区的货物，除法律、行政法规另有规定外，按照以下规定征收进口关税和进口环节税：

（一）珠海园区生产性的基础设施建设项目所需的机器、设备和其他物资，予以免税；

（二）区内企业自用的生产、管理设备和自用合理数量的办公用品及其所需的维修零配件，建设生产厂房、仓储设施所需的物资、设备，予以免税；

（三）珠海园区行政管理机构自用合理数量的管理设备和办公用品及其所需的维修零配件，予以免税；

（四）区内企业为加工出口产品所需的原材料、零部件、元器件、包装物料，予以保税；

（五）转口货物、在珠海园区储存的货物和展览品、样品，予以保税；

（六）上述规定范围外的货物或者物品从境外进入珠海园区，应当依法纳税。

本条前款规定的从境外免税进入珠海园区的货物出区进入区外的，海关按照货物进口的有关规定办理手续；需要征税的，按照货物出区时的实际状态征税；属于配额、许可证件管理商品的，区内企业或者区外收货人还应当向海关出具进口配额、许可证件。

从珠海园区运往境外的货物免征出口关税，但法律、行政法规另有规定的除外。

第三章 对珠海园区与区外之间进出货物的监管

第十七条 珠海园区内货物运往区外视同进口，海关按照货物进口的有关规定办理手续。需要征税的，按照货物出区时的实际状态征税；属于配额、许可证件管理商品的，区内企业或者区外收货人还应当向海关出具进口配额、许可证件。

以一般贸易方式经珠海园区进入区外，并

且获得香港或者澳门签证机构签发的CEPA优惠原产地证书的货物，可以按照规定享受CEPA零关税优惠。

第十八条 区内企业在加工生产过程中产生的边角料、废品，以及加工生产、储存、运输等过程中产生的包装物料，区内企业提出书面申请并且经海关批准的，可以运往区外，海关按出区时的实际状态征税。属于进口配额、许可证件管理商品的，免领进口配额、许可证件；属于列入《禁止进口废物目录》的废物以及其他危险废物需出区进行处置的，有关企业凭珠海园区行政管理机构以及所在地的市级环保部门批件等材料，向海关办理出区手续。

区内企业在加工生产过程中产生的残次品内销出区的，海关按内销时的实际状态征税。属于进口配额、许可证件管理的，企业应当向海关出具进口配额、许可证件。

第十九条 珠海园区内货物运往区外的，由区内企业、区外收货人或者其代理人向海关办理申报手续。

第二十条 区内企业跨关区配送货物或者异地企业跨关区到珠海园区提取货物的，可以在珠海园区主管海关办理申报手续，也可以按照规定在异地企业所在地海关办理申报手续。

第二十一条 区内企业需要将模具、原材料、半成品等运往区外进行加工的，应当在开展外发加工前，凭承揽加工合同或者协议、承揽企业营业执照复印件和区内企业签章确认的承揽企业生产能力状况等材料，向珠海园区主管海关办理外发加工手续。

委托区外企业加工的期限不得超过6个月，加工完毕后的货物应当按期运回珠海园区。在区外开展外发加工产生的边角料、废品、残次品、副产品不运回珠海园区的，海关应当按照实际状态征税。区内企业凭出区时委托区外加工申请书以及有关单证，向海关办理验放核销手续。

第二十二条 经珠海园区主管海关批准，区内企业可以在区外进行商品展示，也可以承接区外商品的展示，并且比照海关对暂时进出境货物的有关规定办理进出区手续。

第二十三条 在珠海园区内使用的机器、设备、模具和办公用品等海关监管货物，区内企业或者珠海园区行政管理机构向珠海园区主管海关提出书面申请，并且经珠海园区主管海关核准、登记后，可以运往区外进行检测、维修。区内企业将模具运往区外进行检测、维修的，应当留存模具所生产产品的样品或者图片资料。

运往区外进行检测、维修的机器、设备、模具和办公用品等，不得在区外用于加工生产和使用，并且应当自运出之日起60日内运回珠海园区。因特殊情况不能如期运回的，区内企业或者珠海园区行政管理机构应当在期限届满前7日内，以书面形式向海关申请延期，延长期限不得超过30日。

检测、维修完毕运回珠海园区的机器、设备、模具和办公用品等应当为原物。有更换新零件、配件或者附件的，原零件、配件或者附件应当一并运回区内。对在区外更换的国产零件、配件或者附件，需要退税的，由区内企业或者区外企业提出申请，园区主管海关按照出口货物的有关规定办理手续，签发出口货物报关单证明联。

第二十四条 货物从区外进入珠海园区视同出口，海关按照货物出口的有关规定办理手续。属于出口应税商品的，按照有关规定进行征税；属于配额、许可证件管理商品的，区内企业或者区外发货人还应当向海关出具出口配额、许可证件。

货物的出口退税，除法律、行政法规另有规定外，按照以下规定办理：

（一）从区外进入珠海园区供区内企业使用的国产机器、设备、原材料、零部件、元器件、包装物料以及建造基础设施、企业和行政管理部门生产、办公用房所需合理数量的基建物资等，海关按照出口货物的有关规定办理手续，签发出口货物报关单证明联；

（二）从区外进入珠海园区供区内企业和行政管理机构使用的生活消费用品、交通运输工具等，海关不予签发出口货物报关单证明联；

（三）从区外进入珠海园区的进口机器、设备、原材料、零部件、元器件、包装物料、基建物资等，有关企业应当向海关提供上述货物或者物品的清单，并且办理出口报关手续；上述货物或者物品已经缴纳的进口环节税，不予退还。

第二十五条 区内企业运往区外进行外发加工的货物，加工生产过程中使用国内料件并且属于出口应税商品的，加工产品运回区内时，所使用的国内料件应当按规定缴纳出口关税。

从区外运到区内供区内企业自用并且不再出区的物资，区内企业应当向海关提供有关物资清单，经海关批准放行。

第二十六条 对于珠海园区与区外之间进出的货物，企业提出书面申请并且经海关批准的，可以办理集中申报手续，并且适用每次货物进出时海关接受该货物申报之日实施的税率、汇率，但法律、行政法规和规章另有规定的除外。集中申报的期限不得超过30日，并且不得跨年度办理。

第四章　对珠海园区内货物的监管

第二十七条 珠海园区内货物可以在区内自由流转。区内企业之间转让、转移货物的，双方企业应当及时将转让、转移货物的品名、数量、金额等有关事项向海关备案。

第二十八条 区内企业可以将本企业加工生产的产品转入其他海关特殊监管区域以及区外加工贸易企业进一步加工后复出口，海关参照出口加工区货物出区深加工结转的有关规定实施监管。

第二十九条 区内企业自开展业务之日起，应当每年向珠海园区主管海关办理报核手续，珠海园区主管海关应当自受理报核申请之日起30日内予以核销。区内企业有关账册、原始单证应当自核销结束之日起至少保留3年。

第三十条 因不可抗力造成珠海园区内货物损坏、灭失的，区内企业应当及时书面报告珠海园区主管海关，并且提供保险、灾害鉴定部门的有关证明。经珠海园区主管海关核实确认后，按照以下规定处理：

（一）货物灭失，或者虽未灭失但完全失去使用价值的，海关依法办理核销和免税手续；

（二）进境货物损坏，失去原使用价值但可以再利用的，区内企业可以向海关办理退运手续。要求运往区外的，由区内企业提出申请，并且经珠海园区主管海关核准后，按照出区时的实际状态办理海关手续；

（三）区外进入珠海园区的货物损坏，失去原使用价值但可以再利用，并且向区外出口企业进行退换的，可以退换为与损坏货物同一品名、规格、数量、价格的货物，并且向珠海园区主管海关办理退运手续。

需要退运到区外的货物，区内企业向珠海园区主管海关提出退运申请，提供注册地税务主管部门证明其货物未办理出口退税或者所退税款已退还税务主管部门的证明材料和出口单证，并且经珠海园区主管海关批准的，可以办理退运手续；属于已经办理出口退税手续并且所退税款未退还税务主管部门的，按照本条第一款第（二）项的有关规定办理。

第三十一条 因保管不善等非不可抗力因素造成货物损坏、灭失的，按照以下规定办理：

（一）对于从境外进入珠海园区的货物，区内企业应当按照一般贸易进口货物的规定，以货物进入珠海园区时海关接受申报之日适用的税率、汇率，依法向海关缴纳损毁、灭失货物原价值的进口环节税；

（二）对于从区外进入珠海园区的货物，区内企业应当重新缴纳出口退还的国内环节有关税款，海关根据有关单证办理核销手续。

第三十二条 区内企业生产属于被动配额管理的出口产品，应当事先报经有关部门批准。

第三十三条 海关对于珠海园区与其他海关特殊监管区域或者海关保税监管场所之间流转的保税货物，实行继续保税监管。

货物从已经实行国内货物入区（仓）环节出口退税制度的海关特殊监管区域或者海关保税监管场所转入珠海园区的，海关不予签发出口货物报关单证明联。货物从未实行国内货物入区（仓）环节出口退税制度的海关特殊监管区域或者海关保税监管场所转入珠海园区的，按照货物实际离境的有关规定办理申报手续，由转出地海关签发出口货物报关单证明联。

第五章 对进出珠海园区运输工具和个人携带货物、物品的监管

第三十四条 运输工具和个人进出珠海园区的，应当经由海关指定的专用通道，并且接受海关监管和检查。

第三十五条 货运车辆、非货运车辆进出珠澳跨境工业区专用口岸通道的，应当经主管部门批准，并且按照《中华人民共和国海关关于来往香港、澳门公路货运企业及其车辆和驾驶员的管理办法》（以下简称港澳车辆管理办法）向珠海园区主管海关办理备案手续。

澳门车辆进出珠澳跨境工业区专用口岸通道的，申请人应当在报经主管部门批准后，持主管部门批文、车主/企业、汽车、驾驶员等有关资料向珠海园区主管海关申请备案，并且提供海关认可的担保，海关签发《来往澳门汽车进出境签证本》。

第三十六条 港/澳籍货运车辆、非货运车辆以及澳门车辆从珠澳跨境工业区专用口岸通道进境后，应当在3个月内复出境；特殊情况下，经珠海园区主管海关同意，可以在车辆备案有效期内予以延期，延长期限不得超过3个月。

第三十七条 对于从珠澳跨境工业区专用口岸通道进境的货运车辆，海关按照港澳车辆管理办法及其有关规定进行监管。

对于从珠澳跨境工业区专用口岸通道进境的非货运车辆、澳门车辆，海关比照港澳车辆管理办法及其有关规定进行监管。

第三十八条 进境的港/澳籍货运车辆、非货运车辆可以从珠海园区进入珠海市区或者从珠海市区进入珠海园区。

从珠澳跨境工业区专用口岸通道进入珠海园区的澳门车辆，不得从珠海园区进入区外。

第三十九条 经珠澳跨境工业区专用口岸通道进出珠海园区、澳门园区人员携带的行李物品，应当以自用合理为限，海关按照进出境旅客行李物品监管的有关规定进行监管。

进出珠澳跨境工业区专用口岸通道车辆的备用物料和驾驶员携带的行李物品，应当以旅途需要为限，超出旅途需要的，海关不予放行。

第四十条 珠海园区与区外之间进出的下列货物，经海关批准，可以由区内企业指派专人携带或者自行运输：

（一）价值1万美元以下的小额货物；

（二）因品质不合格复运区外退换的货物；

（三）已办理进口纳税手续的货物；

（四）企业不要求出口退税的货物；

（五）其他经海关批准的货物。

第六章 附 则

第四十一条 除国际中转货物和其他另有规定的货物外，珠海园区与境外之间进出的货物，列入海关进出口统计。珠海园区与区外之间进出的货物，列入海关单项统计。

区内企业之间转让、转移的货物，以及珠海园区与其他海关特殊监管区域或者海关保税监管场所之间流转的货物，不列入海关统计。

第四十二条 本办法下列用语含义：

澳门园区，是指经国务院批准设立的珠澳跨境工业区的澳门园区。

货运车辆，是指依照港澳车辆管理办法规定在海关备案，从事来往粤澳公路货物运输的粤澳两地牌照车辆。

非货运车辆，是指经主管部门批准，并且按照规定在海关备案、来往粤澳的粤澳两地牌

照商务车辆、私人小汽车。

澳门车辆，是指在珠海园区投资设厂的境外商户的澳门籍货运车辆和私人小汽车，以及澳门专业货运公司的货运车辆。

第四十三条 海关对珠海园区管理的其他事项，由拱北海关比照本办法以及国家有关规定予以处理。

第四十四条 违反本办法，构成走私行为、违反海关监管规定行为或者其他违反海关法行为的，由海关依照海关法和《中华人民共和国海关行政处罚实施条例》的有关规定予以处理；构成犯罪的，依法追究刑事责任。

第四十五条 本办法由海关总署负责解释。

第四十六条 本办法自 2007 年 4 月 8 日起施行。

海关总署关于印发
出口加工区拓展保税物流功能及开展研发、检测、
维修业务试点管理办法的通知

署加函［2007］133号　2007年4月9日

北京、上海、江苏、浙江、山东、重庆、陕西省（市）人民政府：

经国务院批准同意，在江苏昆山、浙江宁波、上海松江、北京天竺、山东烟台、陕西西安、重庆出口加工区开展出口加工区拓展保税物流功能试点，并在其中具备条件、有业务需求的出口加工区开展研发、检测、维修业务试点。按照国务院批示精神，我署会同国家发展改革委、财政部、国土资源部、商务部、税务总局、工商总局、质检总局、外汇局制定了《出口加工区拓展保税物流功能及开展研发、检测、维修业务试点管理办法》，现印发给你们。请按照该办法规定，结合《海关总署关于开展出口加工区拓展保税物流等功能试点准备工作的函》（署加函［2006］358号）有关要求，积极组织落实试点工作。对试点工作中出现的问题，请及时向我署或有关部门反映。

附件：出口加工区拓展保税物流功能及开展研发、检测、维修业务试管理办法

附件：

出口加工区拓展保税物流功能及开展研发、检测、
维修业务试点管理办法

第一条　按照出口加工区“加工制造为主，保税物流为辅”的功能定位，为做好出口加工区拓展保税物流功能及开展研发、检测、维修业务试点期间工作，制定本办法。

第二条　出口加工区拓展保税物流功能试点以服务区内生产型企业为主，同时辐射区外相关联的企业。

第三条　区内企业可开展研发、高技术含量和高附加值产品的检测以及国产出口货物的售后维修业务。

区内不得开展以拆解和翻新为目的的维修业务。

第四条　开展出口加工区拓展保税物流功能试点业务的区内仓储物流企业可将区内货物配送至境外或境内区外（含其他海关特殊监管区域、海关保税监管场所，下同）相关联企业。

第五条　区内仓储物流企业开展拓展保税物流功能试点业务，其货物必须实际进出区。

第六条　开展拓展保税物流功能试点业务

的区内仓储物流企业由管委会按以下条件进行选择、依法办理工商登记手续，并报海关总署备案：

（一）经营情况正常，无走私或重大违规行为，具备向海关缴纳税款的能力；

（二）具有专门存储货物的场所，面积不得低于1000平方米；

（三）具有符合海关监管要求的计算机管理系统，并与海关联网，具有真实齐全的货物进、出、转、存的电子数据，能够保证海关有效开展对区内企业有关业务数据的查询、统计、采集、交换和核查等监管工作；

（四）经营特殊许可商品存储的，应当持有规定的特殊许可证件。

第七条 区内生产企业根据生产经营或售后服务需要，可将未经实质性加工的货物运至境外或境内区外相关联的企业。

第八条 设立研发、检测、维修企业和区内生产型企业开展研发、检测、维修业务应依法经省级商务主管部门批准同意，并依法办理工商登记手续。

企业应具有符合海关监管要求的计算机管理系统，并与海关联网。

第九条 境外或境内区外进入出口加工区的货物，海关和检验检疫部门按现行规定办理手续；通过出口加工区物流配送、研发、检测运至境外或境内区外的货物，海关和检验检疫部门按货物报验状态办理相关手续；在出口加工区维修的国产出口货物必须复运出境，并按报验状态办理相关手续，不得在境内区外销售；海关和检验检疫部门对上述货物按相关规定实施监管。国家禁止进、出口的商品，不得进出出口加工区，另有规定的除外。

第十条 试点期间，现行规定与本办法不一致的，按本办法执行。

第十一条 本办法自下发之日起施行。

海关总署关于出口加工区拓展保税物流功能及开展研发、检测、维修业务试点有关问题的通知

署加发［2007］168号　2007年4月19日

北京、上海、南京、宁波、青岛、重庆、西安海关：

为明确并规范海关对出口加工区拓展保税物流功能及开展研发、检测、维修业务试点期间货物进出操作，根据国务院批复精神，现就试点期间货物进出出口加工区有关问题通知如下：

一、关于区内企业开展保税物流业务

出口加工区拓展保税物流功能涉及的货物纳入现行的电子账册管理。

（一）经主管海关同意，开展出口加工区拓展保税物流功能试点业务的区内仓储物流企业将货物配送至境内区外的，区内企业将货物在电子账册成品项中备案，货物出区时区内企业填写《中华人民共和国海关出口加工区出境备案清单》（以下简称《出境备案清单》），贸易方式栏填写“成品进出区”（代码5100），其他栏目按有关规定填写；货物运至境外的，区内企业填写《出境备案清单》，贸易方式栏填写“区内仓储货物”（代码5033），其他栏目按有关规定填写。

（二）经主管海关同意，区内生产型企业将未经实质性加工的货物运往境内区外，企业将货物在电子账册成品项中备案。货物出区时，区内企业填写《出境备案清单》，贸易方式栏填写“成品进出区”（代码5100），其他栏目按有关规定填写；货物运至境外的，区内企业填写《出境备案清单》，贸易方式栏填写“区内仓储货物”（代码5033），其他栏目按有关规定填写。

二、关于区内企业开展研发业务

出口加工区开展研发业务试点涉及的货物纳入现行的电子账册管理，单独设立电子账册。经主管海关同意，企业将用于研发的货物在电子账册料件项中备案，研发后的货物在电子账册成品项中备案。新增监管方式代码“出口加工区研发货物”（代码5010），用于出口加工区与境外之间进出的用于研发的货物。

出口加工区与境外之间进出的用于研发的货物，在货物进境时，区内企业填写《中华人民共和国海关出口加工区进境备案清单》（以下简称《进境备案清单》），贸易方式栏填写“出口加工区研发货物”（代码5010），其他栏目按有关规定填写；在货物出境时，区内企业填写《出境备案清单》，贸易方式栏填写“出口加工区研发货物”（代码5010），其他栏目按有关规定填写。

出口加工区与境内区外之间进出的用于研发的货物，在货物入区时，区内企业填写《进境备案清单》，贸易方式栏填写“料件进出区”（代码5000），其他栏目按有关规定填写；在货物出区时，区内企业填写《出境备案清单》，贸易方式栏填写“成品进出区”（代码5100），其他栏目按有关规定填写。

三、关于区内企业开展检测业务

出口加工区与境外之间进出的检测货物，在货物进境时，区内企业填写《进境备案清单》，贸易方式栏填写“修理物品”（代码1300），其他栏目按有关规定填写；在货物出境时，区内企业填写《出境备案清单》，贸易方式栏填写“修理物品”（代码1300），其他栏目按有关规定填写。

出口加工区与境内区外之间进出的检测货物，在货物入区时，区内企业填写《进境备案清单》，贸易方式栏填写“修理物品”（代码1300），其他栏目按有关规定填写；在货物出区时，区内企业填写《出境备案清单》，贸易方式栏填写“修理物品”（代码1300），其他栏目按有关规定填写。

四、关于区内企业开展维修业务

区内企业可开展国产出口货物的售后维修业务。境外进入出口加工区维修的货物，货物入区时，区内企业填写《进境备案清单》，贸易方式栏填写“修理物品”（代码1300），其他栏目按有关规定填写；修理后的货物出境时，区内企业填写《出境备案清单》，贸易方式栏填写“修理物品”（代码1300），其他栏目按有关规定填写。

五、区内开展物流、研发、检测、维修业务的企业应具有符合海关监管要求的计算机管理系统，并与海关联网。海关应加强实际核查。

六、试点期间，现行规定与本通知不一致的，按本通知执行。

七、本通知自印发之日起执行。请各海关将以上内容及时对外公告。

各出口加工区所在地主管海关在试点期间要加强信息报送和相关数据的统计工作，试点中出现的问题请及时向总署加贸司反映。

商务部、海关总署公告 2007年第41号
关于对部分钢材出口实行出口许可证管理有关问题

2007年4月30日

根据《中华人民共和国对外贸易法》和《中华人民共和国货物进出口管理条例》，现就对部分钢材出口实行出口许可证管理的有关问题公告如下：

一、从2007年5月20日起，对部分钢材产品出口按照《货物出口许可证管理办法》（商务部公告2004年第28号）的有关规定实行出口许可证管理（海关商品编号详见附件）。

二、凡出口本公告附件所列钢材的企业按照《货物出口许可证管理办法》的规定，向企业所在地省级（省、自治区、直辖市、计划单列市，新疆生产建设兵团）发证机构申领出口许可证。

三、申领本公告附件所列钢材出口许可证的贸易方式仅限于一般贸易出口（不含归还贷款出口和国际招标出口）。

四、本公告所列钢材出口许可证实行一批一证管理。外商投资企业按《货物出口许可证管理办法》的有关规定执行。

五、本公告所列钢材出口许可证有效期为许可证签发之日起3月内有效。

六、商务部、海关总署负责对本公告的解释。

特此公告

附件：实行出口许可证管理的钢材产品目录

附件：

实行出口许可证管理的钢材产品目录

序号	海关商品编号	商品名称
1	7208100000	轧压花纹的热轧卷材
2	7208250000	厚度≥4.75毫米其他经酸洗的热轧卷材
3	7208261000	屈服强度大于355牛顿/平方毫米，3毫米≤厚度<4.75毫米其他经酸洗热轧卷材
4	7208269000	其他3毫米≤厚度<4.75毫米其他经酸洗热轧卷材
5	7208271000	厚度<1.5毫米的其他经酸洗的热轧卷材
6	7208279000	1.5毫米≤厚<3毫米其他的热轧卷材
7	7208360000	厚度>10毫米的其他热轧卷材
8	7208370000	10毫米≥厚≥4.75毫米的其他热轧卷材
9	7208381000	屈服强度大于355牛顿/平方毫米，4.75毫米>厚度≥3毫米的大强度卷材
10	7208389000	其他4.75毫米>厚度≥3毫米的卷材

续表

序号	海关商品编号	商品名称
11	7208391000	厚度<1.5毫米的其他热轧卷材
12	7208399000	1.5毫米≤厚<3毫米的其他热轧卷材
13	7208400000	轧有花纹的热轧非卷材
14	7208511000	厚度>50毫米的其他热轧非卷材
15	7208512000	20毫米<厚≤50毫米的其他热轧非卷材
16	7208519000	10毫米<厚≤20毫米的其他热轧非卷材
17	7208520000	10毫米≥厚度≥4.75毫米的热轧非卷材
18	7208531000	屈服强度大于355牛顿/平方毫米，4.75毫米>厚≥3毫米大强度热轧非卷材
19	7208539000	其他4.75毫米>厚≥3毫米的热轧非卷材
20	7208541000	厚度<1.5毫米的热轧非卷材
21	7208549000	1.5≤厚<3毫米的热轧非卷材
22	7208900000	其他热轧铁或非合金钢宽平板轧材
23	7211130000	未轧花纹的四面轧制的热轧非卷材
24	7211140000	厚度≥4.75毫米的其他热轧板材
25	7211190000	其他热轧铁或非合金钢窄板材
26	7211230000	含炭量低于0.25%的冷轧板材
27	7211290000	其他冷轧铁或非合金钢窄板材
28	7211900000	冷轧的铁或非合金钢其他窄板材
29	7212100000	镀（涂）锡的铁或非合金钢窄板材
30	7212200000	电镀锌的铁或非合金钢窄板材
31	7212300000	其他镀或涂锌的铁窄板材
32	7212400000	涂漆或涂塑的铁或非合金钢窄板材
33	7212500000	涂镀其他材料铁或非合金钢窄板材
34	7212600000	经包覆的铁或非合金钢窄板材
35	7213100000	铁或非合金钢制热轧盘条
36	7213200000	其他易切削钢制热轧盘条
37	7213910000	直径<14毫米圆截面的其他热轧盘条
38	7213990000	其他热轧盘条
39	7214200000	铁或非合金钢的热加工条、杆
40	7214300000	易切削钢的热加工条、杆
41	7214910000	其他矩形截面的条杆
42	7214990000	其他热加工条、杆
43	7215100000	其他易切削钢制冷加工条、杆
44	7215500000	其他冷加工或冷成形的条、杆
45	7215900000	铁及非合金钢的其他条、杆
46	7216101000	截面高度<80毫米的H型钢

续表

序号	海关商品编号	商品名称
47	7216102000	截面高度 <80 毫米工字钢
48	7216109000	截面高度 <80 毫米槽钢
49	7216210000	截面高度 <80 毫米角钢
50	7216220000	截面高度 <80 毫米丁字钢
51	7216310000	截面高度≥80 毫米槽型钢
52	7216321000	截面高度 >200 毫米工字钢
53	7216329000	80 毫米≤截面高度≤200 毫米工字钢
54	7216331100	截面高度 >800 毫米 H 型钢
55	7216331900	200 毫米 < 截面高度≤800 毫米 H 型钢
56	7216339000	80 毫米 < 截面高度≤200 毫米 H 型钢
57	7216401000	截面高度≥80 毫米角钢
58	7216402000	截面高度≥80 毫米丁字钢
59	7216501000	乙字钢
60	7216509000	其他角材、型材及异型材
61	7216610000	冷加工平板轧材制的角材、型材及异型材
62	7216690000	冷加工角材、型材及异型材
63	7216910000	其他冷加工平板轧材制角材、型材、异型材
64	7216990000	其他角材、型材及异型材
65	7217100000	未镀或涂层的铁或非合金钢丝
66	7217200000	镀或涂锌的铁或非合金钢丝
67	7217300000	镀或涂其他贱金属铁或非合金钢丝
68	7217900000	其他铁丝或非合金钢丝
69	7219131100	3 毫米≤厚 <4.75 毫米未经酸洗按重量计含镍量在 7% 以下的热轧铬锰系不锈钢卷材
70	7219132100	3 毫米≤厚 <4.75 毫米经酸洗含镍量按重量计在 7% 以下的铬锰系热轧不锈钢卷材
71	7219132900	3 毫米≤厚 <4.75 毫米经酸洗的其他热轧不锈钢卷板
72	7219141100	厚度 <3 毫米未经酸洗按重量计含镍量在 7% 以下的铬锰系热轧不锈钢卷板
73	7219142100	厚度 <3 毫米经酸洗按重量计含镍量在 7% 以下的铬锰系热轧不锈钢卷材
74	7225910000	电镀锌的其他合金钢宽平板轧材
75	7225920000	其他镀或涂锌的其他合金钢宽板材
76	7225991000	宽≥600 毫米的高速钢制平板轧材
77	7225999000	宽≥600 毫米的其他合金钢平板轧材
78	7226920000	宽度 <600 毫米冷轧其他合金钢板材
79	7226991000	电镀锌的其他合金钢窄平板轧材
80	7226992000	用其他方法镀或涂锌的其他合金钢窄板材
81	7227200000	硅锰钢的热轧盘条
82	7228200000	其他硅锰钢的条、杆
83	7228600000	其他合金钢条、杆

海关总署公告 2007年第22号
关于对部分商品进出口暂定税率进行调整

2007年5月30日

经国务院批准，对部分商品进出口暂定税率进行调整。现将有关事项公告如下：

一、调整部分商品进口暂定税率

（一）对煤炭、软木和燃料油等7个税目的资源性产品实施0—3%的进口暂定税率；

（二）对排液泵、密封件、轴承及阀门用零件、空调和冰箱用压缩机及其零件、工程机械零件、照相机零件、电视机零件、摄录一体机镜头等62个税目的零部件实施2%—6%的进口暂定税率；

（三）对婴儿食品、厨房炊具、餐具、食品加工机、视力矫正镜片、建筑材料、装饰用陶瓷、家用电器等140个税目的日用商品实施6%—17%的进口暂定税率。

以上三类商品共209个税目，其中5个税目只涉及该税目中的部分商品（见附件1）。

二、调整部分商品出口暂定税率

（一）对卷材、板材、钢丝等53个税目的钢材产品以及偏钨酸铵、菱镁矿、烧镁等5个税目的资源性产品实施5%的出口暂定税率；

（二）对普碳钢条杆、角型材等30个税目的钢材产品以及煤焦油、天然石墨、稀土金属、精炼铅、氧化镝、氧化铽、未锻轧锌及部分有色金属废碎料等21个税目的产品实施10%的出口暂定税率；

（三）对焦炭、钢坯、钢锭、生铁、部分铁合金、萤石、非针叶木木片以及镍、铬、钨、锰、钼和稀土金属等国内稀缺的金属原矿共33个税目的产品实施15%的出口暂定税率。

以上三类商品共142个税目（见附件2）。

三、本公告自2007年6月1日至2007年12月31日期间执行。

附件：1. 进口暂定税率调整表

2. 出口暂定税率调整表

附件1：

进口暂定税率调整表

序号	ex	税则号列	商品名称（简称）	现行税率（%）	调整后暂定税率（%）
1		19011000	供婴幼儿食用的零售包装食品	15	10
2		27011100	未制成型的无烟煤，不论是否粉化	1	0
3		27011290	其他烟煤	1	0
4		27011900	未制成型的其他煤，不论是否粉化	1	0
5		27012000	煤砖、煤球及类似用煤制固体燃料	1	0

续表

序号	ex	税则号列	商品名称（简称）	现行税率（%）	调整后暂定税率（%）
6		27040090	甑炭	1	0
7		27101922	5—7号燃料油	6	3
8		33043000	指（趾）甲化妆品	15	10
9		33052000	烫发剂	15	10
10		33053000	定型剂	15	10
11		34011990	其他用肥皂及有机表面活性产品，条、块状或模制形状的，以及用肥皂或洗涤剂浸渍、涂面或包覆的纸、絮胎、毡呢及无纺织物	15	10
12		34012000	其他形状的肥皂	15	10
13		35051000	糊精及其他改性淀粉	12	10
14		45011000	未经加工或简单加工的天然软木	3	1
15		69049000	陶瓷制铺地砖、支撑或填充用砖	24.5	15
16		69051000	陶瓷制屋顶瓦	24.5	15
17		69059000	其他建筑用陶瓷制品	24.5	15
18		69060000	陶瓷套管、导管、槽管及管子配件	15	10
19		69071000	未上釉的小陶瓷砖、瓦、块及类似品	22	12
20		69079000	未上釉的大陶瓷砖、瓦、块及类似品	12	8
21		69099000	农业用、运输或盛装货物用陶瓷容器	21	15
22		69111010	瓷餐具	12	8
23		69111020	瓷厨房器具	15	10
24		69120010	陶餐具	15	10
25		69120090	陶制厨房器具	15	10
26		70132200	铅晶质高脚杯	24.5	15
27		70133300	其他铅晶质玻璃杯	24.5	15
28		70134100	铅晶质玻璃制餐桌、厨房用器皿	24.5	15
29		70151010	视力矫正眼镜用变色镜片坯件	21	15
30		70151090	其他视力矫正眼镜用镜片坯件	17.5	10
31		70159020	平光变色镜片坯件	18	10
32		70189000	玻璃假眼；灯工方法制的玻璃塑像及玻璃饰品	20	10
33		73239100	餐桌、厨房等家用铸铁制器具	20	10
34		73239200	餐桌、厨房等家用铸铁制搪瓷器	20	10
35		73239410	钢铁制搪瓷面盆	20	10
36		73239420	钢铁制搪瓷烧锅	20	10
37		73241000	不锈钢制洗涤槽及脸盆	18	10
38		73242900	其他钢铁制浴缸	30	15
39		73249000	其他钢铁制卫生器具及零件	25	15

附件 2：

出口暂定税率调整表

序号	税则号列	商品名称（简称）	现行税率（%）	调整后暂定税率（%）
1	25041010	鳞片状天然石墨		10
2	25041090	粉末状天然石墨		10
3	25049000	其他天然石墨		10
4	25191000	天然碳酸镁（菱镁矿）		5
5	25199010	熔凝镁氧矿		5
6	25199020	烧结镁氧矿（重烧镁）		5
7	25199030	碱烧镁（轻烧镁）		5
8	28053011	钕		10
9	28053012	镝		10
10	28053013	铽		10
11	28053019	其他未相互混合或熔合的稀土金属、钪及钇		10
12	28053021	已相互混合或熔合的稀土金属、钪及钇，电池级		10
13	28053029	其他已相互混合或熔合的稀土金属、钪及钇		10
14	28257000	钼的氧化物及氢氧化物		15
15	28417010	钼酸铵		15
16	28417090	其他钼酸盐		15
17	28418040	偏钨酸铵		5
18	28469015	氧化镝		10
19	28469016	氧化铽		10
20	72081000	轧压花纹的热轧卷材		5
21	72082500	厚度≥4.75 毫米其他经酸洗的热轧卷材		5
22	72082610	屈服强度大于 355 牛顿/平方毫米，3 毫米≤厚度<4.75 毫米其他经酸洗热轧卷材		5
23	72082690	其他 3 毫米≤厚度<4.75 毫米其他经酸洗热轧卷材		5
24	72082710	厚度<1.5 毫米的其他经酸洗的热轧卷材		5
25	72082790	其他厚度<3 毫米的其他经酸洗的热轧卷材		5
26	72083600	厚度>10 毫米的其他热轧卷材		5
27	72083700	4.75 毫米≤厚度≤10 毫米的其他热轧卷材		5
28	72083810	屈服强度大于 355 牛顿/平方毫米，3 毫米≤厚度<4.75 毫米的其他卷材		5
29	72083890	其他 3 毫米≤厚度<4.75 毫米的其他卷材		5
30	72083910	厚度<1.5 毫米的其他热轧卷材		5

续表

序号	税则号列	商品名称（简称）	现行税率（%）	调整后暂定税率（%）
31	72083990	其他厚度<3 毫米的其他热轧卷材		5
32	72084000	轧有凸起花纹的热轧非卷材		5
33	72085110	厚度>50 毫米的其他热轧非卷材		5
34	72085120	厚度>20 毫米，但不超过 50 毫米的其他热轧非卷材		5
35	72085190	其他厚度>10 毫米的其他热轧非卷材		5
36	72085200	4.75 毫米≤厚度≤10 毫米的热轧非卷材		5
37	72085310	屈服强度大于 355 牛顿/平方毫米，3 毫米≤厚度<4.75 毫米的热轧非卷材		5
38	72085390	其他 3 毫米≤厚度<4.75 毫米的热轧非卷材		5
39	72085410	厚度<1.5 毫米的热轧非卷材		5

海关总署公告　2007年第23号
关于发布加工贸易单耗管理办法有关问题

2007年5月30日

为进一步完善海关对加工贸易企业（以下简称企业）的单耗管理，现就《中华人民共和国海关加工贸易单耗管理办法》（海关总署令第155号，以下简称《办法》）执行中有关问题公告如下：

一、企业向海关申报单耗的常规环节是保税加工的成品出口前、深加工结转前或者内销前。但一些生产工艺流程简单、产品净耗比较稳定、产品单耗关系不太复杂的企业，可以在合同备案环节一并向海关申报单耗，以便海关在合同备案和核销时给予便利。企业确实无法在成品出口前、深加工结转前或者内销前申报单耗，拟按照《办法》第十四条在合同报核前申报的，属于特殊情况，须事先报经主管海关批准。

二、企业应在备案时明确单耗申报环节。在海关H2000系统未调整前，企业应在手册或电子账册备注栏目中注明；在海关H2000系统调整后，企业应在手册或电子账册相应栏目中注明。

三、企业申报单耗时，应填写《中华人民共和国海关加工贸易单耗申报单》（见附件）。在海关对H2000系统调整后，企业应采取纸质或电子数据形式申报单耗。企业未按规定申报单耗的，将无法办理通关手续。

四、对已公布实施单耗标准的成品，企业也应如实申报单耗。企业申报的单位成品保税料件耗用量（单耗×保税料件比例）超出标准限值的，海关按照标准的上限或下限值对保税料件进行核销。超出部分，不予保税。

五、在计算单耗或工艺损耗率时，同一料件有保税和非保税的，非保税料件所产生的损耗计入工艺损耗。

六、企业按照《办法》第二十六条规定缴纳保证金或提供银行担保的，对需核定单耗的成品所对应的保税料件，海关按应征税款等值收取。

七、海关按照《办法》第二十条、第二十二条和第二十四条规定对企业申报的单耗进行审核、质疑和核定时，企业应履行配合海关工作的义务。海关对企业申报单耗核定的结果，应书面告知企业。

按照《办法》第二十七条规定，企业对隶属海关作出的单耗核定结果有异议，可以在收到核定结果5个工作日内向直属海关提出书面复核申请；对直属海关作出的单耗核定结果有异议，可以在收到核定结果5个工作日内向海关总署提出书面复核申请。复核海关的复核结果也应书面告知企业。

有关复核的具体程序性规定，海关将另行公告。

八、企业未按《办法》第十四条规定申报，或申报内容不实，经查证的，企业应承担相应的法律责任。

九、本公告自印发之日起实施。

特此公告

海关总署加贸司
关于推荐使用出口加工区辅助管理系统的函

署加贸函［2007］49号　2007年6月11日

各出口加工区管委会：

自全国第一个出口加工区封关运作以来，经过近七年的实践，探索和积累了加工贸易区域化管理的丰富经验，使出口加工区成为加工贸易转型升级的重要载体。但由于出口加工区保税物流等功能的缺失，制约了出口加工区企业的健康发展。在全国出口加工区工作会议以后，经国务院批复同意在7个出口加工区开展拓展保税物流等功能试点，海关总署下发了《海关总署关于出口加工区拓展保税物流功能及开展研发、检测、维修业务有关问题的通知》（署加发［2007］168号），要求区内开展研发、检测、维修业务的企业具有符合海关监管要求的计算机系统并与海关联网。为适应出口加工区监管改革的要求，经研究决定，出口加工区信息化管理以H2000出口加工区管理系统为基本作业系统，同时建立相应的出口加工区辅助管理系统来辅助海关进行监管。现将有关事项明确如下：

一、新设立的出口加工区业务正式运行时，推荐使用经海关总署综合评估的由华东信息科技（昆山）有限公司开发的昆山出口加工区辅助管理系统。海关总署的评估意见详见《关于南京海关昆山出口加工区辅助管理平台的评估意见》（附件1）。以便尽快满足出口加工区拓展保税物流功能和开展研发、检测、维修业务试点，同时规范非报关货物、分送集报货物、临时进出货物、物流监控、辅助核查核销等业务信息化管理的要求。

二、已有类似辅助管理系统但功能不够完善，不能满足出口加工区发展需要的，应对照《出口加工区辅助管理系统功能参考标准》（见附件2）进行系统改造，但系统完善后需由海关总署组织业务和技术专家进行评估，也可以直接移植昆山出口加工区辅助管理系统。

三、为便于海关规范管理，减少重复投入，降低开发成本，海关总署加贸司已协商华东信息科技（昆山）有限公司以成本价协助部署出口加工区辅助管理系统。移植昆山出口加工区辅助管理系统的，可直接联系华东信息科技（昆山）有限公司（www.ecidh.com）。

四、建立或移植出口加工区辅助管理系统应事先与当地直属海关联系。出口加工区出于自身管理要求需要增加个性化服务的，可协商软件公司在辅助管理系统基础上作进一步开发。出口加工区辅助管理系统的更新和日常运行维护由软件开发公司按照市场化运作。

特此通知，如有问题可与海关总署联系。

联系人：海关总署加贸司陈青松，电话010－65194934

附件：1.《关于南京海关昆山出口加工区辅助管理平台的评估意见》

2.《出口加工区辅助管理系统功能参考标准》

附件1：

关于南京海关昆山出口加工区辅助管理平台的评估意见

2007年4月27日，海关总署加贸司、科技司组织专家评估小组（组成人员名单附后）对南京海关昆山出口加工区辅助管理平台（以下简称“平台”）进行综合评估。专家评估小组听取了平台的建设背景介绍、总体概要介绍、业务技术设计介绍、开发测试情况介绍、运行情况报告、用户使用报告和南京海关验收情况介绍，观看了平台部分主要功能的操作演示，审阅了项目业务需求和技术方案、测试报告、用户报告等文档。经专家认真讨论，形成总体评估意见如下：

1. 平台的功能设计满足《南京海关出口加工区管理系统业务需求》中提出的各项需求，实现了加工区企业的分层次管理，在辅助海关对非报关货物管理、分送集报货物管理、临时进出货物管理、物流监控管理、辅助核查核销管理、拓展保税物流管理及预警统计管理方面，较好地实现了《海关总署关于南京海关出口加工区管理系统开发问题的批复》（署加函［2003］1298号］的要求，具有创新性和一定的普遍适用性，体现了《加工贸易和保税监管改革指导方案》和《保税加工和保税物流改革分步实施方案》的精神，符合国务院颁布的《中华人民共和国海关对出口加工区监管的暂行办法》（国办［2003］第389号）、《海关总署关于印发〈出口加工区拓展保税物流功能及开展研发、检测、维修业务试点管理办法〉的通知》（署加函［2007］133号）和《海关总署关于出口加工区拓展保税物流功能及开展研发、检测、维修业务试点有关问题的通知》（署加发［2007］168号］等有关文件的要求。

2. 平台采用内外网分离、在南京海关管理网一点接入的运行模式，海关内网用户采用统一的身份认证和权限管理，外网用户采用了身份认证、数字签名等技术手段，保证数据传输的安全、有效，平台运行稳定可靠。

3. 平台的运行达到了简化出口加工区企业审批手续、降低企业管理成本、提高海关工作效率和规范管理的目的，实现了“有效监管和高效运作”的统一。

4. 平台的运营维护工作组织健全、保障机制规范，确保了平台的持续稳定运行。

评估小组一致认为：平台设计科学合理，系统运行稳定可靠，达到了设计目标。建议进一步扩大使用范围，在全国出口加工区及其主管海关推荐使用。同时，在平台建设发展过程中应根据海关的管理要求和指导意见进行调整、完善。

评估小组组长：何力

评估小组副组长：吴国芳

2007年4月27日

附件2：

出口加工区辅助管理系统功能参考标准

功能模块	具体功能点描述	说明
核放单备案审核	分批送货集中报关 不良品交换 料件外发加工 模具外发加工 维修检测 物料监毁	对分批送货集中报关、不良品交换、料件外发加工、模具外发加工、维修检测、物料监毁业务进行备案审批。 海关审批设定相应权限和级别。
核放单变更审核	分批送货集中报关 不良品交换 料件外发 模具外发 维修检测 物料监毁	针对不良品交换、分批送货集中报关业务、维修检测、外发加工、模具外发加工业务，核放单备案海关审批通过，需要对某些内容进行调整，企业根据在核放单变更模块处理，接受企业变更申请后，海关进行变更审批。 海关审批设定相应权限和级别。
核放单结案	分批送货集中报关 不良品交换 料件外发 模具外发 维修检测 物料监毁	针对不良品交换、分批送货集中报关业务、维修检测、外发加工、模具外发加工业务需要资格审批的业务，在完成海关备案审批通过后，资格允许的进出数量已经平衡（完成货物的进出卡口物流，且数量为资格审批通过的数量限制），则可以把核方单申请结案，海关接受结案申请后，海关进行结案审批。 海关审批设定相应权限和级别。 （各关可设计相应的核放单结案功能）
卡口业务中心	一般非报关 分批送货集中报关 不良品交换 料件外发 模具外发 维修检测 物料监毁 报关业务 保税物流 一线进口 一线出口 二线转入 二线转出 二线特殊区域转入 二线特殊区域转出	需要针对不良品交换、分批送货集中报关业务、维修检测、料件外发加工、模具外发加工业务、物料监毁业务、一般非报关业务、报关业务，申请相关的物流作业单业务，海关根据申请的单证进行物流放行。 不良品交换、维修检测、料件外发加工、模具外发加工、物料监毁的作业单数量受核放单数量的控制。

续表

功能模块	具体功能点描述	说　明
卡口业务中心	物流中心内互转 保税加工 一线进口 一线出口 二线转入 二线转出 二线特殊区域转入 二线特殊区域转出加工区企业结转 保税物流与保税加工的结转	需要针对不良品交换、分批送货集中报关业务、维修检测、料件外发加工、模具外发加工业务、物料监毁业务、一般非报关业务、报关业务，申请相关的物流作业单业务，海关根据申请的单证进行物流放行。 不良品交换、维修检测、料件外发加工、模具外发加工、物料监毁的作业单数量受核放单数量的控制。
区内海关监管场站业务中心（适用于卡口登记，场站实际放行的模式，可选功能）	一般非报关 分批送货集中报关 不良品交换 料件外发 模具外发 维修检测 物料监毁 报关业务 保税物流 一线进口 一线出口 二线转入 二线转出 二线特殊区域转入 二线特殊区域转出 物流企业间流转 保税加工 一线进口 一线出口 二线转入 二线转出 二线特殊区域转入 二线特殊区域转出 加工区企业流转 保税物流与保税加工的流转	需要针对不良品交换、分批送货集中报关业务、维修检测、料件外发加工、模具外发加工业务、物料监毁业务、一般非报关业务、报关业务，申请相关的物流作业单业务，海关根据申请的单证进行物流放行。 部分海关可根据需要设计卡口放行和场站放行两种。卡口业务中心主要为监控科进行放行。

续表

功能模块	具体功能点描述	说明	
作业管理	分送集报清单		选定核放单和期间，显示这个核放单这个期间的进出卡口的清单明细。
	分送集报核查报表		选定核放单和期间，显示这个核放单这个期间的进出卡口的品名明细。
	已报关/未报关统计		对分送集报业务提示已报关/未报关。
	报关单回填		对分送集报业务进行核放单号码与报关单号码的人工串填。
综合查询	核放单综合查询	各个关区自行制定	对分送集报、不良品交换、料件外发、模具外发、维修检测、物料监毁业务核放单的各个结点状态的查询（已审批，未审批，一级审批不同意等各个状态）。
	作业单综合查询	各个关区自行制定	对分送集报、不良品交换、料件外发、模具外发、维修检测、物料监毁业务作业单的各个结点状态的查询（已放行，未放行，拒绝放行等各个状态）。
	保函业务查询	各个关区自行制定	对保函、保证金各个审批结点的查询。
	报关业务查询	各个关区自行制定	对报关业务作业单的各个结点状态的查询（已放行，未放行，拒绝放行等各个状态）。
统计分析	核放单状态量统计	各个关区自行制定	用来统计在指定期间内各审批状态下的单证。
	作业单状态量统计	各个关区自行制定	用来统计在指定期间内，各放行状态下的单证数。
	业务量统计	各个关区自行制定	用来统计指定期间内，各个业务海关放行或是审批的票数，并加入同期相比。
统计分析	物料监毁核放单报表	各个关区自行制定	用来统计指定期间内，物料监毁业务的核放单报表。
	物料监毁作业单报表	各个关区自行制定	用来统计指定期间内，物料监毁业务的作业单报表。
	海关每日比对数据	各个关区自行制定	显示相关核放单和作业单的状态。
预警管理	核放单预警	各个关区自行制定	用来统计核放单审批过后，在指定期限内没有申请相关作业单的核放单。指定日期根据各关区的实际情况来指定，具体参数在系统设定里来设置。
	作业单预警		用来统计作业单在申请之后，在指定期限内没有实际放行的单证。指定日期根据各关区的情况来设定。具体参数在系统设定里进行设置。

续表

功能模块	具体功能点描述	说明	
预警管理	合同有效期预警	各个关区自行制定	用来统计核放单的合同有效期的异常状况以及货物的实际进出平衡状况（比如维修检测业务根据389号令，有两个月的有效期。在两个月内，货物必须完成出区维修以及维修完毕后，进区。同时，每次进出区的数量受备案审批通过的数量限制）。
	分送集报预警		来统计企业在某月的实际货物的进出票数少于某指定参数的核放单，指定参数因关区而异，具体参数在系统参数设定里设置。
	报关单预警		对分送集报业务未按指定要求完成报关的核放单进行提示。
保函处理		各关可选功能	维修检测、料件外发、模具外发业务需要提供保函，对保函进行审批，涉及备案、变更以及退保的一、二级审批。
保证金处理		各关可选功能	维修检测、料件外发、模具外发业务需要提供保证金，对保证金进行审批，涉及备案、变更以及退保的一、二级审批。
系统设置	待办事宜		显示都是等待处理的核放单信息，包括业务种类、审批级别和待审批记录数。
	预警设定		包括：核放单预警期限（天数）、作业单预警期限（天数）、合同有效期限（月数）、合同有效期限（天数）和作业单每月统计（笔数）。
	重新登陆		退出系统环境，页面跳转到登录状态。

海关总署、商务部、质检总局、环保总局关于开展出口加工区边角料、废品、残次品出区处理试点的通知

署加函［2007］234号 2007年6月12日

上海、南京、杭州、宁波、青岛、西安海关，上海、江苏、浙江、山东、陕西省（市）商务主管部门，上海、江苏、浙江、山东、陕西出入境检验检疫局，上海、江苏、浙江、山东、陕西省（市）环保局（厅）：

为贯彻落实全国出口加工区工作会议精神，解决出口加工区存在的边角料等难以出区处理的问题，根据国务院领导批示精神，决定在上海松江、江苏昆山、浙江杭州、浙江宁波、山东烟台、陕西西安出口加工区开展边角料、废品、残次品出区处理试点工作，有关事项通知如下：

一、出口加工区内企业产生的边角料、废品、残次品等原则上应复运出境。

二、对于出口加工区产生的边角料、废品出区内销的具体操作比照《中华人民共和国海关关于加工贸易边角料、剩余料件、残次品、副产品和受灾保税货物的管理办法》（海关总署令第111号）对区外加工贸易边角料内销的相关规定办理，即海关按照区内企业向海关申请内销边角料、废品的报验状态归类后适用的税率和审定的价格计征税款；出入境检验检疫机构对上述内销的边角料、废品不实施检验检疫；属于商务部、环保总局及其授权部门进口许可证件管理范围的，免于提交许可证件。区内企业填写《中华人民共和国进口货物报关单》，贸易方式栏填写“进料边角料内销”（代码0844），运输方式栏填写“9”（其他），其他栏目按有关规定填写。

三、上述边角料、废品如需出区以处置方式销毁的，或者属于禁止进口的固体废物需出区销毁的，由产生单位向出口加工区管委会和所在地地（市）级环保部门提出申请，并提交如下申请材料：

（一）转移固体废物出区处置申请书；

（二）产生单位和处置单位的处置合同；

（三）处置单位的经年检合格的营业执照；

（四）拟转移的区内固体废物的产生过程及工艺、成分分析报告、物理化学性质登记表；

（五）进口单位处置废物方式的说明。包括废物处置设施的地点、类型、处理能力及处置过程中产生的废气废水的处理方法等的介绍资料；

（六）证明处置单位能对区内固体废物进行对环境无害化处置的材料；出区处置的废物是危险废物的，须提供处置单位所持的《危险废物经营许可证》复印件。出口加工区管委会和所在地地（市）级环保部门受理后，作出准予或不准予出区处置的决定，批准文件有效期一年。出入境检验检疫机构凭出口加工区管委会和所在地地（市）级环保部门批准文件办理通关单，对固体废物不实施检验检疫，海关凭该批准文件及通关单验放。

四、出区的边角料、废品等固体废物需跨省转移、贮存、处置的，或者是危险废物的，应按照《固体废物污染环境防治法》第二十三条、第五十九条的有关规定办理。

五、对无商业价值且不属于禁止进口的固体废物的边角料和废品，需运往区外以处置之外的其他方式销毁的，应凭出口加工区管委会的批件，向主管海关办理出区手续，海关予以免进口许可证件、免税。

六、对残次品出区处理应严格监管。出区内销的残次品按成品征收关税和进口环节税，属于进口许可证件管理的，企业还应向海关提交相应许可证件。出区内销残次品须经出入境检验检疫机构按照国家标准检验，安全、环保项目应检验合格，不合格的按照边角料、废品处理。

七、各试点出口加工区所在地主管海关及各相关部门要加强试点期间的信息报送和数据统计，执行中的问题请及时向上级主管部门反映。

八、本通知自下发之日起在上述试点出口加工区执行。

财政部、国家税务总局关于调低部分商品出口退税率的通知

财税［2007］90号 2007年6月19日

各省、自治区、直辖市、计划单列市财政厅（局）、国家税务局：

经国务院批准，调整部分商品的出口退税率，现就有关事项通知如下：

一、取消下列商品的出口退税

1. 濒危动物、植物及其制品；

2. 盐、溶剂油、水泥、液化丙烷、液化丁烷、液化石油气等矿产品；

3. 肥料（除已经取消退税的尿素和磷酸氢二铵）；

4. 氯和染料等化工产品（精细化工产品除外）；

5. 金属碳化物和活性碳产品；

6. 皮革；

7. 部分木板和一次性木制品；

8. 一般普碳焊管产品（石油套管除外）；

9. 非合金铝制条杆等简单有色金属加工产品；

10. 分段船舶和非机动船舶。

具体商品名称及税则号见附件1。

二、调低下列商品的出口退税率

1. 植物油出口退税率下调至5%；

2. 部分化学品出口退税率下调至9%或5%；

3. 塑料、橡胶及其制品出口退税率下调至5%；

4. 箱包出口退税率下调至11%，其他皮革毛皮制品出口退税率下调至5%；

5. 纸制品出口退税率下调至5%；

6. 服装出口退税率下调至11%；

7. 鞋帽、雨伞、羽毛制品等出口退税率下调至11%；

8. 部分石料、陶瓷、玻璃、珍珠、宝石、贵金属及其制品出口退税率下调至5%；

9. 部分钢铁制品（石油套管除外）出口退税率下调至5%，《财政部 国家税务总局关于海洋工程结构物增值税实行退税的通知》（财税［2003］46号）规定的内销海洋工程结构物仍按原退税率执行；

10. 其他贱金属及其制品（除已经取消和本次取消出口退税商品以及铝箔、铝管、铝制结构体等）出口退税率下调至5%；

11. 刨床、插床、切割机、拉床等出口退税率下调至11%，柴油机、泵、风扇、排气阀门及零件、回转炉、焦炉、缝纫机、订书机、高尔夫球车、雪地车、摩托车、自行车、挂车、升降器及其零件、龙头、钎焊机器等出口退税率下调至9%；

12. 家具出口退税率下调至11%或9%；

13. 钟表、玩具和其他杂项制品等出口退税率下调至11%；

14. 部分木制品出口退税率下调至5%；

15. 粘胶纤维出口退税率下调至5%。

具体商品名称及税则号见附件2。

三、下列商品改为出口免税

花生果仁、油画、雕饰板、邮票、印花税票等。

具体商品名称及税则号见附件3。

四、执行时间

以上商品出口退税率调整自2007年7月1日起执行。具体执行时间，以海关“出口货物报关单（出口退税专用）”上注明的出口日期为准。

出口企业在2007年7月1日之前已经签订的涉及取消出口退税的船舶出口合同，在2007年7月20日之前持出口合同（正本和副本）到主管出口退税的税务机关登记备案的，准予仍按原出口退税率执行完毕。对在2007年7月20日之前未办理备案手续的，一律按取消出口退税执行。

有对外承包工程资质的出口企业在2007年7月1日之前已经中标的长期对外承包工程或已经签订价格不能更改的长期对外承包工程合同所涉及的出口设备和建材，凡在2007年7月20日之前持有效中标证明（正本和副本）或已经签订的长期对外承包工程合同（正本和副本）及工程概算清单，到主管出口退税的税务机关登记备案的，准予仍按原出口退税率执行完毕。对在2007年7月20日之前未办理备案手续的，一律按调整后的出口退税率执行。

特此通知。

附件：1. 取消出口退税的商品清单

2. 调低出口退税率的商品清单

3. 改为免税的商品清单

附件1：

取消出口退税的商品清单

序　号	商品代码	商品名称	退税率调整为%
1	0101101010	改良种用濒危野马	0
2	0101102010	改良种用的濒危野驴	0
3	0101901010	非改良种用濒危野马	0
4	0101909010	非改良种用濒危野驴	0
5	0102100010	改良种用濒危野牛	0
6	0106191010	其他改良种用濒危野生哺乳动物［包括人工驯养、繁殖的］	0
7	0106192010	其他食用濒危野生哺乳动物［包括人工驯养、繁殖的］	0
8	0106199010	其他濒危野生哺乳动物［包括人工驯养、繁殖的］	0
9	0106391010	其他濒危野生改良种用的鸟［包括人工驯养、繁殖的］	0
10	0106392910	其他食用濒危野生鸟［包括人工驯养、繁殖的］	0
11	0106399010	其他濒危野生鸟［包括人工驯养、繁殖的］	0
12	0106901110	改良种用濒危蛙苗	0
13	0106901910	其他改良种用濒危野生动物［包括人工驯养、繁殖的］	0
14	0106902010	其他濒危野生食用动物［包括人工驯养、繁殖的］	0
15	0106909010	其他濒危野生动物［包括人工驯养、繁殖的］	0
16	0205000010	鲜、冷或冻的濒危野马、野驴肉	0

续表

序　号	商品代码	商品名称	退税率调整为%
17	0208109010	鲜、冷或冻濒危野兔肉及其食用杂碎［不包括兔头］	0
18	02081090101	除分割濒危野兔肉以外鲜、冷或冻濒危野兔肉及其食用杂碎	0
19	02081090102	分割濒危野兔肉	0
20	0208909010	其他鲜、冷或冻的濒危野生动物肉	0
21	0210200010	干、熏、盐制的濒危野牛肉	0
22	0210990010	干熏盐制其他濒危动物肉及杂碎［包括可供食用的肉或杂碎的细粉、粗粉］	0
23	0301100060	观赏用其他濒危鱼	0
24	0301931010	濒危鲤鱼苗	0
25	0301939010	活濒危鲤鱼	0
26	0301991910	其他濒危鱼苗	0
27	0301999910	其他濒危活鱼	0
28	0302699010	其他未列名濒危鲜、冷鱼［鱼肝及鱼卵除外］	0
29	0302700010	鲜或冷濒危鱼种的肝及鱼卵	0
30	0303799010	其他未列名濒危冻鱼［鱼肝及鱼卵除外］	0
31	0303800010	冻濒危鱼种的肝及鱼卵	0
32	0304190010	其他鲜或冷的濒危鱼片及其他鱼肉［不论是否绞碎］	0
33	0304299010	冻的其他濒危鱼片［不论是否绞碎］	0
34	0304990010	濒危鱼类其他冻鱼肉［不论是否绞碎］	0
35	0305200010	干、熏、盐制的濒危鱼种肝、卵	0
36	03052000101	按13%征税的干、熏、盐制的濒危鱼种肝、卵	0
37	03052000102	熟制的并按17%征税的干、熏、盐制的濒危鱼种肝、卵	0
38	0305300010	干或盐制濒危鱼类的鱼片［熏制的除外］	0
39	03053000101	按13%征税的干或盐制濒危鱼类的鱼片	0
40	03053000102	按17%征税的干或盐制濒危鱼类的鱼片	0
41	0305599010	其他濒危干鱼［不论是否盐腌，但熏制的除外］	0
42	0305699010	盐腌及盐渍的其他濒危鱼［干或熏制的除外］	0
43	0307601010	濒危蜗牛及螺种苗	0
44	0307609010	其他濒危蜗牛及螺	0
45	0307911010	濒危水生无脊椎动物的种苗［不包括甲壳动物的种苗］	0
46	0307919910	其他濒危活、鲜、冷水生无脊椎动物［鲍鱼除外］	0
47	0307999010	其他冻干盐制濒危水生无脊椎动物［包括供人食用的水生无脊椎动物粉、团粒，甲壳动物除外］	0
48	03079990101	其他冻干盐制濒危水生无脊椎动物	0
49	03079990102	按17%征税的其他冻干盐制濒危水生无脊椎动物	0
50	0407001010	种用濒危野禽蛋	0

续表

序号	商品代码	商品名称	退税率调整为%
51	0407002910	其他带壳鲜濒危野鸟卵	0
52	0407009910	其他腌制或煮过的带壳濒危野鸟卵	0
53	04070099101	其他腌制或煮过的带壳濒危野鸟卵	0
54	04070099102	按17%征税的其他腌制或煮过的带壳濒危野鸟卵罐头	0
55	0410009010	其他编号未列名濒危野生动物产品［食用］	0
56	0502901910	濒危獾毛及其他制刷用濒危兽毛	0
57	05029019101	濒危獾毛及其他制刷用濒危兽毛	0
58	05029019102	按17%征税的濒危獾毛及其他制刷用濒危兽毛	0
59	0502902010	濒危獾毛及其他制刷濒危兽毛废料	0
60	0505100010	填充用濒危野生禽类羽毛；羽绒［仅经洗涤、消毒等处理，未进一步加工］	0
61	05051000101	填充用濒危野生禽类羽毛；羽绒	0
62	05051000102	按17%征税的填充用濒危野生禽类羽毛；羽绒	0
63	0505909010	其他濒危野生禽类羽毛，羽绒［包括带有羽毛或羽绒的鸟皮及鸟体的其他部分］	0
64	05059090101	其他濒危野生禽类羽毛，羽绒	0
65	05059090102	按17%征税的洗净其他濒危野生禽类羽毛，羽绒	0
66	0507100020	其他濒危野生兽牙；兽牙粉末及废料	0
67	0508001010	珊瑚及濒危水产品的粉末、碎料［包括介、贝、棘皮动物壳、墨鱼骨的粉末、废料］	0
68	0508009010	珊瑚及濒危水产品的壳、骨［包括介、贝、棘皮动物的壳，墨鱼骨］	0
69	0510009010	其他濒危野生动物胆汁及其他产品［不论是否干制；鲜，冷，冻或用其他方法暂时保藏的］	0
70	0511100010	濒危野生牛的精液	0
71	0511911110	濒危鱼的受精卵	0
72	0511911910	濒危鱼的非食用产品［包括鱼肚］	0
73	0511919010	濒危水生无脊椎动物产品［包括甲壳动物，软体动物，第三章死动物］	0
74	0511991010	濒危野生动物精液（牛的精液除外）	0
75	0511992010	濒危野生动物胚胎	0
76	0511999010	其他编号未列名濒危野生动物产品［包括不适合供人食用的第一章的死动物］	0
77	0601109191	种用休眠其他濒危植物鳞茎等［包括球茎、根颈、根茎、鳞茎、块茎、块根］	0
78	0601109991	其他休眠濒危植物鳞茎等［包括球茎、根颈、根茎、鳞茎、块茎、块根］	0
79	0601200091	生长或开花的其他濒危植物鳞茎等［包括球茎、根颈、根茎、鳞茎、块茎、块根、菊苣植物］	0
80	0602100010	濒危植物的无根插枝及接穗	0
81	0602909991	其他濒危活植物［种用除外］	0
82	0603190010	鲜的濒危植物插花及花蕾［制花束或装饰用的］	0

续表

序　号	商品代码	商品名称	退税率调整为%
83	0603900010	干或染色等加工濒危插花及花蕾［制花束或装饰用的，鲜的除外］	0
84	0604910010	鲜濒危植物枝、叶或其他部分，草［枝、叶或其他部分是指制花束或装饰用并且不带花及花蕾］	0
85	0604990010	染色或经加工濒危枝、叶，草等［枝、叶或其他部分是指制花束或装饰用并且不带花及花蕾］	0
86	0714909091	含高淀粉或菊粉其他濒危类似根茎［包括西谷茎髓，不论是否切片或制成团粒，鲜冷冻或干的］	0
87	0802903020	鲜或干的其他濒危松子仁	0
88	0802909020	鲜或干的其他濒危松子［不论是否去壳或去皮］	0
89	0811909022	冷冻的其他濒危松子	0
90	0812900022	暂时保存的其他濒危松子［用二氧化硫气体，盐水等物质处理，但不适于直接食用的］	0
91	1211903991	其他主要用作药料鲜或干濒危植物［包括其某部分，不论是否切割，压碎或研磨成粉］	0
92	1211905091	主要用作香料的濒危植物［包括其某部分，不论是否切割，压碎或研磨成粉］	0
93	1211909991	其他鲜或干杀虫、杀菌用濒危植物［不论是否切割，压碎或研磨成粉］	0
94	1212999910	其他供人食用濒危植物产品［包括未焙制的菊苣根，包括果核、仁等］	0
95	1301904010	濒危松科植物的松脂	0
96	1301909091	其他濒危植物的天然树胶、树脂［包括天然树胶脂及其他油树脂（例如香树脂）］	0
97	1302199013	供制农药用的濒危植物液汁及浸膏	0
98	1302199097	其他濒危植物液汁及浸膏	0
99	1302390010	未列名濒危植物胶液及增稠剂	0
100	1401200010	濒危藤	0
101	1504300010	濒危哺乳动物的油、脂及其分离品［仅指海生］	0
102	1506000010	其他濒危动物为原料制取的脂肪［包括河马、熊、野兔、海龟为原料的及海龟蛋油］	0
103	1601001010	濒危野生动物肉，杂碎，血制天然肠衣香肠［含编号 0208 的野生动物，包括类似品］	0
104	1601002010	濒危野生动物肉，杂碎，血制其他肠衣香肠［含编号 0208 的野生动物，包括类似品］	0
105	1601003010	用含濒危野生动物成分的香肠制的食品［含编号 0208 的野生动物］	0
106	1602100010	含濒危野生动物成分的均化食品［指用肉、食用杂碎或动物血经精细均化制成，零售包装］	0
107	1602501010	含濒危野牛肉的罐头	0
108	1602509010	其他制作或保藏濒危野牛肉，杂碎［包括血等］	0

续表

序　号	商品代码	商品名称	退税率调整为%
109	1602901010	其他濒危野生动物肉及杂碎罐头	0
110	1602909010	制作或保藏其他濒危野生动物肉［包括杂碎、血］	0
111	1603000010	含濒危野生动物及鱼类成分的肉［指编号 0208 及 030192 野生动物及鱼类］	0
112	1604199010	制作或保藏的濒危鱼类［整条或切块，但未绞碎］	0
113	1604201910	非整条或切块的濒危鱼罐头［鱼翅除外］	0
114	1604209910	其他制作或保藏的濒危鱼［非整条、非切块、非罐头，鱼翅除外］	0
115	1605909010	其他制作或保藏的濒危软体动物［包括其他水生无脊椎动物］	0
116	2106903010	含濒危植物成分的蜂王浆制剂	0
117	2106909910	含濒危动植物成分的其他编号未列名食品	0
118	2202100010	含濒危植物成分加味，加糖或其他甜物质水［包括矿泉水及汽水］	0
119	2202900011	含濒危植物成分散装无酒精饮料［不包括编号 2009 的水果汁或蔬菜汁］	0
120	2202900091	含濒危植物成分其他包装无酒精饮料［不包括编号 2009 的水果汁或蔬菜汁］	0
121	2208909021	含濒危野生动植物成分的薯类蒸馏酒	0
122	2208909091	含濒危野生动植物成分的其他蒸馏酒及酒精饮料	0
123	25231000	水泥熟料	0
124	25232100	白水泥，不论是否人工着色	0
125	25232900	其他硅酸盐水泥	0
126	25233000	矾土水泥	0
127	25239000	其他水凝水泥	0
128	27071000	粗苯	0
129	27072000	粗甲苯	0
130	27073000	粗二甲苯	0
131	27074000	萘	0
132	27075000	其他芳烃混合物［250℃时蒸馏出芳烃含量以体积计在 65% 及以上］	0
133	27079100	杂酚油	0
134	27079910	酚	0
135	27079990	蒸馏煤焦油所得的其他产品［包括芳族成分重量超过非芳族成分的其他类似产品］	0
136	27101130	橡胶溶剂油、油漆溶剂油、抽提溶剂油	0
137	27101130001	按 30% 征收的橡胶溶剂油、油漆溶剂油、抽提溶剂油	0
138	2710119101	壬烯［碳九异构体混合物含量高于 90%］	0
139	2710119190	其他壬烯	0
140	2710119910	异戊烯同分异构体混合物	0
141	2710119990	其他轻油及制品［包括按重量计含油≥70% 的制品］	0
142	2710191910	正构烷烃（C9 – C13）	0
143	2710191990	其他煤油馏分的油及制品	0

续表

序 号	商品代码	商品名称	退税率调整为%
144	27111200	液化丙烷	0
145	27111310	直接灌注香烟打火机等用液化丁烷［包装容器容积超过300立方厘米］	0
146	27111390	其他液化丁烷	0
147	27111400	液化的乙烯、丙烯、丁烯及丁二烯	0
148	27111910	其他直接灌注打火机等用液化燃料［包装容器容积超过300立方厘米］	0
149	27111990	其他液化石油气及烃类气	0
150	28011000	氯	0
151	28012000	碘	0
152	28013010	氟	0
153	28013020	溴	0
154	28020000	升华、沉淀、胶态硫磺	0
155	28030000	碳［包括碳黑及其他税号未列名的其他形态的碳］	0
156	28041000	氢	0
157	28042100	氩	0
158	28042900	其他稀有气体	0
159	28043000	氮	0
160	28044000	氧	0
161	2804500010	颗粒<500微米的硼及其合金［含量≥97%，不论球形，椭球体，雾化，片状，研碎金属燃料］	0
162	2804500020	能量密度>40兆焦/千克的硼浆［硼溶于溶剂形成的硼浆］	0
163	2804500090	碲及其他硼	0
164	28046110	电子工业用直径≥7.5厘米单晶硅棒［按重量计含硅量不少于99.99%］	0
165	280461200	电子工业用直径<7.5厘米单晶硅棒［按重量计含硅量不少于99.99%］	0
166	2804619001	含硅量不少于99.99%的多晶硅	0
167	2804619090	其他含硅量不少于99.99%的硅	0
168	28049010	经掺杂用于电子工业的硒晶体棒	0
169	28049090	其他硒	0
170	28051100	钠	0
171	2805120010	高纯度钙［金属杂质（除镁外）含量<1‰，硼含量小于十万分之一］	0
172	2805120090	其他钙	0
173	28051900	其他碱金属及碱土金属	0
174	28054000	汞	0
175	28061000	氯化氢（盐酸）	0
176	28062000	氯磺酸	0
177	2807000010	硫酸	0

续表

序 号	商品代码	商品名称	退税率调整为%
178	2807000090	发烟硫酸	0
179	2808000010	红发烟硝酸	0
180	2808000090	磺硝酸及其他硝酸	0
181	28091000	五氧化二磷	0
182	28092010	磷酸及偏磷酸、焦磷酸	0
183	28092090	其他多磷酸	0
184	28100010	硼的氧化物	0
185	28100020	硼酸	0
186	28111910	氢氰酸［包括氰化氢］	0
187	2811199010	氢碘酸	0
188	2811199020	砷酸、焦砷酸、偏砷酸	0
189	2811199090	其他无机酸	0
190	28112100	二氧化碳	0
191	28112200	二氧化硅	0
192	2811290010	三氧化二砷、五氧化二砷［亚砷（酸）酐，砒霜，白砒，氧化亚砷，砷（酸）酐，三氧化砷］	0
193	2811290020	四氧化二氮	0
194	2811290090	其他非金属无机氧化物	0
195	28121030	碳酰二氯（光气）	0
196	28121041	一氯化硫（氯化硫）	0
197	28121042	二氯化硫	0
198	28121043	三氯化磷	0
199	28121044	三氯化砷	0
200	28121045	五氯化磷	0
201	28121049	其他非金属氯化物	0
202	28121090	其他非金属氯氧化物	0
203	2812900010	三氟化氯	0
204	2812900020	三氟化砷，三溴化砷，三碘化砷［氟化亚砷，溴化亚砷，碘化亚砷］	0
205	2812900030	硫酰氟	0
206	28129000301	按13%征税的硫酰氟	0
207	28129000302	按17%征税的硫酰氟	0
208	2812900090	其他非金属卤化物及卤氧化物	0
209	28131000	二硫化碳	0
210	2813900010	五硫化二磷	0
211	2813900090	其他非金属硫化物，三硫化二磷	0

续表

序号	商品代码	商品名称	退税率调整为%
212	28141000	氨	0
213	28142000	氨水	0
214	28151100	固体氢氧化钠	0
215	28151200	氢氧化钠水溶液，液体烧碱	0
216	28153000	过氧化钠及过氧化钾	0
217	28161000	氢氧化镁及过氧化镁	0
218	28164000	锶或钡的氧化物、氢氧化物［及其过氧化物］	0
219	28170010	氧化锌	0
220	28170010001	按13%征税的氧化锌	0
221	28170010002	按17%征税的氧化锌	0
222	28170090	过氧化锌	0
223	28191000	三氧化铬	0
224	28199000	其他铬的氧化物及氢氧化物	0
225	28201000	二氧化锰	0
226	28209000	其他锰的氧化物	0
227	28211000	铁的氧化物及氢氧化物	0
228	28212000	土色料［三氧化二铁含量在70%及以上］	0
229	28220090	其他［包括商品氧化钴］	0
230	28230000	钛的氧化物	0
231	28241000	一氧化铅（铅黄，黄丹）	0
232	28249010	铅丹及铅橙（四氧化（三）铅）［红丹］	0
233	28249090	其他铅的氧化物	0
234	28251090	其他肼、胲及其无机盐	0
235	28252010	氢氧化锂	0
236	28252090	锂的氧化物	0
237	28253010	五氧化二钒	0
238	28253090	其他钒的氧化物及氢氧化物	0
239	28254000	镍的氧化物及氢氧化物	0
240	28255000	铜的氧化物及氢氧化物	0
241	28256000	锗的氧化物及二氧化锆	0
242	28257000	钼的氧化物及氢氧化物	0
243	28258000	锑的氧化物	0
244	28259011	钨酸	0
245	2825901910	蓝色氧化钨	0
246	2825901990	其他钨的氧化物及氢氧化物	0

续表

序　号	商品代码	商品名称	退税率调整为%
247	2825909000	其他金属的氧化物及氢氧化物	0
248	2826120000	氟化铝	0
249	2826191010	氟化氢铵	0
250	2826191090	其他铵的氟化物	0
251	2826192010	氟化钠	0
252	2826192020	氟化氢钠	0
253	2826192090	其他钠的氟化物	0
254	2826199010	氟化钾	0
255	2826199020	氟化氢钾	0
256	2826199030	氟化铅，四氟化铅，氟化镉	0
257	2826199090	其他氟化物	0
258	2826900001	六氟磷酸锂	0
259	2826900090	其他氟硅酸盐、氟铝酸盐［包括氟络盐］	0
260	28271010002	按13%征税的肥料用氯化铵	0
261	28271090	非肥料用氯化铵	0
262	28272000	氯化钙	0
263	28273100	氯化镁	0
264	28273200	氯化铝	0
265	28273500	氯化镍	0
266	28273910	氯化锂	0
267	28273920	氯化钡	0
268	28273990	其他氯化物	0
269	28274100	铜的氯氧化物及氢氧基氯化物	0
270	28275100	溴化钠及溴化钾	0
271	28275900	其他溴化物及溴氧化物	0
272	28281000	商品次氯酸钙及其他钙的次氯酸盐	0
273	28289000	次溴酸盐、亚氯酸盐、其他次氯酸盐	0
274	28291100	氯酸钠	0
275	28291910	氯酸钾（洋硝）	0
276	28291990	其他氯酸盐	0
277	2829900010	颗粒<500微米的球形高氯酸铵	0
278	2829900090	其他高氯酸盐，溴酸盐等［包括过溴酸盐，碘酸盐及高碘酸盐］	0
279	28301010	硫化钠	0
280	28301090	其他钠的硫化物	0
281	28309020	硫化锑	0

续表

序号	商品代码	商品名称	退税率调整为%
282	28309030	硫化钴	0
283	28309090	其他硫化物、多硫化物	0
284	28311010	钠的连二亚硫酸盐	0
285	28311020	钠的次硫酸盐	0
286	28319000	其他连二亚硫酸盐及次硫酸盐	0
287	28321000	钠的亚硫酸盐	0
288	28322000	其他亚硫酸盐	0
289	28323000	硫代硫酸盐	0
290	28331900	钠的其他硫酸盐	0
291	28332100	硫酸镁	0
292	28332200	硫酸铝	0
293	28332400	镍的硫酸盐	0
294	28332500	铜的硫酸盐	0
295	28332500001	按13%征税的铜的硫酸盐	0
296	28332500002	按17%征税的铜的硫酸盐	0
297	28332700	硫酸钡	0
298	28332910	硫酸亚铁	0
299	28332930	硫酸锌	0
300	28332990	其他硫酸盐	0
301	28333010	钾铝矾	0
302	28333090	其他矾	0
303	28334000	过硫酸盐	0
304	28341000	亚硝酸盐	0
305	28342110	肥料用硝酸钾	0
306	28342190	非肥料用硝酸钾	0
307	28342910	硝酸钴	0
308	28342990	其他硝酸盐	0
309	28353100	三磷酸钠（三聚磷酸钠）	0
310	28362000	碳酸钠（纯碱）	0
311	28363000	碳酸氢钠（小苏打）	0
312	28364000	钾的碳酸盐	0
313	28365000	碳酸钙	0
314	28366000	碳酸钡	0
315	28369100	锂的碳酸盐	0

续表

序　号	商品代码	商品名称	退税率调整为%
316	28369200	锶的碳酸盐	0
317	28369910	碳酸镁	0
318	28369930	碳酸钴	0
319	28369940	商品碳酸铵及其他铵的碳酸盐	0
320	28369990	其他碳酸盐及过碳酸盐	0
321	28371110	氰化钠［山奈］	0
322	28371120	氧氰化钠	0
323	28371910	氰化钾	0
324	2837199011	氰化锌，氰化亚铜，氰化铜［氰化高铜］	0
325	2837199012	氰化镍，氰化钙［氰化亚镍］	0
326	2837199013	氰化钡，氰化镉，氰化铅	0
327	2837199014	氰化钴［氰化钴（II）\氰化钴（III）］	0
328	2837199090	其他氰化物及氧氰化物	0
329	2837200011	氰化镍钾，氰化钠铜锌［氰化钾镍，镍氰化钾，铜盐］	0
330	2837200012	氰化亚铜（三）钠，氰化亚铜（三）钾［紫铜盐，紫铜矾，氰化铜钠，氰化亚铜钾，亚铜氰化钾］	0
331	2837200090	其他氰络合物	0
332	28391900	其他钠盐	0
333	2839900010	硅酸铅	0
334	2839900090	其他硅酸盐；商品碱金属硅酸盐	0
335	28401900	其他四硼酸钠	0
336	28402000	其他硼酸盐	0
337	28403000	过硼酸盐	0
338	28416100	高锰酸钾	0
339	28416900	亚锰酸盐，锰酸盐及其他高锰酸盐	0
340	28417010	钼酸铵	0
341	28417090	其他钼酸盐	0
342	28418020	钨酸钠	0
343	28418030	钨酸钙	0
344	28418040	偏钨酸铵	0
345	28418090	其他钨酸盐	0
346	2841900090	其他金属酸盐及过金属酸盐	0
347	28421000	硅酸复盐及硅酸络盐［包括不论是否已有化学定义的硅铝酸盐］	0
348	28429010	雷酸盐，氰酸盐及硫氰酸盐	0

续表

序　号	商品代码	商品名称	退税率调整为%
349	2842909013	亚砷酸钠，亚砷酸钾，亚砷酸钙［偏亚砷酸钠］	0
350	2842909014	亚砷酸锶，亚砷酸钡，亚砷酸铁	0
351	2842909015	亚砷酸铜，亚砷酸锌，亚砷酸铅［亚砷酸氢铜］	0
352	2842909016	亚砷酸锑，砷酸铵，砷酸氢二铵	0
353	2842909017	砷酸钠，砷酸氢二钠，砷酸二氢钠［砷酸三钠］	0
354	2842909018	砷酸钾，砷酸二氢钾，砷酸镁	0
355	2842909019	砷酸钙，砷酸钡，砷酸铁［砷酸三钙］	0
356	2842909021	砷酸亚铁，砷酸铜，砷酸锌	0
357	2842909022	砷酸铅，砷酸锑，偏砷酸钠	0
358	2842909023	硒化铅，硒化镉，碲化镉	0
359	2842909090	其他无机酸盐及过氧酸盐［迭氮化物除外］	0
360	2843210000	硝酸银	0
361	2843290010	氰化银，氰化银钾，亚砷酸银［银氰化钾，砷酸银］	0
362	2843290090	其他银化合物［不论是否已有化学定义］	0
363	2843900010	氯化钯	0
364	28439000902	贵金属汞齐	0
365	28439000903	二氯二氨钯晶体，二氯四氨钯晶体，二氯四氨钯溶液，硝酸钯溶液，低酸硝酸钯溶液，醋酸钯晶体，硝酸铑溶液，三氯化铑晶体，三氯化铑溶液，硫酸铑溶液，碘化铑晶体，亚硫酸铑溶液，威尔金森催化剂，三（三苯基磷）氯化铑（I），辛酸铑晶体，醋酸铑晶体	0
366	28441000	天然铀及其化合物［包括其合金，分散体，陶瓷产品及混合物］	0
367	28442000	U235 浓缩铀，钚及其化合物［包括其合金，分散体，陶瓷产品及混合物］	0
368	28443000	U235 贫化铀，钍及其化合物［包括其合金，分散体，陶瓷产品及混合物］	0
369	2844401010	镭—226 及其化合物	0
370	2844401090	其他镭及镭盐	0
371	28444020	放射性钴及放射性钴盐［包括其合金，分散体，陶瓷产品等］	0
372	2844409010	铀—233 及其化合物［包括呈金属、合金、化合物或浓缩物形态的各种材料］	0
373	2844409090	其他放射性元素同位素及其化合物［编号 284410，284420，284430 以外的放射性元素，同位素］	0
374	28445000	核反应堆已耗尽的燃料元件	0
375	28451000	重水（氧化氘）	0
376	2845900010	除重水外的氘及氘化物	0
377	2845900020	硼－10 同位素及其化合物、混合物［硼－10 同位素占硼总量 >20% 的硼及其化合物、混合物］	0

续表

序　号	商品代码	商品名称	退税率调整为%
378	2845900030	富集锂-6同位素及其化合物混合物［富集锂-6同位素指锂-6同位素富集度>7.5%（按原子数计）］	0
379	2845900090	其他同位素及其他化合物［编号2844以外的同位素］	0
380	28470000	过氧化氢［不论是否用尿素固化］	0
381	2848000010	磷化铝，磷化锌	0
382	28480000101	按13%征税的磷化铝，磷化锌	0
383	28480000102	按17%征税的磷化铝，磷化锌	0
384	2848000090	其他磷化物［不论是否已有化学定义，但不包括磷铁］	0
385	28499010	碳化硼	0
386	28499090	其他碳化物	0
387	2850000010	砷化氢［砷烷，砷化三氢，胂］	0
388	2850000090	其他氢化物、氮化物、硅化物等［包括迭氮化物，硼化物。可归入编号2849的碳化物除外］	0
389	28520000002	其他汞的无机或有机化合物，汞齐除外	0
390	28530020	氯化氰	0
391	2853009020	氰，氰化碘，氰化溴等［包括铅汞齐，氰气，碘化氰，溴化氰］	0
392	2853009030	单氰胺	0
393	28530090301	按13%征税的单氰胺	0
394	28530090302	按17%征税的单氰胺	0
395	2853009090	其他无机化合物、压缩空气等［包括导电水、液态空气、汞齐等，贵金属汞齐除外］	0
396	29102000	甲基环氧乙烷（氧化丙烯）	0
397	29103000	1-氯-2，3-环氧丙烷（表氯醇）［环氧氯丙烷］	0
398	29225000	氨基醇酚、氨基酸酚［包括其他含氧基氨基化合物］	0
399	29224220	谷氨酸钠	0
400	3001200010	其他濒危野生动物腺体，器官，［包括分泌物］	0
401	3001909091	其他濒危动物制品［供治疗或预防疾病用］	0
402	3002909011	濒危动物血制品	0
403	3003909020	含其他未列名濒危动植物混合药品［未配定剂量或非零售包装，混合指含两种或两种以上成分］	0
404	3004905110	含濒危动植物成分的中药酒［已配定剂量或零售包装］	0
405	30049051101	不征消费税的含濒危动植物成分的中药酒	0
406	30049051102	征消费税的含濒危动植物成分的中药酒	0
407	3004905910	含濒危动植物成分的中式成药［已配定剂量或零售包装］	0

续表

序　号	商品代码	商品名称	退税率调整为%
408	3004909010	含濒危野生动植物成分的药品［已配定剂量或零售包装，不含紫杉醇］	0
409	3101001100	未经化学处理的鸟粪	0
410	3101001900	未经化学处理的其他动植物肥料	0
411	3101009010	经化学处理含动物源性成分（如粪、羽毛等）动植物肥料	0
412	3101009090	经化学处理的其他动植物肥料	0
413	31022100002	按13%征税的硫酸铵	0
414	31022900	硫酸铵和硝酸铵的复盐及混合物	0
415	31023000	硝酸铵［不论是否水溶液］	0
416	31023000001	按13%征税的硝酸铵	0
417	31023000002	按17%征税的硝酸铵	0
418	31024000	硝酸铵与碳酸钙等的混合物［包括硝酸铵与其他无效肥及无机物的混合物］	0
419	31025000	硝酸钠	0
420	31025000001	按13%征税的硝酸钠	0
421	31025000002	按17%征税的硝酸钠	0
422	31026000	硝酸钙和硝酸铵的复盐及混合物	0
423	31029010	氰氨化钙	0
424	31029090002	其他矿物氮肥及化学氮肥	0
425	31039000002	碱性熔渣	0
426	31042010	分析纯的氯化钾	0
427	31042090	其他氯化钾	0
428	31043000	硫酸钾	0
429	31049010	光卤石，钾盐及其他天然粗钾盐	0
430	31049090	其他矿物钾肥及化学钾肥	0
431	3105100010	制成片状及类似形状或零售包装的硝酸铵［零售包装每包毛重不超过10公斤］	0
432	3105100090	制成片状及类似形状或零售包装的31章其他货品［零售包装每包毛重不超过10公斤］	0
433	31052000012	按13%征税的化学肥料或矿物肥料	0
434	31052000902	按13%征税的化学肥料或矿物肥料	0
435	31055100002	按13%征税的含有硝酸盐及磷酸盐的肥料	0
436	31055900002	按13%征税的其他含氮、磷两种元素肥料	0
437	31056000002	按13%征税的含磷、钾两种元素的肥料	0
438	31059000002	按13%征税的其他肥料	0
439	32011000	坚木浸膏	0
440	32012000	荆树皮浸膏	0

续表

序号	商品代码	商品名称	退税率调整为%
441	3201901010	其他濒危植物鞣料浸膏	0
442	3201901090	其他植物鞣料浸膏	0
443	32019090	鞣酸及其盐、醚、酯和其他衍生物	0
444	32021000	有机合成鞣料	0
445	32029000	无机鞣料、鞣料制剂等［不论是否含有天然鞣料，包括预鞣用酶制剂］	0
446	32030011	天然靛蓝及以其为基本成分的制品	0
447	3203001910	濒危植物质着色料及制品［制品是指以植物质着色料为基本成分的］	0
448	3203001990	其他植物质着色料及制品［制品是指以植物质着色料为基本成分的］	0
449	32041100	分散染料及以其为基本成分的制品，不论是否有化学定义	0
450	32041200	酸性染料及制品、媒染染料及制品［包括以酸性染料或媒染染料为基本成分的制品，不论是否有化学定义］	0
451	32041300	碱性染料及以其为基本成分的制品	0
452	32041400	直接染料及以其为基本成分的制品	0
453	32041510	合成靛蓝（还原靛蓝）	0
454	32041590	其他还原染料及以其为基本成分品［包括颜料用的］	0
455	32041600	活性染料及以其为基本成分的制品［不论是否有化学定义］	0
456	32041700	颜料及以其为基本成分的制品	0
457	32041911	硫化黑及以其为基本成分的制品［硫化黑即硫化青］	0
458	32041919	其他硫化染料及以其为基本成分品	0
459	32041990	其他着色料组成的混合物	0
460	32042000	用作萤光增白剂的有机合成产品	0
461	32049010	生物染色剂及染料指示剂	0
462	32049090	其他用作发光体的有机合成产品	0
463	32050000	色淀及以色淀为基本成分的制品	0
464	32061110	钛白粉	0
465	32061190	其他干量计二氧化钛≥80%的颜料	0
466	32061900	其他二氧化钛为基料的颜料及制品	0
467	32062000	铬化合物为基本成分的颜料及制品	0
468	32064100	群青及以其为基本成分的制品	0
469	32064210	锌钡白	0
470	32064290	其他以硫化锌为基本成分的颜料［包括制品］	0
471	32064900	其他无机着色料及其制品	0
472	32065000	用作发光体的无机产品	0
473	32071000	调制颜料，遮光剂，着色剂及类似品	0

续表

序号	商品代码	商品名称	退税率调整为%
474	32072000	珐琅和釉料、釉底料及类似制品	0
475	32073000	光瓷釉及类似制品	0
476	32074000	呈粉、粒状搪瓷玻璃料及其他玻璃	0
477	32081000	溶于非水介质的聚酯油漆及清漆等［以聚酯为基本成分的（包括瓷漆及大漆）］	0
478	3208201001	分散于或溶于非水介质的光导纤维用涂料［以丙烯酸酯类化合物为主要成分］	0
479	3208201090	其他聚丙烯酸油漆、清漆等［溶于非水质的以丙烯酸聚合物为基本成分，包括瓷漆大漆］	0
480	32082020	溶于非水介质的聚乙烯油漆及清漆［以乙烯聚合物为基本成分（包括瓷漆及大漆）］	0
481	3208901001	分散于或溶于非水介质的光导纤维用涂料［以聚胺酯丙烯酸酯类化合物为主要成分］	0
482	3208901090	其他聚胺酯油漆清漆等［溶于非水介质以聚胺酯类化合物为基本成分，含瓷漆大漆］	0
483	32089090	溶于非水介质其他油漆、清漆溶液［包括以聚合物为基本成分的漆，本章注释四所述溶液］	0
484	32091000	溶于水介质的聚丙烯酸油漆及清漆［以聚丙烯酸或聚乙烯为基本成分的（包括瓷漆及大漆）］	0
485	32099010	以环氧树脂为基本成分油漆及清漆［包括瓷漆及大漆，分散或溶于水介质］	0
486	32099020	以氟树脂为基本成分的油漆及清漆［包括瓷漆及大漆，分散于或溶于水介质］	0
487	32099090	溶于水介质其他聚合物油漆及清漆［以合成聚合物或化学改性天然聚合物为基本成分的］	0
488	32100000	其他油漆及清漆，皮革用水性颜料［包括非聚合物为基料的瓷漆，大漆及水浆涂料］	0
489	32110000	配制的催干剂	0
490	32121000	压印箔	0
491	32129000	制漆用颜料及零售包装染料、色料［制漆用颜料指溶于非水介质中呈液状或浆状的］	0
492	32131000	成套的颜料［艺术家，学生和广告美工用的］	0
493	32139000	非成套颜料、调色料及类似品［片状、管装、罐装、瓶装、扁盒装等类似形状或包装的］	0
494	32141000	安装玻璃用油灰等；漆工用填料［包括接缝用油灰、树脂胶泥、嵌缝胶及其他胶粘剂］	0
495	32149000	非耐火涂面制剂［涂门面、内墙、地板、天花板等用］	0
496	32151100	黑色印刷油墨［不论是否固体或浓缩］	0

续表

序 号	商品代码	商品名称	退税率调整为%
497	32151900	其他印刷油墨［不论是否固体或浓缩］	0
498	32159010	书写墨水［不论是否固体或浓缩］	0
499	32159090	绘图墨水及其他墨类［不论是否固体或浓缩］	0
500	3301299991	其他非柑桔属濒危植物果实的精油［包括浸膏及净油］	0
501	3301309010	其他濒危植物香膏	0
502	3301901010	濒危植物提取的油树脂	0
503	3304990091	其他含濒危植物成分美容化妆品	0
504	3305100010	含濒危植物成分的洗发剂	0
505	3306101010	含濒危植物成分牙膏	0
506	3404900000	其他人造蜡及调制蜡	0
507	3406000010	含濒危动物成分的蜡烛及类似品	0
508	3802100000	活性碳	0
509	3802900010	濒危动物炭黑［包括废动物炭黑］	0
510	3802900090	活性天然矿产品；其他动物炭黑［包括废动物炭黑］	0
511	3824300010	混合的未烧结金属碳化物［包括自身混合或与金属粘合剂混合的］	0
512	3824300090	其他混合的未烧结金属碳化物［包括自身混合或与金属粘合剂混合的］	0
513	4107111010	全粒面未剖层整张濒危野牛皮［经鞣制或半硝后进一步加工，羊皮纸化处理］	0
514	4107111090	全粒面未剖层整张牛皮［经鞣制或半硝后进一步加工，羊皮纸化处理］	0
515	4107121010	粒面剖层整张濒危野牛皮［经鞣制或半硝后进一步加工，羊皮纸化处理］	0
516	4107121090	粒面剖层整张牛皮［经鞣制或半硝后进一步加工，羊皮纸化处理］	0
517	4107920010	粒面剖层非整张濒危野牛马皮革［经鞣制或半硝后进一步加工，羊皮纸化处理］	0
518	4107920090	粒面剖层非整张革［经鞣制或半硝后进一步加工，羊皮纸化处理］	0
519	4112000000	加工的绵羊或羔羊皮革［经鞣制或半硝后进一步加工，不带毛，羊皮纸化处理］	0
520	4113100000	加工的山羊或小山羊皮革［经鞣制或半硝后进一步加工，不带毛，羊皮纸化处理］	0
521	4113200010	加工的鹿猪、姬猪皮革［经鞣制或半硝后进一步加工，不带毛，羊皮纸化处理］	0
522	4113200090	加工的猪皮革［经鞣制或半硝后进一步加工，不带毛，羊皮纸化处理］	0
523	4201000010	濒危野生动物材料制的鞍具及挽具［适合各种动物用］	0
524	4202111010	以含濒危野生动物皮革作面的衣箱［包括再生皮革及漆皮］	0
525	4202119010	以濒危野生动物皮革作面的箱包［包括再生皮革及漆皮］	0
526	4202210010	以濒危野生动物皮革作面的手提包［包括再生皮革及漆皮］	0
527	4202310010	以濒危野生动物皮革作面的钱包等［包括再生皮革及漆皮］	0
528	4202910010	濒危野生动物皮革作面的其他容器［包括再生皮革及漆皮］	0
529	4203100010	濒危野生动物皮革制的衣服［包括再生野生动物皮革制作的］	0
530	4203210010	濒危野生动物皮革制的运动手套［包括再生野生动物皮革制作的］	0

续表

序　号	商品代码	商品名称	退税率调整为%
531	4203291010	濒危野生动物皮革制的劳保手套［包括再生野生动物皮革制作的］	0
532	4203299010	濒危野生动物皮革制的其他手套［包括再生野生动物皮革制作的］	0
533	4203301010	濒危野生动物皮革制的腰带［包括再生野生动物皮革制作的］	0
534	4203302010	濒危野生动物皮革制的子弹带［包括再生野生动物皮革制作的］	0
535	4203400010	濒危野生动物皮革制的衣着附件［包括再生野生动物皮革制作的］	0
536	4205001010	濒危野生动物皮革制的坐具套［包括再生野生动物皮革制作的］	0
537	4205002010	濒危野生动物皮革制工业用皮革或再生皮革制品［工业用指机器，机械器具或其他专门技术用途的］	0
538	4205009010	濒危野生动物皮革的其他制品［包括再生野生动物皮革制作的］	0
539	4302191010	已鞣未缝制的濒危狐皮［兰狐皮，银狐皮除外］	0
540	4302191090	已鞣未缝制的其他贵重濒危动物毛皮［灰鼠皮，白鼬皮，其他貂皮，水獭皮，旱獭皮，猞猁皮］	0
541	4302192010	已鞣未缝制的整张濒危野兔皮［不论是否带头，尾或爪］	0
542	4302199010	已鞣未缝制其他濒危野生动物毛皮	0
543	4302200010	已鞣未缝濒危野生动物头，尾，爪等［包括块、片］	0
544	4302301090	已鞣已缝制的贵重濒危动物毛皮及其块、片［灰鼠皮，白鼬皮，其他貂皮，水獭皮，旱獭皮，猞猁皮及块，片］	0
545	4302309010	已鞣缝的其他整张濒危野生毛皮［包括块片］	0
546	4303101010	濒危野生动物毛皮衣服	0
547	4303102010	濒危野生动物毛皮衣着附件	0
548	4303900010	濒危野生动物毛皮制其他物品	0
549	4402100000	竹炭	0
550	4412101111	至少有一表层为濒危热带木薄板制濒危竹胶合板［每层厚度≤6 毫米］	0
551	4412101119	至少有一表层为濒危热带木薄板制其他竹胶合板［每层厚度≤6 毫米］	0
552	4412101191	至少有一表层是其他热带木薄板制濒危竹胶合板［每层厚度≤6 毫米，热带木指本章子目注释所列木材］	0
553	4412101921	濒危竹地板层叠胶合而成的多层板［每层厚度≤6 毫米］	0
554	4412101991	其他濒危竹胶合板［每层厚度≤6 毫米］	0
555	4412102011	至少有一表层是濒危非针叶木的濒危竹制多层板［每层厚度≤6 毫米］	0
556	4412102019	至少有一表层是其他非针叶木的其他濒危竹制多层板［每层厚度≤6 毫米］	0
557	4412102091	至少有一表层是濒危非针叶木的其他竹制多层板［每层厚度≤6 毫米］	0
558	4412109110	至少有一层是热带木的濒危竹制多层板［热带木指本章子目注释所列木材］	0
559	4412109210	至少含有一层木碎料板的濒危竹制多层板	0
560	4412109910	其他濒危竹制多层板	0

续表

序　号	商品代码	商品名称	退税率调整为%
561	4412310030	一表层为濒危热带木薄板制胶合板［每层厚度≤6 毫米］	0
562	4412321010	至少有一表层是濒危温带非针叶木薄板制胶合板［每层厚度≤6 毫米，竹制除外］	0
563	4412329010	至少有一表层是濒危其他非针叶胶合板［每层厚度≤6 毫米，竹制除外］	0
564	4412390010	其他濒危薄板制胶合板［每层厚度≤6 毫米，竹制除外］	0
565	4412941030	至少有一表层是濒危热带木的木块芯胶合板等［还包括侧板条芯胶合板及板条芯胶合板］	0
566	4412941040	至少有一表层是濒危非针叶木的木块芯胶合板等［还包括侧板条芯胶合板及板条芯胶合板］	0
567	4412949110	至少有一层是濒危热带木的针叶木面木块芯胶合板等［还包括侧板条芯胶合板及板条芯胶合板，热带木指本章子目注释所列木材］	0
568	4412949210	至少含有一层木碎料板的濒危针叶木面木块芯胶合板等［还包括侧板条芯胶合板及板条芯胶合板］	0
569	4412949910	其他濒危针叶木面木块芯胶合板等［还包括侧板条芯胶合板及板条芯胶合板］	0
570	44129910302	至少有一表层是濒危热带木的多层板	0
571	44129910402	其他至少有一表层是濒危非针叶木的多层板	0
572	4412999110	其他至少有一层是濒危热带木的针叶木面多层板［热带木指本章子目注释所列木材］	0
573	4412999210	其他至少含有一层木碎料板的濒危针叶木面多层板	0
574	4412999910	其他濒危针叶木面多层板	0
575	4414000020	濒危木制画框，相框，镜框及类似品	0
576	4415100020	濒危木制木箱及类似包装容器［电缆卷筒］	0
577	4415200020	濒危木托板，箱形托盘及装载木板［包括木制托板护框］	0
578	4418100020	濒危木制木窗，落地窗及其框架	0
579	4418200020	濒危木制的木门及其框架和门槛	0
580	4418600010	濒危木制柱和梁	0
581	4418710010	已装拼的拉敏木制马赛克地板	0
582	4418710020	已装拼的其他濒危木制马赛克地板	0
583	4418710090	已装拼的其他木制马赛克地板	0
584	4418720010	已装拼的拉敏木制多层地板	0
585	4418720020	已装拼的其他濒危木制多层地板	0
586	4418720090	已装拼的其他木制多层地板	0
587	4418790010	已装拼的拉敏木制其他地板	0
588	4418790020	已装拼的其他濒危木制地板	0
589	4418790090	已装拼的木制其他地板	0

续表

序　号	商品代码	商品名称	退税率调整为%
590	4418900020	濒危木制其他建筑用木工制品［包括蜂窝结构的木镶板］	0
591	4419009020	濒危木制的餐具及厨房用具	0
592	4420101020	濒危木制的木刻	0
593	4420102020	濒危木制的木扇	0
594	4420109020	濒危木制其他小雕像及其他装饰品	0
595	4420901020	濒危木制的镶嵌木	0
596	4420909020	濒危木盒及类似品，非落地木家具［前者用于装珠宝或家具；后者不包括第九十四章的家具］	0
597	4421100020	濒危木制木衣架	0
598	4421901020	濒危木纡子筒管卷轴线轴及类似品	0
599	4421902110	一次性拉敏木制圆签，圆棒，冰果棒，压舌片［包括类似的一次性制品］	0
600	4421902120	一次性濒危木制圆签，圆棒，冰果棒，压舌片［包括类似的一次性制品］	0
601	4421902190	一次性其他木制圆签，圆棒，冰果棒，压舌片［包括类似的一次性制品］	0
602	4421902210	一次性酸竹制圆签，圆棒，冰果棒，压舌片［包括类似的一次性制品］	0
603	4421902290	一次性其他竹制圆签，圆棒，冰果棒，压舌片［包括类似的一次性制品］	0
604	4421909020	濒危木制的未列名的木制品	0
605	5102191010	未梳濒危兔毛	0
606	5102193010	未梳濒危野生骆驼科动物毛、绒	0
607	5102199010	未梳的其他濒危野生动物细毛	0
608	5102200010	未梳的濒危野生动物粗毛	0
609	5103109010	其他濒危野生动物细毛的落毛	0
610	5103209010	其他濒危野生动物细毛废料［包括废纱线，不包括回收纤维］	0
611	5103300010	濒危野生动物粗毛废料［包括废纱线，不包括回收纤维］	0
612	5104009010	其他濒危野生动物细毛［包括粗毛回收纤维］	0
613	5105391010	已梳濒危兔毛	0
614	5105400010	其他已梳濒危野生动物粗毛	0
615	5108100010	非供零售用粗梳濒危动物细毛纱线	0
616	5108200010	非供零售用精梳濒危动物细毛纱线	0
617	5110000010	濒危动物粗毛的纱线［包括马毛粗松螺旋花线，不论是否供零售用］	0
618	6402120010	含濒危动物毛皮橡胶/塑料底及面滑雪靴［包括越野滑雪鞋靴及滑雪板靴］	0
619	6402190010	含濒危动物毛皮其他运动鞋靴［橡胶、塑料制底及面］	0
620	7113119010	镶嵌濒危物种制品的银首饰及零件［不论是否包、镀其他贵金属］	0
621	7113209010	镶嵌濒危物种制品以贱金属为底的包贵金属制首饰［包括零件］	0
622	7114110010	镶嵌濒危物种制品的银器及零件［不论是否包，镀贵金属］	0

续表

序号	商品代码	商品名称	退税率调整为%
623	73053100	纵向焊接的其他粗钢铁管［粗钢铁管指外径超过406.4毫米］	0
624	73053900	其他方法焊接其他粗钢铁管［粗钢铁管指外径超过406.4毫米］	0
625	73059000	未列名圆形截面粗钢铁管［粗钢铁管指外径超过406.4毫米］	0
626	73063000	其他铁或非合金钢圆形截面焊缝管［细焊缝管指外径不超过406.4毫米］	0
627	73064000	不锈钢其他圆形截面细焊缝管［细焊缝管指外径不超过406.4毫米］	0
628	73065000	其他合金钢的圆形截面细焊缝管［细焊缝管指外径不超过406.4毫米］	0
629	73066100	矩形或正方形截面的其他焊缝管	0
630	73066900	其他非圆形截面的焊缝管	0
631	7306900010	多壁式管道［直接与化学品接触表面由特殊耐腐蚀材料制成］	0
632	7306900090	未列名其他钢铁管及空心异型材	0
633	76041000	非合金铝条、杆、型材、异型材	0
634	76042100	铝合金制空心异型材	0
635	7604290010	柱形实心体铝合金［在293K（20℃）时的极限抗拉强度能达到460兆帕（0.46×109牛顿/平方米）或更大］	0
636	7604290090	其他铝合金制条、杆、其他型材［包括异型材］	0
637	76051100	最大截面尺寸>7毫米的非合金铝丝	0
638	76051900	最大截面尺寸≤7毫米的非合金铝丝	0
639	76052100	最大截面尺寸>7毫米的铝合金丝	0
640	76052900	最大截面尺寸≤7毫米的铝合金丝	0
641	89069090	分段船舶及其他未列名非机动船舶	0
642	89069090001	按13%征税的其他未列名非机动船舶	0
643	89069090002	按17%征税的其他未列名非机动船舶	0
644	9003190010	濒危动物产品制眼镜架	0
645	9101210010	含濒危动物皮自动上弦贵金属机械手表［表壳用贵金属或包贵金属制成的］	0
646	91012100101	价值在10000元（含）以上征收消费税的含濒危动物皮自动上弦贵金属机械手表	0
647	91012100102	价值在10000元以下不征收消费税的含濒危动物皮自动上弦贵金属机械手表	0
648	9101290010	含濒危动物皮非自动上弦贵金属机械手表［表壳用贵金属或包贵金属制成的］	0
649	91012900101	价值在10000元（含）以上征收消费税的含濒危动物皮非自动上弦贵金属机械手表	0
650	91012900102	价值在10000元以下不征收消费税的含濒危动物皮非自动上弦贵金属机械手表	0
651	9102210010	含濒危动物皮其他自动上弦的机械手表［用贵金属或包贵金属制壳的除外］	0
652	91022100101	价值在10000元（含）以上征收消费税的含濒危动物皮其他自动上弦的机械手表	0
653	91022100102	价值在10000元以下不征收消费税的含濒危动物皮其他自动上弦的机械手表	0
654	9102290010	含濒危动物皮其他非自动上弦机械手表［用贵金属或包贵金属制壳的除外］	0

续表

序号	商品代码	商品名称	退税率调整为%
655	91022900101	价值在10000元（含）以上征收消费税的含濒危动物皮其他非自动上弦机械手表	0
656	91022900102	价值在10000元以下不征收消费税的含濒危动物皮其他非自动上弦机械手表	0
657	9113900010	濒危动物皮制的表带及其零件	0
658	9202100011	完税价格≥1.5万美元的含濒危动物皮弓弦乐器	0
659	9202100019	其他含濒危动物皮的弓弦乐器	0
660	9202900010	含濒危动物成分的其他弦乐器	0
661	9206000010	含濒危动物皮的打击乐器［例如，鼓、木琴、钹、响板］	0
662	9403300010	濒危木制办公室用木家具	0
663	9403400010	濒危木制厨房用木家具	0
664	9403501010	卧室用濒危红木制家具	0
665	9403509910	卧室用其他濒危木家具	0
666	9403601010	其他濒危红木制家具［非卧室用］	0
667	9403609910	其他濒危木家具［非卧室用］	0
668	9404301010	濒危野禽羽毛或羽绒填充的睡袋	0
669	9404901010	濒危野禽羽绒和羽毛填充其他寝具［含类似品］	0
670	9404902010	濒危兽毛填充的寝具［用野生兽毛填充的，含盖被及类似品］	0
671	9504200010	濒危木制的台球用品及附件	0
672	9508100010	有濒危动物的流动马戏团［包括流动动物园］	0
673	9601100010	已加工的濒危兽牙及其制品	0
674	9601900010	其他已加工濒危动物质雕刻料［包括其制品］	0
675	9603301010	濒危动物毛制的画笔	0
676	9603302010	濒危动物毛制的毛笔	0
677	9603309010	濒危动物毛制化妆用的类似笔	0
678	9603509110	濒危动物毛制作为机器零件其他刷［包括器具零件的其他刷］	0
679	9603509910	濒危动物毛制作为车辆零件其他刷	0
680	9603901010	濒危野禽羽毛掸	0
681	9603909010	濒危动物毛、鬃、尾制其他帚，刷［包括拖把及其他毛掸］	0
682	9606290010	含濒危动物成分的其他钮扣	0
683	9611000010	含濒危动物成分的手用日期戳［包括封缄戳及类似印戳］	0
684	9614001010	含濒危动物成分的烟斗及烟斗头［仅指野生哺乳类牙齿制产品］	0
685	9615190010	含濒危动物成分的其他材料制梳子［包括角质发夹等，金属、塑料及家畜来源的产品除外］	0
686	9701900010	含濒危动物成分的拼贴画［包括类似装饰板，指一切源自濒危动物的产品］	0
687	9703000010	濒危动植物材料制的雕塑品原件［指一切源自濒危动植物的产品］	0

附件 2：

调低出口退税的商品清单

序　号	商品代码	商品名称	退税率调整为%
1	15071000	初榨的豆油［但未经化学改性］	5
2	15079000	精制的豆油及其分离品［包括初榨豆油的分离品，但未经化学改性］	5
3	15081000	初榨的花生油［但未经化学改性］	5
4	15089000	精制的花生油及其分离品［包括初榨花生油的分离品，但未经化学改性］	5
5	15091000	初榨油橄榄油［但未经化学改性］	5
6	15099000	精制的油橄榄油及其分离品［包括初榨油橄榄油的分离品，但未经化学改性］	5
7	15100000	其他橄榄油及其分离品［不论是否精制，但未经化学改性］	5
8	15111000	初榨的棕榈油［但未经化学改性］	5
9	15119010	棕榈液油［熔点为 19℃—24℃，未经化学改性］	5
10	15119020	棕榈硬脂［熔点为 44℃—56℃，未经化学改性］	5
11	15119090	其他精制棕榈油［包括棕榈油的分离品，但未经化学改性］	5
12	15121100	初榨的葵花油和红花油［但未经化学改性］	5
13	15121900	精制的葵花油和红花油及其分离品［包括初榨葵花油和红花油的分离品，但未经化学改性］	5
14	15122100	初榨的棉子油［不论是否去除棉子酚］	5
15	15122900	精制的棉子油及其分离品［包括初榨棉子油的分离品，但未经化学改性］	5
16	15131100	初榨椰子油［但未经化学改性］	5
17	15131900	其他椰子油及其分离品［包括初榨椰子油的分离品，但未经化学改性］	5
18	15132100	初榨棕榈仁油或巴巴苏棕榈果油［未经化学改性］	5
19	15132900	精制的棕榈仁油或巴巴苏棕榈果油［包括分离品但未经化学改性，初榨的除外］	5
20	15141100	初榨的低芥子酸菜子油［但未经化学改性］	5
21	15141900	其他低芥子酸菜子油［包括其分离品，但未经化学改性］	5
22	15149110	初榨的非低芥子酸菜子油［但未经化学改性］	5
23	15149190	初榨的芥子油［但未经化学改性］	5
24	15149900	精制非低芥子酸菜子油、芥子油［包括其分离品，但未经化学改性］	5
25	15151100	初榨亚麻子油［但未经化学改性］	5
26	15151900	精制的亚麻子油及其分离品［包括初榨亚麻子油的分离品，但未经化学改性］	5
27	15152100	初榨的玉米油［但未经化学改性］	5
28	15152900	精制的玉米油及其分离品［包括初榨玉米油的分离品，但未经化学改性］	5
29	15153000	蓖麻油及其分离品［不论是否精制，但未经化学改性］	5
30	15155000	芝麻油及其分离品［不论是否精制，但未经化学改性］	5
31	15159010	希蒙得木油及其分离品［不论是否精制，但未经化学改性］	5

续表

序　号	商品代码	商品名称	退税率调整为%
32	15159020	印楝油及其分离品［不论是否精制，但未经化学改性］	5
33	15159030	桐油及其分离品［不论是否精制，但未经化学改性］	5
34	15159090	其他固定植物油、脂及其分离品［不论是否精制，但未经化学改性］	5
35	15161000	氢化、酯化或反油酸化动物油、脂［包括其分离品，不论是否精制，但未经进一步加工］	5
36	15162000	氢化、酯化或反油酸化植物油、脂［包括其分离品，不论是否精制，但未经进一步加工］	5
37	28121010	氯化亚砜（亚硫酰氯，氧氯化硫）	5
38	28121020	氧氯化磷［即磷酰氯，三氯氧磷］	5
39	28251010	纯度85%及以上的水合肼	5
40	28251010	纯度85%以下的水合肼	5
41	28263000	六氟铝酸钠（人造冰晶石）	5
42	28274900	其他氯氧化物及氢氧基氯化物	5
43	28351000	次磷酸盐及亚磷酸盐	5
44	28352200	磷酸一钠及磷酸二钠	5
45	28352400	钾的磷酸盐	5
46	28352500002	按17%征税的正磷酸氢钙（磷酸二钙）	5
47	28352600	其他磷酸钙	5
48	28352910	磷酸三钠	5
49	28352990	其他磷酸盐	5
50	28353900	其他多磷酸盐	5
51	28391100	偏硅酸钠	5
52	28401100	无水四硼酸钠	5
53	2901	无环烃	5
54	2902	环烃（29022000苯除外）	5
55	2903	烃的卤化衍生物（税号：29033100、29035100、29035200、29035900、29036200除外）	5
56	2904	烃的磺化、硝化或亚硝化衍生物，不论是否卤化	5
57	2905	无环醇及其卤化、磺化、硝化或亚硝化衍生物（税号：29051990、29052230除外）	5
58	2906	环醇及其卤化、磺化、硝化或亚硝化衍生物（除29061100、29061990）	13
59	2907	酚；酚醇	5
60	2908	酚及酚醇的卤化、磺化、硝化或亚硝化衍生物（税号：29081100、29089100除外）	5
61	2909	醚、醚醇、醚酚、醚醇酚、过氧化醇、过氧化醚、过氧化酮及其卤化、磺化、硝化或亚硝化衍生物（税号：29091900除外）	5

续表

序　号	商品代码	商品名称	退税率调整为%
62	29101000	环氧乙烷	5
63	29110000	缩醛、半缩醛、不论含否其他含氧基［包括其卤化，磺化，硝化或亚硝化的衍生物］	5
64	2912	醛（税号：29122990、29123000、29124100、29124200 除外）	5
65	29130000	三氯乙醛	5
66	29130000	税号 2912 所列产品的其他衍生物［指卤化，磺化，硝化或亚硝化的衍生物］	5
67	2914	丙酮（税号：29142900 除外）	5
68	2915	饱和无环一元羧酸及其酸酐、酰卤化物、过氧化物和过氧酸以及它们的卤化、磺化、硝化或亚硝化衍生物（税号：29153900、29153600 除外）	5
69	2916	饱和无环一元羧酸、环一元羧酸及其酸酐、酰卤化物、过氧化物和过氧酸以及它们的卤化、磺化、硝化或亚硝化衍生物	5
70	2917	多元酸酐、酰卤化物、过氧化物和过氧酸以及它们的卤化、磺化、硝化或亚硝化衍生物酸酐、酰卤化物、过氧化物和过氧酸以及它们的卤化、磺化、硝化或亚硝化衍生物	5
71	2918	含附加含氧基的羧酸及其酸酐、酰卤化物、过氧化物和过氧酸以及它们的卤化、磺化、硝化或亚硝化衍生物（税号：29181400、29181500、29181800、29189100 除外）	5
72	2919	磷酸酯及其盐，包括乳磷酸盐，以及它们的卤化、磺化、硝化或亚硝化衍生物	5
73	2920	其他非金属无机酸酯（不包括卤化氢的酯）及其盐以及它们的卤化、磺化、硝化或亚硝化衍生物（税号：29201100 除外）	5
74	2921	氨基化合物（税号：29214400、2921590033、2921590090、2921519090、2921519020 除外）	5
75	2922	含氧基氨基化合物（税号：29225000、29222100、29224220 除外）	5
76	2923	季铵盐及季铵碱；卵磷脂及其他磷氨基类脂，无论是否已有化学定义	5
77	2924	羧基酰胺基化合物；碳酸酰胺基化合物（税号：29241200 除外）	5
78	2925	羧基酰亚胺化合物（包括糖精及其盐）及亚胺基化合物（税号：29252100 除外）	5
79	2926	腈基化合物	5
80	2927	重氮化合物、偶氮化合物及氧化偶氮化合物	5
81	2928	肼（联氨）及胲（羟胺）的有机衍生物	5
82	2929	其他含氮基化合物（税号：29291030、29291090 除外）	5
83	2930	有机硫化合物（税号：29305000 除外）	5
84	2931	其他有机、无机化合物	5
85	2932	仅含有氧杂原子杂环化合物（税号：29322100、29322900、29329300、29329400、29329990 除外）	5
86	2933	仅含有氮杂原子杂环化合物	5

续表

序　号	商品代码	商品名称	退税率调整为%
87	2934	核酸及其盐；无论是否已有化学定义；其他杂环化合物	5
88	2935	磺（酰）胺	5
89	2937	天然或合成再制的激素、前列腺素、血栓烷、血细胞三烯及其衍生物和结构类似物，包括主要作用作激素的改性链多肽	5
90	2938	天然或合成再制的苷（配糖物）及其盐、醚、酯和其他微生物	5
91	2939	天然或合成再制的生物碱及其盐、醚、酯和其他微生物	5
92	2940	化学纯糖，糖醚、糖酯及其盐［蔗糖、乳糖、麦芽糖、葡萄糖、编号 29.37－2939 产品除外］	5
93	2942	其他有机化合物	5
94	33011200	橙油［包括浸膏及净油］	5
95	33011300	柠檬油［包括浸膏及净油］	5
96	33011910	白柠檬油（酸橙油）［包括浸膏及净油］	5
97	33011990	其他柑桔属果实的精油［包括浸膏及净油］	5
98	33012400	胡椒薄荷油［包括浸膏及净油］	5
99	33012500	其他薄荷油［包括浸膏及净油］	5
100	33012910	樟脑油［包括浸膏及精油］	5
101	33012920	香茅油［包括浸膏及净油］	5
102	33012940	桂油［包括浸膏及净油］	5
103	33012950	山苍子油［包括浸膏及净油］	5
104	33012960	桉叶油［包括浸膏及净油］	5
105	33012991	老鹳草油（香叶油）［包括浸膏及精油］	5
106	3301299910	黄樟油	5
107	3301299999	其他非柑桔属果实的精油［包括浸膏及净油］	5
108	33013010	鸢尾凝脂（香膏类）	13
109	3301309090	其他香膏	5
110	3301901090	其他提取的油树脂	5
111	33019020	柑桔属果实精油脱萜的萜烯副产品	5
112	33019090	吸取浸渍法制成含浓缩精油的脂肪［含固定油、蜡及类似品，精油水溶液及水馏液］	5
113	33021010	以香料为基本成分的制品［生产饮料用，按容量计酒精浓度≤0.5%］	13
114	3302109001	生产食品、饮料用混合香料及制品［含以香料为基本成分的混合物，按容量计酒精浓度＞0.5%］	13
115	33021090011	不征消费税的生产食品、饮料用混合香料及制品	13
116	33021090012	征消费税的生产食品、饮料用混合香料及制品	13
117	3302109090	其他生产食品用混合香料及制品［含以香料为基本成分的混合物］	13

续表

序　号	商品代码	商品名称	退税率调整为%
118	33029000	其他工业用混合香料及香料混合物［以一种或多种香料为基本成分的混合物］	13
119	3303000000	香水及花露水	5
120	33030000001	香水	5
121	33030000002	花露水	5
122	33041000	唇用化妆品	5
123	33042000	眼用化妆品	5
124	33043000	指（趾）甲化妆品	5
125	33049100	香粉，不论是否压紧	5
126	3304990010	护肤品［包括防晒油或晒黑油，但药品除外］	5
127	3304990099	其他美容化妆品	5
128	3305100090	其他洗发剂（香波）	5
129	33052000	烫发剂	5
130	33053000	定型剂	5
131	33059000	其他护发品	5
132	3306101090	其他牙膏	5
133	33061090	其他洁齿品	5
134	33062000	清洁牙缝用的纱线（牙线）	5
135	33069000	其他口腔及牙齿清洁剂［包括假牙模膏及粉］	5
136	33071000	剃须用制剂	5
137	33072000	人体除臭剂及止汗剂	5
138	33073000	香浴盐及其他沐浴用制剂	5
139	33074100	神香及其他通过燃烧散发香气制品	5
140	33074900	其他室内除臭制品［不论是否加香水或消毒剂］	5
141	33079000	其他编号未列名的芳香料制品［包括化妆盥洗品］	5
142	34011100	盥洗用皂及有机表面活性产品［包括含有药物的产品、呈条状、块状或模制形状］	9
143	34011910	洗衣皂［呈条状、块状或模制形状的］	9
144	34011990	其他有机表面活性产品及制品［包括用肥皂或洗涤剂浸、涂或包覆的纸、絮胎及无纺织物］	9
145	34012000	其他形状的肥皂［除条状、块状或模制形状以外的］	9
146	34013000	洁肤用有机表面活性产品及制品［液状或膏状并制成零售包装的，不论是否含有肥皂］	9
147	34021100	阴离子型有机表面活性剂［不论是否零售包装；肥皂除外］	9
148	34021200	阳离子型有机表面活性剂［不论是否零售包装，肥皂除外］	9
149	34021300	非离子型有机表面活性剂［不论是否零售包装，肥皂除外］	9
150	34021900	其他有机表面活性剂［不论是否零售包装，肥皂除外］	9

续表

序号	商品代码	商品名称	退税率调整为%
151	34022010	零售包装的合成洗涤粉	9
152	34022090	其他零售包装有机表面活性剂制品［包括洗涤剂及清洁剂，不论是否含有肥皂］	9
153	3402900001	十二烷基苯磺酸钙甲醇溶液［非零售包装，十二烷基苯磺酸钙含量高于70%］	9
154	3402900090	非零售包装有机表面活性剂制品［包括洗涤剂及清洁剂，不论是否含有肥皂］	9
155	34031100	含有石油类的处理纺织等材料制剂［指含石油或沥青矿物油（重量<70%）的制剂］	9
156	34031900	其他含有石油或矿物提取油类制剂［指含石油或沥青矿物油（重量<70%）的制剂］	9
157	34039100	其他处理纺织等材料的制剂［包括处理皮革、毛皮或其他材料的制剂］	9
158	34039900	其他润滑剂（含油<70%）［包括以润滑剂为基本成分的切削油制剂，螺栓松开剂等］	9
159	34042000	聚乙二醇蜡	9
160	34051000	鞋靴或皮革用的上光剂及类似制品	9
161	34052000	保养木制品的上光剂及类似制品［指保养木家具、地板或其他木制品的上光剂及类似制品］	9
162	34053000	车身用的上光剂及类似制品［但金属用的光洁剂除外］	9
163	34054000	擦洗膏，去污粉及类似品	9
164	34059000	其他玻璃或金属用的光洁剂［不包括擦洗膏，去污粉及类似制品］	9
165	3406000090	其他各种蜡烛及类似品	9
166	34070010	牙科用蜡及造型膏［成套、零售包装或制成片状、马蹄形、条状及类似形状的］	9
167	34070020	以熟石膏为成分的牙科用其他制品［包括以煅石膏或硫酸钙为基本成分的］	9
168	34070090	其他塑型用膏［包括供儿童娱乐用物品］	9
169	3601 至 3606	第 36 章全章	5
170	3801100010	核级石墨［纯度高于百万分之五硼当量，密度大于1.50克/立方厘米］	5
171	3801100020	人造细晶粒整体石墨［20℃下的密度、拉伸断裂应变、热膨胀系数符合特殊要求］	5
172	3801100090	其他人造石墨	5
173	38012000	胶态或半胶态石墨	5
174	38013000	电极用碳糊及炉衬用的类似糊	5
175	38019000	其他以石墨或其他碳为基料的制品［呈糊状、块状、板状的制品（包括半制品）］	5
176	38030000	妥尔油，不论是否精炼	5
177	38040000	木浆残余碱液，包括木素磺酸盐［不论是否浓缩、脱糖或经过化学处理，妥尔油除外］	5
178	38059010	以 α 萜品醇为基本成分的松油	5
179	38061010	松香［包括松香渣］	5

续表

序　号	商品代码	商品名称	退税率调整为%
180	38061020	树脂酸	5
181	38062010	松香盐及树脂酸盐	5
182	38062090	松香或树脂酸衍生物的盐［松香加合物的盐除外］	5
183	38063000	酯胶	5
184	3806900010	歧化松香及松香衍生物	5
185	3806900090	其他松香及树脂酸衍生物［包括松香精及松香油；再熔胶］	5
186	38070000	木焦油木杂酚油粗木精植物沥青等［包括以松香、树脂酸植物沥青为基料的啤酒桶沥青及类似］	5
187	3808501010	零售包装的含有一种38章子目注释一所列物质的货品	5
188	38085010101	按13%征税的零售包装的含有一种38章子目注释一所列物质的货品	5
189	38085010102	按17%征税的零售包装的含有一种38章子目注释一所列物质的货品	5
190	3808501090	零售包装含多种38章子目注释一所列物质的货品	5
191	38085010901	按13%征税的零售包装含多种38章子目注释一所列物质的货品	5
192	38085010902	按17%征税的零售包装含多种38章子目注释一所列物质的货品	5
193	3808509010	非零售包装的含有一种38章子目注释一所列物质的货品	5
194	38085090101	按13%征税的非零售包装的含有一种38章子目注释一所列物质的货品	5
195	38085090102	按17%征税的非零售包装的含有一种38章子目注释一所列物质的货品	5
196	3808509090	非零售包装含多种38章子目注释一所列物质的货品	5
197	38085090901	按13%征税的非零售包装含多种38章子目注释一所列物质的货品	5
198	38085090902	按17%征税的非零售包装含多种38章子目注释一所列物质的货品	5
199	3808911100	蚊香［不含有一种或多种38章子目注释一所列物质的货品］	5
200	38089111001	按13%征税的蚊香	5
201	38089111002	按17%征税的蚊香	5
202	3808911900	零售包装的其他杀虫剂成药	5
203	38089119001	按13%征税的零售包装的其他杀虫剂成药	5
204	38089119002	按17%征税的零售包装的其他杀虫剂成药	5
205	3808919000	非零售包装杀虫剂成药	5
206	3808921000	零售包装的杀菌剂成药	5
207	38089210001	按13%征税的零售包装的杀菌剂成药	5
208	38089210002	按17%征税的零售包装的杀菌剂成药	5
209	3808929010	非零售包装的医用杀菌剂	5
210	38089290101	代森锰锌	5
211	38089290102	非零售包装的医用杀菌剂	5
212	3808929021	经农药杀菌剂浸渍的纸质水果套袋	5
213	38089290211	按13%征税的经农药杀菌剂浸渍的纸质水果套袋	5

续表

序　号	商品代码	商品名称	退税率调整为%
214	38089290212	按17%征税的经农药杀菌剂浸渍的纸质水果套袋	5
215	3808929029	非零售包装的其他农用杀菌剂成药	5
216	3808929090	非零售包装的非农用杀菌剂成药［包括非医用杀菌剂］	5
217	38089311	零售包装的除草剂成药	5
218	38089319	非零售包装的除草剂成药	5
219	38089391	零售包装抗萌剂及植物生长调节剂	5
220	38089399	非零售抗萌剂及植物生长调节剂	5
221	3808940010	医用消毒剂	5
222	3808940090	非医用消毒剂	5
223	38089910	零售包装的杀鼠剂及其他农药［包括类似品］	5
224	38089990	非零售包装的杀鼠剂及其他农药［包括类似品］	5
225	38091000	以淀粉为基料的纺织等工业用制剂［纺织、造纸、制革等工业用整理剂、固色剂及其他制剂］	5
226	38099100	纺织工业用其他未列名产品和制剂［包括整理剂、染料加速着色或固色助剂及其他制剂］	5
227	38099200	造纸工业用其他未列名产品和制剂［包括整理剂、染料加速着色或固色助剂及其他制剂］	5
228	38099300	制革工业用其他未列名产品和制剂［包括整理剂、染料加速着色或固色助剂及其他制剂］	5
229	38101000	金属表面酸洗剂焊粉或焊膏［金属及其他材料制成的焊粉或焊膏］	5
230	38109000	焊接用的焊剂及其他辅助剂等［包括作焊条芯子或焊条涂料用的制品］	5
231	38111100	以铅化合物为基本成分的抗震剂	5
232	38111900	其他抗震剂	5
233	38112100	含有石油的润滑油添加剂［包括含有从沥青矿物提取的油类的润滑油添加剂］	5
234	38112900	不含石油的润滑油添加剂	5
235	38119000	其他矿物油用的配制添加剂［抗氧剂、防胶剂、粘度改良剂、防腐剂及其他配制添加剂］	5
236	38121000	配制的橡胶促进剂	5
237	38122000	橡胶或塑料用复合增塑剂	5
238	38123010	橡胶的防老剂	5
239	38123090	其他橡、塑用抗氧剂及其他稳定剂	5
240	38130010	灭火器的装配药	5
241	38130020	已装药的灭火弹	5
242	38140000	有机复合溶剂及稀释剂，除漆剂［指其他编号未列名的］	5

续表

序号	商品代码	商品名称	退税率调整为%
243	38151100	以镍为活性物的载体催化剂［包括以镍化合物为活性物的］	5
244	3815120010	载铂催化剂［为了从重水中回收氚或为了生产重水而专门设计或制备，用于加速氢和水之间的氢同位素交换反应］	5
245	3815120090	其他以贵金属为活性物的载体催化剂	5
246	3815190000	其他载体催化剂	5
247	38159000	其他未列名的反应引发剂、促进剂［包括反应催化剂］	5
248	38160000	耐火水泥、灰泥及类似耐火材料［耐火混凝土及类似耐火混合制品，但编号3801的产品除外］	5
249	3817000001	混合烷基苯［品目27.07及29.02的货品除外］	5
250	3817000090	混合烷基萘［品目27.07及29.02的货品除外］	5
251	38180011	7.5厘米≤直径≤15.24厘米单晶硅片［经掺杂用于电子工业的］	5
252	38180019	直径>15.24厘米的单晶硅片［经掺杂用于电子工业的］	5
253	38180090	其他经掺杂用于工业的晶体切片［包括经掺杂用于电子工业的化学元素及化合物］	5
254	38190000	闸用液压油及其他液压传动用液体［按重量计石油或从矿物提取的油类含量低于70%］	5
255	38200000	防冻剂及解冻剂	5
256	38210000	制成的供微生物（包括病毒及类似品）生长或维持用培养基［及制成的供植物、人体或动物细胞生长或维持用的培养基］	5
257	38220010	附于衬背上的诊断或实验用试剂［包括不论是否附于衬背上的诊断或实验用配制试剂］	5
258	38220090	其他诊断或实验用配制试剂	5
259	38231100	硬脂酸	5
260	38231200	油酸	5
261	38231300	妥尔油脂肪酸	5
262	38231900	其他工业用单羧脂肪酸；酸性油［酸性油仅指精炼所得的］	5
263	38237000	工业用脂肪醇	5
264	38241000	铸模及铸芯用粘合剂	5
265	38244000	水泥、灰泥及混凝土用添加剂	5
266	38245000	非耐火的灰泥及混凝土	5
267	38246000	子目号290544以外的山梨醇	5
268	3824710011	二氯二氟甲烷和二氟乙烷的混合物［R-500］	5
269	3824710012	一氯二氟甲烷和二氯二氟甲烷的混合物［R-501］	5
270	3824710013	一氯二氟甲烷和一氯五氟乙烷的混合物［R-502］	5
271	3824710014	三氟甲烷和一氯三氟甲烷的混合物［R-503］	5

续表

序　号	商品代码	商品名称	退税率调整为%
272	3824710015	二氟甲烷和一氯五氟乙烷的混合物［R－504］	5
273	3824710016	二氯二氟甲烷和一氟一氯甲烷的混合物［R－505］	5
274	3824710017	一氟一氯甲烷和二氯四氟乙烷的混合物［R－506］	5
275	3824710018	二氯二氟甲烷和二氯四氟乙烷的混合物［R－400］	5
276	3824710090	其他含甲烷、乙烷或丙烷的全氯氟烃（CFCs）混合物［不论是否含甲烷、乙烷或丙烷的氢氯氟烃（HCFCs）、全氟烃（PFCs）或氢氟烃（HFCs）］	5
277	38247200	含溴氯二氟甲烷、溴三氟甲烷或二溴四氟乙烷的混合物	5
278	38247300	含甲烷、乙烷或丙烷的氢溴氟烃（HBFCs）的混合物	5
279	38247400	含甲烷、乙烷或丙烷的氢氯氟烃（HCFCs）的混合物［不论是否含甲烷、乙烷或丙烷的全氟烃或氢氟烃，但不含全氯氟烃］	5
280	38247500	含四氯化碳的混合物	5
281	38247600	含1，1，1—三氯乙烷（甲基氯仿）的混合物	5
282	38247700	含溴化甲烷（甲基溴）或溴氯甲烷的混合物	5
283	38247800	含甲、乙或丙烷的全氟烃（PFCs）或氢氟烃（HFCs）混合物［但不含甲烷、乙烷或丙烷的全氯氟烃（CFCs）或氢氯氟烃（HCFCs）的混合物］	5
284	38247900	其他含甲烷、乙烷或丙烷的卤化衍生物的混合物	5
285	38248100	含环氧乙烷（氧化乙烯）的混合物	5
286	38248200	含多氯联苯（PCBs）、多氯三联苯（PCTs）或多溴联苯（PBBs）的混合物	5
287	38248300	含三（2，3—二溴丙基）磷酸酯的混合物	5
288	38249010	杂醇油	5
289	38249020	除墨剂、蜡纸改正液及类似品	5
290	38249030	增炭剂	5
291	3824909001	高钛渣［二氧化钛质量百分含量＞70%的］	5
292	3824909002	生产等离子显示屏用的银电极、介质、隐蔽、荧光粉浆料	5
293	3824909004	水解物或水解料、DMC［六甲基环三硅氧烷，八甲基环四硅氧烷，十甲基环五硅氧烷，十二甲基环六硅氧烷中任何2种，3种或4种组成的混合物］	5
294	3824909005	核苷酸类食品添加剂	5
295	3824909020	混胺［二甲胺和三乙胺混合物的水溶液］	5
296	3824909090	其他编号未列名的化工产品	5
297	3901至3926	第39章除免税的商品外	5
298	4002至4017	除免税的商品外	5
299	4201000090	各种材料制成的鞍具及挽具［野生动物材料制的除外；适合各种动物用］	5
300	4202111090	以皮革，再生皮革，漆皮作面的衣箱［含野生动物皮革的除外］	11
301	4202119090	以皮革，再生皮革，漆皮作面的箱包［包括提箱、公文包、书包及类似容器，但不包括衣箱］	11

续表

序　号	商品代码	商品名称	退税率调整为%
302	42021210	以塑料或纺织材料作面的衣箱	11
303	42021290	以塑料或纺织材料作面的其他箱包［包括提箱、小手袋、公文箱、公文包、书包及类似容器］	11
304	42021900	以钢纸或纸板作面的衣箱等［包括提箱，小手袋，公文箱，公文包，书包及类似容器］	11
305	4202210090	以皮革，再生皮革，漆皮作面手提包［不论是否有背带，包括无把手的］	11
306	42022200	以塑料片或纺织材料作面的手提包［不论是否有背带，包括无把手的］	11
307	42022900	以钢纸或纸板作面的手提包［不论是否有背带，包括无把手的］	11
308	4202310090	以皮革，再生皮革作面钱包等物品［指通常置于口袋或手提包内的物品，包括以漆皮作面的］	11
309	42023200	塑料片或纺织材料作面的钱包等物［指通常置于口袋或手提包内的物品］	11
310	42023900	以钢纸或纸板作面的钱包等物品［指通常置于口袋或手提包内的物品］	11
311	4202910090	皮革，再生皮革，漆皮作面其他容器	11
312	42029100901	皮制高尔夫球包	11
313	42029100902	皮革，再生皮革，漆皮作面其他容器	11
314	4202920000	塑料片或纺织材料作面的其他容器	11
315	42029200001	塑料片或纺织材料制的高尔夫球包	11
316	42029200002	塑料片或纺织材料作面的其他容器	11
317	4202990000	以钢纸或纸板作面的其他容器	11
318	42029900001	以钢纸或纸板作面的高尔夫球包	11
319	42029900002	以钢纸或纸板作面的其他容器	11
320	4203100090	皮革或再生皮革制的衣服［野生动物皮革制作的除外］	5
321	4203210090	皮革或再生皮革制专供运动用手套［包括连指或露指的；野生动物皮革制作的除外］	5
322	4203291090	皮革或再生皮革制的劳保手套［野生动物皮革制作的除外］	5
323	4203299090	皮革或再生皮革制的其他手套［包括连指或露指的］	5
324	4203301090	其他动物皮革制的腰带［包括再生动物皮革制作的］	5
325	4203302090	其他动物皮革制的子弹带［包括再生动物皮革制作的］	5
326	4203400090	皮革或再生皮革制的其他衣着附件	5
327	4205001090	其他动物皮革制的坐具套［包括再生皮革制作的］	5
328	4205002090	其他工业用皮革或再生皮革制品［工业用指机器，机械器具或其他专门技术用途的］	5
329	4205009020	皮革或再生皮革制宠物用品	5
330	4205009090	皮革或再生皮革的其他制品	5

续表

序号	商品代码	商品名称	退税率调整为%
331	4206000000	肠线，肠膜，膀胱或筋腱制品［不包括外科用无菌肠线或制成乐器弦的肠线，蚕胶丝除外］	5
332	4302110000	已鞣未缝制的整张水貂皮［不论是否带头，尾或爪］	5
333	4302191020	已鞣未缝制的兰狐皮、银狐皮	5
334	4302192090	已鞣未缝制的整张兔皮［不论是否带头，尾或爪］	5
335	4302193000	已鞣未缝制阿斯特拉罕等羔羊皮［还包括喀拉科尔，波斯，印度，中国，蒙古或西藏羔羊皮］	5
336	4302199090	已鞣未缝制的其他毛皮	5
337	4302200090	已鞣未缝制的头，尾，爪及其他块片	5
338	4302301010	已鞣已缝制貂皮、狐皮及其块、片［兰狐银狐、水貂、艾虎的整张毛皮及块，片除外］	5
339	4302309090	已鞣已缝制的其他整张毛皮及块片	5
340	4303101090	其他毛皮衣服	5
341	4303102090	其他毛皮衣着附件	5
342	4303900090	其他毛皮制物品	5
343	43040010	人造毛皮	5
344	43040020	人造毛皮制品	5
345	44111211	密度>0.8克/立方厘米且厚度≤5毫米的中密度纤维板［未经机械加工或盖面的］	5
346	44111219	密度>0.8克/立方厘米且厚度≤5毫米的其他中密度纤维板	5
347	44111220	0.5<密度≤0.8克/立方厘米且厚≤5毫米的中密度纤维板	5
348	44111291	未经机械加工或盖面的其他厚度≤5毫米的中密度纤维板	5
349	44111299	其他厚度≤5毫米的中密度纤维板	5
350	44111311	密度>0.8克/立方厘米且5毫米<厚度≤9毫米的中密度纤维板［未经机械加工或盖面的］	5
351	44111319	密度>0.8克/立方厘米且5毫米<厚度≤9毫米的其他中密度纤维板	5
352	44111320	0.5<密度≤0.8克/立方厘米且5毫米<厚≤9毫米中密度纤维板	5
353	44111391	未机械加工或盖面的其他5毫米<厚≤9毫米中密度纤维板	5
354	44111399	其他5毫米<厚度≤9毫米中密度纤维板	5
355	44111411	密度>0.8克/立方厘米且厚>9毫米的中密度纤维板［未经机械加工或盖面的］	5
356	44111419	密度>0.8克/立方厘米且厚>9毫米的其他中密度纤维板	5
357	44111420	0.5克/立方厘米<密度≤0.8克/立方厘米且厚>9毫米中密度纤维板	5
358	44111491	未经机械加工或盖面的其他厚度>9毫米中密度纤维板	5
359	44111499	其他厚度>9毫米的中密度纤维板	5
360	44119210	密度>0.8克/立方厘米的未经机械加工或盖面的其他纤维板	5
361	44119290	密度>0.8克/立方厘米的其他纤维板	5

续表

序　号	商品代码	商品名称	退税率调整为%
362	44119300	0.5 克/立方厘米＜密度≤0.8 克/立方厘米的其他纤维板	5
363	44119410	0.35 克/立方厘米＜密度≤0.5 克/立方厘米的其他纤维板	5
364	44119421	密度≤0.35 克/立方厘米的未经机械加工或盖面的木纤维板	5
365	44119429	密度≤0.35 克/立方厘米的其他木纤维板	5
366	4412101199	至少有一表层是其他热带木薄板制其他竹胶合板［每层厚度≤6 毫米，热带木指本章子目注释所列木材］	5
367	4412101911	至少有一表层为濒危非针叶木薄板胶合板［至少有一表层为温带非针叶木制，每层厚度≤6 毫米］	5
368	4412101919	其他至少有一表层为非针叶木薄板胶合板［至少有一表层为温带非针叶木制，每层厚度≤6 毫米］	5
369	4412101929	其他竹地板层叠胶合而成的多层板［每层厚度≤6 毫米］	5
370	4412101999	其他竹胶合板［每层厚度≤6 毫米］	5
371	4412102099	至少有一表层是其他非针叶木的其他竹制多层板［每层厚度≤6 毫米］	5
372	4412109190	至少有一层是热带木的其他竹制多层板［热带木指本章子目注释所列木材］	5
373	4412109290	至少含有一层木碎料板的其他竹制多层板	5
374	4412109990	其他竹制多层板	5
375	4412310010	至少有一表层为桃花心木薄板制胶合板［每层厚度≤6 毫米］	5
376	4412310020	至少有一表层为拉敏木薄板制胶合板［每层厚度≤6 毫米］	5
377	4412310090	至少有一表层是其他热带木制的胶合板［每层厚度≤6 毫米，竹制除外，热带木指本章子目注释所列木材］	5
378	4412321090	至少有一表层是其他温带非针叶木薄板制胶合板［每层厚度≤6 毫米，竹制除外］	5
379	4412329090	至少有一表层是其他非针叶胶合板［每层厚度≤6 毫米，竹制除外］	5
380	4412390090	其他薄板制胶合板［每层厚度≤6 毫米，竹制除外］	5
381	4412941010	至少有一表层是桃花心木的木块芯胶合板等［还包括侧板条芯胶合板及板条芯胶合板］	5
382	4412941020	至少有一表层是拉敏木的木块芯胶合板等［还包括侧板条芯胶合板及板条芯胶合板］	5
383	4412941090	至少有一表层是非针叶木的木块芯胶合板等［还包括侧板条芯胶合板及板条芯胶合板］	5
384	4412949190	至少有一层是热带木的针叶木面木块芯胶合板等［还包括侧板条芯胶合板及板条芯胶合板，热带木指本章子目注释所列木材］	5
385	4412949290	至少含有一层木碎料板的针叶木面木块芯胶合板等［还包括侧板条芯胶合板及板条芯胶合板］	5
386	4412949990	其他针叶木面木块芯胶合板等［还包括侧板条芯胶合板及板条芯胶合板］	5

续表

序　号	商品代码	商品名称	退税率调整为%
387	44129910102	至少有一表层是桃花心木的多层板	5
388	44129910202	至少有一表层是拉敏木的多层板	5
389	4412991090	其他至少有一表层是非针叶木的多层板	5
390	4412999190	其他至少有一层是热带木的针叶木面多层板［热带木指本章子目注释所列木材］	5
391	4412999290	其他至少含有一层木碎料板的针叶木面多层板	5
392	4412999990	其他针叶木面多层板	5
393	4413000000	强化木［成块，板，条或异型的］	5
394	4414000010	拉敏木制画框，相框，镜框及类似品	5
395	4414000090	木制的画框，相框，镜框及类似品	5
396	4415100010	拉敏木制木箱及类似包装容器［电缆卷筒］	5
397	4415100090	木箱及类似的包装容器，电缆卷筒	5
398	4415200010	拉敏木托板，箱形托盘及装载木板［包括木制托板护框］	5
399	4415200090	木托板，箱形托盘及其他装载木板［包括木制托板护框］	5
400	4418100010	拉敏木制木窗，落地窗及其框架	5
401	4418100090	木窗，落地窗及其框架	5
402	4418200010	拉敏木制的木门及其框架和门槛	5
403	4418200090	木门及其框架和门槛	5
404	44184000	水泥构件的木模板	5
405	44185000	木瓦及盖屋板	5
406	4418600090	其他木制柱和梁	5
407	4418900010	拉敏木制其他建筑用木工制品［包括蜂窝结构的木镶板］	5
408	4418900090	其他建筑用木工制品［包括蜂窝结构的木镶板］	5
409	4419003290	其他竹制一次性筷子	5
410	4419009010	拉敏木制的餐具及厨房用具	5
411	4419009090	其他木制餐具及厨房用具	5
412	4420101010	拉敏木制的木刻	5
413	4420101090	木刻及竹刻	5
414	4420102010	拉敏木制的木扇	5
415	4420102090	木扇	5
416	4420109010	拉敏木制其他小雕像及其他装饰品	5
417	4420109090	其他木制小雕像及其他装饰品	5
418	4420901010	拉敏木制的镶嵌木	5
419	4420901090	镶嵌木	5

续表

序　号	商品代码	商品名称	退税率调整为%
420	4420909010	拉敏木盒及类似品，非落地木家具［前者用于装珠宝或家具；后者不包括第九十四章的家具］	5
421	4420909090	木盒子及类似品；非落地式木家具［前者用于装珠宝或家具；后者不包括第九十四章的家具］	5
422	4421100010	拉敏木制木衣架	5
423	4421100090	木衣架	5
424	4421901010	拉敏木纡子筒管卷轴线轴及类似品	5
425	4421901090	木卷轴，纡子，筒管，线轴及类似品	5
426	4421909010	拉敏木制的未列名的木制品	5
427	4421909090	未列名的木制品	5
428	48171000	信封	5
429	48172000	封缄信片，素色明信片及通信卡片	5
430	48173000	纸或纸板制的盒子，袋子及夹子［内装各种纸制文具的］	5
431	48181000	小卷（张）卫生纸［成卷或矩形成张的宽度≤36 厘米，或制成特殊形状的］	5
432	48182000	小卷（张）纸手帕及纸面巾［成卷或矩形成张的宽度≤36 厘米，或制成特殊形状的］	5
433	48183000	小卷（张）纸台布及纸餐巾［成卷或矩形成张的宽度≤36 厘米，或制成特殊形状的］	5
434	48184000	纸卫生巾及类似的卫生用品［包括纸止血塞，婴儿纸尿布，尿布衬里］	5
435	48185000	纸制衣服及衣着附件［纸浆，纸，纤维素絮纸和纤维素纤维网纸制的］	5
436	48189000	纸床单及类似家庭，卫生，医院用品［纸浆，纸，纤维素絮纸和纤维素纤维网纸制的］	5
437	48191000	瓦楞纸或纸板制的箱，盒，匣	5
438	48192000	非瓦楞纸或纸板制可折叠箱，盒，匣	5
439	48193000	底宽≥40 厘米的纸袋	5
440	48194000	其他纸袋［包括锥形袋］	5
441	48195000	其他纸包装容器［包括唱片套］	5
442	48196000	纸卷宗盒，信件盘，存储盒及类似品［办公室，商店及类似场所使用的］	5
443	48201000	登记本，账本，笔记本等及类似品［包括定货本，收据本，信笺本，记事本，日记本］	5
444	48202000	练习本	5
445	48203000	纸制活动封面，文件夹及卷宗皮	5
446	48204000	多联商业表格纸（本）［包括页间夹有复写纸的本］	5
447	48205000	纸制样品簿及粘贴簿	5
448	48209000	其他纸制文具用品	5
449	48211000	纸或纸板印制的各种标签	5

续表

序 号	商品代码	商品名称	退税率调整为%
450	48219000	纸或纸板制的其他各种标签	5
451	48221000	纺织纱线用纸制的筒管，卷轴，纡子［包括类似品］	5
452	48229000	纸制的其他筒管，卷轴，纡子［包括类似品］	5
453	48232000	切成形的滤纸及纸板	5
454	48234000	已印制的自动记录器用打印纸［切成一定尺寸或形状的打印纸卷，纸张及纸盘］	5
455	48236100	竹浆纸制的盘，碟，盆，杯及类似品	5
456	48236900	其他纸制的盘，碟，盆，杯及类似品	5
457	48237000	压制或模制纸浆制品	5
458	48239020	神纸及类似用品	5
459	48239030	纸扇	5
460	48239090	其他纸及纸制品［包括纤维素絮纸及纤维素纤维网纸制的其他物品］	5
461	54031000	粘胶纤维纺制的高强力纱	5
462	54033100	粘胶纤维纺制，未加捻或捻度每米不超过 120 转	5
463	54033200	粘胶纤维纺制，捻度每米超过 120 转	5
464	54034100	粘胶纤维纺制	5
465	54081000	粘胶纤维高强力纱的机织物	5
466	54082110	未漂白或漂白粘胶长丝机织物［按重量计粘胶纤维长丝、扁条或类似品含量≥85%］	5
467	54082210	染色的粘胶长丝机织物［按重量计粘胶纤维长丝、扁条或类似品含量≥85%］	5
468	54082310	色织的粘胶长丝机织物［按重量计粘胶纤维长丝、扁条或类似品含量≥85%］	5
469	54082410	印花的粘胶长丝机织物［按重量计粘胶纤维长丝、扁条或类似品含量≥85%］	5
470	55041000	粘胶纤维制	5
471	55151100	主要或公与粘胶纤维短纤混纺	5
472	59029000	粘胶纤维高强力纱制帘子布	5
473	61	第 61 章全章	11
474	62	第 62 章全章	11
475	64	第 64 章全章	11
476	65	第 65 章全章	11
477	66	第 66 章全章	11
478	67	第 67 章全章	11
479	68022120	经简单切削或锯开的石灰华及制品［具有一个平面］	5
480	68029190	其他已加工大理石及蜡石及制品［包括已加工石灰华及制品］	5
481	68029290	其他已加工石灰石及制品	5
482	68029390	其他已加工花岗岩及制品	5

续表

序　号	商品代码	商品名称	退税率调整为%
483	68029990	其他已加工的石及制品［不包括板岩及制品］	5
484	68030010	已加工板岩及板岩制品	5
485	68030090	粘聚板岩制品	5
486	68041000	碾磨或磨浆用石磨，石碾	5
487	68042100	其他石磨、石碾及砂轮［包括类似品。由粘聚合成或天然金刚石所制］	5
488	68042210	其他砂轮［由其他粘聚磨料或陶瓷所制］	5
489	68042290	其他石磨，石碾及类似品［由其他粘聚磨料或陶瓷所制］	5
490	68042310	天然石料制的砂轮	5
491	68042390	天然石料制其他石磨，石碾等［包括类似品］	5
492	68043010	手用琢磨油石	5
493	68043090	手用其他磨石及抛光石	5
494	68051000	砂布［不论是否裁切，缝合或用其他方法加工成型］	5
495	68052000	砂纸［不论是否裁切，缝合或用其他方法加工成型］	5
496	68053000	不以布或纸为底的砂纸类似品	5
497	68061000	矿渣棉，岩石棉及类似矿质棉［包括相互混合物），块状、成片或成卷	5
498	68080000	镶板，平板，瓦，砖及类似品［以水泥等矿物为材料将植物纤维，稻草，刨花等粘合而成］	5
499	68091100	未饰的石膏板，片，砖，瓦及类似品［包含以石膏为主成分的混合物制品用纸，纸板贴面或加强］	5
500	68091900	以其他材料贴面加强的未饰石膏板［含片，砖，瓦及类似品包含以石膏为主成分的混合物制品］	5
501	68099000	其他石膏制品［包括以石膏为主成分的混合材料制品］	5
502	68101100	水泥制建筑用砖及石砌块［包括混凝土或人造石制，不论是否加强］	5
503	68101910	人造石制砖，瓦，扁平石［含类似品，不论是否加强］	5
504	68101990	水泥或混凝土制其他砖，瓦，扁平石［含类似品，不论是否加强］	5
505	68109110	钢筋混凝土和预应力混凝土管等［包括杆、板、桩等，无论是否加强］	5
506	68109190	水泥制建筑或土木工程用预制构件［包括混凝土或人造石制，不论是否加强］	5
507	68109910	铁道用水泥枕	5
508	68109990	水泥，混凝土或人造石制其他制品	5
509	68114010	含石棉的瓦楞板	5
510	68114020	含石棉的片、办、砖、瓦及类似品	5
511	68114030	含石棉的管子及管子附件	5
512	68114090	含石棉的其他制品	5
513	68118100	不含石棉的瓦楞板	5

续表

序号	商品代码	商品名称	退税率调整为%
514	68118200	不含石棉的片、办、砖、瓦及类似品	5
515	68118300	不含石棉的管子及管子附件	5
516	68118900	不含石棉的其他制品	5
517	68128000	青石棉或青石棉混合物及其制品［包含服装、衣着附件、帽及鞋靴、毡子、接合纤维及其他青石棉制品］	5
518	68129100	其他石棉或石棉混合物制的服装［包含衣着附件、帽子及鞋靴］	5
519	68129200	其他石棉或石棉混合物制的纸、麻丝板［包含毡子］	5
520	68129300	成片或成卷的压缩石棉纤维接合材料［不含青石棉制品］	5
521	68129900	其他石棉或石棉混合物制品	5
522	68132010	含石棉的闸衬、闸垫［由石棉为基本成分的摩擦材料所制］	5
523	68132090	含石棉的摩擦料及其他用于制动等用途制品［摩擦料由石棉为主原料构成］	5
524	68138100	其他闸衬、闸垫［其他矿物或纤维素为基本成分的摩擦材料所制］	5
525	68138900	其他摩擦料及用于制动等用途制品［摩擦料由其他矿物或纤维素为主原料构成］	5
526	68141000	粘聚或复制云母制的板，片，带［不论是否附于其他材料上］	5
527	68149000	其他已加工的云母及其制品［包括粘聚或复制的云母及其他制品］	5
528	68159910	碳含量及其制品	5
529	69039000	其他耐火陶瓷制品	5
530	69041000	陶瓷制建筑用砖	5
531	69049000	陶瓷制铺地砖，支撑或填充用砖［包括类似品］	5
532	69051000	陶瓷制屋顶瓦	5
533	69059000	其他建筑用陶瓷制品［包括烟囱罩通风帽，烟囱衬壁，建筑装饰物］	5
534	69060000	陶瓷套管，导管，槽管及管子配件	5
535	6907100010	瓷砖，陶瓷等产品，未打磨上釉陶瓷［表面最宽 <7 厘米］	5
536	6907100090	未上釉的小陶瓷砖，瓦，块及类似品［小指最大表面积可置入边长 <7 厘米的方格为限］	5
537	69079000	未上釉的大陶瓷砖，瓦，块及类似品［大指最大表面积超过子目号 690710 所列规格的］	5
538	69081000	上釉的小陶瓷砖，瓦，块及类似品［小指最大表面积以可置入边长 <7 厘米的方格为限］	5
539	69089000	上釉的大陶瓷砖，瓦，块及类似品［大指最大表面积超过子目号 690810 所列规格的］	5
540	69091100	实验室，化学或其他技术用瓷器	9
541	69091200	摩氏硬度≥9 的技术用陶瓷器［实验室、化学或其他专门技术用途的］	9
542	69091900	其他实验室，化学用陶瓷器［包括其他技术用］	9

续表

序　号	商品代码	商品名称	退税率调整为%
543	69099000	农业，运输或盛装货物用陶瓷容器	5
544	69101000	瓷制脸盆，浴缸及类似卫生器具［包括洗涤槽，抽水马桶，小便池等］	5
545	69109000	陶制脸盆，浴缸及类似卫生器具［包括洗涤槽，抽水马桶，小便池等］	5
546	69111010	瓷餐具	5
547	69111020	瓷厨房器具	5
548	69119000	其他家用或盥洗用瓷器	5
549	69120010	陶餐具	5
550	69120090	陶制厨房器具［包括家用或盥洗用的］	5
551	69131000	瓷塑像及其他装饰用瓷制品	5
552	69139000	陶塑像及其他装饰用陶制品	5
553	69141000	其他瓷制品	5
554	69149000	其他陶制品	5
555	70	第 70 章全章	5
556	71	第 71 章除免税的商品外	5
557	73011000	钢铁板桩［不论是否钻孔、扎眼或组装］	5
558	73012000	焊接的钢铁角材、型材及异型材	5
559	73021000	钢轨	5
560	73023000	道岔尖轨、辙叉、尖轨拉杆［及其他叉道段体］	5
561	73024000	钢铁制鱼尾板、钢轨垫板	5
562	73029010	钢铁轨枕	5
563	73029090	其他铁道电车道铺轨用钢铁材料	5
564	73030010	内径＞500 毫米的铸铁圆型截面管	5
565	73030090	其他铸铁管及空心异型材	5
566	73043110	冷轧的钢铁制无缝锅炉管［冷拔或冷轧的铁或非合金钢制的，包括内螺纹］	5
567	73043120	冷轧的铁制无缝地质钻管、套管［冷拔或冷轧的铁或非合金钢制的］	5
568	73043190	其他冷轧的铁制无缝圆形截面管［冷拔或冷轧的铁或非合金钢制的］	5
569	73043910	非冷拔或冷轧的铁制无缝锅炉管	5
570	73043920	非冷轧的铁制无缝地质钻管套管［非冷拔或冷轧的铁或非合金钢制的］	5
571	73043990	非冷轧的铁制其他无缝管［非冷拔或冷轧的铁或非合金钢制的］	5
572	73044110	冷轧的不锈钢制无缝锅炉管［冷拔或冷轧的，包括内螺纹］	5
573	73044190	冷轧的不锈钢制的其他无缝管［冷拔或冷轧的］	5
574	73044910	非冷轧（拔）不锈钢制无缝锅炉管［包括内螺纹］	5
575	73044990	非冷轧的不锈钢制其他无缝管［冷拔或冷轧的除外］	5
576	73045110	冷轧的其他合金钢无缝锅炉管［冷拔或冷轧的，包括内螺纹］	5

续表

序号	商品代码	商品名称	退税率调整为%
577	73045120	冷轧的其他合金钢无缝地质钻套管［冷拔或冷轧的］	5
578	73045190	冷轧的其他合金钢制其他无缝管［冷拔或冷轧的］	5
579	73045910	非冷轧其他合金钢无缝锅炉管［非冷拔或冷轧的］	5
580	73045920	非冷轧其他合金钢无缝地质钻套管［冷拔或冷轧的除外］	5
581	73045990	非冷轧其他合金钢制无缝圆形截面［冷拔或冷轧的除外］	5
582	73049000	未列名无缝钢铁管及空心异型材［铸铁除外］	5
583	73071100	无可锻性铸铁制管子附件	5
584	73071900	可锻性铸铁及铸钢管子附件	5
585	73072100	不锈钢制法兰	5
586	73072200	不锈钢制螺纹肘管、弯管、管套	5
587	73072300	不锈钢制对焊件	5
588	73072900	不锈钢制其他管子附件	5
589	73079100	未列名钢铁制法兰［不锈钢除外］	5
590	73079200	未列名钢铁制螺纹肘管，弯管，管套［不锈钢除外］	5
591	73079300	未列名钢铁制对焊件［不锈钢除外］	5
592	73079900	未列名钢铁制其他管子附件［不锈钢除外］	5
593	73081000	钢铁制桥梁及桥梁体段	5
594	73082000	钢铁制塔楼及格构杆	5
595	73083000	钢铁制门窗及其框架、门槛	5
596	73084000	钢铁制脚手架模板坑凳用支柱及类	5
597	73089000	其他钢铁结构体及部件［包括结构体用的已加工钢板、型材、管子及类似品］	5
598	73090000	容积 >300 升钢铁制盛物容器［容积 >300 升的囤、柜、桶、罐、听及类似容器］	5
599	73101000	总容积大于 100 升不超过 300 升的容器［与所处理或盛放的化学品接触表面由特殊耐腐蚀材料制成］	5
600	73101000	其他容积 50 升 －300 升钢铁制盛物容器［容积 ≥50 升，≤300 升的钢铁柜、桶、罐、听及类似容器］	5
601	73102100	容积 <50 升焊边或卷边接合钢铁罐	5
602	73102900	其他容积 <50 升的盛物容器［容积 <50 升的钢铁柜、桶、罐、听及类似容器］	5
603	73110010	装压缩或液化气的钢铁容器［指零售包装用］	5
604	73110090	其他装压缩或液化气的容器［指非零售包装用］	5
605	73121000	非绝缘的钢铁绞股线、绳、缆	5
606	73129000	非绝缘钢铁编带、吊索及类似品	5
607	73130000	带刺钢铁丝、围篱用钢铁绞带［还包括单股扁丝及松绞的双股丝］	5
608	73141200	不锈钢制的机器环形带	5

续表

序　号	商品代码	商品名称	退税率调整为%
609	73141400	不锈钢制的其他机织品	5
610	73141900	其他钢丝制机织品	5
611	73142000	交点焊接的粗钢铁丝网、篱及格栅［其丝的最大截面尺寸≥3毫米，网眼尺寸≥100平方厘米］	5
612	73143100	交点焊接的镀或涂锌细钢铁丝网、篱及隔栅［其丝的最大截面尺寸<3毫米，网眼尺寸<100平方厘米］	5
613	73143900	交点焊接的其他细钢铁丝网、篱及隔栅［其丝的最大截面尺寸<3毫米，网眼尺寸<100平方厘米］	5
614	73144100	镀或涂锌的钢铁丝网、篱及格栅	5
615	73144200	涂塑的钢铁丝网、篱及格栅	5
616	73144900	其他钢铁丝网、篱及格栅	5
617	73145000	网眼钢铁板	5
618	73151110	自行车滚子链	5
619	73151120	摩托车滚子链	5
620	73151190	其他滚子链［自行车链、摩托车链除外］	5
621	73151200	其他铰接链［滚子链除外］	5
622	73151900	铰接链零件［包括自行车链摩托车链其他滚子链零件］	5
623	73152000	防滑链	5
624	73158100	日字环节链	5
625	73158200	其他焊接链［日字环节链除外］	5
626	73158900	未列名链	5
627	73159000	非铰接链零件	5
628	73160000	钢铁锚、多爪锚及其零件	5
629	73170000	铁钉、图钉、平头钉及类似品［不论钉头是否用其他材料制成，但不包括铜头钉］	5
630	73181100	方头螺钉	5
631	73181200	其他木螺钉	5
632	73181300	钩头螺钉及环头螺钉	5
633	73181400	自攻螺钉	5
634	73181500	其他螺钉及螺栓［不论是否带有螺母或垫圈］	5
635	73181600	螺母	5
636	73181900	未列名螺纹制品	5
637	73182100	弹簧垫圈及其他防松垫圈	5
638	73182200	其他垫圈	5
639	73182300	铆钉	5

续表

序　号	商品代码	商品名称	退税率调整为%
640	73182400	销及开尾销	5
641	73182900	其他无螺纹紧固件	5
642	73192000	安全别针	5
643	73193000	其他别针	5
644	73199000	未列名钢铁制针及类似品	5
645	73201010	铁道车辆用片簧及簧片	5
646	73201020	汽车用片簧及簧片	5
647	73201090	其他片簧及簧片	5
648	73202010	铁道车辆用螺旋弹簧	5
649	73202090	其他螺旋弹簧	5
650	73209010	铁道车辆用其他弹簧	5
651	73209090	其他弹簧	5
652	73211100	可使用气体燃料的家用炉灶	5
653	73211210	煤油炉	5
654	73211290	其他使用液体燃料的家用炉灶	5
655	73211900	其他炊事器具及加热板，包括使用固体燃料的	5
656	73218100	可使用气体燃料的其他家用器具	5
657	73218200	使用液体燃料的其他家用器具	5
658	73218900	其他器具，包括使用固体燃料的	5
659	73219000	非电热家用器具零件	5
660	73221100	非电热铸铁制集中供暖用散热器［包括零件］	5
661	73221900	非电热钢制集中供暖用散热器［包括零件］	5
662	73229000	非电热空气加热器、暖气分布器［包括零件］	5
663	73231000	钢铁丝绒、擦锅器、洗擦用块垫等	5
664	73239100	餐桌、厨房等家用铸铁制器具［包括零件、非搪瓷的］	5
665	73239200	餐桌、厨房等家用铸铁制搪瓷器［包括零件、已搪瓷的］	5
666	73239300	餐桌、厨房等家用不锈钢器具［包括零件、已搪瓷的］	5
667	73239410	面盆，钢铁制，已搪瓷［铸铁的除外］	5
668	73239420	烧锅，钢铁制，已搪瓷［铸铁的除外］	5
669	73239430	烧烤炉，钢铁制，已搪瓷［铸铁的除外］	5
670	73239490	其他餐桌、厨房等家用钢铁制搪器［铸铁除外］	5
671	73239900	其他餐桌、厨房等用钢铁器具	5
672	73241000	不锈钢制洗涤槽及脸盆	5
673	73242100	铸铁制浴缸［不论是否搪瓷］	5

续表

序　号	商品代码	商品名称	退税率调整为%
674	73242900	其他钢铁制浴缸［不论是否搪瓷］	5
675	73249000	其他钢铁制卫生器具及零件	5
676	73251010	工业用无可锻性铸铁制品	5
677	73251090	其他无可锻性铸铁制品	5
678	73259100	可锻性铸铁及铸钢研磨机的研磨球［包括其类似品］	5
679	73259910	工业用未列名可锻性铸铁制品［包括铸钢制品］	5
680	73259990	非工业用未列名可锻性铸铁制品［包括铸钢制品］	5
681	73261100	钢铁制研磨机用研磨球及类似品［经锻造或冲压后，未经进一步加工］	5
682	73261910	工业用未列名钢铁制品［经锻造或冲压后，未经进一步加工］	5
683	73261990	非工业用钢铁制品［经锻造或冲压后，未经进一步加工］	5
684	73262010	工业用钢铁丝制品	5
685	73262090	非工业用钢铁丝制品	5
686	73269010	其他工业用钢铁制品	5
687	73269090	其他非工业用钢铁制品	5
688	75012010	镍湿法冶炼中间品	5
689	75071100	纯镍管	5
690	75071200	合金镍管	5
691	75072000	镍及镍合金管子附件	5
692	75081010	镍丝制的布	5
693	75081080	工业用镍丝制的网及格栅	5
694	75081090	其他镍丝制的网及格栅	5
695	75089080	其他工业用镍制品［镍丝布、网及格栅除外］	5
696	75089090	其他非工业用镍制品［镍丝布、网及格栅除外］	5
697	78041100	铅片、带及厚度≤0.2毫米的箔［铅箔衬背厚度不受0.2毫米限制］	5
698	78041900	铅及铅合金板［包括>0.2毫米的箔］	5
699	78060010	铅及铅合金条、杆、丝、型材、异型材	5
700	78060090	其他铅制品	5
701	79040000	锌及锌合金条、杆、型材、丝	5
702	79050000	锌板、片、带、箔	5
703	79070020	锌管及锌制管子附件［例如：接头、肘管、管套］	5
704	79070030	电池壳体坯料（锌饼）	5
705	79070090	其他锌制品	5
706	80070030	锡箔，厚度（衬背除外）≤0.2毫米，锡粉及片状粉末［锡箔不论是否印花或用纸、纸板、塑料或类似材料衬背］	5

续表

序　号	商品代码	商品名称	退税率调整为%
707	80070090	其他锡制品	5
708	81019600	钨丝	5
709	81019990	其他钨制品	5
710	81029500	锻轧钼条、杆、型材［不包括简单烧结的条、杆］	5
711	81029600	钼丝	5
712	81029900	钼制品	5
713	8103900010	钽坩埚［容积在 50 毫升至 2 升之间、钽纯度≥98%］	5
714	8103900090	其他锻轧钽及其制品	5
715	81049010	锻轧镁	5
716	8104902010	镁金属基复合材料［包括各种结构件和制品、各种预成形件，其中增强材料的比拉伸强度大于 7.62×104 米和比模量大于 3.18×106 米］	5
717	8104902090	其他镁制品	5
718	81059000	其他钴及制品	5
719	8106009010	高纯度铋及铋制品［纯度≥99.99%，含银量低于十万分之一］	5
720	8106009090	其他铋及铋制品	5
721	81079000	其他镉及镉制品	5
722	8108901010	钛合金，实心圆柱体，包括锻件［20℃下极限抗拉强度≥900MPa，外径超过 75 毫米］	5
723	8108901020	钛金属基复合材料的条，杆，型材及异型材［其中增强材料的比拉伸强度大于 7.62×104 米和比模量大于 3.18×107 米］	5
724	8108901090	其他钛条、杆、型材及异型材	5
725	81089020	钛丝	5
726	81089031	厚度≤0.8 毫米钛板、片、带、箔	5
727	8108903210	钛金属基复合材料的板，片，带，箔［其中增强材料的比拉伸强度大于 7.62×104 米和比模量大于 3.18×107 米，厚度大于 0.8 毫米］	5
728	8108903290	其他厚度>0.8 毫米钛板、片、带、箔	5
729	8108904010	钛合金管［20℃下极限抗拉强度≥900MPa，外径>75 毫米］	5
730	8108904090	其他钛管	5
731	81089090	其他钛及钛制品	5
732	8109900010	锆管［铪与锆重量比低于 1∶500 的锆金属和合金的管或组件］	5
733	8109900090	其他锻轧锆及锆制品	5
734	81110090	其他锰及制品	5
735	81121900	其他铍及其制品	5
736	81122900	其他铬及其制品	5

续表

序　号	商品代码	商品名称	退税率调整为%
737	81125900	其他铊及其制品	5
738	8112922001	未锻轧钒氮合金	5
739	81129910	其他锗及其制品	5
740	8112992001	其他钒氮合金	5
741	8112992090	其他钒及其制品	5
742	82	第 82 章全章	5
743	83	第 83 章全章（税号 83012010 除外）	5
744	84073100	气缸容量≤50 毫升往复式活塞发动机	9
745	8408209090	功率＜132.39 千瓦其他柴油机	9
746	84089091	功率≤14 千瓦	9
747	84132000	手泵［但编号 841311 或 841319 的货品除外］	9
748	84137090	其他离心泵［转速在 10000 转/分以下］	9
749	84138100	泵	9
750	84139100	泵用零件	9
751	84139200	液体提升机用零件	9
752	84145110	功率≤125 瓦的吊扇［本身装有一个输出功率不超过 125 瓦的电动机］	9
753	84145120	其他功率≤125 瓦的换气扇［装有一输出功率≤125 瓦电动机］	9
754	84145130	功率≤125 瓦有旋转导风轮的风扇［本身装有一个输出功率不超过 125 瓦的电动机］	9
755	84145191	功率≤125 瓦的台扇［本身装有一个输出功率不超过 125 瓦的电动机］	9
756	84145192	功率≤125 瓦的落地扇［本身装有一个输出功率不超过 125 瓦的电动机］	9
757	84145193	功率≤125 瓦的壁扇［本身装有一个输出功率不超过 125 瓦的电动机］	9
758	84145199	其他功率≤125 瓦其他风机、风扇［本身装有一个输出功率不超过 125 瓦的电动机］	9
759	8414591000	其他吊扇［电动机输出功率超过 125 瓦的］	9
760	8414592000	其他换气扇［电动机输出功率超过 125 瓦的］	9
761	8414593000	其他离心通风机	9
762	8414599010	罗茨式鼓风机	9
763	8414599020	吸气＞1 立方米/分钟的耐 UF6 腐蚀的鼓风机［轴向离心式或正排量鼓风机，压力比在 2∶1 和 6∶1 之间］	9
764	8414599030	吸气≥2 立方米/分钟的耐 UF6 腐蚀鼓风机［轴向离心式或正排量鼓风机，压力比在 1.2∶1 和 6∶1 之间］	9
765	8414599040	吸气≥56 立方米/秒的鼓风机［用于循环硫化氢气体的单级、低压头离心式鼓风机］	9
766	8414599050	电子产品散热用轴流换气扇	9
767	84149019	84143011—3014 及 84143090 的零件［指 84143011－3014 及 84143090 所列机器的其他零件］	9

续表

序　号	商品代码	商品名称	退税率调整为%
768	84149020	84145110 至 84145199 所列零件	9
769	84521010	多功能家用型缝纫机	9
770	84521090	其他家用型缝纫机	9
771	84522110	非家用自动平缝机	9
772	84522190	非家用自动缝纫机	9
773	84522900	其他非自动缝纫机［家用型除外］	9
774	84523000	缝纫机针	9
775	84524000	缝纫机专用特制家具及其零件［包括缝纫机的底座和罩盖］	9
776	84529011	家用缝纫机用旋梭	9
777	84529019	家用缝纫机用其他零件［旋梭除外］	9
778	84529091	非家用缝纫机用旋梭	9
779	84529099	非家用缝纫机用其他零件［旋梭除外］	9
780	84612010	切削金属或金属陶瓷的牛头刨床	11
781	84612020	切削金属或金属陶瓷的插床	11
782	84613000	切削金属或金属陶瓷的拉床	11
783	8461500010	辐照元件刀具切割机［切割燃料包壳以使辐照核材料能溶解（含遥控设备）］	11
784	8461500090	其他锯床或切断机	11
785	84619011	切削金属或金属陶瓷的龙门刨床	11
786	84619019	切削金属或金属陶瓷的其他刨床	11
787	84619090	切削金属或金属陶瓷的未列名机床	11
788	84671100	旋转式手提风动工具［包括旋转冲击式的］	9
789	84671900	其他手提式风动工具	9
790	84672100	手提式电动钻	9
791	84672210	手提式电动链锯	9
792	84672290	其他手提式电锯	9
793	84672910	手提式电动砂磨工具	9
794	84672920	手提式电刨	9
795	84672990	其他手提式电动工具	9
796	84678100	手提式液压或其他动力链锯［电动和风动的除外］	9
797	84678900	其他手提式液压或其他动力工具［电动和风动的除外］	9
798	84679190	子目 846781 的链锯用的零件	9
799	84679200	风动的工具零件	9
800	84679990	其他手提式动力工具用的零件	9
801	84749000	编号 8474 所列机器的零件	9

续表

序　号	商品代码	商品名称	退税率调整为%
802	84818090	未列名龙头、旋塞及类似装置［用于管道、锅炉、罐、桶或类似品的］	9
803	84819010	阀门用零件［用于管道、锅炉、罐、桶或类似品的］	9
804	84819090	龙头，旋塞及类似装置的零件［用于管道、锅炉、罐、桶或类似品的］	9
805	85149090	工业用电阻加热炉及烘箱等零件［指编号 8514 所列货品的零件］	9
806	85151100	钎焊机器及装置用烙铁及焊枪	9
807	85151900	其他钎焊机器及装置	9
808	85366100	电压≤1000 伏的灯座［用于电压不超过 1000 伏的线路］	9
809	85366900	电压≤1000 伏的插头及插座［用于电压不超过 1000 伏的线路］	9
810	85381090	编号 8537 货品用的其他盘，板等［未装有开关装置］	9
811	85389000	编号 8535，8536，8537 装置的零件［专用于或主要用于］	9
812	85444219	额定电压≤80 伏有接头电导体	
813	85444229	1000 伏≥耐压>80 伏有接头电导体［指额定电压超过 80 伏，但不超过 1000 伏］	9
814	85444919	额定电压≤80 伏其他电导体	9
815	85444929	80 伏≤额定电压≤1000 伏其他电导体	9
816	87031011	全地形车	9
817	87031019	高尔夫球车及其他类似车	9
818	87031090	其他，雪地行走专用车	9
819	87082930	机动车辆用车窗玻璃升降器	9
820	8711100010	微马力摩托车及脚踏两用车［装有往复式活塞发动机，微马力指排气量=50cc］	9
821	87111000101	不征消费税的微马力摩托车及脚踏两用车	9
822	87111000102	征消费税的微马力摩托车及脚踏两用车	9
823	8711100090	微马力摩托车及脚踏两用车［装有往复式活塞发动机，微马力指排气量<50cc］	9
824	87111000901	不征消费税的微马力摩托车及脚踏两用车	9
825	87111000902	征消费税的微马力摩托车及脚踏两用车	9
826	8711201000	50<排量≤100 毫升装往复式活塞内燃发动机摩托车及脚踏两用车	9
827	87112010001	不征消费税的 50<排量≤100 毫升装往复式活塞内燃发动机摩托车及脚踏两用车	9
828	87112010002	征消费税的 50<排量≤100 毫升装往复式活塞内燃发动机摩托车	9
829	8711202000	100<排量≤125 毫升装往复式活塞内燃发动机摩托车及脚踏两用车	9
830	87112020001	不征消费税的 100<排量≤125 毫升装往复式活塞内燃发动机摩托车及脚踏两用车	9
831	87112020002	征消费税的 100<排量≤125 毫升装往复式活塞内燃发动机摩托车	9
832	8711203000	125<排量≤150 毫升装往复式活塞内燃发动机摩托车及脚踏两用车	9
833	87112030001	不征消费税的 125<排量≤150 毫升装往复式活塞内燃发动机摩托车及脚踏两用车	9
834	87112030002	征消费税的 125<排量≤150 毫升装往复式活塞内燃发动机摩托车	9
835	8711204000	150<排量≤200 毫升装往复式活塞内燃发动机摩托车及脚踏两用车	9

续表

序　号	商品代码	商品名称	退税率调整为%
836	87112040001	不征消费税的 150 < 排量≤200 毫升装往复式活塞内燃发动机摩托车及脚踏两用车	9
837	87112040002	征消费税的 150 < 排量≤200 毫升装往复式活塞内燃发动机摩托车	9
838	8711205000	200 < 排量≤250 毫升装往复式活塞内燃发动机摩托车及脚踏两用车	9
839	87112050001	不征消费税的 200 < 排量≤250 毫升装往复式活塞内燃发动机摩托车及脚踏两用车	9
840	87112050002	征消费税的 200 < 排量≤250 毫升装往复式活塞内燃发动机摩托车	9
841	8711301000	250 < 排量≤400 毫升装往复式活塞内燃发动机摩托车及脚踏两用车	9
842	87113010001	不征消费税的 250 < 排量≤400 毫升装往复式活塞内燃发动机摩托车及脚踏两用车	9
843	87113010002	征消费税的 250 < 排量≤400 毫升装往复式活塞内燃发动机摩托车	9
844	8711302000	400 < 排量≤500 毫升装往复式活塞内燃发动机摩托车及脚踏两用车	9
845	87113020001	不征消费税的 400 < 排量≤500 毫升装往复式活塞内燃发动机摩托车及脚踏两用车	9
846	87113020002	征消费税的 400 < 排量≤500 毫升装往复式活塞内燃发动机摩托车	9
847	8711400000	500 < 排量≤800 毫升装往复式活塞内燃发动机摩托车及脚踏两用车	9
848	87114000001	不征消费税的 500 < 排量≤800 毫升装往复式活塞内燃发动机摩托车及脚踏两用车	9
849	87114000002	征消费税的 500 < 排量≤800 毫升装往复式活塞内燃发动机摩托车	9
850	8711500000	800 毫升 < 排量装往复式活塞内燃发动机摩托车及脚踏两用车	9
851	87115000001	不征消费税的 800 毫升 < 排量装往复式活塞内燃发动机摩托车及脚踏两用车	9
852	87115000002	征消费税的 800 毫升 < 排量装往复式活塞内燃发动机摩托车及脚踏两用车	9
853	8711901010	电动自行车	9
854	8711901090	其他电动及电动助力的摩托车及边车［包括机器脚踏两用车；脚踏车］	9
855	87119010901	不征消费税的其他电动及电动助力的摩托车及边车	9
856	87119010902	征消费税的其他电动及电动助力的摩托车及边车	9
857	8711909001	排汽量≤250 毫升摩拖车及脚踏两用车［6AB］	9
858	87119090011	不征消费税的排汽量≤250 毫升摩拖车及脚踏两用车［6AB］	9
859	87119090012	征消费税的排汽量≤250 毫升摩拖车及脚踏两用车［6AB］	9
860	8711909002	排汽量 > 250 毫升摩托车及脚踏两用车［6AB］	9
861	87119090021	不征消费税的排汽量 > 250 毫升摩托车及脚踏两用车［6AB］	9
862	87119090022	征消费税的排汽量 > 250 毫升摩托车及脚踏两用车［6AB］	9
863	8711909009	其他无法区分排汽量的摩托车及脚踏两用车	9
864	87119090091	不征消费税的其他无法区分排汽量的摩托车及脚踏两用车	9
865	87119090092	征消费税的其他无法区分排汽量的摩托车及脚踏两用车	9
866	8711909090	装有其他辅助发动机的脚踏车及边车	9
867	87120020	竞赛型自行车	9
868	87120030	山地自行车	9
869	87120041	16、18、20 英寸越野自行车	9

续表

序　号	商品代码	商品名称	退税率调整为%
870	87120049	其他越野自行车［包括运货三轮车］	9
871	8712008110	12—16 英寸的未列名自行车	9
872	8712008190	11 英寸及以下的未列名自行车	9
873	87120089	其他未列名自行车	9
874	87120090	其他非机动脚踏车	9
875	87131000	非机械驱动的残疾人用车	9
876	87139000	其他机动残疾人用车	9
877	87141100	摩托车及机动脚踏两用车用鞍座	9
878	8714190010	摩托车架	9
879	8714190090	摩托车其他零件、附件［包括机动脚踏两用车的零件、附件］	9
880	87142000	残疾人车辆用零件、附件	9
881	87149100	非机动脚踏车车架、轮叉及其零件	9
882	87149200	非机动脚踏车轮圈及辐条	9
883	87149310	非机动脚踏车等的轮毂［倒轮制动毂及毂闸除外］	9
884	87149320	非机动脚踏车等的飞轮［倒轮制动毂及毂闸除外］	9
885	87149390	非机动脚踏车等的链轮［倒轮制动毂及毂闸除外］	9
886	87149400	非机动脚踏车等的制动器及其零件［包括倒轮制动鼓及鼓闸］	9
887	87149500	非机动脚踏车等的鞍座	9
888	87149610	非机动脚踏车等的脚蹬及其零件［包括零件］	9
889	87149620	非机动脚踏车等的曲柄链轮及零件［包括零件］	9
890	87149900	非机动脚踏车等的其他零件、附件	9
891	87150000	婴孩车及其零件	9
892	87161000	供居住或野营用厢式挂车及半挂车	9
893	87162000	农用自装或自卸式挂车及半挂车	9
894	87163110	油罐挂车及半挂车	9
895	87163190	其他罐式挂车及半挂车	9
896	87163910	货柜挂车及半挂车	9
897	87163990	其他货运挂车及半挂车	9
898	87164000	其他未列名挂车及半挂车	9
899	87168000	其他未列名非机械驱动车辆	9
900	87169000	挂车、半挂车及非机动车用零件	9
901	9101 至 9114	第 91 章全章	11
902	94011000	飞机用坐具	11
903	94012010	皮革或再生皮革面的机动车辆用坐具	11

续表

序号	商品代码	商品名称	退税率调整为%
904	94012090	其他机动车辆用坐具	11
905	94013000	可调高度的转动坐具	11
906	94014010	皮革或再生皮革面的能作床用的两用椅［但庭园坐具或野营设备除外］	11
907	94014090	其他能作床用的两用椅［但庭园坐具或野营设备除外］	11
908	94015100	竹制或藤制的坐具	11
909	94015900	柳条及类似材料制的坐具	11
910	94016110	皮革或再生皮革面的装软垫的木框架的其他坐具	11
911	94016190	其他装软垫的木框架的坐具	11
912	94016900	其他木框架的坐具［不包括编号 94011000－94015000 的坐具］	11
913	94017110	皮革或再生皮革面的装软垫的金属框架的坐具	11
914	94017190	其他装软垫的金属框架的坐具	11
915	94017900	其他金属框架的坐具［不包括编号 94011000－94015000 的坐具］	11
916	94018010	石制的其他坐具	11
917	94018090	其他坐具	11
918	94019011	机动车辆用座椅调角器	11
919	94019019	机动车辆用其他座具零件	11
920	94019090	其他座具的零件	11
921	94021010	理发用椅及其零件	11
922	94021090	牙科及类似用途的椅及其零件	11
923	94029000	其他医疗，外科，兽医用家具及零件［如手术台、检查台、带机械装置的病床等］	11
924	94031000	办公室用金属家具	9
925	94032000	其他金属家具	9
926	9403300090	其他办公室用木家具	9
927	9403400090	其他厨房用木家具	9
928	9403501090	其他卧室用红木制家具	9
929	94035091	卧室用漆木家具	9
930	9403509990	卧室用其他木家具	9
931	9403601090	其他红木制家具［非卧室用］	9
932	94036091	其他漆木家具［非卧室用］	9
933	9403609990	其他木家具［非卧室用］	9
934	94037000	塑料家具	9
935	94038100	竹制或藤制的家具	9
936	94038910	柳条及类似材料制的家具	9
937	94038920	石制的家具	11

续表

序　号	商品代码	商品名称	退税率调整为%
938	94038990	其他材料制的家具	9
939	9403900010	飞机内厨房家具零件	9
940	9403900090	其他编号 9403 所列物品的零件	9
941	9404100000	弹簧床垫	11
942	9404210010	蔺草包面的垫子［单件面积大于 1 平方米，无论是否包边］	11
943	9404210090	海绵橡胶或泡沫塑料制褥垫［不论是否包面］	11
944	94042900	其他材料制褥垫	11
945	9404301090	其他羽毛或羽绒填充的睡袋	11
946	9404309000	其他睡袋	11
947	9404901090	其他羽绒和羽毛填充的其他寝具［含类似品］	11
948	9404902090	其他兽毛填充的其他寝具［含类似品］	11
949	94049030	丝棉填充的其他寝具及类似品	11
950	94049040	化纤棉填充的其他寝具及类似品	11
951	94049090	其他寝具及类似品	11
952	94051000	枝形吊灯［包括天花板或墙壁上的照明装置，但露天或街道上的除外］	11
953	94052000	电气台灯、床头灯、落地灯	11
954	94053000	圣诞树用的成套灯具	11
955	94054010	探照灯	11
956	94054020	聚光灯	11
957	94054090	其他电灯及照明装置	11
958	94055000	非电气灯具及照明装置	11
959	94056000	发光标志、发光铭牌及类似品	11
960	94059100	编号 9405 所列物品的玻璃制零件	11
961	94059200	编号 9405 所列物品的塑料制零件	11
962	94059900	编号 9405 所列物品其他材料制零件	11
963	9406000010	用动植物材料制作的活动房屋	11
964	9406000020	带有风扇的高效空气粒子过滤单元（HEPA）的封闭洁净室	11
965	9406000090	其他活动房屋	11
966	9503 至 9508	第 95 章全章	11
967	9601100090	其他已加工的兽牙及其制品	11
968	9601900090	其他已加工动物质雕刻料及其制品［指已加工的骨、玳瑁壳、角、鹿角、珊瑚、珍珠母等］	11
969	96020010	装药用胶囊	11

续表

序　号	商品代码	商品名称	退税率调整为%
970	96020090	已加工植物或矿物质雕刻料及制品［指已加工的，包括蜡、硬脂、天然树胶、脂制模塑或雕刻］	11
971	96031000	用枝条或其他植物材料捆扎成的帚［包括刷，不论是否有把］	11
972	96032100	牙刷［包括齿板刷］	11
973	9603290010	野生动物毛制剃须刷，发刷［包括睫毛刷等人体化妆刷］	11
974	9603290090	剃须刷，发刷，睫毛刷等人体化妆刷［包括作为器具零件的编号 960329 所属的刷］	11
975	9603301090	其他画笔	11
976	9603302090	其他毛笔	11
977	9603309090	其他化妆用的类似笔	11
978	96034011	猪鬃制漆刷及类似品	11
979	96034019	其他材料制漆刷及类似刷	11
980	96034020	油漆块垫及滚筒	11
981	96035011	作为机器、器具零件的金属丝刷	11
982	96035019	作为车辆零件的金属丝刷	11
983	9603509190	其他作为机器、器具零件的其他刷	11
984	9603509990	其他作为车辆零件的其他刷	11
985	9603901090	其他羽毛掸	11
986	9603909020	其他动植物材料制帚，刷，拖把等［包括动植物材料制非机动的手工操作地板清扫器、毛掸］	11
987	9603909090	其他材料制帚，刷，拖把及毛掸［包括其他材料制非机动的手工操作地板清扫器等］	11
988	96040000	手用粗筛、细筛	11
989	96050000	个人梳妆、缝纫等用成套旅行用品［包括清洁鞋靴、衣服用的］	11
990	96061000	揿扣及其零件	11
991	96062100	塑料制钮扣［未用纺织材料包裹的］	11
992	96062200	金属制钮扣［未用纺织材料包裹的］	11
993	96062900	其他钮扣	11
994	96063000	钮扣芯及钮扣的其他零件［包括钮扣坯］	11
995	96071100	装有贱金属齿的拉链	11
996	96071900	其他拉链	11
997	96072000	拉链零件	11
998	96081000	圆珠笔	11
999	96082000	毡尖和其他渗水式笔尖笔及唛头笔	11
1000	96083100	墨汁画笔	11

续表

序 号	商品代码	商品名称	退税率调整为%
1001	96083910	自来水笔	11
1002	96083990	其他钢笔	11
1003	96084000	活动铅笔	11
1004	96085000	含有两种笔及以上的成套货品［指编号 9608 所列的各种笔］	11
1005	96086000	圆珠笔芯［指由圆珠笔头和墨芯构成］	11
1006	96089100	钢笔头及笔尖粒	11
1007	96089910	机器、仪器用笔	11
1008	96089920	蜡纸铁笔，钢笔杆，铅笔杆等［包括类似笔杆，但编号 9609 的货品除外］	11
1009	96089990	其他笔零件［包括笔帽、笔夹，但编号 9609 的货品除外］	11
1010	96091010	铅笔	11
1011	96091020	颜色铅笔	11
1012	96092000	铅笔芯，黑的或其他颜色的	11
1013	96099000	蜡笔，图画碳笔，书写或绘画用粉笔［包括裁缝划笔］	11
1014	96100000	具有书写或绘画面的石板、黑板［包括类似板，不论是否镶框］	11
1015	9611000090	手用日期戳、封缄戳及类似印戳［包括编号戳，标签压印器；手工排字盘及带有字盘的手印器］	11
1016	96121000	打字机色带或类似色带［已上油或经其他方法处理能着色的，不论是否装轴或装盒］	11
1017	96122000	印台［不论是否已加印油或带盒子］	11
1018	9614001020	用植物性材料制作的烟斗及烟斗头	11
1019	9614001090	其他烟斗及烟斗头	11
1020	9614009010	含野生动物成分的烟嘴及其零件［仅指野生哺乳类牙齿制产品］	11
1021	9614009090	其他烟嘴及其零件	11
1022	96151100	硬质橡胶、塑料制梳子、发夹等［包括其他类似品］	11
1023	9615190020	用其他动植物材料制的梳子［包括角质发夹等，金属、塑料及家畜来源的产品除外］	11
1024	9615190090	其他材料制梳子、角质发夹等［包括类似品，但橡胶、塑料制的除外］	11
1025	96159000	其他发夹、卷发器等及其零件［包括卷发针、卷发夹等，但编号 8516 的货品除外］	11
1026	96161000	香水喷雾器或类似的化妆用喷雾器［包括座架、喷头］	11
1027	96162000	施敷脂粉或化妆品用粉扑及粉拍	11
1028	96170010	保温瓶及零件［玻璃胆除外］	11
1029	96170090	其他真空容器及零件［玻璃胆除外］	11
1030	9618000010	用植物性材料制作的人体模型	11
1031	9618000090	裁缝用其他人体模型［包括橱窗装饰用的自动模型及其他活动陈列品］	11

附件3：

改为免税的商品清单

序　号	商品代码	商品名称	退税率调整为
1	12021010	种用未去壳花生［指未焙炒或未烹煮的］	免税
2	12021090	其他未去壳花生［指未焙炒或未烹煮的］	免税
3	12022000	去壳花生［未焙炒或未烹煮的，不论是否破碎］	免税
4	97011010	手绘油画、粉画及其他画的原件［但手工绘制及手工描饰的制品或编号4906的图纸除外］	免税
5	97011020	手绘油画、粉画及其他画的复制品［但手工绘制及手工描饰的制品或编号4906的图纸除外］	免税
6	9701900020	用其他动植物材料制作的拼贴画［包括类似装饰板，指一切缘自野生动物的产品］	免税
7	9701900090	其他拼贴画及类似装饰板	免税
8	97020000	雕版画、印制画、石印画的原本	免税
9	9703000090	其他各种材料制的雕塑品原件	免税
10	97040010	邮票［指使用过的或虽未使用过但不是指运国流通及新发行的］	免税
11	97040090	印花税票及类似票证等［指使用过的或虽未使用过但不是指运国流通及新发行的］	免税

财政部、国家税务总局
关于调低部分商品出口退税率的补充通知

财税［2007］97号　2007年7月10日

各省、自治区、直辖市、计划单列市财政厅（局）、国家税务局：

《财政部、国家税务总局关于调低部分商品出口退税率的通知》（财税［2007］90号）印发后，陆续接到部分地区来函，要求明确个别商品出口退税率以及长期对外承包工程合同项下的出口设备和建材的执行范围问题。现将有关事项补充通知如下：

一、根据财税［2007］90号文件第一条第1项规定，取消商品代码为2932999091、3922200010和4412101911的出口退税。

根据财税［2007］90号文件第一条第2项规定，取消盐的出口退税，具体商品代码为25010011、25010019和25010020。

根据财税［2007］90号文件第二条第11项规定，将回转炉、焦炉、订书机的出口退税率调整为9%，具体商品代码为84178010、84178030、84179010、84179020和84729022。

二、财税［2007］90号文件的附件2“调低出口退税的商品清单”中所列商品均不包括附件1和附件3中所列商品及此前已取消退税或实行免税的商品并做如下调整：

（一）将序号为58、商品代码为2906的“环醇及其卤化、磺化、硝化或亚硝化衍生物（除29061100、29061990）”的出口退税率调整为5%。

（二）将序号为297、商品代码为“3901至3926”的商品名称调整为“第39章除税号3909301000外”。

（三）将序号为812、商品代码为“85444219”的“额定电压≤80伏有接头电导体”的出口退税率调整为9%。

三、财税［2007］90号文件第四条第三款规定中的“长期对外承包工程”、“设备”和“建材”的具体范围如下：

（一）“长期对外承包工程”是指工程施工建设周期在一年及以上的对外承包工程项目。

（二）“设备”是指进出口税则中第84章、第85章和第87章所涉及的商品。

（三）“建材”是指进出口税则中的下列商品：第25章中商品代码为“2523”项下的水泥，第44章的木材、地板、门窗等建筑用木工制品，第39章中商品代码为“3917”至“3918”项下的塑料管和塑料制墙品等，第68章的石材、水泥制品、石棉制品，第69章的陶瓷砖、套管、瓦、陶瓷卫生用具等，第73章的钢铁制品，第76章中商品代码为“7604”至“7605”项下的铝型材、铝丝。

四、外国驻华使（领）馆及其外交代表购买中国产物品和劳务、外商投资企业采购符合退税条件的国产设备以及利用外国政府和国际金融组织贷款采用国际招标方式国内企业中标的机电产品或外国企业中标再分包给国内企业供应的机电产品，仍按原退税率执行。

特此通知。

抄送：国务院办公厅、发展改革委、商务部、海关总署，财政部驻各省、自治区、直辖市、计划单列市财政监察专员办事处

海关总署公告 2007年第38号
关于对部分铝产品进出口关税税率进行调整

2007年7月24日

经国务院批准，自2007年8月1日起至12月31日止，对部分铝产品进出口关税税率进行调整。现将有关事项公告如下：

一、以暂定税率形式，将税号76011090项下的未锻轧非合金铝的进口关税税率由5%下调至0%。

二、对非铝合金制铝条、杆（税号：ex76041000）开征出口暂定关税，暂定关税税率为15%。

特此公告。

国家外汇管理局
关于印发《保税监管区域外汇管理办法》的通知

汇发［2007］52号　2007年8月15日

国家外汇管理局各省、自治区、直辖市分局、外汇管理部，深圳、大连、青岛、厦门、宁波市分局：

为适应保税监管区域功能进一步拓展和转型的需要，便利区内企业贸易投资，经商国家税务总局和海关总署，总局制定了《保税监管区域外汇管理办法》（见附件，以下简称《办法》）。《办法》整合了现行适用于不同保税监管区域的多项外汇管理政策，在继续保持部分优惠政策的同时，调整了购汇、结汇等保税监管区域内外不尽一致的政策内容，并进一步简化了对外支付审核程序。现将《办法》印发你们，请贯彻执行，并就出口加工区企业外汇账户问题明确如下：

一、已开立外汇账户的出口加工区企业，应当在《办法》生效前，经国家外汇管理局分支局（以下简称外汇局）批准，按《办法》规定调整账户性质和个数。原外汇账户内资金按企业申报性质，经外汇局审核后分别划至新开立的对应外汇账户。外汇局在审核企业申报的资金性质时，要结合企业资本金、外债、境内外汇贷款等结汇情况，准确把握企业资金性质，避免混淆。

二、各分局、外汇管理部接到《办法》后，要及时转发辖内支局和各类保税监管区域管理机构以及银行、企业等。执行中如遇问题，请及时向国家外汇管理局综合司反馈。联系人：荆琴、徐卫刚，联系电话：68402429、68402238，传真：68402430。

附件1：

保税监管区域外汇管理办法

第一条　为了完善保税监管区域外汇管理，促进保税监管区域健康发展，根据《中华人民共和国外汇管理条例》及其他相关法律、法规，制定本办法。

第二条　本办法所称保税监管区域（以下简称区内）包括保税区、出口加工区、保税物流园区、保税港区以及综合保税区、跨境工业区等海关实行封闭监管的特定区域。

第三条　国家外汇管理局及其分支机构（以下简称外汇局）依法对区内机构外汇账户、外汇收支、购汇及结汇等实施监督和管理。区内机构包括区内行政管理、企业、事业单位及其他经济组织等。

第四条　区内企业领取工商营业执照后，

应当按规定到所在地外汇局统一办理外汇登记手续。区内企业办理外汇收支业务，应当出示外汇登记证明，凭规定的有效凭证及商业单据办理。

第五条 区内与境外之间的经济往来，除另有规定外，应当以外币计价结算。区内与境内保税监管区域外（以下简称境内区外）之间货物贸易项下交易，可以以人民币计价结算，也可以以外币计价结算；货物贸易项下从属费用计价结算币种按商业惯例办理；服务贸易项下交易应当以人民币计价结算。区内机构之间的交易，可以以人民币计价结算，也可以以外币计价结算；区内行政管理机构的各项规费应当以人民币计价结算。

第六条 区内与境外之间的资金收付，区内机构均应当按照规定进行国际收支统计申报；区内与境内区外之间的资金收付，区内、境内区外机构无需进行国际收支统计申报。

第七条 区内企业按照境内区外外汇管理规定开立、使用和关闭外汇账户。区内企业外汇账户统一纳入外汇账户管理信息系统进行管理。

第八条 区内企业货物贸易外汇收支，根据货物保税状态对应的海关监管方式，实施不同外汇管理政策。在商务主管部门办理对外贸易经营权备案登记后从事货物贸易经营活动的区内企业，应当按境内区外相关规定到所在地外汇局办理“对外付汇进口单位名录”和出口收汇核销备案登记手续。

第九条 区内企业向境外或者境内区外支付货款，有下列形式之一的，应当持证明交易合法、真实的有效凭证和商业单据到银行办理。

（一）直接从境外进口，或者从区内或者境内区外购买境外企业的货物，可以从外汇账户或购汇对境外支付。

（二）与境外签订出口合同，货物由境内区外企业报关出境，境外货款可以由区内企业收汇后原币向境内区外企业划转。

（三）从境内区外企业购买货物，可以直接向其支付，银行按照规定为境内区外企业办理结汇或入账手续。

（四）其他向境外或者境内区外的支付。

“对外付汇进口单位名录”上的区内企业异地支付货款，应当按规定办理进口付汇备案手续。

第十条 区内企业对境外支付货款，除本办法另有规定外，无须办理进口付汇核销。

区内企业凭进口货物报关单向境外支付或者凭进境备案清单购汇向境外支付的，付汇银行应当按规定办理电子底账核注、结案等手续。区内企业采取货到付款以外方式购汇对境外支付货款的，应在规定时间内向付汇银行提供进口货物报关单或者进境备案清单正本，银行按前款规定办理相应手续。未在规定时间内提供的，付汇银行应于每季度结束之日 3 个工作日内将区内企业名单上报所在地外汇局，由所在地外汇局逐笔审核外汇收支真实性。

第十一条 区内企业向境外出口货物，在海关办理保税货物出境备案的，收汇后无需办理出口收汇核销；在海关办理非保税货物出口报关的，区内企业应当按照境内区外相关规定到外汇局办理出口收汇核销。

第十二条 区内企业之间的交易，应当持合同或协议、发票等证明交易合法、真实的有效凭证和商业单据，以人民币或者从其银行外汇账户中支付。

第十三条 境内区外企业购买区内货物，凭有效凭证和商业单据可以向区内企业支付，可以直接向境外支付，也可以向其他境内区外货权企业支付。境内区外货权企业收到前述境内区外企业的外汇后，按规定凭入账通知或者结汇水单等凭证办理核销手续。

第十四条 区内企业经常项目外汇收入结汇和服务贸易项下购付汇，按照境内区外相关规定办理。

第十五条 区内机构资本项目项下外汇交易，按照境内区外相关外汇管理规定办理。外方投资者因区内机构清算所得资产，经外汇局核准后可以汇出境外或者境内再投资；中方投资者所得资产，应当及时调回境内区外按相关规定办理。

第十六条 银行为区内企业办理购汇或者结汇手续后，应当在外汇登记证明相应栏目中签注并按规定留存有关凭证和商业单据备查。

第十七条 外汇局定期或者不定期对银行和其他区内机构的外汇收支和外汇经营情况进行监督检查，对违反本办法的，按照《中华人民共和国外汇管理条例》及其他外汇管理规定进行处罚；《中华人民共和国外汇管理条例》及其他外汇管理规定没有规定或者处罚形式、标准规定不明确的，给予警告、通报批评、3万元人民币以下罚款的处罚；对未按本办法规定办理结汇或购汇业务的，还可以暂停或取消其直接到银行办理结汇或购汇的权利。

第十八条 保税物流中心（A、B型）、钻石交易所等参照适用本办法。

第十九条 本办法自2007年10月1日起实施，由国家外汇管理局负责解释。本办法未作明确规定的，按照境内区外相关外汇管理规定执行。以前外汇管理规定与本办法规定不一致的，以本办法规定为准。

附件2：

《保税监管区域外汇管理办法》生效后废止的文件名称

《保税监管区域外汇管理办法》实施之日起，以下文件废止：

1.《国家外汇管理局关于保税物流园区外汇管理有关问题的通知》（汇发［2005］92号）

2.《国家外汇管理局综合司关于海口保税区企业报关进口项下购汇有关事宜的批复》（汇综复［2005］16号）

3.《国家外汇管理局综合司关于保税区企业向境内区外企业划转外汇问题的批复》（汇综复［2004］79号）

4.《国家外汇管理局综合司关于保税区汽车分拨企业购汇问题的批复》（汇综复［2003］32号）

5.《国家外汇管理局综合司关于保税区企业购买境外公司存放在区内仓库货物相关付汇问题的批复》（汇综复［2003］27号）

6.《国家外汇管理局关于发布〈保税区外汇管理办法〉的通知》（汇发［2002］74号）

7.《关于发布〈出口加工区外汇管理暂行办法〉的通知》（汇发［2000］116号）

国家税务总局关于开展保税物流功能试点出口加工区有关税收问题的通知

国税函［2007］901号　2007年8月21日

各省、自治区、直辖市和计划单列市国家税务局：

经国务院批准，在江苏昆山、浙江宁波、上海松江、北京天竺、山东烟台、陕西西安、重庆等7个出口加工区开展拓展保税物流功能试点，并在其中具备条件、有业务需求的出口加工区开展研发、检测、维修业务试点。现将有关税收问题通知如下：

一、上述7个出口加工区拓展保税物流功能等试点后的税收管理，继续按照《国家税务总局关于印发〈出口加工区税收管理暂行办法〉的通知)》（国税发［2000］155号）及现行其他有关规定执行。

二、本通知自2007年1月1日起执行。

附件：

出口加工区税收管理暂行办法

国税发第［2000］155号

为加强与完善加工贸易管理，根据《国务院关于〈中华人民共和国海关对出口加工区监管暂行办法〉的批复》（国函［2000］38号）的精神，经商海关总署同意，特制定本办法。

一、出口加工区是指经国务院批准，由海关监管的特殊封闭区域。

二、对出口加工区运往区外的货物，海关按照对进口货物的有关规定办理进口报关手续，并对报关的货物征收增值税、消费税；对出口加工区外企业（以下简称“区外企业”，下同）运入出口加工区的货物视同出口，由海关办理出口报关手续，签发出口货物报关单（出口退税专用）。

本办法所述“区外企业”是指具有进出口经营权的企业，包括外贸（工贸）公司、外商投资企业和具有进出口经营权的内资生产企业。

三、区外企业销售给出口加工区内企业（以下简称“区内企业”，下同）并运入出口加工区内企业使用的国产设备、原材料、零部件、元器件、包装物料，以及建造基础设施、加工企业和行政管理部门生产、办公用房的基础物资（不包括水、电、气），区外企业可凭海关签发的出口货物报关单（出口退税专用）和其他现行规定的出口退税凭证，向税务机关申报办理退（免）税。

对区外企业销售给区内企业、行政管理部门并运入出口加工区供其使用的生活消费品、交通运输工具，海关不予签发出口货物报关单（出口退税专用），税务部门不予办理退（免）税。

对区外企业销售给区内企业、行政管理部门并运入出口加工区供其使用的进口机器、设备、原材料、零部件、元器件、包装物料和基建物资，海关不予签发出口货物报关单（出口退税专用），税务部门不予办理退（免）税。

四、出口货物实行免税管理办法的外商投资企业销售并运入出口加工区的本办法第三条所述予以退（免）税的货物，在2000年年底前仍实行免税政策。

五、对区外企业销售并运入出口加工区的货物，一律开具出口销售发票，不得开具增值税专用发票或普通发票。

六、对区外企业销售给区内企业并运入加工区供区内企业使用的实行退（免）税的货物，区外企业应按海关规定填制出口货物报关单，出口货物报关单“运输方式”栏应为“出口”（运输方式全称为“出口加工区”）。

七、对区内企业在区内加工、生产的货物，凡属于货物直接出口和销售给区内企业的，免征增值税、消费税。对区内企业出口的货物，不予办理退税。

八、区内企业委托区外企业进行产品加工，一律不予退（免）税。

九、区内企业按现行有关法律法规、规章缴纳地方各税。

十、区内的内资企业按国家现行企业所得税法规、规章缴纳所得税，外商投资企业比照现行有关经济技术开发区的所得税政策规定执行。

十一、已经批准并核定“四至范围”的出口加工区，其区内加工企业和行政管理部门从区外购进基建物资时，需向当地税务部门和海关申请。在审核额度内购进的基建物资，可在海关对出口加工区进行正式验收、监管后，凭出口货物报关单（出口退税专用）向当地税务部门申请办理退（免）税手续。

十二、对违反本办法有关规定，采取弄虚作假等手段骗取退（免）税的，按《中华人民共和国税收征收管理法》等有关规定予以处罚。

十三、本办法由国家税务总局负责解释。

海关总署公告 2007年第46号 关于《商务部、海关总署2007年第44号公告》的有关执行问题

2007年8月22日

为进一步规范对限制类商品加工贸易的管理，现就《商务部、海关总署2007年第44号公告》（以下简称《44号公告》）的有关执行问题公告如下：

一、关于台账保证金征收环节的问题

对限制类商品加工贸易业务，企业应按44号公告规定，在办理纸质手册、电子账册、电子手册、电子化手册（以下简称手册）备案（变更）时，缴纳台账保证金。

二、关于台账保证金计征方法的问题

根据《44号公告》第二条规定，对A类（包括AA类）、B类企业，应缴纳的台账保证金计征方法如下：

（一）“限制进口类商品应缴纳台账保证金＝全部限制类进口商品应缴进口关税和进口环节增值税之和×50%”的计算公式中，以深加工结转方式转入的限制类料件不计入“全部限制类进口商品”。

（二）“限制出口类商品应缴纳台账保证金＝保税进口料件备案总金额×（限制类商品出口备案金额/加工贸易出口商品备案总金额）×综合税率×50%”的计算公式中，以深加工结转方式转出的限制类制成品的备案金额不计入“限制类商品出口备案金额”；“加工贸易出口商品备案总金额”是指全部制成品的备案金额；综合税率暂定为22%。

（三）“当进口料件为限制进口类商品，且加工制造成品为限制出口类商品时，只按限制进口类商品计征台账保证金，计征方法同第（一）项。”是指当商务主管部门出具的《加工贸易业务批准证》中进口料件包含非深加工结转转入的限制进口类商品且出口制成品包含非深加工结转转出的限制出口类商品时，企业在向海关申请备案（变更）时，只须缴纳按限制进口类料件计征的台账保证金，而不须再缴纳对限制出口类制成品计征的台账保证金。限制类进口料件台账保证金的计征方法同本条第（一）项。

三、关于深加工结转限制类商品管理的问题

自2007年8月23日起，企业应按照商务主管部门出具的《加工贸易业务批准证》的标注内容要求，在申请备案（变更）时将深加工结转的限制类进口料件及出口制成品予以单项备案，并在“商品名称”栏首字节起注明“[深]”（注：中括号为半角字符）字样。该部分加工贸易业务不得以来料加工和进料加工方式直接进、出口。中西部地区符合《44号公告》“空转”管理规定的，不适用本条规定。

四、关于以企业为单元管理的电子账册问题

《44号公告》第四条中“以企业为单元管

理的”，是指企业实施电子账册联网监管的情况（以下简称电子账册企业）。

（一）电子账册企业开设台账手册。

1. 自2007年8月23日起，电子账册企业申请新的电子账册（或变更电子账册）涉及限制类商品且需按规定征收台账保证金的，主管海关将在办理电子账册备案的同时，为企业备案专门用于计征保证金台账的手册（以下简称台账手册）。

2. 若企业备案商品项涉及非深加工结转方式进出口限制类商品的，应根据批准证备案台账手册内容，对不论是否以深加工结转方式进出口的限制类料件和制成品均予单项备案并加以区分，其中，在台账手册中备案的非深加工结转限制类商品项应与批准证对应的商品项一致，其他非限制类料件、非限制类制成品则分别合并为一项料件、制成品金额予以备案。同时，按照《44号公告》第二条规定缴纳台账手册保证金。

3. 台账手册不能用于进出口通关。

（二）电子账册变更新增限制类商品

1. 若新增商品项涉及非深加工结转方式进出口限制类商品的，企业应按照《加工贸易业务批准证》内容在电子账册中一次性、逐项备案新增的非深加工结转限制类料件和制成品的数量、单价、金额等内容。

2. 对不属于上述情况变更的，可按原规定办理电子账册变更手续。

（三）有关后续管理问题

1. 主管海关对电子账册的后续管理模式不变，仍按设定的核销周期办理电子账册的核销手续。

2. 主管海关在核销周期到期、电子账册正式报核通过之后直接核销台账手册。新开设的电子账册涉及限制类商品的，比照本条规定办理。

五、关于电子手册的问题

商务主管部门在2007年8月23日前审批并向海关申请备案的电子手册仍按原规定执行。

部分地方商务主管部门审批内容为经营范围，主管海关对其电子手册实行分段备案的，自2007年8月23日起，原电子手册不得新增涉及限制类商品项目。商务主管部门自2007年8月23日起审批的加工贸易业务，采用电子手册管理的，企业应按照批准证内容一次性备案电子手册的料件和制成品，需要征收台账保证金的，按规定计征台账保证金。

六、关于信息化系统调整期的业务执行问题

海关总署将根据加工贸易限制类商品政策调整的要求，对H2000系统和电子口岸预录入系统进行调整，修改完善有关系统程序。在信息化系统调整完成（另行通知，下同）前，企业应按照以下要求办理保证金台账手续：

（一）关于采取手工方式简易计征保证金台账的问题

自2007年8月23日起，在H2000系统调整完成之前，计征手册台账保证金的方式如下：

1. 深加工结转限制类商品需按照本公告第三条规定办理。

2. 对手册涉及限制进口类商品的，H2000系统将对所有手册（不包含C类企业的手册）按照B类企业计算规则（剔除深加工结转部分）自动计算应缴纳台账保证金，主管海关根据本公告规定调整为应征保证金金额，打印台账联系单后交由企业办理有关台账手续。

3. 对手册涉及限制出口类商品且不涉及限制进口类商品的，台账保证金计征方法如下：应缴纳台账保证金＝保税进口料件备案总金额（限制类商品出口备案金额/加工贸易出口商品备案总金额）×综合税率×汇率×50%。其中，“保税进口料件备案总金额”为所有备案料件金额；“限制类商品出口备案金额”为所有非深加工结转限制类制成品的备案金额；

"加工贸易出口商品备案总金额"包含所有备案制成品金额。系统在备案环节将自动开设空转台账联系单，主管海关手工计算限制出口类商品的应缴纳台账保证金，打印台账联系单后交由企业办理有关台账手续。

信息化系统调整完成之前，手册和台账手册变更时产生台账变更联系单的，参照上述要求办理台账手续。属于上述第3种情况的手册和台账手册变更时，企业应变更料件备案金额，以产生台账联系单供人工修改。

（二）关于对AA类企业银行保证金台账管理的问题

对非限制类商品的加工贸易业务，海关仍按原加工贸易银行保证金台账制度进行管理。其中，AA类企业免开保证金台账。手册备案时，系统自动产生空转保证金台账联系单。

对AA类企业，主管海关打印台账开设联系单（00单）并直接办理回执登记手续（回执编号为"0"）后交由企业留存，企业无须到银行开设保证金台账。上述手册变更不涉及限制类商品的，参照上述要求办理保证金台账变更手续；手册变更涉及限制类商品的，主管海关打印保证金台账变更联系单交给企业，企业持同一手册所有未办理银行台账手续的联系单，一并到银行办理台账开设和变更手续。

七、关于H2000系统修改情况

H2000系统在纸质手册、电子手册和电子化手册表头增加限制类标志，标志类型包括3种：

（一）第1种标志表示手册由商务主管部门在2007年8月23日前审批的（含所有已备案手册），H2000系统审核界面显示的选项是"调整前旧手册"；系统按原规定计征台账保证金。

（二）第2种标志表示手册由商务主管部门自2007年8月23日起审批的，H2000系统审核界面显示的选项是"调整后新手册"；系统按《44号公告》规定计征台账保证金。

（三）第3种标志表示手册专门用于联网监管台账管理的，H2000系统审核界面显示的选项是"台账专用手册"；系统按《44号公告》规定计征台账保证金。

企业在向主管海关办理手册备案（变更）手续时，应正确填报手册限制类标志。对限制类标志填报不正确的，将被退单。对批准证的限制类标注与提示内容不一致的，企业应按照规定向商务主管部门办理变更手续。

八、已征收的台账保证金一律待有关加工贸易业务核销结案后予以退还

特此公告。

财政部、海关总署、国家税务总局关于保税物流中心（B型）扩大试点期间适用税收政策的通知

财税［2007］125号　2007年8月30日

各省、自治区、直辖市、计划单列市财政厅（局）、国家税务局，新疆生产建设兵团财务局，海关广东分署、各直属海关：

经国务院批准，按照总量控制、统筹兼顾、稳步推进的原则，扩大海关保税物流中心（B型）（以下简称物流中心）试点工作，并实行与苏州工业园区物流中心相同的税收政策。现就扩大试点期间有关税收政策明确如下：

一、国内货物进入物流中心视同出口，享受出口退税政策，海关按规定签发出口退税报关单（出口退税专用联）。企业凭报关单出口退税联向主管出口退税的税务部门申请办理出口退（免）税手续。

二、物流中心内的货物进入内地，视同进口，海关在货物出物流中心时，依据货物的实际状态，按照有关政策规定对视同进口货物办理进口报关以及征、免税，或保税等验放手续。

三、上述政策规定的具体税收管理事宜，按照《国家税务总局关于印发〈保税物流中心（B型）税收管理办法〉的通知》（国税发［2004］150号）的规定执行（见附件）。

四、对此前已经批准设立并通过验收的苏州高新区和南京龙潭港保税物流中心（B型），从2007年8月1日起适用上述税收政策；对北京空港保税物流中心（B型）以及扩大试点期间经批准设立的物流中心，均自验收通过之日起适用上述税收政策。

五、在扩大试点期间，当地海关与国税部门务必认真做好试点工作，对出现的问题应及时报告海关总署加工贸易及保税监管司和国家税务总局进出口税收管理司。

特此通知。

附件：国家税务总局关于印发《保税物流中心（B型）税收管理办法》的通知（国税发［2004］150号）

附件：

国家税务总局
关于印发《保税物流中心（B型）税收管理办法》的通知

国税发［2004］第150号　2004年11月15日

各省、自治区、直辖市和计划单列市国家税务局：

为加强与规范保税物流中心（B型）的税收管理，经商海关总署同意，总局制定了《保税物流中心（B型）税收管理办法》。现印发给你们，请遵照执行。

保税物流中心（B型）税收管理办法

一、为加强与完善保税物流中心（B型）的税收管理，制定本办法。

二、保税物流中心（B型）（以下简称物流中心）是指经海关总署批准，对多家物流企业实施保税仓储管理的封闭的海关监管区。

三、物流中心外企业报关进入物流中心的货物视同出口，由海关办理出口报关手续，签发出口货物报关单（出口退税专用）；物流中心外企业从物流中心运出货物，海关按照对进口货物的有关规定，办理报关进口手续，并对报关的货物按照现行进口货物的有关规定征收或免征进口环节的增值税、消费税。

本办法所称“物流中心外企业”，指外贸企业、外商投资企业和内资生产企业。

四、物流中心外企业将货物销售给物流中心内企业的，或物流中心外企业将货物销售给境外企业后，境外企业将货物运入物流中心内企业仓储的，物流中心外企业凭出口发票、出口货物报关单（出口退税专用）、增值税专用发票、出口收汇核销单（出口退税专用）等凭证，按照现行有关规定申报办理退（免）税。

五、物流中心外企业销售给物流中心内企业并运入物流中心供物流中心内企业使用的国产机器、装卸设备、管理设备、检验检测设备、包装物料，物流中心外企业凭出口发票、出口货物报关单（出口退税专用）、增值税专用发票、出口收汇核销单（出口退税专用）等凭证，按照现行有关规定申报办理退（免）税。

对物流中心外企业销售给物流中心内企业并运入物流中心供其使用的生活消费用品、交通运输工具，海关不予签发出口货物报关单（出口退税专用），税务部门不予办理退（免）税。

对物流中心外企业销售给物流中心内企业并运入物流中心供其使用的进口机器、装卸设备、管理设备、检验检测设备、包装物料，海关不予签发出口货物报关单（出口退税专用），税务部门不予办理退（免）税。

六、对物流中心外企业销售并运入物流中心的货物，一律开具出口销售发票，不得开具增值税专用发票或普通发票。

七、对物流中心外企业销售给物流中心内企业并运入物流中心供物流中心内企业使用的实行退（免）税的货物，物流中心外企业应按海关规定填制出口货物报关单，出口货物报关单“运输方式”栏为“物流中心”。

八、对物流中心内企业在物流中心内加工的货物，凡货物直接出口或销售给物流中心内其他企业的，免征增值税、消费税。对物流中心内企业出口的货物，不予办理退（免）税。

九、对物流中心企业之间或物流中心与出口加工区、区港联动之间的货物交易、流转，免征流通环节的增值税、消费税。

十、物流中心内企业其他税收问题，按现行有关税收法律、法规的规定执行。

十一、对违反本办法有关规定，采取弄虚作假等手段骗取出口退（免）税的，按《中华人民共和国税收征收管理法》等有关规定予以处罚。

十二、本办法由国家税务总局负责解释。

十三、本办法自保税物流中心（B型）封关运作之日起执行。

商务部、海关总署、银监会公告
2007年第71号
台账保证金缴纳方式公告

2007年9月5日

根据商务部、海关总署2007年第44号公告规定，东部地区企业从事限制类商品加工贸易，实行银行保证金台账“实转”管理。经国务院批准，现就台账保证金缴纳方式公告如下：

加工贸易企业可以现金、保付保函等多种形式缴纳台账保证金。具体操作仍按现行有关规定办理。有关银行办理该项业务时，应严格审查企业资信，有效落实各项风险、管控措施。

海关总署第164号令

2007年9月3日

《中华人民共和国海关保税港区管理暂行办法》已于2007年8月29日经海关总署署务会议审议通过，现予公布，自2007年10月3日起施行。

署 长 牟新生

中华人民共和国海关保税港区管理暂行办法

第一章　总　则

第一条　为了规范海关对保税港区的管理，根据《中华人民共和国海关法》（以下简称海关法）和有关法律、行政法规的规定，制定本办法。

第二条　本办法所称的保税港区是指经国务院批准，设立在国家对外开放的口岸港区和与之相连的特定区域内，具有口岸、物流、加工等功能的海关特殊监管区域。

第三条　海关依照本办法对进出保税港区的运输工具、货物、物品以及保税港区内企业、场所进行监管。

第四条　保税港区实行封闭式管理。保税港区与中华人民共和国关境内的其他地区（以下称区外）之间，应当设置符合海关监管要求的卡口、围网、视频监控系统以及海关监管所需的其他设施。

第五条　保税港区内不得居住人员。除保障保税港区内人员正常工作、生活需要的非营利性设施外，保税港区内不得建立商业性生活消费设施和开展商业零售业务。

海关及其他行政管理机构的办公场所应当设置在保税港区规划面积以内、围网以外的保税港区综合办公区内。

第六条　保税港区管理机构应当建立信息共享的计算机公共信息平台，并通过“电子口岸”实现区内企业及相关单位与海关之间的电子数据交换。

第七条　保税港区的基础和监管设施、场所等应当符合《海关特殊监管区域基础和监管设施验收标准》。经海关总署会同国务院有关部门验收合格后，保税港区可以开展有关业务。

第八条　保税港区内可以开展下列业务：

（一）存储进出口货物和其他未办结海关手续的货物；

（二）对外贸易，包括国际转口贸易；

（三）国际采购、分销和配送；

（四）国际中转；

（五）检测和售后服务维修；

（六）商品展示；

（七）研发、加工、制造；

（八）港口作业；

（九）经海关批准的其他业务。

第九条　保税港区内企业（以下简称区内企业）应当具有法人资格，具备向海关缴纳税款以及履行其他法定义务的能力。特殊情况下，经保税港区主管海关核准，区外法人企业可以依法在保税港区内设立分支机构，并向海关备案。

第十条　海关对区内企业实行计算机联网管理制度和海关稽查制度。

区内企业应当应用符合海关监管要求的计算机管理系统，提供供海关查阅数据的终端设备和计算机应用的软件接口，按照海关规定的认证方式和数据标准与海关进行联网，并确保数据真实、准确、有效。

海关依法对区内企业开展海关稽查，监督区内企业规范管理和守法自律。

第十一条　区内企业应当依照《中华人民共和国会计法》及有关法律、行政法规的规定，规范财务管理，设置符合海关监管要求的账册和报表，记录本企业的财务状况和有关进出保税港区货物、物品的库存、转让、转移、销售、加工和使用等情况，如实填写有关单证、账册，凭合法、有效的凭证记账和核算。

第十二条 保税港区内港口企业、航运企业的经营和相关活动应当符合有关法律、行政法规和海关监管的规定。

第十三条 国家禁止进出口的货物、物品不得进出保税港区。

第十四条 区内企业的生产经营活动应当符合国家产业发展要求，不得开展高耗能、高污染和资源性产品以及列入《加工贸易禁止类商品目录》商品的加工贸易业务。

第二章 对保税港区与境外之间进出货物的监管

第十五条 保税港区与境外之间进出的货物应当在保税港区主管海关办理海关手续；进出境口岸不在保税港区主管海关辖区内的，经保税港区主管海关批准，可以在口岸海关办理海关手续。

第十六条 海关对保税港区与境外之间进出的货物实行备案制管理，对从境外进入保税港区的货物予以保税，但本办法第十七条、第十八条和第三十九条规定的情形除外。

按照本条前款规定实行备案制管理的，货物的收发货人或者代理人应当如实填写进出境货物备案清单，向海关备案。

第十七条 除法律、行政法规另有规定外，下列货物从境外进入保税港区，海关免征进口关税和进口环节海关代征税：

（一）区内生产性的基础设施建设项目所需的机器、设备和建设生产厂房、仓储设施所需的基建物资；

（二）区内企业生产所需的机器、设备、模具及其维修用零配件；

（三）区内企业和行政管理机构自用合理数量的办公用品。

第十八条 从境外进入保税港区，供区内企业和行政管理机构自用的交通运输工具、生活消费用品，按进口货物的有关规定办理报关手续，海关按照有关规定征收进口关税和进口环节海关代征税。

第十九条 从保税港区运往境外的货物免征出口关税，但法律、行政法规另有规定的除外。

第二十条 保税港区与境外之间进出的货物，不实行进出口配额、许可证件管理，但法律、行政法规和规章另有规定的除外。

对于同一配额、许可证件项下的货物，海关在进区环节已经验核配额、许可证件的，在出境环节不再要求企业出具配额、许可证件原件。

第三章 对保税港区与区外之间进出货物的监管

第二十一条 保税港区与区外之间进出的货物，区内企业或者区外收发货人按照进出口货物的有关规定向保税港区主管海关办理申报手续。需要征税的，区内企业或者区外收发货人按照货物进出区时的实际状态缴纳税款；属于配额、许可证件管理商品的，区内企业或者区外收货人还应当向海关出具配额、许可证件。对于同一配额、许可证件项下的货物，海关在进境环节已经验核配额、许可证件的，在出区环节不再要求企业出具配额、许可证件原件。

区内企业在区外从事对外贸易业务且货物不实际进出保税港区的，可以在收发货人所在地或者货物实际进出境口岸地海关办理申报手续。

第二十二条 海关监管货物从保税港区与区外之间进出的，保税港区主管海关可以要求提供相应的担保。

第二十三条 区内企业在加工生产过程中产生的边角料、废品，以及加工生产、储存、运输等过程中产生的包装物料，区内企业提出书面申请并且经海关批准的，可以运往区外，海关按出区时的实际状态征税。属于进口配额、许可证件管理商品的，免领进口配额、许可证件；属于列入《禁止进口废物目录》的废物以及其他危险废物需出区进行处置的，有关企业凭保税港区行政管理机构以及所在地的市级环保部门批件等材料，向海关办理出区手续。

区内企业在加工生产过程中产生的残次品、副产品出区内销的，海关按内销时的实际状态征税。属于进口配额、许可证件管理的，企业应当向海关出具进口配额、许可证件。

第二十四条 经保税港区运往区外的优惠贸易协定项下货物，符合海关总署相关原产地管理规定的，可以申请享受协定税率或者特惠税率。

第二十五条 经海关核准，区内企业可以办理集中申报手续。实行集中申报的区内企业应当对1个自然月内的申报清单数据进行归并，填制进出口货物报关单，在次月底前向海关办理集中申报手续。

集中申报适用报关单集中申报之日实施的税率、汇率，集中申报不得跨年度办理。

第二十六条 区外货物进入保税港区的，按照货物出口的有关规定办理缴税手续，并按照下列规定签发用于出口退税的出口货物报关单证明联：

（一）从区外进入保税港区供区内企业开展业务的国产货物及其包装物料，海关按照对出口货物的有关规定办理，签发出口货物报关单证明联。货物转关出口的，启运地海关在收到保税港区主管海关确认转关货物已进入保税港区的电子回执后，签发出口货物报关单证明联；

（二）从区外进入保税港区供保税港区行政管理机构和区内企业使用的国产基建物资、机器、装卸设备、管理设备、办公用品等，海关按照对出口货物的有关规定办理，签发出口货物报关单证明联；

（三）从区外进入保税港区供保税港区行政管理机构和区内企业使用的生活消费用品和交通运输工具，海关不予签发出口货物报关单证明联；

（四）从区外进入保税港区的原进口货物、包装物料、设备、基建物资等，区外企业应当向海关提供上述货物或者物品的清单，按照出口货物的有关规定办理申报手续，海关不予签发出口货物报关单证明联，原已缴纳的关税、进口环节海关代征税不予退还。

第二十七条 经保税港区主管海关批准，区内企业可以在保税港区综合办公区专用的展示场所举办商品展示活动。展示的货物应当在海关备案，并接受海关监管。

区内企业在区外其他地方举办商品展示活动的，应当比照海关对暂时进境货物的管理规定办理有关手续。

第二十八条 保税港区内使用的机器、设备、模具和办公用品等海关监管货物，可以比照进境修理货物的有关规定，运往区外进行检测、维修。区内企业将模具运往区外进行检测、维修的，应当留存模具所生产产品的样品或者图片资料。

运往区外进行检测、维修的机器、设备、模具和办公用品等，不得在区外用于加工生产和使用，并且应当自运出之日起60日内运回保税港区。因特殊情况不能如期运回的，区内企业或者保税港区行政管理机构应当在期限届满前7日内，以书面形式向海关申请延期，延长期限不得超过30日。

检测、维修完毕运回保税港区的机器、设备、模具和办公用品等应当为原物。有更换新零件、配件或者附件的，原零件、配件或者附件应当一并运回保税港区。对在区外更换的国产零件、配件或者附件，需要退税的，由区内企业或者区外企业提出申请，保税港区主管海关按照出口货物的有关规定办理手续，签发出口货物报关单证明联。

第二十九条 区内企业需要将模具、原材料、半成品等运往区外进行加工的，应当在开展外发加工前，凭承揽加工合同或者协议、承揽企业营业执照复印件和区内企业签章确认的承揽企业生产能力状况等材料，向保税港区主管海关办理外发加工手续。

委托区外企业加工的期限不得超过6个月，加工完毕后的货物应当按期运回保税港区。在区外开展外发加工产生的边角料、废品、残次品、副产品不运回保税港区的，海关应当按照实际状态征税。区内企业凭出区时委托区外加工申请书以及有关单证，向海关办理验放核销手续。

第四章 对保税港区内货物的监管

第三十条 保税港区内货物可以自由流转。区内企业转让、转移货物的，双方企业应当及时向海关报送转让、转移货物的品名、数量、金额等电子数据信息。

第三十一条 区内企业不实行加工贸易银行保证金台账和合同核销制度，海关对保税港区内加工贸易货物不实行单耗标准管理。区内企业应当自开展业务之日起，定期向海关报送货物的进区、出区和储存情况。

第三十二条 申请在保税港区内开展维修业务的企业应当具有企业法人资格，并在保税港区主管海关登记备案。区内企业所维修的产品仅限于我国出口的机电产品售后维修，维修后的产品、更换的零配件以及维修过程中产生的物料等应当复运出境。

第三十三条 区内企业需要开展危险化工品和易燃易爆物品生产、经营和运输业务的，应当取得安全监督、交通等相关部门的行政许可，并报保税港区主管海关备案。

有关储罐、装置、设备等设施应当符合海关的监管要求。通过管道进出保税港区的货物，应当配备计量检测装置和其他便于海关监管的设施、设备。

第三十四条 区内企业申请放弃的货物，经海关及有关主管部门核准后，由保税港区主管海关依法提取变卖，变卖收入由海关按照有关规定处理，但法律、行政法规和海关规章规定不得放弃的货物除外。

第三十五条 因不可抗力造成保税港区货物损毁、灭失的，区内企业应当及时书面报告保税港区主管海关，说明情况并提供灾害鉴定部门的有关证明。经保税港区主管海关核实确认后，按照下列规定处理：

（一）货物灭失，或者虽未灭失但完全失去使用价值的，海关予以办理核销和免税手续；

（二）进境货物损毁，失去部分使用价值的，区内企业可以向海关办理退运手续。如不退运出境并要求运往区外的，由区内企业提出申请，经保税港区主管海关核准，按照海关审定的价格进行征税；

（三）区外进入保税港区的货物损毁，失去部分使用价值，且需向出口企业进行退换的，可以退换为与损毁货物相同或者类似的货物，并向保税港区主管海关办理退运手续。

需退运到区外的，属于尚未办理出口退税手续的，可以向保税港区主管海关办理退运手续；属于已经办理出口退税手续的，按照本条第一款第（二）项进境货物运往区外的有关规定办理。

第三十六条 因保管不善等非不可抗力因素造成货物损毁、灭失的，区内企业应当及时书面报告保税港区主管海关，说明情况。经保税港区主管海关核实确认后，按照下列规定办理：

（一）从境外进入保税港区的货物，区内企业应当按照一般贸易进口货物的规定，按照海关审定的货物损毁或灭失前的完税价格，以货物损毁或灭失之日适用的税率、汇率缴纳关税、进口环节海关代征税；

（二）从区外进入保税港区的货物，区内企业应当重新缴纳因出口而退还的国内环节有关税收，海关据此办理核销手续，已缴纳出口关税的，不予以退还。

第三十七条 保税港区货物不设存储期限。但存储期限超过2年的，区内企业应当每年向海关备案。

因货物性质和实际情况等原因，在保税港区继续存储会影响公共安全、环境卫生或者人体健康的，海关应当责令企业及时办结相关海关手续，将货物运出保税港区。

第三十八条 海关对于保税港区与其他海关特殊监管区域或者保税监管场所之间往来的货物，实行保税监管，不予签发用于办理出口退税的出口货物报关单证明联。但货物从未实行国内货物入区（仓）环节出口退税制度的海关特殊监管区域或者保税监管场所转入保税港区的，视同货物实际离境，由转出地海关签发用于办理出口退税的出口货物报关单证明联。

保税港区与其他海关特殊监管区域或者保税监管场所之间的流转货物，不征收进出口环节的有关税收。

承运保税港区与其他海关特殊监管区域或者保税监管场所之间往来货物的运输工具，应当符合海关监管要求。

第五章 对直接进出口货物以及进出保税港区运输工具和个人携带货物、物品的监管

第三十九条 通过保税港区直接进出口的货物，海关按照进出口的有关规定进行监管；出口货物的发货人或者其代理人可以在货物运抵保税港区前向海关申报；出口货物运抵保税港区，海关接受申报并放行结关后，按照有关规定签发出口货物报关单证明联。

第四十条 运输工具和个人进出保税港区的，应当接受海关监管和检查。

第四十一条 进出境运输工具服务人员及进出境旅客携带个人物品进出保税港区的，海关按照进出境旅客行李物品的有关规定进行监管。

第四十二条 保税港区与区外之间进出的下列货物，经海关批准，可以由区内企业指派专人携带或者自行运输：

（一）价值1万美元以下的小额货物；

（二）因品质不合格复运区外退换的货物；

（三）已办理进口纳税手续的货物；

（四）企业不要求出口退税的货物；

（五）其他经海关批准的货物。

第六章 附 则

第四十三条 从境外运入保税港区的货物和从保税港区运往境外的货物列入海关进出口统计，但法律、行政法规和海关规章另有规定的除外。从区外运入保税港区和从保税港区运往区外的货物，列入海关单项统计。

区内企业之间转让、转移的货物，以及保税港区与其他海关特殊监管区域或者保税监管场所之间往来的货物，不列入海关统计。

第四十四条 违反本办法，构成走私行为、违反海关监管规定行为或者其他违反海关法行为的，由海关依照海关法和《中华人民共和国海关行政处罚实施条例》的有关规定予以处理；构成犯罪的，依法追究刑事责任。

第四十五条 经国务院批准设立在内陆地区的具有保税港区功能的综合保税区，参照本办法进行管理。

第四十六条 本办法由海关总署负责解释。

第四十七条 本办法自2007年10月3日起施行。

商务部关于支持中西部地区承接加工贸易梯度转移工作的意见

商产发［2007］428号　2007年11月22日

实现加工贸易梯度转移具有重要战略意义。按照国务院提出的坚持政策引导和市场机制相结合，注重运用经济措施和法律手段，引导和推动加工贸易向中西部地区转移的要求，商务部与国家开发银行通过国家政策扶持和政策性贷款的支持，共同引导加工贸易梯度转移，加快形成布局合理、比较优势明显、区域特点鲜明的加工贸易发展格局，努力促进加工贸易区域协调发展和中西部地区经济发展。

一、总体目标

至2010年培育形成50个优势明显、各具产业特色的中西部加工贸易重点承接地，使用政策性银行贷款总规模300亿元人民币，使中西部加工贸易年进出口额占全国加工贸易总额比例提高到5%。

二、指导原则

1. 坚持政策引导和市场机制相结合。注重运用经济措施和法律手段，充分发挥市场在资源配置中的基础作用，采取必要的政策引导，加强中西部地区投资环境建设，支持具备条件的成熟产业在中西部发展。

2. 坚持环保和可持续发展的原则。贯彻国务院要求，避免低水平重复建设，不能以牺牲环境换取发展。坚决防止东部地区高耗能、高污染产业向中西部地区转移，防止盲目新建各类开发区，不得抢占滥占耕地。

3. 坚持贯彻加工贸易转型升级要求。着重提高产业层次和加工深度，增强国内配套能力，着力推动加工贸易向更高技术水平、更大增值含量的加工制造环节升级，从资源密集型向资源节约型、从规模扩张型向经济效益型转变，防止中西部简单复制东部加工贸易产业及其发展模式，切实引导和促进加工贸易转型升级。

4. 坚持突出优势特色产业。依托中西部现有产业配套基础，充分发挥资源优势，有效利用加工贸易渠道，逐步发展各具特色的产业集群。

三、产业导向

1. 引导东部地区劳动密集型加工贸易生产企业到中西部发展，主要包括塑料、纺织、服装、轻工等行业；

2. 引导运输成本占综合成本比例相对低的加工贸易企业到中西部发展；

3. 引导可以充分发挥资源优势、可以与中西部地区产业配套的相关加工贸易企业到中西部发展；

4. 支持中西部地区积极发展运输、仓储、物流产业，改善加工贸易配套条件，发展软件、设计、检测等行业，开展较高层次加工贸易。

四、支持领域和方式

（一）支持领域

1. 中西部重点承接地的基础设施及功能配套设施工程，主要包括：园区的道路、供电、供水、供热、供气、排水、通信、有线电视、土地平整、污水处理、垃圾处理、环境综合整治工程等基础设施项目；软件平台、模具中心、检测中心、教育培训、孵化园、仓储物流、海关质检等功能性配套设施项目。

2. 实施梯度转移企业的重点加工贸易项目。

（二）支持方式

商务部会同有关部门研究完善支持中西部地区加工贸易发展的整体政策措施。

国家开发银行根据建设项目和借款人需求情况，提供中长期贷款、短期贷款和技术援助贷款支持，贷款期限、利率、额度、品种以开发银行评审承诺为准。对进入承接地的重点企业、重点项目，国家开发银行可以考虑提供优惠贷款条件，给予10%以内的利率下浮。同时，开发银行积极参与借款主体的债券承销，提供财务顾问服务。

五、中西部加工贸易重点承接地的申报条件和程序

（一）重点承接地是中西部地区具有区位和产业、资源等综合优势的加工贸易集中发展区域，应符合以下条件：

1. 加工贸易发展在本省位居前列，产业特色鲜明，综合成本优势突出；

2. 区位优势明显，辐射和示范效应强；

3. 重点依托中西部国家级经济技术开发区、国家级高新技术产业开发区、出口加工区、清理后保留下来的省级开发区；

4. 优先选择与国家开发银行已有良好合作基础的中西部区域。

（二）重点承接地的申报程序如下：

1. 由符合基本条件的地区提出申请，中西部地区省级商务主管部门予以推荐（推荐材料要求见附件）；

2. 商务部根据推荐材料进行审查、认定；

3. 对认定的重点承接地，国家开发银行帮助地方政府，按要求制定产业和区域发展规划、提出融资需求及配套政策措施，由商务部和国家开发银行共同审核，确认承接地的产业定位、发展重点、融资方案，制订分阶段实施方案。

六、项目审定程序

（一）重点承接地根据已制定的产业和区域发展规划和融资方案以及分阶段实施方案，向省级商务主管部门申报需使用开发银行资金支持的项目。

（二）省级商务主管部门会同国家开发银行省分行进行初审确认，同时省级商务主管部门报商务部备案。

（三）经初审确认的项目，由国家开发银行按照贷款条件进行独立评审和审查承诺，承诺结果由国家开发银行省分行负责向省级商务主管部门报备，省级商务主管部门报商务部备案。

附件1：

申请承接地推荐材料要求

申请承接地由各省级商务主管部门推荐，推荐内容应包括：

1. 被推荐地区基本情况（面积、人口、水电供应、交通、人均GDP等）；

2. 被推荐地区现有主要产业情况（产业规模、主要产品、技术开发能力、近3年新增投资、在本行业中的排名等）；

3. 被推荐地区近3年外商投资情况（采

用实际到位投资数据，列明年度、行业、企业个数和投资额）；

4. 被推荐地区近3年进出口情况（以海关数据为准，列明各年度金额和同比增长，并列明加工贸易项下的金额和同比）。

上述材料凡涉及统计数据均应注明数据来源。

附件2：

商务部已认定的9个重点承接地名单

南昌、赣州、郴州、武汉、新乡、焦作、合肥、芜湖、太原

海关总署、国家税务总局 关于扩大出口监管仓库入仓退税政策试点范围的通知

署加发［2007］494号 2007年12月5日

广东分署，各直属海关；各省、自治区、直辖市和计划单列市国家税务局：

2005年初，海关总署和国家税务总局联合制定出台了《出口监管仓库货物入仓即予退税暂行管理办法》（详见“署加发［2005］39号”文件，以下简称《管理办法》），并在深圳、厦门两地的出口监管仓库试行入仓退税政策。去年11月份海关总署和国家税务总局在厦门召开会议，对出口监管仓库入仓退税政策试点工作进行了总结。

总结情况表明，开展入仓退税试点的仓库全部符合入仓货物99%的实际出境率的政策规定和管理要求，入仓退税政策有利于现代物流的培育和区域经济的发展，取得了良好的经济效益和社会效益，受到了企业的欢迎和政府的好评。

鉴于试点取得的良好效益，为了促进其他地区现代物流业和区域经济的发展，经研究，决定将入仓退税政策试点的范围扩大至全国其他符合《管理办法》规定条件的出口监管仓库。现将有关事项通知如下：

一、根据此前海关总署所做的调研，并经有关直属海关和当地主管国税部门复核，批准符合《管理办法》规定条件的出口监管仓库（具体名单详见附件），从本文下发之日起享受入仓退税政策。入仓开展业务的企业可以按照《管理办法》办理入仓退税手续，由当地主管海关和国税部门依据《管理办法》实施管理。

二、本次未符合条件的出口监管仓库，入仓开展业务的企业暂时不实行入仓退税，仍按现行有关规定办理出口退税手续。

三、在本次扩大试点之后，对全国各地的出口监管仓库享受入仓退税政策实行动态管理。有关主管海关和国税部门对原已实行入仓退税政策和本次纳入扩大实行入仓退税政策试点的出口监管仓库，应严格按照《管理办法》规定的入仓退税条件，共同进行年度核查，达不到条件的出口监管仓库不得继续实行入仓退税政策。

四、有关海关和国税部门在扩大实行入仓退税政策试点的过程中要加强联系配合，认真做好执行此项政策的常态管理工作，并不断总结经验，完善管理。有关情况和问题、建议要及时上报海关总署和国家税务总局。

附件：已具备入仓退税条件的出口监管仓库名单

附件：

已具备入仓退税条件的出口监管仓库名单

直属关区	仓库名称	审批时间	目前离境率	其他条件
南京海关	常熟市物资出口监管仓库有限公司出口监管仓库	2004年6月	99.93%	符合
南京海关	太仓新港物流管理中心有限公司出口监管仓库	2006年8月	100%	符合
南京海关	南通恒基物流有限公司出口监管仓库	2006年8月	100%	符合
南京海关	连云港中外运保税服务有限公司出口监管仓库	2002年12月	100%	符合
黄埔海关	东莞岭南进出口有限公司陆逊梯卡出口监管仓库	2006年6月	99%	符合
黄埔海关	东莞永得利仓储有限公司出口配送型监管仓库	2006年10月	99%	符合
江门海关	江门大昌慎昌食品加工仓储有限公司出口配送型出口监管仓库	2006年9月	100%	符合
昆明海关	昆明高新出口监管仓库	2006年6月	99%	符合
昆明海关	畹町远达储运物流有限公司出口监管仓库	2006年12月	99%	符合
乌鲁木齐海关	新疆嘉里大通物流有限公司出口监管仓库	2006年7月	100%	符合

财政部、国家税务总局关于取消小麦等原粮及其制粉出口退税的通知

财税［2007］169号　2007年12月14日

各省、自治区、直辖市、计划单列市财政厅(局)、国家税务局，新疆生产建设兵团财务局：

经国务院批准，从2007年12月20日起取消小麦、稻谷、大米、玉米、大豆等原粮及其制粉的出口退税，具体商品名称和税则号见附件。具体执行时间，以“出口货物报关单(出口退税专用)”海关注明的出口日期为准。

对2007年12月20日以前已经签订的价格不可更改的出口合同，在2007年12月31日之前持已经签订的合同文本（正本和副本）到主管出口退税的税务机关登记备案。经备案后的出口合同，在2008年2月29日之前出口的准予按调整前的出口退税率执行；未经备案的出口合同一律按调整后的退税率执行。2008年3月1日以后，无论新老合同一律按调整后的退税率执行。

特此通知。

附件：取消出口退税商品清单

附件：

取消出口退税商品清单

序号	税则号	商品名称	序号	税则号	商品名称
1	1001100001	硬粒小麦［配额内］	15	1005900001	其他玉米［配额内］
2	1001100090	硬粒小麦［配额外］	16	1005900090	其他玉米［配额外］
3	1001901001	种用小麦［配额内］	17	1006101101	种用籼米稻谷［配额内］
4	1001901090	种用小麦［配额外］	18	1006101190	种用籼米稻谷［配额外］
5	1001909001	其他小麦及混合麦［配额内］	19	1006101901	其他种用稻谷［配额内］
6	1001909090	其他小麦及混合麦［配额外］	20	1006101990	其他种用稻谷［配额外］
7	1002001000	种用黑麦	21	1006109101	其他籼米稻谷［配额内］
8	1002009000	其他黑麦	22	1006109190	其他籼米稻谷［配额外］
9	1003001000	种用大麦	23	1006109901	其他稻谷［配额内］
10	1003009000	其他大麦	24	1006109990	其他稻谷［配额外］
11	1004001000	种用燕麦	25	1006201001	籼米糙米［配额内］
12	1004009000	其他燕麦	26	1006201090	籼米糙米［配额外］
13	1005100001	种用玉米［配额内］	27	1006209001	其他糙米［配额内］
14	1005100090	种用玉米［配额外］	28	1006209090	其他糙米［配额外］

续表

序号	税则号	商品名称	序号	税则号	商品名称
29	1006301001	籼米精米［不论是否磨光或上光（配额内）］	57	1103191000	燕麦粗粒及粗粉
			58	1103192101	籼米大米粗粒及粗粉［配额内］
30	1006301090	籼米精米［不论是否磨光或上光（配额外）］	59	1103192190	籼米大米粗粒及粗粉［配额外］
			60	1103192901	其他大米粗粒及粗粉［配额内］
31	1006309001	其他精米［不论是否磨光或上光（配额内）］	61	1103192990	其他大米粗粒及粗粉［配额外］
			62	1103199000	其他谷物粗粒及粗粉
32	1006309090	其他精米［不论是否磨光或上光（配额外）］	63	1103201001	小麦团粒［配额内］
			64	1103201090	小麦团粒［配额外］
33	1006401001	籼米碎米［配额内］	65	1103209000	其他谷物团粒
34	1006401090	籼米碎米［配额外］	66	1104120000	滚压或制片的燕麦
35	1006409001	其他碎米［配额内］	67	1104191000	滚压或制片的大麦
36	1006409090	其他碎米［配额外］	68	1104199000	滚压或制片的其他谷物
37	1007001000	种用食用高粱	69	1104220000	经其他加工的燕麦
38	1007009000	其他食用高粱	70	1104230001	经其他加工的玉米［配额内］
39	1008100000	荞麦	71	1104230090	经其他加工的玉米［配额外］
40	1008200000	谷子	72	1104291000	经其他加工的大麦
41	1008901000	其他种用谷物	73	1104299000	经其他加工的其他谷物
42	1008909000	其他谷物	74	1104300000	整粒或经加工的谷物胚芽［经加工是指滚压、制片或磨碎］
43	1101000001	小麦或混合麦的细粉［配额内］			
44	1101000090	小麦或混合麦的细粉［配额外］	75	11043000001	按13%征税的整粒或经加工的谷物胚芽
45	1102100000	黑麦细粉			
46	1102200001	玉米细粉［配额内］	76	11043000002	按17%征税的整粒或经加工的谷物胚芽
47	1102200090	玉米细粉［配额外］			
48	1102901101	籼米大米细粉［配额内］	77	1108110000	小麦淀粉
49	1102901190	籼米大米细粉［配额外］	78	1108120000	玉米淀粉
50	1102901901	其他大米细粉［配额内］	79	1201001000	种用大豆
51	1102901990	其他大米细粉［配额外］	80	1201009100	非种用黄大豆［不论是否破碎］
52	1102909000	其他谷物细粉	81	1201009200	非种用黑大豆［不论是否破碎］
53	1103110001	小麦粗粒及粗粉［配额内］	82	1201009300	非种用青大豆［不论是否破碎］
54	1103110090	小麦粗粒及粗粉［配额外］	83	1201009900	非种用其他大豆［不论是否破碎］
55	1103130001	玉米粗粒及粗粉［配额内］	84	1208100000	大豆粉
56	1103130090	玉米粗粒及粗粉［配额外］			

国务院关税税则委员会
关于2008年关税实施方案的通知

税委会［2007］25号　2007年12月14日

海关总署：

《2008年关税实施方案》已经国务院关税税则委员会第十次全体会议审议通过，并报国务院批准，自2008年1月1日起实施。

特此通知。

附件：

2008年关税实施方案

一、进口关税调整

（一）根据我国加入世界贸易组织承诺的关税减让义务，对进口关税作如下调整：

1. 降低“进口税则”中聚乙烯等45个税目的最惠国税率（见附表一），其余税目的最惠国税率维持不变。

2. 对9个非全税目信息技术产品继续实行海关核查管理，税目税率不变；

3. 对小麦等8类45个税目的商品实行关税配额管理。对尿素、复合肥、磷酸氢二铵三种化肥的配额税率执行1%的税率。对配额外进口的一定数量棉花实行5%—40%滑准税，对滑准税率低于5%的进口棉花按0.57元/公斤从量税计征。其他商品的税率维持不变（见附表二）；

4. 对感光材料等55种商品实行从量税、复合税。

（二）对乳品加工机器等部分进口商品实行暂定税率（见附表三）。

（三）根据我国与有关国家或地区签署的贸易或关税优惠协定，对有关国家或地区实施协定税率：

1. 对原产于韩国、印度、斯里兰卡、孟加拉和老挝的部分商品继续实施“亚太贸易协定”协定税率，其中有部分税目的税率进一步下调（见附表四［1］）；

2. 对原产于文莱、印度尼西亚、马来西亚、新加坡、泰国、菲律宾、越南、缅甸、老挝和柬埔寨的部分商品，继续实施中国—东盟自由贸易区协定税率；

3. 对原产于智利的部分商品继续实施中国—智利自由贸易协定税率，其中有部分税目的税率进一步下调（见附表四［2］）；

4. 对原产于巴基斯坦的部分商品继续实施中巴自贸区“早期收获”和“全面降税”协定税率，其中有部分税目的税率进一步下调（见附表四［3］）；

5. 对原产于中国香港的已完成原产地标

准核准的产品继续实施零关税，其中新近完成原产地标准核准的产品有 17 项（见附表四[4]）；

6. 继续对原产于中国澳门的已完成原产地标准核准的产品实施零关税；

（四）根据我国与有关国家或地区签署的贸易或关税优惠协定以及国务院有关决定，实施特惠税率：

1. 在“中国—东盟自由贸易区”框架下，继续执行对原产于老挝、柬埔寨和缅甸的部分产品实施特惠税率；

2. 在“亚太贸易协定”框架下，继续执行对原产于老挝和孟加拉的部分产品实施特惠税率；

3. 继续对原产于贝宁共和国等 30 个非洲最不发达国家的部分商品实施特惠税率；

4. 继续对原产于也门共和国等 5 个最不发达国家的部分商品实施特惠税率。

（五）普通税率维持不变。

二、出口关税调整

（一）“出口税则”的出口税率维持不变；

（二）对钢坯等部分出口商品实行暂定税率，其中，对一般贸易和边境小额贸易出口尿素、磷酸铵征收季节性暂定税率（见附表五）。

三、税则税目调整

对部分税则税目进行调整（见附表六），调整后，2008 年版税则税目共计 7758 个。

注：附表一、三、五附后，其余附表略。

附表一：2008 年最惠国税率调整表

附表三：2008 年进口暂定税率表

附表五：2008 年出口暂定税率表

附表一：

进口商品最惠国税率调整表

序号	税则号列	商品名称（简称）	2007 年最惠国税率（%）	2008 年最惠国税率（%）
1	08101000	鲜草莓	18.4	16.9
2	08129000	暂时保藏的其他水果及坚果	27.7	26.8
3	22060000	其他发酵饮料	46.8	44.5
4	29173611	精对苯二甲酸	7.6	6.5
5	29173619	其他对苯二甲酸	7.6	6.5
6	32041100	分散染料及以其为基本成分的制品（不论是否已有化学定义）	7.1	6.5
7	32041200	酸性染料（不论是否预金属络合）及以其为基本成分的制品（不论是否已有化学定义）；媒染染料及以其为基本成分的制品（不论是否已有化学定义）	7.1	6.5
8	32041600	活性染料及以其为基本成分的制品（不论是否已有化学定义）	7.1	6.5
9	33049900	其他美容品或化妆品及护肤品	9.7	6.5
10	33051000	洗发剂（香波）	8.6	6.5
11	39011000	初级形状比重<0.94 的聚乙烯	7.8	6.5
12	39012000	初级形状比重≥0.94 的聚乙烯	7.8	6.5
13	39021000	初级形状的聚丙烯	7.6	6.5
14	39022000	初级形状的聚异丁烯	7.6	6.5

续表

序号	税则号列	商品名称（简称）	2007年最惠国税率（%）	2008年最惠国税率（%）
15	39023010	初级形状的乙烯丙烯共聚物（乙丙橡胶丙烯单体单元的含量大于乙烯单体单元）	7.6	6.5
16	39023090	初级形状的其他丙烯共聚物	7.6	6.5
17	39029000	其他初级形状的烯烃聚合物	7.6	6.5
18	39031100	初级形状的可发性聚苯乙烯	7.6	6.5
19	39031900	初级形状的其他聚苯乙烯	7.6	6.5
20	39033000	丙烯腈－丁二烯－苯乙烯共聚物	7.6	6.5
21	39039000	初级形状的其他苯乙烯聚合物	7.6	6.5
22	39041010	聚氯乙烯糊树脂	7.6	6.5
23	39041090	其他初级形状的纯聚氯乙烯	7.6	6.5
24	39042100	初级形状未塑化的聚氯乙烯	7.6	6.5
25	39042200	初级形状已塑化的聚氯乙烯	7.6	6.5
26	39045000	初级形状的偏二氯乙烯聚合物	7.6	6.5
27	39071010	初级形状的聚甲醛	7.6	6.5
28	39071090	其他初级形状的聚缩醛	7.6	6.5
29	39072010	聚四亚甲基醚二醇	7.6	6.5
30	39072090	初级形状的其他聚醚	7.6	6.5
31	39073000	初级形状的环氧树脂	7.6	6.5
32	39076011	高粘度聚对苯二甲酸乙二酯切片	7.6	6.5
33	39076019	其他聚对苯二甲酸乙二酯切片	7.6	6.5
34	39079100	初级形状的不饱和聚酯	7.6	6.5
35	39081011	聚酰胺－6，6切片	7.6	6.5
36	39081019	初级形状聚酰胺切片	7.6	6.5
37	39095000	初级形状的聚亚氨酯	7.6	6.5
38	39159090	其他塑料的废碎料及下脚料	7.6	6.5
39	39151000	乙烯聚合物的废碎料及下脚料	7.6	6.5
40	39152000	苯乙烯聚合物的废碎料及下脚料	7.6	6.5
41	39153000	氯乙烯聚合物的废碎料及下脚料	7.6	6.5
42	39159010	聚对苯二甲酸乙二酯的塑料废碎料及下脚料	7.6	6.5
43	39173900	塑料制的其他管子	7.6	6.5
44	39204300	按重量计增塑剂含量不小于6%的聚氯乙烯板、片、膜、箔及扁条	7.6	6.5
45	39204900	按重量计增塑剂含量小于6%的聚氯乙烯板、片、膜、箔及扁条	7.6	6.5

附表三：

进口商品暂定税率表

序号	ex	税则号列	商品名称	2008 年最惠国税率（%）	2008 年暂定税率（%）
1		03033110	冻格陵兰庸鲽鱼	10	5
2		05119111	受精鱼卵	12	0
3		12010091	黄大豆	3	1［注 2］
4		12119036	甘草	6	0
5		13021200	甘草汁液及浸膏	6	0
6		15020010	未炼制的牛羊脂肪	8	4
7		15020090	已炼制的牛羊脂肪	8	4
8	ex	15119020	固态棕榈硬脂（50 度≤熔点≤56 度）	8	4
9		15159020	印楝油及其分离品	20	10
10		15200000	粗甘油；甘油水及甘油碱液	20	15
11		18010000	整颗或破碎的可可豆，生的或焙炒的	8	2
12		19011000	供婴幼儿食用的零售包装食品	15	10
13		23099090	其他配制的动物饲料	6.5	4
14	ex	24039100	再造烟草	57	40
15		25030000	硫磺	3	0
16		25101010	未碾磨的磷灰石	3	0
17		25102010	已碾磨的磷灰石	3	0
18		25151100	原状或粗加修正的大理石	4	0
19		25161100	原状或粗加修正的花岗石	4	0
20		25162000	原状或粗加修正的砂岩	3	0
21		25281000	天然硼砂及其精矿	3	1
22		25289000	天然粗硼酸，含硼酸干重不超过 85%	5	1
23	ex	25309099	天青石	3	1
24		27011100	未制成型的无烟煤，不论是否粉化	3	0
25		27011210	炼焦煤	3	0
26		27011290	其他烟煤	6	0
27		27011900	未制成型的其他煤，不论是否粉化	5	0
28		27012000	煤砖、煤球及类似用煤制固体燃料	5	0
29		27040010	煤制焦炭及半焦炭不论是否成型	5	0
30		27040090	甑炭	5	0
31		27050000	煤气、水煤气、炉煤气及类似气体，石油气及其他烃类气除外	5	1
32		27060000	从煤、褐煤、或泥煤蒸馏所得的焦油及矿物焦油，不论是否脱水或部分蒸馏，包括再造焦油	6	1
33		27073000	粗二甲苯	6	3
34		27075000	其他芳烃混合物	7	3

续表

序号	ex	税则号列	商品名称	2008 年最惠国税率（%）	2008 年暂定税率（%）
35	ex	27082000	针状沥青焦	6	1
36		27101110	车用汽油及航空汽油	5	1
37		27101120	石脑油	6	1
38	ex	27101191	壬烯（碳九混合异构体含量高于 90%）	9	4
39	ex	27101199	异戊烯同分异构体混合物	9	5
40		27101911	航空煤油	9	1
41	ex	27101919	正构烷烃（C9 – C13）	6	2
42		27101921	轻柴油	6	1
43		27101922	5 – 7 号燃料油	6	3
44	ex	27101929	350 度以下馏出物体积百分比小于 20%，550 度以下馏出物体积百分比大于 80% 的蜡油	6	0
45	ex	27131210	已煅烧针状石油焦	3	1
46		28020000	升华硫磺、沉淀硫磺、胶态硫磺	5. 5	0
47	ex	28046190	多晶硅	4	2
48		28051100	钠	5. 5	1
49		28051200	钙	5. 5	1
50		28051900	其他碱金属及碱土金属	5. 5	1
51		28053011	钕	5. 5	0
52		28053012	镝	5. 5	0
53		28053013	铽	5. 5	0
54		28053019	其他未相互混合或熔合的稀土金属、钪及钇	5. 5	0
55		28053021	已相互混合或熔合的稀土金属、钪及钇，电池级	5. 5	0
56		28053029	其他已相互混合或熔合的稀土金属、钪及钇	5. 5	0
57		28092019	磷酸及偏磷酸、焦磷酸	1	0
58		28121010	氯化亚砜	5. 5	2
59		28141000	氨	5. 5	1
60		28142000	氨水	5. 5	1
61		28182000	氧化铝，但人造刚玉除外	8	0
62		28220010	四氧化三钴	5. 5	2
63		28220090	其他钴的氧化物和氢氧化物	5. 5	2
64		28254000	镍的氧化物和氢氧化物	5. 5	2
65	ex	28269090	六氟磷酸锂	5. 5	2
66		28342110	肥料用硝酸钾	4	1
67	ex	28342990	硝酸钡	5. 5	2
68		28366000	碳酸钡	5. 5	2
69		28369100	锂的碳酸盐	5. 5	2
70		28369200	锶的碳酸盐	5. 5	2
71		28369930	碳酸钴	5. 5	2

续表

序号	ex	税则号列	商品名称	2008 年最惠国税率（%）	2008 年暂定税率（%）
72	ex	28399000	锆的硅酸盐	5.5	2
73		28401100	无水四硼酸钠	5.5	2
74		28401900	其他四硼酸钠	5.5	2
75	ex	28419000	钴酸锂	5.5	2
76		28461010	氧化铈	5.5	0
77		28461020	氢氧化铈	5.5	0
78		28461030	碳酸铈	5.5	0
79		28461090	铈的其他化合物	5.5	0
80		28469011	氧化钇	5.5	0
81		28469012	氧化镧	5.5	0
82		28469013	氧化钕	5.5	0
83		28469014	氧化铕	5.5	0
84		28469015	氧化镝	5.5	0
85		28469016	氧化铽	5.5	0
86		28469019	其他氧化稀土	5.5	0
87		28469028	混合氯化稀土	5.5	0
88		28469021	氯化铽	5.5	0
89		28469022	氯化镝	5.5	0
90		28469029	未混合氯化稀土	5.5	0
91		28469030	氟化稀土	5.5	0
92		28469041	碳酸镧	5.5	0
93		28469042	碳酸铽	5.5	0
94		28469043	碳酸镝	5.5	0
95		28469048	混合碳酸稀土	5.5	0
96		28469049	未混合碳酸稀土	5.5	0
97		28469090	稀土金属、钇、钪的其他化合物	5.5	0
98		29012100	乙烯	2	0
99		29012200	丙烯	2	1
100		29031500	1，2－二氯乙烷（ISO）	5.5	1
101		29032100	氯乙烯	5.5	1
102		29036110	邻二氯苯	5.5	3
103		29042020	硝基甲苯	5.5	3
104		29051210	正丙醇	5.5	3
105		29051430	叔丁醇	5.5	3
106		29053200	1，2－丙二醇	5.5	3
107		29054500	丙三醇（甘油）	14	5.5
108		29071211	间甲酚	5.5	3
109		29071212	邻甲酚	5.5	3

续表

序号	ex	税则号列	商品名称	2008 年最惠国税率（%）	2008 年暂定税率（%）
110		29071910	邻仲丁基酚、邻异丙基酚	4	2
111		29094100	二甘醇	5.5	3
112	ex	29094990	2－正丙氧基乙醇	5.5	3
113	ex	29121900	正丙醛	5.5	3
114	ex	29121900	乙二醛	5.5	3
115		29141300	甲基异丁基甲酮	5.5	3
116		29155010	丙酸	5.5	3
117		29162010	DV 菊酸甲酯、二溴菊酸	4	2
118	ex	29162090	二氯菊酰氯（DV 菊酰氯）	6.5	2
119		29171200	已二酸及其盐和酯	6.5	3
120		29172010	四氢苯酐	4	2
121		29211910	二正丙胺	4	2
122		29211920	异丙胺	6.5	2
123	ex	29211990	三乙胺、月桂胺、一乙胺、正丁胺	6.5	3
124		29212110	乙二胺	6.5	3
125	ex	29212900	二乙烯三胺	6.5	3
126	ex	29214300	邻甲苯胺	6.5	3
127	ex	29214920	2，4、2，6－二甲基苯胺	6.5	2
128		29214940	2，6－二乙基苯胺	6.5	2
129	ex	29221320	芳基聚氧乙烯磷酸酯	6.5	3
130		29224210	谷氨酸	10	2
131		29261000	丙烯腈	6.5	3
132	ex	29269090	乙二腈	6.5	1
133	ex	29309090	DL－羟基蛋氨酸	6.5	5
134	ex	29309090	乙硫醇	6.5	3
135		29333210	六氢吡啶	4	2
136		29336910	三聚氰氯	6	2
137		29419051	7－氨基脱乙酰氧基头孢烷酸、7－氨基头孢烷酸	6	4
138		31031010	重过磷酸钙	4	1
139		31031090	其他过磷酸钙	4	1
140		31039000	其他矿物磷肥或化学磷肥	4	1
141		31042090	其他氯化钾	3	1
142		31043000	硫酸钾	3	1
143		31049010	光卤石、钾盐及其他天然粗钾盐	3	1
144		31049090	其他矿物钾肥及化学钾肥	3	1
145		31051000	制成片状及类似形状或每包毛重不超过 10 公斤的 31 章各货品	4	1
146		31054000	磷酸二氢铵及磷酸二氢铵与磷酸氢二铵的混合物	4	1
147		31055100	含有硝酸盐及磷酸盐的肥料	4	1

续表

序号	ex	税则号列	商品名称	2008年最惠国税率（%）	2008年暂定税率（%）
148		31055900	其他含氮、磷两种肥效元素的矿物肥料或化学肥料	4	1
149		31056000	含磷、钾两种元素的肥料	4	1
150		31059000	其他肥料	4	1
151	ex	32082010	分散于或溶于非水介质的光导纤维用涂料（主要成分为聚胺酯丙烯酸酯类化合物）	10	6
152	ex	32089010	光导纤维用涂料（主要成分为聚胺酯丙烯酸酯类化合物）	10	6
153	ex	33012999	黄樟油	15	7
154		33013010	鸢尾凝脂（香膏类）	20	10
155		33043000	指（趾）甲化妆品	15	10
156		33052000	烫发剂	15	10
157		33053000	定型剂	15	10
158		34011990	其他用肥皂及有机表面活性产品，条、块状或模制形状的，以及用肥皂或洗涤剂浸渍、涂面或包覆的纸、絮胎、毡呢及无纺织物	15	10
159		34012000	其他形状的肥皂	15	10
160	ex	34029000	十二烷基苯磺酸钙甲醇溶液（十二烷基苯磺酸钙含量应高于70%）	9	7
161	ex	35030010	明胶	12	5
162		35051000	糊精及其他改性淀粉	12	6
163		37011000	X光片	20	10
164		37024221	印刷电路板制造用光制抗蚀干膜	2.1元/平方米	0.6元/平方米
165	ex	37024291	红外或氦氖激光胶片，宽度>80厘米，长度大于1000米	2.4元/平方米	1.05元/平方米
166		37024422	印刷电路板制造用光制抗蚀干膜	2.1元/平方米	0.9元/平方米
167		37025520	未曝光的窄长彩色电影胶卷（正片）	11元/平方米	6元/平方米
168	ex	37071000	感光乳剂（不含银的）	8	4
169		37079020	复印机用化学制剂（定量包装或零售包装可立即使用的）	10	5
170		38011000	人造石墨	6.5	3
171	ex	38170000	混合烷基苯	6.5	4
172		38237000	工业用脂肪醇	13	9
173	ex	38249099	电极浆料（主要成分为银、镍或铜和有机溶剂）	6.5	3
174	ex	38249099	高钛渣（二氧化钛质量百分含量大于70%的）	6.5	0
175	ex	38249099	生产等离子显示屏用的银电极浆料、介质浆料、障蔽浆料、荧光粉浆料	6.5	3
176	ex	39011000	聚乙烯（进口CIF价高于2500美元/吨）	6.5	3
177	ex	39012000	聚乙烯（进口CIF价高于2500美元/吨）	6.5	3
178	ex	39021000	电工级初级形状聚丙烯树脂（灰分含量不大于30ppm）	6.5	3
179	ex	39069090	聚丙稀酸钠	6.5	3
180		39072010	聚四亚甲基醚二醇	6.5	3

续表

序号	ex	税则号列	商品名称	2008 年最惠国税率（%）	2008 年暂定税率（%）
181	ex	39073000	溴的质量百分含量在18%及以上或进口 CIF 价格高于 3800 美元/吨的环氧树脂（如溶于溶剂，以纯环氧树脂折算溴的百分含量）	6.5	4
182	ex	39119000	偏苯三酸酐和异氰酸预缩聚物	6.5	3
183	ex	39119000	芳基酸与芳基胺预缩聚物	6.5	3
184	ex	39119000	改性三羟乙基脲酸酯类预缩聚物	6.5	3
185	ex	39121100	未塑化二、三醋酸纤维素	6.5	1
186	ex	39201090	乙烯-四氟乙烯膜（四氟乙烯单体含量约50%），比重1.7~1.75 克/立方厘米	6.5	1
187	ex	39209100	聚乙烯醇缩丁醛膜	6.5	3
188	ex	39219090	离子交换膜	6.5	3
189		40011000	天然胶乳	20	10，或 720 元/吨。两者从低
190		40012100	烟胶片	20	20，或 2600 元/吨。两者从低
191		40012200	技术分类天然橡胶	20	20，或 2600 元/吨。两者从低
192	ex	40112000	断面宽度 30 英寸及以上的轮胎	10	1
193	ex	40116100	断面宽度 24 英寸及以上的轮胎	17.5	6
194	ex	40116300	断面宽度 24 英寸及以上的轮胎	17.5	6
195	ex	40116900	断面宽度 30 英寸及以上的轮胎	17.5	6
196	ex	40119200	断面宽度 24 英寸及以上的轮胎	25	6
197	ex	40119400	断面宽度 24 英寸及以上的轮胎	25	6
198	ex	40119900	断面宽度 30 英寸及以上的轮胎	25	3
199		40129010	航空用实心或半实心橡胶轮胎	3	1
200		40139010	航空用橡胶内胎	3	1
201		41041111	全粒面未剖层或粒面剖层蓝湿牛皮	7	5
202		41041911	其他蓝湿牛皮	7	5
203		41041920	其他湿马皮	7	5
204		41051010	蓝湿绵羊、羔羊皮	14	12
205	ex	41062100	蓝湿山羊皮	14	12
206		41063110	蓝湿猪皮	14	12
207	ex	44089019	家具饰面单板	3	1
208	ex	44089029	胶合板用旋切单板	3	1
209		45011000	未经加工或简单加工的天然软木	6	1
210		48022010	照相原纸	7.5	5
211		48115110	彩色相纸用双面涂塑纸，每平方米重量超过 150 克	7.5	1
212	ex	49070090	特许权使用凭证（包括软件升级许可证、软件用户许可证等）	7.5	0
213	ex	49119900	印有自动数据处理设备用程序的纸张	7.5	0

续表

序号	ex	税则号列	商品名称	2008 年最惠国税率（%）	2008 年暂定税率（%）
214	ex	56013000	由两种或两种以上有机聚合物纺制的纤维（横截面为皮芯结构或并列结构或海岛结构），长度不超过 5 毫米	10	5
215	ex	68061000	矿物纤维，渣球含量小于 5%	10.5	5
216	ex	68071000	聚脂－铜复合胎基改性沥青根阻防水卷材	12	1
217	ex	68159910	碳纤维纱线（碳元素含量大于 90%）	17.5	8
218		69049000	陶瓷制铺地砖、支撑或填充用砖	24.5	15
219		69051000	陶瓷制屋顶瓦	24.5	15
220		69059000	其他建筑用陶瓷制品	24.5	15
221		69060000	陶瓷套管、导管、槽管及管子配件	15	10
222		69071000	未上釉的小陶瓷砖、瓦、块及类似品	24.5	12
223		69079000	未上釉的大陶瓷砖、瓦、块及类似品	12	8
224		69099000	农业用、运输或盛装货物用陶瓷容器	21	15
225		69111010	瓷餐具	12	8
226		69111020	瓷厨房器具	15	10
227		69120010	陶餐具	15	10
228		69120090	陶制厨房器具	15	10
229	ex	70023900	光通信用微光组件的玻璃毛细管、定位管（外径小于 3 毫米）	12	3
230	ex	70031900	液晶显示屏用原板玻璃	17.5	3
231	ex	70049000	光学平板玻璃，厚度 0.7 毫米以下	17.5	9
232	ex	70052900	浮法玻璃，气泡、杂质的大小小于等于 30 微米	15	8
233	ex	70060000	液晶玻璃基板	15	3
234	ex	70071110	空载重量 25 吨及以上飞机的挡风玻璃	2	1
235	ex	70071900	低铁钢化太阳能电池组件封装专用玻璃（最大含铁量 0.02% Fe_2O_3，玻璃厚度 2.5 毫米－3.5 毫米）	14	12
236	ex	70112090	显示管玻壳及其零件	10	6
237		70132200	铅晶质高脚杯	24.5	15
238		70133300	其他铅晶质玻璃杯	24.5	15
239		70134100	铅晶质玻璃制餐桌、厨房用器皿	24.5	15
240	ex	70140090	带有抗红外和防反射薄膜的滤波玻璃	17.5	9
241		70151010	视力矫正眼镜用变色镜片坯件	21	15
242		70151090	其他视力矫正眼镜用镜片坯件	17.5	10
243		70159020	平光变色镜片坯件	18	10
244		70189000	玻璃假眼；灯工方法制的玻璃塑像及玻璃饰品	20	10
245	ex	70195200	覆铜板用玻璃纤维长丝平纹布，开纤或每平方米重不超过 180 克	12	6
246		70200011	导电玻璃	10.5	7
247	ex	70200019	等离子模块生产用高应变点玻璃（应变点在 550 摄氏度及以上）	10.5	5
248	ex	70200099	石英玻璃，平整度小于等于 1 微米	15	8
249		71011011	天然黑珍珠	21	0

续表

序号	ex	税则号列	商品名称	2008 年最惠国税率（%）	2008 年暂定税率（%）
250		71011091	天然黑珍珠	21	0
251	ex	71012110	养殖黑珍珠	21	0
252	ex	71012190	养殖黑珍珠	21	0
253	ex	71012210	养殖黑珍珠	21	0
254	ex	71012290	养殖黑珍珠	21	0
255	ex	71049019	蓝宝石衬底（由人造刚玉加工而成，厚度小于 0.5 毫米）	6	1
256		71159010	工业或试验室用贵或包金属制品	3	0
257		72024100 72024900	铬铁	2	1
258		72026000	镍铁	2	1
259		72029300	铌铁	2	1
260	ex	72031000	热压铁块	2	0
261		72041000	铸铁废碎料	2	0
262		72043000	镀锡钢铁废碎料	2	0
263		72044100	机械加工中产生的钢铁废料	2	0
264		72091810	厚度＜0.3 毫米冷轧卷材，宽≥600 毫米	6	3
265	ex	72269990	铁镍合金带材（生产集成电路框架用），宽度小于 600 毫米	7	4
266		73044110	冷轧的不锈钢制无缝锅炉管（冷拔或冷轧的，包括内螺纹）	10	5
267		73044910	非冷轧（拔）不锈钢制无缝锅炉管（包括内螺纹）	10	5
268		73239100	餐桌、厨房等家用铸铁制器具	20	10
269		73239200	餐桌、厨房等家用铸铁制搪瓷器	20	10
270		73239410	钢铁制搪瓷面盆	20	10
271		73239420	钢铁制搪瓷烧锅	20	10
272		73241000	不锈钢制洗涤槽及脸盆	18	10
273		73242900	其他钢铁制浴缸	30	15
274		73249000	其他钢铁制卫生器具及零件	25	15
275	ex	74010000	铜锍	2	0
276		74031111 74031119	精炼铜阴极	2	0
277		74031190	精炼铜阴极型材	2	0
278		74020000	未精炼铜、电解精炼用铜阳极	2	0
279		74040000	铜废碎料	1.5	0
280	ex	74101100	覆铜板及印刷线路板用铜箔，厚度≤0.15 毫米	4	1
281		74181990	餐桌厨房等家用铜制器具及其零件	18	10
282		74182000	铜制卫生器具及其零件	18	10
283		75011000	镍锍	3	0
284		75012010	镍湿法冶炼中间品	3	0

续表

序号	ex	税则号列	商品名称	2008年最惠国税率（%）	2008年暂定税率（%）
285		75012090	其他冶炼镍时所得的中间品	3	0
286		75021010	按重量计镍、钴总量在99.99%及以上的，但钴含量不超过0.005%的非合金镍	3	0
287		75021090	其他非合金镍	3	0
288		76011090	电解铝	5	0
289		76020000	铝废碎料	1.5	0
290		76061120	厚度在0.3毫米及以上，但不超过0.36毫米的非合金铝制矩形板、片、带	6	1
291		76151900	餐桌厨房等家用铝制器具及其零件	15	10
292		81052010	钴湿法冶炼中间品	4	0
293	ex	81052090	钴锍及其他冶炼钴时所得的中间产品	4	0
294	ex	81060010	未锻轧铋	3	1
295	ex ex	81129220 81129920	钒氮合金	3	0
296		82111000	以刀为主的成套货品	18	10
297		82119100	刃面固定的餐刀	18	10
298		82119300	可换刃面刀	18	10
299		82159900	其他非成套的厨房或餐桌用具	18	10
300		84059000	煤气、乙炔等气体发生器的零件	8	5
301	ex	84073410	燃油分层喷射（FSI）的汽油发动机，汽缸容量超过1000毫升，但不超过3000毫升	10	6
302		84079010	沼气发动机	12	9
303	ex	84079090	立式输出轴汽油发动机	18	9
304	ex	84079090	转速<3600转/分钟的发电机用汽油发动机、税号8426－8430所列机械用转速<4650转/分钟的汽油发动机	18	8
305	ex	84082010	输出功率在441千瓦（600马力）及以上的柴油发动机	9	4
306	ex	84082010	柴油发动机，294千瓦（400马力）≤输出功率<441千瓦（600马力）	9	5
307	ex	84082090	额定功率小于100千瓦的轿车用柴油发动机	25	10
308		84099191	电控燃油喷射装置	5	2
309	ex	84099999	电控柴油喷射装置	8.4	5
310	ex	84119910	涡轮轴航空发动机用零件	5	0
311	ex	84122990	风力发电机组用液压动力装置（由液压泵、电动机、控制阀等部件组成）	14	7
312	ex	84123100	三坐标测量机用气缸	14	7
313		84131100	分装燃料或润滑油的泵	10	6
314		84131900	其他装有或可装计量装置的泵	10	6
315		84135010	气动式往复式排液泵	10	6

续表

序号	ex	税则号列	商品名称	2008 年最惠国税率（%）	2008 年暂定税率（%）
316		84135020	电动式往复式排液泵	10	6
317		84135031 84135039	液压式往复式排液泵	10	6
318		84135090	其他往复式排液泵	10	6
319		84136021	电动式齿轮回转泵	10	6
320	ex	84136022	回转式液压油泵，输入转速 >2000 转/分钟，输入功率 >190 千瓦，最大流量 >2×280 升/分钟	10	3
321	ex	84136022	其他液压式齿轮回转泵	10	6
322		84136029	其他齿轮回转泵	10	6
323		84136031	电动式叶片回转泵	10	6
324		84136032	液压式叶片回转泵	10	6
325		84136039	其他叶片回转泵	10	6
326		84136040	螺杆回转泵	10	6
327		84136050	径向柱塞泵	10	6
328		84136060	轴向柱塞泵	10	6
329		84136090	其他回转式排液泵	10	6
330		84137091	电动潜油泵及潜水电泵	10	6
331		84139200	液体提升机用零件	6	4
332		84141000	真空泵	8	5
333	ex	84143011	功率≤0.4 千瓦的冷藏、冷冻箱用无级变速压缩机	8	3
334	ex	84143011	功率≤0.4 千瓦的冷藏、冷冻箱用定速压缩机	8	5
335	ex	84143012	0.4 千瓦 <功率≤5 千瓦的冷藏、冷冻箱用无级变速压缩机	10	4
336	ex	84143012	0.4 千瓦 <功率≤5 千瓦的冷藏、冷冻箱用定速压缩机	10	6
337	ex	84143013	0.4 千瓦 <功率≤5 千瓦的空气调节器用无级变速压缩机	10	4
338	ex	84143013	0.4 千瓦 <功率≤5 千瓦的空气调节器用定速压缩机	10	6
339	ex	84143014	功率 >5 千瓦的空气调节器用无级变速压缩机	10	4
340	ex	84143014	功率 >5 千瓦的空气调节器用定速压缩机	10	6
341	ex	84143015	冷冻或冷藏设备用，电动机额定功率 >5 千瓦的电动机驱动的无级变速压缩机	10	4
342	ex	84143015	冷冻或冷藏设备用，电动机额定功率 >5 千瓦的电动机驱动定速压缩机	10	6
343	ex	84143019	其他制冷设备用无级变速压缩机	10	4
344	ex	84143019	其他制冷设备用定速压缩机	10	6
345		84145120	功率≤125 瓦的换气扇	20	12
346		84146010	抽油烟机	10	6
347	ex	84148030	轿车用增压器，最大增压压力不低于 1.7Bar	7	3
348		84149011	用于制冷设备的压缩机进、排气阀片	8	5

续表

序号	ex	税则号列	商品名称	2008 年最惠国税率（%）	2008 年暂定税率（%）
349		84149019	其他用于制冷设备的压缩机零件	8	5
350		84149020	风机、风扇、通风罩及循环气罩零件	12	6
351		84149090	税号 84.14 其他所列机器零件	7	4
352		84151010	独立窗式或壁式空气调节器	15	8
353		84151021	分体式制冷量≤4 千大卡/时窗式或壁式空气调节器	15	8
354		84151022	分体式制冷量>4 千大卡/时窗式或壁式空气调节器	15	8
355		84152000	机动车辆上供人使用的空气调节器	20	10
356		84158110	制冷量≤4 千大卡/时热泵式空调器	15	8
357		84158120	制冷量>4 千大卡/时热泵式空调器	20	12
358		84158210	制冷量≤4 千大卡/时的其他空调器	15	8
359		84158220	制冷量>4 千大卡/时的其他空调器	20	12
360		84159010	制冷量≤4 千大卡/时等空调的零件	10	6
361		84159090	制冷量>4 千大卡/时等空调的零件	10	6
362	ex	84162019	溴化锂空调用燃烧机	10.5	5
363		84182110	容积>150 升压缩式家用型冷藏箱	10	6
364		84182120	50 升<容积≤150 升压缩式家用型冷藏箱	10	6
365		84182130	容积≤50 升压缩式家用型冷藏箱	10	6
366		84182910	半导体制冷式家用型冷藏箱	30	15
367		84182920	电气吸收式家用型冷藏箱	15	8
368		84182990	其他家用型冷藏箱	30	15
369		84189910	制冷机组及热泵用零件	10	6
370		84189991	制冷温度≤-40℃冷冻设备零件	9.5	6
371		84189992	制冷温度>-40℃，容积>500 升冷藏设备零件	10	6
372		84189999	税号 84.18 其他制冷设备用零件	10	6
373		84191100	燃气快速热水器	35	17
374	ex	84193990	生产奶粉用干燥器	9	4
375		84198100	加工热饮料、烹调、加热食品的机器	10	6
376	ex	84201000	织物轧光机	8.4	6
377		84211210	干衣量≤10 千克的离心干衣机	17.5	8
378		84211910	脱水机	10	6
379		84212110	家用型过滤或净化水的机器及装置	25	12
380	ex	84212190	喷灌设备用叠式净水过滤器	5	2
381		84213910	家用型气体过滤、净化机器及装置	15	8
382	ex	84213930	摩托车发动机排气过滤及净化装置	5	3
383		84219910	家用型过滤、净化装置用零件	10	6
384		84221100	家用型洗碟机	10	6
385	ex	84223010	乳品加工用自动化灌装设备	12	6

续表

序号	ex	税则号列	商品名称	2008 年最惠国税率（%）	2008 年暂定税率（%）
386		84229010	洗碟机用零件	10.5	6
387		84312000	叉车及装有升降装置工作车用零件	6	3
388		84314100	戽斗、铲斗、抓斗及夹斗	6	3
389		84314200	推土机或侧铲推土机用铲	6	3
390		84342000	乳品加工机器	6	2
391	ex	84335100	功率≥160 马力的联合收割机	8	5
392	ex	84335990	自走式青储饲料收获机	8	5
393	ex	84368000	青储饲料切割上料机	10	3
394		84423021	计算机直接制版机器（CTP）	9	0
395	ex	84424000	计算机直接制版机器用零件	7	0
396		84431600	苯胺印刷机（柔性版印刷机）	10	5
397	ex	84431700	凹版印刷机，印刷速度≥350 米/分钟	18	9
398	ex	84431921	纺织用圆网印花机	10	8
399	ex	84431922	纺织用平网印花机	10	8
400		84433110	静电感光式多功能一体机	10	3
401	ex	84433221	幅宽 >60 厘米的喷墨印刷设备，可与网络或自动数据处理设备连接	8	3
402	ex	84433222	幅宽 >60 厘米的静电照相印刷设备（激光印刷机），可与网络或自动数据处理设备连接	8	3
403		84335920	棉花采摘机	8	5
404		84439110	传统印刷机用辅助机器	12	6
405	ex	84439190	胶印机用墨量遥控装置（包括墨色控制装置、墨量调节装置、墨斗体等组成部分）	6	0
406	ex	84439190	传统印刷机用零件及附件（胶印机用墨量遥控装置除外）	6	3
407	ex	84439920	接触式图像传感器（扫描头）	6	0
408	ex	84439920	热敏打印头	6	0
409	ex	84451190	宽幅非织造布梳理机，工作幅宽 >3.5 米，工作速度 >120 米/分钟	10	6
410	ex	84451210	棉精梳机，生产速度 >350 嵌次/分钟	10	5
411		84454010	自动络筒机	10	0
412		84463050	喷气织机	8	0
413	ex	84481100	多臂机或提花机转速指标：500 转/分以上	8	4
414	ex	84483200	精梳机钳板、顶梳装置，精梳机锡林部件、精梳机车头凸轮传动、行星齿轮部件，精梳联合梳理装置，清梳联合给棉装置，清梳联合机盖板清洁装置	6	3
415		84483310	络筒锭	6	3
416		84483920	电子清纱器	6	3
417		84483930	空气捻接器	6	3
418		84483940	环锭细纱机紧密纺装置	6	0

续表

序号	ex	税则号列	商品名称	2008 年最惠国税率（%）	2008 年暂定税率（%）
419		84484910	接、投梭箱	6	3
420		84484920	引纬、送经装置	6	3
421		84483990	税号 84.45 所列机器用的其他零附件	6	3
422		84484990	织机及其辅助机器用其他零附件	6	3
423		84485900	税号 84.47 机器用的其他零附件	6	3
424	ex	84490010	高速针刺机，针刺频率＞2000 次/分钟	8	6
425	ex	84490020	高速宽幅水刺设备，工作幅宽＞3.5 米，工作速度＞250 米/分钟，水刺压力≥400 帕	8	6
426		84501110	干衣量≤10 千克的波轮式全自动洗衣机	10	6
427		84501120	干衣量≤10 千克的滚筒式全自动洗衣机	10	6
428		84501190	干衣量≤10 千克的其他全自动洗衣机	10	6
429		84501900	干衣量≤10 千克的其他洗衣机	30	15
430		84502000	干衣量＞10 千克的洗衣机	10	6
431		84509090	干衣量＞10 千克的洗衣机零件	16	8
432	ex	84518000	柔软整理机	12	10
433	ex	84518000	磨毛机、丝光机	12	10
434	ex	84518000	定型机、涂层机	12	10
435	ex	84518000	罐蒸机、精炼机	12	10
436	ex	84518000	剪绒、洗缩联合机	12	10
437	ex	84518000	预缩机	12	10
438	ex	84518000	服装液氨整理机	12	10
439	ex	84518000	服装定型焙烘炉	12	10
440	ex	84518000	剪毛联合机	12	10
441		84689000	焊接机器用零件	7	3
442		84734010	自动柜员机出钞器	10.5	1
443	ex	84734090	钞票清分机零附件	10.5	3
444		84789000	烟草加工及制作机器的零件	10	5
445		84794000	绳或缆的制造机器	7	5
446		84798110	绕线机	9.5	5
447	ex	84811000	喷灌设备用减压阀	5	2
448		84818010	其他阀门	7	3
449		84819010	阀门用零件	8	4
450	ex	84823000	鼓形滚子轴承	8	4
451		84824000	滚针轴承	8	4
452	ex	84825000	风力发电设备用圆柱形滚子轴承	8	4
453		84829100	滚珠、滚针及滚柱	8	4
454		84829900	滚动轴承的其他零件	6	3

续表

序号	ex	税则号列	商品名称	2008年最惠国税率（%）	2008年暂定税率（%）
455		84831010	船舶用传动轴	6	3
456		84831090	其他传动轴及曲柄	6	3
457		84832000	装有滚珠或滚子轴承的轴承座	6	3
458		84833000	未装滚珠或滚子轴承的轴承座；滑动轴承	6	3
459	ex	84834020	磨煤机用行星齿轮减速器（由螺旋伞齿轮加行星齿轮二级立式减速机构组成，转盘外圆直径为：1300毫米~2400毫米）	8	2
460	ex	84836000	压力机用组合式湿式离合/制动器，离合扭距为60KNM~300KNM，制动扭距为30KNM~100KNM	8	4
461	ex	84839000	风力发电设备用传动部件及零件（包括齿轮、齿轮支架、内齿圈、锁紧盘、齿轮轴、变速箱壳体）	8	4
462		84841000	金属片密封垫或类似接合衬垫	8	5
463		84842000	机械密封件	8	5
464		84849000	其他材料制密封垫及类似接合衬垫	8	5
465		84863041	制造平板显示器用超声波清洗装置	10	0
466	ex	85011091	激光视盘机机芯精密微型电机（直径不超过24毫米，功率<1.5瓦，面振精度≤20微米，步进移动量<34微米）	9	3
467	ex	85011099	功率不大于0.5瓦（园柱型：直径不大于6毫米，高不大于25毫米；扁园型：直径不大于15毫米，厚不大于5毫米）非用于激光视盘机机芯的微型电机	9	5
468	ex	85015300	高速（200千米/时）电力机车的交流异步牵引电动机	12	3
469		85023100	风力发电设备	8	5
470		85030030	风力发电设备的零件	3	1
471		85044014	功率小于1千瓦，稳压系数低于万分之一的直流稳压电源（税号8471所列机器用除外）	7	3
472		85044091	具有变流功能的半导体模块	10	0
473	ex	85044099	高速（200千米/时）电力机车的牵引变流器	10	3
474	ex	85044099	汽车冲压线用压力机变频调速装置	10	5
475		85094010	水果或蔬菜榨汁机	10	6
476		85094090	食品研磨机及搅拌器	10	6
477		85098010	地板打蜡机	30	15
478		85098020	厨房废物处理器	20	10
479		85098090	其他家用电动器具	30	15
480		85099000	家用电动器具用零件	12	6
481		85101000	电动剃须刀	30	15
482		85102000	电动毛发推剪	30	15
483		85103000	电动脱毛器	20	12
484		85109000	税号85.10所列货品的零件	24.5	12
485	ex	85144000	焊缝中频退火装置	10	7

续表

序号	ex	税则号列	商品名称	2008 年最惠国税率（%）	2008 年暂定税率（%）
486		85159000	电气等焊接机器及装置零件	6	3
487		85161000	电热水器	10	6
488		85164000	电熨斗	35	17
489		85165000	微波炉	15	8
490		85166010	电磁炉	15	8
491		85166030	电饭锅	15	8
492		85166040	电炒锅	15	8
493		85166050	电烤箱	15	8
494		85166090	其他电热炉	15	8
495		85167110	滴液式咖啡机	32	16
496		85167120	蒸馏渗滤式咖啡机	32	16
497		85167130	泵压式咖啡机	32	16
498		85167190	其他电热咖啡壶或茶壶	32	16
499		85167210	家用自动面包机	32	16
500		85167220	片式烤面包机	32	16
501		85167290	其他电热烤面包器	32	16
502		85167990	其他电热器具	32	16
503		85169090	税号 85.16 所列货品的其他零件	12	8
504	ex	85181000	传声器（麦克风）及其座架（列 ITA 的电讯用麦克风除外）	10	6
505		85182100	单喇叭音箱	10	6
506		85182200	多喇叭音箱	10	6
507		85198131	闪速存储器型声音录放机	20	12
508		85198139	使用半导体媒体的其他声音录放装置	20	12
509		85198990	其他声音录制或重放设备	20	12
510		85211011	磁带型广播级录像机	30（执行时需转为复合税）	15
511	ex	85219090	光盘型广播级录像机	20	15
512		85229029	盒式磁带录音机或放声机其他零件	30	15
513	ex	85229031	具有刻录功能的激光视盘机机芯	30	15
514	ex	85229039	其他视频信号录制或重放设备的零件	30	10
515	ex	85229039	激光视盘机的激光收发装置（激光头）	30	10
516	ex	85229039	激光视盘机激光收发装置用的零件	30	3
517		85229091	车载音频转播器或发射器	20	10
518		85229099	声音录制或重放设备用其他零件	20	10
519		85232928	重放声音或图像信息的磁带	10	6
520		85234010	仅用语重放声音信息的已录制光盘	10	6
521	ex	85258013	手机用摄像组件（由镜头 + CCD/CMOS + 数字信号处理电路三部分构成）	35（执行时将转为从量税）	4

续表

序号	ex	税则号列	商品名称	2008 年最惠国税率（%）	2008 年暂定税率（%）
522	ex	85261090	飞机机载雷达（包括气象雷达、地形雷达和空中交通管制应答系统）	5	1
523		85271300	不需外接电源收录（放）音组合机	15	8
524		85271900	不需外接电源无线电收音机	15	8
525		85272100	需外接电源汽车收录（放）音组合机	15	8
526		85272900	需外接电源汽车用无线电收音机	15	8
527		85279100	其他收录（放）音组合机	15	8
528		85279200	带时钟的收音机	15	8
529		85279900	其他收音机	27	8
530	ex	85299042	摄录一体机、数码相机、手机用取像模块	12	4
531		85299049	摄像机、摄录一体机、数码相机的其他零件	12	2
532		85299060	无线电收音机及其组合机用零件	15	7
533		85299081	彩色电视机零件（等离子组件及其零件除外）	15	6
534		85299082	等离子显像组件及其零件（含滤光片）	15	5
535	ex	85318010	音量不超过 110 分贝的小型蜂鸣器	15	7.5
536	ex	85371011 85371019	机床用数控单元（包括单独进口的 CNC 操作单元）	5	3
537	ex	85371019	电喷点火程序控制器	5	3
538	ex	85371090	电梯用控制柜及控制柜专用印刷电路板	8.4	4
539	ex	85393290	彩色液晶投影机的照明光源	8	4
540	ex	85393990	液晶显示器背光模组用冷阴极灯管	8	4
541		85404000	彩色的数据/图形显示管，屏幕荧光点间距小于 0.4 毫米	8	4
542		85409110	电视显像管零件	6	3
543		85409190	其他阴极射线管零件	8	4
544	ex	85443020	车辆用电控柴油机的线束	10	5
545	ex	85462090	输变电架空线路用长棒形瓷绝缘子瓷件（单支长度为 1—2 米，实芯）	12	3
546	ex	85489000	贴片滤波器	12	3
547	ex	87019011	功率大于 150 马力的轮式拖拉机	8	5
548	ex	87019019	功率大于 150 马力的其他拖拉机	8	5
549	ex	87042300	装有驾驶室的固井水泥车、压裂车、混砂车用底盘（车辆总重量超过 35 吨）	15	10
550	ex	87042300	起重 55 吨及以上的汽车起重机用底盘	15	8
551	ex	87042300	功率大于等于 390 马力的装有驾驶室的混凝土泵车用底盘（四轴及以上）	15	12
552	ex	87059090	跑道除冰车	12	10
553	ex	87084030	扭矩 >1500 纳米非公路自卸车用变速箱	6	3
554		87084091	小轿车用自动换档变速箱	10	5

续表

序号	ex	税则号列	商品名称	2008 年最惠国税率（%）	2008 年暂定税率（%）
555	ex	87085072	轴荷≥10 吨的中后驱动桥的零件	10	8
556	ex	87089420	30 座及以上客车用转向器的零件	10	8
557		87089939	非公路用自卸车未列名零部件	6	3
558	ex	87089450	总重≥14 吨柴油型货车转向器的零件	10	8
559	ex	87089999	混合动力汽车动力传动装置，由发电机、电动机和动力分配装置组成	10	6
560	ex	87141900	星型轮及碟刹件	30	10
561	ex	88024010	空载重量在 25 吨及以上，但重量不超过 45 吨的客运飞机	5	1
562		90013000	隐形眼镜片	10	6
563		90014091	玻璃制太阳镜片	20	12
564		90014099	玻璃制其他眼镜片	20	12
565		90015091	非玻璃材料制太阳镜片	20	12
566		90015099	非玻璃材料制其他眼镜片	20	12
567	ex	90019090	背投电视机显示屏（包括非涅耳透镜屏幕、双透镜屏幕和保护屏）	8	6
568	ex	90019090	光通信用微光组件的光学元件（包括工作波长为 800 纳米 ~ 1700 纳米的薄膜滤光片、自聚焦透镜、法拉第旋转片）	8	4
569	ex	90019090	激光视盘机激光收发装置用的微型镜片	8	1
570	ex	90019090	液晶显示屏背光模组的光学元件（包括导光板、反射板、扩散片、增亮片）	8	3
571	ex	90021190	彩色液晶投影机的镜头及镜头组件	15	4
572		90021131	单反相机的镜头	15	3
573		90021139	普通相机（单反相机除外）的镜头	15	6
574	ex	90021990	摄录一体机的镜头	15	6
575		90031100	塑料制眼镜架	18	12
576		90031900	非塑料材料制眼镜架	10	6
577		90039000	眼镜架零件	10	6
578		90041000	太阳镜	20	12
579		90049090	其他眼镜	20	12
580		90069191	照相机自动调焦组件	10	6
581		90069192	其他照相机的快门组件	10	6
582		90069199	其他照相机的其他零附件	10	6
583		90079100	电影摄影机用零附件	8.4	5
584		90079200	电影放映机用零附件	8.4	5
585	ex	90132000	2.5GB/S 及以上 SDH、波分复用光传输设备的 980 纳米、1480 纳米的泵浦激光器	6	3
586		90138030	液晶显示板	5	3
587		90142010	自动驾驶仪	2	1
588	ex	90142090	航空惯性导航仪	2	1

续表

序号	ex	税则号列	商品名称	2008 年最惠国税率（%）	2008 年暂定税率（%）
589		90149010	自动驾驶仪的零件、附件	1.5	1
590		90189080	宫内节育器	4	0
591	ex	90219000	人工耳蜗植入装置	4	0
592	ex	90229090	射线发生器的零部件	6	1
593		90318033	涡流探伤仪	5	3
594	ex	90318090	跑道摩擦系数测试仪	5	3
595	ex	90328900	机床用成套数控伺服装置（包括 CNC 操作单元，带有配套的伺服放大器和伺服电机）	7	3
596	ex	90328900	三坐标测量机用自动控制柜	7	3
597	ex	90328900	风力发电设备用控制器	7	4
598	ex	90328900	飞机自动驾驶系统（包括自动驾驶、电子控制飞行、自动故障分析、警告系统配平系统及推力监控设备及其相关仪表）	7	1
599	ex	90330000	飞机自动驾驶系统（包括自动驾驶、电子控制飞行、自动故障分析、警告系统配平系统及推力监控设备及其相关仪表）的零件	6	1
600		91081100	已组装的机械指示式完整电子表芯	16	10
601	ex	92012000	完税价格 50000 美元及以上的大钢琴	17.5	1
602	ex	92021000	完税价格 15000 美元及以上的弓弦乐器	17.5	1
603	ex	92051000	完税价格 2000 美元及以上的铜管乐器	17.5	1
604	ex	92059090	完税价格 10000 美元及以上的其他管乐器	17.5	1
605		94041000	弹簧床垫	20	10
606		94042100	海绵橡胶或泡沫塑料制褥垫	20	10
607		94042900	其他材料制褥垫	20	10
608		94043010	羽毛或羽绒填充的睡袋	20	10
609		94043090	其他睡袋	20	10
610		94049010	羽绒或羽毛填充的寝具及类似品	20	10
611		94049020	兽毛填充的寝具及类似品	20	10
612		94049030	丝棉填充的寝具及类似品	20	10
613		94049040	化纤棉填充的寝具及类似品	20	10
614		94049090	其他材料制的寝具及类似品	20	10
615		95064090	其他乒乓球运动用品及器械	14	7
616		95066210	篮球、足球、排球	12	6
617		95069110	健身及康复器械	12	6
618		95069120	滑板	12	6
619		95069190	一般的体育活动、体操或竞技用品	12	6
620		96032100	牙刷，包括齿板刷	25	10

注 1："ex" 表示实施暂定税率的商品以 "商品名称" 描述为准。其余以税号为准。

注 2：执行期为 2008 年 1 月 1 日至 3 月 31 日。

附表五：

出口商品暂定税率表

序号	ex	税则号列	商品名称	税则税率（%）	2008年暂定税率（%）
1		03019210	鳗鱼苗	20	10
2	ex	05069090	已脱胶骨、角柱	40	0
3		25041010	鳞片状天然石墨		20
4		25041090	粉末状天然石墨		20
5		25049000	其他天然石墨		20
6		25083000	耐火黏土		15
7		25085000	红柱石，蓝晶石及硅线石，不论是否煅烧		10
8		25086000	富铝红柱石		10
9		25101010	未碾磨磷灰石		20
10		25101090	未碾磨天然磷酸钙、天然磷酸铝钙及磷酸盐白垩，磷灰石除外		10
11		25102010	已碾磨磷灰石		20
12		25102090	已碾磨天然磷酸钙、天然磷酸铝钙及磷酸盐白垩，磷灰石除外		10
13		25191000	天然碳酸镁（菱镁矿）		5
14		25199010	熔凝镁氧矿		10
15		25199020	烧结镁氧矿（重烧镁）		10
16		25199030	碱烧镁（轻烧镁）		5
17		25292100	按重量计氟化钙含量≤97%的萤石		15
18		25292200	按重量计氟化钙含量>97%的萤石		15
19		25309020	稀土金属矿		15
20		26011110	平均粒径小于0.8毫米的未煅烧铁矿砂及其精矿；但焙烧黄铁矿除外		10
21		26011120	平均粒径不小于0.8毫米，但不大于6.3毫米的未煅烧铁矿砂及其精矿；但焙烧黄铁矿除外		10
22		26011190	平均粒径大于6.3毫米的未烧结铁矿砂及其精矿，但焙烧黄铁矿除外		10
23		26011200	已烧结铁矿砂及其精矿		10
24		26012000	焙烧黄铁矿		10
25		26020000	锰矿砂及其精矿，包括以干重计含锰量在20%及以上的锰铁砂及其精矿		15
26		26030000	铜矿砂及其精矿		10
27		26040000	镍矿砂及其精矿		15
28		26050000	钴矿砂及其精矿		15
29		26060000	铝矿砂及其精矿		15
30	ex	26080000	灰色饲料氧化锌（氧化锌ZnO含量大于80%）	30	0
31		26090000	锡矿砂及其精矿	50	20
32		26100000	铬矿砂及其精矿		15

续表

序号	ex	税则号列	商品名称	税则税率（%）	2008年暂定税率（%）
33		26121000	铀矿砂及其精矿		10
34		26122000	钍矿砂及其精矿		10
35		26131000	已焙烧钼矿砂及其精矿		15
36		26139000	其他钼矿砂及其精矿		15
37		26140000	钛矿砂及其精矿		10
38		26151000	锆矿砂及其精矿		10
39		26161000	银矿砂及其精矿		10
40		26169000	其他贵金属矿砂及其精矿		10
41		26171090	其他锑矿砂及其精矿		10
42		26179010	朱砂（辰砂）		10
43		26179090	其他矿砂及其精矿		10
44		26180010	冶炼钢铁产生的锰渣		10
45		26180090	冶炼钢铁产生的其他粒状熔渣（熔渣砂）		10
46		26190000	冶炼钢铁产生的熔渣、浮渣、氧化皮及其他废料		10
47		26201100	含硬锌的矿灰及残渣		10
48		26201900	含其他锌的矿灰及残渣		10
49		26202100	含铅汽油的淤渣及含铅抗震化合物的淤渣		10
50		26202900	其他主要含铅的矿灰及残渣		10
51		26203000	主要含铜的矿灰及残渣		10
52		26204000	主要含铝的矿灰及残渣		10
53		26206000	含砷、汞、铊及其混合物，用于提取或生产砷、汞、铊及其化合物的矿灰及残渣		10
54		26209100	含锑、铍、镉、铬及其混合物的矿灰及残渣		10
55		26209910	主要含钨的矿灰及残渣		10
56		26209990	含其他金属及化合物的矿灰及残渣		10
57		27011210	未制成型的炼焦烟煤，不论是否粉化		5
58		27040010	煤制焦炭及半焦炭不论是否成型		25
59		27060000	从煤、褐煤、或泥煤蒸馏所得的焦油及矿物焦油，不论是否脱水或部分蒸馏，包括再造焦油		15
60		27071000	粗苯		10
61		27090000	石油原油及从沥青矿物提取的原油		5
62		28046900	硅		10
63		28047090	其他磷	20	10
64		28053011	钕		15
65		28053012	镝		25
66		28053013	铽		25
67		28053019	其他未相互混合或熔合的稀土金属、钪及钇		25

续表

序号	ex	税则号列	商品名称	税则税率（%）	2008 年暂定税率（%）
68		28053021	已相互混合或熔合的稀土金属、钪及钇，电池级		25
69		28053029	其他已相互混合或熔合的稀土金属、钪及钇		25
70		28070000	硫酸、发烟硫酸		5
71		28111100	氢氟酸（氟化氢）		15
72		28253010	五氧化二钒		5
73	ex	28256000	锗的氧化物		5
74		28257000	钼的氧化物及氢氧化物		15
75		28259011	钨酸		10
76		28259012	三氧化钨		10
77		28259019	其他钨的氧化物和氢氧化物		10
78		28331100	硫酸钠		5
79		28418010	仲钨酸铵		10
80		28418020	钨酸钠		10
81		28418030	钨酸钙		10
82		28418040	偏钨酸铵		10
83		28418090	其他钨酸盐		10
84		28417010	钼酸铵		15
85		28417090	其他钼酸盐		15
86		28461010	氧化铈		15
87		28461020	氢氧化铈		15
88		28461030	碳酸铈		15
89		28461090	铈的其他化合物		15
90		28469011	氧化钇		25
91		28469012	氧化镧		15
92		28469013	氧化钕		15
93		28469014	氧化铕		25
94		28469015	氧化镝		25
95		28469016	氧化铽		25
96	ex	28469019	其他氧化稀土（灯用红粉除外）		15
97		28469021	氯化铽		25
98		28469022	氯化镝		25
99		28469028	混合氯化稀土		15
100		28469029	未混合氯化稀土		15
101		28469030	氟化稀土		15
102		28469041	碳酸镧		15
103		28469042	碳酸铽		25
104		28469043	碳酸镝		25

续表

序号	ex	税则号列	商品名称	税则税率（%）	2008 年暂定税率（%）
105		28469048	混合碳酸稀土		15
106		28469049	未混合碳酸稀土		15
107		28469090	稀土金属、钇、钪的其他化合物		25
108		28499020	碳化钨		5
109		29022000	苯	40	0
110		31021000	尿素		2008 年 1 月 1 日至 3 月 31 日：30%；2008 年 4 月 1 日至 9 月 30 日：35%；2008 年 10 月 1 日至 12 月 31 日：25%
111		31053000	磷酸氢二铵		2008 年 1 月 1 日至 3 月 31 日：20%；2008 年 4 月 1 日至 9 月 30 日：30%；2008 年 10 月 1 日至 12 月 31 日：20%
112		31054000	磷酸二氢铵及磷酸二氢铵与磷酸氢二铵的混合物		2008 年 1 月 1 日至 3 月 31 日：20%；2008 年 4 月 1 日至 9 月 30 日：30%；2008 年 10 月 1 日至 12 月 31 日：20%
113		44012100	针叶木木片或木粒		15
114		44012200	非针叶木木片或木粒		15
115		44091010	针叶木地板条（块）		10
116		44092910	其他非针叶木地板条		10
117		44190031	木制一次性筷子		10
118		44219021	木制圆签、圆棒、冰果棒、压舌片及类似一次性制品		10
119		47010000	机械木浆		10
120		47020000	化学木浆，溶解级		10

续表

序号	ex	税则号列	商品名称	税则税率（%）	2008年暂定税率（%）
121		47031100	未漂白针叶木碱木浆或硫酸盐木浆		10
122		47031900	未漂白非针叶木碱木浆或硫酸盐木浆		10
123		47032100	漂白针叶木碱木浆或硫酸盐木浆		10
124		47032900	漂白非针叶木碱木浆或硫酸盐木浆		10
125		47041100	未漂白的针叶木亚硫酸盐木浆		10
126		47041900	未漂白的非针叶木亚硫酸盐木浆		10
127		47042100	漂白的针叶木亚硫酸盐木浆		10
128		47042900	漂白的非针叶木亚硫酸盐木浆		10
129		47050000	半化学木浆		10
130		47062000	从回收纸或纸板提取的纤维浆		10
131		47063000	竹浆		10
132		47069100	其他纤维状纤维素机械浆		10
133		47069200	其他纤维状纤维素化学浆		10
134		47069300	其他纤维状纤维素半化学浆		10
135		72011000	非合金生铁，按重量计含磷量在0.5%及以下	20	25
136		72012000	非合金生铁，按重量计含磷量在0.5%及以上	20	25
137		72015000	合金生铁、镜铁	20	25
138		72024100	铬铁，含碳量>4%	40	20
139		72024900	铬铁，含碳量≤4%	40	20
140		72025000	硅铬铁		20
141		72026000	镍铁		20
142		72027000	钼铁		20
143		72028010	钨铁		20
144		72028020	硅钨铁		20
145		72029100	钛铁及硅钛铁		20
146		72029290	其他钒铁		20
147		72029300	铌铁		20
148		72031000	直接从铁矿还原的铁产品		25
149		72039000	其他铁，海绵铁，产品纯度>99.94%		25
150		72051000	生铁、镜铁及钢铁颗粒		25
151		72052900	生铁、镜铁及其他钢铁粉末		25
152		72061000	铁及非合金钢锭		25
153		72069000	其他初级形状的铁及非合金钢		25
154		72071100	宽度<厚度两倍的矩形截面钢坯，C<0.25%		25
155		72071200	其他矩形截面钢坯，C，0.25%		25
156		72071900	其他含碳量<0.25%的钢坯		25
157		72072000	含碳量≥0.25%的钢坯		25

续表

序号	ex	税则号列	商品名称	税则税率（%）	2008 年暂定税率（%）
158		72081000	轧压花纹的热轧卷材		5
159		72082500	厚度≥4.75 毫米其他经酸洗的热轧卷材		5
160		72082610	屈服强度大于 355 牛顿/平方毫米，3 毫米≤厚度＜4.75 毫米其他经酸洗热轧卷材		5
161		72082690	其他 3 毫米≤厚度＜4.75 毫米其他经酸洗热轧卷材		5
162		72082710	厚度＜1.5 毫米的其他经酸洗的热轧卷材		5
163		72082790	其他厚度＜3 毫米的其他经酸洗的热轧卷材		5
164		72083600	厚度＞10 毫米的其他热轧卷材		5
165		72083700	4.75 毫米≤厚度≤10 毫米的其他热轧卷材		5
166		72083810	屈服强度大于 355 牛顿/平方毫米，3 毫米≤厚度＜4.75 毫米的其他卷材		5
167		72083890	其他 3 毫米≤厚度＜4.75 毫米的其他卷材		5
168		72083910	厚度＜1.5 毫米的其他热轧卷材		5
169		72083990	其他厚度＜3 毫米的其他热轧卷材		5
170		72084000	轧有凸起花纹的热轧非卷材		5
171		72085110	厚度＞50 毫米的其他热轧非卷材		5
172		72085120	厚度＞20 毫米，但不超过 50 毫米的其他热轧非卷材		5
173		72085190	其他厚度＞10 毫米的其他热轧非卷材		5
174		72085200	4.75 毫米≤厚度≤10 毫米的热轧非卷材		5
175		72085310	屈服强度大于 355 牛顿/平方毫米，3 毫米≤厚度＜4.75 毫米的热轧非卷材		5
176		72085390	其他 3 毫米≤厚度＜4.75 毫米的热轧非卷材		5
177		72085410	厚度＜1.5 毫米的热轧非卷材		5
178		72085490	其他厚度＜3 毫米的热轧非卷材		5
179		72089000	其他热轧铁或非合金钢宽平板轧材		5
180		72111300	未轧花纹的四面轧制的热轧非卷材		5
181		72111400	厚度≥4.75 毫米的其他热轧板材		5
182		72111900	其他热轧铁或非合金钢窄板材		15
183		72112300	冷轧含炭量＜0.25% 的板材		15
184		72112900	冷轧其他铁或非合金钢窄板材		15
185		72119000	冷轧的铁或非合金钢其他窄板材		15
186		72121000	镀或涂锡的铁或非合金钢窄板材		15
187		72122000	电镀锌的铁或非合金钢窄板材		15
188		72123000	其他镀或涂锌的铁窄板材		15
189		72124000	涂漆或涂塑的铁或非合金钢窄板材		15
190		72125000	涂镀其他材料铁或非合金钢窄板材		15
191		72126000	经包覆的铁或非合金钢窄板材		15

续表

序号	ex	税则号列	商品名称	税则税率（%）	2008 年暂定税率（%）
192		72131000	带有轧制花纹的热轧盘条		15
193		72132000	其他易切削钢制热轧盘条		15
194		72139100	直径 <14 毫米圆截面的其他热轧盘条		15
195		72139900	其他热轧盘条		15
196		72142000	热加工带有轧制花纹的条、杆		15
197		72143000	热加工易切削钢的条、杆		15
198		72149100	热加工其他矩形截面的条杆		15
199		72149900	热加工其他条、杆		15
200		72151000	冷加工其他易切削钢制条、杆		15
201		72155000	冷加工或冷成形的其他条、杆		15
202		72159000	铁及非合金钢的其他条、杆		15
203		72161010	截面高度 <80 毫米的 H 型钢		10
204		72161020	截面高度低于 80 毫米的工字钢		10
205		72161090	截面高度 <80 毫米 U 型钢		10
206		72162100	热加工截面高度 <80 毫米角钢		10
207		72162200	热加工截面高度 <80 毫米丁字钢		10
208		72163100	热加工截面高度≥80 毫米槽型钢		10
209		72163210	截面高度在 200 毫米以上的工字钢		10
210		72163290	热加工截面高度≥80 毫米工字型钢		10
211		72163311	截面高度在 800 毫米以上的 H 型钢		10
212		72163319	截面高度≥200 毫米 H 型钢		10
213		72163390	其他截面高度≥80 毫米 H 型钢		10
214		72164010	热加工截面高度≥80 毫米角钢		10
215		72164020	热加工截面高度≥80 毫米丁字钢		10
216		72165010	热加工乙字钢		10
217		72165090	热加工其他角材、型材及异型材		15
218		72166100	冷加工板材制的角材、型材及异型材		15
219		72166900	冷加工其他角材、型材及异型材		15
220		72169100	冷加工其他板材制角材、型材及异型材		15
221		72169900	其他角材、型材及异型材		15
222		72171000	未镀或涂层的铁或非合金钢丝		5
223		72172000	镀或涂锌的铁或非合金钢丝		5
224		72173010	镀或涂铜的铁或非合金钢丝		5
225		72173090	镀或涂其他贱金属的铁或非合金钢丝		5
226		72179000	其他铁丝或非合金钢丝		5
227		72181000	不锈钢锭及其他初级形状产品		15
228		72189100	矩形截面的不锈钢半制成品		15

续表

序号	ex	税则号列	商品名称	税则税率（%）	2008 年暂定税率（%）
229		72189900	其他不锈钢半制成品		15
230		72191312	厚度在 3 毫米及以上，但小于 4.75 毫米的未经酸洗的按重量计含锰量在 5.5% 以上的铬锰系不锈钢卷板		10
231		72191322	厚度在 3 毫米及以上，但小于 4.75 毫米的经酸洗的按重量计含锰量在 5.5% 以下的铬锰系不锈钢卷板		10
232		72191329	厚度在 3 毫米及以上，但小于 4.75 毫米的经酸洗的其他不锈钢卷板		5
233		72191412	厚度小于 3 毫米的未经酸洗的按重量计含锰量在 5.5% 以上的铬锰系不锈钢卷板		10
234		72191422	厚度小于 3 毫米的经酸洗的按重量计含锰量在 5.5% 以上的铬锰系不锈钢卷板		10
235		72241000	合金钢锭及其他初级形状合金钢		15
236		72249010	单重≥10 吨的粗铸锻件坯		15
237		72249090	其他合金钢坯		15
238		72259100	电镀锌的其他合金钢宽平板轧材		5
239		72259200	其他镀或涂锌的其他合金钢宽板材		5
240		72259910	宽度≥600 毫米的高速钢制平板轧材		5
241		72259990	宽度≥600 毫米的其他合金钢平板轧材		5
242		72269200	宽度＜600 毫米冷轧其他合金钢板材		5
243		72269910	电镀锌的其他合金钢窄平板轧材		5
244		72269920	其他镀或涂锌的其他合金钢窄板材		5
245		72272000	硅锰钢的热轧盘条		5
246		72282000	其他硅锰钢的条、杆		5
247		72286000	其他合金钢条、杆		5
248		73053100	纵向焊接的其他粗钢铁管		15
249		73053900	其他方法焊接的其他粗钢铁管		15
250		73059000	未列名圆形截面粗钢铁管		15
251		73063000	其他铁或非合金刚圆形截面焊缝管		15
252		73064000	不锈钢其他圆形截面细焊缝管		15
253		73065000	其他合金钢的圆形截面细焊缝管		15
254		73066100	矩形或正方形截面的其他焊缝管		15
255		73066900	其他非圆形截面的其他焊缝管		15
256		74010000	铜锍、沉积铜（泥铜）		15
257		74020000	未精炼铜，电解精炼用的铜阳极	30	15
258		74031111	高纯阴极铜（铜含量高于 99.9935%）	30	5
259		74031119	其他阴极精炼铜	30	10
260		74031190	其他精炼铜的阴极型材	30	10
261		74031200	精炼铜的线锭	30	10

续表

序号	ex	税则号列	商品名称	税则税率（%）	2008 年暂定税率（%）
262		74031300	精炼铜的坯段	30	10
263		74031900	其他未锻轧的精炼铜	30	10
264		74032100	未锻轧的铜锌合金（黄铜）	30	5
265		74032200	未锻轧的铜锡合金（青铜）	30	5
266		74032900	未锻轧的其他铜合金	30	5
267		74040000	铜废碎料	30	15
268		74050000	铜母合金		10
269		74071000	精炼铜条、杆及型材及异型材	30	0
270		74072100	铜锌合金条、杆及型材及异型材	30	0
271		74072900	其他铜合金条杆、型材及异型材	30	0
272		74081100	最大截面尺寸 >6 毫米的精炼铜丝	30	0
273		74081900	其他精炼铜丝	30	0
274		74082100	铜锌合金丝	30	0
275		74082200	铜镍合金丝或铜镍锌合金丝	30	0
276		74082900	其他铜合金丝	30	0
277		74091110	含氧量不超过 10PPM 的成卷的精炼铜板、片、带	30	0
278		74091190	其他成卷的精炼铜板、片、带	30	0
279		74091900	其他精炼铜板、片、带	30	0
280		74092100	成卷的铜锌合金板、片、带	30	0
281		74092900	其他铜锌合金板、片、带	30	0
282		74093100	成卷的铜锡合金板、片、带	30	0
283		74093900	其他铜锡合金板、片、带	30	0
284		74094000	铜镍合金或铜镍锌合金板、片、带	30	0
285		74099000	其他铜合金板、片、带	30	0
286		75021010	高纯镍（镍含量大于 99.99%，钴含量不大于 0.005%）	40	5
287		75021090	未锻轧的非合金镍	40	15
288		75022000	未锻轧镍合金	40	15
289		75030000	镍废碎料		10
290		75089010	电镀用镍阳极	40	15
291		76011010	按重量计含铝量在 99.95% 及以上的非合金铝	30	0
292		76011090	按重量计含铝量在 99.95% 以下的非合金铝	30	15
293		76012000	未锻轧铝合金	30	0
294		76020000	铝废碎料	30	15
295		76041010	非合金铝条、杆	20	15
296		76041090	非合金铝型材及异型材	20	0
297		76042100	铝合金制空心异型材	20	0
298		76042910	铝合金制条、杆	20	15
299		76042990	铝合金制条、杆、其他型材及异型材	20	0

续表

序号	ex	税则号列	商品名称	税则税率（%）	2008年暂定税率（%）
300		76051100	最大截面尺寸超过7毫米的非合金铝丝	20	0
301		76051900	其他非合金铝丝	20	0
302		76052100	最大截面尺寸超过7毫米的铝合金丝	20	0
303		76052900	其他铝合金丝	20	0
304		76061120	厚度在0.3毫米及以上，但不超过0.36毫米的非合金铝制矩形铝板、片、带	20	0
305		76061190	非合金铝制矩形的其他板、片及带	20	0
306		76061220	厚度<0.28毫米的铝合金制矩形铝板、片、带	20	0
307		76061230	厚度在0.28毫米及以上，但不超过0.35毫米的铝合金制矩形铝板、片、带	20	0
308		76061240	厚度>0.35毫米的铝合金制矩形铝板、片、带	20	0
309		76069100	非合金铝制非矩形的板、片及带	20	0
310		76069200	铝合金制非矩形的板、片及带	20	0
311		78011000	未锻轧精炼铅		10
312		78020000	铅废碎料		10
313		79011110	按重量计含锌量在99.995%及以上的未煅轧锌	20	0
314		79011190	99.99≤含锌量<99.995%的未煅轧锌	20	5
315		79011200	含锌量<99.99%的未锻轧锌	20	15
316		79012000	未锻轧锌合金	20	0
317		79020000	锌废碎料		10
318		80011000	非合金锡		10
319		80020000	锡废碎料		10
320		81011000	钨粉		5
321		81019400	未锻轧钨		5
322		81019700	钨废碎料		15
323		81021000	钼粉		15
324		81029400	未锻轧钼		15
325		81029700	钼废碎料		15
326		81033000	钽废碎料		10
327		81041100	按重量计含镁量至少为99.8%		10
328		81041900	其他未锻轧镁		10
329		81042000	镁废碎料		10
330		81101010	未锻轧锑	20	5
331		81110010	未锻轧锰；锰废碎料；粉末		20
332		81122100	未锻轧铬、铬粉末		15
333		81122200	铬废碎料		15
334		81129230	未锻轧铟；铟废碎料；铟粉末		15

注："ex"表示实施暂定税率的商品以"商品名称"描述为准。其余以税号为准。

商务部、海关总署公告　2007年第110号 公布《2007年第二批加工贸易禁止类商品目录（禁止出口）》

2007年12月21日

根据国家宏观调控的要求，增加加工贸易禁止类商品目录（见附表）。现就有关事项公告如下：

一、本规定自2008年1月21日起执行。

二、此前已经商务主管部门批准并已向海关申请备案的加工贸易业务，允许在审批的合同有效期内执行完毕；以企业为单元管理的联网监管企业允许在2008年12月21日前执行完毕。上述业务到期仍未执行完毕的不予延期，按加工贸易有关规定办理。

三、本公告也适用于保税区、出口加工区等海关特殊监管区域，但本公告发布之前区内已设立的企业除外。

附表：2007年第二批加工贸易禁止类目录（禁止出口）

附表：

2007年第二批加工贸易禁止类商品目录

（禁止出口）

序号	商品编码	商品名称	序号	商品编码	商品名称
1	0101101010	改良种用濒危野马	14	0106902010	其他濒危野生食用动物
2	0101102010	改良种用的濒危野驴	15	0106909010	其他濒危野生动物
3	0101901010	非改良种用濒危野马	16	0205000010	鲜、冷或冻的濒危野马、野驴肉
4	0101909010	非改良种用濒危野驴	17	0208109010	鲜、冷或冻濒危野兔肉及其食用杂碎
5	0102100010	改良种用濒危野牛	18	0208909010	其他鲜、冷或冻的濒危野生动物肉
6	0106191010	其他改良种用濒危野生哺乳动物	19	0210200010	干、熏、盐制的濒危野牛肉
7	0106192010	其他食用濒危野生哺乳动物	20	0210990010	干熏盐制其他濒危动物肉及杂碎
8	0106199010	其他濒危野生哺乳动物	21	0301100060	观赏用其他濒危鱼
9	0106391010	其他濒危野生改良种用的鸟	22	0301931010	濒危鲤鱼苗
10	0106392910	其他食用濒危野生鸟	23	0301939010	活濒危鲤鱼
11	0106399010	其他濒危野生鸟	24	0301991910	其他濒危鱼苗
12	0106901110	改良种用濒危蛙苗	25	0301999910	其他濒危活鱼
13	0106901910	其他改良种用濒危野生动物	26	0302699010	其他未列名濒危鲜、冷鱼

续表

序号	商品编码	商品名称	序号	商品编码	商品名称
27	0302700010	鲜或冷濒危鱼种的肝及鱼卵	66	0603190010	鲜的濒危植物插花及花蕾
28	0303799010	其他未列名濒危冻鱼	67	0603900010	干或染色等加工濒危插花及花蕾
29	0303800010	冻濒危鱼种的肝及鱼卵	68	0604910010	鲜濒危植物枝、叶或其他部分，草
30	0304190010	其他鲜或冷的濒危鱼片及其他鱼肉	69	0604990010	染色或经加工濒危枝、叶，草等
31	0304299010	冻的其他濒危鱼片	70	0714909091	含高淀粉或菊粉其他濒危类似根茎
32	0304990010	濒危鱼类其他冻鱼肉	71	0802903020	鲜或干的其他濒危松子仁
33	0305200010	干、熏、盐制的濒危鱼种肝、卵	72	0802909020	鲜或干的其他濒危松子
34	0305300010	干或盐制濒危鱼类的鱼片	73	0811909022	冷冻的其他濒危松子
35	0305599010	其他濒危干鱼	74	0812900022	暂时保存的其他濒危松子
36	0305699010	盐腌及盐渍的其他濒危鱼	75	1211903991	其他主要用作药料鲜或干濒危植物
37	0307601010	濒危蜗牛及螺种苗	76	1211905091	主要用作香料的濒危植物
38	0307609010	其他濒危蜗牛及螺	77	1211909991	其他鲜或干杀虫、杀菌用濒危植物
39	0307911010	濒危水生无脊椎动物的种苗	78	1212999910	其他供人食用濒危植物产品
40	0307919910	其他濒危活、鲜、冷水生无脊椎动物	79	1301904010	濒危松科植物的松脂
41	0307999010	其他冻干盐制濒危水生无脊椎动物	80	1301909091	其他濒危植物的天然树胶、树脂
42	0407001010	种用濒危野禽蛋	81	1302199013	供制农药用的濒危植物液汁及浸膏
43	0407002910	其他带壳鲜濒危野鸟卵	82	1302199097	其他濒危植物液汁及浸膏
44	0407009910	其他腌制或煮过的带壳濒危野鸟卵	83	1302390010	未列名濒危植物胶液及增稠剂
45	0410009010	其他编号未列名濒危野生动物产品	84	1401200010	濒危藤
46	0502901910	濒危獾毛及其他制刷用濒危兽毛	85	1504300010	濒危哺乳动物的油、脂及其分离品
47	0502902010	濒危獾毛及其他制刷濒危兽毛废料	86	1506000010	其他濒危动物为原料制取的脂肪
48	0505100010	填充用濒危野生禽类羽毛；羽绒	87	1601001010	濒危野生动物肉，杂碎，血制天然肠衣香肠
49	0505909010	其他濒危野生禽类羽毛，羽绒			
50	0507100020	其他濒危野生兽牙；兽牙粉末及废料	88	1601002010	濒危野生动物肉，杂碎，血制其他肠衣香肠
51	0508001010	珊瑚及濒危水产品的粉末、废料			
52	0508009010	珊瑚及濒危水产品的壳、骨	89	1601003010	用含濒危野生动物成分的香肠制的食品
53	0510009010	其他濒危野生动物胆汁及其他产品	90	1602100010	含濒危野生动物成分的均化食品
54	0511100010	濒危野生牛的精液	91	1602501010	含濒危野牛肉的罐头
55	0511911110	濒危鱼的受精卵	92	1602509010	其他制作或保藏濒危野牛肉，杂碎
56	0511911910	濒危鱼的非食用产品	93	1602901010	其他濒危野生动物肉及杂碎罐头
57	0511919010	濒危水生无脊椎动物产品	94	1602909010	制作或保藏其他濒危野生动物肉
58	0511991010	濒危野生动物精液（牛的精液除外）	95	1603000010	含濒危野生动物及鱼类成分的肉
59	0511992010	濒危野生动物胚胎	96	1604199010	制作或保藏的濒危鱼类
60	0511999010	其他编号未列名濒危野生动物产品	97	1604201910	非整条或切块的濒危鱼罐头
61	0601109191	种用休眠其他濒危植物鳞茎等	98	1604209910	其他制作或保藏的濒危鱼
62	0601109991	其他休眠濒危植物鳞茎等	99	1605909010	其他制作或保藏的濒危软体动物
63	0601200091	生长或开花的其他濒危植物鳞茎等	100	2106903010	含濒危植物成分的蜂王浆制剂
64	0602100010	濒危植物的无根插枝及接穗	101	2106909910	含濒危动植物成分的其他编号未列名食品
65	0602909991	其他濒危活植物			

续表

序号	商品编码	商品名称	序号	商品编码	商品名称
102	2202100010	含濒危植物成分加味，加糖或其他甜物质水	139	2804300000	氮
			140	2804400000	氧
103	2202900011	含濒危植物成分散装无酒精饮料	141	2804500010	颗粒<500微米的硼及其合金
104	2202900091	含濒危植物成分其他包装无酒精饮料	142	2804500020	能量密度>40兆焦/千克的硼浆
105	2208909021	含濒危野生动植物成分的薯类蒸馏酒	143	2804500090	碲及其他硼
106	2208909091	含濒危野生动植物成分的其他蒸馏酒及酒精饮料	144	2804909000	其他硒
			145	2805110000	钠
107	2501001100	食用盐	146	2805120010	高纯度钙
108	2501001900	其他盐	147	2805120090	其他钙
109	2501002000	纯氯化钠	148	2805190000	其他碱金属及碱土金属
110	2523100000	水泥熟料	149	2805400000	汞
111	2523210000	白水泥，不论是否人工着色	150	2806100000	氯化氢（盐酸）
112	2523290000	其他硅酸盐水泥	151	2806200000	氯磺酸
113	2523300000	矾土水泥	152	2807000010	硫酸
114	2523900000	其他水凝水泥	153	2807000090	发烟硫酸
115	2707100000	粗苯	154	2808000010	红发烟硝酸
116	2707200000	粗甲苯	155	2808000090	磺硝酸及其他硝酸
117	2707300000	粗二甲苯	156	2809100000	五氧化二磷
118	2707400000	萘	157	2809201000	磷酸及偏磷酸、焦磷酸
119	2707500000	其他芳烃混合物	158	2809209000	其他多磷酸
120	2707910000	杂酚油	159	2810001000	硼的氧化物
121	2707991000	酚	160	2810002000	硼酸
122	2707999000	蒸馏煤焦油所得的其他产品	161	2811191000	氢氰酸
123	2710113000	橡胶溶剂油、油漆溶剂油、抽提溶剂油	162	2811199010	氢碘酸
124	2710119101	壬烯	163	2811199020	砷酸、焦砷酸、偏砷酸
125	2710119190	其他壬烯	164	2811199090	其他无机酸
126	2710119910	异戊烯同分异构体混合物	165	2811210000	二氧化碳
127	2710119990	其他轻油及制品	166	2811220000	二氧化硅
128	2710191910	正构烷烃（C9－C13）	167	2811290010	三氧化二砷、五氧化二砷
129	2710191990	其他煤油馏分的油及制品	168	2811290020	四氧化二氮
130	2801100000	氯	169	2811290090	其他非金属无机氧化物
131	2801200000	碘	170	2812103000	碳酰二氯（光气）
132	2801301000	氟	171	2812104100	一氯化硫（氯化硫）
133	2801302000	溴	172	2812104200	二氯化硫
134	2802000000	升华、沉淀、胶态硫磺	173	2812104300	三氯化磷
135	2803000000	碳	174	2812104400	三氯化砷
136	2804100000	氢	175	2812104500	五氯化磷
137	2804210000	氩	176	2812109000	其他非金属氯氧化物
138	2804290000	其他稀有气体	177	2812900010	三氟化氯

续表

序号	商品编码	商品名称	序号	商品编码	商品名称
178	2812900020	三氟化砷，三溴化砷，三碘化砷	217	2826191010	氟化氢铵
179	2812900030	硫酰氟	218	2826191090	其他铵的氟化物
180	2812900090	其他非金属卤化物及卤氧化物	219	2826192010	氟化钠
181	2813100000	二硫化碳	220	2826192020	氟化氢钠
182	2813900010	五硫化二磷	221	2826192090	其他钠的氟化物
183	2813900090	其他非金属硫化物，三硫化二磷	222	2826900001	六氟磷酸锂
184	2814100000	氨	223	2826900090	其他氟硅酸盐、氟铝酸盐
185	2814200000	氨水	224	2827101000	肥料用氯化铵
186	2815110000	固体氢氧化钠	225	2827109000	非肥料用氯化铵
187	2815120000	氢氧化钠水溶液，液体烧碱	226	2827200000	氯化钙
188	2815300000	过氧化钠及过氧化钾	227	2827310000	氯化镁
189	2816100000	氢氧化镁及过氧化镁	228	2827320000	氯化铝
190	2816400000	锶或钡的氧化物、氢氧化物	229	2827350000	氯化镍
191	2817001000	氧化锌	230	2827391000	氯化锂
192	2817009000	过氧化锌	231	2827392000	氯化钡
193	2819100000	三氧化铬	232	2827410000	铜的氯氧化物及氢氧基氯化物
194	2819900000	其他铬的氧化物及氢氧化物	233	2827510000	溴化钠及溴化钾
195	2820100000	二氧化锰	234	2828100000	商品次氯酸钙及其他钙的次氯酸盐
196	2820900000	其他锰的氧化物	235	2828900000	次溴酸盐、亚氯酸盐、其他次氯酸盐
197	2821100000	铁的氧化物及氢氧化物	236	2829110000	氯酸钠
198	2821200000	土色料	237	2829191000	氯酸钾（洋硝）
199	2823000000	钛的氧化物	238	2829199000	其他氯酸盐
200	2824100000	一氧化铅（铅黄，黄丹）	239	2829900010	颗粒<500微米的球形高氯酸铵
201	2824901000	铅丹及铅橙（四氧化（三）铅）	240	2829900090	其他高氯酸盐，溴酸盐等
202	2824909000	其他铅的氧化物	241	2830101000	硫化钠
203	2825109000	其他肼、胲及其无机盐	242	2830109000	其他钠的硫化物
204	2825201000	氢氧化锂	243	2830902000	硫化锑
205	2825209000	锂的氧化物	244	2830903000	硫化钴
206	2825301000	五氧化二钒	245	2830909000	其他硫化物、多硫化物
207	2825309000	其他钒的氧化物及氢氧化物	246	2831101000	钠的连二亚硫酸盐
208	2825400000	镍的氧化物及氢氧化物	247	2831102000	钠的次硫酸盐
209	2825500000	铜的氧化物及氢氧化物	248	2831900000	其他连二亚硫酸盐及次硫酸盐
210	2825600000	锗的氧化物及二氧化锆	249	2832100000	钠的亚硫酸盐
211	2825700000	钼的氧化物及氢氧化物	250	2832200000	其他亚硫酸盐
212	2825800000	锑的氧化物	251	2832300000	硫代硫酸盐
213	2825901100	钨酸	252	2833190000	钠的其他硫酸盐
214	2825901910	蓝色氧化钨	253	2833210000	硫酸镁
215	2825901990	其他钨的氧化物及氢氧化物	254	2833220000	硫酸铝
216	2826120000	氟化铝	255	2833240000	镍的硫酸盐

续表

序号	商品编码	商品名称	序号	商品编码	商品名称
256	2833250000	铜的硫酸盐	295	2841610000	高锰酸钾
257	2833270000	硫酸钡	296	2841690000	亚锰酸盐，锰酸盐及其他高锰酸盐
258	2833291000	硫酸亚铁	297	2841701000	钼酸铵
259	2833293000	硫酸锌	298	2841709000	其他钼酸盐
260	2833301000	钾铝矾	299	2841802000	钨酸钠
261	2833309000	其他矾	300	2841803000	钨酸钙
262	2833400000	过硫酸盐	301	2841804000	偏钨酸铵
263	2834100000	亚硝酸盐	302	2841809000	其他钨酸盐
264	2834211000	肥料用硝酸钾	303	2841900090	其他金属酸盐及过金属酸盐
265	2834219000	非肥料用硝酸钾	304	2842100000	硅酸复盐及硅酸络盐
266	2834291000	硝酸钴	305	2843210000	硝酸银
267	2835310000	三磷酸钠（三聚磷酸钠）	306	2843290010	氰化银，氰化银钾，亚砷酸银
268	2836200000	碳酸钠（纯碱）	307	2843290090	其他银化合物
269	2836300000	碳酸氢钠（小苏打）	308	2843900010	氯化钯
270	2836400000	钾的碳酸盐	309	2843900090	其他贵金属化合物，贵金属
271	2836500000	碳酸钙	310	2844100000	天然铀及其化合物
272	2836600000	碳酸钡	311	2844200000	U235 浓缩铀，钚及其化合物
273	2836910000	锂的碳酸盐	312	2844300000	U235 贫化铀，钍及其化合物
274	2836920000	锶的碳酸盐	313	2844401010	镭—226 及其化合物
275	2836991000	碳酸镁	314	2844401090	其他镭及镭盐
276	2836994000	商品碳酸铵及其他铵的碳酸盐	315	2844402000	放射性钴及放射性钴盐
277	2836999000	其他碳酸盐及过碳酸盐	316	2844409010	铀－233 及其化合物
278	2837111000	氰化钠	317	2844409090	其他放射性元素同位素及其化合物
279	2837112000	氧氰化钠	318	2844500000	核反应堆已耗尽的燃料元件
280	2837191000	氰化钾	319	2845100000	重水（氧化氘）
281	2837199011	氰化锌，氰化亚铜，氰化铜	320	2845900010	除重水外的氘及氘化物
282	2837199012	氰化镍，氰化钙	321	2845900020	硼－10 同位素及其化合物、混合物
283	2837199013	氰化钡，氰化镉，氰化铅	322	2845900030	富集锂－6 同位素及其化合物混合物
284	2837199014	氰化钴	323	2845900090	其他同位素及其他化合物
285	2837199090	其他氰化物及氧氰化物	324	2847000000	过氧化氢
286	2837200011	氰化镍钾，氰化钠铜锌	325	2848000010	磷化铝，磷化锌
287	2837200012	氰化亚铜（三）钠，氰化亚铜（三）钾	326	2848000090	其他磷化物
288	2837200090	其他氰络合物	327	2849901000	碳化硼
289	2839190000	其他钠盐	328	2849909000	其他碳化物
290	2839900010	硅酸铅	329	2850000010	砷化氢
291	2839900090	其他硅酸盐；商品碱金属硅酸盐	330	2910200000	甲基环氧乙烷（氧化丙烯）
292	2840190000	其他四硼酸钠	331	2910300000	1－氯－2，3－环氧丙烷（表氯醇）
293	2840200000	其他硼酸盐	332	2922422000	谷氨酸钠
294	2840300000	过硼酸盐	333	2922500000	氨基醇酚、氨基酸酚

续表

序号	商品编码	商品名称
334	2932999091	其他濒危植物提取的仅含氧杂原子的杂环化合物
335	3001200010	其他濒危野生动物腺体，器官
336	3001909091	其他濒危动物制品
337	3002909011	濒危动物血制品
338	3003909020	含其他未列名濒危动植物混合药品
339	3004905110	含濒危动植物成分的中药酒
340	3004905910	含濒危动植物成分的中式成药
341	3201100000	坚木浸膏
342	3201200000	荆树皮浸膏
343	3201901010	其他濒危植物鞣料浸膏
344	3201901090	其他植物鞣料浸膏
345	3201909000	鞣酸及其盐、醚、酯和其他衍生物
346	3202100000	有机合成鞣料
347	3202900000	无机鞣料、鞣料制剂等
348	3203001100	天然靛蓝及以其为基本成分的制品
349	3203001910	濒危植物质着色料及制品
350	3203001990	其他植物质着色料及制品
351	3204120000	酸性染料及制品、媒染染料及制品
352	3204130000	碱性染料及以其为基本成分的制品
353	3204140000	直接染料及以其为基本成分的制品
354	3204151000	合成靛蓝（还原靛蓝）
355	3204159000	其他还原染料及以其为基本成分品
356	3204160000	活性染料及以其为基本成分的制品
357	3204170000	颜料及以其为基本成分的制品
358	3204191100	硫化黑及以其为基本成分的制品
359	3204191900	其他硫化染料及以其为基本成分品
360	3204199000	其他着色料组成的混合物
361	3204200000	用作萤光增白剂的有机合成产品
362	3204901000	生物染色剂及染料指示剂
363	3204909000	其他用作发光体的有机合成产品
364	3205000000	色淀及以色淀为基本成分的制品
365	3206111000	钛白粉
366	3206119000	其他干量计二氧化钛≥80%的颜料
367	3206190000	其他二氧化钛为基料的颜料及制品
368	3206200000	铬化合物为基本成分的颜料及制品
369	3206410000	群青及以其为基本成分的制品
370	3206421000	锌钡白
371	3206429000	其他以硫化锌为基本成份的颜料

序号	商品编码	商品名称
372	3206490000	其他无机着色料及其制品
373	3206500000	用作发光体的无机产品
374	3207100000	调制颜料，遮光剂，着色剂及类似品
375	3207200000	珐琅和釉料、釉底料及类似制品
376	3207300000	光瓷釉及类似制品
377	3207400000	呈粉、粒状搪瓷玻璃料及其他玻璃
378	3208100000	溶于非水介质的聚酯油漆及清漆等
379	3208201001	分散于或溶于非水介质的光导纤维用涂料
380	3208201090	其他聚丙烯酸油漆、清漆等
381	3208202000	溶于非水介质的聚乙烯油漆及清漆
382	3208901001	分散于或溶于非水介质的光导纤维用涂料
383	3208901090	其他聚胺酯油漆清漆等
384	3208909000	溶于非水介质其他油漆、清漆溶液
385	3209100000	溶于水介质的聚丙烯酸油漆及清漆
386	3209901000	以环氧树脂为基本成分油漆及清漆
387	3209902000	以氟树脂为基本成分的油漆及清漆
388	3209909000	溶于水介质其他聚合物油漆及清漆
389	3210000000	其他油漆及清漆，皮革用水性颜料
390	3211000000	配制的催干剂
391	3212100000	压印箔
392	3212900000	制漆用颜料及零售包装染料、色料
393	3213100000	成套的颜料
394	3213900000	非成套颜料、调色料及类似品
395	3214100000	安装玻璃用油灰等；漆工用填料
396	3214900000	非耐火涂面制剂
397	3215110000	黑色印刷油墨
398	3215190000	其他印刷油墨
399	3215901000	书写墨水
400	3215909000	绘图墨水及其他墨类
401	3301299991	其他非柑桔属濒危植物果实的精油
402	3301309010	其他濒危植物香膏
403	3301901010	濒危植物提取的油树脂
404	3304990091	其他含濒危植物成分美容化妆品
405	3305100010	含濒危植物成分的洗发剂
406	3306101010	含濒危植物成分牙膏
407	3404900000	其他人造蜡及调制蜡
408	3406000010	含濒危动物成分的蜡烛及类似品

续表

序号	商品编码	商品名称	序号	商品编码	商品名称
409	3802100000	活性碳	446	5103209010	其他濒危野生动物细毛废料
410	3802900010	濒危动物炭黑	447	5103300010	濒危野生动物粗毛废料
411	3802900090	活性天然矿产品；其他动物炭黑	448	5104009010	其他濒危野生动物细毛
412	3824300010	混合的未烧结金属碳化钨	449	5105391010	已梳濒危兔毛
413	3824300090	其他混合的未烧结金属碳化物	450	5105400010	其他已梳濒危野生动物粗毛
414	3922200010	含濒危动物成分的塑料马桶座圈及盖	451	5108100010	非供零售用粗梳濒危动物细毛纱线
415	4201000010	濒危野生动物材料制的鞍具及挽具	452	5108200010	非供零售用精梳濒危动物细毛纱线
416	4202111010	以含濒危野生动物皮革作面的衣箱	453	5110000010	濒危动物粗毛的纱线
417	4202119010	以濒危野生动物皮革作面的箱包	454	6402120010	含濒危动物毛皮橡胶/塑料底及面滑雪靴
418	4202210010	以濒危野生动物皮革作面的手提包			
419	4202310010	以濒危野生动物皮革作面的钱包等	455	6402190010	含濒危动物毛皮其他运动鞋靴
420	4202910010	濒危野生动物皮革作面的其他容器	456	7113119010	镶嵌濒危物种制品的银首饰及零件
421	4203100010	濒危野生动物皮革制的衣服	457	7113209010	镶嵌濒危物种制品以贱金属为底的包贵金属制首饰
422	4203210010	濒危野生动物皮革制的运动手套			
423	4203291010	濒危野生动物皮革制的劳保手套	458	7114110010	镶嵌濒危物种制品的银器及零件
424	4203299010	濒危野生动物皮革制的其他手套	459	7208100000	轧有花纹的热轧卷材
425	4203301010	濒危野生动物皮革制的腰带	460	7208250000	厚≥4.75 毫米其他经酸洗的热轧卷材
426	4203302010	濒危野生动物皮革制的子弹带	461	7208261000	4.75 毫米 >厚≥3 毫米其他大强度热轧卷材
427	4203400010	濒危野生动物皮革制的衣着附件			
428	4205001010	濒危野生动物皮革制的坐具套	462	7208269000	其他 4.75 毫米 >厚≥3 毫米热轧卷材
429	4205002010	濒危野生动物皮革制工业用皮革或再生皮革制品	463	7208271000	厚度 <1.5 毫米其他的热轧卷材
			464	7208279000	1.5 毫米≤厚 <3 毫米其他的热轧卷材
430	4205009010	濒危野生动物皮革的其他制品	465	7208360000	厚度 >10 毫米的其他热轧卷材
431	4302191010	已鞣未缝制的濒危狐皮	466	7208370000	10 毫米≥厚≥4.75 毫米的其他热轧卷材
432	4302191090	已鞣未缝制的其他贵重濒危动物毛皮	467	7208381000	4.75 毫米 >厚度≥3 毫米的大强度卷材
433	4302192010	已鞣未缝制的整张濒危野兔皮	468	7208389000	其他 4.75 毫米 >厚度≥3 毫米的卷材
434	4302199010	已鞣未缝制其他濒危野生动物毛皮	469	7208391000	厚度 <1.5 毫米的其他热轧卷材
435	4302200010	已鞣未缝濒危野生动物头，尾，爪等	470	7208399000	1.5 毫米≤厚 <3 毫米的其他热轧卷材
436	4302301090	已鞣已缝制的贵重濒危动物毛皮及其块、片	471	7208400000	轧有花纹的热轧非卷材
			472	7208511000	厚度 >50 毫米的其他热轧非卷材
437	4302309010	已鞣缝的其他整张濒危野生毛皮	473	7208512000	20 毫米 <厚≤50 毫米的其他热轧非卷材
438	4303101010	濒危野生动物毛皮衣服	474	7208519000	10 毫米 <厚≤20 毫米的其他热轧非卷材
439	4303102010	濒危野生动物毛皮衣着附件	475	7208520000	10 毫米≥厚度≥4.75 毫米的热轧非卷材
440	4303900010	濒危野生动物毛皮制其他物品	476	7208531000	4.75 毫米 >厚≥3 毫米大强度热轧非卷材
441	5102191010	未梳濒危兔毛			
442	5102193010	未梳濒危野生骆驼科动物毛、绒	477	7208539000	其他 4.75 毫米 >厚≥3 毫米的热轧非卷材
443	5102199010	未梳的其他濒危野生动物细毛			
444	5102200010	未梳的濒危野生动物粗毛	478	7208541000	厚 <1.5 毫米的热轧非卷材
445	5103109010	其他濒危野生动物细毛的落毛	479	7208549000	1.5 毫米≤厚 <3 毫米的热轧非卷材

续表

序号	商品编码	商品名称	序号	商品编码	商品名称
480	7208900000	其他热轧铁或非合金钢宽平板轧材	519	7216610000	平板轧材制的角材、型材及异型材
481	7211130000	未轧花纹的四面轧制的热轧非卷材	520	7216690000	冷加工的角材、型材及异型材
482	7211140000	厚度≥4.75毫米的其他热轧板材	521	7216910000	其他平板轧材制角材，型材，异型材
483	7211190000	其他热轧铁或非合金钢窄板材	522	7216990000	其他角材、型材及异型材
484	7211230000	含炭量低于0.25%的冷轧板材	523	7217100000	未镀或涂层的铁或非合金钢丝
485	7211290000	其他冷轧铁或非合金钢窄板材	524	7217200000	镀或涂锌的铁或非合金钢丝
486	7211900000	冷轧的铁或非合金钢其他窄板材	525	7217300000	镀或涂其他贱金属铁或非合金钢丝
487	7212100000	镀（涂）锡的铁或非合金钢窄板材	526	7217900000	其他铁丝或非合金钢丝
488	7212200000	电镀锌的铁或非合金钢窄板材	527	7219131100	3毫米≤厚<4.75毫米未经酸洗的热轧不锈钢卷板
489	7212300000	其他镀或涂锌的铁窄板材			
490	7212400000	涂漆或涂塑的铁或非合金钢窄板材	528	7219132100	3毫米≤厚<4.75毫米经酸洗的热轧不锈钢卷板
491	7212500000	涂镀其他材料铁或非合金钢窄板材			
492	7212600000	经包覆的铁或非合金钢窄板材	529	7219132900	3毫米≤厚<4.75毫米经酸洗的其他热轧不锈钢卷板
493	7213100000	铁或非合金钢制热轧盘条			
494	7213200000	其他易切削钢制热轧盘条	530	7219141100	厚度<3毫米未经酸洗的热轧不锈钢卷板
495	7213910000	直径<14毫米圆截面的其他热轧盘条			
496	7213990000	其他热轧盘条	531	7219142100	厚度<3毫米经酸洗的热轧不锈钢卷板
497	7214200000	铁或非合金钢的热加工条、杆	532	7225910000	电镀锌的其他合金钢宽平板轧材
498	7214300000	易切削钢的热加工条、杆	533	7225920000	其他镀或涂锌的其他合金钢宽板材
499	7214910000	其他矩形截面的条杆	534	7225991000	宽≥600毫米的高速钢制平板轧材
500	7214990000	其他热加工条、杆	535	7225999000	宽≥600毫米的其他合金钢平板轧材
501	7215100000	其他易切削钢制冷加工条、杆	536	7226920000	宽度<600毫米冷轧其他合金钢板材
502	7215500000	其他冷加工或冷成形的条、杆	537	7226991000	电镀锌的其他合金钢窄平板轧材
503	7215900000	铁及非合金钢的其他条、杆	538	7226992000	用其他方法镀或涂锌的其他合金钢窄板材
504	7216101000	截面高度<80毫米H型钢			
505	7216102000	截面高度<80毫米工字钢	539	7227200000	硅锰钢的热轧盘条
506	7216109000	截面高度<80毫米槽钢	540	7228200000	其他硅锰钢的条、杆
507	7216210000	截面高度<80毫米角钢	541	7228600000	其他合金钢条、杆
508	7216220000	截面高度<80毫米丁字钢	542	7305310000	纵向焊接的其他粗钢铁管
509	7216310000	截面高度≥80毫米槽型钢	543	7305390000	其他方法焊接其他粗钢铁管
510	7216321000	截面高度>200毫米工字钢	544	7305900000	未列名圆形截面粗钢铁管
511	7216329000	80毫米≤截面高度≤200毫米工字钢	545	7306300000	其他铁或非合金刚圆形截面焊缝管
512	7216331100	截面高度>800毫米H型钢	546	7306400000	不锈钢其他圆形截面细焊缝管
513	7216331900	200毫米<截面高度≤800毫米H型钢	547	7306500000	其他合金钢的圆形截面细焊缝管
514	7216339000	80毫米<截面高度≤200毫米H型钢	548	7306610000	矩形或正方形截面的其他焊缝管
515	7216401000	截面高度≥80毫米角钢	549	7306690000	其他非圆形截面的焊缝管
516	7216402000	截面高度≥80毫米丁字钢	550	7306900010	多壁式管道
517	7216501000	乙字钢	551	7306900090	未列名其他钢铁管及空心异型材
518	7216509000	其他角材、型材及异型材	552	7604100000	非合金铝条、杆、型材、异型材

续表

序号	商品编码	商品名称	序号	商品编码	商品名称
553	7604210000	铝合金制空心异型材	571	9404901010	濒危野禽羽绒和羽毛填充其他寝具
554	7604290010	柱形实心体铝合金	572	9404902010	濒危兽毛填充的寝具
555	7604290090	其他铝合金制条、杆、其他型材	573	9504200010	濒危木制的台球用品及附件
556	7605110000	最大截面尺寸 >7 毫米的非合金铝丝	574	9508100010	有濒危动物的流动马戏团
557	7605190000	最大截面尺寸≤7 毫米的非合金铝丝	575	9601100010	已加工的濒危兽牙及其制品
558	7605210000	最大截面尺寸 >7 毫米的铝合金丝	576	9601900010	其他已加工濒危动物质雕刻料
559	7605290000	最大截面尺寸≤7 毫米的铝合金丝	577	9603301010	濒危动物毛制的画笔
上述 7208—7605 项下产品用于深加工结转除外			578	9603302010	濒危动物毛制的毛笔
560	9003190010	濒危动物产品制眼镜架	579	9603309010	濒危动物毛制化妆用的类似笔
561	9101210010	含濒危动物皮自动上弦贵金属机械手表	580	9603509110	濒危动物毛制作为机器零件其他刷子
562	9101290010	含濒危动物皮非自动上弦贵金属机械手表	581	9603509910	濒危动物毛制作为车辆零件其他刷子
			582	9603901010	濒危野禽羽毛掸
563	9102210010	含濒危动物皮其他自动上弦的机械手表	583	9603909010	濒危动物毛、鬃、尾制其他帚，刷子
564	9102290010	含濒危动物皮其他非自动上弦机械手表	584	9606290010	含濒危动物成分的其他钮扣
565	9113900010	濒危动物皮制的表带及其零件	585	9611000010	含濒危动物成分的手用日期戳
566	9202100011	濒危动物皮弓弦乐器	586	9614001010	含濒危动物成分的烟斗及烟斗头
567	9202100019	其他含濒危动物皮的弓弦乐器	587	9615190010	含濒危动物成分的其他材料制梳子
568	9202900010	含濒危动物成分的其他弦乐器	588	9701900010	含濒危动物成分的拼贴画
569	9206000010	含濒危动物皮的打击乐器	589	9703000010	濒危动植物材料制的雕塑品原件
570	9404301010	濒危野禽羽毛或羽绒填充的睡袋			

海关总署公告　2007年第74号
关于调整部分化肥及制肥原料出口关税税率

2007年12月24日

经国务院批准，自2008年1月1日至12月31日，对部分化肥及制肥原料调整出口关税税率。现公告如下：

一、对尿素（税则号列：31021000）自1月1日至3月31日实行30%的暂定关税；自4月1日至9月30日实行35%的暂定关税；自10月1日至12月31日实行25%的暂定关税。

二、对磷酸氢二铵（税则号列：31053000）、磷酸二氢铵及磷酸二氢铵与磷酸氢二铵的混合物（税则号列：31054000）自1月1日至3月31日实行20%的暂定关税；自4月1日至9月30日实行30%的暂定关税；自10月1日至12月31日实行20%的暂定关税。

三、对硫酸及有烟硫酸（税则号列：28070000）开征税率为5%的出口暂定关税。

特此公告。

保税区篇

中国保税区出口加工区协会

CHINA FREE TRADE ZONE AND EXPORT PROCESSING ZONE ASSOCIATION

2007 年全国保税区（保税物流园区）经济运行情况分析

2007 年是全国保税区发展再创佳绩的一年。在海关总署及地方各级政府的领导和支持下，各保税区积极落实科学发展观，着力提高经济运行质量，创新发展模式，加快产业功能升级，保持了高位发展。2007 年，全国 15 家保税区共实现增加值 1830.72 亿元，同比增长 23.4%；完成销售收入 1.26 万亿元，增长 23.9%；实现进出口总额 1281.24 亿美元，增长 17.6%；批准投资项目 3881 个，吸引投资总额 144.92 亿美元，增长 12.9%，完成合同外资 65.2 亿美元，增长 21.8%，实际利用外资 26.27 亿美元，增长 18.9%；实现各类税收收入 904.13 亿元，增长 48.9%；完成固定资产投资额 291.39 亿元，增长 20.7%，为国家和地方经济发展做出了积极贡献。

一、综合经济

（一）经济总量实现高位高增长

2007 年，全国 15 家保税区共完成增加值 1830.72 亿元，同比增长 23.4%，继续保持较快增长态势。从各保税区完成情况上看，上海外高桥保税区达到 819.57 亿元，增长 22%，占全国保税区总量的 44.8%。

1. 北方保税区发展提速。天津港和大连保税区借助建设保税港区的有利契机加速发展，分别完成增加值 301.29 亿元和 168.62 亿元，同比增长 47.3% 和 81.9%，远高于全国保税区平均增速。加上青岛保税区，这 3 家保税区合计完成增加值占全国保税区的三分之一。

2. 长三角地区的张家港和宁波保税区也继续保持良好发展势头，分别完成增加值 142 亿元和 103 亿元，同比增长 21.7% 和 40.3%，增长潜力足。

3. 南方保税区中厦门保税区充分发挥保税物流优势迅速推进，增速达到 47.2%；而深圳保税区虽然完成增加值 155.16 亿元，仍保持一定经济规模，但比上年同期有所下降。

（二）销售收入规模持续扩大

2007 年，在国内外投资和消费增长的双重拉动下，全国各保税区投资企业纷纷拓展运作模式，适应市场需求，加速构建营运平台，促进全国保税区企业销售规模不断扩大，全年实现销售收入连续第二年突破 1 万亿元大关，达到 1.26 万亿元，同比增长 23.9%。其中上海外高桥保税区完成 5783.01 亿元，增长 21.8%，占总量的 46%。天津港、张家港和宁波保税区销售收入也均突破千亿元，分别完成 1707.05 亿元、1525.06 亿元和 1175.65 亿元，增长 42.2%、19.9% 和 54.7%。

二、产业发展

国际贸易、现代物流、出口加工作为保税区三大支柱产业，是支撑保税区综合经济发展的主导力量，各保税区始终致力于加快产业结构调整，转变经济增长方式，扶持重点企业做大做强，已取得了显著成效。从总体上看，国际贸易业贡献度突出，出口加工业增长势头不减，物流业发展速度加快。

（一）国际贸易业继续呈现较快发展

保税区各贸易企业紧紧依托国内外市场需求旺盛、进口关税总体水平下调和保税区投资运营环境不断完善等有利形势，加快拓展营销功能和销售渠道，企业经营状况持续向好。2007年，全国保税区实现商品销售额8733.17亿元，同比增长21.6%。上海外高桥保税区积极打造跨国企业营运中心，在众多重点贸易企业销售额快速增长的拉动下，实现商品销售额4901.95亿元，增长22.6%，其中55家营运中心企业完成销售1480.21亿元，增长41.9%，占贸易企业销售额的30%。其次是张家港保税区完成1400.81亿元，增长18.6%。宁波保税区和天津港保税区贸易功能不断拓展，企业规模加速扩张，分别完成商品销售额722.34亿元和682.82亿元，增长19.2%和47.7%。广州保税区增速达到66.5%，增长速度最快。

（二）出口加工业增势不减

2007年，全国保税区共完成工业产值3206.46亿元，同比增长17.2%。从产值上看，深圳保税区和上海外高桥保税区完成工业产值继续保持领先位置，分别为875.9亿元和530.76亿元，增速虽低于全国保税区平均水平，但仍居前二位，分别占全国保税区总量的27.3%和16.6%。其他保税区中，宁波、天津港、大连、青岛保税区上升势头迅猛，其中宁波保税区在区内液晶光电产业的带动下完成工业产值445.19亿元，增长1.7倍；天津港保税区完成产值395.87亿元，增长55.2%，大连和青岛保税区的增速也均在40%以上，拉动了全国保税区工业产值的较快增长。

（三）现代物流业发展速度加快

2007年，以物流分拨、第三方物流企业为主体的现代物流业在各保税区日益完善的物流运作环境中加快发展，业务量快速提升。2007年全国保税区物流企业共实现营业收入3244.12亿元，同比增长24.8%。其中上海外高桥保税区充分发挥区域优势，利用保税仓储转口功能，进一步提升能级，增强国内外辐射功能，实现2073.59亿元，增长速度为20.7%，占全国保税区物流企业营业收入64%；在国际航运业持续繁荣的情况下，天津港保税区依靠水运业、仓储业迅速增长的优势，完成物流企业营业收入628.36亿元，增长30%；大连和厦门保税区物流业发展显著加快，分别实现收入236.25亿元和31.57亿元，达到1.2倍和60.2%的增长速度。

三、对外贸易

（一）进出口贸易稳步增长

随着国内外市场需求不断扩大，保税区的进出口贸易额也在不断攀升，屡创新高。据海关统计，2007年，全国保税区完成进出口货物总额达到1281.24亿美元，同比增长17.6%，主要集中在上海外高桥和深圳保税区。其中上海外高桥保税区完成进出口总额突破500亿美元大关，达到549.92亿美元，增长22.5%，占全国保税区42.9%；深圳保税区完成462.61亿美元，增长18%，占全国保税区的36.1%。此外，宁波保税区和汕头保税区进出口额增长迅速，增速均超过50%。

1. 进大于出，缓解贸易顺差。2007年全国保税区继续保持“进大于出、出口增速快”的格局。全年完成进口额824.05亿美元，同比增长16.9%，占进出口总额的64.3%。虽受出口退税率政策调整的影响，但保税区出口增速仍较快，全年完成457.19亿美元，增长18.7%。而进出口逆差达到366.86亿美元，比上年同期增加54.61亿美元，对缓解我国贸易顺差起到作用。

从各保税区上看，上海外高桥和深圳保税区分别在进口和出口上保持领先。上海外高桥实现进口额406.49亿美元，同比增长22.6%，深圳保税区实现出口额219.21亿美元，增长15.1%。

2. 进出口贸易方式加快转变。全国各保税区根据区内企业的运作情况，加快推进对外贸易增长方式的转变。贸易业和物流业的快速发展促使保税仓储转口货物进出口额持续增长，达到 800.92 亿美元，同比增长 19.4%，占进出口总量的 62.5%，彻底扭转了加工贸易大于出口、大于保税仓储转口贸易的格局；一般贸易进出口额继续呈现高速增长，完成 68.56 亿美元，增速达到 94.1%；加工贸易方式进出口额增速放缓，完成 402.86 亿美元，增长 7.5%，占进出口总量的 31.4%，比上年下降 3 个百分点。

本文中所指保税区进出口贸易额依据海关总署统计，不包括保税物流园区。

四、招商引资

（一）招商引资质量不断提高

2007 年，招商引资总体上继续呈现“投资总额增长，投资项目减少”的局面。由于各保税区土地已基本开发完毕，资源利用空间已十分有限，导致大部分保税区新批项目数量逐渐减少，对此各保税区也积极调整招商战略，注重引进效益高、能耗低的项目，调整产业结构、进一步完善产业链。同时加强对区内现有企业的服务跟踪，不断改善投资环境，使得企业增资踊跃，使得投资额在招商项目数量减少的情况下仍有增长。2007 年，全国保税区吸引投资总额达 146.3 亿美元，同比增长 13.7%，其中外商投资额 109.68 亿美元，增长 14.2%，占投资总额的 75%；新批投资项目 3881 个，下降 4.3%，其中外资项目下降 25.5%，为 790 个，占项目总数的 20.4%。

1. 从项目数量和类型上看：天津港保税区引进项目继续保持领先地位，达到 1095 个，占全国保税区总数的近三分之一，其次是张家港和大连保税区分别达到 581 个和 537 个，同比增长 15.1% 和 8.3%，青岛和宁波保税区吸引项目数也均超过 400 个，但与上年同期相比也出现不同程度的下降。厦门保税区今年招商踊跃，达到 263 个，增长 42.9%。从项目类型上看：贸易项目达到 2650 个，占项目总数的 68.3%，下降 9.1%，仓储物流项目有一定的增加，达到 546 个，增长 10.9%。其中天津港和大连保税区分别为 242 个和 61 个，增长 28% 和 38.6%；而加工项目数量少且下降幅度大，仅为 239 个，下降 21.6%。

2. 从批准投资额上看：天津港保税区引资、增资齐头并进，全年共吸引投资 76.1 亿美元，同比增长 24.4%，领先于其他保税区，占全国保税区总量的 52%。大连保税区紧紧围绕保税港区建设，重点加强物流、市场、港口、临港加工项目的招商，吸引投资也达到 22.96 亿美元，增长 16.8%。厦门和青岛保税区引资势头较好，均比上年同期实现倍增。

3. 从利用外资上看：全国保税区全年完成合同外资 65.2 亿美元，同比增长 21.8%，实际利用外资 26.27 亿美元，增长 18.9%。天津港和大连保税区合同外资分别达到 31.32 亿美元和 12.79 亿美元，增长 25.6% 和 14.2%，合计占全国保税区总量的 67.7%。此外，青岛和广州保税区合同外资均成倍增长。

五、税收收入和固定资产投资

（一）税收收入持续快速增长

在保税区投资企业经济效益普遍提高的推动下，2007 年全国保税区税收收入呈现强劲增长势头，全年共实现各类税收 904.13 亿元，同比增长 48.9%。大连、天津港保税区税收增长迅速，分别完成 78.14 亿元和 169.24 亿元，增长 4.4 倍和 1.4 倍，摆脱了上年汽车落地征税政策对税收造成的影响。从总量上看，上海外高桥保税区实现税收总额 446.95 亿元，增长 24.6%，占全国保税区的 49.4%。

1. 海关税收及代征税实现强劲增长。在保税区国际贸易、出口加工、物流业快速发展的带动下，进口额继续呈现较快增长，由此推动了海关税收的强劲增长，全年实现关税及代征税 597.14 亿元，同比增长 62.1%，占税收总额的 66.0%。其中外高桥保税区海关税收 270.14 亿元，增长 26.9%，占全国保税区的

45.9%。

2. 税务部门税收增长较快。全国保税区税务部门税收合计达到306.99亿元，同比增长25.8%，占税收总额的33.9%。大部分保税区均处于税收高产期，其中上海外高桥保税区实现税收176.81亿元，增长21.3%，占全国保税区的57.6%。此外，天津港和张家港保税区分别完成39.3亿元和22.49亿元，增长36.5%和46.7%。此外，大连、宁波、福州保税区的税收增幅均在30%以上。

（二）固定资产投资平稳增长

2007年，全国保税区贯彻落实国家宏观调控政策，固定资产投资保持平稳增长，全年完成291.39亿元，同比增长20.7%。其中基础设施投资力度不断加大，达到114.14亿元，增长1.5倍，占投资总额的39.2%。

从各保税区上看，天津港保税区不断加大对空港加工区、物流区的投资力度，完成固定资产投资105.79亿元，同比增长47.8%，占全国保税区的36.3%。其次是大连保税区加快港区一体化建设步伐，完成72.6亿元，增长16.3%，其中基础设施投资达到71.34亿元，是拉动全国保税区基础设施投资快速增长的重要因素。张家港和宁波保税区固定资产投资再掀高潮，在一批重点项目建设的推动下，分别实现固定资产投资41.52亿元和30.29亿元，增长26.2%和53.9%。厦门保税区凭借物流园区开发建设的契机，固定资产投入增长迅速，其次是基础设施投资，达到8.65亿元，增长50余倍。

六、保税物流园区

（一）保税物流园区运作走向成熟

作为“区港联动”的先行先试区域，国家已批准的八家保税物流园区均先后封关运作，经过3年多的建设发展，保税物流园区发展质量稳步提升，业务运作日趋成熟。到2007年底，全国8家物流园区已累计引进601家企业，投资额达到11.11亿美元，各项主要经济指标呈现高速增长态势。

1. 进出口额大幅增长。2007年全国保税物流园区共完成进出口总额75.7亿美元，同比增长1.7倍，其中出口38.21亿美元，增长2.5倍，进口37.49亿美元，增长1.2倍，进、出口基本保持平衡。张家港保税物流园区实现进出口28.78亿美元，增长1.4倍，其中进口22.43亿美元，增长97.7%，处于领先位置；上海外高桥保税物流园区出口量最大且增长迅猛，达到11.03亿美元，增长8.6倍。

2. 企业经营运作良好。2007年是物流园区运作功能拓展的一年，共实现企业营业收入110.74亿元，同比增长1.9倍。其中大连保税物流园区企业日趋成熟，由原来的单纯出口退税、保税仓储发展到现在的分拨配送、海铁联运、JIT服务等多种先进灵活的物流方式，使得全年营业收入达到37.08亿元，增长8.3倍。其次是张家港物流园区完成33.31亿元，增长95.9%。此外，宁波、上海外高桥、青岛物流园区也实现高速增长。

3. 招商形势喜人。2007年全国保税物流园区共批准企业项目277个，同比增长45%，吸引投资额4.9亿美元，增长91.6%。张家港保税物流园区招商情况突出，全年批准项目182个，比上年增加158个项目，吸引投资2.13亿美元，增长5.5倍，占全国物流园区总量一半以上。

2007年是全国保税区继续保持平稳较快发展的一年，也是保税物流园区高速发展之年。特别是开发开放天津滨海新区、建设大连保税港区等一系列政策方针为北方保税区提供了有利的发展机遇。展望2008年，宏观经济形势良好发展，十七大明确提出扩大开放领域，优化开放结构，提高开放质量，完善内外联动、互利共赢、安全高效的开放型经济体系，实施自由贸易区战略，为保税区进一步发展指明了方向。但是也必须认识到，现阶段十五家保税区发展很不平衡，北方和长三角地区明显优于南方，个别保税区发展后劲不足。同时保税区发展也面临诸多困难，如国家宏观政策的调整导致保税区政策优势弱化、招商引资工作任务艰巨、部分保税区已从过去招商引资阶段步入稳商留商阶段，此外国际贸易摩擦增多等不稳定因素也给保税区外向型经济发展带来一定负面影响。同时，2008 年也是保税区机遇与挑战并存、功能转型升级的关键之年，因此要进一步加强贯彻落实科学发展观，明确功能定位和产业规划，使保税区经济实现又快又好发展。

上海外高桥保税区
SHANGHAI WAIGAOQIAO FREE TRADE ZONE

【经济发展】 2007年，上海外高桥保税区坚持功能拓展和机制创新，充分发挥综合优势，积极引导产业内涵深化和外延拓展，在巩固发挥国际贸易基地作用的同时，积极推动现代物流、出口加工产业的发展，并加快发展以商品展示、市场服务、技术研发为代表的现代服务企业，积极培育引进跨国公司区域性营运中心，促使保税区综合经济发展和经济效益取得了双丰收。

全年保税区共实现增加值819.57亿元，同比增长22%。区内企业全年完成销售（经营）收入达到5783.01亿元，增长21.8%，实现利税总额727.17亿元，增长27.6%。区内企业资产结构进一步优化，总资产达到3197.02亿元，增长19%。投资企业共吸纳从业人员18.83万人，增长4.7%，全员劳动生产率迈上新台阶，达到43.52万元/人，增长16.5%。

保税区投资企业的经济效益显著提升，为税收做出巨大贡献。2007年，保税区共实现各类税收收入总额达到446.95亿元，同比增长24.6%，保税区税务部门税收收入完成176.81亿元，增长21.3%。全年海关部门税收收入完成270.14亿元，增长26.9%，占保税区各类税收总额60.4%。

【投资环境】 2007年，外高桥保税区继续贯彻落实国家宏观调控政策，大力推进重大工程项目建设，加快园区开发和基础配套的进程，固定资产投资额继续保持一定规模，全年完成21.69亿元。其中进区企业完成固定资产投资额14.26亿元，占保税区固定资产投资额65.7%。到2007年底，保税区已累计完成固定资产投资额351.04亿元，已累计完成竣工房屋面积740.84万平方米，有力地促进了保税区经济的发展。

保税区功能拓展进一步推进，保税区国际商品展示中心和保税区文化服务贸易平台建设正式启动。2007年4月18日，中国贸促会和浦东新区人民政府《关于加强合作的备忘录》签约仪式暨中国国际商品中心揭幕仪式隆重举行。中国国际商品中心是集保税展示、交易和贸易服务为一体的国家级贸易平台，平台的建立将帮助外国企业迅速建立中国国内贸易渠道，高效推广其产品，2007年4月29日，上海市委宣传部与浦东新区人民政府共同签署了《关于共同推进外高桥保税区文化服务贸易平台建设备忘录》，建成后的文化服务贸易平台是为国内外文化企业提供商贸咨询、产品展示、进出口贸易、设备租赁、版权交易、演艺经纪、创意制作等全方位、高效率、标准化、国际化的国家级公共服务平台。

【招商引资】 面对国内外不断变化的经济环境，外高桥保税区紧紧围绕产业升级和功能拓展，进一步提高招商引资工作的针对性，加大稳商育商力度，推动投资总额继续保持较大规模。2007年，外高桥保税区新批准投资项目虽比上年下降30.8%，但仍达到386个，吸引投资总额规模连续5年超过10亿美元，达到14.44亿美元。众多企业纷纷追加投资，为保税区吸引投资额的完成发挥了重要作用。全年保税区共有436个项目进行了追加投资，比上年增加36个，实现增资额再次突破10亿美元，达到10.53亿美元，占保税区吸引投资总额72.9%。全年保税区新批准外资项目232个，占保税区新批项目60.1%，其中外商独资项目222个。吸引外商投资额在增资项目的带动下继续保持两位数增幅，达到13.18亿美元，增长15.6%，占保税区投资额总额91.3%，其中外商独资项目吸引投资额12.9亿美元，增长25.3%。外商投资额的增长也促进了合同外资和实际利用外资的完成，全年保税区完成合同外资7.8亿美元，增长26.6%，占外商投资额59.2%；实际利用外资达到3.99亿美元，增长7.5%，占全年合同外资51.1%。

到2007年底，保税区累计批准投资企业项目达到9950个，吸引投资总额达到146.53亿美元。外资企业项目累计达到7685个，占投资项目总数77.2%，吸引投资额达到120.32亿美元，占投资总额82.1%，吸引投资额96.4亿美元，占投资总额65.8%。保税区合同外资达到66.66亿美元，实际利用外资44.57亿美元，占合同外资79.4%。保税区已有来自94个国家和地区的外商企业前来投资注册。世界500强排名前5位的沃尔玛、埃克森美孚、壳牌石油、英国石油、通用汽车均在保税区投资注册企业。

【贸易业】 2007年，外高桥保税区贸易企业努力拓展国内外销售渠道，扩大商品销售规模，巩固和增强了贸易业的产业核心地位，全年实现商品销售总额达到4901.95亿元，同比增长22.6%。众多跨国公司纷纷利用保税区的综合优势，将保税区投资的企业升级成为具有综合管理功能的区域性营运中心。到2007年底，经保税区管委会认定的跨国公司营运中心已达到55家，全年共完成销售收入1480.21亿元，占保税区25.6%，同比增长41.9%。

【物流业】 随着国内外经济的快速发展和物流运作环境的进一步完善，物流企业业务规模快速扩大。2007年，外高桥保税区从事物流业务的企业共1057家，拥有仓储面积277.79万平方米，同比增长21.3%。全年保税区物流企业共完成营业（销售）收入达到2073.59亿元，增长20.7%，实现增加值264亿元，增长26.9%，占保税区增加值32.2%。外高桥港区完成港口货物吞吐量达到1.31亿吨，增长15.3%，占上海港23.3%，集装箱进出口吞吐量突破1500万标箱，达到1556.8万标箱，增长13.4%，占上海港59.5%，为推动上海国际航运中心建设和上海港首次超过香港成为全球第二大集装箱港口发挥了重要作用。

【工业】 2007年，保税区工业经济运行的质量和效益显著提高，继续呈现低消耗、低污染、高产出的内涵式发展特征。全年保税区出口加工企业完成工业产值530.76亿元，同比增长3.6%，工业产品销售率达到100.4%，工业企业节能降耗水平进一步提升，全年工业能耗总量28.9万吨标准煤，低于工业产值3.6%的增长率工业增加值能耗仅为0.23吨标准煤/万元，为上海市平均水平的五分之一。

保税区吸引了众多的“三高”—高学历、高技术、高素质的人才向保税区聚集，为保税区走可持续发展之路奠定了良好的人力资源基础。2007年末保税区投资企业从业人员已达到18.83万人，比上年增长4.7%，其中具有大学专科以上学历的人员达到10.75万人，占保税区从业人员57.1%。

【对外贸易】 外高桥保税区充分发挥国际贸易基地作用，加快转变对外贸易增长方式，提升对外贸易的质量与水平，推动上海市国际贸易中心建设做出了积极的贡献。据上海海关统计，2007年，外高桥保税区完成进出口贸易总额已达到570.09亿美元，同比增长27%，占上海市进出口总额20.1%，其中出口额154.26亿美元，增长31.5%，占上海市出口额10.7%，进口额415.83亿美元，增长25.4%，占上海市进口额29.9%。

从事进出口贸易业务的企业数量持续增长。2007 年，外高桥保税区内开展进出口业务的企业已达到 3083 家，同比增长 4.9%，增加了 145 家。与 192 个国家和地区发生了进出口贸易业务往来，与上年相比又增加 21 个国家和地区。

【保税物流园区】 作为我国首个实施“区港联动”试点的区域，上海外高桥保税物流园区随着投资环境的完善和形态建设的推进，已经逐步从初期的开发建设和招商引资阶段进入到功能拓展和业务产出阶段，初步形成现代化的国际物流平台。“海空运直通”模式取得新进展，上海关区内所有港区进入园区内的货物实现“海运直通”。伦敦金属期货交易市场项目进入最后评估阶段。“区区联动”进一步推进，编制了与张家港保税物流园区开展区区联动的方案，努力推进园区与长三角、长江沿岸实行“通关一体化”。2007 年园区在原有三得利、大创和 ACE 项目的基础上，又引进了世界 500 强中 GE、美孚、霍尼韦尔、东芝等跨国公司的国际采购、配送企业，进一步提升了园区采购配送的业务类型和产业能级。到 2007 年底，园区已引进企业单位 70 家，其中独立法人单位 30 家，占 42.9%，分公司 40 家，占 57.1%。2007 年保税物流园区 30 家独立法人单位中已有 21 家正式开展经营活动，这些企业拥有仓库面积 14.94 万平方米，同比增长 1.5 倍，年末存放货物 12.4 万吨，仓库利用率达到 83.5%，全年完成货物进出仓量 271.2 万吨，占保税区 23.2%，实现营业收入 15.89 亿元，增长 66.9%。另据保税区海关统计，2007 年物流园区共监管进出区货物 34.45 万票，增长 64.8%，货值达到 386.02 亿美元，增长 1.12 倍。外高桥物流园区二期核心区域已完成前期开发，具备封关条件，2007 年完成固定资产投资额 0.98 亿元，累计已完成固定资产投资额 5.72 亿元，占计划投资总额 67.3%。

大连保税区
DALIAN FREE TRADE ZONE

【经济发展】 2007年，大连保税区积极抢抓战略机遇，全面落实科学发展观，深入实践“三步走”发展战略，加快推进大窑湾保税港区的建设和运作，区港联动深入发展，招商引资成效显著，物流经济快速增长，市场体系日臻完善，重点工程进展顺利，财政收入实现了两年翻一番的发展目标，实现了区域经济又好又快地发展。

全年大连保税区综合经济实力继续保持快速增长、结构优化的良好态势。全区实现GDP 168.62亿元，同比增长81.89%，占全市GDP的5.62%。第三产业飞跃发展，在区域综合经济中占绝对优势。第二产业实现增加值31.66亿元，增长25.88%。其中，工业实现增加值25.53亿元，增长11.69%。第三产业实现增加值136.96亿元，增长81.79%。保税区经济总量再次实现了新的飞跃。企业生产经营规模持续扩大，工业产业维持存量自然增长，物流、贸易等产业发展较快，全年共实现销售（经营）收入691.23亿元，同比增长34.22%；税务部门税收实现14.94亿元，增长38.72%；到2007年底，保税区内企业资产总规模508.9亿元，同比增加16.75%；区域扩展使我区就业人数达到5.1万人。

2007年，保税区经济的快速增长带动了区内各种税收收入全面大幅增长。各税种税收均呈现大幅增长的趋势。全年大连保税区共实现各种税收46.44亿元，同比增长17.95%。其中，海关关税及代征税收31亿元，增长12.27%；税务部门税收14.94亿元，增长38.72%。其中：国税8.23亿元，增长30.43%；地税6.71亿元，增长50.45%。

【投资环境】 2007年，大连保税区固定资产投资工作，按照全区发展规划部署，围绕建设国际航运中心核心功能区，积极推进大项目和功能性基础设施建设，大窑湾保税港区建设快速推进，一期通过国家验收并投入运行；大连铁路集装箱中心站正式开工建设，是目前全国最大、能够实现“港前站”模式的港口型中心站。大窑湾保税港区正式封关运作，油品基地初具规模，重点工程进展顺利。共完成投资额72.6亿元，同比增长30.35%，固定资产投资继续保持快速增长势头。

新开工产业项目拉动投资快速增长。依托港口、保税港区等功能优势，一大批产业项目相继开工建设，投资需求旺盛。2007年共有51个产业项目开工，同比增长34%。其中工业项目21个，物流项目18个，占开工产业项目数的76.47%。

在建项目总规模持续扩大。在全区固定资产投资中，在建项目投资规模为42亿元，占总投资额的57%，对全区固定资产投资增长的贡献率为61%，拉动全区固定资产投资增长17个百分点，是支撑投资增长的重要因素，为全年完成投资增长奠定了基础。

油品储运基地加快建设，公共基础设施建设稳步推进。按照完善、提升油品物流基础设施能力为重点的产业导向与重点，油品储运基地初具规模。为进一步提供保税区发展的良好条件，各项公共基础设施建设稳步推进。由中石油投资建设的大连 LNG 接收站项目已开始进行地面基础工程，同时相关配套工程有序推进。

【招商引资】 2007 年，大连保税区紧紧围绕保税港区、油品储运基地、物流装备园、粮食物流园、汽车物流园、冷藏物流中心、展业市场等概念，调整招商重点，创新招商思路，采取网上招商、以商招商、代理招商等方式，不断加大招商引资工作力度。全年引进项目 537 项，同比增长 8.27%。其中，新批外商投资项目 172 个，完成合同外资金额 12.79 亿美元，增长 16.68%；实际使用外资 4.12 亿美元，增长 32.58%；引进内资 81.06 亿元，增长 26.66%。招商项目引进质量和大项目数量都取得重大进展，由中海、日本邮船、大连港三方合资成立的大连国际集装箱码头有限公司成功落户保税港区；成功引进由香港汇丰银行投资建设的港洲实业物流公司、世界 500 强伊藤忠商社投资的伊新物流等外资项目。

【工业】 2007 年，大连保税区工业生产继续保持存量稳定增长，全年实现工业增加值 25.53 亿元，同比增长 11.69%；完成工业总产值 70.9 亿元，增长 27.02%；工业万元产值综合能耗同比降低 4%。

对外开放型工业规模迅速扩大。全年外商及港澳台商控股企业实现产值 57.65 亿元，同比增长 48.23%，占全区规模以上工业产值的 83.2%。主要工业类型保持整体稳定发展态势。装备制造业总体增长势头迅猛，仅个别制造企业没有实现继续增长。全年装备制造业实现产值 40.55 亿元，占全区工业总产值的 58.26%，增长 69.76%。工业经济效益保持快速增长水平。全年规模以上工业企业实现主营业务收入 62.49 亿元，增长 23.9%；实现利税 4.15 亿元，增长 62.75%；实现利润 3.43 亿元，增长 10.56%。

【物流业】 2007 年，大连保税区物流产业功能不断提升，产业总量和质量不断提高，综合实力进一步增强，全区物流业发展进入了一个新的历史阶段。全区物流企业达到 300 多家，其中港口企业 5 家、港航辅助服务业企业 29 家、从事保税物流的企业 100 多家，形成了口岸物流与保税物流并重协调发展的良好局面。

物流经济快速增长。全年物流业实现增加值 40 亿元，同比增长 40.12%，占 GDP 的 23.72%。实现营业收入 236.25 亿元，增长 128.92%；行业利润 11 亿元，增长 22.22%；实现税收 4.5 亿元，增长 50%，税收贡献率为 30.12%。

产业规模不断扩大。全年共完成集装箱承运量 263 万标箱，同比增长 22.33%，集装箱吞吐量 360 万标箱，增长 26.7%，占全市集装箱吞吐量的 94.49%；货运总量 2650 万吨，增长 39.47%；港口吞吐量完成 1.09 亿吨，增长 22.5%。仓储能力达到 350 万平方米，增长 18.6%；运输车辆 1305 辆，增长 24.3%；从业人员 9000 余人，增长 12.5%。

港口项目优势逐步明显。随着大连国际集装箱码头有限公司的成立，在航运界具有重要影响力的中海、日本邮船正式加入了大窑湾集装箱港口建设的阵营，为内贸集装箱快速发展奠定了良好的基础条件，形成了集装箱港口投资主体多元化和业务多样化的良性发展局面。

作为国家区港联动试点，大连保税物流园区圆满地完成了历史使命，为保税港区的发展奠定了基础。两年来完成进出区货物 5.16 万票，货值 19.8 亿美元，货运量 114 万吨。

【贸易业】 随着国家扩大内需政策的作用不断显现，2007 年大连保税区贸易企业实现了经营规模与经济效益的同步增长，促进了保税区商品销售额的快速增长。全年保税区贸易企业共完成商品销售额 494.35 亿元，同比增长 31.99%；实现增加值 96.96 亿元，增长 78.55%，占保税区 GDP 的 57.5%。

内资贸易企业在保税区贸易企业中处于主导地位，为保税区商品销售额的快速增长起到了巨大的推动作用，限额以上贸易企业稳步增加，新增企业集中于钢铁、化工油品、汽车配件、煤炭等大宗商品行业。从商品大类来看主要体现在：石油及化工产品、汽车及配件和工业品类商品上，分别完成销售额150亿元、65亿元和65亿元。

【保税港区】 自2007年8月20日保税港区运作以来，保税港区业务稳中有升，保税业务快速增长。4个月时间里，保税港区共完成进出区货物15000票，实现进出口货值8亿美元，接近2006年全年的业务量。功能性业务不断拓展。保税港区各项功能得到有效应用，物流集聚及物流带动效应明显。海关流程实现再造，监管平台运行顺畅，物流运作更加便捷，保税港区的政策功能辐射空间逐步拓展，对区域经济发展的拉动作用不断增强。

【交易市场】 2007年，大连保税区各市场蓬勃发展，市场总数增至18个，聚集了665家贸易企业，已基本涵盖大宗商品交易的各个领域。国际车城、物资、煤炭、工业品、工业部件、汽车零部件市场交易十分活跃，国际钢材市场、农业生产资料市场正式挂牌，石油交易所、稻米市场两个大宗商品电子市场通过商务部初步验收。大连石油交易所推出了燃料油中远期合约交易品种。稻米市场中远期合约交易活跃，日交易量可达10万吨，日交易额约2亿元。

天津港保税区
TIANJIN PORT FREE TRADE ZONE

【经济发展】 2007年，天津港保税区综合经济实力进一步提高。GDP、工业总产值、进出区货物总值分别完成301.3亿元、395.9亿元和330.7亿美元，同比分别增长47.25%、55.2%和30.1%。第二产业实现增加值62.8亿元，增长57.2%。第三产业实现增加值238.5亿元，增长44.8%。第二、三产业结构比例为20.8∶79.2。保税区全员劳动生产率33.13万元/人，比上年提高32.8%。完成进出口总额100.4亿美元，其中出口31.2亿美元，增长65%。财政收入实现45.3亿元，净增10.5亿元，增长30.1%。区级财政收入完成19.5亿元，增长21.2%。工商税收完成39.3亿元，增长37.1%。

【投资环境】 2007年，天津港保税区启用空港加工区投资服务中心，强化海港保税区投资服务中心功能。积极推进信息化建设，门户网站建设得到加强，办公自动化OA系统全面启用，一站式网上综合审批平台进一步完善，技术防范网、海关信息化管理系统建设取得积极进展，提高了服务效率和依法行政水平。商业配套进一步完善，空港加工区两家酒店、五家餐厅开业，分别开通市区和海港保税区至空港加工区的三条企业服务班车。管委会与海关、检验检疫、外汇、国地税等驻区单位密切配合，进一步提高服务意识，强化服务手段，加强走访、上门服务，积极争取国家和我市专项资金，支持企业开拓市场、做大做强。

编制完成了《空港加工区一期控规调整和二期控制性详细规划》、《空港加工区城市设计及导则图则》，《空港加工区邻里中心和商业配套设施布局规划》以及电力、供水、管线等一批专业性规划编制或调整完毕。临空产业区总体规划获得批准，供热、环境、交通等专项规划完成。启动了航空产业园、科技创新园规划设计。海港保税区金融贸易区和空港加工区高尔夫球场、商贸广场及人工湖、区域广告标识等改造正在进行。积极推进土地利用规划调整和新征土地工作，进一步拓展了发展空间，全年完成征用土地总面积590公顷。加大海港保税区和空港加工区土地整合力度，依法收回土地7.6万平方米。

建立了包括水、电、气、热、建筑节能、工业废弃物处理、化学需氧量等32项循环经济指标考核体系，制定《循环经济建设和节能减排重点工作任务目标分解表》，实行企业循环经济定期报表制度。建成空港加工区日处理能力3万吨污水处理厂和日生产能力3万吨中水厂，完成保税区百吨燃煤锅炉脱硫、自控系统和输送装置改造，降低二氧化硫排放70吨，节煤480吨，节电10万度。万元GDP能耗563公斤标煤，比上年下降8.9%；万元工业产值能耗101公斤标煤，下降15.1%；万元工业产值用水量2.6立方米，比全市平均水平低1.1立方米；化学需氧量减排551吨，比上年末减排17.6%；二氧化硫减排70吨，比上年末减排11.2%；污水集中处理率达到80%；工业固体废物综合利用率达95%。

【招商引资】 2007年，天津港保税区完成协议外资31.3亿美元，同比增长25.6%，实际利用外资11.5亿美元，增长25%。吸引内资119亿元，增长35.7%。全年吸引内、外资企业1095家，涉及贸易、物流、加工、投融资机构等多个领域。其中，贸易项目498个，占项目总量的45.5%；物流项目242个，占项目总量的22%；工业项目16个，占项目总量的1.5%。主要有四个特点。一是世界500强项目不断增多。引进了美国卡特彼勒、欧迪办公、开利空调、加拿大铝业、荷兰ING、英国汇丰等14个500强项目，进一步提高了项目质量和水平。二是电子信息产业项目快速聚集。中兴通讯北方产业基地、软通动力软件外包和威盛电子等高科技项目相继落户，推动了电子信息产业的发展，进一步提升了产业层次。三是现代服务业项目聚集效应明显。瑞士地中海物流、南非超级集团、香港捷成洋行、太古商业地产、中远控股总部、中水港航建设等项目陆续投入运营，进一步丰富了产业构成。四是航空产业项目成为招商新亮点。银河航空货运、海航飞机租赁和支线航空、大韩通运物流等项目先后落户。

全年新开项目110个，完成固定资产投资105.8亿元，同比增长47.9%。其中，基础设施投资15.4亿元，增长1.1%；企业项目投资90.4亿元，增长60.5%；工业完成投资73.9亿元，增长73.7%，占全部企业项目投资的81.7%。加拿大铝业、美国卡特彼勒、新加坡丰树物流、德国汉莎、台湾华宇航空货站、香港易丰物流、中兴通讯、中远地产总部、万顺融合商务广场、圣光五星级酒店等40个企业项目开工建设；中集集装箱、久益环球一期、麦格纳、凯赫威、鞍钢配送、丰田合成等20个工业项目竣工投产；汽车园客服中心、上海大众4S店等4个商贸项目竣工；圣光酒店、加工区投资服务中心、金融中心、司法大楼、白云宾馆等7个服务项目已投入使用。加工区一期主干路网全部形成，二期纬六路以南道路全面开工。开工绿化面积120万平米，完成了京津塘高速沿途绿化工程和加工区中心大道等三条精品路秋植。东郊500千伏、2#220千伏、6#35千伏变电站、4台29兆瓦热水锅炉已投入运行。

大力引进电子信息、软件外包、生物技术、新能源和环保等行业龙头企业和尖端技术产业化项目，加快民航科技产业化基地、中科院工业生物研发转化基地建设。积极推动以企业为主体开展技术创新和科技成果转化活动，40多家企业通过高新技术企业认定，23个科技项目列入国家和市级科技计划。其中，天汽模“制造业产业链协作平台开发与应用”等5个项目获国家科技部支持，中兴通讯“超高频RFID应用系统”等6个项目获得市科技创新专项基金支持，共获得国家、市财政资助5500余万元，并首批获得滨海委6650万元的项目资助，总计超过1.2亿元。建立技术研发服务体系，积极引进晶奇微电子IC设计、美国CSC公共数据存储、CIMS工程中心等专业化技术平台，为区内科技企业提供多方位的管理、研发服务。继续依托与CIMS工程中心、市成果转化中心的合作，探索为科技企业提供专项服务的有效模式。全年认定各类高新技术企业40余家，其中现代物流和高端服务技术企业10家；新批高新技术企业23家，其中现代物流和高端服务技术企业8家，分别占滨海新区的30.3%和80%。

【物流业】 全年完成进出区货物总值300.7亿美元，同比增长30.1%。物流业实现增加值112.4亿元，增长93.8%，对全区经济增长的贡献率达到53.9%。保税物流园区自封关运作以来，致力于引进一批具有全球经营网络和强大供应链管理能力的国际采购集团以及第三方物流企业，形成了港口、航运、物流园区和现代物流产业的良性互动。完成进出区货物7.1万票，增长1.06倍；监管进出区货物258.9万吨；实现货值84.7亿美元，增长1.19倍。空港国际物流区积极发展航空物流业务，努力建设面向东北亚、辐射中国北方的航空物流中心，完成进出区货物总值25.3亿美元，增长6.9%；进出区货物9818吨。加强市场建设，出台《扶持市场建设的若干规定》，稀有金属等6家市场完成注册，食糖、有色金属、化工品3家市场投入运营。已有注册市场9个，其中7个市场投入运营，市场会员企业超过400家。

【工业】 天保控股公司取得新发展。企业规模进一步发展壮大。以上市为龙头，充分利用资本市场功能，搭建直接融资的平台，天保基建公司重组天水股份，在深交所成功复牌，成为区属国有企业第一家上市公司。以资源整合为标志，实现了控股公司和投资公司一体化运作，完成了对空港国际物流股份公司的统一管理。以企业重组为手段，对公用公司和服务公司进行改革，组建新的市政公司、热电公司和物业公司，剥离辅业企业18家，形成扁平化、市场化、专业化的公司运作架构。以保值增值为核心，加强国有资产监管。全年实现营业收入20.4亿元，同比增长28%；利润总额1.4亿元，资产总额达到69亿元。

空客A320项目进展顺利。总装线合资企业合同等法律文件正式签署，总装线公司、工装夹具公司、空客交付中心三家公司实现注册，总装线厂房全面开工建设。项目完成投资22.5亿元，总装厂房主体封顶，大部件库主体完工，能源供应全部到位，航空1号桥主体贯通，雨污水泵站设备安装调试进入收尾阶段，大件路开工建设，机场二跑道完成前期工作。人力资源工作积极推进，完成7批人员招聘，并组织开展境内外培训。海运和空域、适航工作进展顺利，签订了项目运输物流服务和运输工装夹具总承包合同，完成了试飞空域的划设和测试模拟飞行。加大政策协调力度，向国务院申报综合保税区。

青岛保税区
QINGDAO FREE TRADE ZONE

【经济发展】 2007年，青岛保税区立足区域发展实际，以财源经济建设为主线，以产业升级为动力，不断创新招商引资思路，积极拓宽财源增收渠道，全面增创区域发展新优势，全区经济实现持续健康快速发展。全年实现GDP 64.74亿元，同比增长27.74%；其中第二产业增加值23.65亿元，增长54.02%，占全区GDP的36.53%；第三产业增加值41.09亿元，增长16.31%，占全区GDP的63.47%。实现全部收入（包括海关关税和代征税）20.46亿元，增长9.8%。其中，海关关税3.04亿元，增长25.15%；海关代征增值税9.12亿元，增长3.18%；完成地方财政收入37317万元，增长25.34%；区级财政收入20552万元，增长30.87%。

【投资环境】 2007年，青岛保税区积极推进和谐示范区建设，深入开展“区域管理年活动”，以“环境和美、政企和畅、劳资和洽、内外和谐”为指导打造一流投资环境。硬环境建设方面：北卡口、综合展厅、建筑立面改造等重点工程稳步推进，竣工面积7.5万平方米，区内绿化、亮化、美化工程全面完成；数字保税区建设取得新进展，综合数据交换平台、电视电话会议室建设及网上审批全面启动，“网上注册登记系统”成功运行，海关信息监管系统建设取得新突破。软环境建设方面，全面实施《服务效能综合测评评价体系》，坚持主任接待日制度，组织驻区单位召开政策发布会、定期召开驻区单位联席会，发挥企业“110”服务热线制度；完善企业直通关运作模式，创新外国人就业举措，推进劳动公寓使用及管理，健全劳动纠纷预防机制，协调处理各类劳动纠纷，及时解决企业在生产经营过程中存在的困难和问题，增强了投资者投资的信心。

【招商引资】 2007年，青岛保税区继续加强招商引资工作，面对土地资源的瓶颈制约实施了“空间招商、增值招商、辐射招商、立体招商”以加强财源建设和发展总部经济为目标，把项目质量作为招商引资的主要标准，实现了招商引资工作新的突破。全年共批准项目401个，其中世界500强企业2家，千万美元以上项目5个。项目总投资28662万美元，同比增长1.16倍。引进外资项目53个，投资总额14319万美元，增长1.48倍；合同外资9568万美元，增长2.15倍；实际利用外资5631万美元，增长80.96%。批准内资项目348个，合同资金107573万元，增长80.02%。

【对外贸易】 2007年，受国家出口退税和外贸管理政策变化影响，外贸进出口增速较上年有所放缓，但总体仍呈稳步增长态势。全区实现外贸进出口总额26.53亿美元，同比增长25.1%。其中，出口8.68亿美元，增长16.48%；进口17.85亿美元，增长29.77%；机电产品出口35495万美元，下降19.16%；高新技术产品出口6193万美元，下降34.1%；外资企业出口59148万美元，增长18.7%，占全部出口的68.14%，对拉动全区外贸出口起到重要推动作用。加工贸易出口

38335万美元，增长23.9%，占全部出口的44.16%，是青岛保税区对外贸易的主要方式。

【工业】 2007年，青岛保税区工业经济快速增长，企业经济效益显著提升，全年实现利润和税金比上年同期大幅增长，企业的竞争能力不断增强。全区实现工业总产值56.4亿元，同比增长40.79%。其中，规模以上工业实现工业总产值55.84亿元，增长42.85%；完成工业增加值22.93亿元，增长54.19%；产品销售收入59.33亿元，增长30.25%；实现利润总额59835万元，增长32.4%；上交税金总额31678万元，增长16.91%。主要产品如电子元器件、孵化设备、复合橡胶、切削工具等都比上年同期有大幅度的增长，机电产品和高新技术产品已经成为保税区特色加工业的支柱。

信息与电子通讯、橡胶加工、食品加工和贵金属加工四大行业对工业经济增长拉动作用明显，分别实现工业总产值为22.5亿元、10.26亿元、7.88亿元和5.41亿元，以占全区工业总产值81.65%的优势对我区工业经济增长产生强有力的拉动作用。

进出口大户的拉动作用逐步凸显，在青岛市进出口百强企业中，保税区企业占13家，进出口总额4亿美元，占全区进出口的56%；进口百强企业中，保税区企业有22家，进口额4.2亿美元，占全区进口总额的80%，保税区的政策功能辐射作用日趋明显。

【物流业】 2007年，青岛保税区物流产业结构不断优化，已形成存储、冷藏、运输、装卸、包装、贴标签、商品展示、货物采购、分拨、中转、配送和物流信息处理于一体的现代国际物流产业。库存货物主要有棉花、橡胶、漂白木浆、水生动物加工品、聚乙烯、聚丙烯、液晶屏、染料等。全年仓储物流企业库存货物总值16777万美元，库存货物总量7.3万吨；入库货值14.61亿美元，入库货物总量59.34万吨；出库货值16.11亿美元，出库货物总量68.82万吨。仓储棉花达10万吨，形成了以青岛赛奥卡物流有限公司、青岛宏川物流有限公司为代表的专业从事棉花进口的物流企业，初步形成以分拨为特色的棉花集散地和进口交易中心。青岛中外运物流有限公司、青岛中远物流有限公司、中铁现代物流科技股份有限公司、日本菱光物流公司、山九亚太物流有限公司、德国欧图国际公司、新加坡拓亚新科安达公司等一批国内外著名物流企业入区开展业务，物流服务也由单一的仓储，发展到运输、报关、代售、配送、加工增值等全过程服务。

【贸易业】 2007年，全区贸易企业借助我国出口产品竞争能力增强和国内市场需求旺盛等有利时机，克服出口关税调整和外贸政策变化的不利因素，实现了经营规模与经济效益的同步增长。全区贸易业共完成销售额198.6亿元，同比增长5.25%，实现增加值25.54亿元，增长20.86%，占保税区增加值的39.45%。内资贸易企业在保税区贸易企业中仍处于主导地位，在保税区商品销售额快速增长中起主要作用，保税区内资贸易企业全年共实现销售额138亿元，占总销售额的69.49%。外资贸易企业商品销售额增长迅猛，共完成60.6亿元，增长69.27%。

【保税物流园区】 保税物流园区呈现出良好发展态势。到2007年底，园区累计完成固定资产投资5.5亿元，在具备卡口、查验、办公等海关和国检公共设施基础上，现已建成公共保税仓库3.3万平方米、堆场2万平方米，在建公共保税仓库5.1万平方米；累计注册企业42家，投资总额约9930万美元；累计办理通关业务4.6万票、进出区货运量达到152.5万吨、进出区货物总值达到34.7亿美元。

【文化立区】 青岛保税区不断提高建设区域先进文化的能力，以文化发展促进保税区经济协调发展。为全面实现文化立区，青岛保税区实施“一六三”工程，即：实施一个“青岛保税区文化建设发展纲要”，推进开展“廉政、机关、家庭、企业、青年、景观”六种文化建设，树立保税区“人、企业、区域”三种形象，努力满足广大员工日益增长的多方面多层次精神文化需求，被山东省精神文明建设委员会授予省级文明单位荣誉称号。通过文化建设，有力激发了区域生命力，提升了区域发展内在动力，促进了青岛保税区经济和各项事业的持续快速和谐发展。

【发展趋势】 2008 年是青岛保税区争创保税港区、加快向自由贸易区转型的关键一年，也是深入推进“十一五”规划、全面构建和谐区域的关键一年。青岛保税区将在上级党委、海关总署及相关部委的正确领导下，坚持以科学发展观为统领，以“产业支撑、创新引领、环境保障、协调发展、和谐示范”为指导，着力加快产业升级和转变经济增长方式，着力推进对外开放和自主创新，着力提高发展质量和促进区域和谐，推动区域实现更好更快发展。

【机构设置与管委领导】 青岛保税区现有 21 个工作部门，包括办公室、组织人事局、财政局、经济贸易发展局、建设环保局、国土房屋管理局、审计监察局、劳动和社会保障局、安全生产监督管理局、统计局、外宣办、群工部、机关事务管理局、投资合作一局、投资合作二局、物流发展局、市场管理办公室、区区联动办公室。

青岛保税区工委书记、管委会主任王怀岳，工委副书记、管委会副主任刘泳，管委会副主任李苏满，纪工委书记王崇良，管委会副主任李华贵、吉兴亮，管委会助理巡视员李树勋。

【招商部门】 青岛保税区管委设立投资合作一局、投资合作二局是承办招商引资、区域经济合作、外商投资管理、投资服务等具体工作的单位。主要职能是：负责全区招商引资工作，为辖区投资者提供办理投资项目行政审批事项的咨询和协调服务；负责建立招商项目库，向投资者提供信息和政策咨询服务；负责项目跟踪和项目投资服务的协调工作；负责全区外资企业设立及其变更等事项的审批，负责全区外商投资企业的管理和服务等工作。

投资合作一局：电话 86－532－86766269，传真：86－532－86766672，联系人：于庆。

投资合作二局：电话 86－532－86769627，传真：86－532－86768662，联系人：迟永杰。

张家港保税区
ZHANGJIAGANG FREE TRADE ZONE

【经济发展】 2007年，张家港保税区紧紧围绕“三年打基础、五年大发展”的目标，咬定年初既定任务，从早从紧抓开局，一着不让抓进度，团结拼搏抓落实，全区开发建设呈现了又好又快的发展态势。主要表现为：加快产业升级，着力打造优势产业与特色产业的发展高地取得新成效；推进功能转型，着力打造现代物流与商贸资源的集聚高地取得新成效；突出规划配套，着力打造基础设施与产业布局的融合高地取得新成效；优化管理服务，着力打造体制机制与三个文明的创新高地取得新成效。

2007年，张家港保税区实现业务总收入1525亿元，工业产品销售收入401亿元，GDP 142亿元，进出口贸易额68亿美元，财政收入22.7亿元，同比分别增长20%、31%、22%、72%和44%。

【投资环境】 2007年，张家港保税区高质量完成了“区港镇整合规划”、“江苏扬子江化学工业园产业规划”和“江苏扬子江高新技术产业园规划”。“区港镇整合规划”明确了整合发展的可操作内容，为区港镇一体化决策提供了科学依据；扬子江化学工业园产业规划首次按照产业良性集聚的要求，提出了9个重点发展的产业链，将为化工园的生态发展、集约发展起到有力的引导作用；高新技术产业园规划确立了建设集生产、研发、居住为一体的高新产业园区的目标定位。

2007年，张家港保税区基础设施投入累计达12.5亿元，先后完成了东大门改造、长江路改造、港华路道路工程、长江路综合管架、青海路、华达路、化工园区河道整治、特勤消防中队土建及室内外装修、纺织品市场等113个工程项目。热电厂四期、污水处理厂二期、110千伏道康宁线、220千伏柏木变扩建改造等一批重点工程启动实施或投运，园区配套能力进一步增强。

【招商引资】 2007年，张家港保税区按照“优化产业结构和转变发展方式”的要求，努力做强现有优势，不断培育新的特色，狠下功夫推进招商引资，全年引进注册外资7.6亿美元，实际利用外资2.63亿美元，完成内资注册27.4亿元，其中外地民资注册8.01亿元。

2007年，张家港保税区全年引进注册外资超1000万美元的项目31个，超1亿美元的项目1个。全年外资增资项目22个，新增注册外资1.12亿美元。全年共有15个生产性项目开工建设，总投资达5.7亿美元，竣工开业项目6个。

招商引资亮点突出表现为“三个一”：一是久泰二甲醚、新能二甲醚项目相继开工建设，成为入驻保税区的“第一批新型能源项目”；二是道康宁项目一次性到账1.36亿美元，成为保税区“第一个一次性到账超亿美元的项目”；三是年初以华建投资公司注册成立为标志，保税区注册资本超1000万元的私营企业突破“一百家”，内外资并举战略体现新成绩。

【对外贸易】 2007年，张家港保税区实现进出口贸易总额68.19亿美元，同比增长72%。

其中进口总额53.71亿美元，增长61%；出口总额14.48亿美元，增长1.33倍。

【贸易业】 2007年，张家港保税区化工品市场通过华东化品电子交易市场的成功运作，实现了化工现货交易与电子交易的结合，全年现货市场完成成交额216亿元，实现税收1.74亿元。纺织原料市场于6月份开业运作，全年完成成交额51.8亿元，实现税收6109.7万元。华东粮油市场和金属原料市场的筹建工作有序推进。市场的繁荣集聚了新的商贸资源，全年新注册贸易性公司442家，贸易类企业完成税收13.84亿元。2007年，张家港保税区加工贸易继续保持快速发展的势头。据统计，张家港保税区海关全年审批加工贸易684次，审批金额6.42亿美元，同比分别增长13.81%和72.66%，再创历史新高。区内加工贸易主要产品有羊毛条、电子产品、轮胎等。

【物流业】 2007年，张家港保税区着力优化配套推动物流发展，在载体建设上，新规划了占地800亩的非保税物流园区项目，主要是为化工园区提供仓储、运输、配送、信息等物流服务。年初苏润码头开港运作，年内新增各类仓库17万平方米、储罐11.6立方米，并有5万吨级和1万吨级的液体化工码头竣工投运。在平台建设上，保税物流中心公司运作良好，与上港集团和张家港港务集团合作取得初步成效。张家港电子口岸建设筹建工作全面启动。在通道建设上，年初开通张家港至欧州的直达航线，8月份开通与上海海关的陆路直通点业务。

【工业】 2007年，张家港保税区积极围绕科技创新，加快推进企业创新创造。2007年5月，研究制定了《江苏扬子江高新技术产业园区鼓励政策》，为大力开展高新技术项目招商提供了依据。瓦克聚合物、恒盛药业、华晟新型建材、江南压力容器等4家公司的5个产品被认定为省级高新技术产品，这4家企业也分别被认定为省级高新技术企业。保税区首个市级研究所—攀华钢铁研究所获得批准，企业自主研发开始起步。同时，东海粮油和雪佛龙化工2家单位通过“省级环境友好企业”验收，全区通过ISO14001环境管理体系认证的企业超过10家，扬子江化工园被评为“2007绿色化工特别行动优胜单位”。

2007年，张家港保税区新设外资企业45户，同比增长32.35%，外商投资企业投资总额7.65亿美元，注册资本3.85亿美元，外方认缴2.95亿美元。

2007年，张家港保税区新设私营企业470户，同比增加16.92%，注册资本10.36亿元，增加62.99%。

【保税物流园区】 2007年，张家港保税区以保税物流园区为载体，加快实现传统物流向现代物流转变，努力实现保税区和保税物流园区功能升级。全年新引进第三方物流企业8家，完成注册外资1020万美元。张家港保税物流园区海关共受理进出口报关单39751票，同比增长1.05倍。进出区货运总量为772万吨，货值78.4亿美元，分别增长91%和1.22倍；其中进境货运量249.8万吨，货值23亿美元；园区出境货运量92.8万吨，货值6.27亿美元；国内出口到园区货运量156万吨，货值17.5亿美元；园区进口到国内货运量273.7万吨，货值31.5亿美元。海关征收税款达31.5亿元，增长65%。签退出口退税报关单16277份，货值20.8亿美元，分别增长1.06倍和2.81倍，累计货运总量和海关税收两项指标继续位居全国同类园区首位。

【发展趋势】 下阶段，张家港保税区将以党的十七大精神为指针，以科学发展观为统领，将主攻大项目、建设大基地，打造强区培育强企；全力申报保税港区，积极稳妥地推进“区港镇一体化”运作，提升功能拓展优势；抓高新技术产业的培育，抓现代物流业的升级，优化结构提升层次；高起点完善基础配套、高质量推进生态建设、高标准确保安全生产，构建和谐生态园区。通过努力，重点构建以产业链为集群的精细化工基地、高新技术产业基地、现代物流基地、绿色能源基地和节能环保基地，全力打造“工业销售千亿区”、“产业发展示范区”和“协调开发先导区”。

【机构设置】 张家港保税区管委会是江苏省政府的派出机构，下设党工委、管委会办公室，外事办公室，组织人事局，经济发展局，招商局，物流贸易局，投资服务中心，安全环境保护局，财政局，土地规划局，工商局，国税局。

【招商部门】 招商局：联系电话 0512－58321916，联系人：孙济刚；物贸局：联系电话 0512－58322553，联系人：宓子平。

宁波保税区
NINGBO FREE TRADE ZONE

【经济发展】 2007年，宁波保税区（包括宁波出口加工区）实现GDP 103亿元，同比增长42.8%。其中：第二产业增加值57.1亿元，增长87.2%，其中工业增加值56.9亿元，增长258.7%；第三产业增加值45.9亿元，增长10.4%。第二产业增加值所占比重达55.3%，比上年增长28.4个百分点，工业经济对区域经济的贡献大幅度增强。全年完成财政收入16.9亿元，增长24.2%。其中，中央级收入8.2亿元，增长26.5%，地方级收入8.7亿元，增长22.1%；海关税收总额12.8亿元，增长30.5%。

2007年，宁波保税区完成外贸进出口90.1亿美元，增长1倍。其中，出口41.8亿美元，增长1.02倍，进口48.3亿美元，增长98.5%。加工贸易发展迅速，加工贸易出口31.5亿美元，同比增长1.82倍，加工贸易进出口占全区外贸进出口的64.2%，提高9.8个百分点，一跃成为宁波保税区外贸出口增长的主力。重点工业企业出口强劲，全年有20家工业企业出口超千万美元，出口额达40亿美元，占全部加工贸易出口额的95.8%。贸易结构进一步优化，进口贸易高速成长，以仓储物流为主体的进口贸易完成16.1亿美元，增长43.3%，保税仓储功能优势得到较好发挥，全年进口贸易与出口贸易比为1.16比1。

2007年，宁波保税区新批外资企业16家，新批及增减资合计投资总额49768万美元，合同外资20376万美元，实际外资16518万美元。新批境外投资项目3个，完成境外投资35万美元。

【投资环境】 2007年，宁波保税区固定资产投资达30.5亿元，同比增长60.2%。其中，厂房仓储投资7.5亿元，下降42%，设备购置投资19.7亿元，增长2.65倍，尤其出口加工区完成固定资产投资22.7亿元，增长88.2%，占全区固定资产投资比重的74.4%，成为宁波保税区固定资产投资增长的主力军。

【招商引资】 2007年，保税物流园加大甬台温高速公路沿线、上海、杭州、江苏等地招商力度，引进宁波博龙、宁波华豪贸易、宁波万图明化工等注册资金在500万元以上的企业10家。

2007年，保税物流园围绕PTA塑料粒子等上下游相关的化工产品集中招商，建立完整的产业招商链，已形成产业集聚效应。

2007年，保税物流园依托固体化工、钢铁两大市场载体，全年新引进专业市场会员企业55家，累计会员企业257家，两大市场实现交易额突破100亿元，同比增长23%，税收1.5亿元。

宁波奇美电子一期全面达产，二期已部分进入试生产，昇锐电子、冠捷科技、大亿科技、菱茂光电、璨宇光电、旺泉电子、富敬电子、智涌塑胶等光电配套企业正逐步完成试生产运行，奇美光电、奇美材料、台表科技、菱宏电子、奇美自动仓库等光电项目进入全面施工阶段，中盟钢铁、海天华远机械、菱钢弹簧等企业已全面投产。

【保税物流园区】 2007年，保税物流园区实现进出区货值12.9亿美元、进出区货量36万吨，分别是上年的 9.5 倍和 10.5 倍，已经成为汕头市和周边地区企业化解政策风险，降低物流成本，加快国际采购和转口贸易发展的重要平台。

【工业】 2007 年，全区实现工业总产值 445.2 亿元，同比增长 1.76 倍。12 月份单月工业产值突破 45 亿元规模。同时，企业生产规模持续扩大，全年产值超亿元企业有 32 家，比上年又增加 6 家，其中奇美电子实现产值达 252.8 亿元，是上年同期产值的 5 倍多，10 亿元以上企业有昇锐电子、中集物流装备、技嘉科技、冠捷科技，产值超亿元以上企业占全区工业总产值 95.8%，比上年同期提升 20 个百分点，重点企业已成为区域工业经济发展的主力军。

2007 年，全区工业企业产品销售收入 428.9 亿元，同比增长 1.73 倍，产销率为 96.4%，盈亏相抵实现利润 24.7 亿元，同比增长 15 倍，其中盈利企业盈利额比上年提高 4 倍，亏损企业亏损额比上年减少 1 个亿，液晶光电龙头企业奇美电子盈利超过 18.5 亿元，部分亏损企业减亏成效突出，区域工业经济效益提升显著。

随着液晶光电龙头企业奇美电子快速发展，产业带动作用明显趋强，截止目前液晶光电产业产值 331.3 亿元，占全区工业产值 74.4%，液晶光电中下游产业链基本成型，正进入全速发展阶段，由此带动了我区以电子信息产业为主体的高新技术产业产值达 382.6 亿元，占全区工业产值 86%，比去年同期提升了 9 个百分点。

【物流业】 2007 年，宁波保税区仓储物流企业完成进出仓总值 41 亿美元，同比增长 1.5 倍，进出仓量 180 万吨，增长 75%，成为区域经济发展的一个亮点。同时，宁波保税区又引进了奇美物流、日本阿尔卑斯、韩国泛韩等 7 家大型物流企业，初步建立起便捷高效的生产性物流服务体系。

【贸易业】 2007 年，宁波保税区建立以招商部门、非招商部门和社会中介构成的招商工作体系，制订税源招商政策，加强商贸企业服务，在周边地区招商竞争激烈的情况下，宁波保税区商贸企业继续保持了快速增长势头，税源基础进一步扩大。全年引进商贸企业 408 家，注册资金 14.5 亿元，同比增长 64.8%，实际引进大市外内资 4.2 亿元，增长 37.5%。当年增加税收 7000 万元。

【自主创新】 2007 年，宁波保税区以国家高新技术创业服务中心获批为契机，全面推进孵化器功能建设，进一步加大对企业自主创新扶持力度，企业创新创牌工作取得新成果。全年共有 33 个项目获各级政府立项，其中国家级 6 项，获得补助 1363 万元；1 家企业认证为国家级高新技术企业，3 家企业获得国家创新基金，2 家企业被认定为市创新型试点，获批市级工程技术中心 2 个，新增市级知名商标 2 个、市级名牌产品 2 个。全年引进科技型创业企业 9 家，全区科技型创业企业实现技工贸收入 4.4 亿元，同比增长 60%，2 家高科技企业正在积极争取上市。

【节能减排】 2007 年，宁波保税区结合自身实际，把节能减排与企业增效紧密挂钩，成立节能减排增效工作领导小组，出台实施意见，加大监管力度，增强财政投入，分别与重点企业签订节能降耗责任状，积极推进技术改造工作。全年万元工业增加值能耗 0.51 吨标准煤，大大低于全市 0.86 吨标准煤的平均水平，比上年下降 50% 左右，二氧化硫排放量减少了 22 吨，化学需氧量（COD）减少了 70 吨，分别下降 37%、33%。全年共有 2 家企业通过市清洁生产审核，获市节能清洁生产专项补助 94 万元，4 家企业通过 ISO14000 体系认证，通过环境标准认证工业企业占全区规模以上工业企业总数的 33%。

福州保税区
FUZHOU FREE TRADE ZONE

【经济发展】 2007年，福州保税区以增强区经济发展优势、提升整体综合实力为目标，积极推进核心产业发展，实现了经济在新高度上的又好又快发展。由于现代物流业和国际贸易业的强势拉动，全区共实现财政收入1.44亿元，同比增长41.55%；引进项目46项，增长9.52%，项目总投资1.32亿美元，增长34.4%；进出口货物总值16.98亿美元，增长23.78%；海关税收6.45亿元，增长51.46%。

【投资环境】 全年区财政共投入国防、公共安全及城乡社区事务等建设2772万元，切实做好规划、绿化、环保、消防、土地开发盘整等基础设施工程，搞好生活、文化、娱乐、医疗等设施建设，为客商提供配套完备、文明和谐的园区人文环境，努力营造与国际接轨的投资环境。

保税区服务中心坚持以高效工作、优质服务，努力营造比较优势，对来咨询、办事企业代表做到100%主动热情接待，推行服务质量、效率、态度由企业评定，实现无企业投诉的任务目标，对企业投资生产、经营中的各种问题实行“一条龙”服务，积极主动为企业协调解决。

在当前土地资源匮乏、用地紧张的新形势下，为鼓励国内外企业、公司到福州保税区设立地区总部，保税区制定了包括免费提供经营场所、免费全程代办审批、设立扶持专项资金、设立总部企业服务中心等五项举措大力发展总部经济，为在保税区设立总部的企业全面协调解决生产经营过程中的各种问题。

【招商引资】 随着海关总署调整对保税区模式的调研思路，保税区积极配合海关等部门开展了新形势下保税区发展的探讨和创新尝试，从年初开始，一方面加大清理整顿区内不规范业务，进一步优化投资发展环境；一方面积极引进保税进口、内销分拨的物流类型业务，突出区域政策功能，做大保税物流，全年共接待了来自各地的客商共50多批次，使母区在审批项目数、外资到资数、进出区货物、进出口货物、关税等功能性指标都有一定比例增长，进一步凸显了保税区功能地位。

利用“海交会”平台招商收获硕果。保税区确定了“积极、主动参与”的工作指导方针，制定了周密详细的海交会工作方案，抽调了精干干部组成了专门对接海交会工作筹备组，并开展了卓有成效的前期工作，取得良好的成效。海交会期间，保税区的两个招商洽谈小组分别深入金山会展中心各展馆和市里举办的各专场活动，广泛接触中外客商，共收集欧洲、东南亚、日本、港澳和台湾地区的大客商资料名片90多份，分发各种招商宣传资料近200份，与德国莱法洲酒业促进会、台湾全球运筹协会、欧洲中国商品批发中心、台湾烟酒股份公司、日本大阪企业家团组等进行了接触、洽谈，取得一定成效。海交会期间，共洽谈项目22个，意向总投资1550万美元，其中合同落地项目5个，注册资本折合250万美元，涉及外资增资1个，增资100万美元。

物流园区招商工作先行。在本着入区企业要“业务可行、运作规范”、园区要“优先发展、以干促批”的思路，2007年保税区先后与胜狮货柜、万全物流、金海国际物流、迅辉物流以及天马饲料五家企业签订了租赁及购地意向书，共租赁仓库5万平方米、购租堆场4万平方米，为物流园区获批后，促进这些已签订的意向书转为合同，使企业早日入区运作打下了良好的铺垫与基础。

【区港联动试点】 在市委、市政府的领导下，福州保税区把推进区港联动试点申报工作作为全年工作重中之重来抓，成立专项工作领导小组，在福州海关和省、市有关部门的支持下，多次赴京跟踪、协调和落实试点申报工作，得到了海关总署、财政部、国检、外管、国土资源部、国税总局、商务部和发改委一致支持。2007年10月10日，海关总署将申报文件正式上报国务院办公厅，2007年12月27日国务院正式批复设立福州保税物流园区。

【保税物流园区】 2007年，福州保税区按照“以建设速度争取报批速度”的工作思路，一方面抓紧保税物流园区的报批工作，另一方面不断加快了保税物流园区的基础设施建设。物流园区首期0.68平方公里，累计完成投资2.3亿元，已建成11597平方米的监管大楼、2563平方米的监管仓库（12#仓库）、2531平方米的验货场和280平方米的查验平台。铺设“一纵四横一环”道路7602米和地下管网15000米，完成了供水、供电、通信、雨水、污水管网建设和场地平整，基本实现了封关区内“七通一平”，可以确保保税物流园区即验收即运作。

【物流业】 物流运作环境得到进一步优化。加快江阴物流基础设施建设，落实物流扶持政策，推动物流信息化管理平台和闭路监控系统建设，深化“属地申报、口岸验放”通关模式，大大改善了企业的通关环境。

物流企业知名度进一步提高。先后同全球知名物流地产商美国普洛斯、新加坡CWT、象屿集团、福建八方物流、金海运物流、天津恒瑞物流等国内外企业进行了全面接触，并成功引进了金海运物流等3家企业，与其他企业的合作也还在洽谈中。目前区内已有马士基、伯灵顿、新加坡太平船务、日邮物流等30多家国内外知名物流企业，物流产业优势得到进一步巩固。

物流辐射聚集能力进一步增强。积极引导区内企业同福州市及周边地区加工制造业的对接，推动区内物流企业转型升级，进一步深化出口拼箱、进口分拨、贸易配送和城市物流等物流运作模式，为冠捷、捷联、华映光电、福耀玻璃、清禄鞋业、南孚电子、佳通轮胎、南方铝业等大型制造企业提供25亿美元的物流配送服务，在满足全市物流需求的同时，进一步扩大了政策功能的辐射带动力。

【对台经贸】 积极构建同台中自由贸易港区对接的模式。在5.18期间，积极同台湾全球运筹发展协会苏隆德会长和台湾“一路发”物流公司董事长进行洽谈，就台中港自由贸易港区与福州保税物流园区对接事宜进行交流探讨。同时，组织拜访了海关、工商、商检、港口等相关部门召开座谈会，就两区对接意义、对接内容、对接模式及对接问题进行了充分的探讨研究。在洽谈和调研的基础上，还初步草拟了福州保税区物流园与台中港自由贸易区互利对接备忘录，并拟定通过通道对接、区间对接、中转对接、港口对接、政策功能对接、物流企业对接等六个渠道积极对接台湾自由贸易港区。台湾方面就对接问题已积极同当地港口部门、当局交通主管部门等联系协商，使目前有关工作仍在洽谈中。

积极筹备设立台湾商品展销馆。积极与台湾烟酒公司等进行洽谈，并就进口台湾名酒进入海峡经贸广场展销达成初步协议，拟利用保税区政策功能优势在保税区海峡经贸广场建立台湾商品展销馆，经营台湾名酒、生活日用品、化妆品和小家电等，让保税区台湾商品展销馆成为展示台湾商品的重要窗口、台湾商品看样订货的重要平台、台湾商品畅销祖国大陆的绿色通道和台湾商品“永不落幕的交易会”。

积极探索两岸速递业模式。2007年福州保税区提出了利用保税区这个海关特殊监管功能和政策优势区域作为平台，结合“两马”航线，由邮政部门、保税区、台湾业界主体联合在保税区内成立运作实体，叠加享受国家关于支持“海西”建设相关优惠政策，开展海峡两岸邮件包裹的速递分拨业务的构想。从今年3月底开始，主动联系了省市台办、海关、国检等部门进行多次沟通协调，“海峡速运快递中心”的设立取得了有效性进展，目前包括投资各方主体的确认和各方认可的运作模式的确认及把保税区“海峡经贸广场”作为“中心”选址在内的初步总体方案正在形成中，为今后“两马”航线的邮件包裹速递分拨业务的启动打下坚实的基础。

【招商部门】 福州保税区经济发展局，电话：0591－28327751，传真：0591－83982681。

厦门象屿保税区
XIAMEN FREE TRADE ZONE

【经济发展】 2007年，厦门象屿保税区经济继续保持平稳增长，全年GDP达到23.4亿元，同比增长48%；完成工业生产总值10.8亿元，增长4%；实现物流营运收入31.6亿元，增长59%；商贸营业收入110亿元，增长38%；进出口总额30.5亿美元，增长2.2%；区工商税收总收入2.62亿元，增长31%；合同利用外资1129万美元，实际利用外资1211万美元。码头集装箱吞吐量241万TEU，货物吞吐量2868万吨。完成固定资产投资11.7亿元。区财政总收入2.62亿元，增长32%。其中，区级财政收入11891万元，上划市级收入3381万元，上划中央级收入近1.09亿元。实际完成一般预算支出1.3亿元。

【投资环境】 2007年，厦门象屿保税区推进保税物流园区建设，利用好园区政策功能，努力拓展国际中转和“一线”进出境业务，推动区港“直通直卸”业务，重点开展“境外一日游”替代业务，吸引了戴尔、林德、飞利浦、冠捷等大型制造企业的原材料和制成品入区，并辐射至周边省市，为构建海峡西岸物流中心提供了强有力的物流支持。2007年，园区“二线”进出区货值达40亿美元，增长4倍，尤其是2007年7月1日国家实施新的出口退税政策前，园区的政策功能得到充分发挥，使周边地区大量出口货物在实际出境前享受原有的退税待遇，仅6月份最后一周，转入园区货物达3万吨、1400标箱，货值8000多万美元；园区“一线”全年进出口货值超过1亿美元、增长10倍，并突破性开展国际中转业务，已有130 TEU入境货物经园区换箱或二次拼箱后转运出境。

保税区不仅与海港实现了“区港联动”，与空港也实现了“联动”运作，在象屿海关、机场海关的积极配合下，2007年9月厦门高崎国际机场的航空货站在保税区设立了二级货站，使货物在保税区与空港之间首次实现了直提直放，进出更为便捷、安全、高效。

【招商引资】 全年共引进项目265个（设立新企业125个，迁入140个），引进企业投资总额13亿元人民币（折合），合同利用外资1129万美元，实际利用外资1211万美元。引进了新加坡叶水福、日本近铁、国贸码头、华商纵横、特区船务、中海公司等国内外知名大型物流企业。其中，新加坡规模最大的第三方物流服务商叶水福集团与港务发展集团共同投资1亿元人民币在保税物流园区设立港务叶水福物流有限公司，日本知名物流商近铁物流也在保税区投资设立第三方物流企业。园区物流集聚效应进一步凸显。

【现代物流园区】 2007年，园区建设总指挥以项目总体规划为基础，统筹规划、协调服务、督促指导，充分发挥各分指挥部作用，积极稳妥地推进各项目建设。

全年累计完成总投资11亿多元，超额完成年投资计划，已基本建成并投入使用。其中，园区市政工程“两横三纵”及渔港东、中、西共8条主干道已竣工交付使用。46万多平方米堆场及8万平方米物流仓库及办公楼投入运营。象屿城市物流配送中心一期投入使用。现代码头工程的沉箱全部安装完成，沉箱填心砂完成，水工主体工程已竣工，年底光板码头形成，2008 年 7 月底可简易投产；国贸码头 21 号泊位已竣工；港务集团高崎冷库竣工；5000 吨级杂货码头钢板桩已基本完成，2008 年 3 月码头主体竣工。这些项目的竣工投产将对现代物流园区的发展产生极大的促进作用。

【闽台中心渔港建设】 该项目是厦门开展对台工作，建设现代物流园区的重要组成部分，总投资 5.1 亿元。

按照“一个市场、一个平台和一个中心”的功能定位，加大工作力度，加快工程建设进度，包括避风坞功能设施在内的一部分公益性项目已完工并投入使用；中心渔港软基处理工程竣工，综合管理楼及综合执法中心已封顶，1 号、2 号冷库主体竣工，进入室内项目完善阶段；污水处理中心 2007 年 11 月 28 日开工；避风坞东堤 260 米高桩码头项目初步设计通过农业部评审并已开工建设；农渔水产品交易中心、农渔水产品保税仓储中心、渔货拍卖交易区、露天交易市场等已陆续开工，力争明年台交会及“9.8”投洽会期间陆续投入运营。与台商合作经营农水产品物流中心项目已取得初步进展，2007 年 11 月底签订了闽台合作协议书。

【厦门国际物流中心】 2007 年 5 月 26 日，厦门国际物流中心开工建设。该项目是落实厦门市委、市政府“以港立市、以港兴市”战略举措的重要项目，同时也是厦门现代物流园区的重要功能性配套工程，总投资约 8 亿元，占地面积约 4.2 万平方米，总建筑面积约 15.7 万平方米，计划 2009 年底主体工程竣工验收并投入使用。届时，东渡口岸各联检机构、象屿保税区及保税物流园区各驻区机构将实现合署办公，金融、保险、货代、船代等物流配套行业也将集体进驻，为企业提供“一站式”的便捷通关服务。厦门国际物流中心将成为海峡西岸科技含量最高、功能最为齐全、辐射最广的口岸联检中心和物流营运中心。建成后，它将有利于厦门港提高通关效率，加快物流流转速度，帮助企业降低成本，更进一步优化厦门投资环境，更有效地推动厦门港的整体发展。

【航空港物流园区】 航空港物流园区是厦门重点培育的六大物流园区之一，是全市航空物流产业发展的重要载体和基地，园区将按照现代型、航空工业与物流园区的定位与要求，不断建设和完善园区的基础设施、信息平台和配套服务功能。园区的修建性规划调整已经市重大项目领导小组会议最终确定，正在抓紧填海造地工程进展，并报送了 2008 年土地出让（挂牌）计划。园区永久性首期用地约 7 万平方米已形成，二期工程用海面积约 17.4 万平方米今年底形成陆地。园区三期、四期工程用海面积为 96 万平方米，已办理完成海域使用证，海域征用工作也已结束，正进行海域围填工程，2009 年上半年形成陆地。在加紧工程建设的同时，还积极开展园区招商引资工作，与全球最大的物流地产商美国普洛斯公司（ProLogis）洽谈来园区投资相关事宜，与国内外知名物流企业嘉里大通物流、中远物流、台湾统昶行销公司、中绿集团、苏宁电器、建发物流等企业达成入区投资意向。

【管委会所属国有企业】 象屿集团在较好履行保税区开发、运营、服务商职责的同时，积极开拓新区域、新市场，加大内部管理力度，各业经营均呈现积极态势，各项经营目标顺利完成。2007 年公司营业收入达 148 亿元，同比增长 64%；行业利润 2.81 亿元，增长 53%；净利润为 2.1 亿元，增长 54%。2007 年 8 月，象屿集团有限公司荣列中国物流、仓储、运输、配送服务业第 4 名，位居中国企业 500 强第 385 名，中国服务业企业 500 强第 112 名。

【发展趋势】 2008 年，现代物流园区计划 GDP 达 27 亿元，同比增长 17.4%；工业生产总值 11.3 亿元，增长 5%；进出口总额 30.5

亿美元，与2007年持平；物流营运收入38亿元，增长20.6%；商贸营业收入135亿元，增长22.7%；财政收入2.88亿元，增长10%；固定资产投资4.8亿元；港口集装箱吞吐量247万TEU，货物吞吐2995万吨。

加快“三区合一”的步伐，促进保税区转型升级。按照海关总署提出的“整合发展”模式，加快推动保税区转型升级，即整合象屿保税区、保税物流园区和东渡港区的区域资源并叠加相关政策功能，形成“三区”全面融合、具备保税加工、保税物流和口岸通关作业等功能的综合性保税监管区域，实现“区港合一”、区港共同发展，促进厦门市保税物流业持续、快速、健康发展，为提升海西物流业发展注入新的活力。

抓好闽台中心渔港建设。贯彻落实中央、省关于促进两岸农业交流合作、惠及台胞的政策措施，按照一个市场（水产品一级批发市场）、一个平台（闽台水产养殖、加工、技术及信息交流平台）、一个中心（农渔产品集散及冷链物流配送中心）的功能定位，认真抓好闽台中心渔港建设运作，确保按期完工投产。落实招商合作协议，推动两岸渔业产业合作。

加快厦门国际物流中心建设。积极打造东渡港区新的口岸联检服务平台，为东渡港提供“一站式”通关服务，并以高效的行政服务、优良的办公环境吸引一批国际贸易企业及金融、保险、货代、船代等相关物流配套行业进驻，致力建成海峡西岸科技含量最高、功能最为齐全、辐射最广的口岸联检中心和物流营运中心。

加快航空港物流园区建设。按照现代型、国际性的定位与要求，加快完善航空港物流园区基础设施、物流信息平台和配套服务功能，依托高崎国际机场，大力引进航空公司及其货运代理商、大型仓储运输公司、快递公司、知名物流企业及相关服务企业，建设以航空运输为特点、面向国内国际、服务高效完备的空运物流基地。

加快推动保税区二期范围内的码头建设与集装箱堆场等项目全面投入运作。扩大东渡港区码头泊位的承接货物能力与吞吐量，解决东渡港区堆场资源不足、集装箱调拨及场装效率不高的局面，提高港口服务能力，同时吸引集装箱运输相关企业入驻，形成具有一定规模的集装箱物流基地。

进一步拓展园区服务功能，提高管理服务质量。努力营造良好的区域环境，实现贸易便利化、优势产业的聚集效应，吸引更多的货物流、资金流、人才流、技术流和信息流在区内聚集，推动产业的发展和贸易的增长，进一步增强对腹地经济发展的辐射功能，提高和带动厦门市以及周边地区乃至海峡西岸经济区的经济发展水平。加强招商平台建设，积极利用“9·8”投洽会等活动载体，挖掘现有物流企业潜力，摸清客户群，以商招商。积极引导项目向保税物流功能开发方向发展，做大物流量，服务厦门市现代物流产业的发展壮大。

汕头保税区
SHANTOU FREE TRADE ZONE

【经济发展】 2007年，汕头保税区经济发展打破了沉闷局面，呈现较好的发展态势。经济运行总量与质量同步提高。全年全区完成GDP13.8亿元，同比增长15%；工商税收6052万元，增长44.9%；实际财政收入6040万元，增长59.6%，其中一般预算收入1908万元，增长46.2%。

项目引进有新进展。全年全区注册成立企业20家，注册资金4924万美元。增资企业4家，增资额2.06亿元。到2007年底，全区在建项目9宗，总投资额7.84亿元。全年完成固定资产投资1.71亿元，同比增长22.9%。

工业生产稳步增长。区内生产性骨干企业的产值增幅较大。万顺公司全年完成产值5亿元。该公司还荣获广东省高新技术企业称号，进入汕头市企业50强。企业增资扩产进展顺利，超声覆铜板厂完成二期项目建设。新落户的生产项目陆续建成投产，新增投产企业4家，新增产值1.5亿元。全年全区实现工业产值15.61亿元，同比增长20.1%。

仓储物流业务稳步发展。仓储物流企业经营业务发展较快，是汕头保税区经济增长的主要拉动力之一。全年完成进出区贸易额5.39亿美元，同比增长14%。其中，进出口货物总值3.53亿美元，增长16.6%（出口4906万美元，增长43.6%，进口30398万美元，增长13.1%）；仓储货值1.86亿美元，增长9.4%。西电公司计划增资4000万港元兴办发电机组组装项目。随着拜耳、联兴盛塑料等项目扩大经营，进口酒仓储分装及塑料交易市场项目的上马运作，将逐步形成保税物流业务良好的发展态势。

【招商引资】 2007年，汕头保税区力求在引进大型临港工业项目、物流项目和生产资料交易市场建设上取得突破。在发展仓储物流业方面，大力扶持促进区内物流企业以仓储物流拓展转口贸易，带动货物配送与分拨、加工装配等物流增值服务，逐步做强做大，并示范带动物流企业进区，引进了香港联兴盛塑料物流等仓储物流项目。在工业项目引进方面，充分发挥保税区的政策和临港优势，狠抓临港大型生产项目的洽谈引进，船舶修造、化工等项目的洽谈取得较大进展。全年洽谈项目20多宗，初步掀起了保税区项目引进的热潮。在筹建保税区塑料交易市场方面，认真开展调研，制订方案，引进南方塑料网等有实力的企业进区，加紧筹建塑料原料交易平台，促进保税区物流大进大出格局早日形成。

积极扶持停产项目启动运作，组织专门服务小组为华美油脂、双骏生物等项目提供高效、快捷、优质服务，帮助双骏公司新型药物生产项目首期工程入区生产，协助华美油脂公司重组中星油脂项目及做好复产工作。全年通过资产重组已启动停产项目5个。积极扶持企业增资扩产，促进超声覆铜板二期项目顺利建成投产。支持万顺公司进行股份制改造争取上市，推动企业发展上新水平。

积极组织企业参加国家和省市举行的各种招商活动，利用4月份全市招商活动的有利机遇，组织6个项目举行投产奠基开工仪式。在新闻媒体推出保税区系列报道，不断提高保税区的知名度和影响力。加强网上招商，对保税区网站进行全面改版，增设网页，大幅度增加上网信息量，吸引海内外客商前来咨询洽谈有关投资事宜。

加强各方面的沟通协调，特别是密切与驻区各单位和市直有关部门的联系，解决项目引进和经营中的问题。驻区各单位实行提前介入项目洽谈制度，积极参与项目洽谈，认真解答投资客商的咨询，增强投资者的信心，促进项目的落实。汕头海关对我区发展高度重视，专门成立支持促进保税区发展领导小组，深入开展调研，向市委、市政府提出以保税区作为实现汕头腾飞的重要突破口加以重点扶持等促进保税区发展的对策建议。市委、市政府对此高度重视，及时组织市有关部门研究落实的措施办法。管委会与保税区海关召开联席会议，研究解决政策运用和企业运作中的问题，推动保税区的发展。检验检疫部门实行报检月结制收费模式，提高工作效率，减轻企业负担。税务部门大力开展税宣活动，举办税务政策业务操作讲座，指导企业用好政策。工商部门出台优质服务的制度，从登记业务提速、推进商标战略、做好动产抵押登记等方面支持企业做强做大。

【管理与服务】 2007年，汕头保税区加大区域管理力度，提升区域经济管理水平。加强土地管理。全面开展土地清理工作，对区内土地的总量、出让、存量、开发利用等情况进行全面排查清理，分门别类进行汇总整理，形成处理盘活闲置土地的意见，并着手实施。争取市政府支持，与银行初步达成处置闲置土地的意见；对未缴清地价款的企业，登报发出公告，要求限期盘活闲置土地；对其他类型的闲置土地也采取相应的措施，争取逐步收回。到年底，已收回土地使用权2宗，正在洽谈土地收回事宜的10多宗。

加强财税管理。培育税源，增加财税收入。调整和优化支出结构，严格支出管理，确保重点难点支出。认真做好管委会资产清查，规范制度，确保国有资产不流失。加强财政财务监督，全年审计建设工程项目28宗，核减工程造价149万元。加强区域安全生产和治安管理。成立区域综合治理专门机构，进一步建立综合治理长效机制。加强安全生产监督管理，坚持安全第一、预防为主、综合治理，组织安全生产和消防安全宣传、培训、咨询和检查活动，落实责任制，确保区域安全稳定。公安部门认真履行职责，坚持群防群治、治安巡逻制度，严密防范，严厉打击违法犯罪活动，为区域经济建设创造稳定的治安环境。加强硬件环境建设，不断完善投资环境。全面修缮区域隔离设施，建设防风墙，在广达大道、海堤种植树木，加强区域环保工作，认真开展区域卫生整治，确保区域的美化、绿化、净化。推进区域市政设施建设项目的筹建工作，完成项目环境影响评价，认真做好项目建设资金申贷以及市政专业管线配套建设的协调工作，争取尽快落实贷款开工建设。建设职工文化活动中心，活跃区内职工业余文化生活。

【机构设置与管委会领导】 汕头保税区管委会下设办公室、监察室、经济发展局、公共事业局、财政局等职能部门。

汕头保税区管委会主任、党委副书记陈棉生，党委书记潘英豪，管委会副主任、党委副书记张华绍，管委会副主任林荣来、邱少基，纪委书记程龙超。

广州保税区

GUANGZHOU FREE TRADE ZONE

【经济发展】 2007年，广州保税区以推进"区港联动"保税物流园区的申报和建设为工作中心和突破口，把政策突破、项目引进、协调服务、解决历史遗留问题等紧密配合，互相促进，全面实现经济增长和面貌改变，取得了较好的成绩。

全年广州保税区共引进项目47个，其中外资项目10个，内资项目37个，完成工业总产值125.70亿元，同比增长11.05%；合同利用外资8687万美元，增长1.25倍；实际利用外资6644万美元，增长2.38倍；引进内资6864万元（注册资本），实现进出口货物总值36.64亿美元，增长10.77%，其中出口总值15.29亿美元，进口总值21.35亿美元。全年税收11.3亿元。

【投资环境】 广州保税区基础设施完善，依托便利的区位优势、优惠的政策优势和高效的体制优势，建立了通达世界的海、陆、空立体直转通关物流系统，成为保税物流功能覆盖面广、业务形态丰富的保税区域。

2007年，广州保税区以项目推动现有闲置楼宇盘活，制定收回和盘活保税区闲置土地及楼宇工作方案，全年共盘活闲置楼宇8栋，并引入"国际食品城"项目进驻商业街，大力协助和推动企业参加境外宣传招商活动。同时积极改善投资软硬环境，协调驻区各单位，优化经营环境，积极推动保税区电子卡口和视频监控系统建设，为区内企业运作创造良好条件。

【招商引资】 2007年，广州保税区紧紧围绕着"以引进贸易物流仓储为主，工业项目为辅"的招商方向，积极主动地做好各项招商工作。

全年已引进的项目共44个，其中包括主营世界著名品牌红酒进口分装配送销售业务的伟俊酒业、重型机械设备组装的海瑞克二期、三希集团下属生产电子印刷线路板的广振科技、全球知名工业房地产的普洛斯二期、生产晶片的华微电子、卡尔蔡司光学镜片、飞机发动机维修项目。外资新增投资总额20945万美元，外资新增注册资本9125万美元；内资项目新增注册资本2774万元。

【对外贸易】 2007年，广州保税区全年完成进出口货物总值36.64亿美元，同比增长10.77%，其中出口15.29亿美元，进口21.35亿美元，分别增长1.59%和18.43%。出口产品结构进一步优化。

【物流业】 2007年，广州保税区继续围绕"集中力量发展具有广州东部新城区特色的物流产业，增加为开发区和全市生产型企业配套服务能力"这一中心任务，通过调整招商重点，加快企业筹建、构筑通关平台、突出龙头特色业务等措施，进一步拓宽物流业的发展，通过召开"超级中国干线"交流会，联合国内外多家航空公司，开拓新的业务发展领域。

【工业】 工业规模持续扩大。全区实现工业总产值125.7亿元，同比增长11.05%，工业增加值25.95亿元，增长3.58%，工业利润总额2.14亿元，增长42.93%。工业电子设备制造业为支柱行业，其他生产加工门类较广，主要有食用油精炼、医用材料、钢材模具、重型机械设备制造、日用品生产、包装材料生产等。

【保税物流园区】 2007年12月3日国务院正式批准同意在广州保税区规划面积范围内设立广州保税物流园区，与黄浦新港实行区港联动，规划面积0.507平方公里。四至范围是：东至东江边，南至金桥路，西至广保大道，北至保盈大道。2008年1月全面开展基础设施建设，计划于2008年8月建成封关营运。

【发展趋势】 广州保税区立足历史和现状，妥善合理进行业务梳理，进一步拓展功能，完成转型升级。同时以广州保税物流园区建设为发展契机，整合现有资源，做好区港联动的各项工作；继续推进保税物流体系的建设，全面推进保税物流业的发展。

【机构设置与管委会领导】 广州保税区的地方管理机构是广州保税区管理委员会，2002年6月广州保税区管理委员会与广州经济技术开发区、广州高新技术产业开发区、广州出口加工区管理委员会合署办公，构成强大的“四区合一”行政管理体系，2003年全区通过ISO 9001和ISO 14000双认证，拥有中国对外开放最完整、最系统、最丰富的优惠政策体系，可供外商选择的投资领域最宽、政策空间最大。2005年6月，广州市委、市政府为加快“东进”战略的实施，在原四区合一经济区域的基础上，成立了广州市萝岗区，面积为396平方公里。广州保税区管委会为广州市政府的派出机构，享受市一级的审批权限，机构精简，办事高效。管委会下设办公室、计划和科技局、规划国土建设局、保税业务管理局、经济发展局、财政局等机构。

广州保税区管委会主任薛晓峰，副主任刘悦伦、朱秉衡、郑锡雄、李红卫同志。萝岗区副区长庄凡夫同志具体分管保税区业务。

【招商部门】 广州开发区保税业务管理局是广州保税区的经济业务主管部门，诚挚欢迎广大投资者和业务需求者咨询、交流及开展业务。我们必然践行“一切为了投资者，一切为了企业，用最好的服务，最佳的环境，让投资者获得最大的回报”的管理理念。

广州开发区保税业务管理局联系电话：020－82112052，传真：020－82112070，联系人：李定国。

深圳保税区
SHENZHAN FREE TRADE ZONE

【经济发展】 2007年是深圳保税区围绕构建和谐保税区、效益保税区的目标，积极应对新形势，凝心聚力真抓实干，通过全区上下的共同努力，保税区经济和社会各项事业得到进一步发展：全年实现工业增加值155.16亿元；工业总产值875.9亿元；进出口总额471.56亿美元，其中进口总额243.84亿美元；实际利用外资1.06亿美元；税收总额48.22亿元。工业全员劳动生产率人均145.98万元；万元工业增加值电耗304.88千瓦时；万元工业增加值水耗4.66立方米；每平方公里工业用地实现增加值51.54亿元。经济保持了持续、平稳、健康发展。

福田保税区各项经济指标继续保持高增长态势，全年实现工业增加值119.4亿元，占全区总量的76.95%；实现工业总产值621.7亿元，占全区总量的70.97%；实现进出口总额409.1亿元，同比增长22.78%，占全区总量的86.76%，实现税收42.56亿元，增长34.32%，占全区总量的88.26%。

沙头角保税区全年实现工业增加值35.72亿元，占全区总量的23.05%；实现工业总产值254.2亿元，占全区总量的29.03%；实现进出口总额52.85亿元，占全区总量的11.21%；实现税收4.78亿元，占全区总量的9.91%。

盐田港保税物流园区实现进出口总额9.61亿元，占全区总量的2.04%；实现税收8900万元，同比增长86.85%，占全区总量的1.83%。

【投资环境】 福田保税区联检场改造工程已完成工程量的80%；四号隧道改造工程竣工；长平项目经多方协调，深圳保税区管理局所分得物业已经市政府的批准，作为深圳保税区管理局非经营性国有资产。福田保税区112号生活配套用地建设经济适用房计划稳步推进，进入开发建设阶段。在福田保税区B105－100号居住用地成功拍卖中，得以解决派出所、交警中队、社区居委会等社区管理机构的办公场所问题。保税区信息平台二期已完成项目申报工作，保税区门户网站改版进展顺利，监控系统扩容改造工程已经完成，福田保税区安全监控中心正式投入运行。盐田港保税物流园区建设全面展开。首批10个项目获得市政府批准入园，并于2007年6月底全部签订了土地出让合同，总投资9.8亿元的腾邦国际物流配送中心隆重奠基。园区公共事业设施及南片区综合办公楼整体移交给深圳保税区管理局。园区的宣传和招商工作不断加强，绿化、卫生也得到了很大改善。

园区管理服务不断加强。一是服务水平不断提高。配合驻区海关，采取有力措施对进出福田保税区三号门车辆进行有效监管。协调市交警局，把福田保税区纳入全市大交通规划，并组织完善交通设施。结合实际妥善处理了福田保税区桂花路实行全天候禁行大货车对区内企业运作的问题。协调有关部门解决驻区企业用电紧张的问题。通过各种途径全方位实行政务信息公开，方便企业办事。福田保税区服务中心突出抓好出租屋管理工作。盐田港保税物流园区成为全市第一批“和谐劳动关系工业区”，并被推荐到省里表彰。沙头角保税区劳务工合作医疗所获得“深圳市劳务工合作医疗保险先进单位”称号。二是劳资关系和谐稳定。2007 年 6 月，市编委正式批准成立了“深圳市保税区劳动监察大队”，区域劳动管理步入规范化轨道。通过在区内实施劳动监察网格化管理、用人单位分类监控制度，及时疏导劳资关系，妥善处理劳资纠纷。全年主动监察各类企业 383 家次，涉及员工 47638 人，为员工追讨工资、押金等挽回经济损失达 85.24 万元，区内企业劳动合同签订率达 92%，达到了市政府提出今年完成十件民生实事中“劳动合同签订率达到 92% 以上”的目标。三是安全管理扎实有效。加强安全检查监督，强化责任追究，建立健全应急管理机制，深入开展安全生产宣传教育，及时发现问题，消除隐患。全年开展日常安全巡查 919 次，发现并排除安全隐患 645 宗，保税区安全管理形势平稳，未发生重大安全生产事故。四是城市管理细致到位。加大力度规范执法，通过加强城管全天候值勤制度，实现了行政执法“空间上无盲区、时间上无盲点”的覆盖式管理，有效遏制了“乱摆卖”行为。共查处各类城管违法违规案件 2944 宗，处罚结案率和执行率达 100%。

【招商引资】 2007 年深圳保税区新批准设立企业 58 家，其中加工企业 22 家，仓储物流企业 17 家，贸易及其他企业 19 家。办理企业设立、变更事项和内销核准等 350 项。积极做好盐保物流园区招商引资工作。管理局上半年多次召开协调讨论会，通过文件、拜访、开会等多种方式与市规划局、国土局、发改局、海关、物流办、盐保中心及管理局各处室等沟通协调，促使盐田港保税物流园区 10 个购地项目于 2007 年 6 月 30 日正式办理完成土地出让合同的签约。至此，申请进入盐田港保税物流园区的购地项目均以协议出让地价的方式取得了土地的使用权。认真落实 2006 年境外招商计划和实际利用外资计划。按照年初制定的境外招商计划，管理局组织参加了厦门投洽会、粤港经贸合作交流会等专场招商会议；组织参加了多批次各类招商引资培训；完成实际利用外资 1.06 亿美元。

实行有效的“一条龙服务”和“一站式服务”，完善和简化企业设立变更审批程序，提高办事效率。去年管理局协调贸工局、工商局，修订了企业设立、变更审批程序，简化了企业变更和内销的审批程序；有效地发挥了对外窗口服务大厅的作用，方便投资者咨询和各类审批事项的接收；建立了外网保税区物业管理信息平台，能够及时更新信息和动态了解区内物业分布状况，更好地为投资者提供服务。

【保税区转型发展试点】 根据温总理和吴仪副总理关于整合与推进保税区发展的指示精神，2007 年 4 月 22 日，深圳保税区管理局向海关总署上报《关于将深圳保税区列为转型发展先行试点的请示》，决定选择“转型升级”与“一区多园”模式。2007 年 5 月，海关总署在天津召开的全国海关工作会议上，重点研究了全国保税区转型发展问题。会上决定选择深圳、厦门与珠海保税区为试点，以点带面启动转型工作。2007 年 7 月 26 日至 27 日，由海关总署牵头，召开了国家九部委联席会议，专题研究关于保税区转型发展的方案。会上，九部委大力支持保税区的转型发展。接着，海关总署于 2007 年 7 月 9 月在宁波召开全国保税区转型发展工作会议，会上通报了九部委联席会议精神，传达了盛光祖副署长在联席会议上的讲话。会议要求各保税区要积极着手做好转型筹备工作。会后，深圳保税区管理局向市政府上报了《关于认真落实全国保税区转型发展工作通报会精神的请示》，一方面报告了会议精神，另一方面提出了五点贯彻落实会议精神的建议。

【保税港区申报】 设立保税港区是我国进一步改革开放的新举措，也是提高港口国际竞争力的关键。深圳港口经济具有明显的地缘优势、交通基础优势、国际航运资源优势、产业聚群优势和港口管理经验优势。我市拟建的保税港区选址分为东、西两区，其中东区包括沙头角保税区、盐田港区及其后方区域；西区包括前海湾物流园区、前海港区和妈湾港区。建设深圳保税港区的请示上报省政府后，对原方案进行了三次调整，并将调整后方案再次上报省政府。2008 年 1 月 16 日，省政府正式出文呈报国务院，整个工作在按计划进行之中。

【空港保税物流园区申报】 空港保税物流园区申报工作稳步推进。深圳市于 2006 年申报和建设空港保税物流园区，进行了一系列的可行性研究，制定了工作方案，并得到了深圳海关的支持，拟订了选址、用地规划等，园区选址在宝安滨海大道西侧、宝安综合港北侧区域内，用地面积 5.37 平方公里，分两期开发，一期 3 平方公里，二期 2.37 平方公里。2006 年 8 月 14 日市政府将所须申请空港保税物流园区的材料上报省政府（深府［2006］152 号）。2006 年 9 月 29 日由省政府上报国务院（粤府［2006］103 号），2006 年 10 月 20 日国务院将申报文件转海关总署。

珠海保税区
ZHUHAI FREE TRADE ZONE

【经济发展】 2007年，珠海保税区坚持贯彻落实科学发展观，加压苦干，开拓创新，积极应对土地资源缺乏、建设资金紧张、国家政策调整等不利因素，着重抓好产业结构调整和一批重点项目建设，全区经济呈现良好发展态势。全年实现规模以上工业增加值13.95亿元，同比增长10%；工业总产值101.28亿元，增长15%；物流总值165亿元，与上年基本持平；实际利用外资4116万美元，比上年略有下降；引进内资4200万元，超额完成珠海市下达的任务；实现进出口总额11.8亿美元，同比增长27%；各类税收收入5.2亿元，增长22%；地方工商税收2.1亿元，增长15%。

【投资环境】 2007年，珠海保税区管委会根据保税区的实际，进一步加大园区基础设施投入力度，圆满完成了跨境区前山沿河东路南段、边防值勤工作站、围栏建设以及翔翼项目配电、西域和加华项目临时道路配套等重点工程，区内水电路等设施日益完善。保税区二期开发项目建设正式启动，正在实施填土工程。以格力普罗斯项目为龙头的保税物流中心正积极推进中。健全与驻区单位的沟通协调机制、建立企业联络员制度、完善服务大厅窗口功能，企业服务水平不断提高；大力抓好社会治安综合治理、安全生产、劳动监督、社会保险全覆盖、计划生育、机关管理服务等各项工作，区内治安稳定，管理有序，祥和安定；采取措施改善联检单位办公条件、整治生活区、公共汽车进入园区，干部职工和园区企业员工工作生活环境有了较大改变；成功举办第三届保税区运动会、劳动安全知识竞赛、扶贫献爱心等活动，园区凝聚力不断增强。

【招商引资】 2007年，珠海保税区管委会围绕区重点发展产业，适时调整招商重点，通过举办境内外投资推介会、网上招商、以商引商、代理招商等方式，不断加大招商引资力度。一是聘请招商顾问；二是确定招商代理；三是委托咨询公司，并进行定期或不定期的信息沟通、感情联络，使引进工作取得实效；四是主动出击，在境内外举办多场专题说明会。2007年10月19日，接待了德国东欧经济技术合作协会考察团一行，为开辟欧洲市场的招商引资迈出坚实的一步。五是积极参加商务部以省市的经贸投资洽谈会，重点推介珠海保税区和跨境工业区的功能政策，从而进一步提高了保税区和跨境工业区的知名度；六是抓好资源整合，盘活园区闲置厂房仓库，进行“二次招商”；七是积极探索保税区和跨境工业区政策平台的对接，作好来年受新政策实施影响的企业对功能政策需求的前期工作，充分发挥保税区和跨境工业区政策互补的优势，促进两个园区经济的共同发展。

【重点企业】 2006年12月，珠海翔翼航空技术有限公司正式在珠海保税区投资建厂，工程总投资约8亿美元，总占地面积约13.2万平方米，规划总建筑面积约10.5万平方米，具体包含有规划为40个模拟机位的训练大楼、行政大楼、飞行员休息区及相应的配套设施等。2007年8月，第一批从加拿大引进的三台模拟机正式开始位于保税区的珠海翔翼新址试运行，已有飞行员开始进入模拟机训练。2007年底前将完成一期工程，整个项目完成后，将成为中国最大的民用航空模拟机训练基地，占飞行训练市场份额的25%。

康乐保（中国）有限公司是由丹麦Coloplast A / S公司在广东珠海投资的丹麦独资企业，该公司于2006年5月在珠海保税区购地建厂，建造康乐部集团在全球第三大生产基地。项目投资为1亿美元，厂房占地面积10万平方米。新工厂第一期工程已于2007年7月建设完毕，并于8月正式投入使用。

德国迅得电子厂房、西域码头、加华码头等在建项目即将建成投入使用。

【跨境工业区】 珠澳跨境工业区首先由澳门方提出建设，于2003年12月经国务院批准设立，是国务院为了加强粤澳、珠澳经贸合作，维护澳门长期繁荣稳定而设立的全国第一家跨境工业区。跨境工业区总占地面积0.4平方公里，其中珠海园区0.29平方公里，澳门园区0.11平方公里，由珠海市和澳门特别行政区分别通过填土造地形成。两个园区之间由一条自然形成的水道作为隔离，开设专门口岸通道连接。2006年12月8日，珠澳跨境工业区专用口岸开通启用，全天24小时开放。标志着跨境工业区正式运行。

珠海园区、澳门园区由珠海市人民政府、澳门特别行政区政府分别管理。珠澳跨境工业区珠海园区是珠海保税区的延伸区，珠海园区管委会与保税区管委会实行两块牌子、一套人马。实行“保税区+出口加工区进出口税收政策+24小时通关专用口岸”优惠政策。

园区基础设施和监管设施进一步完善，已有注册企业79家，总投资额逾2亿美元，还有一批生产、仓储物流和商贸项目正在洽谈中。2007年，跨境工业区专用口岸进出人员达75739人次，进出车辆4005台次，珠海园区海关办理货物进出境（区）2204票，货值总计6000万美元，有力地支持了周边出口加工企业的发展。

【发展趋势】 珠海保税区将着力抓好保税区转型升级步伐，抓紧设立综合保税区，打好保税牌，打造一流保税物流中心，服务全市经济，实现产业发展和生态保护双赢。按照生态文明发展的要求，从园区规划、基础设施建设、产业招商、服务环境和发展条件通盘谋划保税区的大发展。以建设现代物流中心为导向，积极吸引国际知名物流企业进驻保税区，聚集一批面向全球市场采购、中转、分拨及配送物流企业，引进先进的现代物流管理技术和服务理念，在较高的起点上形成物流产业集群和规模优势。

【党建工作】 2007年是珠海保税区党建工作大发展、大推进的一年，党群组织组建率全面完成市级指标。到2007年底，区内规模以上非公企业建立党组织14个，建立工会组织15家，建立女工委员会15家，建立团支部16家。组织形式多样的党群活动，外来工“饺子宴”、“七一”参观考察活动、春节外来务工人员文艺晚会，同时还举办各种培训讲座6次，培训人员近400人，这些举措深受区内企业好评，党组织的凝聚作用日益显现。党建研究工作再上新台阶，由我区执笔的关于“两新”组织党建工作的调研报告列入了市、省、中央党建领导小组调研课题。

海口保税区

HAIKOU FREE TRADE ZONE

【经济发展】 2007 年，海口保税区管委会以科学化管理为基础，以零距离服务为重点，对已入区的企业进行全力扶持，保障企业的正常运作，使产值和效益能够持续稳步地增长。园区全年完成工业总产值 136.27 亿元（以下均含海汽），同比增长 15.93%，占全市工业产值的 39.04%。工业销售产值 138.96 亿元，增长 17.56%，占全市工业销售产值的 42.11%。产品销售收入 128.51 亿元，增长 15.47%，占全市产品销售收入的 39.81%。工业增加值 24.56 亿元，增长 8.61%，占全市工业增加值的 33.92%。利润总额 13.3 亿元，增长 12.73%，占全市利润总额的 27.53%。全年完成工商税收 10.51 亿元，增长 5.73%，占全市财税总额的 13.21%。全年完成进出口额 2.39 亿美元，增长 7.83%，占全市进出口总额的 18.03%。其中，进口 2.18 亿美元，出口 2108.76 万美元，2007 年进出口额减少的主要原因是海汽自主生产发动机而大幅减少进口货值，2006 年三星入区进口大量设备，而 2007 年只进口少量原材料，因此 2007 年的进口值大减（同比增长数是把 2006 年进口数中的海汽和三星这一大块数剔出以后计算的同比增长）。

【工业】 2007 年园区有企业 120 家。其中贸易企业 49 家，正常运作的生产型企业 71 家。而生产型企业中高新技术企业有 15 家，所占比例为 21.13%，高新技术企业实现工业总产值 110.69 亿元，占区内全部工业总产值的 81.37%，同比增长 16.14%。

生物制药企业正常生产的有 32 家，实现工业产值 11.96 亿元，占全区工业总产值 8.89%，同比增长 11.76%。其中奇力药业、碧凯制药、中瑞康芝、中化联合、思迈药业等增幅较大。

机电信息企业 27 家，实现工业产值 122.46 亿元，占全区工业总产值 89.65%，同比增长 18.75%。机电产业的产值增幅较大的有金盘电气和新投产的海汽配套厂。

其他加工企业 12 家，实现工业产值 1.85 亿元，占全区工业总产值 1.46%，同比增长 6.12%。

【招商引资】 近两年来保税区领导打破常规，以原来的生物制药为主为主导产业的模式逐步转型成多种产业结构互动的产业群，例如降低生物制药行业的比例适当提高机电产业的引进，这两年共引进机电企业 16 家（海汽配套厂）。这些企业对产值的提升起到了重要作用。

低效能产业转型。一是对早期入区因资金困难中途停工的企业以资金置换方式使之重新运作；二是对一些高投入低产出的企业采取转型或迁出方式来提升区域经济。

因少部分企业发展迅速，资金充裕，原有的小规模已不再适应现有的生产条件，所以他们把这部分剩余资金用于扩大再生产的投入，使企业的产值和效益都得到了进一步的提升。如金盘电气、中和药业、六和机械、全兴工业、威昌汽配等企业就是如此，并且得到了我们的大力扶持。

洋山保税港区

YANGSHAN FREE TRADE RORT AREA

【经济发展】 2007年是洋山保税港区在顺利起步后加速发展的一年，枢纽港功能日趋成熟。随着小洋山港口区域一、二期码头的陆续投入运营，港口区域业务快速成长，国际集装箱航线拓展和吞吐规模不断扩大。2007年，保税港区靠泊干线和支线集装箱船舶10070艘次；集装箱吞吐量达610.8万标准箱，比上年增长86%；进出口货物总值超过765亿美元；海关税收近190亿元。集装箱国际中转比例达到10%，集装箱水水中转比例将近50%。

从洋山海关转关进出口的货物直通全国海关20个直属关区、109个隶属关区，保税港区枢纽港的服务辐射作用正在迅速扩大。

东海大桥平均日通行车辆近9000辆次，最高日超过1.4万辆次，集装箱卡车通行占70%以上。

区内产业加速集聚。保税港区努力优化投资环境，在降低运作成本、提高服务等方面加大工作力度，加速区内产业集聚。到2007年底，已有51家中外知名物流、加工、商贸服务型企业在保税港区注册落户，注册资本约78亿元人民币。其中13家企业为2007年新落户企业，注册资本2.7亿元。外商投资企业14家，投资总额1.6亿美元，投资总额超过千万美元的外商投资项目有10家。

【投资环境】 2007年，洋山保税港区港口区域基础设施建设稳步推进。基础建设和配套设施的基本到位，为保税港区功能运作提供了保障条件。经过建设、监管和运营部门的努力，港口区域三期码头A段1300米4个大型集装箱泊位于2007年底前投入调试运行，至此，集装箱码头泊位数达到13个。在港区码头三期A段建成运行的基础上，继续三期B段工程，预计到2008年年底将再增加3个7万~15万吨级大型集装箱泊位。

陆域园区基础开发建设日趋完善。保税港区陆域首期封关时暂未纳入封关的0.94平方公里区域2007年上半年完成了封关并通过验收。至此，陆域6平方公里区域均纳入封闭管理，陆域部分完成了20条市政道路的建设和预验收，区内（陆域）所有道路都完成命名。二号卡口的规划设计方案通过了海关评审和专业评审，正抓紧做项目开工的建设准备。陆域各类在建仓库90万平方米，2007年底前建成的现代化物流仓库面积达50万平方米。

规范管理更加到位。《洋山保税港区管理办法》正式施行以来，上海市有关行政管理部门已将保税港区的投资、土地、规划、建设、市政工程、市容环卫、绿化、人防、安监、统计、公安等各领域的行政许可和管理的部分事权委托洋山保税港区管委会和洋山公安等机构实施。管委会制定了《洋山保税港区工业项目土地使用权出让招标拍卖挂牌实施办法（试行）》。区内已有6个地块39.52公顷土地按照规定实施了国有土地使用权挂牌出让。《海关保税港区管理暂行办法》、《保税监管区域外汇管理办法》出台后，相关部门及时组织学习解读，深入贯彻实施办法。完成保税港区法律法规库整理更新工作，收录相关法律法规256部，并录入了管委会门户网站。

信息化建设取得新进展。保税港区联网监管项目和区内信息化基础设施建设正在逐步推进。区域联网监管信息化建设项目2007年下半年已申报立项，正在抓紧实施准备。保税港区陆域6平方公里区域局域网建设取得突破，其中4平方公里局域网全部贯通并投入使用，其他部分已完成局域网初步设计，正在实施建设。“洋山保税港区门户网站”、“洋山深水港区综合信息服务网”保持较高点击率。声讯服务平台针对企业、市民需要提供直接途径。

安全应急工作进一步加强。根据保税港区区位和管理特点，建立和完善了区域安全生产组织领导体系，健全了区域应急和安全管理工作机制，完善了监察监管网络和各项安全管理规范。根据应急管理部件和事件，制订《洋山保税港区突发公共事件总体应急预案》和各类分预案100多个，组织完成了应急指挥中心建设方案可行性报告，按照市基层应急单元建设试点要求完成了各项工作。

2007年6月底，由于采取必要措施，克服了因出口政策调整导致的出口集装箱集中进区、道路卡口拥堵，有序地度过了非常状况的考验。全年加强了道路交通、危险品、消防、水上交通等方面的安全工作措施，并协调了对渔船违法载客的管理措施。

【招商引资】 成功举办“2007洋山保税港区专题推介会”，马士基物流、飞利浦物流等9家航运物流、第三方物流企业在会上签约落户项目。管委会和监管单位以进区开展物流、加工业务的企业为重点，开展跟踪调研，建立“一路式”指导服务机制，努力帮助企业解决运作困难。

苏州工业园综合保税区
SUZHOU INDUSTRIAL PARK INTEGRAED FREE TRADE ZONE

【经济发展】 苏州工业园综合保税区是在整合原有的保税物流中心和出口加工区基础上形成的特殊监管区域，各项经济指标在全国均名列同类区域前列。2007 年，综合保税区监管货值达 389 亿美元，同比增长 32%。其中，保税物流业务（原保税物流中心 B 型）的监管货值为监管货值达 253 亿美元，增长 32%；受理进出口报关单证 29 万份，增长 54%；监管货运量 109 万吨，增长 54%。保税加工业务（原出口加工区）的监管货值达 136 亿美元，增长 31%；其中进出境 73 亿美元，增长 21%，进出区 63 亿美元，增长 45%。

【投资环境】 作为中国和新加坡两国政府间重要的合作项目，苏州工业园区自 1994 年开发建设以来一直得到党中央、国务院的高度重视和亲切关怀，14 年来始终坚持先行先试，在政策争取、功能拓展等诸多方面走出了一条“不特有特、特中更特”的园区之路。按照“又好又快”的发展要求，园区坚持用好、用足各项政策，确保推动经济增长。2007 年，园区共实现地区总值 836 亿元，地方一般预算收入 76.3 亿元，进出口总额 569 亿美元，已经成为中国最具竞争力的开发区之一。

开放的经济离不开开放的口岸。为满足经济飞速发展的需要，适应园区加工贸易为主的进出口特点，园区不断加大加快特殊区域建设的步伐。在过去的几年中，苏州工业园区先后申报了口岸通关点、出口加工区和保税物流中心（B 型）。2006 年召开的第八次中新联合协调理事会议进一步明确，允许在苏州工业园区进行保税港区功能的试点，将国内最优惠的特殊监管区域政策赋予了园区。2006 年 12 月 17 日，国务院批准同意设立苏州工业园综合保税区（国函［2006］128 号）。

苏州工业园综合保税区规划面积为 5.28 平方公里，分为东、西两个围网区。西区为原出口加工区 A 区，面积 1.4 平方公里。东区包括原保税物流中心（B 型）0.5 平方公里、出口加工区 B 区 1.5 平方公里及新开发建设的口岸作业区 1.88 平方公里。2007 年 8 月 28 日，综合保税区首期 4.2 平方公里顺利通过海关总署等国家九部委的联合验收。

苏州工业园区位于长三角腹地，是上海向内陆地区货物疏散和补给的枢纽，海陆空运输条件优越。沪宁高速公路、铁路贯穿东西，苏嘉杭高速直通南北，两小时车程可达上海浦东、虹桥机场、杭州萧山机场和南京禄口机场。沿长江有太仓港、张家港等诸多支线港口作为上海、宁波港的补充，企业货物出口可供选择的口岸多、运费低。

苏州工业园综合保税区高度重视基础设施建设，基建投入已超过 40 亿，建成各类保税仓库 20 万平米，厂房约 80 万平米。周边建成普通仓库 40 万平米，商业办公设施 10 万平米。已初步形成设施先进、配套完善、交通便利，集保税加工、保税物流和进出口贸易为一体的综合性功能区域，为园区进一步发展创造了新的增长点。

苏州工业园综合保税区内可以从事的业务包括：存储进出口货物和其他未办结海关手续的货物；对外贸易，包括国际转口贸易；国际采购、分销和配送；国际中转；检测和售后服务维修；商品展示；研发、加工、制造；港口作业；经海关批准的其他业务。

【招商引资】 为鼓励和吸引贸易企业入驻，园区管委会出台了《关于支持苏州工业园综合保税区发展的若干意见》，对新进驻的贸易公司给予地方财政留存部分三免两减半的优惠政策。

根据国务院批复（国函［2006］128号），综合保税区"有关税收、外汇政策将按照《国务院关于设立洋山保税港区的批复》的有关规定执行。海关比照保税港区的监管办法对其实施监管"。这意味着综合保税区除享受"国外货物入区保税、国内货物入区退税、区内交易免税"的政策外，还适用各项保税港区的优惠政策，可以充分发挥区位和政策优势，拓展相关功能。

到2007年底，苏州工业园综合保税区共有注册生产企业93家，物流企业23家，贸易公司19家。区内已形成汽车零部件、航空器件制造为主的保税加工体系；区内的UPS、KWE（日本近铁）、中外运、大田等知名物流企业为全国25个省、直辖市近2000家生产企业提供保税物流服务。

【机构设置】 园区管委会在区内设立了正处级编制的综合保税区管理办公室，负责区域日常的企业服务和政策协调。

【发展趋势】 苏州工业园综合保税区将以物流和商贸两大产业为支柱，积极落实政策、拓展功能，发挥全国第一家综合保税区的示范和辐射作用，为国家探索自由贸易区建设积累经验。

【招商部门】 企业入驻咨询：朱琳芳，电话0512－62587407，电子邮箱 lindazhu@ seall. cn；相关政策咨询：王明金、刘勇，电话0512－62878322、62586596，电子邮箱 wmj@ sipac. gov. cn、liuy@ sipac. gov. cn。

出口加工区篇

中国保税区出口加工区协会

CHINA FREE TRADE ZONE AND EXPORT PROCESSING ZONE ASSOCIATION

2007 年全国出口加工区主要经济指标统计分析

2007 年，世界经济呈现稳步发展态势，在国家宏观经济调控政策影响下，我国国民经济保持较快增长，在有利的国内外环境下，全国各出口加工区坚持用科学发展观指导园区功能定位、产业定位和发展方向，以物流功能拓展为机遇，积极促进外贸增长方式和加工贸易转型升级，加强完善区域投资环境，抓好产业升级和项目建设，促使园区经济继续保持快速发展态势，国际竞争力不断提高，对推动当地相关配套产业发展、结构调整发挥了重要作用。

一、经济总量增势显著

据统计，全国已批准的 57 个出口加工区中，正式投入生产运营的已达 38 个，各加工区新投产工业企业数量不断增加，为区域经济的可持续发展奠定了良好基础。到 2007 年底，全国出口加工区投产运营的工业企业已达到 746 家，其中投资额在 5000 万美元以上的有 42 家。全年新投产运行的企业有 138 家，福建厦门、北京天竺、山东烟台、陕西西安 4 个出口加工区新投产企业数量都在 10 家以上；新投产企业中 5000 万美元以上的项目有 3 个，均位于苏州高新区出口加工区，3000 至 5000 万美元项目 4 个，分别位于浙江宁波和山东青岛加工区，将成为该区域经济增长的新生力量。

在加工区投产企业生产规模迅速扩大和新功能拓展的支撑下，2007 年全国出口加工区经济总量继续保持高速增长态势，实现增加值 458.16 亿元，同比增长 92.5%。

（一）长三角区域的出口加工区占主要比重

据统计，长三角区域的 15 个出口加工区全年完成增加值 292.06 亿元，占全国出口加工区的 63.7%，其中江苏无锡出口加工区发展迅速，在企业经营效益大幅提高的基础上完成增加值 82.89 亿元，比上年增长 1.6 倍，跃居全国出口加工区首位；上海松江和江苏昆山出口加工区继续保持较快发展，分别完成增加值 68.05 亿元和 62.11 亿元，比上年增长 50.8% 和 27.7%，上述三家出口加工区增加值合计占全国出口加工区的 46.5%。

（二）部分加工区成长速度快

天津、广东深圳和四川成都加工区分别是环渤海湾、珠三角和中西部地区加工区中的佼佼者，完成增加值 42.95 亿元、32.98 亿元和 28.97 亿元，增速均在 50% 以上，呈现快速发展态势。此外，浙江宁波出口加工区实现增加 39.32 亿元，同比增长 4.6 倍，上海闵行、广东广州、安徽芜湖、北京天竺、广西北海、福建厦门、河南郑州、江苏南京加工区增加值增幅均超过 1 倍，成为推动全国出口加工区经济快速发展的重要因素。

二、工业经济发展质量提高

2007 年是全国出口加工区经济发展的丰收之年，工业产值仍然保持 30% 以上的快速增长，完成工业总产值 5626.44 亿元，同比增长 37.4%。其中上海松江加工区产值增长强劲，完成工业产值 2128.29 亿元，同比增长 53.9%。各加工区企业生产经营已进入产出时期，工业产值呈现高速增长态势、企业效益大幅攀升，科技创新含量高。主要有以下特点：

（一）电子信息业比重大，高新技术企业发展速度快

在各出口加工区大力培育科技含量高、低耗能高效率的企业项目的基础上，积极推进加工贸易转型升级。电子信息产业经过多年发展已形成规模，共完成工业产值4632.08亿元，同比增长60.2%，占工业总产值的82.3%，成为工业经济的主力军；在电子信息产业引领下，加工区的高新技术企业发展快，完成工业产值540.30亿元，增长3.2倍，占工业产值的9.6%。其中江苏无锡、四川成都和广东深圳加工区，分别达到339.87亿元、89.99亿元和60.09亿元，合计占全国加工区的90.7%。

（二）产销衔接良好，企业效益大幅提升

2007年全国出口加工区完成工业产品销售额5615.52亿元，同比增长35.6%，产销率达到99.8%。产销率提高促使区内企业经济效益大幅攀升，实现利润180.87亿元，增长1.5倍，其中江苏无锡、江苏昆山、山东青岛等16家出口加工区利润均比上年实现成倍增长，占全国加工区总数的42%。

（三）中西部加工区平稳较快发展

2007年，四川成都、湖北武汉等中西部8个出口加工区稳步发展，全年实现工业总产值182.77亿元，同比增长25%，占全国出口加工区工业产值的3.4%；四川成都、湖北武汉和陕西西安三家出口加工区在区内重点大型企业的带动下，发展规模较大，分别完成工业产值90.67亿元、53.03亿元和21.71亿元，其中四川成都和陕西西安实现较快增长，增速分别达到35.9%和52.4%。广西北海、河南郑州等加工区进入扩张期，产能大幅提高，工业产值成倍增长，远高于全国加工区平均增速。

三、对外贸易活跃

在出口加工区内企业产能不断扩大的支撑下，产品的出口和对原材料的进口需求持续上升，同时各加工区简化办事手续、提高通关效率，促使进出口额实现快速增长。据海关统计，2007年全国出口加工区进出口总额达到1205.26亿美元，同比增长32.8%。

（一）从进出口总额上看

上海松江和江苏昆山继续保持前两位，其中上海松江进出口总额量大、增长快，完成386.16亿美元，同比增长47.6%，占全国出口加工区的32%，其次是江苏昆山完成315.61亿美元，增长27.7%，上海漕河泾和江苏无锡加工区进出口额也均超100亿美元，特别是江苏无锡出口加工区进出口额高速增长，达到105.42亿美元，增长65%，跃居第三位。此外，浙江宁波、上海闵行、上海青浦、广西北海、重庆、西安、安徽芜湖、河南郑州等出口加工区经过几年的发展运作，区内企业生产规模逐步扩大，进出口比上年增长1倍以上。

（二）出口优势显著，顺差扩大

2007年全国出口加工区继续呈现出口大于进口的格局，全年实现出口额757.92亿美元，同比增长39.5%，占进出口总额的62.9%，完成进口额447.33亿美元，增长22.7%；进出口顺差呈现扩大趋势，达到310.59亿美元，增加131.94亿美元。

（三）对外贸易作用明显

据海关统计，2007年全国出口加工区进出口额占我国加工贸易进出口额的12.2%，特别是对地方加工贸易贡献作用进一步显现。四川成都加工区占四川省加工贸易比重达到64.8%，上海松江和重庆加工区分别占上海市和重庆的32.3%和31.3%，广西北海、江苏昆山、浙江宁波、陕西西安加工区也分别占本省加工贸易进出口额的10%以上。

四、招商引资注重实效

在招商引资方面，各出口加工区以完善投资环境建设为抓手、充分发挥区内知名企业的

示范带动作用，积极争取、引进资本和先进技术并重的新企业项目入区，努力改善区域产业结构，增强区域竞争力。同时，进一步加强对区内原有企业生产服务工作，鼓励企业增资扩产，招商、稳商、育商工作取得显著成效。2007 年，全国加工区共吸引投资总额 49.96 亿美元，同比增长 1 倍，其中外商投资 43.3 亿美元，增长 92.4%，占投资总额的 86.7%。到 2007 年底，累计吸引投资总额 207.24 亿美元，外商投资额 193.44 亿美元。

（一）企业增资成为加工区吸引投资额的主体

2007 年全国出口加工区在新批项目（237 个）减少 19.1% 的情况下，吸引投资总额却出现较快增长，主要原因是区内良好的投资运作环境极大地刺激了企业的增资热情，有 19 个加工区发生增资现象，全年增资额达到 29.39 亿美元，同比增长 5.6 倍，占投资总额的 58.8%。其中江苏无锡出口加工区增资达 15 亿美元，占全国加工区增资额的一半，促使其吸引投资额达到 16.98 亿美元，增长 8.4 倍，居首位；浙江宁波和苏州高新区加工区增资额也分别达到 4.11 亿美元和 3.37 亿美元，增资比重均占吸引投资额的 50% 以上。

（二）利用外资水平良好

作为对外开放的先行区域，出口加工区在吸引和利用外资上具有较大优势。2007 年全国加工区实现合同外资 21.74 亿美元，同比增长 76.3%，实际利用外资 18.9 亿美元，增长 30%。到 2007 年底，累计实现合同外资 93.45 亿美元，实际利用外资 63.62 亿美元，资金到位率达到 68.1%。

（三）物流功能试点进展顺利，招商形势良好。根据国务院和海关总署在 7 个出口加工区拓展物流功能的有关精神，江苏昆山、浙江杭州等出口加工区先后开展了试点工作，吸引了不少物流企业进区运作。全年共批准仓储物流企业项目 47 个，占项目总数的 19.8%，累计批准物流项目 58 个。2007 年实现物流企业营业收入 4.7 亿元，其中陕西西安加工区达到 2.42 亿元，江苏昆山加工区也实现 7000 余万元的营业收入。

五、固定资产投资稳步增长

2007 年，全国出口加工区完成固定资产投资额 302.76 亿元，同比增长 2.4%，总体保持稳步增长。由于多数加工区前期开发建设任务已基本完成，因此基础设施投资额有所下降，完成 15.8 亿元，下降 23%。房屋竣工面积 381.98 万平方米，增长 28%，其中厂房竣工面积 347.16 万平方米，占房屋竣工面积的 90.9%。

到 2007 年底，累计完成固定资产投资额 853.34 亿元，其中基础设施投资 137.19 亿元，占 16.1%。

六、未来发展喜中有忧

在全国加工区发展如火如荼，各项经济指标增长迅速之际，也必须清醒认识到我国出口加工区未来发展还有许多隐忧：

（一）各加工区发展不均衡现象加剧

虽然全国加工区各项经济指标总体上看均比上年增长迅速，但完成量主要集中在江苏无锡、上海松江、江苏昆山、宁波等 10 余家出口加工区上，其余部分加工区发展速度虽快但尚未形成规模，少数加工区发展呈下降趋势或已陷入停顿，各加工区之间产值差距有进一步扩大的趋势。

（二）发展质量有待提高

加工区发展现状中也反映出一些问题，如许多加工区企业仍缺乏自主创新能力，处于代加工阶段，产业能级较低，这在中西部和经济不发达地区的加工区上表现尤为明显；由于产业规划不完善，各加工区产业同构现象严重，未实现有效分工、错位发展，导致同区域竞争激烈；土地资源有限，后续项目不足以及投入产出不匹配将影响可持续发展；工业企业作为能源消耗大户，节能降耗压力增大等，这些因素均将成为制约加工区进一步发展的瓶颈。

（三）外部不稳定因素增多

出口加工区是以出口为导向的经济区域，国际市场波动大、国内资源产品价格改革、贷款利率上调以及人民币汇率持续小幅升值等，将成为出口制约因素，导致企业生产成本提高，影响企业正常生产经营。

综上，2007年全国出口加工区经济发展取得了显著成绩。展望2008年，党的十七大明确提出要继续坚持对外开放政策，促进加工贸易转型升级；发展现代产业体系，大力推进信息化与工业化融合，促进工业由大变强；创新对外投资和合作方式，支持企业在研发、生产、销售等方面开展国际化经营。这均为出口加工区经济增长提供了良好的发展空间，各加工区必须紧抓机遇，开拓创新，坚持落实科学发展观，充分发挥现有资源和条件优势，进一步研究解决面临的问题，从而实现出口加工区功能提升、快速和谐全面发展的总体目标。

昆山出口加工区
KUNSHAN EXPORT PROCESSING ZONE

【经济发展】 2007年，昆山出口加工区实现进出口总额315.78亿美元，同比增长27.7%，其中出口额208.52亿美元，同比增长34.8%。当年实现工业总产值1256亿元，产品销售总额1249亿元，2007年笔记本电脑产量3800万台，占世界产量近40%，数码相机产量1000万台，手机、导航仪产量1000万台。全区吸纳从业人员达8.1万人。

2007年出口加工区税收收入增长迅猛，实现各类税收收入达到4.36亿元，其中海关部门税收收入完成1.05亿元，占税收总额24%；工商税收收入完成3.32亿元，占税收总额76%。

【招商引资】 2007年出口加工区吸引投资总额再创历史新高，共批准项目16个，项目注册资本1.06亿美元。

到2007年底，出口加工区累计批准投资项目103家，其中工业企业90家，物流企业13家，累计投资总额达到16.98亿美元，项目注册资本8.39亿美元，项目实际利用外资6.58亿美元。

【投资环境】 全区投资环境进一步优化，到2007年底，加工区累计基础设施投入5.27亿元，建成厂房199.37万平方米，仓库3.98万平方米。

加工区继续加强信息化、电子化建设步伐，由加工区管委会子系统、海关辅助管理子系统、检验检疫辅助管理子系统、区内企业子系统、加工区物流企业子系统组成的加工区信息平台全部联网运作，实现了海关物流电子化，海关核查和辅助核销电子化，管委会审批电子化，检验检疫电子化，企业申报电子化，并可与企业的ERP系统（资源管理系统）进行对接，大大简化企业通关手续，提高通关效率。海关总署专家组在对出口加工区海关辅助管理系统进行综合评估和验收后，发文向全国出口加工区推荐使用。

【保税物流业】 2006年12月经国务院批准，昆山出口加工区开展拓展保税物流功能和开展研发、检测、维修业务试点，成为全国首批开展拓展功能七个出口加工区之一。

自2007年1月试点工作正式启动以来，运作情况良好。截至2007年底，已有7家物流企业开展保税物流业务试点，物流企业保税入库金额82.74亿美元；出库金额88.69亿美元，物流企业营业收入7164万元。开展售后服务的生产型企业达24家，售后服务收入3.02亿美元；开展维修业务企业8家，维修业务收入7013万美元。

【发展趋势】 昆山出口加工区拓展保税物流功能试点工作的开展，使出口加工区成为具有以保税加工为主，保税物流为辅，以及研发、检测、维修业务功能齐全的综合型保税区域。随着保税物流功能试点的深入开展，昆山出口加工区将以打造华东地区具有影响力的综合保税区域为目标，未来重点发展"五大中心"，即：一、重点发展电子产品重要零部件供应分拨中心。就近实现配套生产企业，支持企业"零库存"生产，缩短物流时间、降低物流成本、规避降格波动风险、节约流动资金占用，提升企业综合竞争力；二、重点发展国际采购配送中心。建立进口商品内销集散中心和国内商品采购出口集散中心，实现加工区货物向境外企业、区内企业、区外企业和其他保税监管区企业配送；三、重点发展国外来华展览展示商品集散中心。利用功能优势简化展览展示商品审批通关和监管手续，加快促进与开发区、花桥国际商务城会展业联动；四、重点发展售后服务中心。包括制造企业的售后服务和专业的售后服务企业，主要是产品的测试、返修和零配件的供给等，进一步延长区内产业链和价值链；五、重点发展研发中心。促进区内产品从低附加值的初级产品向高附加值的高新技术产品转变，培育企业自主知识产权、提升产品附加值、增强企业国际竞争力。

【机构设置与管委会领导】 昆山出口加工区管理局隶属于昆山经济技术开发区管委会，下设招商科、经济管理科、规划建设科和办公室4个科室。

招商热线：0512－57376513、57352662

松江出口加工区
SONGJIANG EXPORT PROCESSING ZONE

【经济发展】 松江出口加工区自封关运作以来，各项经济指标屡创新高，取得了骄人的业绩。据统计，截至2007年底，上海松江出口加工区累计完成工业生产总值6132.79亿元，为国家提供各类税收13.6亿元，区内企业直接提供超过9.5万个工作岗位，并带动相关配套服务业发展，提供超过2万个工作岗位。

上海松江出口加工区自成立以来，进出口业务连年保持两位数的增长，2007年全年实现进出口总额386.1636亿美元，同比增长47.56%；其中进口129.2763亿美元，增长28.65%；出口256.8873亿美元，增长59.35%。

自2001年初封关运行以来，上海松江出口加工区已累计实现进出口总值1125.9099亿美元，占全国出口加工区累计实现进出口总值的34.09%，始终保持全国出口加工区的领先位置，是我国最大的以加工制造为主导的特殊监管区。

【投资环境】 上海松江出口加工区由A区和B区组成，总规划面积5.96平方公里。

上海松江出口加工区A区于2000年4月27日经国务院批准设立，为全国首批出口加工区之一，规划面积2.98平方公里，于2001年初封关运作，已全部开发完毕；B区于2003年3月14日经国务院批准设立，规划面积2.98平方公里，分二期开发，2003年11月一期1.33平方公里封关运作。

松江出口加工区的总体目标，是成为全球重要的IT产业生产基地和一流的现代化工业园区，为海外投资者创造一个大展鸿图、投资兴业的家园。

上海松江出口加工区地理位置优越，距上海虹桥国际机场20公里；距上海浦东国际机场42公里；周边有沪杭高速公路、同三国道、嘉金高速公路、松闵公路、沪松公路等高等级的公路，构成便捷的公路交通网络。同三国道将沪杭高速公路和沪宁高速公路连成一体。上海市区外环线距松江出口加工区仅18公里。

作为千年文化古城的松江，历来重视发展教育，注重人才素质的培养。目前已拥有一座包括7所大学的现代化大学城（其中包括上海外国语大学、上海对外贸易学院、上海立信会计大学、东华大学、华东政法大学、上海工程技术大学、上海视觉艺术学院），2所大专院校，31所中学，7职业学校，28所技术学校，1所电大。人力资源相当充沛，可以为区内企业提供不同专业、不同层次的专门人才，同时还可以为区内企业提供各种人员培训服务。

作为全国最早的出口加工区之一，上海松江出口加工区已经运作多年，基础设施配套完善，管理机构运作娴熟，各类服务措施齐全，是中外客商的投资宝地。松江出口加工区实行全封闭管理，区内海关、商检、税务、工商、银行、外贸、运输、报关等一应俱全，落户企业在区内可办理完一切进出口手续。目前区内货物进出口的通关物流时间只需4小时，达到先进国家水平。

【招商引资】 到2007年12月底，上海松江出口加工区A区和B区共引进全世界14个国家或地区的84家企业，总投资逾21亿美元，现已形成每年250多亿美元的出口量，已成为全球最重要的电子信息制造产业基地之一。

【工业】 2007年1至12月，上海松江出口加工区完成工业总产值2128.3亿元，同比增长53.9%。

上海松江出口加工区内的核心龙头企业广达集团旗下达丰等企业继续呈现高速发展的态势，2007年其主要产品笔记本电脑的出货量超过3100万台，为全球最大的笔记本电脑OEM制造商，市场占有率约30%。

2005年7月投产的富士康集团旗下国基电子和国链电子依托集团雄厚的实力和完整的产品线，成长速度惊人，2007年该企业完成进出口总额约21亿美元，其中进口约9亿美元，出口约12亿美元，比上年增加1倍多。

【发展趋势】 松江出口加工区已经经历了7年的快速发展，电子信息技术产业链已经日趋完善，可以预计，在未来的5至10年内，以区内广达集团所属达丰等企业、以富士康集团所属国基等企业将步入稳定、快速的成长期。

同时，随着出口加工区功能的拓展，上海松江出口加工区将集研发、生产、检测、维修及保税物流功能于一体，成为功能最完善、配套最齐全、服务最优化、发展最稳健的出口加工区。

【功能拓展】 2007年，上海松江出口加工区被国务院批准为全国七个试点出口加工区之一，在原先的保税加工功能之外，拓展了保税物流功能，并取得了开展研发、测试和维修等新业务的试点，使得上海松江出口加工区的企业能够享受到更加完善的政策配套，为企业打通上下游形成完整的产业链提供了政策支持。

自开展试点工作以来，截至2007年底，拓展保税物流功能方面，列入试点的保税物流企业5家，其中3家为内资企业，2家为外资企业；截至2007年12月底，物流企业仓储面积已达4.85万平方米，入库货物和出库货物金额分别达28.89亿美元和23.53亿美元。

开展售后服务（即销售未经加工料件）的试点企业为16家，业务收入达26.33亿美元；开展维修业务试点企业5家，业务收入6.91亿美元。

开展研发业务试点企业6家；开展检测业务试点企业7家，业务收入分别为0.6万美元和18.42亿美元。

【机构设置与管委会领导】 机构设置：松江出口加工区管理委员会下设出口加工区管理部、党务行政部、项目开发部、规划建设部、企业服务部、财务资产部、社会事业部、物业公司。

松江出口加工区党委书记、管理委员会主任吴建明，管委会分管副主任胡永表。

【招商部门】 管委会下属项目开发部统一负责松江工业区和出口加工区的招商引资工作。同时，为了加强上海松江出口加工区B区的招商引资工作，管委会要求出口加工区管理部指定一位副部长主持出口加工区B区的招商引资工作。

联系电话：57856020/13311923399，联系人：出口加工区管理部副部长 陈晓舟。

金桥出口加工区（南区）
JINQIAO EXPORT PROCESSING ZONE（SOUTH AREA）

【经济发展】 2007 年，金桥出口加工区（南区）工业总产值 18.71 亿元，产品销售收入 20.77 亿元，出口交货值 19.32 亿元。年度进出口总值为 4.04 亿美元。其中，出口额 2.57 亿美元，进口额 1.47 亿美元。

到 2007 年底，金桥出口加工区（南区）累计引进项目 27 个，累计吸引投资总额达 2.75 亿美元，合同外资 1.36 亿美元。投资客商分别来自美国、英国、德国、加拿大、马来西亚、开曼群岛、香港等国家和地区。项目所涉及的产业主要为通讯设备、半导体装备、机电产品、光电设备、精密仪器等。根据上海微电子和半导体装备产业的发展战略，由上海市经委命名的上海半导体装备基地也在金桥南区挂牌，进一步凸显了金桥南区研发产业的优势和特色。

【投资环境】 金桥出口加工区（南区）是上海浦东唯一的国家级出口加工区，距浦东国际机场仅 10 公里、洋山深水港 50 公里，距上海城市外环线 3 公里、内环线 12 公里，具有得天独厚的地理位置，空运、海运、陆运均极为方便。

金桥出口加工区（南区）规划面积 2.8 平方公里，分二期建设。其中，一期区域面积为 1.55 平方公里，其四至范围为：东临上川路，南界规划中的滨州路，西至华东路，北接龙东大道。2002 年 6 月 20 日，金桥出口加工区（南区）一期区域通过国务院八部委联合验收，正式实行封关运行。

到 2007 年底，金桥出口加工区（南区）已完成“七通一平”，供水、通讯、供电、供气均已铺设到红线；建成总长度为 3840 米的“一纵三横”的主干道路及雨污水管道；建成巡关环道 5342 米；建成通用厂房 22.8 万平方米；建成数据通信光缆网络。区内河道两岸建成宽 20 米、长 1000 米的绿化带；区域北部宽度为 200 米的生态林带已初具规模。

2007 年，管委会根据金桥南区发展规划和企业需求，加大力度做好南区基础设施建设，完善区内泵站、道路、管线及其他市政设施建设；对监管区的卡口进行改造，把卡口道路从两进两出扩建为四进五出，并进行了查验场的扩建工程。

【重点企业】 2007 年金桥出口加工区（南区）内主要企业经营情况呈快速、健康发展态势。以中微半导体为主的具有自主知识产权的半导体装备企业群体在区内得以蓬勃发展，科技研发已成为区域经济发展的一个新亮点，并受到国家与上海市有关领导的高度关注。同时，随着大型项目威宇宏欣、佳世达电通入住区内，区域经济总量将进入稳定增长阶段。

【机构设置与管委会领导】 上海金桥出口加工区管理委员会，与上海金桥出口加工区（南区）管理委员会合署办公，实行“一套班子、两块牌子”的管理模式。上海金桥出口加工区（南区）综合办公室为管委会的直属单位，负责金桥出口加工区（南区）的日常管理工作。

上海金桥出口加工区管理委员会主任陈建明，常务副主任俞标。

烟台出口加工区
YANTAI EXPORT PROCESSING ZONE

【经济发展】 2007年，烟台出口加工区现有注册运作企业76家，从业人员近6000多人，项目总投资1.94亿美元。累计实现实际外资7641万美元；进出口额11.13亿美元，其中进口4.97亿美元；出口6.16亿美元。全年实际利用外资2568万美元，同比增长1倍；完成外贸进出口3.2亿美元，增长30.6%。地方财政收入达到1500万元，增长2倍。

【投资环境】 烟台出口加工区位于烟台市区北部，系2000年4月经中华人民共和国国务院批准的首批15个出口加工区之一，也是全国唯一实现“区港结合”的加工区。

出口加工区自建区以来，在各级领导的关怀支持下，经过无数创业者的共同努力，软、硬环境配套，各项设施齐全，区域发展呈现出勃勃生机。已有来自韩国、日本、美国、中国台湾等10多个国家和地区的近百家企业投资设厂，开展仓储物流、对外贸易、国际采购、分销和配送、国际中转、检测和售后服务维修、商品展示、研发、加工、制造等业务，并已经形成了以手机部件、石英谐振器为代表的电子加工产业链、以金属配件、仪表、轮毂、内饰件为代表的汽车部件加工产业链以及以保税仓储、物流、国际采购、分销和配送、国际中转为代表的保税物流产业链三大产业群。

2006年12月26日，经国务院批准，烟台出口加工区正式成为全国7个拓展保税物流等功能试点之一，也是全国北方除首都北京以外唯一一个试点加工区。区内在原有加工贸易的基础上，增加了保税物流、研发、检测、维修等功能，区内企业可以开展仓储物流、对外贸易、国际采购、分销和配送、国际中转、检测和售后服务维修、商品展示、研发、加工、制造等业务。至此，拓展保税物流功能后的出口加工区将成为我国对外开放层次最高、政策最优惠、功能最齐全、区位优势最明显的海关特殊监管区域。

烟台出口加工区拓展保税物流功能试点工作自2007年4月6日正式启动以来，在市委、市政府和各级海关的正确领导下，在各有关部门的大力支持下，树立先行先试的基本理念，坚持正确把握政策与在实践中创新的有机结合，全力以赴抓好各项措施的落实，试点工作取得了阶段性成果。烟台出口加工区已入驻保税物流企业7家，区内原有的7家加工企业开展了保税物流业务，其中有1家企业已经开展了检测业务。此外，日本、韩国、美国、新家坡等20多家世界知名物流企业已来区考察，多家企业有意来区运营。加工区内原有加工企业烟台金石电子、辉轮工业、海杰食品、世友阀门、三泽兴产、太阳精密等10多家也将开展保税物流、研发、检测、维修等新业务。到年底，烟台出口加工区海关共办理相关保税物流业务报关单4529票，完成保税物流业务进出区货值12.5亿美元。检测业务货值15万美元。

烟台出口加工区地理位置优越，交通便捷，基础设施配套齐全，经济腹地辽阔，管理规范，服务高效，政策优惠，具有得天独厚的发展优势和广阔的发展前景。

烟台出口加工区地理位置优越，交通便捷。烟台出口加工区位于烟台市区北部，与日本、韩国隔海相望。南起烟台火车站，北止烟台至大连火车轮渡，东连烟台港，西临市区生活区。与全国十大港口烟台港相连，是全国60个出口加工区中唯一实行“区港结合”运作方式的区域，区位优势独特。烟台港是全国十大港口之一，年吞吐量1.08亿吨，现已与70多个国家和地区120多个港口直接通航。加工区内设专用货运码头，拥有万吨级集装箱码头和散货码头各2个。加工区距烟台火车站仅1公里，距烟台国际空港仅17公里，与烟台至大连火车轮渡、汽车轮渡码头仅一网之隔，经此可与东北、华东及环渤海地区相连，成为贯通南北的交通枢纽。

烟台出口加工区基础设施配套齐全。已经建成了35万平方米标准厂房，建起了1.3万平方米的办公大楼，2.1万平方米国际公寓已交付使用。区内供电、供气、供水、通讯、排污、供暖和道路等基础设施配套齐全，具备投资建厂、兴办企业的各种条件。

烟台出口加工区经济腹地广阔。加工区以烟台市为依托，拥有富饶广阔的经济腹地。烟台市地处中国东部沿海南北交通要道，是国家重点开发的环渤海经济圈内的重要城市，也是“全国综合实力50强城市”和中国投资环境“金牌城市”，经济实力雄厚，投资环境优越，资源和物产丰富，工业基础较好，科学教育文化发达，随着对外开放的不断深入，可进一步推动出口加工区的发展。

烟台出口加工区管理规范，服务高效。烟台出口加工区按国际惯例实行“境内关外”的全封闭管理，出口加工区管理委员会作为烟台市政府的派出机构，统一行使区内的管理服务职能。管委会下设办公室、经济发展局和财政局，可为投资者提供从项目审批、工商注册、规划建设、劳动人事、环境保护到水、电、通讯供应等服务，区内海关、国检、国税、地税、工商、银行、保险、中介服务机构齐全，可为投资者提供全面、优质、高效的服务。我们建立了管委及部门领导干部与出口创汇骨干企业联系点制度。在生产经营、市场开发、劳动管理、治安稳定、安全生产等多方面与企业做好协调服务，并建立24小时服务热线，保持与企业联系，随时帮助企业排忧解难。

【招商引资】 2007年，烟台出口加工区新批准企业14个，投资总额1205万美元。我们把存量的5万平方米的标准厂房重新规划布局，按照电子仪表、精密机械加工、汽车零部件等功能划分进行内部配套，通过以商招商、中介招商、网上招商等形式，增强了与新老客户的广泛密切联系，有针对性、选择性地寻找加工贸易项目。发挥已建立密切联系的中介机构的作用，进一步扩展招商渠道和领域，重点加强开展保税物流、研发、检测、维修业务企业的招商，并做好区内企业业务拓展的增资扩建工作，延伸产业链，不断增加项目储备。多次赴韩、日开展招商活动，举办投资说明会。同时，加大了对在谈项目和已签约项目的推进，指定专人全过程参与项目的筹备工作，促使其尽快开工、投产、达产。

【重点企业】 近年来，烟台出口加工区坚持科学发展观，充分发挥独特的区位优势、基础优势、产业优势，形成了电子加工产业链、汽车部件加工产业链和保税物流产业链三大产业群，电子元器件占整个产业的50%，汽车配件占30%，投资国别中韩国占50%，港台日占30%。按照电子部件、汽车零部件、精密机械加工等功能划分进行内部配套。烟台出口加工区从区内50多户外商企业中选择了10户，列为出口创汇骨干企业，建立了管委及部门领导干部与出口创汇骨干企业联系点制度，重点抓好10户出口创汇骨干企业的扶持、帮扶措施的落实，在通关、报检、退税、综合服务等方面给予更多便利，对管委机关、驻区海关、国检、国税、地税、工商等部门优化服务、提速增效、方便企业、用足政策，提出了具体要求，并建立了管委和驻区机关与出口骨干企业联席会议制度。全年十大骨干企业进出口总额达 2.53 亿美元，占全区进出口的 78.6%，充分发挥了骨干带头作用。

【发展趋势】 烟台出口加工区将充分发挥政策优势，用足用好用活国家赋予的优惠政策，以“区港结合”为节点，以发展临港保税物流等新兴产业为基础，抓住机遇，依托港口，大力发展保税物流，促进外经外贸发展的新局面，努力争取国家进一步的政策支持，积极构建带动本地、拉动周边、辐射全省乃至环渤海经济圈的保税物流网络体系，逐步向保税港区、自由贸易区迈进，促进和带动烟台市临港经济、城市经济和对外开放又好又快发展。

【机构设置与管委会领导】 烟台出口加工区管委会下设办公室、经济发展局、财政局 3 个工作部门，公务员编制 19 名，实行公务员管理制度，达到了精简、统一、高效的目的。海关、国检、国税、地税、工商以及银行、保险等单位在烟台出口加工区设有派驻机构。

烟台出口加工区工委书记、管委会主任宋家来，工委委员、管委会副主任于德平、栾秉政、邵玉进。

【招商部门】 烟台出口加工区经济发展局是烟台出口加工区专业招商部门，主要负责区内企业的前期招商和后期管理服务。局长陈志强，电话：(0535) 6877610，6877611，6877612。

【投资导向】 根据国家支持和发展出口加工区的有关规定和烟台出口加工区的产业政策，区内鼓励国内外经济组织、企业和个人投资兴办出口加工企业、高新技术企业以及保税物流、研发、检测、维修企业。对项目的选择以高科技、高附加值、高投入、高创汇的项目为主；对进区企业以大商社、大集团、跨国公司为主，兼顾运营快、效益好的中小项目；在投资导向方面，重点发展保税物流、研发、检测、维修、电子信息、汽车配件、电子部品、新型材料、IT 产业、生物工程、精细化工、精密机械、轻工业等。

烟台出口加工区借鉴国际先进管理经验，进一步改善投资环境，为投资者提供全面、优质、高效的服务，努力把烟台出口加工区建成与国际市场接轨、按国际惯例运作的现代化、国际性的对外开放新区。

威海出口加工区
WEIHAI EXPORT PROCESSING ZONE

【经济发展】 2007年，威海出口加工区新增外商合同投资额3420万美元，实际利用外资2124万美元；新引进项目4个，新投产项目2个。2007年加工贸易大幅增长，批加工贸易业务935笔，实现进出口额8亿美元，其中进口额3.36亿美元，同比增长7%，出口额4.64亿美元，增长30%。

加工区电子产业已形成一定的规模，共有世一电子、友石半导体等21家电子企业，2007年共实现进出口总值5.4亿美元，占加工区总进出口额的68%。

加工区汽车配件制造业也小有规模，已有侑昵、久映、艾迪姆、新韩精工4个汽车配件制造企业，总投资6021万美元。2007年，这4家企业进出口额达8746万美元。

到2007年底，威海出口加工区批准入区企业42家，其中外资39家，批准投资总额5.8亿美元，合同利用外资额3.2亿美元，实际利用外资3.3亿美元。投产企业38家，其中电子行业19家、食品行业5家、服装行业3家、机电行业8家、生活日用品3家。

出口加工区建区以来共实现工业总产值62.7亿元、产品销售额62.3亿元、实现利润2亿元、税收总额3261万元。其中2007年分别实现工业总产值19.5亿元、产品销售额19.4亿元、利润1618万元、税收1089万元。区内过千万美元的项目达14个，区内现有企业员工1.2万多人。

【投资环境】 2000年4月27日经国务院批准，威海出口加工区成立。它坐落在威海经济技术开发区内，规划面积2.6平方公里，实行一次规划、分期封关，一期面积为1.34平方公里。

2001年1月8日，威海出口加工区通过了国务院联合验收小组的验收。目前区内已累计投资近2亿多元人民币，完成了区内的供水、供暖、通讯、场地平整、道路等基础配套工程建设，还建设了专供区内使用的3.5万千伏安变电站，已经达到了“七通一平”的投资条件。

在工作中加强了高效服务，各项业务审批高速流转，真正让企业感受到时间产生效益，完善了定期走访企业制度，对外商在投资建设和生产过程中反映的热点难点问题，认真研究分析解决，通过优质服务，增强企业投资信心，并注意为企业出谋划策，促其扩大生产规模，拉长产业链。

为避免重复检查给企业带来负担，又能达到规范企业经营及用工的目的，促进加工区管理更上新台阶。2007年3月份，会同海关、商检、国税、地税、劳动监察、工会等部门组成联合检查组，抽查了区内部分重点企业，对检查出的问题分别由主管部门责令整改。会同区国税局举办了区内企业会计人员培训班，详细讲解了出口加工区税收管理暂行办法及有关税收政策。2007年实现税收1089万元，同比增长99.8%。

加强对新投产企业的宣传引导，促其成立工会。加工区38家企业全部建立工会。对加工区达到星级标准的25家企业及全区“五金”交纳情况进行了为期一个月的检查，促其在“五金”缴纳、职工维权、职工教育培训等各方面完全达到标准。举办了首届“中信杯”钓鱼比赛和足球比赛，园区工会向区内困难职工捐款2000元，设立了7处工会工作卡通图片宣传栏，增进了政府机关与外企的沟通与了解。注意加强对各企业工会主席的督促引导，启发他们结合各自情况，因地制宜，创造性地开展工作，发挥工会作用。

2007年初，与区内所有投产企业签订了《2007年度安全生产与综合治理责任书》，按季度进行安全生产大检查，检查内容包括：落实各类防范措施情况，对租房外来工取暖安全教育情况，集体宿舍防火、防盗、防传染病措施落实情况，员工的交通安全教育情况，特种作业人员持证上岗率，特种设备、危险品的日常管理情况等。组织加工区所有企业的车管干部进行了交通安全法规培训，组织部分企业职工集中观看了交通安全警示片。2007年，区内企业没有发生安全事故。

针对区内企业多，人员密度大，流动性强，治安与安全生产日益严峻的实际情况，积极创新思路，研究对策，启动了园区治安与安全生产联防协作机制，及时处理应急突发事件，教育提高员工防范意识和基本技能，全面保证和促进了出口加工区安全稳定。

【发展趋势】 根据国家产业政策调整及出口加工区政策变化（增加保税物流功能），建立区内企业准入退出机制。首先，在进区项目审批上，要严格控制，变招商为选商，只有投资强度密度大、产业链长、辐射拉动强、发展前景好、注册资本在500万美元以上的项目才可以进区。其次，对“两高一低”的低效益低产出项目坚决拒之门外，对区内已有企业中效益差、税收少、规模小的资源消耗型企业逐步迁出区外。另外，加大对物流企业、研发、检测、维修等企业的招商力度。

【机构设置与管委会领导】 威海经济技术开发区（出口加工区）管理委员会下设出口加工区管理局，加工区管理局下设综合科、经济发展科、监督管理科，海关、检验检疫部门在区内均设有派驻机构。

威海经济技术开发区（出口加工区）工委书记、管委会主任张建军，出口加工管理局局长刁瑞福。

深圳出口加工区
SHENZHEN EXPORT PROCESSING ZONE

【经济发展】 2007年，广东深圳出口加工区全年共实现工业增加值32.98亿元，同比增长55.58%；实现工业总产值125.41亿元，增长63.73%，其中：高新技术产业实现工业总产值60.09亿元，增长1.43倍；电子信息产业实现工业总产值71.99亿元，增长1.22倍；实现工业产品销售额126.39亿元，增长60.47%；实现工业企业利润总额22.19亿元，增长51.47%；平均从业人员1.54万人，下降19.17%。

2007年，广东深圳出口加工区全年实现进出口总值20.11亿美元，同比增长43.9%。其中，进口7.47亿美元，增长25.1%，出口12.64亿美元，增长58%。

【投资环境】 广东深圳出口加工区是2000年4月27日国务院批准成立的首批15家出口加工区之一，规划面积3平方公里，位于深圳市大工业区内。2001年3月31日通过国家八部委联合验收并一次性封关运作。

广东深圳出口加工区是由海关监管的特殊区域，实行“境内关外”管理，海关实行“一次报关、一次审单、一次查验”通关管理模式，通过预约加班的方法，区内企业基本实现了24小时通关的要求。

广东深圳出口加工区内市政基础设施全部实现“七通一平”，区内设有管委会、海关、检验检疫等管理和服务机构，区内企业可就近办理全部进出口手续。

广东深圳出口加工区区内企业全部实行EDI联网管理、不实行银行保证金台账制度；免征企业流转环节的增值税和消费税，不实行增值税“免、抵、退”税政策；外汇管理宽松，不实行结售汇制度；进口设备全额保税，不实行免税额度控制；国内采购的货物视同出口，实行入区退税政策。

广东深圳出口加工区是国内唯一在同一海关关区内拥有进出境陆运、海运和空运优势的出口加工区，距深圳宝安国际机场仅60公里，距盐田国际集装箱码头仅25公里，距文锦渡、罗湖、皇岗、深圳湾等陆路口岸仅40公里。从广东深圳出口加工区出发，车行100分钟内可抵达香港国际机场。

到2007年底，广东深圳出口加工区已吸引来自美国、日本、法国、意大利、荷兰、香港、台湾等13个国家和地区的47家投资企业入区经营，行业主要集中IT、家电、电子等领域，初步形成以日立环球存储产品（深圳）有限公司为龙头的电脑硬盘产业集群和以主力实业（深圳）有限公司为龙头的家用电器产业集群。

广东深圳出口加工区政策优势明显。深圳市委、市政府于2000年10月8日审议通过了《广东深圳出口加工区若干规定》，赋予出口加工区管委会市一级的经济管理权限，深圳市市长和三位副市长亲自担任大工业区（出口加工区）开发建设领导小组的正副组长。广东深圳出口加工区已成为深圳市目前关税最优惠、通关最快捷，管理最简便、经济最开放的海关监管特定区域。

2007年，广东深圳出口加工区投资环境

和配套设施建设取得了重大进展。全年共完成道路建设5.8公里，开发及绿化土地面积104万平方米，绿梓大道、北通道、丹梓大道、园区景观建设工程、中心公园、燕子岭生态公园、聚龙山生态公园、中心学校、体育中心、综合服务楼等十大工程均进展顺利。十大工程中，绿梓大道市政工程前期工作正式动工；深汕高速公路的北通道工程4月份通车；丹梓大道工程西段完成投资计划的44%；出口加工区绿化及景观整治工程已竣工；出口加工区内未出让土地基本实现全绿化；兰竹路、丹梓中路等主干道绿化改造工程全面完工，主干道景观明显改善；中心公园、燕子岭生态公园、聚龙山生态公园全面开工，进展顺利；完成区内已建成道路的路灯、交通标线、交通灯、绿化等附属工程的改造和完善，园区面貌焕然一新；体育中心一期室外场馆竣工并投入使用，室内场馆及二期工程正在争取建设资金；综合服务楼全面完工并投入使用；坪山河（大工业区段）整治工程全面完工；荔景南路、创景南路、金牛中路均已完成工程量的50%以上。至此，出口加工区对外交通、配套服务设施、环境整治、区内道路等市政配套设施进一步完善。

【招商引资】 2007年，广东深圳出口加工区新增外商投资企业3家，同比下降50%；批准投资总额4317.61万美元，下降13.48%。其中，增资额3021.79万美元；合同利用外资1609.41万美元，同比下降12.73%。其中，增资额1253.59万美元；实际利用外资7658万美元，下降5.91%。

到2007年底，广东深圳出口加工区内拥有注册企业47家，其中外商投资企业45家。累计投资总额6.78亿美元，注册资本3.78亿美元，实际到账外资2.66亿美元。已开工建设和生产的企业共有46家。

【重点工业】 广东深圳出口加工区工业主要以高新技术产业和先进制造业为支柱，坚持引进投资规模大、技术含量高、产业关联度强、产品附加值高的重大产业项目。重点发展电子信息业，主要招商目标为世界500强等国际知名的大型跨国公司。

【发展趋势】 广东深圳出口加工区在经历了7年发展历程后，初步形成了电脑硬盘产业和家用电器产业集聚基地，两大产业链条日趋完善。可以预计在未来的1至2年内，以日立环球为龙头的电脑硬盘产业、以主力实业为龙头的家用电器产业和以中芯国际为龙头的超大规模集成电路产业将步入达产期，出口加工区工业总产值有望在2007年的基础上再翻一番。同时，出口加工区保税物流、研发设计和检测维修等功能拓展工作有望在2008年在广东深圳出口加工区推开，广东深圳出口加工区有望成为珠三角地区功能最齐全、服务最优化的保税监管区域。

【机构设置与管委会领导】 深圳出口加工区管委会与深圳市大工业区管委会实行一套人马两块牌子的管理模式，出口加工区管委会享有市一级的经济管理权限。管委会内设办公室、计划财务处、劳动人事处、建设处、招商处、加工区监管处、征地拆迁办公室等七个处室及一个事业单位——综合服务中心。

深圳海关于2000年开始筹建驻深圳出口加工区办事处，2001年4月深圳海关驻出口加工区办事处正式挂牌运作；深圳出入境检验检疫局出口加工区办事处亦于2005年4月正式挂牌运作。

广东深圳出口加工区党委书记、管委会主任刘子先，党委副书记、管委会常务副主任何永志，党委副书记、纪委书记曹建良，管委会副主任黄正勤。

【招商部门】 深圳出口加工区管理委员会招商处，电话：（0755）84622116、84622220，传真：（0755）84622226，网址：http://www.szgiz.gov.cn，地址：广东省深圳市龙岗区深汕路坪山段，邮编：518118。

广州出口加工区
GUANGZHOU EXPORT PROCESSING ZONE

【经济发展】 2007年，广州出口加工区完成工业总产值36.23亿元，同比增长71.3%。区内唯一一家企业本田汽车（中国）有限公司共生产汽车43584辆，出口43124台，实现出口额4.19亿元，同比增长75.63%。

【投资环境】 广州出口加工区设在广州经济技术开发区东区内，规划面积3.05平方公里，按照“统一规划、分期开发”的原则，首期开发0.9平方公里，现已建成完善的监管设施和配套设施，包括：围网、海关办公大楼、验货场和“七通一平”设施等。至2007年，广州出口加工区累计实现固定资产投资12.56亿元，其中基础（公共）设施投资达到了5.88亿元。

广州出口加工区具有优越的地理位置，它北靠广深高速公路，南临广九铁路、广深公路，区内的主干道与黄埔新港相连，方便监管货物的转关运输，同时毗邻港口和国际空港，交通便捷，通过高速公路网可以快速连接珠三角各城市及香港、澳门。

【招商引资与工业发展】 汽车产业是广州的三大支柱产业之一，在广东省和广州市的高度关注下蓬勃发展，形成了“东部本田，北部日产，南沙丰田”三大汽车板块。广州出口加工区本田汽车板块是全国第一个整车产品100%出口的加工基地，产品已出口欧洲21个国家，吸引了70多家汽车配套厂商落户于广州开发区，形成广州市东部汽车产业基地，成为广州汽车工业发展整体战略的重要组成部分，带动了华南地区汽车零部件等产业链的发展。

【发展趋势】 随着加工贸易的不断优化升级，广州出口加工区正着手拓展保税物流等功能。目标是为本田汽车（中国）公司以及广州和珠三角周边地区加工贸易和进出口企业提供全球化的物流配送和完善的检测、维修、翻新、升级支持等国际性售后服务，届时将较大地提升广州及周边地区的产业配套水平。同时准备启动出口加工区其他地域的建设，以满足更多生产出口型企业的需求。区内企业本田汽车（中国）公司未来的发展将继续注重以市场为导向，逐步扩增产量，扩大出口地，逐步实现设计产量25万辆/年。

【机构设置与管委会领导】 广州出口加工区的地方管理机构是广州出口加工区管理委员会，出口加工区管理委员会与广州经济技术开发区、广州高新技术开发区、广州保税区管理委员会合署办公，构成强大的“四区合一”行政管理体系，2003年全区通过ISO 9001和ISO 14000双认证，拥有中国对外开放最完整、最系统、最丰富的优惠政策体系，可供外商选择的投资领域最宽、政策空间最大。2005年6月，广州市委、市政府为加快“东进”战略的实施，在原四区合一经济区域的基础上，成立了广州市萝岗区，面积为396平方公里。广州出口加工区管委会为广州市政府的派出机构，享受市一级的审批权限，机构精简，办事高效。管委会下设办公室、计划和科技局、规划国土建设局、保税业务管理局、经济发展局、财政局等机构。

广州保税区管委会主任薛晓峰，副主任刘

悦伦、朱秉衡、郑锡雄、李红卫，萝岗区副区长庄凡夫同志具体分管出口加工区业务。

【招商部门】 广州开发区保税业务管理局是广州出口加工区的经济业务主管部门，诚挚欢迎广大投资者和业务需求者咨询、交流及开展业务。我们必然践行“一切为了投资者，一切为了企业，用最好的服务，最佳的环境，让投资者获得最大的回报”的管理理念。联系电话：020－82112052，传真：020－82112070，联系人：李定国。

厦门出口加工区
XIAMEN EXPROT PROCESSING ZONE

【经济发展】 2007年，厦门出口加工区克服优势弱化、政策倒挂以及受美国次贷危机等不利影响，主动融入海峡西岸经济区和厦门新一轮跨越式发展大局，凝聚力量，奋力爬坡，实现经济高速增长，摆脱了多年徘徊不前的经济困境。到年底，厦门出口加工区累计已签订协议的企业38家，投资总额约2.79亿美元，合同利用外资1.11亿美元，正式投产企业22家。全年实现工业总产值18.8亿元，同比增长39.7%；进出口总值4.14亿美元，同比增长23.84%。

【投资环境】 厦门出口加工区地处海峡西岸经济区建设的最前沿，与台湾宝岛隔海相望，置身于中国最早的经济特区、全国最大的台商投资区，具有得天独厚的对台、临港、特区的三重优势，海陆空交通便利，离海沧火车站3公里，距厦门高崎国际机场15公里、高速公路入口18公里，特别是到国际集装箱枢纽港——海沧港区仅1.5公里，并实现两者联动运作、电子化无缝对接，货物进出口十分便捷，通关时间仅需10秒钟，大大降低企业物流成本。

厦门出口加工区园区厂房规格多样，通用厂房为3~5层框架结构，单幢厂房建筑面积从7000~2万平方米不等；厂房层高为一楼5.2~6米，楼上3.9~4.2米；荷载为一楼1.5吨~3吨/平方米，楼上0.5吨~1吨/平方米；水、电、电梯配备多样，适合不同行业、不同规模的企业入驻。

园区环境优美，四季鸟语花香，软硬件建设完善，基础设施配套齐全，管理服务体系健全。引入国际先进管理经验，先后通过ISO9001、ISO14000认证，创建行为规范、运转协调、公正透明、高效廉洁的管理体制和符合国际标准的投资环境。加工区管委会与驻区口岸单位建立良性互动机制，为客商提供全过程、全方位、全天候、全免费的“四全”服务，做到即时审批审核，坚持对客商投资审批“一条龙”服务，项目建设过程的全方位服务，企业开工投产的经常性服务。区内海关、检验检疫、银行、运输、仓储等机构一应俱全，落户企业不出园区即可办理一切进出口手续。园区劳资关系融洽，于2007年8月荣获“全国模范劳动关系和谐工业园区”光荣称号。

【招商引资】 2007年，厦门出口加工区积极改进招商方法，变被动为主动，采取宣传推介、以商引商、中介招商、行业荐商等多种方式，四面出击，重点跟踪，先后引进外资项目12个，内资项目1个，其中引进了柯达数码影像、鸣宝企业、建颖科技等3个上千万美元的大项目，合同利用外资1.11亿美元。同时，区内有5家企业6次增资扩产，投资总额增加2234万美元，注册资本增加876.8万美元。

【工业】 区内企业主要来自欧美、东南亚和香港、台湾等国家和地区，已有世界知名企业的柯达公司、百得工业公司，世界磁性材料龙头企业美磁科技公司，世界最大汽车继电器供应商海拉宏发公司入驻园区，全球最大的钨产品企业厦门钨业集团在加工区内设立嘉鹭、朋鹭金属有限公司，投资上亿美元的建颖科技（厦门）有限公司正在开工兴建，世界最大的奶酪制品也将落户厦门出口加工区。今后将着重引进有规模、上档次、科技型的项目，争取5～10个全球行业龙头企业在区内投资设厂，进一步形成电子信息、精密机械、医疗器械、新型材料等四大支柱产业，促进区内企业的产业集聚和升级。

【发展趋势】 2008年，厦门出口加工区延续2007年的迅猛发展势头，各项经济指标均实现30%以上的增长，积极朝着“出口加工、保税、物流”三位一体的方向发展。2008年6月，国务院批准设立厦门海沧保税港区。厦门出口加工区作为厦门海沧保税港区的重要组成部分，不仅成为政策最优惠、开放层次最高、功能最齐全的海关特殊监管区域，而且厦门海沧保税港区是全国已批7个保税港区中真正具备出口加工、保税、物流“三位一体”的保税港区，可以开展10个方面的业务，即：全面发展港口作业、中转、国际配送、国际采购、转口贸易、出口加工、展示、研发、加工制造以及经海关批准的其他业务，叠加了保税区、保税物流园区、出口加工区以及港口码头作业的所有政策功能。加工区将抢抓这一历史机遇，用好用足用活保税港的优惠政策，进一步推动“区港整合、功能整合、政策叠加”，在海峡西岸“两个先行区”建设中先行先试，争取建成海峡西岸高新技术产业先导区、出口创汇重点区和规范加工贸易示范区，努力实现又好又快发展，着力做强做大厦门出口加工区。保税港区的获批及其优惠政策的实施，吸引中外客商纷至沓来，洽谈项目投资；已签约入区的企业，纷纷快马加鞭改造装修厂房、调试生产线，力争早日投产；区内企业或筹划增资，或考虑将总部的生产线、子公司迁移搬入加工区。目前，厦门出口加工区显现出一派欣欣向荣的繁荣景象，到处是热火朝天的场面。

【机构设置与管委会领导】 厦门出口加工区设置管理委员会，下设办公室负责管委会日常工作。管委会办公室核定行政机关编制6名，其中主任1名、副主任1名；另核定厦门出口加工区投资促进服务中心事业编制10名，主要从事招商引资、企业管理、综合文字等工作。现加工区管委会主任由厦门市政府副市长黄菱兼任，海沧台商投资区管委会主任、海沧区区长林国耀为管委会常务副主任，厦门海关副关长万志朝，海沧台商投资区管委会副主任、海沧区常务副区长李文东，海沧管委会副主任、海沧区副区长周威榕，厦门检验检疫局副局长蔡家焰为副主任，王玉龙为管委会驻区专职副主任，主持管委会日常工作。

【招商部门】 厦门出口加工区招商工作由管委会领导亲自挂帅，重要项目由管委会领导亲自接洽，具体日常事务主要由加工区投资促进服务中心和投资管理公司招商部承担。招商部门建立双周招商通气会和招商部门每周工作例会。招商热线：0592－6892888，联系人：钟小姐、陈小姐；招商热线0592－6892088，联系人：谢小姐、李先生。

杭州出口加工区
HANGZHOU EXPORT PROCESSING ZONE

【经济发展】 浙江杭州出口加工区自封关运作以来，汇集了一批世界知名企业，不仅吸引了东芝信息机器（杭州）有限公司、杭州松下住宅电器设备（出口加工区）有限公司、杭州矢崎配件有限公司等世界500强企业前来投资，也吸引了一批拥有顶尖行业技术、成长性强的中小企业入住，如矢野电子（杭州）有限公司、中日龙电器制品（杭州）有限公司、晟铭电子（杭州）有限公司、杭州东芝家电技术电子有限公司、美铝瓶盖系统（杭州）有限公司等。到2007年底有28家外商投资企业在此落户，总投资5.06亿美元，已形成了以电子信息、汽车配件、家用电器为主的产业结构。

【投资环境】 浙江杭州出口加工区是2000年经国务院批准设立的首批出口加工区之一，位于国家级杭州经济技术开发区内，规划面积2.92平方公里，一期开发面积2平方公里。

地理、交通优势。公路：通过高速公路三小时内可到达长三角各主要城市；海运：可等距离利用上海和宁波港，均在1.5小时车程内，也可利用2006年11月开始运作的保税港（大小洋山集装箱中心）；空运：距杭州萧山国际机场15公里路程，萧山机场为国家一类口岸，已开通日本、韩国、新加坡、泰国、香港、澳门等地，每周近60次往返航班。

人才优势。在距浙江杭州出口加工区两公里处，有浙江省内最大的大学园区——杭州下沙高教园区，总面积10.12平方公里，园区内有14所高校，在校学生数达16万人，专业覆盖理、工、商、财经等专业。

【招商引资】 浙江杭州出口加工区一直以引进资本和先进技术并重的外商投资企业为主，以不断提高区域产业结构和增强区域核心竞争力为目标，突出加工区的产业特色。充分发挥成功外资企业的示范带头作用，进行“以商招商”，通过引进龙头企业吸引更多配套企业，延长区域产业链。经过六年探索，浙江杭州出口加工区已经编织成一套完整的“全程服务”网络。先后有来自日本、美国、土耳其、香港、台湾等10个国家和地区的外商前来投资，其中位列世界500强的企业4家。

浙江杭州出口加工区实行的是单一窗口的政府作业，改变了原本繁琐、多头的办事程序，为区内企业提供了便捷、高效的服务。在海关、国检的配合下，“快捷”已经成为浙江杭州出口加工区“全程”服务中的一个特色。

浙江杭州出口加工区充分利用现代化信息设施，通过网络、电子通讯等现代手段，建立起对外经贸政策发布、咨询制度和信息服务体系，为企业开拓国内外市场提供全方位服务。

浙江杭州出口加工区实行每月企业走访制度和一企一策制度，了解企业一线问题并汇总、归类，帮助企业协调、解决。在走访过程中，还将收集到的最新政策、信息告知企业，以便企业能及时调整生产计划和管理模式。

【工业】 浙江杭州出口加工区基本形成了以三大支柱企业——东芝信息机器（杭州）有限公司、杭州矢崎配件有限公司和杭州松下住宅电器设备（出口加工区）有限公司为核心的高新科技和电子产业格局。另外，轻工、机械等产业也占有一定的份额。

东芝信息机器（杭州）有限公司自2004年以来连续荣获杭州市外贸出口“金龙奖”称号，成为了杭州经济技术开发区乃至杭州市的外贸龙头企业。2007年东芝信息机器（杭州）有限公司还荣获杭州经济技术开发区工业总产值十佳企业称号。

杭州矢崎配件有限公司是以生产汽车连接线、汽车仪表等汽车配件为主的日资企业，主要为NISSAN、TOYOTA等世界知名的汽车企业提供配套服务。自2002年1月22日在浙江杭州出口加工区内设置第一个车间开始，陆续投入了4个车间，总投资累计达到1.2亿美元，成为杭州出口加工区内投资额最大的企业。该企业发展迅速，2007年总产值达到21.85亿元人民币，比上一年增长37.9%，成为杭州出口加工区经济发展的主力军。

杭州松下电器设备（出口加工区）有限公司作为杭州出口加工区内首家进区龙头企业，经过数年的发展，已成为松下集团在全球的吸尘器生产基地，2007年年产值达到8.35亿元人民币，同比增长16.47%。

另外，杭州出口加工区内还有20余家充满发展活力的加工型企业，有生产小家电的杭州东芝家电技术电子有限公司；为SONY提供配套的矢野电子（杭州）有限公司；为可口可乐提供配套服务的美铝瓶盖系统（杭州）有限公司；为SAMSUNG提供配套服务的中日龙电器制品（杭州）有限公司等一批发展迅速的公司。

【发展趋势】 浙江杭州出口加工区已经形成了笔记本电脑、汽车配件、家用电器三大产业集群，2008年，浙江杭州出口加工区将围绕管委会提出的“三年行动计划”的目标任务，抓企业服务、抓基础建设、抓招商引资，发展现有优势产业，大力鼓励中小企业做大做强，力争实现工业总产值153亿人民币，出口总值18亿美元，比上年增长20%的目标。

浙江杭州出口加工区将积极探索发展第三方物流和引入研发中心，实现功能叠加，打破加工区的单一加工功能限制，积极有效推进管理方式革新，进一步提高通关、物流效率，降低企业成本。还将积极引进技术含量高、产品附加值高、产业链长、拉动作用强、产出效益大的项目，引进上下游配套产业，培养成熟的产业环境，提高加工区的产业聚集优势。

【机构设置与管委会领导】 浙江杭州出口加工区和杭州经济技术开发区合署办公，一套班子，两块牌子。除了杭州经济技术开发区管理委员会所有内设机构增挂浙江杭州出口加工区的牌子外，设立浙江杭州出口加工区综合管理局具体负责加工区的日常管理事务。

管委会领导：党工委书记、管委会主任盛成皿，党工委副书记俞建国，党工委副书记、管委会副主任冯国明，党工委委员、管委会副主任张学宁，党工委委员、管委会副主任施水祥，党工委委员、管委会副主任程锋，党工委委员、纪工委书记林水荣，党工委委员、管委会副主任张振丰，党工委委员、管委会副主任、公安局局长李建平，党工委委员、管委会副主任、总工会主席詹国平，管委会副主任沈燕俊；出口加工区综合管理局局长张雨秋。

【招商部门】 杭州经济技术开发区（浙江杭州出口加工区）招商局负责浙江杭州出口加工区的内外资招商引资工作，电话：0571－86911908，0571－86911087；驻京办事处010－84036061；驻沪办事处021－51502991；招商一分局0571－86910312；招商二分局0571－86840881；招商三分局0571－86910530；招商四分局0571－86877978。

浙江杭州出口加工区综合管理局联系电话：0571－86714099。

大连出口加工区
DALIAN EXPORT PROCESSING ZONE

【经济发展】 2007年，大连出口加工区企业实现增加值11.09亿元，同比增长22.78%；工业总产值48.21亿元，工业产品销售额47.5亿元，工业企业利润总额1000万元。实现进出口总额90902万美元，同比增长50.6%，出口72654万美元，同比增长63%，进口18248万美元，同比增长15%。完成固定资产投资9600万元，实现就业8600人。

【投资环境】 大连出口加工区是2000年4月27月经国务院批准设立、全国首批15个出口加工区试点之一。

大连出口加工区批准面积2.95平方公里，其中A区1.5平方公里，于2001年5月16日经海关总署等八部委联合验收后封关运作；B区面积1.45平方公里，2007年6月28日通过海关总署及八部委的正式验收。

大连出口加工区位于大连经济技术开发区，与大连保税区、大连保税港区、大窑湾国际深水港、大连保税物流园区以及金石滩国家旅游度假区形成具有独特经济功能的先导区。

大连是三面环海的港口城市，具有海洋性气候特点，温和湿润，四季分明；具有得天独厚的区位口岸优势、优良的港口条件、雄厚的临港工业基础、全方位的对外开放和完善的现代服务功能。大连地区人才素质高，劳动力资源丰富，政策优惠、政府高效，为了方便投资者，改善投资环境、简化审批手续，大连开发区管委会设立一站式审批大厅对投资项目实行一站式服务，各有关部门统一办理手续并为投资者提供相关的政策服务，简化办事手续，提高办事效率。大连开发区生活设施齐备，外商居住区、中高档楼盘，购物中心、酒店餐饮、医院、国际学校一应俱全，使外商在这里可以高品质地生活和工作。

【招商引资】 到2007年底，大连出口加工区共进驻项目71个，投资总额为280393万美元，其中外资项目数54个，投资总额为276048万美元，合同外资84380万美元，实际利用外资24876万美元。投资额5000万美元（含）以上的项目2个，投资额3000万（含）－5000万美元以上的有3个，投资额1000万（含）－3000万美元以上的有3个。

【工业】 2007年区内工业总产值排前十名的重点企业有大连爱丽思生活用品有限公司、大连海尔空调器有限公司、大连海尔电冰箱有限公司、大连道氏硅业有限公司、大连菱星汽车配件有限公司、大连千代田空调机器有限公司、光洋轴承大连有限公司、大连海尔精密制品有限公司、山口制作大连有限公司、大连三希电机有限公司。主导产业有IT、家电、生活用品、高新材料等。其先进的管理经验、生产技术以及对配套产品的需求促进了地区相关配套产业的发展。

大连爱丽思生活用品是日本独资企业，主要生产家具、宠物用品及其他生活用品，产品出口，2007年工业总产值突破11亿元；2001年海尔集团投资5.4亿人民币在加工区设立海尔集团的第九个工业园，作为向欧美出口冰箱、空调等产品的生产基地，海尔集团在大连出口加工区有5个企业，其中海尔空调、海尔电冰箱、海尔精密制品3个企业的工业总产值都超过亿元；大连道氏硅业有限公司是中美合资企业，主要研究开发金属硅等相关产品的制造，产品全部出口。

2004年由日本三菱电线独资设立的菱星汽车配件公司投资总额达到5800万美元，生产高性能汽车部件、电线束线；大连千代田空调机器有限公司主要生产家用空气调节器；这两家都是日本独资企业。

英特尔半导体项目2007年落户大连出口加工区B区，该项目一期投资25亿美元，生产300毫米圆晶片，该项目的落地标志着大连开发区将成为英特尔公司亚洲最大的芯片生产基地，必将有一大批世界级产业链相关或非相关企业汇集到大连开发区，形成高新产业涌入大连的投资浪潮，将拉动集成电路设计、制造业、封装业、分立器件、厚膜IC等上、中、下游产业相关企业向该区域聚集；促进IC制版、气体、材料、设备等配套企业的向该区域汇集。

【发展趋势】 大连出口加工区的项目进驻趋于饱和，今后一是要大力实施项目带动战略，做好大项目的服务工作，促进出口加工区产业集群的形成，发挥产业的聚集效应，围绕重点发展的主导产业，极力打造品牌，加速产业聚集的形成。二是要营造良好投资和发展环境，继续改善硬环境，维护好出口加工区的基础设施，搞好升级改造工作。三是要继续抓好软环境建设，不断拓展服务功能，将服务延伸到每个生产环节，为出口加工区的发展壮大提供全方位的服务。四是根据区内企业的发展需求，向国家申请拓展保税物流和保税仓储功能，以适应他们产品种类多，出口量大，需库存生产，全球订单，全球定货的需要，降低企业运营成本，提高运营效率，延长企业的供应链和加工链。

【机构设置与管委会领导】 大连出口加工区与大连经济技术开发区合署办公，一个管理委员会，管委会下属部门同时管理开发区和出口加工区各相应工作，另在经济贸易局下设出口加工区管理办公室，负责出口加工区发展建设和管理等综合协调工作。

管委会主任张军，副主任郝方林、路刚、王延辉、李本海、宋晓波，出口加工区分管主任王延辉。

【招商部门】 一局：马克纬0411－87611257，二局：郝顺玉0411－87616371，三局：王冰0411－87614301、马秀莲0411－87611156，四局：邹宇平0411－87656930、刘辉荣0411－87612055。

成都出口加工区
CHENGDU EXPORT PROCESSING ZONE

【经济发展】 2007年，四川成都出口加工区继续保持健康快速发展，各项主要经济指标在2006年高速增长的基础上又有较大幅度的提高，已逐渐步入高速发展的快车道。

全年成都出口加工区累计实现进出口总额25.38亿美元，同比增长1.25倍，占全省加工贸易进出口总额的65%以上。进入全国出口加工区进出口额8强，稳居中西部（含东北）出口加工区第1名，占西部8个出口加工区进出口额总和的70%以上。其中，全年实现出口值9亿美元。

全年完成固定资产投资38.5亿元，同比增长80%；实现工业增加值17.13亿元，增长1.8倍，占成都高新区工业增加值12.6%。各项经济指标均较上一年度有较大增长，土地面积仅占成都高新区3%的出口加工区，各项经济指标占成都高新区的比重越来越大。

区内重点企业发展良好，集成电路产业链初步形成，产业带动作用显现。英特尔产品（成都）有限公司连续10个月名列四川省进、出口值排行榜第1名，成都芯源系统有限公司位列全省出口值排行榜第12名。

英特尔二期微处理器封装测试线已顺利投产，莫仕、铁姆肯、成芯二期等在建项目进展顺利，宇芯、芯源二期及康弘塞金等项目正在积极筹备之中，2008年初即可正式开工建设。成芯半导体8英吋芯片生产线建成投产，标志着成都出口加工区集成电路设计、制造、封装测试产业链初步形成。

同时，加工区产业的集聚发展，也促进了成都市及高新区经济发展与和谐社会建设。截止目前，区内企业用工人数已达6368人，同比增长66.4%，为高新区失地农民解决了100多个就业岗位。区内企业共吸引国内配套的相关企业600多家，带动了机械加工制造、工程、物流、货运、外贸代理、后勤服务等相关配套产业的发展。2007年区内企业累计实现税收2905万元，同比增长9.7%。

【投资环境】 2007年，四川成都出口加工区努力打造与国际接轨的一流的高科技示范园区，确保区内企业加快建设和正常运营。

做好园区管理维护，确保园区安全，提升园区形象。协调供电部门特事特办进行供电线路改造，保证了区内在建项目的电力供给和政务大厅的电力供给，确保通关需要；完成主卡口内2500平方米景观设计，新增园区绿化面积近5000平方米，划加工区道路标示线1.1万余米，提升了园区形象；完善加工区配套设施建设，提出公交线路的建议安排方案并促进实施，提出开通区内穿梭公车方案，积极推动相关单位加快员工公寓配套建设，为区内企业员工提供廉租公寓；加强安防建设，与高新公安分局、区内企业合作，建立安保联防机制。

深入细致做好企业服务工作，提高通关效率。积极协调海关、国检、外管等相关部门，急企业之所急，千方百计想办法提高区内企业的通关效率，确保企业正常经营、快速发展。

2007年，成都出口加工区协调成都海关解决了成芯项目钢瓶气体及晶圆生产设备通关、紧急调用配件和材料、危化品运输事宜；

英特尔直通式通关事宜。就区内企业普遍反映的旧设备进口装运前检验时间较长、境外预检验费用较高问题协调四川国检局；协调省外管局莫仕公司工程款结汇问题及区内企业小额购汇问题。就成芯危化品储运问题与市物流办、高新环保、安监、公安等部门衔接；协调解决成芯等区内企业废弃物后续处理问题。

2007年，成都出口加工区修改并精简了加工区加工贸易审批流程，还正式启用成都出口加工区EDI（电子数据互换）无纸报关系统并成功在英特尔（成都）有限公司成品通关中顺利试运行。该系统运行后，通关时间已再次刷新。平均处理一票单证的时间由原来的30～60分钟缩短到3～5分钟。节约了企业办理手续及协调申报的时间，为企业赢得了宝贵时间，有效地提高了企业通关效率，降低了物流成本，营造了更加高效、便捷的通关环境。

近年来，为实现宏观经济调控需要，国家对出口退税政策进行了一系列调整，为此，成都出口加工区进一步加强加工区政策调研工作，积极研究和关注国家对加工贸易及加工区管理政策的调整、变化，深入研究加工区现有相关政策，及时把握加工区面临的新的发展机遇，与海关等部门密切配合，针对区内企业面临的问题，积极探索新的思路和措施，更好地为企业服务。在区内先后开展了《出口加工区区内企业生活配套情况调查》、《成都出口加工区管理办公室企业服务满意度调查》、《出口加工区副卡口交通违法车辆调查》、《国家政策调整对出口加工区采购国内物资影响情况调研》、《出口加工区由境内区外采购进区商品受出口退税政策调整影响情况调查》等，为进一步改进管理办企业服务工作，完善投资环境起到了积极作用。

【招商引资】 2007年，四川成都出口加工区积极开展招商工作，累计接待各类参观考察项目30多人次，成功引进成都迪丽光电公司、成都住矿精密电子制造公司、飞博创项目，同时，还引进了锦海捷亚公司入区进行物流配套服务。

同时，进一步完善加工区投资指南、标准厂房介绍、加工区PPT等相关招商引资背景资料。管理办主要负责人多次带队赴成都海关、省商务厅、市商务局等部门汇报，并赴长三角、珠三角地区，上海温州商会、模具协会，深圳外商投资协会，考察走访了近30家加工贸易企业，宣传成都出口加工区，争取优惠政策，获取招商信息，促进标准厂房招商。加强与招商中介机构的联系合作，先后拜访了四川美商会、四川温州商会、四川台商协会等协会并利用所办传媒对加工区及标准厂房进行了宣传。同时，积极争取区内企业的支持，实现以企招商。

加工区现有企业中，英特尔（成都）、中芯国际（成都）、莫仕连接器（成都）、联华精密气体（成都）、铁姆肯（成都）、成都泓明物流等公司均是加工贸易及其配套企业向中西部转移和跨国公司区域性布局的结果。成都出口加工区已从软硬件配置方面为承接东南沿海加工贸易转移做好了充分的准备。

【发展趋势】 2008年，成都出口加工区管理办将按照高新区党工委、管委会的部署，尽全力提高企业服务及园区管理水平，促进高新区优势产业的聚集和发展，努力将成都出口加工区建设成为一个符合国际惯例，按国际惯例操作，适应跨国公司国际化运作的高科技典范园区。

【机构设置】 四川成都出口加工区管理办公室由成都高新区机构编制委员会同意设立，负责加工区的招商引资，企业进区的服务工作；负责加工区内加贸易业务管理及企业进境货物、物品的审批；负责加工区内物业管理的软硬件设施建立及维护；协调与省、市政府、成都海关和高新区相关业务部门的工作关系；出口加工区管委会赋予的其他职能。

【招商部门】 四川成都出口加工区管理办公室企业服务处，联系电话：028－87958128、87958813。

北京天竺出口加工区
BEIJING TIANZHU EXPORT PROCESSING ZONE

【经济发展】 2007年，北京天竺出口加工区充分利用在全国59家出口加工区中成为首批7家拓展保税物流等功能试点单位之一的非常稀有的政策资源优势，狠抓招商引资，不断优化企业服务、促进企业增资扩股，加快实现产业升级，在招商引资、园区发展等方面都有了很大的提升，实现了保税物流和加工制造的协调发展。

全年北京天竺出口加工区实现进出口总额8.3亿美元，同比增长1.96倍，是前6年进出口总和的两倍；税收3570万元，增长1.61倍；实现工业总产值9.55亿元，增长10.6%；实现工业产品销售收入8.5亿元，增长34%。

【投资环境】 北京天竺出口加工区市政设施完备，生态环境优美，综合投资环境优异。区内市政设施已经达到“七通一平”，水、电、气、通讯等各类管线已接到红线，企业入驻后可随时报装。园区内还建有总面积达5.7平方米的多功能厂房，可为各类企业提供生产、物流、研发、维修、检测场地。园区内物流公司可为企业提供快捷的物流服务。在加工区周边集中了丽京花园、万科花园、莲竹花园等10余处高中低档别墅、公寓住宿区，同时，还有以国际学校、国家会计学院为代表的知名文化单位。

【招商引资】 2007年，北京天竺出口加工区招商形势良好，已有来自美国、英国、加拿大、法国、日本、德国等国家和地区的30多家企业入区发展，形成以电子信息、生物医药、宝石加工、机械自动化为主导的产业特色，项目平均投资额为2786万美元。

全年北京天竺出口加工区新引进项目7个，投资总额15亿元。新入区的清华同方、明通光子、亚太轩豪、丰树物流、七星华创、维盛信联、空港宏远、海威芯仪、科华微电子等项目都体现出了“总部化、高端化、综合化、集团化、多功能化”的特点。此外，北京地区通过天竺出口加工区开展业务的企业已达50余家，如英特尔、索尼爱立信、松下部品、东方冠捷、京东方、诺基亚、联想、富士康、三星、村田、LG、JVC、顺美等公司纷纷借助天竺出口加工区拓展保税物流等功能的平台开展保税物流及维修、检测业务。

【进出口贸易】 天竺出口加工区自封关运作以来，每年的进出口总额均保持了同比增长100%的增速。2003年进出口总额为487万美元；2004年进出口总额为5031万美元；2005年进出口总额为1.21亿美元，2006年全年进出口总额为2.81亿美元；2007年进出口总额为8.3亿美元。预测2008年全年进出口总额有望突破20亿美元。

【重点企业介绍】 北京亚太轩豪集团：这是一家防务领域内领先的集研发、生产为一体的高科技军工企业，代表产品有火炮快速定向系统、袖珍潜艇、远程高速隐身无人机、夜视仪、侦听设备等高精端军工设备。该公司投资5亿元，在加工区建立集研发、生产、产品展示、办公、行政于一体的总部基地。项目投产后，年销售收入可达30亿元，年纳税1亿元。

北京维盛信联科技有限公司：这是一家为IT产品生产制造商提供专业化服务的第三方服务商，客户包括Intel、Sony、Acer等世界著名IT产品生产制造商。维盛信联公司投资1.5亿元，用于建设英特尔主板维修和反向物流基地。项目投产后年营业额可达1.2亿元，年纳税1000万元。

丰树竺园（北京）物流发展有限公司：该公司隶属于新加坡政府著名投资公司"淡马锡控股"，专注于为第三方物流公司提供物流基础设施解决方案，具有广泛的客户资源和网络，具有可靠且雄厚的金融资源。目前拥有的物流及工业物业达50万平方米，还在当地及海外迅速扩张，未来主要以亚洲地区的房地产为投资中心。丰树物流公司投资2.4亿人民币建设第三方物流企业服务的物流基地。项目建成后，年营业额可达1.6亿元，年纳税额4500万人民币。

北京七星华创集成电路装备有限公司：该公司专业致力于大规模集成电路制造设备、混合集成电路的研发与生产，是国内唯一一家具有8英寸立式扩散炉和8英寸清洗设备生产能力的公司，是国内半导体设备领域的领先企业，承担国家"十五"期间电子专用设备多项科技攻关任务，其产品在多项国家重点工程中得到应用。七星华创公司投资6亿元，兴建集成电路装备重大生产项目，建成后年销售收入可达3亿元，年纳税总额1500万元。

SMC（北京）制造有限公司：这是目前区内最大企业，在2007年之前已经买地496亩，建成9栋大型厂房。天竺出口加工区拓展功能后，SMC公司为充分利用出口加工区各项最新政策，调整发展战略，新增注册资本60亿日元，再次在出口加工区购买土地128亩，将在天竺出口加工区建成全球SMC研发和物流配送中心。

【发展趋势】 北京天竺出口加工区紧紧抓住拓展保税物流等功能这个难得的发展机遇，及时调整发展思路，明确了"突出三个重点、形成三大效应"的发展目标：

突出保税加工与保税物流相结合为北京乃至华北、东北地区生产型企业服务这个重点，形成聚集效应。

突出利用检测、维修功能作载体承接国际服务外包这个重点，形成中心效应。

突出产业高端化、经营系统化、投资总部化的招商重点，形成辐射效应。

【机构设置与管委会领导】 北京天竺出口加工区和北京空港经济开发区是两块牌子一套人马，出口加工区管委会现有主任一名，由顺义区李友生副区长兼任；副主任一名；下设综合管理部、贸易发展部、招商部和规划建设部4个部室。

【招商部门】 欧阳华洲010－80489266、郑卫京010－80489568。

武汉出口加工区
WUHAN EXPORT PROCESSING ZONE

【经济发展】 2007年，湖北武汉加工区的建设和发展得到了省、市政府的关心和支持，使加工区能在内地加工贸易相对薄弱的情况下取得了一定的成绩。全年实现进出口总值为7400万美元，其中进口5000万美元，出口2400万美元；2007年关税5.5亿元人民币。

到2007年年底，武汉加工区内已入区7家企业，其中唯冠科技投资总额2890万美元，主要生产电脑显示器；冠捷科技投资总额2500万美元，主要生产电脑显示器；海阔玻纤投资总额60万马克，主要生产玻纤布；塞珞迈斯投资总额150万美元，主要生产生物制品；武耐特磁投资总额600万人民币，主要生产磁环；康豪科技投资总额5000万元人民币，主要生产发电机组；盛飞光伏投资总额1500万元人民币，主要生产光电新材料。

【投资环境】 2000年4月27日，湖北武汉出口加工区经国务院批准设立，成为全国首批15家试点之一，也是当时中部地区唯一的一家。2001年6月20日，湖北武汉出口加工区通过国家八部委的验收，正式封关运行。

加工区首期围网面积0.3平方公里，二期扩建后围网面积增加到1.3平方公里。在围网区内完成了道路、雨水、污水、给水、电力、电信和场地平整等基础设施建设；还建有近4000平方米海关监管楼、7万平方米标准厂房、8000平方米仓储、1.2万平方米查验场地及卡口车辆自动识别系统、80吨电子地磅系统、围网红外线报警及闭路电视监控系统等基础设施建设。公建项目固定资产投资约2亿元，全部投资由武汉经济技术开发区财政全额拨款。

【发展趋势】 武汉出口加工区将紧紧抓住承接产业转移的机遇，以拓展保税物流功能为契机，全力推进项目建设。具体思路如下：

进一步明确产业定位。根据开发区的总体布局确定以电子信息制造业为主的产业导向，结合国家汽车零部件出口基地的有利条件，重点发展汽车零部件制造产业；使出口加工区的产业规划呈现“一业特强，多业并举”的特点。

出口加工区应围绕产业规划，积极引进技术含量高、产品附加值高、产业链较长、拉动作用强的项目，带动相关配套企业。并引进上下游配套产业，培养成熟的产业环境，提高出口加工区的产业集聚优势。

采取积极政策扶持加工区发展。建立由省市领导牵头，省外汇、商检及海关等职能部门参加的协调机制，给加工区营造一个准境外的小环境，减少人为的审批门槛，适当放宽企业进区限制，充分利用保税物流功能拓展优势，让湖北省这唯一的加工区真正成为连接世界经济的桥梁，成为加工贸易运行管理的示范区和促进经济发展的样板区。

【机构设置】 根据国务院和海关总署的批复精神，武汉市政府批准成立了湖北武汉出口加工区管理委员会，与武汉经济技术开发区管委会两块牌子、一套班子。出口加工区管委会下设办公室，作为加工区日常管理机构。同时将武汉开发区海关设在了出口加工区。

珲春出口加工区
HUNCHUN EXPORT PROCESSING ZONE

【经济发展】 2007年，吉林珲春出口加工区完成工业总产值37786万元，工业商品销售额达到22707万元。

【投资环境】 吉林珲春出口加工区是国务院2000年4月27日批准设立的全国首批15个出口加工区试点之一，也是全国14个沿边开放城市中获得批设的唯一一个出口加工区。2001年5月31日经国务院八部委验收，正式封闭运行。珲春出口加工区管理委员会与珲春边境经济合作区管委会是一套人马，两块牌子，下设出口加工区管理局，协助驻区海关、国检开展工作。珲春出口加工区起步区阶段以发展劳动密集型和资源密集型出口加工项目为主，重点发展面向日本、韩国、俄罗斯、朝鲜市场的轻工、服装、木制品、食品、电子、新型建材等行业，农副产品、土特产品出口加工，以及来料、来样、来件加工装配项目。同时积极创造条件，大力发展高新技术产业。

珲春出口加工区位于珲春边境经济合作区内，规划面积2.44平方公里，起步区面积0.6平方公里，初步完成了起步区内水、电、路等“六通一平”基础设施和监管围栏、验货广场、监管库房、办公楼等配套设施和监管设施。出口加工区作为海关监管的特殊封闭区域，实行“境内关外”的管理模式，国家赋予了特殊的优惠政策，主要以开展出口加工业务为主，是提升对外加工贸易层次，发展外向型经济的重要平台。

【对外贸易】 2007年，吉林珲春出口加工区完成进出口总额5472万美元、其中出口占3098万美元。全年出口企业9家，形成了以木制品加工、水产品加工、服装加工为主的产业格局。

【社会事业】 国家相关产业政策的调整，使珲春出口加工区的政策优势凸现，加上图们江区域国际合作开发环境的进一步完善，使该区的区位优势明显显现，作为全国唯一座落在中、俄、朝三国交界的出口加工区，吸引了一大批以俄罗斯、朝鲜资源为依托，以开拓韩国、日本市场为目标，以珲春加工区为加工基地的企业。

在加快开放开发的同时，珲春出口加工区认真落实科学发展观，按照构建和谐社会的要求，坚持以人为本，将经济发展与社会事业发展有机结合。珲春出口加工区全面加强基础设施建设，综合运用各项优惠政策，服务配套功能日益增强，投资环境明显改善。

【机构设置与管委会领导】 珲春出口加工区管理委员会12个工作部们，国税、地税、工商、海关、公安等省市垂直管理单位在区内均设有派驻机构。

珲春出口加工区管理委员会主任王金玉，管理委员会副主任许龙、吴语良、金松天、张国华。

重庆出口加工区
CHONGQING EXPORT PROCESSING ZONE

【经济发展】 2007年，重庆出口加工区积极开展拓展保税物流等功能试点工作，全区进出口保持快速增长的发展势头。全区共实现工业总产值20837万元，同比下降8.96%；全年累计实现进出口总额15944万美元，增长4.31倍；其中出口12628万美元，增长4.12倍，进口3316万美元，增长5.18倍。2007年，重庆出口加工区新引进各类企业4家，其中外资生产性企业1家，到年底，累计实现引进企业17家，投资总额2840万美元。

【投资环境】 重庆出口加工区规划面积3平方公里，到2007年底，围网封关运行面积0.4平方公里。累计投资2.2亿元对加工区进行了基础设施建设和配套设施建设，建成2.6公里不间断全封闭永久性围墙、2.6公里监管巡逻道，建成投入使用监管仓库1040平方米，查验场5564平方米，标准厂房27948平方米，以及监管大楼设施等。为服务加工区内企业生产，区外建有综合服务楼、职工宿舍楼、体育文化设施等生活配套设施；区外2公里范围内建有住宅小区和学校、医院等公共服务机构，加工区周边生活文化设施齐全，区域承载力不断增强。全区环境优良，管理科学，在我市各工业园区中率先通过ISO14000认证。

重庆出口加工区管委会严格遵循“企业无事不插手、企业有事不撒手”的管理理念，科学界定管委会的管理服务职能，建立健全区内“项目引进、项目建设、项目经营”服务体系。围绕进区项目，从申报立项、注册登记、开工建设、基础配套，直到建成投产等各个环节的手续，实行全过程跟踪服务，并坚持企业巡访制度，定期走访企业，为企业排忧解难，深受企业好评。

【社会事业】 重庆出口加工区按照构建和谐社会的要求，将经济发展与社会事业发展有机结合，围绕统筹城乡发展，高度重视为城乡居民提供就业机会问题。2007年新增大量就业机会，为解决失地农民就业问题提供相当的就业岗位，就业岗位同比增长30%。2007年，社会保障体系更加完善，全区所有企事业单位职工参加养老保险、医疗保险、失业等保险，实现了社会统筹。

【机构设置与管委会领导】 重庆出口加工区高度重视管理工作。现有副局级领导1名，处级领导3名，工作人员3名，达到了机构精简、统一、高效的目的。国税、地税、工商、海关、技术监督局、环保局、商检等省市垂直管理单位在区内均设有派驻机构。

天津出口加工区
TIANJIN EXPORT PROCESSING ZONE

【经济发展】 2007年，天津出口加工区以为企业创造最优质的投资环境为宗旨，以“规划高起点、建设高标准、运作高水平、开发高效益”为原则，利用环渤海经济圈中心及便利的交通优势，及其雄厚的工业基础和周边完善的配套市场，逐渐发展成为引导加工贸易转型升级的重要基地。

2007年，滨海新区纳入国家发展战略布局，位于滨海新区内的天津出口加工区赢得了难得的战略发展机遇。全年工业总产值达64.98亿元。其中，电子信息产业工业总产值为44.15亿元，成为天津出口加工区的支柱产业。全年进出口总额16.2亿美元，其中出口9.4亿美元。

【投资环境】 天津出口加工区是2000年4月由国务院批准设立的首批15个出口加工区之一，规划面积2.54平方公里，一期开发1平方公里，位于天津经济技术开发区东北部。2001年6月天津出口加工区顺利通过海关总署等国家八部委的联合验收，正式封关运作。二期开发面积0.435平方公里，位于天津经济技术开发区西区内，于2007年12月6日通过国务院联合验收小组验收封关运作。

服务工作是投资环境的一项重要内容，坚持倡导天津经济技术开发区遵循已久的“投资者是上帝，项目是生产线”的服务理念，天津出口加工区管委会建立了“职能部门联席会议制度”和“企业走访制度”，定期与海关、检验检疫等职能部门召开会议，共同解决区域运营过程中企业普遍反映的情况问题；不定期走访企业，解决个别企业出现的个别问题，努力使企业满意、投资者信任。管委会办公室注意关注国家政策变化，及时给予企业正确引导，将政策变化对企业的影响减少到最小。2007年解决各类问题约70余项。管委会优质服务多次得到企业的赞扬。

【招商引资】 依靠政策优势以及海关的周到服务，出口加工区的招商工作进展较为顺利。2007年，有3家企业在区内完成注册。到2007年底，全区注册企业21家，其中外资企业12家。涉及电子、家具、服装、食品、包装等产业。投资总额2.42亿美元。投资1亿美元以上的企业1家，2000万美元以上的2家。目前，已有多家企业提出增资要求，来区洽谈外商络绎不绝，其中包括众多国际知名跨国公司。2007年底共有10家企业正式投产。

2007年，根据区内剩余土地不多的现实情况，天津出口加工管委会积极转变招商思路，大力提高项目入区准入门槛。招商重点从数量转移到质量上来。重视附加值高、技术含量高的科技企业的引进，提升项目质量，提高加工区科技含量，引导区内加工贸易转型升级。

为了满足更多大型企业的入区要求，天津出口加工区管委会决定将尚未使用的土地指标完全开发。2007年5月9日，国务院办公厅批复同意调整天津出口加工区规划范围，在天津经济技术开发区西区设立天津出口加工区B区，并于12月6日通过国务院联合验收小组验收，正式封关运作。管委会对于B区的建设构想是使其成为承接跨国公司转移高科技高附加值加工制造环节、研发中心的重要基地；面向国际市场，汇集大型高新技术龙头企业的聚集区。届时天津出口加工区的发展将进入一个新的阶段。

【发展趋势】 经过近7年的发展，天津出口加工区正在走上一个良性发展的轨道，将会成为天津加强加工贸易管理的一个打得出去，叫得响亮的品牌。2008年将会是天津出口加工区加速发展的重要一年，从全国整体环境来看，随着全国出口加工区工作会议精神的逐步落实，出口加工区的政策优势和功能优势将得到全面增强。从天津出口加工区的个性情况来看，优质项目的加入，土地资源的充分开发将成为快速发展的巨大推动力。天津出口加工区管委会将积极与海关总署沟通，尽早得到国家批准拓展保税物流业务，推动天津出口加工区功能升级，加强区内产业引导，促进区域经济协调发展。2008年天津出口加工区将把工作中心放在发展电子、汽车零部件等产业，与周边产业形成分工明确，服务配套的产业链，努力实现各项经济指标的稳定增长，充分发挥出口加工区的辐射作用，带动内地提升加工贸易层次，有效利用出口加工区的政策优势服务于滨海新区，服务于环渤海经济圈。

【机构设置与管委会领导】 天津出口加工区管理机构为天津出口加工区管委会，与天津经济技术开发区管委会合署办公。天津出口加工区管委会主任由天津经济技术开发区管委会李勇主任兼任。天津出口加工区管委会下设管委会办公室，与开发区贸易发展局合署办公，行使出口加工区的管理职能，从事日常管理、协调工作。天津经济技术开发区贸易发展局局长贾守月兼任出口加工区办公室主任。

无锡出口加工区
WUXI EXPORT PROCESSING ZONE

【经济发展】 2007年，是无锡出口加工区快速发展之年，出口加工区坚持“率先发展、科学发展、和谐发展”的原则和“富民优先、科教优先、环保优先、节约优先”的方针，以科学发展、集约发展、和谐发展为核心，开拓创新、攻坚克难，推进转型升级和节能减排，取得较好成效。

产业发展更加明确。在招商工作上，进一步提升产业层次，促进产业转型升级，突出加工区产业特色，以促进在产企业增资为主，以保税物流、研发项目为重点，引导和推进区内企业设立研发中心。在产业结构上，优化产品结构，提升产品档次，突出IC、IT产业，进一步凸显无锡出口加工区产业特色。

园区经济加速发展。全年实现进出口总额108.1亿美元，同比增长67%。其中，出口额48亿美元，增长1.02倍；实现工业总产值451亿元，增长48%；工业增加值82.9亿元，增长1.61倍；税收总额4.9亿美元，增长2.69倍，根据两区协会统计数据，各项经济发展指标位于全国加工区前列。

口岸物流快速增长。全年货物吞吐量19万吨，同比增长49%；集装箱2.9万TEU，同比增长52%；报关单量17.5万票，同比增长68%。

【投资环境】 无锡出口加工区功能配套逐步完善。在功能配套上，突出叠加保税物流功能的争取和实施。按照杭州全国出口加工区工作会议精神，积极探索发展第三方物流和引入研发中心，积极开展保税物流、研发、维修、检测等功能业务的调研和准备工作，启动和完善仓储物流等基础设施建设。

品牌创建有效推进。将节能减排、保护生态环境和体系认证作为工作重点。2007年，出口加工区顺利通过了ISO14001：2004环境管理体系认证和ISO9001：2000质量管理体系认证，进一步提升国家级开发区的层次，推动无锡出口加工区工作再上新台阶。

按照资源节约、环境友好、经济循环的发展要求，从提高项目的准入门槛，推进产业升级换代入手，引导和促进企业实施清洁生产，积极开展ISO14000环境管理体系认证、环境标志产品和其他绿色认证工作，促进节能减排。强力促进海力士等企业提升技术水平，实现“增产不增排”，采取中水回用等措施，降低废水排放。

服务方式推陈出新。为满足区内重点企业进出口通关物流的需求，海关、国检跟进服务，实施“5+2”工作制，保证企业“当日申报、当日通关、当日放行”；长假期间根据企业需求申请加班，实现全年无间断的通关物流。

物流环境明显改善。为适应出口加工区卡口人流、车流、物流量的迅猛增长，出口加工区实施了卡口改造工程，并于2007年5月份全面竣工，并交付使用。新卡口的建成，大大提升了无锡出口加工区形象，极大地改善了出口加工区卡口物流速度和交通组织秩序。

和谐建设步步推进。正式成立出口加工区联合工会，并积极推进区内外商投资企业建立工会组织，目前，出口加工区已建立了9家工会组织，包括村田、捷普、海力士等重点企业均已建立了工会组织。

【招商引资】 全年引进外商投资额17亿美元，协议注册资金8.8亿美元，实际到位资本10.4亿美元。到2007年底，已投产企业21家，在建项目6个；投资总额超千万美元的项目19个，超亿美元项目5个。累计投资总额44亿美元，累计注册资本20.6亿美元，累计到位外资19.4亿美元。单位面积投资密度25.89亿美元/平方公里。

【发展趋势】 2008年是无锡出口加工区进一步转型发展之年，无锡出口加工区将按照市委、市政府和新区党工委、管委会的统一决策，按照“优化发展”的总体要求，在加工区快速发展的基础上，实现创新发展、转型发展、科学发展、和谐发展，将无锡出口加工区建设成绿色和谐高科技加工区。一是优化产业结构，进一步推动产业升级。优化产品结构，提升产品档次，突出IC、IT产业特色，大力加强保税物流、研发、维修、检测等业务，促进产业向微笑曲线两端延伸。二是优化生态环境，进一步突出节能减排。按照资源节约、环境友好、经济循环的发展要求，进一步提高项目的准入门槛，加快产业升级换代，实施清洁生产，积极开展ISO14000环境管理体系认证、环境标志产品和其他绿色认证工作。三是科学规划，进一步完善区域功能设施。突出功能建设，进一步完善区域基础设施和配套服务设施建设，为加工区功能叠加做好充分准备，启动三期规划建设，拓展加工区发展空间。四是加强服务，进一步促进对外经贸快速增长。加强企业服务，协调解决企业生产经营、通关、物流等方面的实际需求，促进加快推进园区经贸发展。

【机构设置】 组织机构和隶属关系：无锡新区管委会、出口加工区管委会下设无锡出口加工区管理局，管理局下设办公室、经贸处、服务处、招商处。

南通出口加工区
NANTONG EXPORT PROCESSING ZONE

【经济发展】 2007年，南通出口加工区完成进出口额34589万美元。其中，出口16842万美元，进口17747万美元。在进出口总额中，机电产品进出口30689万美元，占进出口总额的88.73%；轻纺产品进出口3590万美元，占进出口额的10.38%；汽车配件进出口309万美元，占进出口额的0.89%。

到年底，南通出口加工区已吸引了来自日本、美国、挪威、澳大利亚、马来西亚、香港等国家和地区的17家企业入区发展，其中外商投资企业15家，投资总额13975万美元，注册资本9463万美元。

区内已投产企业出口产品主要为激光磁头（DVD、笔记本电脑用）、石油钻井成套设备、汽车配套产品、高档服装、电暖桌等，在建企业建成投产后出口产品还包括精密弹簧（笔记本电脑用）、成品药、折叠式别墅、体育用品等。

【投资环境】 南通出口加工区于2002年6月21日经国务院批准设立，2002年10月29日封关运作，规划面积2.98平方公里，首期开发面积0.75平方公里，二期1.69平方公里即将拓展建设。南通出口加工区位于国家级南通经济技术开发区内，距南通市区10公里、苏通长江大桥8公里，处于中国沿海南北交通动脉和长江入海的枢纽位置。母城南通是中国首批对外开放的14个沿海城市之一，拥有长江岸线226公里，黄海岸线210公里，陆地总面积8001平方公里，总人口775.06万，是著名的教育之乡、纺织之乡、建筑之乡、体育之乡、长寿之乡。

南通出口加工区充分依托开发区建区20多年形成的基础设施，客商投资兴业所需生产要素完备，配套条件十分优越。出口加工区内已达到“九通一平一防”，即通路、通电、通自来水、通下水、通污水处理、通蒸气、通工业用气、通讯、通港口，保持了土地平整。南通开发区内还组建了特种联合消防队，可为出口加工区内企业提供服务。南通出口加工区内企业可实行双回路不间断供电。

南通港是中国十大港口之一、长江沿线第二大港口，是上海国际航运中心的组合港，南通港已经与美国、俄罗斯、加拿大、澳大利亚、日本、新加坡等65个国家和地区的199个港口通航，并辟有至中国香港、日本、韩国3条直达集装箱航线，出口加工区距主港口5公里。

公路已有204国道、宁通高速、盐通高速、通启高速、连通高速、沿江高速，与沪宁高速、京沪高速、沪嘉浏高速、苏嘉杭高速等与出口加工区相贯通。

南通出口加工区距上海虹桥机场100公里，距浦东国际机场150公里，距南京禄口机场240公里，距南通机场15公里。随着苏通长江大桥的建成通车，南通至上海仅需1小时车程，至浦东国际机场1.5小时车程。南通机场辟有至北京、广州、深圳、青岛等国内主要城市的航线，并开辟了“南通—北京—世界各地”的货物空运快速通道。

在中国权威机构公布的“2006跨国公司

眼中最具投资潜力的中国城市”中，南通市名列榜首，是中国投资环境40优城市之一，南通开发区是2006年最具投资价值的开发区之一。

南通是中国社会治安最好城市之一，两次被中央政法委授予“中国综合治理先进城市”称号，在中国社会科学院对全国最具竞争力城市社会公共安全度测评中列第二位；连续6年列江苏省综合治理评比第一名。

南通每年培养电子、机械、化工、纺织等技术人才近万人、高中级职业技术人才约1.5万人，各类产业工人齐全，普通职工文化水平达到高中以上。劳动力成本比周边地区低30%～40%，且流动性小。出口加工区内基本实现了行政事业零收费。

总建筑面积15万平方米、可容纳近2万员工的职工、人才公寓一期工程已建成投入使用，二期工程将于2008年三季度全面建成。该公寓设施、套型、面积多标准，专门为出口加工区内企业配套。

【招商引资】 南通出口加工区始终把招商引资当作一切工作的生命线。南通出口加工区必须与上海、苏南地区实行差别化发展，错位发展，形成自己的产业发展特色。在主攻产业上，积极引进电子信息、电子装配和服务业外包项目，积极利用政策优势引导现有企业入区。以联亚药业作为服务外包示范点，进一步加大服务外包产业的招引力度，力争做成医药服务外包示范区。同时加大现代物流业的招商力度，加快发展现代服务业，提升服务业贡献份额。在招商力量的分配上，将出口加工区的招商列为全体招商人员的重点任务。在招商活动的安排上，充分利用开发区组织的投资说明会和出国招商的机会，宣传推介出口加工区。同时，精心组织出口加工区专题投资说明会和招商活动，扩大出口加工区招商成果。

【发展趋势】 南通出口加工区的发展机遇主要表现在：一是苏通长江大桥已经建成通车，南通与世界的距离得以拉近；二是保税物流功能有望增设，政策优势进一步增强；三是扩区工作即将启动，发展空间将得以拓展；四是加工贸易限制类目录再扩大，大量的一般区域内限制开展的加工贸易项目有向出口加工区集中的趋势；五是江森自控、联亚药业、东丽国际等一批世界500强和国际知名企业入区投资，为南通出口加工区发展注入新的活力。

当前，宏观调控已经成为市场经济的常态，但调控中有机遇，政策中有空间，随着南通的地理位置优势和交通物流优势将进一步凸现，南通出口加工区的竞争力也将得到进一步的提升。

【机构设置】 南通出口加工区管理委员会负责南通出口加工区建设的管理和协调，与南通市经济技术开发区管理委员会实行两块牌子、一套工作机构。南通出口加工区管理委员会下设综合管理部，全面承担出口加工区管理的日常事务。南通出口加工区党工委书记陈德新，党工委副书记、管委会主任葛亮，党工委副书记、管委会副主任严宪。

【招商部门】 南通出口加工区管理委员会综合管理部是南通出口加工区的扎口招商部门，为投资客商提供政策咨询，为投资项目提供从项目审批、项目建设到投产运营后的一条龙服务。为了切实提高工作效率的工作质量，南通出口加工区开设一条24小时招商服务热线，热线号码是：0513－85980289。招商联系人：黄向媚，电话0513－85980289、13815202662，传真0513－85980289，电子信箱huang@ntepz.com；赵苏峰，电话0513－85980139、13063599919，传真0513－85980489，电子信箱zsf@ntepz.com；网址：http：//www.ntepz.com。

秦皇岛出口加工区
QINHUANGDAO EXPORT PROCESSING ZONE

【经济发展】 到2007年12月底，秦皇岛出口加工区域经济初具规模。区内企业累计完成工业总产值22204.2万元，实现工业销售收入22230万元，实现进出口总值5678万美元。其中，当年完成工业总产值12093.3万元，同比增长38%；实现工业销售收入12337万元，增长44%；实现进出口总值2565万美元，增长26%；区内企业现有职工1063人。建区以来累计完成固定资产投资2.26亿元，其中：基础设施投资1.91亿元，企业固定资产投资3559万元。

【投资环境】 秦皇岛地处河北省东北部，南临渤海，北依燕山，东接辽宁，西近京津，位于中国最具发展潜力的环渤海中心地带，是东北与华北两大经济区的结合部和重要出海口，素有“京津后花园”之美誉，在接受京津辐射方面具有得天独厚的优势。这里空气清新，气候温和，冬暖夏凉，全年平均气温10.6℃，森林覆盖率达33.1%，城市绿化覆盖率达38.5%，海洋、沙滩、阳光、空气和绿色完美组合，是最适宜人类居住的城市之一。秦皇岛出口加工区已完成水、电、路、暖、讯等配套设施的“九通一平”。

秦皇岛出口加工区项目承载能力明显提高。2007年，按照秦皇岛市政府提出的“完善出口加工区承载功能，大力引进项目，带动加工贸易发展”的目标任务要求，基础设施进一步完善。开工建设了建筑面积为17825平方米的16号多层厂房和建筑面积为15965平方米的18号多层厂房，主体结构基本完工。作为未完接建工程的多层标准厂房14号、12号和单层厂房13号的改造工程已全部完成。厂区的道路和各种管网也已基本完成，具备了项目入住的条件。开工建设物流仓库一座，建筑面积为12698平方米，主体工程基本完工。投资建设的建筑面积为503.92平方米的10千伏中配室已建设完成投入使用。日处理能力为1000吨的加工区污水处理厂完成建设。加工区服务区一期工程已基本完成，包括一座面积为4782平方米的宿舍和一座面积为5565平方米的综合服务楼，即将交付使用。以上建设项目的开工和顺利竣工，全面提升了出口加工区的项目承载能力，为项目入区提供了有力保障。

【招商引资】 2007年，秦皇岛出口加工区招商引资有新思路。在招商策略上，通过吸引企业租赁厂房生产，逐步引导企业购地自建厂房，留住企业的根；在产业导向上，坚持把电子信息产业等对地方经济具有较大拉动作用的产业作为重点来扶持，逐步完善当地的产业链，形成局部的积聚效应。加大宣传力度，适应国际出口加工业的变化形势，结合新的产业政策走向和秦皇岛市及周边产业特色，围绕重点，突出亮点，以多种宣传形式对外强势推介。延伸产业链条，结合秦皇岛出口加工区目前已进驻项目的建设和发展，引导更多企业为区内企业做横向和纵向配套，促进生产企业进行自身产业链的拉伸和完善，实现企业的增资和再建，同时抓紧对目标行业的调研和走访，促进区外企业加快向区内聚集。借势造势，延伸影响，随着富士康项目的兴起，着重吸引高端电子行业的关注，主要针对台湾的国际大中型电子企业，打造电子出口基地。知己知彼，扬长避短，要求招商人员进一步提高对出口加工区业务的认知，特别是新形势下的发展方向，通晓所有政策和程序，熟悉解决现实问题的方法；同时走出去了解其他加工区的发展形势和招商手段，结合自身特点找到更为有效的招商方式，实现高效招商。

投资软环境进一步优化。秦皇岛出口加工区始终坚持“以企业服务为中心，以全程服务为主线”，完善各项制度、规范工作程序、强化管理工作。通过走访企业、发放企业问题与建议征询卡和建立加工区日常巡查制度等方式，了解企业亟待解决的问题。明确区内企业与主管部门的热线电话，确定具体责任人，保证企业的问题在第一时间得到反映和反馈。注重加强企业治安管理、劳动密集型企业的劳资管理、安全生产管理，督导规范运行。各项工作措施的实行，使加工区投资软环境得到了进一步优化。

【工业】 秦皇岛飞凯特金属制品有限公司于2005年3月在秦皇岛出口加工区批准成立。由日本日产钢业株式会社独资兴办，项目投资总额为200万美元，注册资本200万美元。主要产品有各铁丝绳索具、物流箱及相关产品。生产规模为年产钢丝绳索具30万条，物流箱10万套，产品出口日本、美国等国家。2007年完成工业总产值4929万元，产品销售额4929万元。

秦皇岛关东针织有限公司于2004年10月在秦皇岛出口加工区批准成立。由日本关东尼龙株式会社独资兴建，项目投资总额200万美元，注册资本200万美元，占地面积13340平方米，厂房面积7138平方米。经营范围主要是生产和销售女士的长筒袜、连裤袜等各种针织品，原材料80%从国内购进，其余从日本、韩国购进，年生产规模约1800万双，产品100%出口，销售市场主要是日本及周边的东南亚国家。2007年完成工业总产值4288.7万元，产品销售额4311.2万元。

秦皇岛途锦特种玻璃制品有限公司于2004年7月在秦皇岛出口加工区批准成立。由秦皇岛途美特种玻璃有限公司及香港公民李伟士合资兴办，主要加工和销售普通玻璃及特种玻璃制品。原材料大部分在国内采购，部分辅料由意大利进口，产品全部销往意大利。2007年完成工业总产值1454.1万元，产品销售额1675.2万元。

秦皇岛一心西服有限公司于2004年7月在秦皇岛出口加工区批准设立。项目总投资90万美元，注册资金90万美元，生产厂房面积6900平方米。主要生产男士西服，引进德国、日本、韩国全套西服专业生产线及样板设计系统，原材料全部由意大利、日本进口，产品定位中高档消费群体，成品全部出口日本、美国等国家。2007年完成工业总产值1421.5万元，产品销售额1421.5万元。

【发展趋势】 秦皇岛出口加工区，依托秦皇岛开发区已形成的临港重大装备制造、绿色粮油食品加工和以汽车零配件为代表的先进制造业三大标志产业群，扶持发展高新技术产业、高附加值产业、现代物流业三大支柱性产业群，按照“加工制造为主，保税物流为辅”的功能定位，在现有保税加工功能基础上，将增加保税物流功能，积极探索发展第三方物流和引入研发中心，促进出口加工区加工制造和现代物流协调发展。努力把秦皇岛出口加工区建设成为跨国公司转移高科技、高附加值加工制造环节、研发中心的重要基地；成为承接国际现代服务业转移，开展保税业务的重要节点；成为面向国际市场，汇集大型下游高科技龙头企业的积聚区；成为率先实现加工贸易转型升级的先导区、示范区。

【机构设置与管委会领导】 秦皇岛出口加工区管理委员会与秦皇岛经济技术开发区管理委员会实行两块牌子、一套人马。出口加工区管委会下设三个部门：经济管理部，主要负责项目审批、企业管理与服务等方面工作；规划建设部，主要负责项目建设、规划、用地审批等方面工作；综合管理部，主要负责综合协调、后勤保障与服务工作。

秦皇岛出口加工区管理委员会主任胡英杰，常务副主任邵宏根，副主任张巨良、杨恩伟、王月华。

【招商部门】 秦皇岛出口加工区管委会与秦皇岛开发区招商局建立协调机制，出口加工区的项目引进，由开发区招商局统一负责。不定期组织招商协调会，进一步整合资源，形成合力。联系人张杰，联系电话 0335－5180065，传真 0335－5180058。

芜湖出口加工区
WUHU EXPORT PROCESSING ZONE

【经济发展】 2007 年，在芜湖市政府和经济技术开发区管委会的正确领导下，在海关、商检、外汇、国税等部门的大力支持下，全年完成进出口额 6197 万美元，同比增长 1.5 倍，其中进口 310 万美元，出口 5887 万美元，超额完成年初确定的出口额达到 5000 万美元以上的目标。

2007 年，芜湖出口加工区共有 5 家企业入区建设，投资总额 12111 万美元，注册资本 5945 万美元。其中中达电子（芜湖）有限公司总投资 1 亿美元，占地 500 亩，主要生产电子专用设备，同时在芜湖经济技术开发区设立研发中心，并建设相应配套设施。

【投资环境】 芜湖出口加工区坐落在芜湖市北部，位于芜湖经济技术开发区内。2003 年 3 月 12 日通过国家 9 部委验收，总体规划 2.95 平方公里，首期开发 1.1 平方公里。

芜湖市位于安徽省东南部，濒临长江，东与长江三角洲连成一体，西接华中地区，南依黄山、九华山、太平湖风景区，北临江淮平原，素有“长江巨埠，皖之中坚”的美誉。其面积 3317 平方公里，总人口 231.4 万人，市区人口 103 万人。

芜湖是华东地区重要的水陆交通枢纽，境内 3 条高速公路、5 条铁路交汇，芜湖长江公铁两用大桥构筑了华东地区通过芜湖与全国连通的第二通道，是沟通京九、京广、京沪、陇海等铁路大动脉的重要结点，是国家交通部确定的公路运输枢纽城市；国家级对外开放港口芜湖港是长江逆江而上的最后一个深水良港，是中国内河运输的主枢纽港。芜湖距南京禄口国际机场和合肥骆岗机场均约 1 小时左右车程。

芜湖人才劳动力资源供应充裕，产业工人培训机制发达，人工成本相对低廉；随着国家级经济技术开发区东区开发全面启动，土地资源供应充裕；基础设施配套能力较强，通信、供水、供电、燃气等公共设施齐全。

优越的地理位置和良好的投资环境，使芜湖这座美丽的江城具有着独特魅力，成为投资者建立出口生产基地和物流中心的首选之地。在中国社会科学院 2007 年《中国城市竞争力报告》中，芜湖列中西部非省会城市第一位；在 2007 年举行的第三届中国财富论坛上，芜湖荣获 2007 “世界投资中国——中小城市魅力奖”头名，是安徽省唯一的上榜城市；在福布斯财富杂志的 2006 年中国大陆最佳商业城市排行榜中芜湖名列第 38 位。

芜湖经济技术开发区从 1991 年开始建设，始终是芜湖市主要工业产业集中的发展区域，2007 年开发区实现地区生产总值 158 亿元，工业总产值 653 亿元，财政收入 38 亿元，进出口总额 15 亿美元。包括其本身在内的六个国家级园区（国家级经济技术开发区、国家级出口加工区、国家级高新技术创业服务中心、国家级外贸码头、国家级汽车电子产业园、国家级汽车及零部件出口基地、国家级动漫产业基地）共有现有企业 600 余家，规模以上工业企业 200 多家，外商投资企业 153 家。包括世界 500 强企业的美国联合技术集团开利公司、花旗银行集团、江森自控有限公司、李尔公司、PPG 集团、德尔福公司、阿文美驰集团、德国西门子公司、大陆集团、日本东芝公司、日立公司、川崎重工等企业和众多国内上市公司。已经形成特色鲜明的产业集群，其中以汽车产业、电子电器、材料产业的发展最为显著，这三大产业和其相关的配套产业共同积累经济技术开发区雄厚的工业基础。

汽车产业以奇瑞汽车公司为代表，是中国具有自主知识品牌的汽车制造商，旗下规模以上汽车及汽车零部件企业约 50 家。2007 年销售额为 38.2 万辆，位居全国第四，出口 11.4 万辆，占全国一半，2007 年产值为 255 亿元。

电子电器产业以美的、日立、志高、欧宝等大型企业集团为代表，2007 年产值为 124 亿元。

材料产业是中国著名的 PVC 型、管材和石膏板的生产基地，以海螺、华亚、德国可耐福以及鑫科材料、精诚铜业为代表的大型企业，2007 年产值 144 亿元。

交通的枢纽地位又为物流企业的发展提供了广阔的空间，众多物流公司能以时间快捷、价格低廉、服务优质把货物送往全球各地。

芜湖出口加工区拥有芜湖经济技术开发区的各项优势。芜湖出口加工区凭借已形成的三大优势产业群和发达的物流业，着力营造一个与国际惯例接轨的投资氛围。芜湖出口加工区按照国家有关规定，内设有芜湖海关驻出口加工区办事处、安徽省检验检疫局驻芜湖出口加工区工作组和芜湖出口加工区管委会等行政机构。芜湖出口加工区管委会委托出口加工区管理局具体负责日常行政事务、加工贸易审批、物业管理、政策研究、信息交流工作；开展招商引资工作；协助土地、建设等相关部门在出口加工区行使相应职能。区内还设有银行、外运、外贸、报关行等机构为区内企业加工贸易提供配套服务。这些机构和配套服务设施可以使出口加工区“一站式”通关的优势得到充分发挥。

【招商引资】 芜湖出口加工区的招商工作紧密依托芜湖经济技术开发区业已形成的三大支柱产业和开发区的产品配套优势，变“招商引资”为“招商选资”，在招引“好、大、高、外”项目上下功夫，力求引进产业规模大、技术含量高、产品带动性强的企业，做强做大出口加工区。2007 年芜湖出口加工区引进的重点企业有：

中达电子（芜湖）有限公司：生产和销售电子专用设备，测试仪器，工模具，新型电子、光电子元器件，新型显示器，数字电视机，太阳能源电子元器件；总投资 1 亿美元，注册资本 5200 万美元。

芜湖永之升机械有限公司：生产和销售工程机械和配件、焊接设备和材料、钢结构产品、起重设备、农业机械、林业机械设备及零部件，设计、制造汽车、摩托车、工程机械的模具、夹具。总投资 8000 万人民币，注册资本 1000 万人民币。

【工业】 2007 年芜湖出口加工区实现工业总产值 42145 万，同比增长 156%，主要是由于芜湖出口加工区依托芜湖经济技术开发区的产业优势，着力加大汽车行业、电子电器行业的招商力度，随着奇瑞汽车项目、中达电子项目达产，芜湖出口加工区对地方的带动和辐射作用明显增强。

【发展趋势】 2008 年随着中达电子、美的日用家电集团等大型企业入区并投入生产，芜湖出口加工区将迎来高速发展的时期。尤其是总投资 23.6 亿元美的日用家电集团，其洗碗机事业部预计 2009 年初投产，将会极大地促进芜湖出口加工区的发展。目前，出口加工区一期土地已经基本开发出让完毕，二期 1.07 平方公里的建设将于 2008 年全面展开并在 2008 年年内封关运行。随着入区项目越来越好，芜湖出口加工区期待保税物流功能叠加能在全国出口加工区尽快实施，这不仅能充分地发挥芜湖出口加工区带动和辐射作用，还能更好地促进芜湖地区加工贸易转型和产业结构优化升级，将会为区域经济的发展创造良好的条件。

【机构设置与管委会领导】 芜湖出口加工区和芜湖经济技术开发区实行两块牌子一套人马，芜湖出口加工区管理局作为芜湖经济技术开发区管委会的职能部门，依托经济技术开发区管委会其他职能部门，承担出口加工区日常管理和服务工作。芜湖出口加工区管理局设综合科、贸管科两个科室。

芜湖出口加工区管委会主任杨良文，芜湖出口加工区管理局局长季学敏，副局长朱俊、刁建青。

【招商部门】 芜湖经济技术开发区管委会负责招商委领导：党工委委员、管委会副主任后力，0553－5846007；芜湖经济技术开发区管委会外资一局局长朱涛，0553－5841768；副局长：潘枫，0553－5841768；芜湖经济技术开发区管委会外资二局局长陈林，0553－5963818；芜湖经济技术开发区管委会经贸发展局局长：程劲松，0553－5842987。

西安出口加工区（A 区）
XIAN EXPORT PROCESSING ZONE（ZONE A）

【经济发展】 2007 年，西安出口加工区 A 区新投产项目 6 个。全年完成进出口总额 3.3 亿美元，其中出口（含深加工结转）2.49 亿美元，增长 45%；进口 8067 万美元，同比增长 2.12 倍。完成工业总产值 21.71 亿元，增长 51.82%。实现增加值 6.4 亿元，增长 48.84%。技工贸总收入 24.27 亿元，增长 52.64%。固定资产投资 6.83 亿元，增长 22.84%。

西安出口加工区 A 区在经济发展过程中，以陕西经济发展实际情况为基准，依托陕西在能源、人才、工业基础等方面的优势，逐渐形成并确定了具有自身特色的发展思路，并努力实践：

有效的利用陕西的产业优势发展加工贸易，将主导产业定位为：航空、机械、电子、新能源等领域。

积极推动国有企业、内资企业入区开展加工贸易，并鼓励入区企业使用国产设备和原材料，提升国产化率，有效促进提升企业核心竞争力。区内企业使用国产设备、原材料占总量的 85%。

积极倡导并促进国有企业研发、试制有自主知识产权的加工技术及产品，促进加工贸易的转型升级。

落实科学发展观，走集约化发展之路。在招商政策上，鼓励企业租或买标准厂房，鼓励企业快投产，多出口，提高土地使用效率。

【投资环境】 西安出口加工区于 2002 年 6 月 21 日经国务院批准设立，2004 年 4 月 5 日正式封关运行，2006 年 12 月，批准成为全国首批、西北唯一一家拓展保税物流等功能试点单位，陕西西安出口加工区同时具备出口加工和保税物流等功能。

西安出口加工区 A 区位于国家级西安经济技术开发区内，毗邻西安新行政中心，距西安咸阳国际机场 20 公里，距西安火车货运站 10 公里、火车集装箱货运新站 1 公里，距绕城高速公路入口仅 1.5 公里。加工区总规划面积 1.47 平方公里，已开发面积 0.92 平方公里。

西安出口加工区 A 区封关运行以来，先后引进世界 500 强英国 BP、法国 ALSTOM、德国蒂森克虏伯、美国通用电气，世界知名企业美国 TIFFANY、英国航材供应商 AMS、新加坡佳晟物流以及国内知名企业西航集团、彩虹集团、北车集团、中航技进出口公司等 40 多个项目入区，投产企业 25 家，累计实现进出口总额 6.1 亿美元。其中，出口 5.58 亿美元。初步形成以航空、机械、电子、新能源为主的产业格局。

西安出口加工区 A 区始终把完善投资环境，提升服务质量放在首位加以认真落实，为承接东部加工贸易的产业转移，从软、硬件环境及招商安商的各项优惠政策上，做好全方位的准备。

加大基础设施建设力度，完善投资环境。2006 年 12 月底，西安出口加工区成为全国 59 个出口加工区首批拓展保税物流等功能试点的加工区之一。加工区投资建设了 1.8 万平方米的保税仓库，6500平方米堆场以及海关监管设施、检验检疫设施和基础设施，2007年5月份全面竣工，并顺利通过西安海关联合验收组的验收。另外，在全国加工区范围内率先投资建设了加工区信息平台系统。建设完成了60平方米的熏蒸房、450平方米的集装箱熏蒸场地，并已投入运行。三期5.46万平方米的多层标准厂房和6700平方米的员工餐厅已于2007年6月开工建设。

加工区已建成现代化多功能一期单层标准厂房7栋及二期四层标准厂房1栋，共8.81万平方米，在建的三期多层标准厂房5.46万平方米；区内道路、给排水、供电、供热、供气、通信、宽带及生活服务等设施齐全。18层2.5万平方米的服务外包大楼可满足区内企业办公需要。加工区周边地区的白桦林居、雅荷春天、西安中学、交大经发中小学、西安图书馆、城市运动公园，西安国际高尔夫运动中心、长安医院、经发会馆、名都酒店等完善的生活配套设施，为加工区营造出良好的人居环境，形成设施齐全的生活配套圈。

【招商引资】 2007年，总投资10亿元、建筑面积3.5万平方米、年出口额2亿美元的西航莱特航空制造项目入区，当年投产；世界知名品牌美国TIFFANY钻石在中国的第一个钻石加工厂、英国著名航材供应商AMS以及希腊纸业、陆海恒利、中航技凯迪克物流、新加坡佳晟物流等，全年引进项目10个，天祺太阳能、西玛阿达、阿尔斯通、西航莱特、陆海恒利、中航技凯迪克等6个项目已投产。

2007年5月，加工区A区正式开展保税物流业务。到2007年底，共批准5家物流企业入驻。全年保税物流共实现进出口额6000多万美元。保税物流业务涉及彩虹、西沃、西飞、成飞、沈飞、远东等区内外近80多家企业，产品种类涉及到汽车发动机、显示器及航空材料、飞机前缘、发动机零部件等30多种产品，涉及10多个国家和地区。

【发展趋势】 2008年，西安出口加工区A区按照“加工制造为主，保税物流为辅”的功能定位，加大招商引资力度，在稳步推进生产企业招商工作同时，下大力气做好拓展保税物流等功能工作，在日常管理工作中，不断创新运行机制，提高管理和服务水平，及时总结运作经验教训，寻找工作突破口，完善操作办法，着力发挥加工制造及保税物流功能对周边地区的辐射带动作用，为进一步促进区域经济发展做出新的贡献。

到2010年，西安出口加工区A区力争实现年进出口总额15亿美元以上，形成航空、机械、电子、新材料等为主导的产业集群，打造具有自身特色的加工区，并对西安及陕西周边地区的外向型经济发展真正起到积极的提升和促进作用。

【机构设置与管委会领导】 陕西西安出口加工区管委会下设陕西西安出口加工区A区管理办和陕西西安出口加工区B区管理办。西安出口加工区A区管委会领导：管委会主任韩松、管委会副主任段永和、管理办主任：饶宏。

【招商部门】 西安出口加工区A区下设生产型项目招商部和保税物流项目招商部两个招商部门。

生产型项目招商部：联系人：强榕江，联系电话：029－86531016、86531019。

保税物流项目招商部：联系人：王宁红，联系电话：029－86531003。

西安出口加工区（B区）
XIAN EXPORT PROCESSING ZONE（ZONE B）

【经济发展】 2007年，西安出口加工区B区实现进出口总值3683万美元。其中，进口3653万美元，出口30万美元；出口加工区管理办公室完成加工贸易许可及变更业务批准证94套；出口加工区接受企业进出口报关单1011票，其中进口748票，出口263票；进出口货运量476吨。其中，进口435吨，出口41吨；开展研发、检测业务进出口总值达3466.3万美元，其中应用材料（西安）有限公司研发业务进出口货值达98.3万美元，排在全国试点加工区研发业务的第一位，美光半导体（西安）有限责任公司测试项目进出口货值达3368万美元；检验检疫方面，出入境货物达124批次，货值达2390万美元，各项指标稳步增长。

【投资环境】 陕西西安出口加工区B区是2005年12月15日经国务院批准设立的国家级出口加工区，位于西安高新区内。规划面积1.338平方公里，一期建设0.7平方公里，其四至范围：规划纬二十路以北，西部大道以南，规划经十八路以西，规划经二十六路以东。区内基础设施配套齐全，区位优势明显，西三环延伸线直接通到B区卡口，交通十分便利。2006年11月29日出口加工区B区正式封关运行。

根据总体规划方案，出口加工区建设框架结构标准厂房一座，该项目为新建工程，总建筑面积是38557平方米，用地37.1亩，工程占地面积8755平方米，地上4层，局部地下一层，框架结构通用厂房。

【招商引资】 2007年，西安出口加工区B区继续加大招商力度，吸引国内外知名物流企业入区建设或开展经营业务，积极引进第三方物流企业。已批准三家具有综合实力的物流公司进驻加工区开展保税物流等业务，分别是西安恒诚国际物流有限公司、嘉里大通西安物流公司和陕西天润国际物流有限公司，这些物流公司的入驻以及国际物流等业务的深入开展，将改善高新区乃至西安市的保税物流环境，提升区域保税物流层次。

紧抓加工贸易产业向西部转移的有利时机，吸引更多地外向型企业进驻B区，随着沿海制造业的内迁，国际上众多加工贸易公司加大了对西安的关注，建设及拓展B区保税物流等功能将为企业提供全方位的功能配置，节省通关时间，提高服务水平和竞争力，从而促使本区域真正融入国际物流大环境中，带动区域经济、产业及招商等全面发展。

【保税物流】 经国务院批准同意，在包括西安等7个城市开展出口加工区拓展保税物流等功能试点，陕西西安出口加工区B区认真按照试点要求，拟定相关措施，积极推进各项工作。

试点工作开展以后，出口加工区B区大力推进保税物流仓库的建设工作。在拓展保税物流试点中，为了节约土地，提高使用效率，本着一次规划、分步实施的原则，一期先建设保税物流仓库一座，规模约9000平方米，堆场布置在仓库一侧的空置场地。仓库为单层轻钢结构，高度约9米，库房一侧考虑设立卸货区域和查验场地。

全面及时地完成保税物流信息平台的建设工作。按照海关总署推荐函的意见，与华东信息公司就落实全国保税物流信息统一平台的设计、采购和安装等事宜进行了充分的接触和对接，并达成了共识，为B区保税物流工作的全面开展奠定了坚实的基础，目前各项工作正在紧张有序地开展中。

【重点企业】 美国美光半导体（西安）有限责任公司：投资2.5亿美元的美光半导体模块组装和芯片封装测试项目已正式入驻出口加工区B区。美光半导体（西安）有限责任公司是2006年5月由国家发改委、商务部批准设立的外商独资企业。公司的半导体封装测试项目位于出口加工区B区，建设用地约9.3万平方米。项目的厂房建设分两期进行，总建筑面积约为4万平方米。建成一期生产厂房和动力及办公等辅助用房共计1.8万余平方米。一期厂房主要用于集成电路非标定制产品的封装测试生产和内存模块装配生产。二期厂房规划用于标准半导体器件封装和测试。本项目计划中的主要产品有：DRAM内存、闪存、CMOS影像传感器以及其他半导体产品。

美国应用材料公司：全球最大的半导体设备制造商美国应用材料公司在出口加工区B区设立全球开发中心，一期项目投资2.55亿美元，西安将成为应用材料公司除美国本部外的又一个全球技术中心。2006年4月，应用材料公司投资在设立全球开发中心，建成后将成为全球第三个开发中心，进行产品、技术和软件方面的开发工作。应用材料西安公司计划中包含全球开发中心在内的4个项目是：全球开发中心、八英寸（200毫米）硅片服务支持中心、国际采购中心和产品诊断控制中心。一期工程总面积1.06万平方米，能够容纳500名员工。并建有世界级水准的10000级洁净室，能提供高等级的实验室、机台展示和装配空间。

呼和浩特出口加工区
HUHEHAOTE EXPORT PROCESSING ZONE

【经济发展】 2007 年，呼和浩特出口加工区是起步之年，全年共完成工业总产值 2.2 亿元；实现进出口总额 3820 万美元。其中，进口总额 1641 万美元，出口总额 2179 万美元。

【投资环境】 呼和浩特出口加工区于 2002 年 6 月 21 日经国务院批准设立，是自治区唯一的国家级出口加工区，规划面积 2.21 平方公里，按照整体规划、分期开发的原则，一期开发建设了 1.038 平方公里土地，实现了“七通一平”，建成了主干道、巡逻道、雨水污水排放系统和供水、供电、通信等设施。包括 4.4 公里不间断全封闭金属网状永久围网；一个永久性卡口，卡口设置 6 条通道，其中货车通道 2 条、客车通道 2 条、人员通道 2 条，通道安装电子闸门放行系统、车辆自动识别系统和摄像系统组成的闭路电视监控系统；建有可供海关及检验检疫部门共同使用的 1.49 万平方米的验货场地，其出入口设置 2 台电子地磅，区内建有 1550 平方米的监管仓库、1000 平方米验货平台；加工区已建成标准厂房 1.7 万平方米，综合办公楼 5268 平方米，监管仓库 1550 平方米。

加工区内规划了四个功能区：加工工业区、监管及仓储区、管理服务区和公用工程区。

呼和浩特地理位置优越，城区东距首都北京 440 公里，天津口岸 580 公里，北距内陆开放口岸二连浩特 490 公里，西至包头 150 公里，距准格尔大型煤炭能源基地 100 多公里，西南距鄂尔多斯天然气田 300 公里。同时呼和浩特还是内蒙古中西部地区辐射冀、晋、陕部分地区以及面向全国和世界市场的重要商业流通中心，并以沿线城市、中心城市、资源富集地区的三大优势占据了中西部发展的有利地位。呼和浩特是国家 45 个公路主枢纽城市之一，北京到呼和浩特高速公路的贯通，使呼和浩特到北京的时间缩短为 4.5 小时。京兰铁路经市区北侧通过，成为沟通北京，通往大西北的重要通道。呼和浩特机场是国家二级航空口岸机场和 2008 年北京奥运会的备用机场，可起降各种型号飞机。特别是我国首列国际物流专列——呼和浩特至德国法兰克福“如意号”国际集装箱专列的开通，结束了亚欧之间铁路连而不通的历史，是目前路经国家最多、运输距离最长的一条亚欧陆路运输通道，途经中国、蒙古、俄罗斯、白俄罗斯、波兰、德国 6 个国家，运输距离 9814 公里，横跨亚欧两大洲，使出口货物运到欧洲的时间缩短为仅 15 天，为呼和浩特与欧盟之间开展进出口贸易创造了极大的便利条件，也是呼和浩特出口加工区能够发展壮大的独特优势。呼和浩特出口加工区位于这一黄金通道的桥头堡，依托这一优势，加工区力争将园区建设成为面向欧洲、俄、蒙的具有国际保税物流功能的我国北方重要的出口加工区，并将成为提高呼和浩特乃至内蒙古对外开放水平的重要载体。出口加工区实行全封闭管理，货物进出采取“一次审报、一次审单、一次查验”的通关模式，24 小时通关服务。

【招商引资】 呼和浩特出口加工区现已投产的企业有两家。其中区内企业内蒙古晟纳吉光伏材料有限公司是目前亚洲最大的硅产业制造基地之一。

【发展趋势】 由于封关时间不久，出口加工区还处于学习和摸索阶段。虽然入区项目只有2家，但企业都具有很好的成长性，在产业发展上已形成一定的基础，具有比较明显的特色，特别是内蒙古晟纳吉光伏材料有限公司应尽快做大做强，形成光伏产业集群，依靠该企业龙头带动，延长产业链，从而形成产业聚集。同时抓住国际和区域间生产要素流动和产业转移的有利时机，承接向中西部地区转移的项目，积极拓展保税物流功能。

【机构设置与管委会领导】 呼和浩特出口加工区管委会下设综合办公室、土地规划建设局、经济发展招商局3个机构。具体负责区内行政管理、开发建设、经济发展、招商引资等工作。出口加工区管委会主任那顺巴雅尔，副主任张晶馥、许成亮。

郑州出口加工区
ZHENGZHOU EXPORT PROCESSING ZONE

【经济发展】 2007年，河南郑州出口加工区在国家实施宏观调控，不断调整出口退税政策，扩大加工贸易禁止类目录，以及人民币持续升值，资源、能源价格普遍上涨的情况下，坚持以科学发展观为指导，坚持“在调控中发展”的工作思路，紧紧围绕加工区的建设发展大局，创新思路，把握机遇，发挥优势，主抓招商，在项目引进上取得了一定成果。同时，不断完善综合投资环境，牢牢树立“服务经济促发展”的工作宗旨，提高全方位服务质量，使全区工业经济呈现出快速发展的良好势头。

2007年，新批准投资项目10个，协议投资额8.9亿元（其中企业增资额7.4亿元）；投产企业3家；完成固定资产投资10.8亿元，同比增长1.45倍；实际利用外资8721万美元，增长10.09倍；实现进出口总额1.8亿美元（包含境内区外采购入区），增长3.74倍，其中：进口1.43亿美元，增长4.48倍；出口3360万美元，增长2.02倍。

区域经济呈现出三大特点，一是招商成果显著，区域主导产业初步形成。全年加工区新引进项目10个，同比增长67%，在项目引进数量上有了新的突破。其中工业项目9个，主要涉及电子信息技术（2个）、机械加工（3个）、生物制药（1个）等行业。截至目前，全区实际进区工业项目共计19个，其中，电子信息项目4个，占21%，加速了我区电子信息为主导的产业形成，促进了我区经济结构的优化。二是大项目带动大投资，全区固定资产投资突破10亿元。2007年，重点在建项目——晶诚科技（郑州）有限公司生产设备陆续到位、4.6万平方米主体厂房基本竣工，在该项目当年完成投资9.8亿元，占2007年全区固定资产投资10.8亿元的90.7%，年度投资首次突破10亿元大关，是上年的3倍，达到建区以来固定资产投资的最高峰。三是进出口额同比实现翻番，出口商品结构明显优化。2007年，全区进出口形势较好。据海关统计，全年进出境额首次突破1亿美元，实现进出境值1.5亿美元，是上年同期的7.3倍，加工贸易出口额从上年占全市加工贸易出口总额的7.7%上升到25%；进出口总额排名位居中部7家出口加工区第一，在全国出口加工区的排名由上年底的32位上升到27位，增长势头强劲。另外，机电产品、高新技术产品出口增长较快，分别是上年的17倍和13倍，出口商品结构明显优化。

【投资环境】 河南郑州出口加工区位于郑州东南部，京广铁路、陇海铁路、京珠高速公路、连霍高速公路、310国道、107国道、环城公路环绕四周。距新郑国际机场22公里，距陇海铁路圃田站3公里，距国家一类铁路口岸——郑州铁路东站1.5公里，距公路货运中心站2.5公里，至天津、青岛、连云港港口铁路运输最多不超过8小时，交通便利。进区企业不仅享有国家赋予的进出口免税、进料保税、入区退税等优惠政策，同时还享有省、市政府赋予加工区在税收、贷款、运费、保险等方面的更多优惠，是河南省实施开放带动战略，实现中原崛起的重要平台和对外开放的新窗口，被省委、省政府定位为“全省招商引资、扩大出口的示范区”。

在区域开发建设方面，到2007年底加工区一期0.6平方公里累计完成固定资产投资17亿元，其中，基本建设累计投资10.7亿元，实现了区内“九通一平”，为企业生产提供了完善的配套设施，其中，标准厂房建设累计投资9500万元，建成了11栋8万平方米标准厂房，为入区企业提供了充足的生产场所；生活配套区累计投资约4000万元，2.2万平方米职工公寓建成并投入使用，为企业解决了职工食宿的后顾之忧。

在服务方面，2007年加工区管委坚持以“服务经济促发展”为指导，牢固树立了“服务第一，企业至上”的服务宗旨，加强自身建设，建立健全三大服务体系，即项目进区手续“协办”服务，项目建设“跟踪”服务，企业经营“全程”服务，通过实行项目协办制、联系企业制、协调例会制，对企业实行“全方位”服务。同时，郑州海关驻区办事处通过座谈、培训等形式为企业破解一系列政策性难题，海关主要领导亲赴天津、深圳海关，协调解决入区企业进口大宗货物非监管运输和二次转关问题；检验检疫推行企业电子联网报检，进行系统升级改造，有效提高了工作效率，并通过细致的检验，为企业追缴索赔。加工区各相关部门的全方位服务工作，让企业在加工区投资放心，经营安心，生活舒心，对未来充满信心。

【招商引资】 2007年，面对我国进出口贸易政策调整给招商引资带来的严峻挑战和深刻影响，加工区管委认真分析中部崛起战略和加工贸易产业转移给加工区发展带来的机遇，正视现实，顺应变化，积极应对，确定了“以电子信息类产品为主的高新技术产业和以加工制造类产品为主的劳动密集型产业”的招商工作重点，秉承“亲商、重商、护商”的宗旨，继续加大招商引资力度，着力实施“走出去”战略，进一步拓宽招商渠道和方式，积极吸引外资，全年新批进区项目10个，项目协议投资额8.9亿元，同比增长2.51倍；注册资金4.1亿元，增长4.19倍。

【工业】 2007年，区内已投产的11家工业项目共实现工业总产值26488万元，同比增长2.06倍，实现增加值10954万元，增长3.19倍。其中，文体用品实现工业产值13117万元，增长1.17倍，占全区工业产值的49.5%；电子信息产业实现工业产值4699万元，增长11.5倍，占全区工业产值的18%，比上年占全区比重增加14个百分点，电子信息产业产值的快速增长和所占比重的增加是加工区致力于发展“以电子信息类产品为主的高新技术产业”导向的体现；纺织品实现工业产值3503万元，占全区工业产值的13%；玻璃深加工产品实现工业产值2429万元，增长1.67倍。同时，加工区产销衔接保持良好状态，实现销售收入26233万元，增长2.04倍，工业产销率达到99%。

【发展趋势】 2008年，郑州出口加工区将全面贯彻党的十七大精神，坚持科学发展观，紧紧围绕“大建设，大发展”这一主题，牢牢把握“提高质量，提高水平；提升品位，提升位次”的工作方针，抢抓机遇，开拓创新，奋力实现项目集聚、出口创汇、空间发展和功能拓展的新突破，有力推动区域经济又好又快发展。

2008年，郑州出口加工区将抢抓加工贸易向中西部梯度转移的机遇，着力引进科技含量高、产业链长的大企业，拉动产业配套，形成产业集群；并继续加强软硬环境建设，进一步提升通关速度，形成符合国际惯例、高效运转的管理机制和运行体制，为进区企业提供便捷、优质的服务；同时完善功能配套，优化物流服务，做好保税物流功能拓展的各项准备工作，促进加工贸易和保税物流协调发展；力争全年实现进出口总额2.8亿美元。

【机构设置与管委领导】 河南郑州出口加工

区管理委员会于2003年6月经河南省编委批准设立，属郑州市政府的派出机构，加工区管委下设管委办公室、招商局、经济发展局、综合管理局4个部门，并设有国有投资公司郑州昇阳出口加工发展有限公司。部门分工明确，职责完善，运转有序。加工区管委领导班子配备管委主任1名，常务副主任1名，副主任5名。

郑州出口加工区党委书记、管委主任张延明，党委副书记、管委常务副主任刘国正，党委委员、管委副主任师淑君，党委委员、管委副主任任永桥，党委委员、管委副主任张保成，党委委员、管委副主任李春德，党委委员、管委副主任王升建。

【招商部门】 郑州出口加工区招商局现有工作人员4人，是一支素质高、业务精，工作能力强的招商队伍。郑州出口加工区招商局将竭诚为进区企业提供全方位的优质服务，欢迎您的到来。

郑州出口加工区招商局联系电话：0371－66866120、66866130。联系人：杜旭东（副局长 英语）0371－66866126、13663866193，赵民（西班牙语）0371－66866120/130、13949066675，刘艳丽（英语）0371－66866120/130、13598016920，朱小兵（英语）0371－66866120/130、13837152940。

南京出口加工区
NANJING EXPORT PROCESSING ZONE

【经济发展】 2007年是南京出口加工区经济快速发展的一年。全年实现工业总产值3.3亿元，同比增长76%，完成工业增加值9653万元；完成进出口总额6325万美元（不含深加工结转），增长59%，其中出口2854万美元，增长1.59倍；进口3471万美元，增长34%。

【投资环境】 南京出口加工区于2003年3月10日经国务院批准设立，同年进行了规划建设，并于2003年9月28日通过了国务院八部委的联合验收正式封关运作，实现了南京市政府“当年申报成功、当年规划建设、当年通过验收、当年项目入区”的工作要求。

南京出口加工区位于国家级南京经济技术开发区内，东至仙新路，西至兴智路，北至恒广路，南至栖霞大道，面积1.5平方公里，紧临中国内河第一大港南京新生圩外贸港和南京长江二桥，距南京中心城区仅10公里，可直接接受南京市在工业、科技、信息、金融、人才、服务等多方面的辐射和支持。

2007年，南京出口加工区进一步加大区域开发与建设力度，优化投资环境，完成固定资产投资1987万元，其中基础设施投资1987万元。到2007年底，南京出口加工区累计完成固定资产投资6.8亿元，其中累计完成基础设施投资3.3亿元。

2007年，南京出口加工区为进一步优化投资环境，对出口加工区二期标准厂房进行了规划建设，设计总面积4万平方米，并已完成桩基建设。同时，为配合国家调整出口加工区政策、叠加保税物流功能进行积极准备，规划了出口加工区保税物流功能区域，引进大型物流项目入区发展，投资总额1.3亿元的新型保税仓储设施已经开工建设。

南京出口加工区1.5平方公里的土地已经完成“七通一平”，通信、网络等全部到位；建成综合管理大楼2.8万平方米，标准厂房3.2万平方米，仓储设施7000平方米。

【招商引资】 2007年，南京出口加工区继续加大招商引资力度，进一步拓展招商渠道，积极吸引外资，不断提高管理服务水平。2007年，南京出口加工区引进项目3个，投资总额1.1亿美元。到2007年底共引进项目8个，其中外资项目5个。批准投资总额1.4亿美元，合同利用外资4175万美元，实际利用外资240万美元。

【工业】 为帮助进区企业扩大生产规模，尽快提升南京出口加工区综合竞争力，南京出口加工区管委会始终将服务与协调工作放在突出位置，主动为企业排忧解难，积极营造良好的投资环境与发展氛围，努力打造服务型机关。

2007年，南京出口加工区实现了进出口贸易业务的全面开展，步入了快速发展的良性轨道。随着入区项目的进一步发展，南京出口加工区作为“招商引资”、“招商选资”新型平台的功能逐步显现，进出口总额增长速度明显加快。

【发展趋势】 2008年，南京出口加工区将进入了一个新的发展阶段，南京出口加工区管委会将积极创造条件，全力保证叠加保税物流功能的工作顺利进行。期间，将做好区内物流公司将物流配送业务拓展到区外、境外的前期业务准备工作，放大南京出口加工区内仓储企业的中介作用，使南京出口加工区成为国际采购、全球配送的载体。同时，按照“加工制造为主，保税物流为辅”的原则，在加工区规划不同的功能区域，分步推进仓储物流设施建设，为企业运行最先进的第三方物流管理模式创造优良条件，促进加工制造和现代物流协调发展。

2008 年南京出口加工区将进一步加强招商引资的力度，立足南京经济技术开发区的优势，积极引进一批“龙头”型 IT 型项目入区，与之构成高技术含量、高附加值的加工贸易产业链，实现招商引资新的突破。2008 年，南京出口加工区引进的美国 HBI 高档纺织面料项目、法国太阳能项目等将陆续建成投产，南京出口加工区将步入飞速发展的新阶段。

【机构设置与管委会领导】 南京出口加工区管委会主任梁学忠，管委会副主任马利、贾斌、陈千茂、周铳等。南京出口加工区管委会与南京经济技术开发区管委会合署办公，实行“两块牌子、一套班子”的管理体制，下设南京出口加工区综合管理局，联系电话：025－85664713。南京出口加工区管委会根据国家规定的职权、职责和市政府授权，统一行使对南京出口加工区的行政管理权。

连云港出口加工区

LIANYUNGANG EXPORT PROCESSING ZONE

【经济发展】 2007 年元旦期间，国务院总理温家宝亲临连云港视察，指出连云港在我国区域经济协调发展中具有重要战略地位，是连接东西、沟通南北的重要节点和纽带，要求把连云港陆路优势和港口功能的综合作用发挥好，促进东中西部地区的统筹发展、协调发展、和谐发展。2007 年 3 月，江苏省委、省政府召开专题会议，研究连云港发展问题，要求连云港实施全面开放战略，加快开放，全面开放，全方位开放，使连云港成为江苏乃至国家又一个开放创新区，成为江苏省新的临港产业和高新技术产业集聚区，成为江苏新的服务业集聚区。

2007 年，连云港出口加工区紧紧围绕“抢抓机遇，提升功能，加快发展”工作主题，不断推进项目建设，提高综合服务水平，各项建设和发展工作进展顺利。起步区实现进出口总额 11469 万美元，同比增长 80%，其中进口 4995 万美元，增长 76.81%，出口 6474 万美元，增长 81.6%。实现工业增加值 2583.66 万元，增长 12.52%，实现工业总产值 13430.7 万元，增长 51.59%，实现工业产品销售额 13622.3 万元，增长 65.24%，完成海关税收 196.53 万元，增长 1.19 倍。

2007 年，连云港出口加工区共引进项目 13 个，其中起步区引进内资项目 1 个，出口加工区二期引进内外资项目 12 个。到年底，连云港出口加工区累计引进项目 21 个，其中起步区累计引进项目 9 个，投资总额 9410 万美元，投资额在 1000 万美元以上项目 5 个，累计合同外资 4630 万美元，实际利用外资 1472.62 万美元，投产项目 3 个，从业人员 2432 人。

【投资环境】 连云港出口加工区 0.71 平方公里起步区，按照“高起点、高质量”的建设要求，实现了道路、供电、供水、排水、排污、供气、电话、电视、宽带和场地平整的“九通一平”。起步区内面积 2.83 万平方米的 14 栋标准厂房全部出租；企业自建面积为 17.94 万平方米的 15 栋厂房和 1 栋综合楼全部竣工。

随着连云港出口加工区基础设施等硬环境建设的逐步到位，2007 年，连云港出口加工区更加注重彰显个性的软环境建设。一是建立了“一站式”服务中心。2007 年 3 月，行政服务中心正式投入运行，实现工商、税务、规划、建设以及劳动人事、公用事业等各个审批环节的“一站式”服务，确保企业审批事项在区内办结。二是完善一条龙服务机制。区项目推进办公室、建设局、规划局、经济发展局等部门紧密配合，联手服务。开通 24 小时服务热线，定期企业巡访，聘任企业行风监督员等，切实帮助企业解决出口退税、厂区治安、厂房维修、工伤处理、员工招聘等方面问题。三是健全立体式综合协调服务机制。管委会、海关、检验检疫、外汇、国税、公安以及政府其他相关部门定期召开碰头会，畅通企业与驻区机构的服务渠道，形成了一套推进加工区建设的立体式综合协调服务机制。

【招商引资】 2007 年，连云港出口加工区依托连云港港、新亚欧大陆桥、国家级开发区等综合优势，以及土地、电力和劳动力等方面的独特优势，扬长展优，在坚持和深化招商工作市场化的前提下，以改进招商方式为突破口，打好招商引资主动战。一是开展结对联手招商。抓住南方产业升级，需要腾笼换鸟的有利时机，充分发挥我区在吸纳资本和产业转移上的“洼地”效应，确定了“南北联动，合作开发”的战略举措，将连云港出口加工区二期作为与昆山开发区的共建园区，全面推进与昆山开发区的联动发展。二是组团外出招商。连云港出口加工区距连云港港口仅5公里，与日本、韩国隔海相望，坐拥新亚欧大陆桥东桥头堡独特位置。连云港出口加工区确定了“内引外联，主攻日韩”的招商重点。组织专业招商团组，广泛开展日韩、中西部等经贸推介活动。全年在境内外举办招商活动13次。三是编织网络招商。着重编制了亲友招商网络、客户招商网络、友好单位招商网络、中间体招商网络等四大招商网络。突出重点区域，或派人进驻，或委托招商中介机构，或委托有联系的社会团体、协作单位、企业老板、亲朋好友等作为招商特使、招商顾问或招商分支机构，逐步形成二级、三级招商网络。

【工业】 连云港艾业无纺布制品有限公司是美国APLUS国际公司在连云港设立的独资企业。公司于2004年6月落户连云港出口加工区，同年9月正式投产。主要生产医疗及工业防护一次性无纺布用品，产品主要出口美国、日本、韩国、澳洲及欧洲等地区。公司占地面积约10万平方米，厂房面积37008平方米，其中2007年新建厂房17983平方米。全封闭空调生产车间9个，全进口设备的裁剪车间3个，消毒车间1个，公司拥有高层专业管理人员50多名，各项经济指标呈良好发展态势。

【发展趋势】 2008年，连云港出口加工区将深入贯彻温家宝总理视察连云港时的重要指示精神，充分发挥连云港出口加工区的功能和作用，优化通关物流环境，推动加工贸易转型升级，促进开放型经济又好又快发展。将适时启动出口加工区二期封关运作，争取获得保税物流功能。力争引进项目5~10家，其中物流项目2~3家。进出口总额超过2亿美元，吸纳劳动力4000人。

【机构设置与管委会领导】 连云港出口加工区管理委员会与连云港经济技术开发区管理委员会实行“两块牌子，一套班子”，统一规划、统一管理。出口加工区海关、出入境检验检疫进驻出口加工区，国税、地税、工商等与开发区有关机构合署办公。

连云港出口加工区管委会工委书记郗同福，工委副书记、管委会主任唐国海，工委副书记、管委会副主任徐开信，工委副书记、管委会副主任曹卫东，工委副书记魏怀余，管委会副主任钱德福、武心明、邱家海、陈永良、王强，管委会纪委书记郝元成，管委会主任助理董世友、张汝凯。

【招商部门】 连云港出口加工区设4个招商局。其中招商一局局长殷元，电话：0518－82348528；招商二局局长王勇，电话：0518－82347555；招商三局局长陆惠林，电话：0518－82345900；招商四局局长董世友（管委会主任助理兼），电话：0518－82341005。

苏州国家高新技术产业开发区出口加工区

SUZHOU NATIONAL NEW & HI – TECH DISTRICT EXPORT PROCESSING ZONE

【经济发展】 2007年，苏州国家高新技术产业开发区出口加工区（以下简称苏州高新区出口加工区）以规划调整为契机，坚持以项目引进为龙头工作，进一步强化企业服务工作，完善载体设施建设，规范区域管理，实现了区域经济的快速发展。

2007年，苏州高新区出口加工区有8家企业（含调整入南区3家企业）开工投产，出口加工区累计投产项目34个。在投产项目的带动下，进出口总额保持快速增长。全年实现进出口总额8.17亿美元，同比增长48%。其中，出口5.31亿美元，进口2.86亿美元。全年实现工业总产值27.94亿元，增长41%。全年累计投入固定资产总额7.2亿元，其中设备投入4亿元，基础设施建设及其他投入3.2亿元。区域全年新开工房屋面积28万平方米。

2007年出口加工区在保持经济总量快速攀升同时，区域发展水平得到进一步提升。全年各项主要经济指标均呈现快速增长态势，特别是工业总产值、工业增加值、销售产值比去年均有大幅增长。区内企业赢利能力明显加强，利税总额比去年均实现大幅度攀升，全年有8家企业实现赢利，办理了税收减免手续。部分企业如阿特斯、倍雅、苏尔特等发展极为强劲，企业产值、销售收入、利税等均比上年有数倍增长。

【投资环境】 苏州高新区出口加工区于2003年3月经国务院批准设立，规划面积2.7平方公里。2003年9月，一期开发1.22平方公里封关运作；2005年1月，二期开发1.48平方公里封关运作；2007年5月，国务院同意调整苏州高新区出口加工区规划范围，设立苏州高新区出口加工区南区，南区规划面积0.59平方公里，于2007年9月封关运作。苏州高新区出口加工区位于苏州国家高新技术产业开发区北部，地理位置优越、交通便捷、物流畅通、区内基础配套设施齐全。

苏州高新区出口加工区在本着集约使用土地的原则，一直注重标准厂房的建设。2007年苏州高新区出口加工区标准厂房竣工面积5万平方米。已开发了四期标准厂房，总计建筑面积37.33万平方米。标准厂房租赁情况良好，出租率达80%以上。

苏州高新区出口加工区与苏州高新区保税物流中心（B型）相距仅1公里，出口加工区和保税物流中心实现互动，为区内企业提供快捷的物流服务。出口加工区的快速发展带动周边区域经济的发展，进一步提升了区域的发展水平，在出口加工区周边已形成了综合商贸服务区域，主要有50万平方米大白荡公园、可容纳2万人居住美林青年公寓、2.3万平方米高档写字办公楼第三置业大厦、大型居住社区名墅花园等。

【招商引资】 2007年，苏州高新区出口加工区紧紧围绕高新区大招商格局，与招商、发改等部门密切配合、协调，实现资源共享、统一调配、互相支援的良好工作格局，积极做好项目引进工作。

2007年，出口加工区已引进太阳雨电脑、超热导等5个外资项目，另有名硕电脑、同庆科技等5家区内企业增资。全年批准项目总投资额5.53亿美元，注册资本2.11亿美元，实际利用外资1.64亿美元。到2007年年底，苏州高新区出口加工区已累计批准项目总投资22.24亿美元，注册资本9.55亿美元，实际利用外资4.69亿美元。

【工业】 苏州高新区出口加工区的产业以电子和精密机械为主。电子类项目主要分布在电脑、手机和液晶电视零部件上，项目产出较高，是出口加工区进出口额的主要构成。机械类项目的投资额仅次于电子类项目，具有相当规模，进出口额增长稳定。新材料和汽车零部件类项目已形成规模，产值增长迅速，特别是生产太阳能电池的阿特斯太阳能光电（苏州）有限公司发展迅速，进出口总值和工业产值等经济指标已跃居首位。

【发展趋势】 随着苏州高新区出口加工区规划调整的顺利实施，名硕电脑等企业顺利入驻南区，通过南区龙头企业名硕电脑的带动效应和IT产品资源优势，着力将南区打造成IT产品基地。2008年，苏州高新区出口加工区进入跨越式发展阶段，我们将通过建立ISO9001质量认证体系和ISO14000环境认证体系，确立“质量加工区，环境加工区”的建设目标，全面提升管理服务水平，以实现区域的规范高效管理，以满足出口加工区加工贸易突增要求。按照苏州高新区工委、管委会下达的任务，我们制定了当前的发展规划：力争2到3年的时间，完成年进出口总额300亿美元目标、综合排名进入全国出口加工区前列。

【机构设置与管委会领导】 经苏州市委批准，设立苏州国家高新技术产业开发区出口加工区管理委员会，与苏州国家高新技术产业开发区管理委员会合署办公，实行“一套班子，两块牌子”的管理体制。同时，本着高效精简、机制创新的原则，设立苏州国家高新技术产业开发区出口加工区管理委员会办公室（即苏州高新区出口加工区管理局），具体负责苏州高新区出口加工区的开发建设的各项工作，下设办公室、开发建设处、管理服务处三个职能部门。另设苏州高新区出口加工区投资开发有限公司，负责加工区的土地开发、基础设施建设、标准厂房租赁经营等事宜。

【招商部门】 管理服务处，联系人：徐玉、唐越；联系电话：0512－68018661、68018662，传真：0512－68016666；电子邮件：xu.y@snd.gov.cn、tang.y@snd.gov.cn。

镇江出口加工区
ZHENJIANG EXPORT PORCESSING ZONE

【经济发展】 2007年，是镇江新区实现“三年大提升”目标的关键之年，围绕这一目标，镇江出口加工区根据实际情况定位园区功能和产业发展方向，始终以招商引资和企业服务并重的发展思路，优化部门职能，强化招商力量，不断完善投资环境，各项工作取得了一定成果。

到2007年12月底，全区累计批准外资项目13家，投资总额13160万美元，合同利用外资7895万美元，实际到位外资3499万美元。自封关运作已累计实现进出口总额6961万美元，深加工结转2364万美元，实现工业总产值3.93亿元，实现销售3.29亿元；实际到位外资、进出口总额在全省已封关运作的13个出口加工区中列第5位和第8位。

区内正式投产企业有6家，投资方主要集中在美国、香港、台湾等国家和地区。园区2007年销售（经营）收入为9078万元，实现增加值851万元，实现工业产值9478万元；产销衔接保持良好状态，工业产销率达到95.7%。实现进出口总额1759万美元，深加工结转额563万美元，其中：进口542万美元，出口1217万美元，在进出口总额略有下降的情况下，出口同比还增长了7.9%。

【投资环境】 镇江出口加工区位于江苏省镇江市的东侧，坐落在江苏省镇江经济开发区（镇江新区）内。地处中国经济发展最具活力的“长三角”地区，位于长江和京杭大运河“黄金水道”的十字交汇处和上海经济圈和南京都市圈的交汇处，区域位置得天独厚，具有“铁、公、水、空”立体大交通的独特优势。母体—镇江新区始终致力于创造一流的投资软硬环境，区内海关、国检、银行、物流、仓储等机构一应俱全；这里建材工业发达，建设成本低廉；这里文化底蕴深厚，高校众多，人力成本相对较低。这里“务实诚信”、“亲商、安商、富商”，已成为亚洲最大的造纸基地、国内最大的工程塑料生产基地、汽车缸体铸造基地、音视电子产品整机生产基地，初步形成了造纸、工程塑料、精细化工、汽车配件、精密铸件、光电子等主导产业，产业集聚优势明显。

【投资环境】 建设出口加工区，是镇江市委、市政府的重点工作，也是镇江新区吸纳集聚国际资本，发展高新技术产业的重要举措，由于领导重视，措施得力，出口加工区的配套设施已日臻完善，区域面貌发生了显著变化。

2007年，为出口加工区配套的设施基本启用：

在生产配套设施建设方面：在园区南侧，沿镇大公路建的五栋标准厂房全部竣工，建筑面积合计为50092平方米，部分已被企业租用。整个园区10千伏输配电工程按“一次规划，分期实施”的原则，分两期实施，总投资预计为1885万元，一期工程预计投资1161万元，已经竣工，具备了通电条件。它的建成，极大的改善出口加工区的用电环境。

在商务配套中心建设方面：已在大港通港路西侧、镇大铁路南侧着手规划建设总投资约2000万元人民币的出口加工区商务配套中心。

建成后将设有金融、报关代理、运输代理、外贸代理、人才招聘代理以及快餐供应等服务机构，为进区企业提供方便周到的服务。项目占地 11.19 亩，总建筑面积约 13500 平方米，项目已经竣工，并有快餐公司、超市等服务机构入住使用。

在生活配套设施建设方面：为方便区内企业员工生活、娱乐的需要，为投资者提供细致周到的服务，在出口加工区东侧规划建设 194.85 亩配套服务中心，总投资约 3.5 亿元人民币，建筑总面积约 20 万平方米。建成后，将拥有白领公寓、综合商业广场、商务办公楼及具有经营实力的超大规模大卖场。该项目分两期建设，一期工程建筑面积约 5 万平方米，具体包括沿通港路的三层商办楼及两幢高层商住楼，到年底一期工程的两幢 18 层高层商住楼及商办楼的基本完工，正在进行配套建设，正在热销中。二期工程约 15 万平方米，拟于 2008 年底建成。在出口加工区的东北侧规划建有 54.6 亩员工公寓，共建设三栋公寓，一期工程投资 5000 万元，建筑面积为 18792 平方米，目前已经竣工，已有约 300 余人入住，配套的超市、网吧、浴室等设施也已投入运营。它的建成将满足出口加工区内所有企业员工的住宿、生活及娱乐。

【招商引资】 2007 年，出口加工区招商引资继续保持良好势头，增资项目数量比重较大。全年新批项目 5 个，增资项目 2 个，投资总额 6410 万美元，同比增长 16.5%，注册资本 3530 万美元，实际到位外资 1735.77 万美元，增长 45.6%。投资方主要为美国、加拿大等国家，其中在正式投产的 6 家企业中有两家增资，增资的到位外资为 150 万美元，占全年到位外资的 8.6%。新批项目主要为美国、加拿大等国家注册投资，行业设计到金属、机械、食品等加工行业。

【发展趋势】 国家在土地方面的宏观调控、保税物流的功能拓展、新企业所得税法的实施、镇江出口加工区配套环境的日益完善为镇江出口加工区的经济增长提供了良好的发展空间。随着购地建设的项目建成投产，再加上租用标准厂房的企业，2008 年预计将有 5 ~ 8 家企业正式投产，整个园区的各项指标有望翻二番。全年工业总产值将达到 4 亿元，实现商品销售额 3.8 亿元，进出口贸易额可达到 1 亿美元。

【机构设置与管委会领导】 镇江出口加工区管委会，与镇江新区管委会实行“两块牌子、一套班子”的管理模式。管委会下设管理局，内设项目服务部、规划建设部、综合管理部三个部门，具体负责出口加工区的行政管理工作。管理局同时托管—出口加工区综合服务中心，具体负责出口加工区的物业管理、房屋及公共设施的管理维护、租赁等方面工作。

镇江出口加工区管委会主任、镇江新区管委会主任罗洪明，管委会副主任路月中。

镇江海关驻出口加工区办事处设监控科和备案科，负责出口加工区海关业务。

中华人民共和国镇江出入境检验检疫局出口加工区检验检疫办事处，负责对进出加工区的货物、交通运载工具、集装箱、包装物等进行检疫、检验、鉴定、监督管理工作，对区内传染病、动植物疫情等进行监测、调查与控制。

【招商部门】 镇江新区管委会专门成立了招商三局，全力主攻出口加工区的招商引资工作。招商热线：0511 - 83172266，联系人：施凌云，电话：0511 - 83172266、传真：0511 - 83171966、手机：13906102002、邮箱：shilingyun@ zjna. gov. cn

青浦出口加工区
QINGPU EXPORT PROCESSING ZONE

【经济发展】 根据上海加快实现“四个率先”，全面推进“四个中心”建设，构建和谐区域的总体要求，以及青浦区委区政府提出的拓展外资发展和产业布局新空间的新任务，2007年，青浦出口加工区结合自身发展需求，以抓产业建设为重点，加强功能辐射和拓展；采取有效措施，促进招商引资工作；注重集约开发，巩固制度建设，构建和谐区域。到2007年底，累计落户外资企业16家，总投资35835.8万美元，注册资金14581.4万美元，累计投产企业8家。全年实现增加值46321万元，同比下降1.32%；工业总产值118789.7万元，增长70.77%；工业产品销售额127296万元，增长83.11%。据海关统计，2007年共完成进出口总额34716万美元，增长36.1%；其中出口额17879万美元，增长47.47%；进口额16837万美元，增长25.37%。

【投资环境】 2007年，青浦出口加工区把握形势，巩固基础，制定目标，不断优化投资环境。一是集约使用土地，完善形态规划和功能规划。对通过“腾笼换鸟”置换出来的地块进行再利用，根据意向需求规划，提高加工区的综合配套水平。研究加工区的溢出价值，利用加工区的地理优势，开拓道口经济，开展商业规划，提升周边地区经济发展水平。二是加强企业管理，营造和谐文明的管理环境。坚持条线结合、联动管理的原则，切实加强卡口管理和服务，提高监管质量。开展“共建共享”主题活动，加强精神文明建设，树立文明窗口形象。健全安全生产责任制，提高安全意识，深化专项整治，消除安全隐患，确保企业生产有效运行。进一步规范区内就业秩序，促进本地人才和部分失地农民有效就业，和谐劳动关系。三是积极筹备，做好转型升级准备。利用功能拓展在上海松江试点的契机，根据试点运行模式，深入研究有关业务拓展方向，为政策放开后的升级做好准备。

【招商引资】 2007年，根据落实科学发展观总体要求，青浦出口加工区逐一推进，逐步深入，逐项落实工作任务，努力提升产业结构，加快加工区的转型升级，促进区域又好又快发展。2007年批准项目数10个，其中外资项目9个，仓储物流项目1个，合同外资16540万美元，同比增长482.39%；投资额5000万美元以上的项目1个，美国项目数5个；到位资金1964万美元，与上年基本持平。

一是主攻行业龙头，树立区域形象。2007年成功吸引美国普惠公司和中国东方航空合资成立的普惠飞机发动机维修项目，成为加工区的亮点型企业，该项目的落户与投产，将为提升区域产业能级，带动青浦经济发展和上海航空产业发展产生巨大的推进作用。目前加工区内世界500强共有4家，占所有落户企业的25%。二是加强“无地”招商，提高土地利用率和产出率。面对土地指标紧缩，加强厂房招商工作，2007年83%的新项目为租赁厂房项目，累计落户企业中68.8%为租赁厂房。三是重视政策研究，发挥功能实效。利用加工区在出口退税上的特殊政策，吸引区外出口型企业入区，减少开发区退税承担部分。重点走访和突破出口退税额高、出口比例大、生产工艺适宜、租赁厂房的环保型项目，目前已成功吸引两家区外出口型企业入区，减缓地方退税压力。

【工业】 区内产业形态丰富，企业健康有序发展。在已落户企业的16家外资企业中，基本形成汽车配套业、精密制造与机械加工业、信息电子业和现代服务业。各企业基本实现稳步发展，全区工业产值与产品销售均有70%以上的增长。2007年列居加工区内工业产值和出口额第一位的是汽车配套产业中的上海欧菲滤清器有限公司。斯伦贝谢油田设备（上海）有限公司在增资后，二期工厂快速投产，运行良好，根据市场需求将再增资发展三期计划。普惠飞机发动机维修项目作为区内的新产业——现代服务业，也是加工区的重点项目，正处于基础建设期，各项工作按照时间节点有序进行。区内物流企业2007年总体运行情况良好，全年实现贸易总额约600万美元，营业收入300万元，同比增长5倍。

【发展趋势】 在产业发展上，进一步加快转变经济增长方式，提升产业素质。一是将以企业品牌培育为重点，加快推进企业自主创新，推动落户企业的内涵式发展。二是优化产业结构，以发展精密机械、航天航空、现代服务业为主，重点引入技术含量高、就业能力强、资源节约型的外资企业入区。三是以现有产业为核心向外延展，推行集群发展，形成区域规模性产业，提高加工区的综合竞争力。

在规划开发上，坚持统筹开发，切实提高土地利用率，分步分块实施工业厂房和商业开发。一是对有土地储备的落户企业久未使用的，采取回购的方式置换出土地。二是“筑笼引鸟”，按需定产建设标准厂房，进行土地增值经营。三是加快配套服务楼规划，完善商业地块的形态规划和功能规划。

在转型升级上，把握试点契机，做好政策对接，争取合作空间，扩大业务范畴。一是加快普惠项目的功能拓展的申请工作，确保项目顺利运行。二是与开展试点工作的松江、昆山做好有关政策对接工作，协同海关部门对加工贸易政策进行研究，寻找与加工区、保税区间的合作联动，从贸易方式着手，探索可行的互动模式，满足部分企业的业务需求。

在管理发展上，深入贯彻落实科学发展观，破解发展难题，提高发展质量和效益。一是坚持科学发展、和谐发展，处理好实现总目标、总任务与加工区实际相结合的关系。二是注重统筹兼顾，增强发展协调性。严格控制管理成本，注重管理实效，想方设法破解资金难题，实现开发速度和开发质量相协调的可持续发展。三是坚持以“人”为本，促进企业健康有序发展。提升服务主体的自主性，扩大服务内容的涵盖性，增强服务效果的实效性，从实体服务转到政策梳理服务，帮助企业及时做好政策调整后的应对工作；加强企业服务与管理，保障企业利益，加强资源节约型、环境友好型区域的建设，促进企业健康有序发展。

【机构设置与管委会领导】 青浦出口加工区成立开发有限公司，负责日常管理运行、规划建设和招商引资等，公司机构精简，共设办公室、招商和综合管理科、物业查验科、财务科4个工作部门，与青浦工业园区资源共享，联动管理，形成有序、统一、高效的工作格局，实行竞争上岗、干部聘任、员工考核三者结合的激励机制和绩效考核机制。海关、国检在区内设有办事处，报关、物流、银行等一应俱全，为企业提供便捷、快速的服务。

青浦出口加工区现任管委会主任为青浦区人民政府副区长张汪耀。

【招商部门】 本着“全民招商”的招商路线，发挥各职能部门、园区总部的资源优势，加强对出口加工区的招商工作。着眼长远发展，“区内开花区外香”，发挥在上海青浦外向型经济中的重要作用。联系人：金妹 021－59700088。

漕河泾出口加工区

CAOHEJING EXPORT PROCESSING ZONE

【经济发展】 2007年，上海漕河泾出口加工区继续呈现持续快速发展的局面，区内大型企业均顺利度过前期发展，进入整体盈利阶段。同时，区内不断深化对投资环境的建设及开发公司卓有成效的管理与经营工作使得越来越多的企业青睐入驻。

2007年，由于区内重点企业英业达集团高端产品订单量有所回落，增长势头放缓，加上人民币升值等因素，漕河泾出口加工区在进出口总量上有一定的增长，但在以人民币形式体现的工业总产值方面出现了下降的趋势。全年共实现销售收入645.93亿元，累计实现销售收入1818.58亿元；出口总额83.74亿美元，累计出口额达到227.66亿美元；进口总额28.78亿美元，累计进口额达到105.73美元；利润总额3.4亿元。

【投资环境】 上海漕河泾出口加工区是国务院批准的第四批出口加工区之一，规划面积3平方公里，一期开发0.9平方公里。2003年11月漕河泾出口加工区成功通过国务院八部委验收，并于次年3月1日正式封关运作。作为第四批通过验收的出口加工区，通过当地政府的大力协作及企业自身的不懈努力，漕河泾出口加工区从一开始就成为了同批次加工区中的领头羊，并在不到1年的时间内超越了众多的兄弟加工区，在全国出口加工区主要经济指标的排名中上升到了第三的位置且保持至今。

2007年，加工区区全年完成固定资产投资5.7亿元，经过近4年不断的投入，区内道路供电、供水、排水、排污、供暖、照明、网络通信等基础设施已经完善，此外，由于加工区的对外辐射经济带动了周边地域经济的又一次快速发展，目前，与加工区毗邻的地块已建成多块高档住宅，大型的商业设施也纷纷落户周边，这些生活辅助设施使得出口加工区的投资环境有了本质的提高，也为加工区进一步招商引资打下了坚实的基础。

【招商引资】 由于上海漕河泾出口加工区一期土地已经全部饱和，2007年出口加工区招商引资主要依靠剩余的7万平米厂房，继2006年加工区成功引进了区内第一家全球500强企业—泰科医疗项目后，区内企业英华达、英源达也不断壮大自己的企业规模，预计将在明年有大额的增资计划开展。目前区内共有企业16家，其中工业企业全部为外商投资企业，投资总额4.86亿美元，合同外资1.73亿美元，其中实际利用外资1.73亿美元，外资到位率达到100%。其中，200万美元以上项目6个，占企业总数的37.5%。

【进出口贸易】 2007年，漕河泾出口加工区进出口贸易实现了稳步增长，新增进出口企业5家，进出口总额达到112.52亿美元。其中，出口额达到83.74亿美元，进口额达到28.78亿美元。

区内重点企业英业达集团进出口总量实现了增长的势头，现英业达集团主要生产笔记本电脑、服务器、通讯类产品及部分数码类产品。

2007年区内从事进出口贸易企业6家，全年共与21个国家和地区发生进出口业务往来，其中尤以中国台湾、拉丁美洲国家出口贸易最为密切，与上述国家、地区的出口贸易额就达到了整个出口加工区贸易额的90%以上，贸易增长幅度超过150%。

【发展趋势】 上海漕河泾出口加工区已进入成熟发展期，区内大型企业也开始转为盈利，预计2008年全年出口接近100亿美元，提前完成在2010年预计实现政府要求的“100亿”美元加工区的任务目标。

【机构设置与管委会领导】 上海漕河泾出口加工区管委会现有3个主要部门，人员编制16名，达到了精简、统一、高效的目的。实行企业管理制度，建立了与岗位目标责任制考核挂钩的激励机制和绩效分配机制。海关、商检等管理单位在区内均设有派驻机构。

漕河出口加工区管委会主任刘家平，副主任桂恩亮，管委会办公室主任王海坚。

闵行出口加工区

MINHANG EXPORT PROCESSING ZONE

【经济发展】 2007 年，是闵行出口加工区正式封关运作的第 4 年，全年累计进出口总额为 104237.1 万美元。其中，出口 48135.31 万美元，进口 56101.79 万美元。两区协会的单月排名基本保持在第 12 位左右；2007 年累计排名第 13 位；历年累计排名上升 11 位，名列全国第 20 位。全年共完成工业总产值 35.68 亿元，同比增长 50.36 倍；实现增加值 5.6 亿元，增长 28.79 倍；工业产品销售额达到 34.69 亿元，增长 62.76 倍。另外，2007 年在所有产业中，电子信息产业的工业产值最高，达到 25.9 亿元，增长 76.52 倍。

企业从签约到正式投产的周期缩短，以及企业生产规模的扩大是拉动加工区进出口额大幅度增加的原因之一。2006 年正式投产的企业只有 3 家，试运营的企业有 4 家。到 2007 年，正式投产的企业已达 10 家，试运营的企业有 4 家，正处于施工阶段的有 6 家。另外，部分企业通过增加生产线扩大了生产规模，如创见资讯 2006 年底生产线只有 4 条，2007 年 5 月增加至 8 条，到 2007 年 12 月份，共达到 11 条。

【投资环境】 上海闵行出口加工区于 2003 年 11 月 23 日经国务院八部委验收正式封关运行。总占地面积 3 平方公里，一期围网面积 1.9 平方公里，位于上海市级开发区——上海市工业综合开发区境内。周边交通网络完善，出行便捷，A4 及在建的闵浦大桥、轻轨使之与虹桥国际机场、市中心联系快捷；A30 使之能快速畅通地到达洋山国际深水港、浦东国际机场；杭州湾跨海大桥的建成使用将使之成为江浙沪沿海跨省新兴经济带地重要一环。上海闵行出口加工区地理位置优势日益凸显，具有良好的发展资源优势和潜力。软环境进一步优化。2007 年，加工区管理部建立了出口加工区入驻企业随访制度，转“被动服务”为“主动服务”，坚持“走上门”的服务方式，第一时间掌握企业的运营状况，了解企业在运作过程中所遇到的困难以及企业的愿望，通过整理形成企业随访记录，并及时反馈给相关职能部门，努力寻求解决办法。企业随访制度的实施，拓宽了企业交流渠道，加深了管理部与企业之间的联系，使加工区的企业服务工作上了一个新的层次。

坚持加工区管委会与海关、商检每月例会制度，共同商讨在区内日常管理中所遇到的问题；共同探索研究相关政策；现场回答区内企业提出的疑问；指导企业进行相关货物设备的报关、报检等。通过例会，我们将有关政策法规及时传达给了企业，为企业与监管部门之间建起了一座交流的平台。同时，加工区管理部还积极协调企业与企业之间的联系，安排企业之间的业务交流，促进企业之间的相互了解和资源共享。

进一步完善加工区各种设施。选择了一些专业技术单位，负责对监管设施如铁丝网、地磅的例行检修；对监控设施如摄像头进行保养；对部分基础设施进行了重新喷漆粉刷，以确保各系统的正常运作。另外，为配合交通整治，开设了部分人行道口，拓宽了部分转弯处的路面。在绿化方面，增加了加四路绿化带，并对全区范围内的绿化进行了修补和保养；对区内的“一枝黄花”展开了集中清除，并添置了部分木质花坛，从而提升了加工区整体的投资环境，扩大了出口加工区的影响力。

【招商引资】 到2007年年底，上海闵行出口加工区累计引进企业22家。其中生产实业型企业20家，2家为标准厂房建造商。总注册资本为19857.81万美元，总投资额为28072.86万美元。总批租用地面积达到1705.6亩，建成标准厂房为130654.1平方米。

2007年引进企业5家，吸引投资总额为16414.61万美元，其中外资项目投资额13360万美元，同比增长30.25%；合同外资5500万美元，增长2.1倍。另外，创见资讯和研精舍分别完成增资计划，创见资讯总投资额增加4020万美元；研精舍总投资额增加1300万美元。

经过4年的发展，上海闵行出口加工区的招商引资工作取得了明显成效，形成了以创见资讯为中心的IT产业链；以先锋电子为龙头，利东电子、太扬电器为配套，新生电子、龙琛电子为辅助的电子产业群体；以晶龙太阳能为中心，晶澳太阳能、晶龙硅材料、晶龙光伏技术为配套的太阳能产业联合体，闵行出口加工区现已成为奉贤地区乃至整个南上海的产业集聚区。

【发展趋势】 2008年，上海闵行出口加工区投产企业将达到16家，进出口总额将突破20亿美元。一批配套设施也将陆续完工，其中包括10万平方米的出口加工区生活配套区域和区内景观绿化工程。

上海闵行出口加工区将坚持贯彻落实科学发展观，继续坚持“保姆、管家、顾问、政府”的工作定位，不断完善各项管理制度，规范企业服务，提高对海关特殊监管区域的管理水平；积极搭建相关工作平台，创造企业与政府相关管理部门良好的信息沟通渠道；以海关监管流程再造和加工区功能拓展为契机，认真研究相关政策，积极探索在加工区发展的同时，如何推动地方财政收入的提高，为地方经济的增长做出更为有效积极的贡献。

【机构设置与管委会领导】 上海闵行出口加工区管委会于2003年11月成立，下设加工区管理部、招商部、企业服务部、规划前置部、财务部、行政部等6个部门。其中加工区管理部是出口加工区的归口管理部门，专门负责加工区内的综合行政管理、进出口审批、数据统计、职能部门协调、区内企业服务、卡口进出管理、查验管理及相关业务收费等。

管委会主任倪耀明，副主任李臻。

【招商管理部门】 出口加工区招商负责人：张贤，电话：021－33655888。

济南出口加工区
JINAN EXPORT PROCESSING ZONE

【经济发展】 2007年，济南出口加工区企业实现销售收入3.29亿元，同比增长60%；实现进出口总值7872万美元（含国内采购），增长81%；出口创汇4385万美元，增长73.8%；完成固定资产投入1.1亿元。

济南出口加工区区内主要来自日本、英国、美国、荷兰、泰国和国内等国家投资的企业，涉及行业主要为服装加工、生物制药、机械加工等产业。

【投资环境】 济南出口加工区是2003年3月经国务院批准设立，2005年8月经海关总署等九部委联合验收，开始封关运作。

济南出口加工区总规划面积3.2平方公里，一期围网面积1.2平方公里。根据出口加工区确定的三大功能区定位，对各功能区进行全面系统的策划，以保护集约使用土地资源为前提，找准切入点，逐步启动整体建设。一是围网封闭区：出口加工区封闭区内，推行"筑巢引凤"战略，加大基础设施投入及标准厂房的规划建设，改善投资环境。目前区内已修筑道路管网12公里，形成"二纵三横"道路网结构，基本实现了供水、供电、供热、通讯等基础设施"七通一平"，完成一期标准厂房建设和部分室外配套工程。到2007年底，全区已累计完成总建筑面积9.4万平方米，其中竣工厂房面积8.4万平方米，基础设施得到极大改善。二是生活服务及产业配套区：主要围绕金融保险、中介咨询、培训、文化娱乐、生活居住等行业开展招商，进一步优化市场和资源配置，开辟国际连锁贸易，搞好进口和出口的结合，形成外经外贸与国际接轨的新平台，形成三片区产业互相渗透，功能互相联动的发展新局面。三是国际商务区：按照国际商务的概念，在配套区北侧沿经十东路黄金地段，创办国际商务城。抓住国际产业转移和国内产业结构调整的机遇，利用各种新闻媒体，精心组织宣传策划，吸引国际商务公司、大型外资公司、贸易经营公司来投资开发国际商务、外经外贸、总部办公及商业楼宇，启动国际商务区建设。既能树立形象，又能拉动出口加工区的整体发展。2008年，配套区将有7个项目陆续开工建设，项目总投资约9.69亿元人民币，总建设规模约25万平方米。

【招商引资】 2007年，国家出台了一系列调控措施，使加工贸易的限制类范围扩大，监管手段进一步加强，部分产品出口退税率一降再降，甚至对某些产品加征出口关税等，这些对加工贸易的发展产生了重要影响，一定程度上弱化了加工区优势。在这种不利外界条件下，我们积极调整招商引资思路，实行"全员招商"策略，即把招商部作为发动机，带动全局，调度其他处室。其他处室作为"机翼"全力配合，形成上下一心，左右协调的全员招商的良好氛围，取得显著效果；同时坚持集约化利用土地，开展多渠道的招商，力促大项目入区，并逐步加强对招商队伍的培训，提高技能和素质，使招商工作取得了一定突破：2007年，网内外共引进项目13个，项目总投资1.3亿元，其中外资2100

万美元。多次组织人员积极参加如法国中小企业洽谈会、全国百名 IT 精英论坛、高新技术成果展会、海外华人投资项目洽谈会等大型展会及招商活动，有力的宣传了出口加工区，积累了项目资源，为下一步招商工作开展打下了良好的基础。

【发展趋势】 2008 年，出口加工区积极围绕济南市总体规划思路及高新区“形成全市增长极，建设全国一流高新区”的目标。加大基础设施建设和配套区建设，加强招商力度，积极拓展保税物流功能，努力把出口加工区建设成集加工贸易、陆路口岸和保税物流于一体的济南东部外向型产业样板示范区。

【机构设置与管委会领导】 济南出口加工区管委会、济南出口加工区管理局，为济南出口加工区的管理机构。济南出口加工区管理局为济南市市管副局级建制。李世新任局长，刘作宗、王岩任副局长，边章洪任局长助理。下设办公室、经济发展处、招商部、规划建设处四个处室。

【招商部门】 招商部：电话：0531－88237803、88237819，传真：0531－88237807。

青岛出口加工区
QINGDAO EXPORT PROCESSING ZONE

【经济发展】 2007年，青岛出口加工区投产企业达到26家，占引进项目总数的46.4%，区内企业用工人数达到6000人，已初步形成电子信息、精密机械两大产业雏形。实现工业总产值24.8亿元，同比增长41.8%，其中高新技术企业工业总产值达到8.8亿元，增长17.3%，电子信息产业工业总产值17.58亿元，增长16.1%；实现工业增加值6.9亿元，同比增长53.2%；销售收入24.8亿元，增长41.8%，固定资产投资达到1.3亿元，实现利润总值24.5亿元；进出口总值完成5.97亿美元，其中外贸出口完成3.2亿美元，增长38.3%，其中电子信息类和精密机械类企业完成外贸出口23873.7万美元，占外贸总出口的74.6%，已初步形成了以电子信息产品为主的进出口格局。

【投资环境】 青岛出口加工区于2003年3月10日获国务院批准设立，同年12月8日通过国家八部委联合验收，核心区规划面积2.8平方公里，其中一期1.7平方公里于2004年8月份正式封关运作，周边另有配套产业区。青岛出口加工区东临青岛市区，距青岛国际机场19公里，距青岛港36公里；西依青岛经济技术开发区，距前湾港33公里，地理位置非常优越。

青岛出口加工区为全国为数极少没有依托经济开发区的出口加工区之一，基础配套设施不完善。为改变区域环境较为落后的现状，青岛出口加工区不断加大投资和开发建设力度。到2007年底，青岛出口加工区核心区和配套产业区基础设施建设已累计投资26亿多元（其中加工区直接投资12亿多元）。核心区一期1.7平方公里基础设施配套已达到“九通一平”标准，核心区二期已启动开发。配套产业区搬迁或即将搬迁村庄3个，建设公路总里程达36公里，硬化面积超过50万平方米，铺设地下管网80公里，建设大型污水处理厂1座，全部建成后日处理污水能力达到15万吨，正在建设和投入使用的变电站3座，架设双回路供电线路6公里，燃气、通信普及率均达到100%，采取市场化运作模式开发建设了两期职工公寓共计10万平方米，可入住职工1.5万人。

完善区域硬环境的同时，青岛出口加工区进一步优化投资服务体系，打造优质的投资软环境。2007年进一步完善了定期走访企业制度、驻出口加工区职能部门联席会议制度、驻区部门与企业见面会制度和项目推进领导小组会议制度四大服务制度，企业反映问题、解决问题的渠道进一步畅通，有力的促进了企业生产经营。将每年的五月份定为“企业服务月”，通过领导走访企业、组织职工篮球比赛、纳凉晚会、座谈会等活动，丰富了职工业余文化生活，密切了政企关系。良好的投资环境受到了外商的广泛赞誉和好评，提高了外商的投资热情和信心。

【招商引资】 青岛出口加工区坚持“媒体宣传、内外并举、登门招商、点面结合、以点为主”的招商原则，实施“盯住日韩，拓展欧美，吸引港台”的招商方略，突出抓好对日韩、欧美等重点区域的招商。同时利用产业转移机遇，不断加大国内招商力度，招商引资工作实现了快速发展。

2007年，青岛出口加工区共签约项目8个，其中：外资项目到账外资完成3940.4万美元；内资项目1个，完成合同内资2.5亿元，实际利用内资2.5亿元，2007年引进投资总额过千万美元外资大项目2个，总投资亿元人民币以上内资大项目1个。

到2007年底，青岛出口加工区累计签约外资项目34个，投资总额6.5亿美元，合同外资2.5亿美元，实际利用外资1.5亿美元。配套产业区引进内资项目8个，总投资83840万元人民币，实际利用内资2.2亿元人民币。

在招商引资过程中，青岛出口加工区坚持高标准、高质量招商，制定了科学、合理的企业入驻标准，对项目投资额度、出口创汇、投资强度、出口比例等做出明确规定，注重引进投资规模大、科技含量高、出口创汇能力强的优势项目，将项目引进重点放在精密机械、电子信息、新型材料、精细化工四大产业，构建特色化产业集群。2007年新引进的项目中，投资总额1000万美元以上的项目有2个，总投资亿元人民币以上内资大项目1个。青岛出口加工区累计引进的34个外资项目中，投资总额1000万美元以上的项目24个，注册资本1000万美元以上的项目13个，单个外资项目平均投资达到1314万美元。

【工业】 由世界同行业最大品牌商德国斯蒂尔集团投资的安德烈斯蒂尔动力工具（青岛）有限公司，投资5750万欧元，计划建成亚洲最大的园林机械生产基地；由世界500强企业美国泰科国际集团投资的泰科电子（青岛）有限公司，总投资5000万美元，2007年出口总值已达1.2亿美元；由日本星电株式会社投资设立的星电高科技（青岛）有限公司，投资总额为2700万美元，主要为诺基亚、摩托罗拉、NEC等世界知名手机品牌配套蓝牙耳机、扩音器等重要部件，2007年出口总值达到8000万美元；总投资8600万美元的福轮科技项目生产的巨型轮胎（直径达3.95米，重3.4吨，单条售价1.8万~2万美元）是目前国内的最大轮胎；由尖能办公用品、德国精密医疗器械、丹庵电子、科世玛电子、球通轮胎、理查德石油机械等6个项目生产的产品填补了青岛市业内空白。

【发展趋势】 今后一段时期，青岛出口加工区将以建设全国一流加工区为目标，高标准、高质量、高效率推进青岛出口加工区的开发建设和招商引资，实施核心区、配套产业区、生活服务区、辐射带动区四位一体、相辅相成、重点突破、全面启动的开发模式，加快使核心区高起来，配套产业区动起来，高档生活服务区亮起来，辐射区带起来，尽快把出口加工区及周边区域建成环胶州湾产业带、山东半岛制造业加工基地及未来中日韩自由贸易区的加工制造业基地，形成功能完善、环境优美、外向型、现代化的区域。

【机构设置与管委会领导】 青岛出口加工区管理委员会是青岛出口加工区的行政管理部门，下设办公室、经济贸易发展局、规划建设局、招商局、公共事务管理局、计划财务管理中心6个部门。

青岛市城阳区委书记、青岛出口加工区工委书记、管委会主任王鲁明，青岛市城阳区政府代区长、青岛出口加工区工委副书记刘圣珍，青岛出口加工区管委会副主任、青岛出口加工区工委副书记仇维宏，管委会副主任李桂锡、赵宇龙。

【招商部门】 青岛出口加工区招商部门为管委会招商局和经济贸易发展局，招商电话为87828881，联系人王晓红。

潍坊出口加工区
WEIFANG EXPORT PROCESSING ZONE

【经济发展】 2007年，潍坊出口加工区全年实现工业总产值4841万元，工业产品销售额4088万元，工业增加值481万元，进出口额达到336万美元，合同利用外资1660万美元，实际利用外资120万元，累计完成固定资产投资3.7亿元，总建筑面积36.8万平方米，经济及各项事业健康发展。

【投资环境】 潍坊出口加工区于2003年12月经国务院批准设立，2005年8月通过国家九部委联合验收，并封关运行。2006年4月，潍坊市委、市政府为加快出口加工区的发展，促进机制、体制创新，单独设立潍坊出口加工区党工委、管委会，享有市级经济管理权限，实行“特区特管”政策，成为潍坊市属开发区之一。

潍坊出口加工区党工委、管委会充分利用国家赋予的优惠政策，按照“高起点规划、高标准建设、高水平运作、高效益开发”的原则，重点发展机电一体化、电子信息、精密机械制造、生物医药、农副产品深加工等产业，主要引进投资规模大、产业链条长、辐射带动力强、科技含量和附加值高、无污染、低能耗，投资强度不低于300万元/亩、建筑容积率控制在1.2以上的大项目。园区规划确定了建设“四个基地、一个中心”的发展思路，即在园区内建立信息产业出口加工基地、农副产品深加工出口加工基地、精细化工出口加工基地、轻工机械出口加工基地、建设成为服务潍坊及周边地市的保税物流中心，力争通过2到3年的发展，完成一期围网1.7平方公里开发建设任务，项目全部达产后实现进口额20亿美元以上，形成基础设施配套完善、功能健全、经济发展协调、具有国际竞争力的工业园区。

潍坊出口加工区具有明显的区位优势。园区位于潍坊市区东部，济青高速公路15号口南侧，总规划面积6.8平方公里，其中围网区规划3平方公里，产业辐射和生活配套区规划为3.8平方公里，目前一期围网1.7平方公里正在开发建设；北靠309国道和济青高速公路，南临胶济铁路，东有潍莱高速公路，西有市区交通主干道；距青岛、济南两个国际机场分别为120公里和180公里，距潍坊机场15公里；距韩国首尔、釜山及日本东京只有1小时航程；距青岛港和潍坊港分别为150公里和50公里，交通十分便捷。

潍坊出口加工区具有优越的投资环境。出口加工区一期建设1.7平方公里，基础设施配套齐全，环境优美，已具备了企业投资建设生产的一切条件。园区内建成了一栋1.7万平方米可容纳2500多人的职工公寓，并将入区企业职工生活纳入统一管理，减少了企业经营成本，让企业一心一意搞生产；3万平方米二期职工公寓已开工建设，建成后可容纳3000名职工食宿，今年下半年投入使用；开工建设了3万平方米的白领公寓和综合商务楼，今年年底前投入使用，将企业高层管理人员纳入统一管理，并为企业提供集商务、金融、生活等于一体的综合性服务。同时，为吸取国内先进出口加工区园区绿化的经验作法，将环境立区融入规划之中，实现人文、自然、产业的有机结合，正在对园区和监管区进行高起点绿化，努力打造一流的绿化环境。

潍坊出口加工区积极打造服务型机关。区内海关、检验检疫、工商、税务、国土等驻区部门一应俱全，建立和完善了各种服务流程，向社会和企业做出了服务承诺，为入区企业提供“一站式”高效优质服务，在区内即可办理一切报批手续。潍坊出口加工区党工委、管委会积极加快机制体制创新步伐，努力创造打造服务型机关，为项目提供高效全方位的服务。建区以来，按照市委、市政府赋予的特区特管政策和张新起同志对加工区提出的加快创新服务机制要求，逐步建立和完善了项目包靠责任制、项目入区工作流程、产品通关流程，及联合海关、国检、工商等驻区部门定期召开联席会议制度等，千方百计解决项目入区建设和产品通关中遇到的各种实际问题，有力地促进了园区的发展。针对入区竣工投产企业招工难的状况，还专门成立人力资源办公室，帮助企业招工。

【招商引资】 潍坊出口加工区已建成标准厂房140171平方米，现已利用12456平方米，正在建设标准厂房49546平方米，每栋厂房配电设计标准800KVA。每层可作为独立单元使用，分别设置相应的办公室、卫生间、水表、电表、电话等配套设施。其中4层厂房配有4个电梯，2、3层厂房配有2个电梯，也可按照生产要求安装相应载重量的电梯。厂房内水、电、暖等配套设施齐全，设计标准可满足各类企业使用要求。

网内共有土地2340亩，已征用土地969亩，存量土地316亩，未征用土地1371亩。区内工业用地以生产加工项目为主。投资强度每亩240万元以上；建筑容积率≥0.6；建筑密度≥35%；绿化覆盖率≤15%。

【工业】 到2007年底，潍坊出口加工区共有投产项目3个，在建项目7个。3个投产项目分别是：雷力发电设备项目，由山东省高新技术企业潍坊雷力发电设备有限公司投资建设，总投资5000万元，主要从事陆用和船用发电机组、自动化水泵机组的研制开发及生产经营，年可实现进出口额2000万美元；日科化学项目，总投资5000万元，租用标准厂房进行PVC抗冲改性剂后期物理加工生产，年产值已达3000万美元；德国全地形车项目，由德国杰克·福克斯公司投资建设，总投资680万美元，主要生产全地形车（ATV）和50cc踏板车，年可实现进出口额1000万美元。

7个在建项目：其中，多晶硅太阳能电池项目，由安徽泰昌工贸有限公司和英国赛斯投资公司合资建设，总投资6亿元，占地79.89亩，主要生产50兆瓦太阳能电池片及90兆瓦太阳能多晶硅片，项目建成达产后，年进出口额可达2亿美元；山东日科塑胶项目，由山东日科化学有限公司投资建设，总投资3亿元，现已征地83亩，建设抗冲型ACR整条生产流水线，年产PVC耐候抗冲改性剂5万吨，产品出口美国、德国、英国等10多个国家，该项目建成投产后，年可实现进出口额2亿美元；克兰皮茨动力设备项目，由潍坊雷力发电设备有限公司和德国坎佩茨动力有限公司合作建设，投资2000万元，占地13.7亩，生产采用天然气、沼气、植物油等为动力的环保节能“绿色”发电机组。项目达产后，年可实现进出口额2000万美元。

【发展趋势】 按照潍坊市委、市政府提出的“企业化思维、市场化运作”机制体制创新的指示要求，潍坊出口加工区党工委、管委会将着力以“机制的市场化、管理的企业化、服务的社会化”，加速推进投融资、管理体制和发展运行机制创新，充分利用国家赋予的优惠政策，发挥各种优势，强化措施落实，努力把出口加工区建设成为全市出口加工企业的集聚区、加工贸易转型升级的示范区、带动全市对外经济发展的功能区，为潍坊经济又好又快发展做出贡献。

【共赢发展】 潍坊出口加工区党工委、管委会高度重视区域的合作与发展，与青岛保税区建立了区区联动机制。利用青岛保税区的招商资源优势，借鉴其先进管理经验，促进两区联动发展。青岛保税区在潍坊出口加工区内设立了办事处，开工建设了山东宝泰科技产业园。潍坊出口加工区还与滨海项目区、高密、昌乐等周边县市区建立了合作机制，发挥各自优势，引进项目，实现共赢发展。

【机构设置与管委会领导】 潍坊出口加工区，正县级规格，领导职数一正三副，内设“一办三局”，即党政办公室、经济发展局、财政局、建设规划局，视同一级财政管理单位，实行“特区特管”政策，享受市级经济管理权限。

【招商部门】 经济发展局，联系人：鲍德海局长，联系电话：0536－2118019；窦秉超副局长，联系电话：0536－2118002。

北海出口加工区
BEIHAI EXPORT PROCESSING ZONE

【经济发展】 2007年，北海出口加工区把握东部产业转移和国际产业分工进一步深化的契机，抓住泛北部湾经济合作等多区域合作的新兴机遇，优化投资环境，主动承接产业转移，加速产业集聚，培育产业集群，园区的各项事业实现了快速增长，各项经济指标大幅攀升。到2007年底，北海出口加工区累计实现进出口总额超过2.6亿美元，其中2007年完成进出口额2.02亿美元，同比增长2.94倍，成为广西加工贸易全年最重要的增长点；完成外资到位2542.5万美元，增长1.45倍；完成工业总产值8.37亿元，增长3倍；完成固定资产投资2.36亿元，增长1.37倍；机电产品出口占北海总量的98%以上，多家企业进入了广西机电产品出口前50强；园区就业人数也增加到5200多人，极大地带动了地方就业。北海出口加工区逐步形成以机电产品加工制造为主的加工贸易产业集群，初步走出一条外向型、集约化、精品化的发展之路，逐步成为北海工业生产、进出口、利用外资、产业升级、增加就业等方面的重要增长点。《广西日报》于2007年11月16日头版头条位置刊登了《风起扬帆正当时》一文，宣传报道了北海出口加工区快速崛起的发展历程。

【投资环境】 北海出口加工区是广西唯一的国家级出口加工区，于2003年3月10日经国务院批准设立。北海出口加工区位于北海市区西部，紧靠进港铁路和北海港，交通便捷。总规划面积1.454平方公里，封关面积1.135平方公里。北海出口加工区管委会代表北海市人民政府统一管理出口加工区的行政业务。

北海出口加工区在管委会、海关、检验检疫“三位一体”服务机制的基础上，进一步健全“精简、统一、效能”的管理架构和“全过程、全方位、全天候”的大通关服务体系，“企业为大”的服务理念贯穿管理始终，形成了由管委会牵头联合有关部门主动延伸职能、优化工作流程的柔性管理体系，随时随地为企业解决问题。项目的建设报建，通过加工区管委会延伸职能，相关建设管理部门优化工作流程，施工图完成图审后即可动工建设。企业若遇到招工问题，管委会马上联系劳动部门、各乡镇政府，为企业组织专场招聘会。灵活便捷的管理，大大减少了投资者的成本，优化了投资环境。

出口加工区在土地集约化开发的同时，充分利用园区空间进行环境整治和美化工程，通过实施城乡清洁工程，进行规范化、标准化园区管理，加快精品、和谐园区建设，全力打造人与自然和谐共处的绿色生态加工区，实现人文、自然、产业的有机结合，为企业营造一个安全、文明、和谐的经营环境，给企业员工创造一个绿色的工作及生活空间。

园区的文化建设工作蒸蒸日上。2007年11月北海出口加工区成功举办了“加工区第二届文体艺术节”。通过形式多样的活动，引导企业形成企业文化，丰富企业员工的生活、增强企业员工的向心力，稳定产业大军。园区长效服务机制为亲商、安商、富商、引商起到了良好的促进作用。

【招商引资】 北海出口加工区紧紧抓住北部湾（广西）经济区的开发开放这个历史性的机遇，充分利用好东部产业转移和国际产业分工进一步深化的契机，进一步创新发展理念和招商方式，园区的招商引资不断取得新突破。2007年，北海出口加工区实践“营销招商”方法，引入市场化招商机制，重奖引资者，充分发挥全社会参与招商引资的积极性。通过推行“营销招商”，强化“服务招商”理念。针对东部产业转移的特点，实施“招工引商”战略，设立专门的招商服务中心，为入区企业提供办证、招工、业务帮扶等保姆式服务和顾问式服务。积极开展机关效能建设，进一步提高服务意识和办事效率，通过构建完善的招商引资服务体系，努力构建重商、亲商、助商、护商的良好环境，保证投资者留得住、有发展、能壮大。

2007年，出口加工区管委会共为入区企业全程跟踪代办入区手续10批次，年检手续17批次，用地报批和项目报建手续20批次。通过广泛联系开展政企合作、校企合作、社企合作为企业招聘员工5000多人次。同时，管委会自行开发了出口加工区智能办公系统，建立起管委会与企业在日常办公、员工招聘等多方面的信息平台，有效实现政企资源共享，加强了管委会与企业之间沟通和联动。

北海出口加工区认真贯彻落实自治区党委和政府提出的承接东部产业转移战略，“走出去，引进来”，主动出击东部产业转移主战场，分别于3月、5月、8月、9月、10月派驻招商小分队长驻珠三角、长三角地区招商，在招商工作过程中积极发挥当地商会、行业协会和各类社会资源的作用，与意向转移投资商实现点对点的对接。在招商引资工作中，突出“招大引强”。

到2007年底，北海出口加工区累计引进东部产业转移项目30个，占引进项目总数的83%，占全部投资总额的90%，东部产业转移项目实现出口加工区95%的进出口额，占北海机电产品的出口额的90%以上。通过承接东部产业转移，加工区的项目质量和投资强度大幅提高，产业层次和投资额度大幅提升，产业结构明显优化，对北海出口加工区产业转型升级起到了重要的作用。

【发展趋势】 根据北海建设北部湾电子信息产业基地的重要战略部署，北海出口加工区将利用10年左右的时间，完成北海出口加工区首期和扩区区域的建设，实现“加工贸易为主、保税物流为辅”的功能叠加，在北海港旁以及铁山港形成以加工区为核心的两处电子信息加工贸易产业集群，明显促进北海电子信息产业链的完善，大幅降低企业的国际物流成本，为北部湾地区培养大批电子信息产业研发、管理人才和技术工人，成为北海电子信息产业研发、设计、展示、吸引外资、生产、进出口、创造就业的重要基地。在有效改变广西外贸增长方式，提升北海和广西外向型经济发展的层次方面，发挥更积极的作用。成为区域性国际化电子信息加工贸易和物流基地，最终发展成为我国一流的出口加工区。

【机构设置与管委会领导】 北海出口加工区管委会下设办公室、招商科、经济发展科和规划建设科四个科室。北海市市委常委、常务副市长曹坤华兼任管委会主任，彭鸣达任党组书记、常务副主任，党组成员、副主任李斌、龙江，副调研员张愈光。

【招商部门】 招商科：科长黄兴焕，电话0779－3928068。

乌鲁木齐出口加工区
URUMQI EXPORT PROCESSING ZONE

【经济发展】 2007年，乌鲁木齐出口加工区全年完成工业总产值4829万元，同比增长2.2倍；工业产品销售额4070万元，增长2.7倍；工商税收总额5万元，增长14.25%。全年实现增加值2143万元，实现工业企业利润总额73万元。到年底，区内从业人员200人。

【投资环境】 乌鲁木齐出口加工区2003年3月10日经国务院批准设立，位于乌鲁木齐经济技术开发区二期用地内，2005年7月28日顺利通过国务院九个部委联合验收，封关运作。乌鲁木齐出口加工区紧邻兰新铁路和312国道，南靠铁道部新近规划的西北最大的集装箱车站——二宫车站，北距乌鲁木齐国际机场2.5公里，西至火车北站（货运）2公里、火车西站（编组站）5公里。随着新亚欧大陆桥的开通，新疆已成为扼守大陆桥的咽喉地带，亚欧腹地的交通枢纽，这也将乌鲁木齐出口加工区与新亚欧大陆桥国内外重要城市相连接，公路、铁路、航空联运条件得天独厚，国内外客货运输便捷，地理位置独特。乌鲁木齐出口加工区规划面积3平方公里，首期规划0.7平方公里，首期围网0.4平方公里。

几年来，乌鲁木齐出口加工区管委会投资建成了联合办公楼、隔离设施、监管设施、卡口通道及区内基础设施、仓储设施和2栋标准厂房，陆续投入使用。监管办公楼前广场、卡口及围网内监管仓库、熏蒸房、锅炉房、配电室周围及沿路的绿化环境优美。区内按产业划分为医药、食品、机械制造、电子、家具制造等多个功能区。

2007年完成固定资产投资2402万元，同比增长1.14倍。其中基础设施投资540万元，增长1.31倍。自乌鲁木齐出口加工区批准建设至2007年底，固定资产累计投资13025万元，其中基础设施投资达3093万元。

房屋竣工建筑面积31005.39平方米、施工房屋建筑面积15035.87平方米。乌鲁木齐出口加工区工业厂房采用由开发区管委会投资统一建设或根据企业的要求修建专用厂房，然后出租模式，有部分企业自建厂房，有效利用土地资源。

【招商引资】 乌鲁木齐出口加工区注重招商对象其产业结构以高新技术、高附加值、低能耗产品制造、研发的企业，充分利用新疆资源优势进行加工贸易的企业，注重招大引强。乌鲁木齐出口加工区已有入区项目5个，投资额达8951万美元，项目包括家具制造、肠衣、蔬菜干粉、调味酱生产及通用设备制造等。通用设备制造项目正在建设中，它的入驻，将会带动新疆设备制造业的发展，扩大机电产品出口规模。

【进出口贸易】 2007年，乌鲁木齐出口加工区2家已投产企业，实现加工贸易进出口总额达1087万美元。

【区内企业】 乌鲁木齐出口加工区现有5家企业。其中，投产企业2家；1家利用新疆优良绵羊所带来的肠衣原料，生产绵羊、山羊肠衣，产品出口瑞士、日本、欧洲、美国，正在进行试生产；1家是以高新农产品深加工研究开发及生产销售为一体的农产品加工企业，采用国内先进的脱水果蔬生产工艺，依托新疆番茄、白洋葱等特色资源优势，以绿色优质果蔬为原料，投资建设了高新特色农产品（果蔬）深加工产业化项目。脱水番茄粉、番茄粒、白洋葱是脱水蔬菜的主导产品，产品出口到美国等国家，现已进入设备安装阶段；1家生产制造通用设备企业，投资额大，产品出口到哈萨克斯坦共和国，目前正在建设施工中。

新疆中亚食品研发中心（有限公司）：从事番茄制品、小浆果、果蔬产品等新疆特色农业资源的生产和销售，是一家外向型、科研型、生产型的专业化企业。公司已建立覆盖全哈萨克斯坦14个地州的销售网络，产品畅销哈萨克斯坦等中亚各国。2007年的出口额比上年的出口额增加了3倍，产品供不应求。公司产品先后通过了绿色食品、ISO9001：2000（质量管理体系）、ISO14001：2004（环境管理体系）、OHSAS18001：1999（职业健康安全管理体系）、KOSERH（犹太）认证、清真食品等多项认证，新康牌产品被评定为新疆名牌、新疆农业名牌，2007年11月16日哈萨克斯坦共和国总统亲自为新康品牌颁发了“金质量”奖。公司被哈萨克斯坦评定为年度最佳企业，同时被评定为自治区、乌鲁木齐市知识产权试点单位，自治区引进国外智力成果示范单位，获得乌鲁木齐市A级科技信用企业等多项称号。

公司主要有番茄酱、番茄沙司、番茄汁、果蔬食品等共计4大类32个品种的产品。经过2007年技术改造，形成年生产规模5000吨。公司申请取得了1项发明专利，5项外观设计专利。

新疆好美佳家私有限公司：年设计出口额4000万美元，公司主要出口产品有樟子松、冷杉、桦木、杨木等实木家具产品。2007年出口额500万美元，公司主要生产婴儿床产品，2007年度工业增加值达到1917万元，工业总产值2335万元。

2008年，新疆好美佳家私有限公司在开发客户和考察国际市场方面加大了力度，多方面和客户接触，目前已与日本、美国、澳洲、丹麦、港、台等国家和地区的客商签订了大量的外销订单，公司筹划在2008年5月参加哈萨克斯坦—亚洲商品展览会，开辟俄罗斯、哈萨克斯坦家具市场。

【发展趋势】 2008年，乌鲁木齐出口加工区积极与中国内省有实力的制造业合作，吸引产业向该区梯度转移。强化与海关、检验检疫、税务等部门的协作机制。进一步加强管理和对企业服务，帮助企业解决问题。协调乌鲁木齐经济技术开发区建设局、建投公司及国资公司等相关部门，抓紧扩网0.3平方公里、1幢标准厂房及生活配套区的建设，以便尽早完工，交付使用，为项目落地做保障，使企业如期生产、出口产品，优化整体投资环境。

积极协调自治区，力争成立乌鲁木齐出口加工区工作领导小组，得到多方支持，解决问题，切实提高运行效率。同时，围绕科学发展、创新发展，积极争取政策支持，整合出口加工区、物流及口岸功能，物流与制造功能的整合将使产业集聚效应显现，集约利用海关监管设施，提高监管效能。进一步优化环境、提升服务，推动地方经济发展。

【机构设置及管委会领导】 根据国务院和海关总署批复精神，乌鲁木齐市人民政府批准成立乌鲁木齐出口加工区管理委员会，与乌鲁木齐经济技术开发区管理委员会两块牌子一套班子。乌鲁木齐出口加工区管理委员会下设办公室，作为加工区日常管理机构。乌鲁木齐海关在此设立了派驻机构。乌鲁木齐出口加工区管委会书记魏毅、主任蒙志鹏，乌鲁木齐出口加工区管委会副主任刘海江，乌鲁木齐出口加工区管委会办公室副主任俞梅、查永庚。

【招商部门】 乌鲁木齐经济技术开发区管委会与乌鲁木齐出口加工区管委会两块牌子一套班子。因此，招商部门有乌鲁木齐出口加工区管委会办公室，办公室电话：0991－3769616、3720126传真：0991－3769616；乌鲁木齐经济技术开发区投资促进局，办公室电话：0991－3755085、3782748传真：0991－3755960。

常熟出口加工区
CHANGSHU EXPORT PROCESSING ZONE

【概况】 常熟出口加工区于2005年6月3日经国务院批准设立，2006年12月12日顺利通过国家九部委的联合验收，2007年1月26日海关入驻，开始封关运作。

常熟出口加工区累计投资2亿多元，按照“九通一平”的要求配套完善了各项基础设施建设：道路、水、电、天然气、通讯、雨污水管通至地块红线边缘。同时积极筹划搭建招商载体，提高加工区的硬件环境，自2005年底开始分批建设标准厂房，到目前为止共建造7幢6万平方米。

【投资环境】 常熟出口加工区位于长江三角洲经济圈中心，东距上海80公里，南邻苏州45公里，紧靠常熟港，紧邻沿江高速公路、苏嘉杭高速公路、沿江一级公路，随着2008年苏通大桥的开通，交通区位优势越来越明显。

常熟出口加工区位于常熟经济开发区内，依托开发区的支撑，因此产业基础扎实，产业配套能力强，物流运输便捷。区内不仅享有海关提供的简单、快捷的通关便利，还享有国家级出口加工区和开发区特有的优惠政策，海关、国检、银行、仓储等机构一应俱全，落户企业不出园区即可办理一切进出口手续，特别是以后叠加了保税物流功能后，加工区将具有更好的发展前景。

【招商引资】 在做好项目建设的同时，常熟出口加工区发挥开发区交通、环境、物流、服务和政策优势，加大宣传力度，及时捕捉项目信息；重点瞄准电子信息、机械装备、新材料等产业，做好招商引资工作。已有来自美国、日本、英国、中国台湾的10多家重点在谈项目，计划总投资5亿多美元。

【企业服务】 在做好招商工作的同时，常熟出口加工区主动热情做好区内企业的服务工作，不是等企业有问题再找上门来，而是主动对接，按照企业的不同情况，定期、不定期拜访各企业，了解其生产经营情况，以及有什么疑难问题，能解决的尽量帮助解决。年底，邀请区内企业老总和海关、国检、国税、外汇等负责人，成功举办了出口加工区迎春座谈会，让企业和相关部门有直接对话的机会，及时了解新的政策法规，同时收集区内企业建议意见，与海关，国税等部门进行沟通后，形成书面答复意见给企业。因此企业对常熟出口加工区均有良好的印象，目前已有3个企业有增加新项目或继续增资的意向。

【工业】 到2007年底，已有7家外资企业落户出口加工区，大部分为美资企业，总投资5475万美元，其中已有4家企业正式投产，1家企业试生产，还有1家企业已完成工商注册，1家企业正在准备2008年3月份注册。据海关统计，自2007年5月海关正式开始运行，到年底，常熟出口加工区实现进出口总额1673万美元，在全国第四批设立的18个出口加工区中名列前茅。随着各个企业的正常生产和发展，预计2008年进出口总额可达到6000万美元。

【发展趋势】 常熟出口加工区针对常熟临港的产业结构情况和出口加工区的特点，初步确定了加工区的招商产业定位，大力发展精密机械、电子信息、装备制造、新型材料等产业；同时，我们将加强与周边板块的合作，瞄准合适的项目，实行互助招商。

常熟出口加工区在2008年将继续推进拓展保税物流功能的工作，早日完成海关辅助管理系统的硬件和软件系统，争取在年内得到批复。同时根据目前有意向项目进度的不断推进，将在适当时间作一个出口加工区东扩南延的详细规划，为推进项目、为加工区的长远发展做准备。

【机构设置与管委会领导】 2005年8月，经常熟市政府批准，设立常熟出口加工区管委会，与常熟经济开发区管委会合署办公，委领导由开发区领导兼任。下设常熟出口加工区管理局，内设4个部，分别为招商部、规划建设部、经济发展部及综合部。局属下成立了常熟出口加工区开发置业有限公司，具体负责加工区的投资及物流运作和物业管理。

常熟出口加工区管委会主任王建康，管委会副主任王剑锋、张建忠；出口加工区管理局副局长徐岗。

【招商部门】 考虑到招商人员的分工和资源的共用以及人员的统一领导，出口加工区招商部与开发区招商局合署办公。

出口加工区联系人徐岗：0512－52297630、13806239277，开发区招商局联系人李军：0512－52692932、13506235373。

青岛西海岸出口加工区
QINGDAO WEST – COAST EXPORT PROCESSING ZONE

【概况】 2006年5月8日国务院以国办函［2006］37号文件正式批准在青岛经济技术开发区设立山东青岛西海岸出口加工区，批准规划面积2平方公里。四至范围为：西至珠宋路，北至红石崖六号线，东至昆仑山北路，南至红石崖十二号线。同时规划控制区2.45平方公里，作为下一步发展备用。

自批准设立之日起，山东青岛西海岸出口加工区严格按照海关总署有关文件的规定和要求，在国家各有关部委的大力支持下，坚持“边组建、边招商、边筹建”的原则，全力以赴地加快出口加工区全面建设，经过短短9个月的筹建，按要求建成了国内一流的出口加工区海关、国检监管隔离等设施，完成了区内道路、给水、雨水、污水、供电、热力、燃气、通讯、有线电视等设施的配套建设和场地平整的“九通一平”建设，于2007年7月18日顺利通过了国家九部委（局）的封关验收，2007年12月份首批货物出口美国。实现了“一年内开工建设、封关验收，当年有进出口实绩”的目标。

【投资环境】 青岛西海岸出口加工区距青岛前湾新港10公里。青岛港是具有110年历史的现代化国际亿吨大港，由青岛老港区、黄岛油港区、前湾新港区三大港区组成，拥有中国大陆最大的集装箱码头、原油码头、矿石码头和现代化的煤炭码头、规模最大的EDI信息中心。

青岛西海岸出口加工区距青岛国际机场约25公里。到2006年末，青岛机场拥有国内航线77条，国际（地区）航线13条。青岛机场现已有17家国内外航空公司投入运营，每周航班密度达到1300余班。

青岛西海岸出口加工区距胶州湾高速公路入口1.5公里，胶州湾高速连接开发区至青岛市区，全长66公里。经过青岛开发区的跨区域性的高速公路有纵贯南北的同三高速公路（黑龙江省同江至海南省三亚）、贯穿东西的青岛—银川高速和正在建设中的青红高速（青岛至新疆红其拉甫）。

青岛开发区至胶州的胶黄铁路全长42公里，分胶济铁路接轨，并为前湾港提供陆路配套，实现陆港连运。目前已开通了青岛港区至郑州、西安、成都、济宁的集装箱火车专列线。

青岛开发区至青岛老市区有两条航线相通，分别为青岛至黄岛，青岛至薛家岛，轮渡约需20～40分钟，快船约需12～15分钟即可抵达彼岸。

青岛海湾大桥（北桥位）东起青岛主城区308国道，跨越胶州湾海域，西至黄岛红石崖，距青岛西海岸出口加工区2公里，建成后，将开发区至青岛的连接缩短至24公里。

青岛胶州湾湾口海底隧道项目南接黄岛区的薛家岛，北连青岛老市区团岛，下穿胶州湾湾口海域。

出口加工区内已建成道路：红石崖十号线（昆仑山路—珠宋路）、红石崖十一号线中段（巡逻道—红石崖六号路）；外围已建成道路：珠宋路北段路基（国防路以北）、昆仑山路北段路基（红石崖十四号线以北）、黄张路、红石崖六号路临时路、红石崖十一号线南段（黄张路—巡逻道）。

出口加工区规划近期供水水源取自管家楼水厂（一期6万吨/日，二期4万吨/日）。远期建设红石崖水厂（规划30万吨/日），由红石崖水厂及管家楼水厂联合供水。沿青岛西海岸出口加工区规划道路建设DN200～DN400配水管线，并尽量呈环状布置，可满足出口加工区内企业生产用水需求。

规划鼓励该区域用水户尽量使用中水，以节约淡水资源。预测中水使用量约5000吨/日左右，主要用于工业、冲洗、冲厕、绿化、景观、道路喷洒等用水。规划沿城区道路敷设DN300、DN400中水管线，以满足用户需求，中水水源来自规划的龙泉河中水厂。

出口加工区规划污水1.5万吨/日，污水收集后进入龙泉河污水处理厂。区内的工业污水指标超标的，需自行进行预处理，指标符合国家《污水综合排放标准》中的三级标准后，方可排入外围的城市污水管道。

在建的110千伏变电站（龙泉站），规划装机容量3×50兆伏安，可满足出口加工区及周边配套区域的用电需求。出口加工区内10千伏系统采用环网供电，主要采用户内或地下布置形式。

预测出口加工区热负荷为65兆瓦，折合蒸汽90吨/小时。供热干管呈枝状布置，沿道路单侧采用直埋敷设。由热电站供给的1.0兆帕、260℃的过热蒸汽，通过管网送至设在加工区的热交换站换热后，为用户提供合适的蒸汽或热水。各工业企业可根据需要分建或合建热力站。每个热力站建筑面积为200～300平方米。

在出口加工区及周边配套区域燃气采用以管道天然气为气源的供气模式，罐装液化气作为补充。管网系统压力级制采用中压一级系统，新建中压管道设计压力0.4兆帕，中压管材为燃气专用PE管。供气源已规划建设，预计可提供的天然气供给量为5000立方米/日。

已铺设移动通信、数据传输、ADSL、宽带IP上网、电视会议等多种先进的现代通信网络。

青岛开发区内现已建成完备的学校、医院、酒店、购物、休闲娱乐等设施，可为出口加工区提供便捷的生活支持。区内拥有省级凤凰岛旅游度假区和小珠山国家级森林公园，生活居住环境优美。

紧临出口加工区规划了配套生活区，总占地面积1.85平方公里，功能主要以行政办公、商业金融、居住及其他服务业为主。

出口加工区规划发展的重点产业：电子信息产业、精密机械产业、进出口过亿美元的全额出口型、科技型产业。

汽车、船舶零配件出口产业园区规划发展的重点产业：重点发展汽车、船舶零配件产业，包括车用发动机、离合器、变速箱、传动系统、制动系统，船舶电子、船用机泵、阀门及其他船舶通用零部件、仪器仪表、输配电等控制设备。

配套区规划发展的重点产业：加工制造配套产业，围绕出口加工区内重点发展的电子信息、精密机械、新型材料、食品深加工、汽车、船舶零配件等生产制造企业，发展为其生产上游配套产品的生产性企业，外贸服务业（为出口加工区内企业提供金融、保险、法律、中介等相关服务的企业，为出口加工区内企业提供物流配送的企业，为出口加工区内员工提供餐饮、居住、卫生等方面服务的生活配套服务企业）。

【招商引资】 青岛西海岸出口加工区已投资11835万美元，实际到位资金2135万美元，已实现进出口额103.1万美元、出口额70.4万美元。成霖科技项目2007年4月份试生产，6月份正式投产；海利直升机组装项目已完成场地回填，2007年8月底厂房交付使用，年底前实现飞机下线；中韩裕龙物流中心项目计划2007年5月份主体工程正式开工建设，8

月份一期投产；上海启立美式工业厂房项目已于2007年3月签约注册。

出工加工区共有重点在谈项目12个，其中工业项目8个，基础设施项目4个。其中，总投资2000万美元香港佳宏燃气项目已完成注册；总投资1000万美元的吉宝污水处理厂项目已签署框架协议。

【发展趋势】 青岛西海岸出口加工区重点发展以电子信息、精密机械为主的高科技、低能耗、低排放、出口型先进制造业；结合青岛经济技术开发区汽车整车、船舶生产制造业基地规划在周边配套区域建设汽车、船舶零配件专业工业园，重点发展汽车、船舶零配件出口产业；在配套产业区重点发展为出口加工区生产上游配套产品的生产性企业和金融、法律、物流、中介等服务及生活配套服务产业。

青岛西海岸出口加工区将按照国际先进标准，打造一流清洁环保园区。重点引进为区内企业提供污水处理、废弃物综合利用、节能服务的国际知名投资运营商。

【机构设置与管委会领导】 青岛经济技术开发区管理委员会挂青岛西海岸出口加工区管理委员会牌子，下设青岛西海岸出口加工区管理局，为开发区正局级单位，局长由管委会主任助理兼任，内设综合处、经济发展处、规划建设处三个处室。

青岛经济技术开发区工委（区委）副书记、管委会（区政府）副主任（副区长）、青岛西海岸出口加工区管委会主任马卫刚，青岛经济技术开发区管委会主任助理、青岛西海岸出口加工区管理局局长陈国良，副局长高晓波、丁晓冬。

沈阳（张士）出口加工区
SHENYANG ZHANGSHI EXPORT PROCESSING ZONE

【经济发展】 2007年，辽宁沈阳（张士）出口加工区共建设完成隔离围网1680米、监管仓库1700平方米、卡口监管室50平方米、监管楼7200平方米、设备用房2700平方米、检验检疫用房700平方米、重工标准厂房1.9万平方米。园区基础设施完备，实现了“七通一平”。

2007年6月20日，辽宁沈阳（张士）出口加工区顺利通过了国家九部委的联合验收。

2007年，辽宁沈阳（张士）出口加工区共批准进区项目5个，投资总额6000万美元，达产后预计进出口总值1.2亿美元。

【投资环境】 辽宁沈阳（张士）出口加工区坐落于沈阳经济技术开发区内，依托铁西新区装备制造业聚集区的优势，出口加工区具有独特的投资优势。

一是科学的功能定位。依托老工业基地雄厚的工业基础和环渤海经济圈的资源优势，充分发挥出口加工区承接国家产业转移的载体作用，以不断优化地区加工贸易结构，构筑加工贸易的“绿色通道”，促进加工贸易的全面发展。在产业导向上，鼓励发展装备制造业、汽车及零部件、电子、精密机械、新能源、新型材料和精细化工等项目。

二是优越的地理位置。辽宁沈阳（张士）出口加工区坐落于国家级沈阳经济技术开发区批准规划范围内。位于沈大、沈哈与京沈高速公路交汇处，距沈阳桃仙国际机场25公里，距沈阳市中心15公里，正在建设的沈阳地铁一号线在这里经过。沈西开发大道从这里直通营口港，仅150多公里，距大连港仅370公里。优越的地理位置，便捷的交通运输条件，是我们得天独厚的区位优势。

三是合理的功能分区。根据产业定位和未来发展需要，规划了四大功能分区。

重型工业区：建设完成了两栋重工标准厂房，每栋2层，层高6.5米，建筑面积1.9万平方米。适合机械加工、汽车零部件制造企业使用。

轻型工业区：正在规划建设1栋轻工标准厂房，建筑面积5万平方米，计划于2008年年底投入使用。适用于纺织、服装、电子、电气等轻工行业。

专业生产区：为满足一些重点项目对生产厂房的特殊需求，规划了4.2万平方米的专业生产区，可根据入驻企业的生产需要，定向开发建设专用生产厂房。

物流产业区：根据国家对出口加工区叠加保税物流功能的政策，规划了2.1万平方米的物流产业区，以满足物流企业的需要。

这四大功能分区，可以满足不同行业、不同企业的入驻要求，提供相应的配套服务。

四是优良的基础设施。园区内基础设施完善，配套齐全，已经完成了围网、道路、办公楼、验货平台、监管仓库及海关监管设施的建设。海关、商检、运输、仓储等机构一应俱全，企业不出园区即可办理相关手续。园区已实现了道路通、给水通、排水通、热力通、燃气通、电力通、电讯通、宽带通、土地平整等“八通一平”。

五是完善的服务体系。出口加工区管委会为企业提供全方位服务，从项目入区到企业生产经营的所有程序均有工作人员实行全程保姆式服务。另外，沈阳经济技术开发区内已设置多年的银行、保险、会计事务所、审计事务所、进出口公司等机构，均毗邻出口加工区，能满足企业的服务要求。

六是坚实的产业基础和配套能力。沈阳作为共和国的装备制造业之都，聚集了飞机、汽车、机床、化工、医药等140多个工业门类，创造了新中国工业诸多辉煌的第一，积淀了坚实的产业基础。经济技术开发区经过20多年的发展，特别是与铁西区合署办公五年来，已经形成了10大产业聚集区，打造了沈阳机床、北方重工、沈鼓集团、三一重工等一大批优秀企业集团，世界500强企业也有23家在此落户。在未来5年里，将实施“9212”工程，重点发展装备制造业9大产业、20个世界级企业、100个世界级产品、20个基础产业集群。这些将为进入出口加工区的企业提供强大的技术支撑和配套能力。

七是最优惠的政策。辽宁沈阳（张士）出口加工区除享有国家赋予出口加工区的海关、检验检疫、税收、外汇等多项优惠政策外，还享有“无费区”政策、“港口出口加工区”政策、贴息政策等其他特殊优惠政策。出口加工区内企业在享受上述优惠政策的同时，还可享受国家级经济技术开发区和振兴东北老工业基地的相关优惠政策。

【招商引资】 招商目标及招商原则：依托出口加工区“承接国际产业转移、构筑加工贸易绿色通道”的功能定位，结合沈阳装备制造业示范区的产业特点，管委会制定了以吸引科技含量高、产业拉动强、聚合力度大、市场前景好的项目为主的招商目标；努力使招商项目发挥“以一当十、以质求量、以小胜大、以少胜多”的作用的招商原则。重点引进龙头项目，引进产业链长的项目，引进拉动作用大的项目，引进占地小产出大的项目。

招商成果：出口加工区在谈项目32个，协议投资总额4.3亿美元，协议外资额2.8亿美元，涉及机械制造、汽车及零部件、电子、化工、纺织服装、食品等6个行业。已批准进区项目5个，正在进行生产前的准备工作。

【工业】 辽宁沈阳（张士）出口加工区将依托铁西新区装备制造业聚集区的优势，鼓励发展装备制造业、汽车及零部件、电子、精密机械、新能源、新型材料和精细化工等项目。

香港明和国际OEM蓄电池项目是辽宁沈阳（张士）出口加工区引进的一个重点项目。项目计划总投资2亿元人民币，注册资本2600万美元，占地1.3万平方米，建筑面积1.5万平方米。项目引进世界先进技术、设备，以生产蓄电池为主，产品100%出口，消防、环保全部达标。项目计划11月份开工建设，2008年11月份正式建成投产，达产后年出口总额在6000万美元以上。

沈阳安地电瓷项目是由韩国AND公司在辽宁沈阳（张士）出口加工区投资的重点项目。该项目计划总投资360万美元，注册资本360万美元，租用出口加工区标准厂房4236.28平方米。项目引进韩国尖端精密瓷件和传感器制造技术，生产陶瓷阀片和汽车用陶瓷配件，产品100%出口。计划6月1日前完成设备安装调试，7月份投产，达产后年出口总额在600万美元以上。

【发展趋势】 为充分发挥我们的比较优势，结合沈阳装备制造业基础雄厚的特点，我们确定的发展目标是充分利用国家赋予出口加工区的优惠政策，通过发挥功能辐射作用及对区内生产加工企业实现依法规范管理，形成高附加值、高科技含量、高创汇水平的出口加工产业基地。今后，我们将以园区建设和招商引资为核心，充分发挥国家级出口加工区政策优势、体制优势、通关优势和环境优势，引导和发展加工贸易、优化产业结构，建设铁西新区和沈阳市对外开放先导区、示范区和主窗口，为区域外向型经济的发展奠定良好的基础。

【机构设置与管委会领导】 辽宁沈阳（张士）出口加工区管委会为市政府派出机构，正局级建制。主要职责是按照国家有关规定和市政府授权，负责出口加工区的统一规划、开发建设、招商引资和管理工作，负责与海关、检验检疫、工商税务等驻区管理机构的协调服务等工作。管委会设主任1名，副主任2名，内设“办公室、管理一处、管理二处”3个机构。

管委会主任周航、管委会副主任李慈、齐向东

【招商部门】 辽宁沈阳（张士）出口加工区管委会共设管理一处、管理二处两个招商部门。管理一处：联系人张大志，电话024－25371738，传真024－25373500。

管理二处：联系人窦邃，电话024－25373209，传真024－25373500。

南昌出口加工区
NANCHANG EXPORT PROCESSING ZONE

【概况】 南昌出口加工区是2006年5月8日经国务院批准设立的，2007年9月7日通过国家九部委联合验收小组的验收，正式封关运行。

南昌出口加工区位于南昌国家高新技术产业开发区内，规划面积约一平方公里，首期开发0.31平方公里。加工区内已建成道理、排水、电力、电信、网络、给水和场地平整等“六通一平”的市政基础设施。

南昌出口加工区是由海关监管的特殊区域，海关实行“一次申报、一次审查、一次查验”，24小时预约通关服务的新通关模式。区内企业不仅享有海关提供的简单快捷的通关便利，还享有出口加工区和国家高新技术产业开发区特有的税收等优惠政策。

发展目标是把南昌出口加工区建设成为中西部地区“占地面积最少、投资强度最大、科技含量最高、出口创汇最多”的“四最”出口加工区。

【经济发展】 南昌出口加工区已累计实现进出口额3753.85万美元，进出口货物为103.5吨，其中出口为145.52万美元，进口为3608.32万美元。进出报关单数27票，区内加工货物13票，料件进出区3票，一般贸易4票，设备进出区4票，其他3票。

【重点企业】 南昌储科电子科技有限公司是新加坡上市公司：注册资金为1000万美元，项目总投资为5000万美元，以生产U盘等产品为主，2007年已实现出口创汇30万美元，预计2008年将实现创汇3000万美元。该企业3层1万平米厂房已建设完毕，正在进行内部装修，预计将在2008年9月份正式投产。

南昌韬略科技有限公司：主要生产半导体混合集成电路，片式元器件，LCD显示器，PDP显示屏及进行晶片测试设计、检测、维修，电子精密模具的研发。注册资金为2880万美元，项目建成后年出口创汇可达7000万美元。

江西通用硅太阳能电力（南昌）有限公司：单晶硅生产企业，注册资金600万美元，一期生产规模可达年产400万片单晶硅。

联鸿（南昌）电子有限公司，公司注册资本为600万美元，主要从事手机组装（EMS厂）项目，公司的3条手机生产线已安装调试，预计2008年底实现出口创汇1亿美元。

南昌泰特电子有限公司，注册资金为500万美元，从事电脑、游戏机维修、检测以及激光头的生产，该项目正在办理海关、外经贸等部门的注册手续项目建成后，预计年出口创汇达3000万美元。

江西赣能华基新能源有限公司，注册资金为5000万元人民币，总投资12亿元人民币，生产非晶硅（a－Si）薄膜太阳能电池，项目建成投产后，可达到年产50兆瓦能力，实现年销售收入为64311万元。

廊坊出口加工区
LANGFANG EXPORT PROCESSING ZONE

【概况】 2005年6月3日，廊坊出口加工区经国务院批准设立。廊坊出口加工区坐落于廊坊经济开发区内，规划面积0.5平方公里，地处环渤海经济圈的中心，位于北京市与天津市之间。距首都国际机场60公里，距天津国际机场65公里，距天津港口105公里，是中国北方产业和人口高度密集、城市集中、工商业发达、市场容量大、购买力强的黄金地域。

廊坊出口加工区充分依托廊坊经济开发区，区域内基础设施建设实现“十通一平”；充分发挥京、津两大城市之间得天独厚的区位优势、便捷的交通优势；完备坚实的产业基础、丰富的人才储备；有竞争力的综合商务投资成本和政策优势以及巨大的成长潜力优势；已经真正具备国内一流出口加工区的投资条件，其必将获得国内外加工贸易型企业和物流企业的青睐，是投资创业理想的投资场所。

2007年12月7日，正式通过由海关总署、国家发展改革委、财政部、国土资源部、商务部、税务总局、工商总局、质检总局和外汇局组成的九部委联合验收小组的联合验收，并予颁发《出口加工区验收合格证书》。

廊坊出口加工区的建立，必将带动河北省乃至华北地区“外向型”经济的成长，促进区域经济全面协调发展。

【产业发展方向】 廊坊出口加工区重点发展投资规模大、科技含量高、对区域经济具有重大带动作用的加工贸易型企业。依托廊坊开发区的产业定位，产业结构以高新技术为主，合作对象以跨国公司为主，投资规模以大型化为主。

【产业导向】 重点引进的行业是信息电子、光机电一体化、精密机械、保税物流。

【发展目标】 与廊坊经济开发区互动发展，建成国内一流的集加工贸易与保税物流功能于一体的现代化园区。

【优惠政策】 国家赋予出口加工区的优惠政策。

统计资料篇

中国保税区出口加工区协会
CHINA FREE TRADE ZONE AND EXPORT PROCESSING ZONE ASSOCIATION

2007 年全国保税区经济指标统计汇总表

指　　标	单位	合计		上海外高桥保税区		大连保税区	
		2007 年	比上年增长（%）	2007 年	比上年增长（%）	2007 年	比上年增长（%）
增加值	亿元	1833.55	24.7	819.57	22.0	168.62	81.9
销售收入		12569.53	24.2	5783.01	21.8	691.23	34.2
工业总产值		3206.56	18.8	530.76	3.6	71	27.0
其中：高新技术产业		824.71	58.9	91.78	7.2	0	0.0
电子信息产业		979.59	41.7	302.45	-6.4	0	0.0
商品销售额		9130.64	24.3	4901.95	22.6	795	48.0
物流企业营业收入		3245.31	24.7	2073.59	20.7	236.25	128.9
批准企业	个	3881	-4.6	386	-30.8	537	8.3
其中：加工企业		234	-23.3	20	-35.5	121	5.2
贸易企业		2654	-5.3	255	-32.0	345	79.7
仓储物流企业		543	10.4	67	-47.2	61	38.6
批准三资企业	个	792	-25.3	232	-42.1	172	3.6
其中：加工企业		123	-33.9	16	-40.7	41	2.5
贸易企业		481	-23.2	169	-39.2	114	16.3
仓储物流企业		94	-35.2	35	-59.8	17	21.4
批准投资额	亿美元	146.02	14.0	14.44	-12.0	22.96	20.8
其中：三资企业		111.69	12.1	13.18	15.6	15	18.0
合同利用外资		65.41	22.4	7.8	26.6	13	17.0
实际利用外资		26.62	18.7	3.99	7.6	4.12	32.6
期末货物存放量	万吨	113.82	2.0	52.4	11.7	0	0.0
货运总量		5658.92	6.3	704.3	-6.1	2650	40.0
期末施工房屋面积	万平方米	618.65	-22.5	111.96	-8.8	78	28.0
房屋竣工面积		190.2	-38.3	35.37	-2.1	75	36.0
税收总额	亿元	874.1	43.2	446.95	24.6	46	250.1
其中：工商税收		315.94	24.7	176.81	21.3	14.94	38.5
固定资产投资额	亿元	292.51	24.8	21.69	-28.7	73	31.0
其中：基础设施投资		116.27	13.8	3.44	-70.8	73	31.0
期末从业人员	万人	56.2	17.4	18.83	4.7	4.5	9.8
其中：外资企业从业人员		37.34	10.1	17.94	5.0	3.4	0.0
保税区批准面积	平方公里	41.32	0.0	10	0.0	1.95	0.0
保税区验收封关面积		36.69	1.0	8.87	4.4	1.95	0.0

续表一

指　标	单位	天津港保税区		青岛保税区		张家港保税区	
		2007 年	比上年增长（%）	2007 年	比上年增长（%）	2007 年	比上年增长（%）
增加值	亿元	301.29	47.3	64.74	27.7	142	21.7
销售收入	亿元	1707.05	42.2	301.32	12.9	1525.06	20.0
工业总产值	亿元	395.87	55.2	56.4	40.8	439.45	26.0
其中：高新技术产业	亿元	81.22	93.0	29.24	19.2	112.71	41.4
电子信息产业	亿元	16.22	274.1	27.5	30.1	26.31	54.6
商品销售额	亿元	682.82	47.7	198.6	5.3	1400.81	18.6
物流企业营业收入	亿元	628.36	30.0	35.16	7.6	56.03	24.3
批准企业	个	1095	-12.2	401	-3.1	581	15.1
其中：加工企业	个	16	-64.4	5	-44.4	33	-17.5
贸易企业	个	498	-33.8	368	-3.7	525	15.9
仓储物流企业	个	242	28.0	27	58.8	23	91.7
批准三资企业	个	164	-18.0	53	-25.4	64	36.2
其中：加工企业	个	8	-73.3	5	-44.4	28	-3.5
贸易企业	个	70	-18.6	45	-22.4	30	100.0
仓储物流企业	个	10	-47.4	1	0.0	6	100.0
批准投资额	亿美元	76.1	24.4	2.87	116.3	14.65	-14.8
其中：三资企业	亿美元	60.16	21.1	1.43	147.7	11.65	-20.9
合同利用外资	亿美元	31.32	25.6	0.96	214.8	7.61	15.1
实际利用外资	亿美元	11.5	25.0	0	0.0	2.63	25.8
期末货物存放量	万吨	0	0.0	14.6	-3.3	36.05	37.1
货运总量	万吨	0	0.0	169.66	-1.1	930.63	65.8
期末施工房屋面积	万平方米	310.2	-33.6	7.59	507.2	0.75	-98.4
房屋竣工面积	万平方米	0	-100.0	3.52	-82.1	65.15	16.3
税收总额	亿元	169.24	138.1	20.46	9.8	63.21	42.5
其中：工商税收	亿元	39.3	36.5	8.31	21.3	22.49	46.7
固定资产投资额	亿元	105.79	47.9	3.63	-37.0	41.52	26.2
其中：基础设施投资	亿元	15.41	1.1	0.09	-56.3	12.52	-18.3
期末从业人员	万人	9.73	11.3	2.77	23.1	4	166.7
其中：外资企业从业人员	万人	3.89	-0.3	1.89	13.2	2.2	69.2
保税区批准面积	平方公里	5	0.0	2.5	0.0	4.1	0.0
保税区验收封关面积	平方公里	3.8	0.0	2.5	0.0	4.1	0.0

续表二

指　标	单位	宁波保税区		福州保税区		厦门象屿保税区	
		2007年	比上年增长（%）	2007年	比上年增长（%）	2007年	比上年增长（%）
增加值	亿元	103	42.8	4.35	9.0	23.36	48.2
销售收入	亿元	1175.65	52.2	2	4.6	124.47	35.4
工业总产值	亿元	445.19	175.5	2.32	-22.7	10.81	4.4
其中：高新技术产业	亿元	301.39	221.9	0	-100.0	0	0.0
电子信息产业	亿元	374.4	241.1	0	0.0	9.13	10.4
商品销售额	亿元	730	19.6	0	0.0	0	0.0
物流企业营业收入	亿元	7	43.7	1.9	5.6	31.57	60.2
批准企业	个	424	-5.4	46	9.5	263	42.9
其中：加工企业	个	0	-100.0	0	-100.0	1	0.0
贸易企业	个	420	-2.8	12	-7.7	162	62.0
仓储物流企业	个	4	100.0	1	0.0	93	10.7
批准三资企业	个	16	-55.6	0	-100.0	15	-31.8
其中：加工企业	个	0	-100.0	0	0.0	0	0.0
贸易企业	个	12	-40.0	0	0.0	12	-25.0
仓储物流企业	个	4	100.0	0	0.0	3	-50.0
批准投资额	亿美元	6.97	17.2	1.32	34.4	2.39	201.7
其中：三资企业	亿美元	4.98	5.1	0.96	832.0	0.19	-44.0
合同利用外资	亿美元	2.04	-6.8	0.36	434.0	0.11	-59.4
实际利用外资	亿美元	2	3.1	0.04	-14.5	0.12	-20.3
期末货物存放量	万吨	0	-100.0	0	-100.0	0	0.0
货运总量	万吨	367	3.7	40.06	-80.5	63.68	-5.9
期末施工房屋面积	万平方米	94	-2.1	0	0.0	3	0.0
房屋竣工面积	万平方米	11	-37.8	0	0.0	0	-100.0
税收总额	亿元	29	25.5	7.69	97.2	12.28	20.5
其中：工商税收	亿元	16	21.6	1.24	33.0	2.62	31.0
固定资产投资额	亿元	31	60.2	0.2	0.0	11.1	38.2
其中：基础设施投资	亿元	2	122.2	0.17	0.0	8.65	5306.3
期末从业人员	万人	3.6	24.1	0.8	0.0	2	33.3
其中：外资企业从业人员	万人	3.3	26.9	0.2	0.0	1.5	2.0
保税区批准面积	平方公里	2.3	0.0	1.8	0.0	1.5	0.0
保税区验收封关面积	平方公里	2.3	0.0	0.8	0.0	0.63	0.0

续表三

指　　标	单位	汕头保税区		广州保税区		深圳保税区	
		2007 年	比上年增长（%）	2007 年	比上年增长（%）	2007 年	比上年增长（%）
增加值	亿元	13.8	15.0	0	0.0	155.16	-21.8
销售收入		20.15	10.7	240.39	5.8	604.18	-3.5
工业总产值		15.61	20.1	125.7	11.1	875.9	-10.0
其中：高新技术产业		11.35	28.9	86.33	-2.1	0	0.0
电子信息产业		3.43	72.4	86.33	-2.1	0	0.0
商品销售额		11.71	6.5	149.69	66.5	156.49	10.6
物流企业营业收入		10.22	10.4	0	0.0	0	-100.0
批准企业	个	13	85.7	47	-24.2	58	-18.3
其中：加工企业		3	-40.0	3	-50.0	22	-12.0
贸易企业		7	250.0	38	-32.1	13	-59.4
仓储物流企业		3	0.0	0	0.0	17	70.0
批准三资企业	个	7	40.0	10	-60.0	41	-30.5
其中：加工企业		3	-40.0	2	-66.7	16	-23.8
贸易企业		2	0.0	8	-57.9	12	-57.1
仓储物流企业		2	0.0	0	0.0	11	22.2
批准投资额	亿美元	0.29	91.7	2.29	118.8	1.05	39.2
其中：三资企业		0.26	73.8	2.21	145.2	1.03	65.9
合同利用外资		0.22	58.4	0.87	124.9	0.7	50.7
实际利用外资		0.08	124.6	0.66	238.1	1.06	-23.3
期末货物存放量	万吨	1.7	104.8	0	0.0	0	0.0
货运总量		218.4	4.1	0	0.0	173.19	57.7
期末施工房屋面积	万平方米	13.15	184.6	0	0.0	0	0.0
房屋竣工面积		0.16	-77.8	0	0.0	0	0.0
税收总额	亿元	3.95	-22.7	11.31	9.2	48.22	28.9
其中：工商税收		0.61	44.9	11.31	9.2	10	33.4
固定资产投资额	亿元	1.71	22.9	1.73	-48.2	0	0.0
其中：基础设施投资		0.37	-50.5	0.03	-79.3	0	0.0
期末从业人员	万人	0.2	0.0	1.6	3.2	5.51	9.1
其中：外资企业从业人员		0.06	0.0	1.45	9.6	0	0.0
保税区批准面积	平方公里	2.34	0.0	2	0.0	2.9	0.0
保税区验收封关面积		2.34	0.0	2	0.0	2.47	0.0

续表四

指标	单位	珠海保税区		海口保税区	
		2007年	比上年增长（%）	2007年	比上年增长（%）
增加值	亿元	13.1	10.7	24.56	8.7
销售收入	亿元	266.52	-1.8	128.51	15.5
工业总产值	亿元	101.29	14.8	136.27	14.5
其中：高新技术产业	亿元	0	0.0	110.7	16.1
电子信息产业	亿元	11.34	16.7	122.46	18.8
商品销售额	亿元	103.56	-18.0	0	0.0
物流企业营业收入	亿元	165.23	-9.8	0	0.0
批准企业	个	20	5.3	10	-33.3
其中：加工企业	个	4	-20.0	6	-33.3
贸易企业	个	7	-12.5	4	-33.3
仓储物流企业	个	5	-16.7	0	0.0
批准三资企业	个	18	5.9	0	0.0
其中：加工企业	个	4	-20.0	0	0.0
贸易企业	个	7	-12.5	0	0.0
仓储物流企业	个	5	25.0	0	0.0
批准投资额	亿美元	0.65	-82.3	0.04	-66.4
其中：三资企业	亿美元	0.65	-82.3	0	0.0
合同利用外资	亿美元	0.42	-48.0	0	0.0
实际利用外资	亿美元	0.41	-20.5	0	0.0
期末货物存放量	万吨	8	-20.0	1.07	8.1
货运总量	万吨	341	-66.0	1	-20.0
期末施工房屋面积	万平方米	0	0.0	0	0.0
房屋竣工面积	万平方米	0	-100.0	0	0.0
税收总额	亿元	5.22	21.6	10.57	5.7
其中：工商税收	亿元	2.12	14.5	10.2	5.9
固定资产投资额	亿元	1	-80.7	0.13	-80.7
其中：基础设施投资	亿元	0.46	-64.7	0.13	-80.7
期末从业人员	万人	1.5	36.4	1.16	13.7
其中：外资企业从业人员	万人	1.5	36.4	0.01	0.0
保税区批准面积	平方公里	3	0.0	1.93	0.0
保税区验收封关面积	平方公里	3	0.0	1.93	0.0

1. 主要指标解释：增加值是指一个国家或地区所有常住单位通过劳动所创造的最终产品和劳务的价值，计算公式为“税金总额＋企业利润＋劳动报酬总额＋折旧”；销售收入是指保税区内所有企业单位从事生产、经营活动和提供劳务技术服务所取得的营业收入；工业总产值是指工业企业生产的以货币形式表现的工业最终产品和提供工业劳务活动的总价值量；物流企业营业收入是指保税区在货物流通领域开展业务的企业，主要包括仓储、运输、商品分拨、配送、国际转口等企业，通过经营服务活动所取得的全部营业收入；合同利用外资是指批准证书上标明的注册资本的外方部分；实际利用外资是指外方已投入到企业的资本金，反映合同利用外资的到位情况；货运总量是指保税区投资企业以重量单位吨计算的各种运输工具实际完成运输过程的货物数量。

2. 除“期末施工房屋面积”、“期末从业人员”、“外资企业从业人员”、“保税区批准面积”和“保税区验收封关面积”五项指标为年末实际发生数外，其余指标均指2007年当年累计发生额，比上年增长（%）是指与2006年相比的增长幅度。

2007 年全国各保税区实际进出口统计表

地区 5		进出口合计		出　　口		进　　口	
中文	代码	美元值（万美元）	美元值（同比）	美元值（万美元）	美元值（同比）	美元值（万美元）	美元值（同比）
#合计	—	12812791.78	17.55	4571707.84	18.70	8241083.94	16.92
天津港保税区	12074	940130.25	2.78	256169.23	52.45	683961.02	-8.40
大连大窑湾保税区	21024	197907.74	-1.32	92280.95	-10.22	105626.80	8.03
上海外高桥保税区	31224	5499845.26	22.54	1434224.27	22.24	4065620.98	22.65
江苏张家港保税区	32154	196447.94	15.49	56216.13	36.97	140231.81	8.66
宁波北仑港保税区	33024	311573.36	56.40	110251.66	50.25	201321.70	59.99
福建马尾保税区	35014	70356.25	6.21	6364.19	-5.95	63992.06	7.59
厦门象屿保税区	35024	242806.54	-4.76	143847.31	27.06	98959.22	-30.18
山东青岛保税区	37024	243875.32	-4.38	78956.83	1.51	164918.48	-6.96
广州保税区	44014	358527.29	11.69	150210.45	2.42	208316.84	19.49
深圳福田保税区	44034	4626174.68	17.98	2192140.92	15.10	2434033.76	20.71
广东珠海保税区	44044	103196.28	12.33	41919.71	10.54	61276.57	13.59
汕头保税区	44054	12783.68	56.67	5334.88	62.91	7448.80	52.48
海南海口保税区	46014	9167.19	3.65	3791.30	38.84	5375.89	-12.07

2007 年全国保税区分贸易方式实际进出口统计表

贸易方式 2 位	进出口合计		出　　口		进　　口	
	美元值（万美元）	美元值（同比）	美元值（万美元）	美元值（同比）	美元值（万美元）	美元值（同比）
#合计	12812791.78	17.55	4571707.84	18.70	8241083.94	16.92
一般贸易	711554.43	92.14	270343.94	58.86	441210.49	120.44
其他境外捐赠物资	15.15	2279.02	.	.	15.15	2279.02
来料加工	689967.91	107.75	511827.33	87.42	178140.58	201.77
进料加工	3339010.44	-2.27	2094985.49	0.60	1244024.96	-6.76
加工贸易进口设备	1452.97	24.47	.	.	1452.97	24.47
租赁贸易	5.89	.	.	.	5.89	.
外商投资企业作为投资进口的设备、物品	57837.62	-19.12	.	.	57837.62	-19.12
保税区仓储转口货物	8009594.96	19.44	1694498.19	27.82	6315096.78	17.37
其他贸易	3352.40	58.60	52.90	-6.07	3299.50	60.37

2007 年全国保税区进口商品分类表

单位：美元

商品分类	2007 年	
	进口额	比上年增长（%）
#合计	82410839387	16.9
第一类　活动物；动物产品	218689507	8.5
第二类　植物产品	398242786	61.2
第三类　动、植物油、脂、蜡；精制食用油脂	1343725931	122.8
第四类　食品；饮料、酒及醋；烟草及制品	873127005	58.2
第五类　矿产品	590358700	2.3
第六类　化学工业及其相关工业的产品	4064434725	31.0
第七类　塑料及其制品；橡胶及其制品	5757821383	26.1
第八类　革、毛皮及制品；箱包；肠线制品	99600303	58.9
第九类　木及制品；木炭；软木；编结品	51308319	34.0
第十类　木浆等；废纸；纸、纸板及其制品	424447656	22.9
第十一类　纺织原料及纺织制品	1623257119	-6.2
第十二类　鞋帽伞等；羽毛品；人造花；人发品	25900122	32.7
第十三类　矿物材料制品；陶瓷品；玻璃及制品	331184380	5.7
第十四类　珠宝、贵金属及制品；仿首饰；硬币	347986961	77.1
第十五类　贱金属及其制品	4632622909	34.3
第十六类　机电、音像设备及其零件、附件	51582598404	13.4
第十七类　车辆、航空器、船舶及运输设备	901920460	50.8
第十八类　光学、医疗等仪器；钟表；乐器	8661706832	7.7
第十九类　武器、弹药及其零件、附件	2989	.
第二十类　杂项制品	159843010	28.0
第二十一类　艺术品、收藏品及古物	122763	36.7
第二十二类　特殊交易品及未分类商品	321937123	41.6

2007 年全国保税区出口商品分类表

单位：美元

商品分类	2007 年	
	出口额	比上年增加（%）
#合计	45717078407	18.7
第一类　活动物；动物产品	70780099	28.2
第二类　植物产品	131082353	11.7
第三类　动、植物油、脂、蜡；精制食用油脂	4797455	1.2
第四类　食品；饮料、酒及醋；烟草及制品	253217410	45.1
第五类　矿产品	71993884	15.1
第六类　化学工业及其相关工业的产品	1134250869	64.8
第七类　塑料及其制品；橡胶及其制品	975235523	23.9
第八类　革、毛皮及制品；箱包；肠线制品	188989229	29.1
第九类　木及制品；木炭；软木；编结品	88194760	25.8
第十类　木浆等；废纸；纸、纸板及其制品	140438792	-25.9
第十一类　纺织原料及纺织制品	1160258423	28.6
第十二类　鞋帽伞等；羽毛品；人造花；人发品	243778996	-18.3
第十三类　矿物材料制品；陶瓷品；玻璃及制品	201886758	59.2
第十四类　珠宝、贵金属及制品；仿首饰；硬币	504410282	29.4
第十五类　贱金属及其制品	2760460512	62.2
第十六类　机电、音像设备及其零件、附件	34004433449	14.2
第十七类　车辆、航空器、船舶及运输设备	395155660	13.8
第十八类　光学、医疗等仪器；钟表；乐器	2923748921	26.5
第十九类　武器、弹药及其零件、附件	281420	22.7
第二十类　杂项制品	459109352	26.5
第二十一类　艺术品、收藏品及古物	2030905	-2.4
第二十二类　特殊交易品及未分类商品	2543355	-36.3

2007年全国保税区进口国别排名前30位

单位：美元

国别地区		2007年	
		进口额	比上年增长（%）
#合计		82410839387	16.9
1	中国	16634272536	10.0
2	日本	11596241739	19.4
3	韩国	8233043107	15.5
4	中国台湾	7114603574	11.8
5	美国	6107708611	-3.3
6	马来西亚	4987468276	16.0
7	菲律宾	4759646672	56.5
8	泰国	3257241254	31.6
9	德国	2698528555	37.9
10	新加坡	2114520269	-19.7
11	法国	1176276094	20.8
12	加拿大	1007385775	60.2
13	印度尼西亚	965520421	-5.7
14	瑞士	814401635	36.8
15	英国	738132301	6.1
16	哥斯达黎加	725059569	23.2
17	爱尔兰	707055168	31.1
18	意大利	695370506	21.2
19	俄罗斯联邦	685462285	48.0
20	智利	603996049	206.8
21	印度	558296826	34.4
22	澳大利亚	504736349	32.3
23	阿根廷	472667986	140.2
24	巴西	451449536	137.5
25	墨西哥	386898527	40.9
26	南非	378662658	48.6
27	以色列	343191599	56.7
28	中国香港	324334863	-16.1
29	荷兰	281268047	37.1
30	比利时	265781151	16.9

2007 年全国保税区出口国别排名前30位

单位：美元

国别地区		2007 年	
		出口额	比上年增加（%）
#合计		45717078407	18.7
1	中国香港	22836232579	16.5
2	美国	5522604436	3.1
3	日本	2311425585	36.1
4	新加坡	2023273662	1.6
5	韩国	1352993979	38.8
6	中国台湾	1264928136	33.3
7	荷兰	1193894585	12.9
8	英国	1114391416	18.2
9	德国	949256565	53.1
10	马来西亚	592981233	48.3
11	菲律宾	588629644	8.3
12	泰国	475205290	57.2
13	印度	459521848	33.3
14	法国	332089424	33.1
15	澳大利亚	292999350	19.4
16	墨西哥	249131514	69.4
17	加拿大	245998836	7.7
18	意大利	245928926	85.0
19	巴西	236722421	53.9
20	比利时	208401141	12.2
21	阿拉伯联合酋长国	204382175	61.5
22	土耳其	170249210	51.5
23	西班牙	159358383	57.5
24	越南	156722428	68.9
25	伊朗	155728072	239.5
26	印度尼西亚	131588158	49.1
27	爱尔兰	111170992	-18.3
28	哥斯达黎加	110737091	65.1
29	匈牙利	110183633	-3.7
30	沙特阿拉伯	100780024	56.7

2007年全国保税区企业进口额排名前30位

单位：美元

企业名称		2007年	
		进口额	比上年增长（%）
#合计		82410839387	16.9
1	伯灵顿物流（上海）有限公司	9213670387	44.7
2	综合信兴仓运（深圳）有限公司	3434688793	-13.9
3	深圳综合信兴物流有限公司	2568352190	14.6
4	麦迪实电子科技（深圳）有限公司	2511567609	40.7
5	天津叶水福物流有限公司	2128967900	-49.7
6	英特尔产品（上海）有限公司	1954098655	-23.8
7	金士顿科技（上海）有限公司	1950379747	22.4
8	近铁国际物流（深圳）有限公司	1856807367	116.1
9	上海近铁国际物流有限公司	1519514064	69.8
10	安靠封装测试（上海）有限公司	1214996978	4.6
11	伯灵顿物流（深圳）有限公司	930131716	181.2
12	索尼物流贸易（上海）有限公司	907405131	31.2
13	深圳赛意法微电子有限公司	851945941	-13.5
14	中菲物流（深圳）有限公司	753275144	—
15	唯佳物流（深圳）有限公司	713241289	112.8
16	深圳市国电物流有限公司	691404342	49.3
17	惠普贸易（上海）有限公司	670041551	39.8
18	深圳市唯佳全球快运有限公司	637430143	-1.7
19	天津天保国际物流集团有限公司	633766773	63.1
20	晶冠科技（深圳）有限公司	620862614	-15.8
21	伯灵顿物流（厦门）有限公司	587894326	-32.7
22	鑫茂科技（深圳）有限公司	508536607	-31.7
23	庆华仓储贸易（深圳）有限公司	495973823	32.0
24	深圳富林物流有限公司	449724900	-31.2
25	唯冠科技（深圳）有限公司	443148101	43.0
26	广茂科技（广州）有限公司	435161077	1.8
27	深圳能健恒商贸发展有限公司	430731499	36.2
28	深圳能源物流有限公司	412362415	62.6
29	天津龙威粮油工业有限公司	406633413	88.7
30	上海京鸿实业有限公司	395248548	82.4

2007年全国保税区企业出口额排名前30位

单位：美元

企业名称		2007年	
		出口额	比上年增长（%）
#合计		45717078407	18.7
1	联想信息产品（深圳）有限公司	4503353332	15.0
2	长城国际系统科技（深圳）有限公司	2645650982	34.5
3	麦迪实电子科技（深圳）有限公司	2429753307	60.1
4	英特尔产品（上海）有限公司	2419388697	-13.5
5	金士顿科技（上海）有限公司	2208338560	32.8
6	丹沙物流（上海）有限公司	1118119276	628.2
7	深圳赛意法微电子有限公司	971664348	-12.3
8	上海近铁国际物流有限公司	971174495	27.1
9	唯冠科技（深圳）有限公司	667813983	65.9
10	安靠封装测试（上海）有限公司	654450154	-0.7
11	深圳市唯佳全球快运有限公司	595059334	41.5
12	广茂科技（广州）有限公司	541340268	-9.8
13	晶冠科技（深圳）有限公司	499743034	-24.2
14	日通国际物流（深圳）有限公司	496665053	4.8
15	明德信息媒体（深圳）有限公司	486887230	13.5
16	大连日通外运物流有限公司	455895380	-5.4
17	精茂科技（深圳）有限公司	449159561	-16.8
18	深圳综合信兴物流有限公司	421571478	35.1
19	天津天保国际物流集团有限公司	397801078	249.6
20	深圳市国电物流有限公司	395658256	-21.8
21	鑫茂科技（深圳）有限公司	347878152	-52.0
22	日通国际物流（上海）有限公司	345485082	205.5
23	厦门象屿太平综合物流有限公司	338624186	42.1
24	深圳能健恒商贸发展有限公司	336967798	21.3
25	宁波昇锐电子有限公司	332005533	167.6
26	保迪（厦门）物流有限公司	315131397	27.1
27	深圳能源物流有限公司	298896156	28.0
28	统宝光电显示系统（上海）有限公司	282945784	86.1
29	日立环球存储科技（深圳）有限公司	270123933	77.9
30	广川科技（广州）有限公司	265303970	31.8

2007 年全国保税物流园区经济指标统计汇总表

指标	单位	合计		上海外高桥保税物流园区		大连保税物流园区	
		2007 年	比上年增长（%）	2007 年	比上年增长（%）	2007 年	比上年增长（%）
增加值	万元	80305.3	175.8	28987.3	308	8582	-16.15
营业收入	万元	1110448.5	191.43	162181.5	70.4	370800	827.93
批准企业	个	277	45.03	9	80	24	200
其中：贸易企业	个	194	92.08	4	300	3	200
仓储物流企业	个	83	56.6	5	66.67	21	320
批准三资企业	个	50	-25.37	2	100	7	133.33
其中：贸易企业	个	21	-44.74	0	0	0	-100
仓储物流企业	个	29	81.25	2	100	7	250
批准投资额	万美元	49042.02	91.58	20261.5	273.31	1450	269.9
其中：三资企业	万美元	29564.52	205.01	12899	5274.58	1200	525
合同利用外资	万美元	29666.41	319.61	10250	5025	9454.4	4158.74
实际利用外资	万美元	7656.79	30.05	0	0	4361.1	3296.5
期末货物存放量	万吨	56.75	90.37	26.01	150.64	0	-100
企业货运总量	万吨	942	106.54	0	0	0	-100
期末施工房屋面积	平方米	597600	-61.85	274600	0	323000	-75
房屋竣工面积	平方米	30000	8182.72	0	0	0	-100
税收总额	万元	1261132.45	360.64	6233.5	246.92	12599.59	81.97
其中：工商税收	万元	41547.31	296.91	6233.5	246.92	704	-63.3
固定资产投资额	万元	71513	1.23	11118	-74.06	17100	-9.78
其中：基础设施投资	万元	47100	97.07	0	-100	17100	-7.57
期末从业人员	人	5174	195.32	721	47.14	2000	122.22
其中：外资企业从业人员	人	1250	285.38	312	39.91	300	354.55
物流园区批准面积	平方公里	9.17	0	1.03	0	1.5	0
物流园区验收封关面积	平方公里	7.97	0	1.03	0	1.5	0

续表一

指　　标	单位	天津港保税物流区		青岛保税物流园区		张家港保税物流园区	
		2007 年	比上年增长（%）	2007 年	比上年增长（%）	2007 年	比上年增长（%）
增加值	万元	9046	-14.05	0	0	0	0
营业收入		56958	-5.88	6942	774.31	333079	95.92
批准企业	个	5	-96.48	15	1400	182	658.33
其中：贸易企业		4	-94.74	14	0	165	1169.23
仓储物流企业		1	-97.14	1	0	17	70
批准三资企业	个	4	-92.73	1	0	21	250
其中：贸易企业		4	-87.1	1	0	14	180
仓储物流企业		0	-100	0	-100	7	600
批准投资额	万美元	132	-99.02	511	155.5	21318	550.3
其中：三资企业		128	-98.31	7	-96.5	10983	690.14
合同利用外资		110	-97.99	7	-96.5	7257	738.96
实际利用外资		110	-97.99	7	0	2063	1072.16
期末货物存放量	万吨	0	0	4.52	169.54	26.22	56.44
企业货运总量		0	0	135.35	729.12	771.95	91.15
期末施工房屋面积	平方米	0	0	0	0	0	0
房屋竣工面积		0	0	0	0	0	0
税收总额	万元	828880	1184.13	0	0	344337	80.01
其中：工商税收		3767	23.87	0	0	28902	704.67
固定资产投资额	万元	0	-100	5295	0	0	0
其中：基础设施投资		0	-100	0	0	0	0
期末从业人员	人	505	0	59	0	1817	553.6
其中：外资企业从业人员		358	0	0	0	279	240.24
物流园区批准面积	平方公里	1.5	0	1	0	1.53	0
物流园区验收封关面积		0.6	0	1	0	1.53	0

续表二

指　　标	单位	宁波保税物流园区		厦门保税物流园区		深圳保税物流园区	
		2007年	比上年增长（%）	2007年	比上年增长（%）	2007年	比上年增长（%）
增加值	万元	26590	2023.8	7100	0	0	0
营业收入		166188	1465.6	14300	0	0	-100
批准企业	个	5	-50	34	0	3	200
其中：贸易企业		1	-90	2	0	1	0
仓储物流企业		4	0	32	0	2	0
批准三资企业	个	1	0	13	0	1	0
其中：贸易企业		1	0	0	0	1	0
仓储物流企业		0	0	13	0	0	0
批准投资额	万美元	39	-98.58	2398	0	2932.52	2904.94
其中：三资企业		10	-90	1405	0	2932.52	0
合同利用外资		10	-90	1405	0	1173.01	0
实际利用外资		10	-90	450	0	655.69	0
期末货物存放量	万吨	0	-100	0	0	0	0
企业货运总量		0	312.5	13	0	21.7	-28.75
期末施工房屋面积	平方米	0	0	0	0	0	0
房屋竣工面积		0	0	30000	0	0	0
税收总额	万元	18879	317.4	43000	0	7203.36	53.28
其中：工商税收		0	0	1900	0	40.81	-65.99
固定资产投资额	万元	0	0	38000	0	0	0
其中：基础设施投资		0	0	30000	0	0	0
期末从业人员	人	72	-14.29	0	0	0	0
其中：外资企业从业人员		1	100	0	0	0	0
物流园区批准面积	平方公里	0.95	0	0.7	0	0.96	0
物流园区验收封关面积		0.95	0	0.4	0	0.96	0

1. 由于物流园区成立时间较短，部分数据尚未进行统计。

2. 主要指标解释：增加值是指一个国家或地区所有常住单位通过劳动所创造的最终产品和劳务的价值，计算公式为“税金总额+企业利润+劳动报酬总额+折旧”；营业收入是指区内企业通过经营服务活动所取得的全部营业收入；合同利用外资是指批准证书上标明的注册资本的外方部分；实际利用外资是指外方已投入到企业的资本金，反映合同利用外资的到位情况；货运总量是指区内企业以重量单位吨计算的各种运输工具实际完成运输过程的货物数量。

3. 除“期末施工房屋面积”、“期末从业人员”、“外资企业从业人员”、“物流园区批准面积”和“物流园区验收封关面积”五项指标为年末实际发生数外，其余指标均指2007年当年累计发生额，比上年增长（%）是指与2006年相比的增长幅度。

2007 年全国物流园区实际进出口统计表

地区 5		进出口合计		出　　口		进　　口	
中文	代码	美元值（万美元）	美元值（同比）	美元值（万美元）	美元值（同比）	美元值（万美元）	美元值（同比）
合计	—	757049.46	172.62	382115.89	254.81	374933.57	120.55
天津保税物流园	12077	73416.11	225.53	50283.30	415.56	23132.80	80.73
大连保税物流园	21027	40862.91	57.21	27032.65	79.47	13830.26	26.53
上海外高桥保税物流园	31227	203270.25	526.50	110274.41	857.49	92995.84	344.35
张家港保税物流园	32157	287830.97	135.15	63538.67	615.86	224292.30	97.57
宁波保税物流园	33027	14632.56	10268.76	13800.28	105268.96	832.28	550.10
厦门象屿保税物流园	35027	9381.67	723.64	5923.10	675.74	3458.57	821.05
青岛保税物流园	37027	38300.22	832.25	31277.72	1960.11	7022.50	171.13
深圳盐田保税物流园	44037	89354.77	29.67	79985.76	32.89	9369.02	7.45

2007 年保税港区下分贸易方式实际进出口统计表

地区 5			进出口合计		出　　口		进　　口	
中文	代码	贸易方式 2 位	美元值（万美元）	美元值（同比）	美元值（万美元）	美元值（同比）	美元值（万美元）	美元值（同比）
合计	—	—	740375.09	24.34	439858.49	19.43	300516.60	32.28
大窑湾保税港区	21026	合计	15826.59	.	7260.67	.	8565.93	.
		一般贸易	3.71	.	.	.	3.71	.
		保税区仓储转口货物	15822.86	.	7260.67	.	8562.19	.
		其他贸易	0.02	.	.	.	0.02	.
洋山保税港区	31166	合计	4755.27	5053.59	1093.14	.	3662.13	3868.88
		一般贸易	457.43	395.75	.	.	457.43	395.75
		外商投资企业作为投资进口的设备、物品	529.99	.	.	.	529.99	.
		保税区仓储转口货物	3766.31	.	1093.14	.	2673.17	.
		其他贸易	1.55	.	.	.	1.55	.
苏州工业园综合保税区	—	合计	719793.22	20.90	431504.68	17.16	288288.54	26.95
		一般贸易	3.64	.	.	.	3.64	.
		进料加工	664632.37	16.65	430169.87	16.80	234462.50	16.36
		保税仓库进出境货物	36545.57	.	1334.81	.	35210.76	.
		出口加工区进口设备	18611.64	-27.27	.	.	18611.64	-27.27

2007 年全国各保税区主要经济指标完成情况表

2007 年上海市外高桥保税区主要经济指标完成情况表

指标名称	单 位	2007 年	2006 年	比上年增长（%）
生产总值（增加值）	亿元	819.57	671.64	22.0
其中：第二产业	亿元	127.00	130.00	-2.3
第三产业	亿元	692.57	541.64	27.9
其中：物流企业	亿元	264.00	208.00	26.9
销售（经营）收入	亿元	5783.01	4748.41	21.8
商品销售额	亿元	4901.95	3998.48	22.6
物流企业营业收入	亿元	2073.59	1717.65	20.7
工业总产值（现行价）	亿元	530.76	519.59	3.6
其中：高新技术产业	亿元	91.78	86.87	7.2
电子信息产业	亿元	302.45	327.96	-6.4
当年批准项目	个	386	558	-30.8
其中：贸易类项目	个	255	375	-32.0
物流类项目	个	67	127	-47.2
加工类项目	个	20	31	-35.5
当年批准三资企业	个	232	401	-42.1
当年批准投资额	亿美元	14.44	16.42	-12.0
其中：三资企业	亿美元	13.18	11.40	15.6
合同外资	亿美元	7.80	6.16	26.6
实际利用外资	亿美元	3.99	3.71	7.5
集装箱货物吞吐量	万标箱	270.2	251.7	7.4
货物流量	万吨	4015.5	3709.5	8.2
其中：货运总量	万吨	704.3	750.1	-6.1
货物进出仓量	万吨	1142.3	1054.7	8.3
期末货物存放量	万吨	52.4	46.9	11.7
固定资产投资额	亿元	21.69	30.42	-28.7
其中：基础设施投资	亿元	3.44	11.78	-70.8
施工房屋建筑面积	万平方米	111.96	122.74	-8.8
竣工房屋建筑面积	万平方米	35.37	36.12	-2.1

续表

指标名称	单位	2007年	2006年	比上年增长（%）
土地批租转让面积	万平方米	1.11	3.71	-70.1
企业从业人员	万人	18.83	17.98	4.7
其中：中方人员	万人	17.94	17.09	5.0
各种税收收入总额	亿元	446.95	358.71	24.6
其中：海关部门税收	亿元	270.14	212.93	26.9
税务部门税收	亿元	176.81	145.78	21.3
投资企业利润总额	亿元	280.22	211.12	32.7

2007年大连保税区主要经济指标完成情况表

指标名称	单位	2007年	比上年增长（%）
增加值	亿元	168.62	82.0
销售（经营）收入	亿元	691.23	34.0
工业总产值	亿元	71.00	27.0
商品销售额	亿元	795.00	48.0
物流企业营业收入	亿元	236.25	129.0
当年批准企业	个	537	8.0
其中：加工类	个	121	5.0
贸易类	个	345	80
仓储物流类	个	61	38.0
当年批准三资企业	个	172	4.0
其中：加工类	个	41	2.0
贸易类	个	114	16.0
仓储物流类	个	17	20.0
当年批准投资额	亿美元	22.96	21.0
其中：三资企业	亿美元	15.00	18.0
合同外资	亿美元	13.00	17.0
实际利用外资	亿美元	4.12	33.0
期末施工房屋面积	万平方米	78.00	28.0
竣工房屋建筑面积	万平方米	75.00	36.0
各种税收收入总额	亿元	46.00	250
其中：海关税收及代征税	亿元	31.06	12.0
其中：工商税收	亿元	14.94	39.0
固定资产投资额	亿元	73.00	31.0
其中：基础设施投资	亿元	73.00	31.0
期末从业人员	万人	4.5	16.0
其中：外资企业从业人员	万人	3.4	12.0
保税区批准面积	平方公里	1.95	0.0
保税区验收封关面积	平方公里	1.95	0.0

2007年天津港保税区主要经济指标完成情况表

指标名称	单位	2007年	比上年增长（%）
增加值	亿元	301.29	47.25
销售（经营）收入	亿元	1707.05	42.17
工业总产值	亿元	395.87	55.24
其中：高新技术产业	亿元	81.22	93.03
电子信息产业	亿元	16.22	274.11
商品销售额	亿元	682.82	47.71
物流企业营业收入	亿元	628.36	29.98
当年批准企业	个	1095	-12.19
其中：加工类	个	16	-65.22
贸易类	个	498	-33.78
仓储物流类	个	242	25.39
当年批准三资企业	个	164	-18.00
其中：加工类	个	8	-75.00
贸易类	个	70	-18.60
仓储物流类	个	10	-44.44
当年批准投资额	亿美元	76.10	25.44
其中：三资企业	亿美元	60.16	21.09
合同外资	亿美元	31.32	25.60
实际利用外资	亿美元	11.50	25.01
期末施工房屋面积	万平方米	310.2	-33.6
各种税收收入总额	亿元	169.24	138.12
其中：海关税收及代征税	亿元	129.94	206.45
其中：工商税收	亿元	39.30	37.07
固定资产投资额	亿元	105.80	47.85
其中：基础设施投资	亿元	15.41	1.13
期末从业人员	万人	9.73	11.3
其中：外资企业从业人员	万人	4.26	-0.3
保税区批准面积	平方公里	5.0	0.0
保税区验收封关面积	平方公里	3.8	0.0

2007年青岛保税区主要经济指标完成情况表

指标名称	单位	2007年	比上年增长（%）
增加值	亿元	65	27.7
销售（经营）收入	亿元	301	12.9
工业总产值	亿元	56	40.8
其中：高新技术产业	亿元	29	19.2
电子信息产业	亿元	27	30.1
商品销售额	亿元	199	5.3
物流企业营业收入	亿元	35	7.6
当年批准企业	个	401	-3.1
其中：加工类	个	5	-44.4
贸易类	个	368	-3.7
仓储物流类	个	27	58.8
当年批准三资企业	个	53	-25.4
其中：加工类	个	5	-44.4
贸易类	个	45	-22.4
仓储物流类	个	1	0.0
当年批准投资额	亿美元	3	116.3
其中：三资企业	亿美元	1	147.7
合同外资	亿美元	1	214.8
实际利用外资	亿美元	0.56	81.0
期末货物存放量	万吨	15	-3.3
企业货运总量	万吨	170	-1.1
期末施工房屋面积	万平方米	8	507.2
竣工房屋建筑面积	万平方米	4	-82.3
各种税收收入总额	亿元	20	9.8
其中：海关税收及代征税	亿元	12	7.9
其中：工商税收	亿元	8	21.3
固定资产投资额	亿元	4	-37.0
其中：基础设施投资	亿元	0.09	-56.3
期末从业人员	万人	3	23.1
其中：外资企业从业人员	万人	2	13.2
保税区批准面积	平方公里	2.5	0.0
保税区验收封关面积	平方公里	2.5	0.0

2007 年张家港保税区主要经济指标完成情况表

指 标 名 称	单 位	2007 年	比上年增长（%）
增加值	亿元	142.00	21.7
销售（经营）收入	亿元	1525.06	20.0
工业总产值	亿元	439.45	26.0
其中：高新技术产业	亿元	112.71	41.1
电子信息产业	亿元	26.31	54.6
商品销售额	亿元	1400.81	18.6
物流企业营业收入	亿元	56.03	24.3
当年批准企业	个	581.00	15.1
其中：加工类	个	33.00	-17.5
贸易类	个	525.00	15.9
仓储物流类	个	23.00	91.7
当年批准三资企业	个	64.00	36.2
其中：加工类	个	28.00	-3.5
贸易类	个	30.00	100
仓储物流类	个	6.00	100
当年批准投资额	亿美元	14.65	-14.8
其中：三资企业	亿美元	11.65	-20.9
合同外资	亿美元	7.61	15.1
实际利用外资	亿美元	2.63	25.8
期末货物存放量	万吨	36.05	37.1
企业货运总量	万吨	930.63	65.8
期末施工房屋面积	万平方米	0.75	-98.4
竣工房屋建筑面积	万平方米	65.15	16.3
各种税收收入总额	亿元	63.21	42.5
其中：海关税收及代征税	亿元	40.72	40.3
其中：工商税收	亿元	22.49	46.7
固定资产投资额	亿元	41.52	26.2
其中：基础设施投资	亿元	12.52	-18.3
期末从业人员	万人	4.00	166.7
其中：外资企业从业人员	万人	2.20	69.2
保税区批准面积	平方公里	4.10	0.0
保税区验收封关面积	平方公里	4.10	0.0

2007 年宁波保税区主要经济指标完成情况表

指 标 名 称	单 位	2007 年	比上年增长（%）
增加值	亿元	103.0	42.8
销售（经营）收入	亿元	1175.65	52.2
工业总产值	亿元	445.19	175.5
其中：高新技术产业	亿元	301.39	221.5
电子信息产业	亿元	374.40	240.7
商品销售额	亿元	730.0	19.6
物流企业营业收入	亿元	7.0	43.6
当年批准企业	个	424	-5.4
其中：贸易类	个	420	-2.8
仓储物流类	个	4	100.0
当年批准三资企业	个	16	-55.6
其中：贸易类	个	12	-40.0
仓储物流类	个	4	100.0
当年批准投资额	亿美元	6.97	17.2
其中：三资企业	亿美元	4.98	5.1
合同外资	亿美元	2.04	-6.8
实际利用外资	亿美元	2.00	2.9
企业货运总量	万吨	367.0	3.7
期末施工房屋面积	万平方米	94.0	-2.1
竣工房屋建筑面积	万平方米	11.0	-37.8
各种税收收入总额	亿元	29.0	25.5
其中：海关税收及代征税	亿元	13.0	30.5
其中：工商税收	亿元	16.0	21.6
固定资产投资额	亿元	31.0	60.2
其中：基础设施投资	亿元	2.0	122.8
期末从业人员	万人	3.6	2.9
其中：外资企业从业人员	万人	3.3	2.6
保税区批准面积	平方公里	2.3	0.0
保税区验收封关面积	平方公里	2.3	0.0

2007年福州保税区主要经济指标完成情况表

指标名称	单位	2007年	比上年增长（%）
增加值	亿元	4.35	0.9
工业总产值	亿元	2.32	-22.7
物流企业营业收入	亿元	1.9	5.6
当年批准企业	个	46	9.5
当年批准投资额	亿美元	1.32	34.4
其中：三资企业	亿美元	0.96	830.1
合同外资	亿美元	0.36	435.3
实际利用外资	亿美元	0.04	-14.6
期末货物存放量	万吨	1.06	-128.9
各种税收收入总额	亿元	7.69	97.2
其中：海关税收及代征税	亿元	6.45	51.5
其中：工商税收	亿元	1.24	33.3
固定资产投资额	亿元	0.2	—
其中：基础设施投资	亿元	0.17	—
期末从业人员	万人	0.8	—
其中：外资企业从业人员	万人	0.2	—
保税区批准面积	平方公里	0.68	0.0
保税区验收封关面积	平方公里	0.68	0.0

2007年厦门象屿保税区主要经济指标完成情况表

指标名称	单位	2007年	比上年增长（%）
增加值	亿元	23.36	48.2
销售（经营）收入	亿元	124.47	35.4
工业总产值	亿元	10.81	4.4
其中：电子信息产业	亿元	9.13	10.5
物流企业营业收入	亿元	31.57	60.2
当年批准企业	个	263	43
其中：加工类	个	1	—
贸易类	个	162	62
仓储物流类	个	93	10.7
当年批准三资企业	个	15	-31.8
其中：加工类	个	0	—
贸易类	个	12	-25

续表

指标名称	单位	2007年	比上年增长（%）
仓储物流类	个	3	-50
当年批准投资额	亿美元	2.40	201.7
其中：三资企业	亿美元	0.18	-43.9
合同外资	亿美元	0.11	-59.4
实际利用外资	亿美元	0.12	-20.3
企业货运总量	万吨	63.68	-5.9
各种税收收入总额	亿元	12.28	19.4
其中：海关税收及代征税	亿元	9.66	27.0
其中：工商税收	亿元	2.62	31.0
固定资产投资额	亿元	11.1	38.2
其中：基础设施投资	亿元	8.65	5306.3
期末从业人员	万人	2.0	33.3
保税区批准面积	平方公里	2.0	0.0
保税区验收封关面积	平方公里	0.63	0.0

2007年汕头保税区主要经济指标完成情况表

指标名称	单位	2007年	比上年增长（%）
增加值	亿元	13.80	15.0
销售收入	亿元	20.15	10.7
工业总产值	亿元	15.61	20.1
其中：高新技术产业	亿元	11.35	28.9
电子信息产业	亿元	3.43	72.4
商品销售额	亿元	11.71	6.5
物流企业营业收入	亿元	10.22	10.4
批准企业	个	13	85.7
其中：加工企业	个	3	-40.0
贸易企业	个	7	250.0
仓储物流企业	个	3	0.0
批准三资企业	个	7	40
其中：加工企业	个	3	-40
贸易企业	个	2	0.0
仓储物流企业	个	2	0.0

续表

指标名称	单位	2007年	比上年增长（%）
批准投资额	亿美元	0.29	91.7
其中：三资企业	亿美元	0.26	73.8
合同利用外资		0.22	58.4
实际利用外资		0.08	124.6
期末货物存放量	万吨	1.7	104.8
货运总量	万吨	218.4	4.1
期末施工房屋面积	万平方米	13.15	184.6
房屋竣工面积	万平方米	0.16	-77.8
税收总额	亿元	3.95	-22.7
其中：工商税收	亿元	0.61	44.9
固定资产投资额	亿元	1.71	22.9
其中：基础设施投资	亿元	0.37	-50.5
期末从业人员	万人	0.2	0
其中：外资企业从业人员	万人	0.06	0
保税区批准面积	平方公里	2.34	0
保税区验收封关面积	平方公里	2.34	0

2007年广州保税区主要经济指标完成情况表

指标名称	单位	2007年	比上年增长（%）
销售（经营）收入	亿元	240	5.8
工业总产值	亿元	126	11.1
其中：高新技术产业	亿元	86	-2.1
电子信息产业	亿元	86	-2.1
商品销售额	亿元	150	66.5
当年批准企业	个	47	-11.3
其中：加工类	个	3	-50.0
贸易类	个	44	-32.1
仓储物流类	个		
当年批准三资企业	个	10	-61.5
其中：加工类	个	2	-66.7
贸易类	个	8	-57.9
仓储物流类	个		
当年批准投资额	亿美元	2.3	118.8
其中：三资企业	亿美元	2.2	145.0

续表

指标名称	单位	2007年	比上年增长（%）
合同外资	亿美元	0.87	125.0
实际利用外资	亿美元	0.66	238.7
各种税收收入总额	亿元	11	9.2
其中：工商税收	亿元	11	9.2
固定资产投资额	亿元	1.7	-48.2
期末从业人员	万人	1.6	3.2
其中：外资企业从业人员	万人	2.3	9.6
保税区批准面积	平方公里	2.0	0.0
保税区验收封关面积	平方公里	2.0	0.0

2007年深圳市保税区主要经济指标完成情况表

指标名称	单位	2007年	比上年增长（%）
增加值	亿元	155	-21.8
销售（经营）收入	亿元	604	-3.5
工业总产值	亿元	876	-10.0
商品销售额	亿元	157	10.6
当年批准企业	个	58	-18.3
其中：加工类	个	22	-12.0
贸易类	个	13	-59.4
仓储物流类	个	17	70.0
当年批准三资企业	个	41	-30.5
其中：加工类	个	16	-23.8
贸易类	个	12	-57.1
仓储物流类	个	11	22.2
当年批准投资额	亿美元	1	39.2
其中：三资企业	亿美元	1	65.9
合同外资	亿美元	1	50.7
实际利用外资	亿美元	1	-23.3
企业货运总量	万吨	173	57.7
各种税收收入总额	亿元	48	28.9
其中：海关税收及代征税	亿元	38	27.7
其中：工商税收	亿元	10	33.4
期末从业人员	万人	6	9.1
保税区验收封关面积	平方公里	3	—

2007年珠海保税区主要经济指标完成情况表

指标名称	单位	2007年	比上年增长（%）
增加值	亿元	13.10	10.7
销售（经营）收入	亿元	266.52	-1.8
工业总产值	亿元	101.29	14.8
其中：电子信息产业	亿元	11.34	16.7
商品销售额	亿元	103.56	-18.0
物流企业营业收入	亿元	165.23	-9.8
当年批准企业	个	20	5.3
其中：加工类	个	4	-20.0
贸易类	个	7	-12.5
仓储物流类	个	5	-16.7
当年批准三资企业	个	18	5.9
其中：加工类	个	4	-20.0
贸易类	个	7	-12.5
仓储物流类	个	5	25.0
当年批准投资额	亿美元	0.65	-82.3
其中：三资企业	亿美元	0.65	-82.3
合同外资	亿美元	0.42	-48.0
实际利用外资	亿美元	0.41	-20.5
企业货运总量	万吨	341	-66.0
各种税收收入总额	亿元	5.22	21.6
其中：海关税收及代征税	亿元	3.10	27.0
其中：工商税收	亿元	2.12	14.5
固定资产投资额	亿元	1.00	-80.7
其中：基础设施投资	亿元	0.46	-64.7
期末从业人员	万人	1.50	36.4
其中：外资企业从业人员	万人	1.50	36.4
保税区批准面积	平方公里	3	0.0
保税区验收封关面积	平方公里	3	0.0

2007年海口保税区主要经济指标完成情况表

指标名称	单位	2007年	比上年增长（%）
生产总值（增加值）	亿元	24.56	8.7
其中：第二产业	亿元	136.00	15.9
销售（经营）收入	亿元	128.51	15.5
工业总产值（现行价）	亿元	136.27	15.9
其中：高新技术产业	亿元	110.69	16.1
电子信息产业	亿元	122.46	18.8
当年批准项目	个	10	-33.3
其中：贸易类项目	个	4	-33.3
加工类项目	个	6	-33.3
当年批准投资额	亿美元	413.80	-66.4
货运总量	万吨	1	-20.3
期末货物存放量	万吨	1.07	8.0
企业从业人员	万人	1.16	5.1
其中：中方人员	万人	1.16	5.1
各种税收收入总额	亿元	10.57	5.7
其中：税务部门税收	亿元	10.20	5.9

2007年苏州工业园综合保税区主要经济指标完成情况表

指标名称	单位	2007年	比上年增长（%）
当年批准企业	个	22	122
其中：加工类	个	6	84
贸易类	个	12	12
仓储物流类	个	4	26
当年批准投资额	万美元	18132	278344
其中：外资项目投资额	万美元	17703	276278
合同外资	万美元	6561	103740
实际利用外资	万美元	15036	67312
企业货运总量	万吨	166	—
固定资产投资额	万元	0	400000
其中：基础设施投资	万元	0	200000
期末施工房屋建筑面积	万平方米	19	—
其中：在建厂房面积	万平方米	9	—
竣工房屋建筑面积	万平方米	0	96.5

续表

指标名称	单位	2007 年	比上年增长（%）
其中：已建成厂房面积	万平方米	0	80
已建成仓库面积	万平方米	0	10.5
土地实际已租售面积	万平方米	0	280
已投产企业	个	17	101
其中：投资额 5000 万美元（含）以上	个	1	13
投资额 3000 万（含）- 5000 万美元以上	个	1	10
投资额 1000 万（含）- 3000 万美元以上	个	4	21
海关税收及代征税	万元	12.51	—
期末从业人员	万人	2.5	2.5
其中：外资企业从业人员	万人	2.5	2.5
综合保税区批准面积	平方公里	5.28	5.28
综合保税区验收封关面积	平方公里	4.2	4.2

2007 年全国各保税区主要外商投资情况表

2007 年外高桥保税区主要外商投资情况表

按项目数排列			按投资额排列		
序　号	国　别	项目数（个）	序　号	国　别	投资额（万美元）
1	中国香港	48	1	中国香港	46895
2	日本	47	2	新加坡	17523
3	美国	23	3	日本	16481
4	韩国	15	4	美国	7493
5	新加坡	13	5	英属维尔京群岛	7199
6	德国	11	6	投资性公司	4149
7	英属维尔京群岛	10	7	英国	4049
8	中国台湾	9	8	韩国	3866
9	萨摩亚	7	9	毛里求斯	3750
10	意大利	6	10	荷兰	3319

2007 年大连保税区主要外商投资情况表

按项目数排列			按投资额排列		
序　号	国　别	项目数（个）	序　号	国　别	投资额（万美元）
1	日本	42	1	日本	40653
2	韩国	38	2	美国	32651
3	美国	33	3	韩国	22943
4	中国香港	22	4	中国香港	16654
5	加拿大	20	5	加拿大	14871
6	中国台湾	7	6	意大利	9894
7	英国	5	7	英国	8534
8	其他	5	8	其他	7570

2007年天津港保税区主要外商投资情况表

按项目数排列			按投资额排列		
序　号	国　别	项目数（个）	序　号	国　别	投资额（万美元）
1	中国香港	56	1	中国香港	157573
2	韩国	21	2	英属维尔京群岛	69362
3	英属维尔京群岛	18	3	英属处女岛	29700
4	美国	10	4	开曼群岛	10830
5	开曼群岛	6	5	法国	10604
6	新加坡	6	6	巴巴多斯	9136
7	日本	5	7	韩国	8869
8	德国	5	8	美国	6420
9	巴巴多斯	4	9	日本	4283
10	英属处女岛	3	10	毛里求斯	3180

2007年青岛保税区主要外商投资情况表

按项目数排列			按投资额排列		
序　号	国　别	项目数（个）	序　号	国　别	投资额（万美元）
1	韩国	18	1	中国香港	6635
2	中国香港	9	2	韩国	309
3	日本	7	3	英属维尔京群岛	190
4	英属维尔京群岛	3	4	日本	181
5	美国	3	5	中国台湾	120
6	新加坡	2	6	加拿大	100
7	中国台湾	2	7	新加坡	30
8	澳大利亚	2	8	美国	23
9	意大利	1	9	澳大利亚	20
10	伊朗	1	10	意大利	10

2007年张家港保税区主要外商投资情况表

按项目数排列			按投资额排列		
序　号	国　别	项目数（个）	序　号	国　别	投资额（万美元）
1	中国香港	30	1	中国香港	41274
2	英属维尔京群岛	6	2	德国	24025
3	中国台湾	5	3	英属维尔京群岛	22300
4	韩国	5	4	日本	6321
5	新加坡	4	5	美国	6263
6	美国	4	6	韩国	4348
7	日本	2	7	中国台湾	4241

续表

按项目数排列			按投资额排列		
序　号	国　别	项目数（个）	序　号	国　别	投资额（万美元）
8	英国	2	8	萨摩亚	3070
9	萨摩亚	2	9	文莱	2980
10	德国	1	10	马来西亚	2300

2007 年宁波保税区主要外商投资情况表

按项目数排列			按投资额排列		
序　号	国　别	项目数（个）	序　号	国　别	投资额（万美元）
1	中国香港	9	1	萨摩亚	37146
2	美国	7	2	中国香港	5851
3	萨摩亚	6	3	英属维尔京群岛	2577
4	英属维尔京群岛	5	4	德国	1600

2007 年汕头保税区主要外商投资情况表

按项目数排列			按投资额排列		
序　号	国　别	项目数（个）	序　号	国　别	投资额（万美元）
1	中国香港	5	1	美国	2833
2	美国	2	2	加拿大	767
3	加拿大	1	3	中国香港	200
4	中国台湾	1	4	中国台湾	50

2007 年广州保税区主要外商投资情况表

按项目数排列			按投资额排列		
序　号	国　别	项目数（个）	序　号	国　别	投资额（万美元）
1	中国香港	7	1	英属维尔京群岛	12224
2	中国澳门	1	2	中国香港	5694
3	英属维尔京群岛	1	3	巴巴多斯	1500
4	美国	1	4	加拿大	1000
			5	美国	693
			6	中国澳门	515
			7	新加坡	328
			8	法国	67
			9	日本	24
			10	约旦	10

2007年深圳市保税区主要外商投资情况表

按项目数排列			按投资额排列		
序　号	国　别	项目数（个）	序　号	国　别	投资额（万美元）
1	中国香港	36	1	中国香港	3618
2	澳大利亚	2	2	德国	957
3	德国	1	3	澳大利亚	44
4	萨摩亚	1	4	文莱	18
5	文莱	1	5	萨摩亚	15

2007年珠海保税区主要外商投资情况表

按项目数排列			按投资额排列		
序　号	国　别	项目数（个）	序　号	国　别	投资额（万美元）
1	中国澳门	13	1	中国澳门	2488
2	中国香港	6	2	丹麦	2362
3	丹麦	1	3	中国香港	1487

2007年苏州工业园综合保税区主要外商投资情况表

按项目数排列			按投资额排列		
序　号	国　别	项目数（个）	序　号	国　别	投资额（万美元）
1	中国香港	4	1	中国香港	9732
2	美国	2	2	美国	3275
3	韩国	2	3	泰国	2500
4	泰国	1	4	日本	2064
5	日本	1	5	韩国	90
6	萨摩亚	1	6	萨摩亚	42

2007 年全国各保税区出口加工企业工业产值排名表

2007 年外高桥保税区出口加工企业工业产值排名前 30 位企业

单位：万元

序号	企业名称	本年累计	序号	企业名称	本年累计
1	联想(上海)电子科技有限公司	671963	16	上海珂纳电气机械有限公司	79703
2	惠普科技(上海)有限公司	439169	17	安靠封装测试(上海)有限公司	79065
3	德尔福(上海)动力推进系统有限公司	333948	18	伊顿流体动力(上海)有限公司	72247
4	统宝光电显示系统(上海)有限公司	267521	19	旭电(上海)金属件有限公司	67833
5	英特尔产品(上海)有限公司	188320	20	上海杰世腾连接器有限公司	65976
6	上海莫仕连接器有限公司	181861	21	神钢凯斯工程机械(上海)有限公司	56226
7	藤仓电子(上海)有限公司	159185	22	海沃氏家具(上海)有限公司	52761
8	安捷伦科技(上海)有限公司	153003	23	赫斯基注塑系统(上海)有限公司	48345
9	上海 ABB 工程有限公司	141356	24	高克联管件(上海)有限公司	47643
10	帝人化成复合塑料(上海)有限公司	133620	25	迈图有机硅材料上海有限公司	44359
11	上海日东光学有限公司	128895	26	上海理光办公设备有限公司	38664
12	GE 塑料上海有限公司	114627	27	迪思科科技(上海)有限公司	37877
13	上海德尔福排气控制系统有限公司	101234	28	金士顿科技(上海)有限公司	36105
14	维兰德金属(上海)有限公司	85967	29	马瑞利动力系统(上海)有限公司	34715
15	明尼苏达矿业制造光学系统(上海)有限公司	83251	30	丰山(上海)铜材有限公司	32746

2007 年大连保税区出口加工企业工业产值前 10 位

单位:万元

序号	企业名称	工业总产值	序号	企业名称	工业总产值
1	大连中集集装箱有限公司	107105	6	英可高新技术材料(大连)有限公司	33314
2	大连中集物流装备有限公司	97782	7	大连联合包装制品有限公司	17537
3	大连东芝机车电气设备有限公司	84140	8	大连保税区顺林石油化工有限公司	16683
4	大连爱丽思欧雅玛工贸有限公司	42150	9	稻田工贸(大连保税区)有限公司	14935
5	大连绿峰化学股份有限公司	33779	10	大连早川电子有限公司	12646

2007年天津港保税区出口加工企业工业产值前30名

单位:万元

序号	企业名称	工业总产值	序号	企业名称	工业总产值
1	中金黄金股份有限公司	765300	16	天津天海高压容器有限责任公司	37119
2	天津大无缝铜材有限公司	646228	17	天津朋洲电子有限公司	36249
3	天津嘉里粮油工业有限公司	417703	18	天津大无缝彩涂板有限公司	35517
4	天津天管元通不锈钢制品有限公司	270243	19	天津普林电路股份有限公司	35162
5	天津新龙桥工程塑料有限公司	219226	20	天津华冶唐钢板材加工有限公司	34000
6	天津惠鑫大豆科技开发有限公司	196278	21	达而泰(天津)实业有限公司	31016
7	天津天纺投资控股有限公司	124057	22	天津龙威粮油工业有限公司	28593
8	扎努西电气机械(天津)压缩机有限公司	106202	23	亚实动力系统(天津)有限公司	28512
9	天津里碑冷轧板材有限公司	95886	24	中盛粮油工业(天津)有限公司	22163
10	天津华冶钢材加工有限公司	90012	25	天津港保税区天保电力公司	20995
11	亚实履带(天津)有限公司	64255	26	豪圣电机(天津)有限公司	17582
12	天津中辰番茄制品有限公司	54492	27	天津天一食品有限公司	16290
13	加德士润滑油有限公司	46974	28	天津凯德实业有限公司	14522
14	天津港保税区瑞尔普稀贵金属有限公司	44328	29	天津天利农产品有限公司	13708
15	天津汽车模具有限公司	40000	30	布顿(天津)钢丝绳有限公司	13511

2007年青岛保税区出口加工企业工业产值前30名

单位:万元

序号	企业名称	工业总产值	序号	企业名称	工业总产值
1	青岛松下电子部品有限公司	158485	16	青岛东邦贵石贸易有限公司	6673
2	青岛金来国际贸易有限公司	72228	17	青岛珍可贸易有限公司	6074
3	青岛和美饲料有限公司	37291	18	青岛三昌精密加工有限公司	5615
4	青岛高校软控有限公司	35002	19	青岛万像贸易有限公司	4778
5	青岛吉母皮亚珠宝有限公司	33734	20	青岛金和宇通电器有限公司	4279
6	青岛乔瑟食品有限公司	32011	21	青岛三德汽车配件有限公司	3940
7	青岛易邦生物有限公司	26329	22	青岛保税区天和精密铸造有限公司	3276
8	青岛赛瑞特国际物流有限公司	26008	23	青岛普什宝枫实业有限公司	3197
9	青岛优先出锐工具有限公司	15725	24	青岛双星华青橡胶公司	2739
10	青岛新韩金刚石工业有限公司	13175	25	青岛西瑞电气有限公司	2049
11	青岛茂治电子有限公司	12609	26	青岛莱特电器有限公司	1994
12	青岛开必思工贸有限公司	7969	27	青岛多摩电线有限公司	1912
13	青岛澳科仪器有限责任公司	7511	28	青岛俪徕精细化工有限公司	1839
14	青岛友和饲料有限公司	7445	29	青岛爱世给尔贸易有限公司	1704
15	青岛依爱电子有限责任公司	7390	30	青岛三巨电子部件有限公司	1614

2007年张家港保税区出口加工企业工业产值前29名

序号	企业名称	序号	企业名称
1	东海粮油工业(张家港)有限公司	16	张家港市保税区澳丰毛纺有限公司
2	江苏永恒钢铁实业有限公司	17	顺德工业(江苏)有限公司
3	益江(张家港)粮油工业有限公司	18	日触化工(张家港)有限公司
4	斯泰隆石化(张家港)有限公司	19	辻产业重机(江苏)有限公司
5	张家港保税区天宇毛纺有限公司	20	道康宁(张家港)有机硅有限公司
6	张家港东华能源股份有限公司	21	张家港保税区长源热电有限公司
7	张家港保税区光王电子有限公司	22	张家港迪爱生化工有限公司
8	雪佛龙菲利普斯化工(中国)有限公司	23	张家港保税区意通化纤织造有限公司
9	双狮(张家港)精细化工有限公司	24	杜邦一旭化成聚甲醛(张家港)有限公司
10	佐敦涂料(张家港)有限公司	25	首能电子科技(张家港保税区)有限公司
11	南港(张家港保税区)橡胶工业有限公司	26	张家港保税区长江塑化有限公司
12	泰柯棕化(张家港)有限公司	27	张家港源胜化学工业有限公司
13	丰田合成(张家港)科技有限公司	28	张家港保税区协友毛纺工业有限公司
14	陶氏化学(张家港)有限公司	29	瓦克聚合物系列(张家港)有限公司
15	陶氏丁苯胶乳(张家港)有限公司		

2007年宁波保税区出口加工企业工业产值前30名

单位:万元

序号	企业名称	工业总产值	序号	企业名称	工业总产值
1	宁波昇锐电子有限公司	297604	16	宁波东海敏孚汽车部件有限公司	14283
2	宁波技嘉科技有限公司	179740	17	工进利天泵(宁波)有限公司	12560
3	宁波中盟钢铁有限公司	83418	18	宁波兰羚钢铁实业有限公司	11755
4	宁波立立电子股份有限公司	54591	19	宁波晶元太阳能有限公司	10990
5	宁波亚乐克汽车部件有限公司	48755	20	宁波索宝食品有限公司	10502
6	宁波保税区峻凌电子有限公司	46559	21	宁波冠硕电子有限公司	10390
7	宁波保税区提爱思泉盟汽车内饰有限公司	41133	22	宁波宏盛箱包有限公司	8669
8	晟铭电子(宁波)有限公司	31025	23	宁波理工监测设备有限公司	8862
9	宁波闳光电子有限公司	23382	24	宁波欧琳厨房电器有限公司	8216
10	中纬积体电路(宁波)有限公司	20293	25	庆达西(宁波)钢构制造有限公司	8005
11	宁波精胜科技有限公司	20725	26	宁波荣安生物药业有限公司	6283
12	宁波菱钢精密部件有限公司	18920	27	宁波保税区宁容电子有限公司	7242
13	宁波欧琳实业有限公司	16686	28	宁波波峰电子有限公司	6899
14	光圣科技(宁波)有限公司	15052	29	宁波洛克威卫浴器材有限公司	7159
15	莱尔德建筑五金(宁波)有限公司	15375	30	美洲豹曲轴(宁波)有限公司	6426

2007 年福州保税区出口加工企业工业产值前 9 名

单位：万元

序号	企 业 名 称	工业总产值	序号	企 业 名 称	工业总产值
1	福建新泰格动力有限公司	1993	6	851 福州药业有限公司	807
2	福州保税区天农科技开发有限公司	4621	7	福州保税区龙马饲料有限公司	1149
3	福州保税区亚玛机电有限公司	4393	8	福州信日华印刷有限公司	1103
4	福州怡昌生化科技股份有限公司	2660	9	福州天天日日用品有限公司	753
5	岛藏屋（福州）笋加工有限公司	3123			

2007 年汕头保税区出口加工企业工业产值前 3 名

单位：万元

序号	企 业 名 称	工业总产值	序号	企 业 名 称	工业总产值
1	广东汕头超声股份有限公司覆铜板厂	35000	3	荣豪（汕头保税区）实业有限公司	1800
2	汕头卜高通美实业有限公司	4000			

2007 年广州保税区出口加工企业工业产值排名前 20 位

序 号	企 业 名 称	序 号	企 业 名 称
1	广茂科技（广州）有限公司	11	维塔罗包装（广州）有限公司
2	广川科技（广州）有限公司	12	广州利时德控制拉索有限公司
3	东马油脂（广州保税区）有限公司	13	红叶工贸（广州保税区）有限公司
4	广大科技（广州）有限公司	14	广州友益电子科技有限公司
5	广上科技（广州）有限公司	15	龙记钢材制品（广州保税区）有限公司
6	广合科技（广州）有限公司	16	广州千乘研磨材料有限公司
7	蒂森克虏伯不锈钢国际（广州）有限公司	17	德士马（广州）机械工程有限公司
8	海瑞克（广州）隧道设备有限公司	18	广州市华南医疗用品有限公司
9	广天科技（广州）有限公司	19	派恩克（广州）礼品包装有限公司
10	广州卓德嘉薄膜有限公司	20	广州广保丰田汽车特约维修服务有限公司

2007 年深圳市保税区出口加工企业工业产值前 29 名

序 号	企 业 名 称	序 号	企 业 名 称
1	联想信息产品（深圳）有限公司	16	才众电脑（深圳）有限公司
2	长城国际系统科技（深圳）有限公司	17	优比仕电子（深圳）有限公司
3	晶冠科技（深圳）有限公司	18	恒丰珠宝有限公司
4	鑫茂科技（深圳）有限公司	19	劳伦斯珠宝制造（深圳）有限公司
5	唯冠科技（深圳）有限公司	20	美福瓦通纸品（深圳）有限公司
6	精茂科技（深圳）有限公司	21	安鸟电子科技（深圳）有限公司
7	深圳赛意法微电子有限公司	22	拓汇斯科技（深圳）有限公司
8	日立环球存储科技（深圳）有限公司	23	日东电工材料（深圳）有限公司
9	深圳市金森珠宝首饰有限公司	24	威明实业（深圳）有限公司
10	捷迪讯光电（深圳）有限公司	25	深圳赛格柏狮电子有限公司
11	信瑞电子（深圳）有限公司	26	明德信息媒体（深圳）有限公司
12	波科海姆科技（深圳）有限公司	27	杜邦（深圳）实业有限公司
13	麦迪实电子科技（深圳）有限公司	28	亨特建材（深圳）有限公司
14	戈尔科技（深圳）有限公司	29	迅得机械（深圳）有限公司
15	炜明电机（深圳）有限公司		

2007年珠海保税区出口加工企业工业产值前20位

单位:万元

序号	企业名称	工业总产值	序号	企业名称	工业总产值
1	珠海保税区摩天宇航空发动机维修有限公司	171780	10	珠海保税区和佳医疗设备有限公司	9871
			11	珠海保税区三晶技研模具注塑有限公司	7475
2	爱科电子(珠海保税区)有限公司	76283	12	珠海保税区西尾食品有限公司	7075
3	珠海保税区光联通讯技术有限公司	60839	13	珠海保税区额部汽配制造有限公司	7004
4	丽珠集团珠海保税区丽珠合成制药有限公司	41904	14	珠海保税区覆铜板有限公司	5836
5	珠海保税区科泰电子有限公司	28312	15	珠海保税区天然保杰数码科技材料有限公司	4802
6	珠海保税区中富聚酯啤酒瓶有限公司	24023	16	珠海保税区加特精密工业有限公司	4085
7	比迪特自动化科技(珠海保税区)有限公司	14514	17	帅福得(珠海保税区)电池有限公司	3669
			18	茵科门控(珠海保税区)有限公司	2959
8	珠海保税区御国色素有限公司	13236	19	珠海保税区鑫谷国际精品有限公司	1541
9	珠海保税区柏劲服装有限公司	10655	20	珠海保税区隆宇光电科技有限公司	1312

2007年海口保税区出口加工企业工业产值前30名

单位:万元

序号	企业名称	工业总产值	序号	企业名称	工业总产值
1	一汽海马汽车有限公司	896868	16	海南中瑞康芝制药有限公司	8582
2	海南金盘电气有限公司	82919	17	六和机械工业(海南)有限公司	8570
3	浙江万向系统有限公司海南分公司	31046	18	海南联顺金属工业有限公司	7842
4	海南宇光移动通信设备厂	30679	19	海南明芳机械有限公司	7640
5	三星(海南)光通信技术有限公司	29238	20	海南养生堂药业有限公司	7171
6	全兴工业(海南)有限公司	26542	21	海口全盛汽车配件有限公司	5902
7	海南宇傲汽车配件有限公司	25145	22	海南亚洲制药有限公司	5863
8	海南养生堂保健品有限公司	24194	23	海南中和药业有限公司	5717
9	海南瑞利工业有限公司	24019	24	海南中化联合制药工业有限公司	5346
10	海南钧达汽车饰件有限公司	20902	25	海南太平洋智能技术有限公司	5005
11	海口奇力制药有限公司	18415	26	海南爱科制药有限公司	4778
12	海南碧凯药业有限公司	17687	27	邦迪汽车系统(海南)有限公司	4177
13	海南威昌汽车配件有限公司	17142	28	海南海神同洲制药有限公司	3733
14	海南华森印务有限公司	11090	29	海南瑞应鑫汽车配件有限公司	3668
15	海南惠普森医药生物技术有限公司	9406	30	国瑞堂制药有限公司	2320

2007年全国各保税区贸易企业商品销售额排名表

2007年外高桥保税区贸易企业商品销售额排名前30位企业

单位：万元

序号	企业名称	本年累计	序号	企业名称	本年累计
1	上海宝钢集团浦东国际贸易公司	1872382	16	夏普电子（上海）有限公司	417771
2	上海三星半导体有限公司	1524478	17	英特尔贸易（上海）有限公司	400183
3	松下电器机电（中国）有限公司	1294422	18	上海住友商事有限公司	356942
4	乐金飞利浦液晶显示贸易（上海）有限公司	1129149	19	金纸源贸易（上海）有限公司	345395
			20	瑞表国际贸易（上海）有限公司	345371
5	明朗国际贸易（上海）有限公司	1054394	21	安曼电子（上海）有限公司	343424
6	惠普贸易（上海）有限公司	853731	22	杜邦贸易（上海）有限公司	328307
7	三菱商事（上海）有限公司	763393	23	佳电国际贸易（上海）有限公司	328179
8	爱施开国际贸易（上海）有限公司	665619	24	瓯尚盈特诺（上海）国际贸易有限公司	324760
9	西门子国际贸易（上海）有限公司	536993	25	爱普生（上海）信息产品有限公司	301969
10	日立建机（上海）有限公司	532316	26	明尼苏达矿业制造（上海）国际贸易有限公司	283180
11	丰田通商（上海）有限公司	492963			
12	加商英可金属（上海）有限公司	475217	27	亨斯迈化工设备（上海）有限公司	282276
13	上海伊藤忠商事有限公司	464700	28	村田电子贸易（上海）有限公司	272242
14	东芝电子（上海）有限公司	463468	29	瑞韵达贸易（上海）有限公司	271562
15	三井物产（上海）贸易有限公司	450451	30	上海帝人化成贸易有限公司	248654

2007年大连保税区贸易企业商品销售额前10位

单位：亿元

序号	企业名称	商品销售额	序号	企业名称	商品销售额
1	大连伊联贸易有限公司	24.65	6	大连保税区顺鑫汽车贸易有限公司	8.41
2	辽宁成大三霖钢铁贸易有限公司	21.35	7	大连保税区环能贸易有限公司	7.12
3	大连缘福石化有限公司	15.16	8	大连保税区三洋空调机销售有限公司	7.10
4	辽宁省石油总公司大连保税区销售中心	14.21	9	大连保税区晋畅化工有限公司	6.06
5	大连派尼尔国际贸易有限公司	10.27	10	大连保税区祥顺国际贸易有限公司	5.66

2007 年天津港保税区贸易企业商品销售额前 29 位

单位:万元

序号	企业名称	商品销售额	序号	企业名称	商品销售额
1	天津国能投资有限公司	533239	16	天津英之杰国际物流有限公司	67090
2	丰田通商(天津)有限公司	416562	17	天津港保税区捷丰国际贸易有限公司	61507
3	天津港保税区瀚通国际贸易有限公司	299970	18	天津港保税区海德堡印刷设备国际贸易公司	59489
4	天津服装进出口股份有限公司	223361	19	天津港保税区四辟国际贸易有限公司	58897
5	大众进口汽车销售有限公司	208677	20	天津中冶国际贸易有限公司	58229
6	天津住友商事有限公司	197137	21	天津劝业家乐福超市有限公司	57393
7	天津物产金属国际贸易有限公司	189585	22	天津物资招商有限公司	55082
8	天津大沽贸易有限公司	167034	23	天津罗升企业有限公司	53811
9	华利行(天津)国际贸易有限公司	156488	24	天津伊势丹有限公司	50552
10	永立建机(天津)国际贸易有限公司	135989	25	天津物美投资发展有限公司	48931
11	中冀斯巴鲁(天津)汽车销售有限公司	123922	26	天津港保税区亨运国际贸易有限公司	46587
12	天津盈通国际贸易有限公司	97316	27	村田电子贸易(天津)有限公司	41623
13	天津港保税区和昌物资回收有限公司	81554	28	天津港保税区恒盛达国际贸易有限公司	40489
14	天津市华合金属炉料贸易有限公司	75941	29	天津家福商业有限公司	40407
15	天津市世茂国际贸易有限公司	67573			

2007 年青岛保税区贸易企业商品销售额前 30 位

单位:万元

序号	企业名称	商品销售额	序号	企业名称	商品销售额
1	青岛保税区森泰达国际贸易有限公司	161795	17	安迈铝业贸易(青岛)有限公司	23598
2	青岛保税区金来国际贸易有限公司	78007	18	颐杰鸿泰发展集团有限公司	22779
3	青岛保税区韩亚国际贸易有限公司	70937	19	青岛国际橡胶交易市场有限公司	21535
4	青岛茂治贸易有限公司	55106	20	青岛西水国际贸易有限公司	20082
5	青岛福临轮胎有限公司	50076	21	青岛保税区华世国际贸易有限公司	18684
6	青岛骑士玻璃有限公司	41522	22	青岛文瑞接通物流有限公司	18631
7	青岛钰柯临国际贸易有限公司	37048	23	青岛业瑞贸易有限公司	17854
8	威伯科物流(青岛)有限公司	36521	24	青岛保税区宏轮工贸有限公司	17319
9	新百丽鞋业(深圳)有限公司青岛分公司	31682	25	山东海化国际贸易有限公司	16748
10	青岛传承国际商贸有限公司	31682	26	青岛坤宇贸易有限公司	15880
11	中化(青岛保税区)工贸实业有限公司	31234	27	青岛极洋贸易有限公司	14958
12	青岛保税区中胶粮油储运中心	30792	28	青岛保税区泉盛源国际贸易有限公司	14096
13	青岛保税区尧舜国际贸易有限公司	30054	29	青岛美克森贸易有限公司	13462
14	青岛保税区信华德国际贸易有限公司	29339	30	中石化中海船舶燃料供应有限公司青岛分公司	13189
15	青岛中化建贸易有限公司	26089			
16	青岛颐杰鸿运国际物流有限公司	23767			

2007年张家港保税区贸易企业商品销售额前29位

序号	企业名称	序号	企业名称
1	张家港保税区发源钢铁炉料贸易有限公司	16	张家港保税区万登国际贸易有限公司
2	张家港保税区荣德贸易有限公司	17	张家港保税区华宇国际贸易有限公司
3	张家港保税区锦德贸易有限公司	18	江苏长顺集团有限公司
4	江苏丰立国际贸易有限公司	19	张家港保税区华颖国际贸易有限公司
5	江苏亿隆国际贸易有限公司	20	张家港保税区集亚国际贸易有限公司
6	张家港保税区兴恒得贸易有限公司	21	张家港保税区兴仁国际贸易有限公司
7	丰立集团有限公司	22	江苏沙钢三中国际贸易有限公司
8	温州海森投资发展有限公司张家港保税区分公司	23	张家港保税区中霄化工国际贸易有限公司
9	张家港保税区震宇贸易有限公司	24	张家港保税区吉鑫贸易有限公司
10	张家港保税区润欣贸易有限公司	25	张家港保税区世卓国际贸易有限公司
11	张家港保税区江联国际贸易有限公司	26	张家港保税区天泰国际贸易有限责任公司
12	张家港保税区卓友油脂贸易有限公司	27	张家港保税区汇达实业有限公司
13	张家港保税区普惠贸易有限公司	28	江苏沙钢世富钢铁炉料贸易有限责任公司
14	张家港保税区鑫东鸣贸易有限公司	29	张家港保税区热联钢铁国际贸易有限公司
15	张家港保税区中化天和国际贸易有限公司		

2007年广州保税区贸易企业商品销售额排名前20位

序号	企业名称	序号	企业名称
1	丰田通商（广州）有限公司	11	广州市泰丰源实业有限公司
2	广州市神优燃料有限公司	12	宝钢集团广州保税区国际贸易有限公司
3	三菱商事（广州）有限公司	13	广州保税区麦斯卡发展有限公司
4	广州鹰泰数码动力科技有限公司	14	广州保税区大昌贸易有限公司
5	广州住友商事有限公司	15	北方光电科技股份有限公司
6	广州广保丰田汽车销售服务有限公司	16	广州岩谷贸易有限公司
7	广州保税区本钢销售有限公司	17	保信捷（广州保税区）贸易有限公司
8	广州市卓兴国际贸易有限公司	18	广州保税区天易达国际贸易有限公司
9	广州保税区卓兴金属废品回收有限公司	19	广州保税区戴维林国际贸易有限公司
10	丸红（广州）贸易有限公司	20	广州保税区迪信通电讯器材有限公司

2007年珠海保税区贸易企业商品销售额前9位

单位：万元

序号	企业名称	商品销售额	序号	企业名称	商品销售额
1	珠海保税区润宏服装服饰有限公司	127451	6	珠海保税区城富医疗器材有限公司	79683
2	珠海保税区亨业纺织贸易有限公司	114623	7	博泰（珠海保税区）仓储贸易有限公司	76447
3	珠海保税区柏劲服装有限公司	98245	8	珠海保税区明德物流有限公司	73252
4	珠海保税区好利工贸有限公司	93183	9	珠海保税区加洲仓储贸易有限公司	69147
5	珠海保税区新天地打印耗材有限公司	86745			

2007 年全国各保税区物流企业营业收入排名表

2007 年外高桥保税区物流企业营业收入排名前 30 位企业

单位：万元

序号	企业名称	本年累计	序号	企业名称	本年累计
1	埃克森美孚化工商务（上海）有限公司	281313	16	明格鲁国际贸易（上海）有限公司	141557
2	阿特拉斯科普柯（上海）贸易有限公司	244462	17	德利多富信息系统（上海）有限公司	132483
3	强生（上海）医疗器材有限公司	235157	18	索尼物流贸易（上海）有限公司	132332
4	优派显示设备国际贸易（上海）有限公司	234395	19	上海虹日国际电子有限公司	130395
5	泰科电子（上海）有限公司	231906	20	陶氏化学（上海）有限公司	129631
6	库柏电气（上海）有限公司	216944	21	安川电机（上海）有限公司	127286
7	上海国药外高桥医药有限公司	201030	22	上海博世力士乐液压及自动化有限公司	127270
8	飞利浦电子贸易服务（上海）有限公司	182972	23	赛默飞世尔科技（上海）有限公司	125501
9	申莱斯电子（上海）有限公司	176190	24	丸红（上海）有限公司	124579
10	道康宁有机硅贸易（上海）有限公司	173767	25	利星行机械（上海）有限公司	122060
11	富士施乐实业发展（上海）有限公司	168832	26	美敦力医疗用品技术服务（上海）有限公司	121619
12	上海国际商业机器工程技术有限公司	157622	27	派克汉尼汾流体转动产品（上海）有限公司	121145
13	欧姆龙贸易（上海）有限公司	151837	28	路威酩轩时装（上海）贸易有限公司	118140
14	雅培贸易（上海）有限公司	147874	29	大昌洋行（上海）有限公司	115852
15	山特维克国际贸易（上海）有限公司	146428	30	汽巴精细化工（上海）有限公司	114532

2007 年大连保税区物流企业营业收入前 10 位

单位：万元

序号	企业名称	营业收入	序号	企业名称	营业收入
1	大连港股份有限公司	88366	6	大连日通外运物流有限公司	13399
2	中国外运辽宁有限公司	87731	7	大连集装箱码头物流有限公司	9371
3	大连集装箱码头有限公司	61649	8	中远鞍钢航运有限公司	7303
4	大连港湾集装箱码头物流有限公司	25772	9	大连集龙物流有限公司	6703
5	大连泰达阿尔卑斯物流有限公司	14431	10	大连外轮理货有限公司	3947

2007 年天津港保税区物流企业营业收入前 30 位

单位：万元

序号	企业名称	营业收入	序号	企业名称	营业收入
1	中远散货运输有限公司	2595974	16	天津市海运股份有限公司	15585
2	天津振华国际物流运输有限公司	85993	17	天津市滨海铁路有限责任公司	15217
3	天津市万博物流有限公司	81618	18	天津叶水福物流有限公司	14873
4	天津天惠船务企业有限公司	54402	19	天津港保税区鸿发国际贸易有限公司	13676
5	天津港集装箱码头有限公司	53773	20	天保国际物流发展有限公司	13641
6	天津振华国际船舶代理有限公司	49397	21	三星—津运（天津）国际货运有限公司	12882
7	天津港第二港埠有限公司	49333	22	天津天宇物流发展有限公司	12874
8	天津五洲国际集装箱码头有限公司	47088	23	天津港保税区隆海储运有限公司	11558
9	天津东方海陆集装箱码头有限公司	34555	24	康新物流（天津）有限公司	11309
10	天津港远航矿石码头有限公司	31706	25	天津蓟港铁路有限责任公司	11134
11	天津港航物流有限公司	30674	26	怡诚物流（天津）有限公司	9158
12	天津天保国际展贸有限公司	24088	27	天津市瀚达物流服务有限公司	8681
13	天津港联盟国际集装箱码头有限公司	19291	28	天津远华海运有限公司	8593
14	环世国际物流（天津）有限公司	17148	29	天津港集装箱货运有限公司	8207
15	天津港信货运代理有限公司	15787	30	嘉宏航运（天津）有限公司	7039

2007 年青岛保税区物流企业营业收入前 30 位

单位：万元

序号	企业名称	营业收入	序号	企业名称	营业收入
1	青岛保税区首益物流有限公司	53654	16	青岛贵圣源实业有限公司	4563
2	中铁现代物流科技股份有限公司青岛分公司	42876	17	青岛海之冠贸易有限公司	4000
3	青岛赛瑞特国际物流有限公司	39571	18	青岛长荣集装箱储运有限公司	3787
4	青岛保税区同信行国际贸易有限公司	24913	19	青岛春伸贸易有限公司	3241
5	青岛峰源开物流有限公司	20862	20	青岛瀚亚国际物流有限公司	3022
6	青岛保税区济钢国际物流有限公司	20617	21	青岛华棉国际物流有限公司	2985
7	青岛阔尔佳物流有限公司	19696	22	青岛利磊国际贸易有限公司	2903
8	青岛保税区钰星泽国际贸易有限公司	14588	23	青岛东港国际集装箱储运有限公司	2829
9	青岛保税区启纪仓储物流有限公司	14007	24	青岛山九亚太物流有限公司	2797
10	青岛华青船务有限公司	13112	25	小松物流（青岛）有限公司	2684
11	青岛宏川物流有限公司	10384	26	青岛运隆国际物流有限公司	2553
12	青岛广汇物流有限公司	8017	27	青岛港盛国际物流冷藏有限公司	2498
13	青岛保税区维森国际贸易有限公司	7476	28	青岛保税区长青荣国际贸易有限公司	2495
14	招商局国际码头（青岛）有限公司	6258	29	青岛赛奥卡物流有限公司	2380
15	青岛顺和海运有限公司	6032	30	青岛阔尔佳运输有限公司	2349

2007年张家港保税区物流企业营业收入前29位

序号	企业名称	序号	企业名称
1	张家港保税区润欣贸易有限公司	16	双狮（张家港）物流有限公司
2	张家港东华能源股份有限公司	17	张家港保税区越港运输有限公司
3	张家港保税区中油泰富石油有限公司	18	张家港保税区安平运输有限公司
4	张家港保税区中油泰富船舶燃料供应有限公司	19	张家港保税物流园区龙亿国际物流有限公司
5	张家港保税区长江国际港务有限公司	20	张家港保税区长江时代投资发展有限公司
6	东马油脂（张家港保税区）有限公司	21	张家港保税物流园区凯伦仓储有限公司
7	百科标准件（张家港保税物流园区）有限公司	22	张家港保税区兵吉燕化工仓储有限公司
8	上海丸协运输有限公司张家港保税区分公司	23	张家港保税区开诚化工仓储有限公司
9	张家港保税区中昊仓储有限公司	24	张家港保税区力凯化工仓储有限公司
10	张家港保税物流园区澳洋顺通物流有限公司	25	张家港保税区润通运输有限公司
11	张家港保税区沿江运输有限公司	26	张家港保税物流园区恒春国际贸易有限公司
12	张家港保税物流园区金昊国际物流有限公司	27	张家港保税物流园区华杰物流有限公司
13	张家港保税物流园区金鼎国际贸易有限公司	28	张家港保税区东方华谷油脂贸易仓储有限公司
14	张家港孚宝仓储有限公司	29	张家港保税物流园区骏达物流有限公司
15	江苏路安特沥青高新技术有限公司		

2007年福州保税区物流企业营业收入前6名

单位：万元

序号	企业名称	营业收入	序号	企业名称	营业收入
1	福州大裕保税仓储有限公司	6300	4	福州胜狮货柜有限公司	1800
2	福州万全货运有限公司	4500	5	福州金诚货运有限公司	1200
3	福州保税区外代仓储贸易有限公司	4000	6	福州迅辉储运有限公司	1200

2007年汕头保税区物流企业营业收入前2名

单位：万元

序号	企业名称	营业收入	序号	企业名称	营业收入
1	威尔信(汕头保税区)动力设备有限公司	32000	2	西电(汕头保税区)动力设备有限公司	5400

2007年广州保税区物流企业营业收入前30位

序号	企业名称	序号	企业名称
1	中远日邮汽车船运输有限公司	10	广州大众搬屋物流有限公司
2	广州中博实业物流有限公司	11	广州保税区广保通码头储运有限公司
3	广州凌华实业有限公司	12	广州信义物流有限公司
4	广州经济技术开发区海发运输有限公司	13	广州鼎胜物流有限公司
5	广东利丰船务代理有限公司	14	中外运一商船三井航运有限公司
6	广州保税区兴华旅游巴士有限公司	15	中远航运股份有限公司
7	广州华盛国际货运代理有限公司	16	广州保税区玮通物流有限公司
8	广州明广贸易有限公司	17	广州中海船务代理有限公司
9	广州世达国际货运有限公司	18	广州保税区新纪元物流有限公司

续表

序号	企业名称	序号	企业名称
19	广州嘉安物流有限公司	25	广东粤安航运有限公司
20	广州润田物流有限公司	26	普洛斯（广州）保税开发有限公司
21	广州利通保税有限公司	27	广州市朗田物流有限公司
22	广州新宜运输有限公司	28	广州市泓键物流有限公司
23	广州保税区志联运输服务有限公司	29	广州大顺发物流有限公司
24	广州市华基运输有限公司	30	广州保税区杰隆国际贸易有限公司

2007年珠海保税区物流企业营业收入前20位

单位：万元

序号	企业名称	营业收入	序号	企业名称	营业收入
1	珠海保税区大通仓储有限公司	146821	11	珠海保税区日通储运有限公司	32667
2	山九陆通（珠海保税区）储运有限公司	125447	12	珠海保税区南光物流有限公司	27837
3	东京兵兼（珠海保税区）仓储贸易有限公司	110724	13	珠海保税区世贤物流有限公司	22719
4	珠海保税区欧科仓储服务有限公司	103941	14	珠海保税区骏利仓储贸易有限公司	21683
5	博泰（珠海保税区）仓储贸易有限公司	99614	15	珠海保税区启航物流有限公司	19327
6	佳能物流（珠海保税区）有限公司	93855	16	珠海保税区中富聚酯啤酒瓶有限公司	15433
7	珠海保税区华天隆物流有限公司	93471	17	珠海保税区恒基伟实业有限公司	14614
8	珠海保税区启恒物流有限公司	77157	18	珠海保税区加洲仓储贸易有限公司	14369
9	珠海保税区锦天仓储发展有限公司	66274	19	珠海保税区新天地打印耗材有限公司	13179
10	珠海保税区好利工贸有限公司	54213	20	珠海保税区光联通讯技术有限公司	11032

2007年苏州工业园综合保税区物流企业营业收入前10位

序号	企业名称	序号	企业名称
1	苏州得尔达国际物流有限公司	6	苏州飞格国际物流有限公司
2	苏州锦海捷亚国际物流有限公司	7	苏州宏高货运有限公司
3	苏州工业园区大田国际物流有限公司	8	江苏美集国际物流有限公司
4	苏州工业园区伟创国际物流有限公司	9	苏州近铁仓储有限公司
5	苏州邦达新物流有限公司	10	苏州天骄国际供应链管理有限公司

2007年全国出口加工区经济指标统计汇总表

指标	单位	合计		上海松江出口加工区		江苏昆山出口加工区	
		2007年	比上年增长（%）	2007年	比上年增长（%）	2007年	比上年增长（%）
增加值	万元	4590101	93.8	680537	50.8	621098	27.7
工业总产值	万元	56455247	37.8	21282954	53.9	12560867	28.6
其中：高新技术产业	万元	5759321	286.8	0	0.0	0	0.0
电子信息产业	万元	46681579	60.5	20601776	90.0	11085739	36.6
工业产品销售额	万元	56375212	36.2	21472458	44.8	12493673	27.8
工业企业利润总额	万元	1780167	93.0	244462	86.4	245408	50.6
物流企业营业收入	万元	37050	375.5	3703	0.0	7164	32.6
综合能源耗费量（季报）	吨标准煤	625007	217.2	87956	0.0	52273	18.2
批准项目数	个	202	-31.5	8	0.0	16	128.6
其中：外资项目批准数	个	131	-26.0	8	0.0	6	-14.3
仓储物流企业	个	47	0.0	2	0.0	12	0.0
批准投资总额	万美元	506534	100.1	33842	114.4	19867	69.1
其中：外资项目投资总额	万美元	448564	97.7	33842	114.4	18709	59.3
其中：增资额	万美元	297265	531.0	26737	130.7	16251	515.7
合同利用外资	万美元	231222	87.0	12994	110.4	9449	59.2
其中：增资额	万美元	132686	486.7	10478	138.8	7688	332.9
实际利用外资	万美元	203672	37.4	8954	-10.2	9651	77.4
固定资产投资额	万元	3179079	5.7	75561	-26.0	125437	6267.4
其中：基础设施投资	万元	171913	-16.4	5293	0.0	5293	0.0
开发公司投资	万元	159455	113.0	5293	0.0	5293	168.7
施工房屋建筑面积	万平方米	299.52	6.0	12.75	-67.8	50.29	107.1
其中：在建厂房面积	万平方米	259.56	-0.1	12.75	-67.8	37.31	53.7
房屋竣工建筑面积	万平方米	282.76	43.7	5	-84.0	32.62	39.1
其中：已建成厂房面积	万平方米	246.94	54.8	4	-87.0	29.09	24.1
已建成仓库面积	万平方米	16.98	0.0	1	0.0	3.53	0.0
土地实际已租售面积	万平方米	1320.31	793.8	30	155.9	23.17	1985.4
已投产企业	个	144	17.1	5	-37.5	1	-87.5
其中：投资额5000万美元（含）以上	个	3	-50.0	0	0.0	0	0.0
投资额3000万（含）-5000万美元以上	个	5	25.0	1	0.0	0	0.0
投资额1000万（含）-3000万美元以上	个	20	5.3	3	0.0	0	-100.0
税收总额	万元	269314	66.8	87247	7.1	43645	127.2
其中：海关税收及代征税	万元	135558	29.2	62287	-12.9	10480	272.7
工商税收	万元	132991	160.9	24960	155.6	33165	102.2
期末从业人员	万人	38.92	30.5	9.55	33.7	8.11	18.8
其中：外资企业从业人员	万人	37.46	30.0	9.55	33.7	8.07	18.3
出口加工区批准面积	平方公里	102.37	3.1	5.96	0.0	2.86	0.0
出口加工区验收封关面积	平方公里	51.36	-5.3	4.28	0.0	2.86	0.0

续表一

指标	单位	上海漕河泾出口加工区		浙江杭州出口加工区		江苏南京出口加工区	
		2007 年	比上年增长（%）	2007 年	比上年增长（%）	2007 年	比上年增长（%）
增加值	万元	125591	10.5	102273	5.6	9653	5933.1
工业总产值	万元	6432747	-5.2	1281544	-10.1	33202	76.0
其中：高新技术产业	万元	0	0.0	0	0.0	3594	0.0
电子信息产业	万元	6432747	-5.2	1087679	-15.9	27356	45.0
工业产品销售额	万元	6459284	-4.8	1276261	-8.0	13576	214.8
工业企业利润总额	万元	31526	-12.7	58662	223.0		-1263.3
物流企业营业收入	万元	0	0.0	3581	128.5	283	0.0
综合能源耗费量（季报）	吨标准煤	0	0.0	11107	144.7	0	0.0
批准项目数	个	5	0.0	1	-75.0	3	200.0
其中：外资项目批准数	个	2	0.0	1	-75.0	2	100.0
仓储物流企业	个	2	0.0	1	0.0	0	0.0
批准投资总额	万美元	979	-76.5	1085	-89.1	10857	10757.0
其中：外资项目投资总额	万美元	864	-79.3	1085	-89.1	9857	9757.0
其中：增资额	万美元	0	-100.0	1000	-83.3	0	0.0
合同利用外资	万美元	816	-79.3	460	-90.1	3340	4671.4
其中：增资额	万美元	0	-100.0	400	-81.3	0	0.0
实际利用外资	万美元	626	-83.3	1176	-63.6	0	-100.0
固定资产投资额	万元	57000	-41.6	16675	-78.4	1987	197.0
其中：基础设施投资	万元	1024	-98.0	156	0.0	1987	207.6
开发公司投资	万元	2	0.0	735	0.0	25	0.0
施工房屋建筑面积	万平方米	0	0.0	12.25	0.0	2.14	0.0
其中：在建厂房面积	万平方米	0	0.0	12.25	0.0	1.84	0.0
房屋竣工建筑面积	万平方米	0	0.0	1.66	0.0	0	0.0
其中：已建成厂房面积	万平方米	0	0.0	1.66	0.0	0	0.0
已建成仓库面积	万平方米	0	0.0	0	0.0	0	0.0
土地实际已租售面积	万平方米	0	0.0	6.67	0.0	110	0.0
已投产企业	个	9	125.0	1	-66.7	1	0.0
其中：投资额 5000 万美元（含）以上	个	0	0.0	0	0.0	0	0.0
投资额 3000 万（含）-5000 万美元以上	个	0	0.0	0	0.0	0	0.0
投资额 1000 万（含）-3000 万美元以上	个	0	-100.0	0	0.0	0	0.0
税收总额	万元	3364	170.2	12876	66.2	25	6656.8
其中：海关税收及代征税	万元	1228	216.5	3514	-1.1	0	0.0
工商税收	万元	2136	189.4	9363	123.3	25	6656.8
期末从业人员	万人	2.79	49.8	1.71	19.6	0.06	22.7
其中：外资企业从业人员	万人	2.79	49.8	1.7	19.7	0.05	34.7
出口加工区批准面积	平方公里	3	0.0	2.92	0.0	2.5	0.0
出口加工区验收封关面积	平方公里	0.9	0.0	2	0.0	1.5	0.0

续表二

指　　标	单位	广东深圳出口加工区		辽宁大连出口加工区		浙江宁波出口加工区	
		2007 年	比上年增长（%）	2007 年	比上年增长（%）	2007 年	比上年增长（%）
增加值	万元	329834	55.6	110883	22.8	393272	459.3
工业总产值		1254063	63.7	482100	-4.1	3336148	294.2
其中：高新技术产业		600894	142.7	0	0.0	0	0.0
电子信息产业		719851	121.8	0	0.0	0	0.0
工业产品销售额		1263873	60.5	475000	-5.9	3223009	296.0
工业企业利润总额		221941	57.9	1000	-84.5	219029	1679.3
物流企业营业收入		0	0.0	0	0.0	0	0.0
综合能源耗费量（季报）	吨标准煤	151566	3.8	0	0.0	18043	0.0
批准项目数	个	3	-50.0	0	-100.0	0	-100.0
其中：外资项目批准数		3	-50.0	0	-100.0	0	-100.0
仓储物流企业		0	0.0	0	0.0	0	0.0
批准投资总额	万美元	4318	-13.5	0	-100.0	41063	240.0
其中：外资项目投资总额		4318	-13.5	0	-100.0	41063	240.0
其中：增资额		3922	0.0	0	-100.0	41063	0.0
合同利用外资		1609	-12.7	0	-100.0	14358	110.0
其中：增资额		1254	0.0	0	-100.0	14358	0.0
实际利用外资		7658	-5.9	100	-92.9	10305	29.7
固定资产投资额	万元	1458	487.9	9600	-67.6	227174	88.4
其中：基础设施投资		1458	487.9	0	0.0	8668	107.9
开发公司投资		0	0.0	0	0.0	0	0.0
施工房屋建筑面积	万平方米	0	12.4	0	0.0	51	10.9
其中：在建厂房面积		0	12.4	0	0.0	51	10.9
房屋竣工建筑面积		0	0.0	0	0.0	7.9	-8.1
其中：已建成厂房面积		0	0.0	0	0.0	7.9	-8.1
已建成仓库面积		0	0.0	0	0.0	0	0.0
土地实际已租售面积		0	0.0	0	0.0	49.6	0.0
已投产企业	个	5	0.0	0	0.0	4	300.0
其中：投资额 5000 万美元（含）以上		0	-100.0	0	0.0	0	0.0
投资额 3000 万（含）-5000 万美元以上		0	-100.0	0	0.0	2	0.0
投资额 1000 万（含）-3000 万美元以上		0	0.0	0	0.0	2	0.0
税收总额	万元	1379	30.5	0	0.0	0	0.0
其中：海关税收及代征税		0	0.0	0	0.0	0	0.0
工商税收		1379	30.5	0	0.0	0	0.0
期末从业人员	万人	1.54	-19.2	1	16.5	1.63	89.9
其中：外资企业从业人员		1.54	-19.2	0.85	19.7	1.63	89.9
出口加工区批准面积	平方公里	3	0.0	2.95	0.0	3	0.0
出口加工区验收封关面积		3	0.0	1.5	0.0	2	0.0

续表三

指标	单位	天津出口加工区		山东威海出口加工区		苏州高新区出口加工区	
		2007年	比上年增长（%）	2007年	比上年增长（%）	2007年	比上年增长（%）
增加值	万元	429529	251.5	56577	11.3	67654	18.6
工业总产值	万元	649830	34.1	194809	23.1	279448	40.6
其中：高新技术产业	万元	13958	-68.4	0	0.0	279448	0.0
电子信息产业	万元	441517	35.9	133937	66.3	230155	0.0
工业产品销售额	万元	625971	35.3	193999	24.9	280622	41.7
工业企业利润总额	万元	88035	-1.2	1618	-71.0	1098	-66.3
物流企业营业收入	万元	0	0.0	0	0.0	0	0.0
综合能源耗费量（季报）	吨标准煤	8409	0.0	11068	0.0	2244	0.0
批准项目数	个	3	0.0	4	33.3	8	-52.9
其中：外资项目批准数	个	3	0.0	2	-33.3	8	-52.9
仓储物流企业	个	0	0.0	1	0.0	1	0.0
批准投资总额	万美元	2176	0.0	3420	-47.5	55314	41.7
其中：外资项目投资总额	万美元	2176	0.0	3345	-48.6	55314	41.7
其中：增资额	万美元	0	0.0	1820	-39.3	33673	498.3
合同利用外资	万美元	1538	0.0	1820	-39.5	21150	1.2
其中：增资额	万美元	0	0.0	800	-46.7	11820	188.9
实际利用外资	万美元	2176	0.0	2124	-55.0	16425	355.7
固定资产投资额	万元	0	0.0	8751	-42.2	72056	-9.7
其中：基础设施投资	万元	0	0.0	1009	407.0	11460	-13.5
开发公司投资	万元	0	0.0	0	0.0	19258	387.5
施工房屋建筑面积	万平方米	0	0.0	0	0.0	28	764.2
其中：在建厂房面积	万平方米	0	0.0	0	0.0	28	0.0
房屋竣工建筑面积	万平方米	0	0.0	0.38	58.0	5	-59.2
其中：已建成厂房面积	万平方米	0	0.0	0	-100.0	5	-59.2
已建成仓库面积	万平方米	0	0.0	0.38	0.0	2.37	0.0
土地实际已租售面积	万平方米	97	1.0	110	0.0	143.83	0.0
已投产企业	个	1	0.0	2	0.0	7	-22.2
其中：投资额5000万美元（含）以上	个	0	0.0	0	0.0	3	200.0
投资额3000万（含）-5000万美元以上	个	0	0.0	0	0.0	0	0.0
投资额1000万（含）-3000万美元以上	个	0	0.0	2	100.0	1	-66.7
税收总额	万元	2018	108.5	1089	99.8	1615	55.6
其中：海关税收及代征税	万元	1978	105.4	40	-76.9	976	47.0
工商税收	万元	38	727.6	1049	182.0	639	539.9
期末从业人员	万人	0.88	22.2	1.24	13.2	0.45	50.7
其中：外资企业从业人员	万人	0.58	63.6	1.23	12.8	0.45	50.7
出口加工区批准面积	平方公里	2.54	0.0	2.6	0.0	2.7	0.0
出口加工区验收封关面积	平方公里	1	0.0	1.34	0.0	2.7	0.0

续表四

指　　标	单位	福建厦门出口加工区		江苏南通出口加工区		山东烟台出口加工区	
		2007 年	比上年增长（%）	2007 年	比上年增长（%）	2007 年	比上年增长（%）
增加值	万元	26099	144.8	5825	17.5	30303	19.9
工业总产值	万元	188292	39.7	21966	16.5	96886	23.6
其中：高新技术产业	万元	87249	88.8	0	0.0	0	0.0
电子信息产业	万元	173	-98.0	8628	7.5	17609	10.9
工业产品销售额	万元	177736	32.8	21933	16.1	100700	30.0
工业企业利润总额	万元	4984	122.6		-214.2		-245.5
物流企业营业收入	万元	415	0.0	561	-31.9	359	0.0
综合能源耗费量（季报）	吨标准煤	7251	0.0	2014	-10.3	6329	0.0
批准项目数	个	13	30.0	1	-80.0	24	20.0
其中：外资项目批准数	个	12	50.0	1	-75.0	11	-38.9
仓储物流企业	个	0	0.0	0	0.0	13	0.0
批准投资总额	万美元	14803	323.6	1080	-79.7	5560	47.8
其中：外资项目投资总额	万美元	14706	351.1	1080	-79.5	5111	39.1
其中：增资额	万美元	2234	503.8	230	0.0	256	69.8
合同利用外资	万美元	5964	472.1	294	-88.1	4244	39.6
其中：增资额	万美元	877	0.0	181	0.0	371	185.3
实际利用外资	万美元	3567	0.0	1268	230.1	2568	101.0
固定资产投资额	万元	18318	-51.7	5950	90.0	8209	-72.8
其中：基础设施投资	万元	1438	-79.9	450	0.0	80	-61.5
开发公司投资	万元	16880	-45.2	0	0.0	3683	0.0
施工房屋建筑面积	万平方米	4.89	-88.9	8.72	116.9	0	0.0
其中：在建厂房面积	万平方米	4.89	-86.5	8.72	116.9	0	0.0
房屋竣工建筑面积	万平方米	31.82	101.0	2.77	0.0	1	-80.9
其中：已建成厂房面积	万平方米	31.4	98.4	2.77	0.0	1	-80.9
已建成仓库面积	万平方米	0.42	0.0	0	0.0	0	0.0
土地实际已租售面积	万平方米	30.33	0.0	0	0.0	0	0.0
已投产企业	个	18	0.0	2	0.0	12	20.0
其中：投资额 5000 万美元（含）以上	个	0	0.0	0	0.0	0	0.0
投资额 3000 万（含）-5000 万美元以上	个	0	0.0	0	0.0	0	0.0
投资额 1000 万（含）-3000 万美元以上	个	4	0.0	0	0.0	0	0.0
税收总额	万元	1298	40.8	126	1150.0	847	60.5
其中：海关税收及代征税	万元	36	1834.8	0	0.0	0	0.0
工商税收	万元	1262	37.2	126	1150.0	847	62.5
期末从业人员	万人	0.49	46.5	0.49	18.9	0.59	38.6
其中：外资企业从业人员	万人	0.46	55.4	0.49	18.8	0.49	19.6
出口加工区批准面积	平方公里	2.4	0.0	2.98	0.0	2.96	0.0
出口加工区验收封关面积	平方公里	1.46	0.0	0.75	0.0	1.89	0.0

续表五

指　　标	单位	上海金桥出口加工区		北京天竺出口加工区		湖北武汉出口加工区	
		2007年	比上年增长（%）	2007年	比上年增长（%）	2007年	比上年增长（%）
增加值	万元	41574	0.0	34100	99.7	11043	0.0
工业总产值	万元	187100	0.0	95532	-10.6	530314	-11.1
其中：高新技术产业	万元	54669	0.0	0	0.0	290963	-19.8
电子信息产业	万元	102593	0.0	78377	-20.2	83253	22.2
工业产品销售额	万元	207737	0.0	85437	-34.1	437129	-15.0
工业企业利润总额	万元	7847	0.0	10836	1.5	0	0.0
物流企业营业收入	万元	0	0.0	192	0.0	0	0.0
综合能源耗费量（季报）	吨标准煤	1594	0.0	7589	0.0	1591	0.0
批准项目数	个	0	-100.0	7	0.0	0	0.0
其中：外资项目批准数	个	0	-100.0	4	-33.3	0	0.0
仓储物流企业	个	0	0.0	3	0.0	0	0.0
批准投资总额	万美元	0	-100.0	2195	56.9	0	0.0
其中：外资项目投资总额	万美元	0	-100.0	2155	118.5	0	0.0
其中：增资额	万美元	0	0.0	285	83.9	0	0.0
合同利用外资	万美元	0	-100.0	1966	106.6	0	0.0
其中：增资额	万美元	0	0.0	200	29.0	0	0.0
实际利用外资	万美元	0	-100.0	508	-33.7	0	0.0
固定资产投资额	万元	0	0.0	17475	0.0	0	0.0
其中：基础设施投资	万元	0	0.0	0	0.0	0	0.0
开发公司投资	万元	0	0.0	0	0.0	0	0.0
施工房屋建筑面积	万平方米	0.32	0.0	1.17	0.0	0	0.0
其中：在建厂房面积	万平方米	0	0.0	1.17	0.0	0	0.0
房屋竣工建筑面积	万平方米	0	-100.0	0	0.0	0	0.0
其中：已建成厂房面积	万平方米	0	-100.0	0	0.0	0	0.0
已建成仓库面积	万平方米	0	0.0	0	0.0	0	0.0
土地实际已租售面积	万平方米	10	-74.3	0	0.0	0	0.0
已投产企业	个	0	0.0	14	40.0	0	0.0
其中：投资额5000万美元（含）以上	个	0	0.0	0	0.0	0	0.0
投资额3000万（含）-5000万美元以上	个	0	0.0	0	0.0	0	0.0
投资额1000万（含）-3000万美元以上	个	0	0.0	0	0.0	0	0.0
税收总额	万元	931	15.7	3570	160.7	46072	96.9
其中：海关税收及代征税	万元	931	15.7	3025	255.3	46052	119.3
工商税收	万元	0	0.0	544	4.9	20	0.0
期末从业人员	万人	0.18	14.6	0.3	87.5	0.3	0.0
其中：外资企业从业人员	万人	0.18	14.6	0.27	68.8	0.2	0.0
出口加工区批准面积	平方公里	2.8	0.0	2.73	0.0	1.3	0.0
出口加工区验收封关面积	平方公里	1.55	0.0	1.2	0.0	1.3	0.0

续表六

指　　标	单位	四川成都出口加工区		江苏无锡出口加工区		上海青浦出口加工区	
		2007 年	比上年增长（%）	2007 年	比上年增长（%）	2007 年	比上年增长（%）
增加值	万元	289733	0.0	828860	160.8	46321	-1.3
工业总产值		906673	35.9	4513783	48.4	118790	70.8
其中：高新技术产业		899909	35.0	3398675	9255.1	0	0.0
电子信息产业		711674	0.0	3757771	0.0	27835	-4.8
工业产品销售额		898978	262.0	4497344	49.0	127296	83.1
工业企业利润总额			145.2	330462	378.5	14233	2188.3
物流企业营业收入		631	0.0	4937	0.0	29	0.0
综合能源耗费量（季报）	吨标准煤	3606	0.0	228241	0.0	2203	0.0
批准项目数	个	1	-83.3	5	-37.5	10	100.0
其中：外资项目批准数		0	-100.0	4	-50.0	9	125.0
仓储物流企业		0	0.0	1	0.0	1	0.0
批准投资总额	万美元	500	-97.3	169773	835.8	16640	381.1
其中：外资项目投资总额		500	-97.3	160440	784.4	16540	482.4
其中：增资额		0	0.0	150000	0.0	1668	174.3
合同利用外资		250	0.0	88390	227.4	6537	149.8
其中：增资额		0	0.0	75000	0.0	834	174.3
实际利用外资		125	-96.2	103971	43.5	1964	-27.6
固定资产投资额	万元	318891	34.0	1764196	-7.5	81862	347.6
其中：基础设施投资		39487	15.1	1520	-93.2	23137	169.3
开发公司投资		12	-98.6	2900	0.0	58725	505.5
施工房屋建筑面积	万平方米	7.12	-42.9	13.2	-85.5	7.74	0.0
其中：在建厂房面积		6.4	25.8	13.2	-85.5	0	0.0
房屋竣工建筑面积		27.91	-37.0	70.19	0.0	7.74	1619.2
其中：已建成厂房面积		10.66	-34.2	65.19	0.0	7.62	1592.5
已建成仓库面积		0	0.0	5	0.0	0.12	0.0
土地实际已租售面积		196.32	0.0	138.06	0.0	43.1	0.0
已投产企业	个	6	0.0	5	-50.0	2	-75.0
其中：投资额 5000 万美元（含）以上		0	0.0	0	-100.0	0	0.0
投资额 3000 万（含）-5000 万美元以上		0	0.0	0	-100.0	0	0.0
投资额 1000 万（含）-3000 万美元以上		0	0.0	1	0.0	0	-100.0
税收总额	万元	2905	9.7	49491	269.4	662	678.8
其中：海关税收及代征税		282	19181.5	2911	69.8	574	731.9
工商税收		1883	1827.7	46580	298.7	88	450.0
期末从业人员	万人	1.05	119.8	2.78	53.0	0.36	15.9
其中：外资企业从业人员		0.89	112.8	2.78	53.0	0.29	22.0
出口加工区批准面积	平方公里	3	0.0	2.98	0.0	3	0.0
出口加工区验收封关面积		2.1	0.0	1.7	0.0	1.6	0.0

续表七

指标	单位	重庆出口加工区		陕西西安出口加工区		江苏连云港出口加工区	
		2007 年	比上年增长（%）	2007 年	比上年增长（%）	2007 年	比上年增长（%）
增加值	万元	5314	-12.4	64043	48.8	2584	12.5
工业总产值	万元	20838	-9.0	217076	51.8	13431	51.6
其中：高新技术产业	万元	37	-87.9	27064	0.0	0	0.0
电子信息产业	万元	0	0.0	55327	-26.8	2029	0.0
工业产品销售额	万元	21270	1.5	241977	52.0	13622	65.2
工业企业利润总额	万元	2205	31.4	4371	306.7		-514.1
物流企业营业收入	万元	353	0.0	14210	0.0	0	0.0
综合能源耗费量（季报）	吨标准煤	663	0.0	567	0.0	1362	0.0
批准项目数	个	4	100.0	9	-25.0	1	-66.7
其中：外资项目批准数	个	1	-50.0	3	-25.0	0	-100.0
仓储物流企业	个	1	0.0	5	0.0	0	0.0
批准投资总额	万美元	795	917.1	1058	-8.1	1350	-72.3
其中：外资项目投资总额	万美元	249	425.6	348	-38.9	0	-100.0
其中：增资额	万美元	0	0.0	0	0.0	0	-100.0
合同利用外资	万美元	81	0.0	348	31.6	0	-100.0
其中：增资额	万美元	0	0.0	0	0.0	0	-100.0
实际利用外资	万美元	81	0.0	348	31.6	484	1.9
固定资产投资额	万元	0	-100.0	68300	22.8	2710	-92.1
其中：基础设施投资	万元	0	0.0	8648	84.2	0	-100.0
开发公司投资	万元	0	0.0	16363	0.0	724	-95.4
施工房屋建筑面积	万平方米	1.07	38.2	5.47	166.0	0	-100.0
其中：在建厂房面积	万平方米	1.07	38.2	5.47	0.0	0	-100.0
房屋竣工建筑面积	万平方米	0.61	2.1	1.8	-37.9	10.85	70.1
其中：已建成厂房面积	万平方米	0	-100.0	0	0.0	10.71	67.8
已建成仓库面积	万平方米	0.61	0.0	1.8	0.0	0	0.0
土地实际已租售面积	万平方米	0	0.0	6.3	0.0	23.13	0.0
已投产企业	个	0	0.0	10	42.9	0	-100.0
其中：投资额 5000 万美元（含）以上	个	0	0.0	0	0.0	0	0.0
投资额 3000 万（含）-5000 万美元以上	个	0	0.0	0	0.0	0	0.0
投资额 1000 万（含）-3000 万美元以上	个	0	0.0	0	-100.0	0	0.0
税收总额	万元	170	-2.7	157	0.0	247	175.2
其中：海关税收及代征税	万元	11	0.0	0	0.0	197	118.5
工商税收	万元	137	-10.0	157	0.0	51	0.0
期末从业人员	万人	0.14	31.8	0.15	91.5	0.24	21.3
其中：外资企业从业人员	万人	0.13	27.5	0.06	58.2	0.24	21.3
出口加工区批准面积	平方公里	3	0.0	1.46	0.0	2.96	0.0
出口加工区验收封关面积	平方公里	0.4	0.0	0.92	0.0	0.71	0.0

续表八

指　标	单位	江苏镇江出口加工区		河北秦皇岛出口加工区		吉林珲春出口加工区	
		2007 年	比上年增长（%）	2007 年	比上年增长（%）	2007 年	比上年增长（%）
增加值	万元	851	-64.8	3218	-2.8	7831	0.0
工业总产值		9478	-43.5	12093	38.2	37786	1512.7
其中：高新技术产业		0	-100.0	0	0.0	672	0.0
电子信息产业		9478	-43.5	0	0.0	1367	0.0
工业产品销售额		9078	-33.2	12337	44.4	22707	1522.7
工业企业利润总额			-1900.2	1566	90.4	283	0.0
物流企业营业收入		0	0.0	0	0.0	0	0.0
综合能源耗费量（季报）	吨标准煤	0	0.0	2462	0.0	5550	0.0
批准项目数	个	5	-37.5	0	-100.0	1	0.0
其中：外资项目批准数		5	-37.5	0	-100.0	0	0.0
仓储物流企业		0	0.0	0	0.0	0	0.0
批准投资总额	万美元	6410	16.6	0	-100.0	14	0.0
其中：外资项目投资总额		6300	14.6	0	-100.0	0	0.0
其中：增资额		210	320.0	0	-100.0	0	0.0
合同利用外资		3530	-1.4	0	-100.0	757	0.0
其中：增资额		150	200.0	0	-100.0	0	0.0
实际利用外资		1736	45.8	105	246.9	117	0.0
固定资产投资额	万元	1400	180.0	5763	53.0	31830	0.0
其中：基础设施投资		1400	180.0	4770	44.7	14000	0.0
开发公司投资		0	0.0	993	110.8	0	0.0
施工房屋建筑面积	万平方米	2.44	0.0	5.37	45.1	0	0.0
其中：在建厂房面积		2.44	0.0	4.1	10.8	0	0.0
房屋竣工建筑面积		0	400.0	3.2	1448.9	7.13	0.0
其中：已建成厂房面积		0	400.0	3.2	1448.9	7.13	0.0
已建成仓库面积		0	0.0	0	0.0	0	0.0
土地实际已租售面积		0	-100.0	4.32	0.0	0	0.0
已投产企业	个	2	100.0	0	-100.0	8	0.0
其中：投资额 5000 万美元（含）以上		0	0.0	0	0.0	0	0.0
投资额 3000 万（含）-5000 万美元以上		0	0.0	0	0.0	0	0.0
投资额 1000 万（含）-3000 万美元以上		2	100.0	0	0.0	0	0.0
税收总额	万元	4	43.9	30	14.1	4	0.0
其中：海关税收及代征税		0	0.0	0	0.0	4	0.0
工商税收		4	43.9	30	14.1	0	0.0
期末从业人员	万人	0.03	-51.0	0.11	6.4	0.05	-2.7
其中：外资企业从业人员		0.03	-51.0	0.11	13.9	0.04	3900.0
出口加工区批准面积	平方公里	2.53	0.0	2.5	0.0	2.44	0.0
出口加工区验收封关面积		0.91	0.0	0.67	0.0	0.6	0.0

续表九

指标	单位	山东青岛出口加工区		广东广州出口加工区		安徽芜湖出口加工区	
		2007年	比上年增长（%）	2007年	比上年增长（%）	2007年	比上年增长（%）
增加值	万元	68935	53.2	60063	142.0	1210	156.0
工业总产值	万元	248219	41.8	362344	71.3	42145	156.0
其中：高新技术产业	万元	88092	17.4	0	0.0	2672	60.5
电子信息产业	万元	175779	16.1	0	0.0	6328	81.8
工业产品销售额	万元	248219	41.8	363064	71.3	41845	110.0
工业企业利润总额	万元	244778	15.8	11670	124.3	0	0.0
物流企业营业收入	万元	0	0.0	0	0.0	0	0.0
综合能源耗费量（季报）	吨标准煤	3618	0.0	3914	0.0	0	0.0
批准项目数	个	8	-33.3	0	0.0	4	100.0
其中：外资项目批准数	个	7	-41.7	0	0.0	4	100.0
仓储物流企业	个	0	0.0	0	0.0	0	0.0
批准投资总额	万美元	9711	-61.7	0	0.0	12111	9473.9
其中：外资项目投资总额	万美元	4989	-79.0	0	0.0	12111	13507.9
其中：增资额	万美元	1289	-83.2	0	0.0	0	-100.0
合同利用外资	万美元	2442	-75.6	0	0.0	12111	74429.2
其中：增资额	万美元	642	-81.6	0	0.0	0	-100.0
实际利用外资	万美元	4227	-53.6	0	0.0	5945	36484.6
固定资产投资额	万元	12923	-82.7	1776	-62.4	10697	0.0
其中：基础设施投资	万元	1710	-93.4	0	0.0	10697	0.0
开发公司投资	万元	0	0.0	0	0.0	0	0.0
施工房屋建筑面积	万平方米	0	-100.0	0	0.0	24.58	0.0
其中：在建厂房面积	万平方米	0	-100.0	0	0.0	19.89	0.0
房屋竣工建筑面积	万平方米	0.2	-97.8	0	0.0	2.8	0.0
其中：已建成厂房面积	万平方米	0	-100.0	0	0.0	2.39	0.0
已建成仓库面积	万平方米	0.2	0.0	0	0.0	0	0.0
土地实际已租售面积	万平方米	91.91	0.0	0	0.0	0.58	0.0
已投产企业	个	8	-20.0	0	0.0	1	0.0
其中：投资额5000万美元（含）以上	个	0	0.0	0	0.0	0	0.0
投资额3000万（含）-5000万美元以上	个	2	100.0	0	0.0	0	0.0
投资额1000万（含）-3000万美元以上	个	1	-66.7	0	0.0	0	0.0
税收总额	万元	5980	60.6	0	-100.0	132	-22.3
其中：海关税收及代征税	万元	622	408.4	0	0.0	132	-22.1
工商税收	万元	5358	48.8	0	-100.0	0	0.0
期末从业人员	万人	0.67	33.6	0.11	62.2	0.2	500.6
其中：外资企业从业人员	万人	0.67	33.6	0.11	62.2	0	0.0
出口加工区批准面积	平方公里	2.8	0.0	3	0.0	2.95	0.0
出口加工区验收封关面积	平方公里	1.7	0.0	0.9	0.0	1.1	0.0

续表十

指　　标	单位	上海闵行出口加工区		河南郑州出口加工区		广西北海出口加工区	
		2007 年	比上年增长（%）	2007 年	比上年增长（%）	2007 年	比上年增长（%）
增加值	万元	55963	2879.3	10954	319.2	27017	306.9
工业总产值		356754	5036.4	26488	205.7	83717	299.5
其中：高新技术产业		0	0.0	4699	1083.6	0	-100.0
电子信息产业		259663	7552.0	4699	1083.6	83717	299.5
工业产品销售额		346861	6276.1	26233	203.9	83715	299.5
工业企业利润总额		8057	430.0	1550	0.5	19915	295.5
物流企业营业收入		0	0.0	488	0.0	0	0.0
综合能源耗费量（季报）	吨标准煤	1943	0.0	830	0.0	526	0.0
批准项目数	个	7	-12.5	10	66.7	12	-25.0
其中：外资项目批准数		5	0.0	4	-33.3	4	-60.0
仓储物流企业		0	0.0	3	0.0	0	0.0
批准投资总额	万美元	16415	12.0	11927	547.8	22857	14.3
其中：外资项目投资总额		13360	30.3	11028	587.9	9685	98.7
其中：增资额		6133	107.7	10200	13500.0	0	0.0
合同利用外资		5500	210.0	5148	854.0	9585	119.6
其中：增资额		2020	470.6	5000	8233.3	0	0.0
实际利用外资		1472	-29.2	8721	1009.5	2543	145.3
固定资产投资额	万元	13987	118.5	107677	143.7	23553	137.4
其中：基础设施投资		7334	626.2	0	-100.0	4900	88.5
开发公司投资		15	0.0	72	-98.3	18653	154.8
施工房屋建筑面积	万平方米	0	0.0	2.8	-12.9	37.64	0.0
其中：在建厂房面积		0	0.0	2.8	97.9	28.8	0.0
房屋竣工建筑面积		4.89	0.0	4.74	-57.5	21.73	1217.0
其中：已建成厂房面积		4.51	0.0	4.31	-25.1	20.94	1169.2
已建成仓库面积		0	0.0	0.43	0.0	0.79	0.0
土地实际已租售面积		10.47	0.0	1.6	0.0	127	0.0
已投产企业	个	7	250.0	3	-40.0	3	-70.0
其中：投资额 5000 万美元（含）以上		0	0.0	0	0.0	0	0.0
投资额 3000 万（含）-5000 万美元以上		0	0.0	0	0.0	0	0.0
投资额 1000 万（含）-3000 万美元以上		2	100.0	1	0.0	0	0.0
税收总额	万元	584	421.2	292	1927.8	461	100.0
其中：海关税收及代征税		123	921.6	156	6400.0	0	0.0
工商税收		461	540.3	136	1033.3	461	100.0
期末从业人员	万人	0.27	448.8	0.21	179.3	0.52	126.1
其中：外资企业从业人员		0.26	430.3	0.1	155.1	0.5	138.1
出口加工区批准面积	平方公里	3	0.0	2.7	0.0	1.45	0.0
出口加工区验收封关面积		1.9	0.0	0.6	0.0	1.13	0.0

续表十一

指　　标	单位	江苏南京(南区)出口加工区		山东济南出口加工区		新疆乌鲁木齐出口加工区	
		2007 年	比上年增长（%）	2007 年	比上年增长（%）	2007 年	比上年增长（%）
增加值	万元	36963	-32.2	1773	67.3	2143	0.0
工业总产值		534523	-33.0	33423	61.9	4829	249.5
其中：高新技术产业		0	0.0	0	0.0	2494	269.5
电子信息产业		534523	-33.0	0	0.0	0	0.0
工业产品销售额		570910	-29.0	32898	60.1	4070	215.6
工业企业利润总额		18650	-31.6	815	77.4	73	370.9
物流企业营业收入		145	0.0	0	0.0	0	0.0
综合能源耗费量（季报）	吨标准煤	5	0.0	159	0.0	314	0.0
批准项目数	个	3	-50.0	4	33.3	0	0.0
其中：外资项目批准数		3	-40.0	4	100.0	0	0.0
仓储物流企业		0	0.0	0	0.0	0	0.0
批准投资总额	万美元	2720	-82.7	633	-39.8	26	0.0
其中：外资项目投资总额		2720	-82.7	633	-6.4	0	0.0
其中：增资额		280	-87.2	14	0.0	0	0.0
合同利用外资		1800	-78.4	992	379.4	0	0.0
其中：增资额		200	-79.8	414	0.0	0	0.0
实际利用外资		1688	-51.7	542	7649.3	0	0.0
固定资产投资额	万元	9194	2142.4	11205	-19.3	2402	113.8
其中：基础设施投资		950	131.7	839	-74.5	540	131.1
开发公司投资		0	0.0	1661	0.0	0	0.0
施工房屋建筑面积	万平方米	0	0.0	0	-100.0	1.5	51.3
其中：在建厂房面积		0	0.0	0	-100.0	1.5	51.3
房屋竣工建筑面积		2.4	0.0	4.46	520.0	0.09	0.0
其中：已建成厂房面积		2.4	0.0	4.29	495.9	0.09	0.0
已建成仓库面积		0	0.0	0	0.0	0	0.0
土地实际已租售面积		0	0.0	3.33	0.0	10.58	0.0
已投产企业	个	0	-100.0	2	100.0	0	0.0
其中：投资额 5000 万美元（含）以上		0	0.0	0	0.0	0	0.0
投资额 3000 万（含）-5000 万美元以上		0	0.0	0	0.0	0	0.0
投资额 1000 万（含）-3000 万美元以上		0	-100.0	0	0.0	0	0.0
税收总额	万元	1294	267.5	162	36.8	5	14.3
其中：海关税收及代征税		0	0.0	0	0.0	0	0.0
工商税收		1294	267.5	162	36.8	5	14.3
期末从业人员	万人	0.62	-22.3	0.02	23.5	0.02	-40.5
其中：外资企业从业人员		0.62	-22.3	0.02	23.5	0	0.0
出口加工区批准面积	平方公里	1.2	0.0	3.2	0.0	3	0.0
出口加工区验收封关面积		1.2	0.0	1.2	0.0	0.4	0.0

续表十二

指　　标	单位	山东潍坊出口加工区		江苏扬州出口加工区	
		2007 年	比上年增长（%）	2007 年	比上年增长（%）
增加值	万元	482	0.0	0	0.0
工业总产值		4841	0.0	215	0.0
其中：高新技术产业		4232	0.0	0	0.0
电子信息产业		0	0.0	0	0.0
工业产品销售额		4088	0.0	304	0.0
工业企业利润总额		122	0.0	0	0.0
物流企业营业收入		0	0.0	0	0.0
综合能源耗费量（季报）	吨标准煤	12	0.0	0	0.0
批准项目数	个	10	0.0	12	0.0
其中：外资项目批准数		4	0.0	11	0.0
仓储物流企业		0	0.0	1	0.0
批准投资总额	万美元	24186	0.0	12850	0.0
其中：外资项目投资总额		3186	0.0	12850	0.0
其中：增资额		0	0.0	0	0.0
合同利用外资		1660	0.0	12090	0.0
其中：增资额		0	0.0	0	0.0
实际利用外资		120	0.0	2377	0.0
固定资产投资额	万元	37018	0.0	28045	0.0
其中：基础设施投资		4241	0.0	9425	0.0
开发公司投资		6308	0.0	1860	0.0
施工房屋建筑面积	万平方米	19.05	0.0	0	0.0
其中：在建厂房面积		15.96	0.0	0	0.0
房屋竣工建筑面积		17.78	0.0	6.06	0.0
其中：已建成厂房面积		16.06	0.0	4.6	0.0
已建成仓库面积		0.12	0.0	0.21	0.0
土地实际已租售面积		50.33	0.0	2.66	0.0
已投产企业	个	3	0.0	2	0.0
其中：投资额 5000 万美元（含）以上		0	0.0	0	0.0
投资额 3000 万（含）－5000 万美元以上		0	0.0	0	0.0
投资额 1000 万（含）－3000 万美元以上		0	0.0	1	0.0
税收总额	万元	631	0.0	0	0.0
其中：海关税收及代征税		0	0.0	0	0.0
工商税收		631	0.0	0	0.0
期末从业人员	万人	0.06	0.0	0.02	0.0
其中：外资企业从业人员		0.05	0.0	0.01	0.0
出口加工区批准面积	平方公里	3	0.0	3	0.0
出口加工区验收封关面积		1.7	0.0	1.47	0.0

2007 年出口加工区实际进出口统计表

地区 5		进出口合计		出　口		进　口	
中文	代码	美元值(万)	美元值(同比)	美元值(万)	美元值(同比)	美元值(万)	美元值(同比)
#合计	-	11330058.49	33.58	7146825.61	41.14	4183232.88	22.38
北京天竺出口加工区	11115	25722.22	46.84	12736.99	53.47	12985.24	40.87
天津出口加工区	12075	102099.40	33.00	74171.18	32.43	27928.22	34.52
河北秦皇岛出口加工区	13035	2338.37	30.27	1958.03	45.24	380.34	-14.88
辽宁沈阳(张士)出口加工区	21015	1813.32	773.05	1047.87	.	765.45	268.54
辽宁大连出口加工区	21025	77506.35	26.04	61354.56	34.93	16151.79	0.82
吉林珲春出口加工区	22075	3262.76	1185.76	2884.53	2142.67	378.23	202.24
上海漕河泾出口加工区	31115	1124748.92	-6.91	837399.71	0.19	287349.21	-22.84
上海闵行出口加工区	31175	87062.16	1597.58	42510.42	1583.24	44551.74	1611.49
上海松江出口加工区	31185	3861643.97	47.56	2568866.10	59.35	1292777.87	28.65
上海青浦出口加工区	31205	21416.35	77.05	13594.95	83.51	7821.40	66.84
上海金桥出口加工区南区	31225	40405.08	-36.00	25690.95	-32.22	14714.13	-41.68
南京出口加工区	32015	6324.59	59.20	2853.65	105.98	3470.94	34.15
南京出口加工区南区	32015	171059.32	-42.33	100111.86	-37.82	70947.46	-47.68
江苏无锡出口加工区	32025	1054220.83	64.98	463711.06	99.47	590509.78	45.26
江苏常州出口加工区	32045	2233.88	.	1345.87	.	888.01	.
江苏苏州高新区加工区	32055	79098.39	43.96	50522.50	68.47	28575.89	14.51
江苏南通出口加工区	32065	34744.02	-20.86	16841.94	-18.48	17902.08	-22.98
江苏连云港出口加工区	32075	8242.86	77.72	4698.30	70.73	3544.56	87.90
江苏扬州出口加工区	32105	625.64	.	.	.	625.64	.
江苏镇江出口加工区	32115	1495.13	-34.32	1027.68	-8.10	467.44	-59.64
江苏常熟出口加工区	32145	1674.04	.	867.44	.	806.60	.
江苏昆山出口加工区	32235	3155976.35	27.65	2084659.46	34.73	1071316.88	15.82
江苏吴江出口加工区	32255	85.54	.	.	.	85.54	.

续表

地区5		进出口合计		出　口		进　口	
中文	代码	美元值(万)	美元值(同比)	美元值(万)	美元值(同比)	美元值(万)	美元值(同比)
浙江杭州出口加工区	33015	246833.01	-14.28	149334.58	-10.46	97498.43	-19.55
浙江宁波出口加工区	33025	450587.65	217.80	216829.84	302.29	233757.81	165.98
浙江嘉兴出口加工区	33045	168.39	3073.19	111.51	.	56.88	971.94
安徽芜湖出口加工区	34025	6172.81	150.78	5861.75	148.99	311.06	190.15
福建福州福清出口加工区	35015	3.84	.	3.84	.	.	.
福建厦门出口加工区	35025	41359.18	23.84	25144.95	49.44	16214.22	-2.16
江西南昌出口加工区	36015	17.65	.	.	.	17.65	.
江西九江出口加工区	36045	329.69	3535.52	91.85	912.90	237.83	.
山东济南出口加工区	37015	3395.20	115.13	3364.36	114.44	30.84	232.32
山东青岛出口加工区	37025	37693.36	21.36	23025.17	21.80	14668.19	20.68
山东烟台出口加工区	37065	37069.94	44.76	20005.78	44.90	17064.16	44.60
山东潍坊出口加工区	37075	335.84	.	274.05	.	61.79	.
山东威海出口加工区	37105	66541.73	8.36	34948.93	2.35	31592.80	15.90
河南郑州出口加工区	41015	15016.43	626.13	2964.60	240.67	12051.83	906.18
湖北武汉出口加工区	42015	7177.27	-49.98	2358.15	-53.18	4819.12	-48.24
湖南郴州出口加工区	43115	14.07	.	.	.	14.07	.
广东广州出口加工区	44015	64336.40	79.76	46902.39	78.39	17434.01	83.55
广东深圳出口加工区	44035	199840.36	45.08	125438.75	59.76	74401.61	25.62
广西北海出口加工区	45055	20176.35	292.38	10716.55	358.69	9459.80	237.16
重庆出口加工区	50125	15950.06	431.59	12627.99	412.51	3322.08	519.20
四川成都出口加工区	51015	236450.33	107.79	91181.42	159.38	145268.91	84.73
陕西西安出口加工区	61015	16512.54	399.81	6507.20	653.68	10005.34	309.99
新疆乌鲁木齐出口加工区	65015	276.89	265.34	276.89	298.25	.	.

2007 年全国出口加工区进口商品分类表

单位：美元

商品分类	2007 年	
	美元值	美元值（同比）
#合计	44731774563	22.7
第一类　活动物；动物产品	30403467	26.1
第二类　植物产品	854240	-30.7
第三类　动、植物油、脂、蜡；精制食用油脂	464802	159.8
第四类　食品；饮料、酒及醋；烟草及制品	2001022	42.7
第五类　矿产品	93677175	-22.4
第六类　化学工业及其相关工业的产品	654637297	113.3
第七类　塑料及其制品；橡胶及其制品	667223472	38.1
第八类　革、毛皮及制品；箱包；肠线制品	141982414	15.4
第九类　木及制品；木炭；软木；编结品	44418055	73.4
第十类　木浆等；废纸；纸、纸板及其制品	139567044	120.2
第十一类　纺织原料及纺织制品	107368873	13.3
第十二类　鞋帽伞等；羽毛品；人造花；人发品	1197690	19.4
第十三类　矿物材料制品；陶瓷品；玻璃及制品	132329325	132.6
第十四类　珠宝、贵金属及制品；仿首饰；硬币	74880168	74.0
第十五类　贱金属及其制品	999646941	27.3
第十六类　机电、音像设备及其零件、附件	35890732412	21.3
第十七类　车辆、航空器、船舶及运输设备	125432030	80.7
第十八类　光学、医疗等仪器；钟表；乐器	5602421630	20.6
第二十类　杂项制品	13210958	-27.8
第二十一类　艺术品、收藏品及古物	6569	253.0
第二十二类　特殊交易品及未分类商品	9318979	26.3

2007年全国出口加工区出口商品分类表

单位：美元

商品分类	2007年	
	出口额	比上年增长（%）
#合计	75788907658	39.5
第一类　活动物；动物产品	36576714	6.4
第二类　植物产品	14422573	-12.3
第三类　动、植物油、脂、蜡；精制食用油脂	474624	
第四类　食品；饮料、酒及醋；烟草及制品	49924140	20.1
第五类　矿产品	4799984	2840.8
第六类　化学工业及其相关工业的产品	321268250	32.6
第七类　塑料及其制品；橡胶及其制品	225381890	39.0
第八类　革、毛皮及制品；箱包；肠线制品	94588617	86.8
第九类　木及制品；木炭；软木；编结品	41753545	360.4
第十类　木浆等；废纸；纸、纸板及其制品	54124465	27.1
第十一类　纺织原料及纺织制品	251674322	44.3
第十二类　鞋帽伞等；羽毛品；人造花；人发品	4415965	-14.9
第十三类　矿物材料制品；陶瓷品；玻璃及制品	68792481	40.4
第十四类　珠宝、贵金属及制品；仿首饰；硬币	50381091	60.0
第十五类　贱金属及其制品	383591839	58.8
第十六类　机电、音像设备及其零件、附件	69902628865	38.2
第十七类　车辆、航空器、船舶及运输设备	1234236509	60.6
第十八类　光学、医疗等仪器；钟表；乐器	2643911864	74.2
第十九类　武器、弹药及其零件、附件	264133	-5.2
第二十类　杂项制品	403054109	13.6
第二十二类　特殊交易品及未分类商品	2641678	4634.0

2007 年全国出口加工区进口国别排名前 30 位

单位：美元

序　号	国别地区	2007 年	
		进口额	比上年增长（%）
	合　　计	44731774563	22.7
1	中国台湾	9264260224	9.3
2	菲律宾	6370521998	31.8
3	韩国	5849264366	36.4
4	中国	5512898033	7.3
5	日本	4116246442	14.4
6	美国	2737593278	30.4
7	马来西亚	2386400446	3.5
8	泰国	2379867579	41.4
9	新加坡	2301274339	47.8
10	中国香港	1008302071	135.4
11	荷兰	494065391	43.9
12	哥斯达黎加	334098855	68.4
13	德国	328716038	18.8
14	印度尼西亚	251043419	1.4
15	爱尔兰	196947636	1291.6
16	意大利	158687231	19.7
17	法国	111840524	82.5
18	加拿大	101338799	3.7
19	英国	94858532	43.6
20	瑞士	88292657	51.7
21	澳大利亚	86630013	212.3
22	比利时	74697670	46.3
23	奥地利	50276744	91.4
24	墨西哥	48665038	30.4
25	阿拉伯联合酋长国	45146513	-38.7
26	捷克	33005901	101.5
27	以色列	31300133	-11.8
28	葡萄牙	30678814	-27.0
29	新西兰	30199210	5.7
30	西班牙	26963327	110.5

2007 年全国出口加工区出口国别排名前30位

单位：美元

序号	国别地区	2007 年	
		出口额	比上年增长（%）
合计		75788907658	39.5
1	美国	23644633366	39.7
2	荷兰	6998214672	45.5
3	德国	6608176300	14.0
4	中国香港	5718264223	70.3
5	日本	4266855676	10.0
6	法国	3406359805	138.0
7	韩国	2457033929	104.5
8	马来西亚	2419267133	10.7
9	新加坡	2237783797	27.7
10	英国	1993280136	75.4
11	卢森堡	1820528896	3.2
12	加拿大	1415533406	34.5
13	爱尔兰	1331012768	21.5
14	澳大利亚	1303310057	34.1
15	中国台湾	1210876034	47.9
16	墨西哥	886850908	51.2
17	印度	770608303	37.8
18	阿拉伯联合酋长国	765654039	55.7
19	捷克	700795894	140.7
20	巴西	602250168	179.8
21	俄罗斯联邦	501633747	101.1
22	泰国	477856066	11.5
23	意大利	376918305	6.9
24	比利时	374362855	-30.1
25	芬兰	355474913	21.9
26	土耳其	323567134	112.5
27	波兰	316327687	121.5
28	匈牙利	288179494	8.9
29	西班牙	236993650	-17.8
30	印度尼西亚	153520921	88.6

2007年全国出口加工区企业进口额排名前30位

单位：美元

序　号	企业名称	2007年	
		进口额	比上年增长（%）
合　计		44731774563	22.7
1	达功（上海）电脑有限公司	4668420302	49.3
2	昆山飞力仓储服务有限公司	3987677976	20.7
3	海力士－意法半导体有限公司	2657053031	48.8
4	宁波奇美电子有限公司	2079564795	173.6
5	希捷国际科技（无锡）有限公司	2056302245	44.6
6	英特尔产品（成都）有限公司	1237446862	80.8
7	英华达（上海）科技有限公司	1165152633	-5.6
8	达业（上海）电脑科技有限公司	1118476403	37.2
9	英顺达科技有限公司	1097855547	-40.8
10	达丰（上海）电脑有限公司	1088258158	-15.6
11	仁宝资讯工业（昆山）有限公司	1053194147	12.8
12	达辉（上海）电子有限公司	1023343462	-31.5
13	达福（上海）电脑科技有限公司	877157785	24.7
14	国基电子（上海）有限公司	808904780	92.2
15	纬创资通（昆山）有限公司	773108464	13.4
16	华微半导体（上海）有限责任公司	735149181	30.9
17	上海大众国际仓储物流有限公司	685702923	24.7
18	华宝通讯（南京）有限公司	678136561	-49.1
19	仁宝电子科技（昆山）有限公司	671944432	55.3
20	捷普电子（无锡）有限公司	604801251	88.3
21	志合电脑（苏州工业园区）有限公司	552257792	38.3
22	英业达科技有限公司	548644120	-12.9
23	昆达电脑科技（昆山）有限公司	518460457	8.4
24	新义半导体（苏州）有限公司	508473484	36.0
25	希捷科技（苏州）有限公司	506839356	-30.1
26	达伟（上海）仓储有限公司	470476729	（—）
27	正鹏电子（昆山）有限公司	433058620	16.2
28	东芝货物管理（杭州）有限公司	413579373	-7.7
29	纬新资通（昆山）有限公司	388810129	27.6
30	日立环球存储产品（深圳）有限公司	373580348	60.2

2007 年全国出口加工区企业出口额排名前30位

单位：美元

序　号	企业名称	2007 年	
		出口额	比上年增长（%）
合　　计		75788907658	39.5
1	达功（上海）电脑有限公司	9197019498	103.1
2	达丰（上海）电脑有限公司	8365935957	102.9
3	仁宝资讯工业（昆山）有限公司	5947939194	29.3
4	英顺达科技有限公司	5646608290	-1.7
5	仁宝信息技术（昆山）有限公司	3790306143	75.1
6	达业（上海）电脑科技有限公司	2905992899	-14.2
7	纬新资通（昆山）有限公司	2287707225	39.5
8	希捷国际科技（无锡）有限公司	2143646556	40.0
9	英华达（上海）科技有限公司	2007897441	-1.8
10	纬智资通（昆山）有限公司	1778462801	47.2
11	达福（上海）电脑科技有限公司	1776475275	13.8
12	宁波奇美电子有限公司	1694332799	520.1
13	仁宝电子科技（昆山）有限公司	1525199370	46.8
14	海力士—意法半导体有限公司	1182844642	415.2
15	希捷科技（苏州）有限公司	1174761713	-19.3
16	东芝信息机器（杭州）有限公司	1041282313	-21.1
17	志合电脑（苏州工业园区）有限公司	995276094	50.7
18	华宝通讯（南京）有限公司	964555548	-39.6
19	华微半导体（上海）有限责任公司	942217838	70.7
20	英特尔产品（成都）有限公司	843866472	194.7
21	纬创资通（昆山）有限公司	820836784	29.6
22	捷普电子（无锡）有限公司	773966368	190.1
23	昆达电脑科技（昆山）有限公司	744639004	19.4
24	英业达科技有限公司	699582015	24.1
25	日立环球存储产品（深圳）有限公司	649075046	205.3
26	大众电脑（苏州）有限公司	599791023	45.1
27	牧田（昆山）有限公司	578626935	40.2
28	天津通广三星电子有限公司	541114392	37.8
29	彩晶光电科技（昆山）有限公司	534582528	14.1
30	达辉（上海）电子有限公司	489790646	-49.9

2007年全国各出口加工区主要经济指标完成情况表

2007年昆山出口加工区主要经济指标完成情况表

指标名称	单位	2007年	比上年增长（%）
增加值	万元	621098	27.7
工业总产值	万元	12560867	28.6
其中：电子信息产业	万元	11085739	36.6
工业产品销售额	万元	12493673	27.8
工业企业利润总额	万元	245408	50.6
物流企业营业收入	万元	7164	32.6
综合能源耗费量	吨标准煤	52273	18.2
当年批准项目数	个	16	128.6
其中：外资项目批准数	个	6	-14.3
仓储物流企业	个	12	—
当年批准投资额	万美元	19867	69.1
其中：外资项目投资额	万美元	18709	59.3
增资额	万美元	16251	515.7
合同外资	万美元	9449	59.2
其中：增资额	万美元	7688	332.9
实际利用外资	万美元	9651	77.4
固定资产投资额	万元	125437	4917.5
其中：基础设施投资	万元	5293	958.6
开发公司投资	万元	5293	164.7
期末施工房屋建筑面积	万平方米	50.29	107.1
其中：在建厂房面积	万平方米	37.31	53.7
竣工房屋建筑面积	万平方米	32.62	39.1
其中：已建成厂房面积	万平方米	29.09	24.1
已建成仓库面积	万平方米	3.53	—
土地实际已租售面积	万平方米	23.17	1985.4
已投产企业	个	1	-87.5
各种税收收入总额	万元	43645	127.2
其中：海关税收及代征税	万元	10480	272.7
其中：工商税收	万元	33165	102.2
期末从业人员	万人	8.11	18.8
其中：外资企业从业人员	万人	8.07	18.3
出口加工区批准面积	平方公里	2.86	0.0
出口加工区验收封关面积	平方公里	2.86	0.0

2007年松江出口加工区主要经济指标完成情况表

指标名称	单位	2007年	比上年增长（%）
增加值	万元	680537	50.8
工业总产值	万元	21282954	54.0
其中：电子信息产业	万元	20601776	90.0
工业产品销售额	万元	21472458	44.8
工业企业利润总额	万元	244462	86.4
物流企业营业收入	万元	3703	—
综合能源耗费量	吨标准煤	87956	—
当年批准项目数	个	8	0
其中：外资项目批准数	个	8	0
仓储物流企业	个	2	0
当年批准投资额	万美元	33842	114.4
其中：外资项目投资额	万美元	33842	114.4
增资额	万美元	26737	130.7
合同外资	万美元	12994	110.4
其中：增资额	万美元	10478	138.8
实际利用外资	万美元	8954	-10.2
固定资产投资额	万元	75561	-26.0
期末施工房屋建筑面积	万平方米	13	-67.8
其中：在建厂房面积	万平方米	13	-67.8
竣工房屋建筑面积	万平方米	5	-84.0
其中：已建成厂房面积	万平方米	4	-87.0
已建成仓库面积	万平方米	1	0
土地实际已租售面积	万平方米	30	233.3
已投产企业	个	5	-37.5
其中：投资额3000万(含)-5000万美元	个	1	—
投资额1000万(含)-3000万美元	个	3	0
各种税收收入总额	万元	87247	7.3
其中：海关税收及代征税	万元	62287	-12.9
工商税收	万元	24960	155.6
期末从业人员	万人	9.6	33.7
其中：外资企业从业人员	万人	9.6	33.7
出口加工区批准面积	平方公里	5.96	0.0
出口加工区验收封关面积	平方公里	4.28	0.0

2007年金桥出口加工区主要经济指标完成情况表

指标名称	单位	2007年	比上年增长（%）
增加值	万元	41574	—
工业总产值	万元	187100	—
其中：高新技术产值	万元	54669	—
电子信息产业	万元	102593	—
工业产品销售额	万元	207737	—
工业企业利润总额	万元	7847	—
综合能源耗费量	吨标准煤	1594	—
期末施工房屋建筑面积	万平方米	0.32	0.0
历年累计竣工房屋建筑面积	万平方米	22.53	—
其中：已建成厂房面积	万平方米	22.53	—
历年累计土地实际已租售面积	万平方米	48.89	25.7
历年已投产企业	个	22	—
其中：投资额5000万美元（含）以上	个	1	—
投资额3000万(含)-5000万美元	个	1	—
投资额1000万(含)-3000万美元	个	4	—
海关税收及代征税	万元	931	15.7
期末从业人员	万人	0.18	14.6
其中：外资企业从业人员	万人	0.18	14.6
出口加工区批准面积	平方公里	2.80	—
出口加工区验收封关面积	平方公里	1.55	—

2007年烟台出口加工区主要经济指标完成情况表

指标名称	单位	2007年	比上年增长（%）
增加值	万元	30303	19.9
工业总产值	万元	96886	23.6
其中：电子信息产业	万元	17609	10.9
工业产品销售额	万元	100700	30.0
工业企业利润总额	万元	-379	—
物流企业营业收入	万元	359	—
综合能源耗费量	吨标准煤	6329	—
当年批准项目数	个	24	20.0
其中：外资项目批准数	个	11	-38.9
仓储物流企业	个	13	—
当年批准投资额	万美元	5560	47.8
其中：外资项目投资额	万美元	5111	39.1
增资额	万美元	256	69.8
合同外资	万美元	4244	39.6
其中：增资额	万美元	371	185.3
实际利用外资	万美元	2568	101.0
固定资产投资额	万元	8209	-72.8

续表

指标名称	单位	2007年	比上年增长（%）
其中：基础设施投资	万元	80	-61.5
开发公司投资	万元	3683	—
竣工房屋建筑面积	平方米	10000	-80.9
其中：已建成厂房面积	平方米	10000	-80.9
已投产企业	个	12	20.0
工商税收	万元	235.8	-54.8
期末从业人员	人	5852	38.6
其中：外资企业从业人员	人	4890	19.6
出口加工区批准面积	平方公里	2.96	0.0
出口加工区验收封关面积	平方公里	1.89	0.0

2007年威海出口加工区主要经济指标完成情况表

指标名称	单位	2007年	比上年增长（%）
增加值	万元	56577	11.0
工业总产值	万元	194809	23.0
其中：电子信息产业	万元	133937	66.0
工业产品销售额	万元	193999	25.0
工业企业利润总额	万元	1618	-71.0
综合能源耗费量	吨标准煤	11068	—
当年批准项目数	个	4	33.0
其中：外资项目批准数	个	2	-33.0
仓储物流企业	个	1	—
当年批准投资额	万美元	3420	-47.0
其中：外资项目投资额	万美元	3345	-49.0
增资额	万美元	1820	-39.0
合同外资	万美元	1820	-39.0
其中：增资额	万美元	800	-47.0
实际利用外资	万美元	2124	-55.0
固定资产投资额	万元	8751	-42.0
其中：基础设施投资	万元	1009	407.0
竣工房屋建筑面积	万平方米	0.4	58.0
其中：已建成仓库面积	万平方米	0.4	58.0
土地实际已租售面积	万平方米	110	—
已投产企业	个	2	—
各种税收收入总额	万元	1089	100.0
其中：海关税收及代征税	万元	40	-77.0
工商税收	万元	1049	182.0
期末从业人员	万人	12363	13.0
其中：外资企业从业人员	万人	12322	13.0
出口加工区批准面积	平方公里	2.6	—
出口加工区验收封关面积	平方公里	1.3	—

2007 年深圳出口加工区主要经济指标完成情况表

指　　标	单　位	2007 年	2006 年	比上年增长（%）
增加值	万元	329834	212009	55.6
工业总产值	万元	1254063	765932	63.7
其中：高新技术产业	万元	600894	247554	142.7
电子信息产业	万元	719851	324571	121.8
工业产品销售额	万元	1263873	787619	60.5
工业企业利润总额	万元	221941	140576	57.9
综合能源耗费量	吨标准煤	151566	146004	3.8
当年批准项目数	个	3	6	-50.0
其中：外资项目批准数	个	3	6	-50.0
当年批准投资额	万美元	4318	4990.29	-13.5
其中：外资项目投资额	万美元	4318	4990.29	-13.5
增资额	万美元	3922	0	—
合同外资	万美元	1609	1844.19	-12.7
其中：增资额	万美元	1254	0	—
实际利用外资	万美元	7658	8138.6	-5.9
固定资产投资额	万元	1458	248	487.9
其中：基础设施投资	万元	1458	248	487.9
期末施工房屋建筑面积	万平方米	4.00	3.56	12.4
其中：在建厂房面积	万平方米	4.00	3.56	12.4
工商税收	万元	1379	1057	30.5
期末从业人员	万人	1.54	19078	-19.2
其中：外资企业从业人员	万人	1.54	19078	-19.2
出口加工区批准面积	平方公里	3	3	0.0
出口加工区验收封关面积	平方公里	3	3	0.0

2007 年广州出口加工区主要经济指标完成情况表

指 标 名 称	单　位	2007 年	比上年增长（%）
增加值	万元	60063	142.0
工业总产值	万元	362344	71.3
工业产品销售额	万元	363064	71.3
工业企业利润总额	万元	11670	124.0
综合能源耗费量	吨标准煤	5312	—
固定资产投资额	万元	1776	-62.4
历年已投产企业	个	1	0.0
其中：投资额 5000 万美元（含）以上	个	1	0.0
期末从业人员	万人	0.11	62.2
其中：外资企业从业人员	万人	0.11	62.2
出口加工区批准面积	平方公里	3.0	0.0
出口加工区验收封关面积	平方公里	0.9	0.0

2007 年厦门出口加工区主要经济指标完成情况表

指标名称	单位	2007 年	比上年增长（%）
增加值	万元	26099	144.8
工业总产值	万元	188292	39.7
其中：高新技术产业	万元	87249	88.8
电子信息产业	万元	173	-98.0
工业产品销售额	万元	177736	32.8
工业企业利润总额	万元	4984	122.6
物流企业营业收入	亿元	415.2	—
综合能源耗费量	吨标准煤	7251	—
当年批准项目数	个	13	30.0
其中：外资项目批准数	个	12	50.0
当年批准投资额	万美元	14803	323.6
其中：外资项目投资额	万美元	14706	351.1
增资额	万美元	2234	503.8
合同外资	万美元	5964	472.1
其中：增资额	万美元	877	—
实际利用外资	万美元	3567	—
固定资产投资额	万元	18318	-51.7
其中：基础设施投资	万元	1438	-79.9
开发公司投资	万元	16880	-45.2
期末施工房屋建筑面积	万平方米	4.89	-88.9
其中：在建厂房面积	万平方米	4.89	-86.5
竣工房屋建筑面积	万平方米	31.82	101.0
其中：已建成厂房面积	万平方米	31.40	98.4
已建成仓库面积	万平方米	42.04	—
土地实际已租售面积	万平方米	30.33	—
已投产企业	个	18	—
其中：投资额 1000 万(含) -3000 万美元	个	4	—
各种税收收入总额	万元	1298	40.8
其中：海关税收及代征税	万元	36	1834.8
工商税收	万元	1262	37.2
期末从业人员	万人	0.49	46.5
其中：外资企业从业人员	万人	0.46	55.4
出口加工区批准面积	平方公里	2.40	0.0
出口加工区验收封关面积	平方公里	1.46	0.0

2007 年杭州出口加工区主要经济指标完成情况表

指 标 名 称	单 位	2007 年	比上年增长（%）
增加值	万元	102273	5.6
工业总产值	万元	1281543	-10.1
其中：电子信息产业	万元	1087679	-15.9
工业产品销售额	万元	1276261	-8.0
工业企业利润总额	万元	58662	223.0
物流企业营业收入	万元	3580	128.5
综合能源耗费量	吨标准煤	11107	144.7
当年批准项目数	个	1	-75.0
其中：外资项目批准数	个	1	-75.0
仓储物流企业	个	1	0.0
当年批准投资额	万美元	1085	-89.1
其中：外资项目投资额	万美元	1085	-89.1
增资额	万美元	1000	-83.3
合同外资	万美元	460	-90.1
其中：增资额	万美元	400	-81.3
实际利用外资	万美元	1176	-63.6
固定资产投资额	万元	16675	-78.4
其中：基础设施投资	万元	156	—
开发公司投资	万元	735	—
期末施工房屋建筑面积	万平方米	12.25	—
其中：在建厂房面积	万平方米	12.25	—
竣工房屋建筑面积	万平方米	1.66	—
其中：已建成厂房面积	万平方米	1.66	—
土地实际已租售面积	万平方米	6.67	—
已投产企业	个	1	-66.7
各种税收收入总额	万元	12877	66.2
其中：海关税收及代征税	万元	3514	-1.1
工商税收	万元	9363	123.3
期末从业人员	万人	1.70	19.6
其中：外资企业从业人员	万人	1.70	19.7
出口加工区批准面积	平方公里	2.92	0.0
出口加工区验收封关面积	平方公里	2.0	0.0

2007年大连出口加工区主要经济指标完成情况表

指标名称	单位	2007年	比上年增长（%）
增加值	万元	110883	22.8
工业总产值	万元	482100	-4.1
工业产品销售额	万元	475000	-5.9
工业企业利润总额	万元	1000	-84.5
实际利用外资	万美元	100	-92.9
固定资产投资额	万元	9600	-67.6
期末从业人员	万人	1.00	16.5
其中：外资企业从业人员	万人	0.85	20.0
出口加工区批准面积	平方公里	2.95	0.0
出口加工区验收封关面积	平方公里	1.5	0.0

2007年成都出口加工区主要经济指标完成情况表

指标名称	单位	2007年	比上年增长（%）
增加值	万元	289733	—
工业总产值	万元	906673	35.9
其中：高新技术产业	万元	899909	35.0
电子信息产业	万元	711674	—
工业产品销售额	万元	898978	262.0
工业企业利润总额	万元	-10000	—
物流企业营业收入	万元	631	—
综合能源耗费量	吨标准煤	3607	—
当年批准项目数	个	1	-83.3
其中：外资项目批准数	个	0	0.0
当年批准投资额	万美元	500	-97.3
其中：外资项目投资额	万美元	500	-97.3
增资额	万美元	500	0
合同外资	万美元	250	0
其中：增资额	万美元	250	0
固定资产投资额	万元	318891	34.0
其中：基础设施投资	万元	39487	15.1
开发公司投资	万元	12	-98.6
期末施工房屋建筑面积	万平方米	7.1	-42.9
其中：在建厂房面积	万平方米	6.4	25.8
竣工房屋建筑面积	万平方米	27.9	-37.0
其中：已建成厂房面积	万平方米	10.7	-34.2
土地实际已租售面积	万平方米	196.3	—
已投产企业	个	6	—

续表

指标名称	单位	2007年	比上年增长（%）
各种税收收入总额	万元	2905	9.7
其中：海关税收及代征税	万元	282	19181.5
工商税收	万元	1883	1827.7
期末从业人员	万人	1.05	119.8
其中：外资企业从业人员	万人	0.89	112.8
出口加工区批准面积	平方公里	3.0	0.0
出口加工区验收封关面积	平方公里	2.1	0.0

2007年天竺出口加工区主要经济指标完成情况表

指标名称	单位	2007年	比上年增长（%）
增加值	万元	34100	99.7
工业总产值	万元	95532	10.6
其中：电子信息产业	万元	78377	20.2
工业产品销售额	万元	85437	34.1
工业企业利润总额	万元	10836	1.47
物流企业营业收入	万元	1900	—
综合能源耗费量	吨标准煤	7589.1	—
当年批准项目数	个	7	0.0
其中：外资项目批准数	个	4	-33.0
仓储物流企业	个	3	—
当年批准投资额	万美元	2195	56.9
其中：外资项目投资额	万美元	2155	118.4
其中：增资额	万美元	285	83.9
合同外资	万美元	1966	106.6
其中：增资额	万美元	200	29.0
实际利用外资	万美元	508.2	-33.6
固定资产投资额	万元	17475	—
期末施工房屋建筑面积	万平方米	11729	—
其中：在建厂房面积	万平方米	11729	—
已投产企业	个	14	40.0
其中：投资额5000万美元（含）以上	个	0	—
投资额3000万(含)-5000万美元以上	个	0	—
投资额1000万(含)-3000万美元以上	个	0	—
各种税收收入总额	万元	3570	160.7
其中：海关税收及代征税	万元	3025	255.3
工商税收	万元	544	4.9
期末从业人员	万人	0.30	87.5
其中：外资企业从业人员	万人	0.27	68.7
出口加工区批准面积	平方公里	2.73	0.0
出口加工区验收封关面积	平方公里	1.20	0.0

2007 年武汉出口加工区主要经济指标完成情况表

指标名称	单位	2007 年	比上年增长（%）
增加值	万元	11043	—
工业总产值	万元	530314	-11.1
其中：高新技术产业	万元	290963	-19.8
电子信息产业	万元	83253	22.2
工业产品销售额	万元	437129	-15.0
综合能源耗费量	吨标准煤	1591	—
各种税收收入总额	万元	46072	96.9
其中：海关税收及代征税	万元	46052	119.3
工商税收	万元	20	—
期末从业人员	万人	0.30	—
其中：外资企业从业人员	万人	0.20	—
出口加工区批准面积	平方公里	1.3	0.0
出口加工区验收封关面积	平方公里	1.3	0.0

2007 年珲春出口加工区主要经济指标完成情况表

指标名称	单位	2007 年	比上年增长（%）
增加值	万元	7831	—
工业总产值	万元	37786	1512
工业产品销售额	万元	22707	1522
当年批准项目数	个	1	—
当年批准投资额	万美元	14	—
期末从业人员	人	500	—
其中：外资企业从业人员	人	400	—
出口加工区批准面积	平方公里	2.44	0.0
出口加工区验收封关面积	平方公里	0.6	0.0

2007 年重庆出口加工区主要经济指标完成情况表

指标名称	单位	2007 年	比上年增长（%）
增加值	万元	5314	-12.4
工业总产值	万元	20838	-9.0
其中：高新技术产业	万元	37	-87.9
工业产品销售额	万元	21270	1.5
当年批准项目数	个	4	100.0
其中：外资项目批准数	个	1	-50.0
当年批准投资额	万美元	795	917.1
其中：外资项目投资额	万美元	249	425.6
合同外资	万美元	81	—

续表

指标名称	单位	2007年	比上年增长（%）
实际利用外资	万美元	81	—
期末施工房屋建筑面积	万平方米	1.07	38.2
其中：在建厂房面积	万平方米	1.07	38.2
竣工房屋建筑面积	万平方米	0.61	2.1
各种税收收入总额	万元	170	-2.7
其中：海关税收及代征税	万元	11	—
工商税收	万元	137	-10.0
期末从业人员	人	1421	31.8
其中：外资企业从业人员	人	1340	27.5
出口加工区批准面积	平方公里	3.0	7.1
出口加工区验收封关面积	平方公里	0.4	0.0

2007年天津出口加工区主要经济指标完成情况表

指标名称	单位	2007年	比上年增长（%）
增加值	万元	429529	251.5
工业总产值	万元	649830	34.1
其中：高新技术产业	万元	13958	-68.4
电子信息产业	万元	441517	35.9
工业产品销售额	万元	625971	35.3
工业企业利润总额	万元	88035	-1.2
综合能源耗费量	吨标准煤	8409	—
当年批准项目数	个	3	—
其中：外资项目批准数	个	3	—
当年批准投资额	万美元	2176	—
其中：外资项目投资额	万美元	2176	—
合同外资	万美元	1538	—
实际利用外资	万美元	2176	—
土地实际已租售面积	万平方米	9.7	1.04
已投产企业	个	1	—
各种税收收入总额	万元	2018	108.5
其中：海关税收及代征税	万元	1978	105.4
工商税收	万元	38.4	727.6
期末从业人员	万人	0.88	22.2
其中：外资企业从业人员	万人	0.58	63.6
出口加工区批准面积	平方公里	2.54	0.0
出口加工区验收封关面积	平方公里	1.44	44.0

2007 年无锡出口加工区主要经济指标完成情况表

指标名称	单　位	2007 年	比上年增长（%）
增加值	万元	828860	160.8
工业总产值	万元	4513783	48.4
其中：高新技术产业	万元	3398675	9255.1
电子信息产业	万元	3757771	—
工业产品销售额	万元	4497344	49.0
工业企业利润总额	万元	330462	378.5
物流企业营业收入	亿元	4937	—
综合能源耗费量	吨标准煤	228241	—
当年批准项目数	个	5	-37.5
其中：外资项目批准数	个	4	-50.0
仓储物流企业	个	1	—
当年批准投资额	万美元	169773	835.8
其中：外资项目投资额	万美元	160440	784.4
增资额	万美元	150000	—
合同外资	万美元	88390	227.4
其中：增资额	万美元	75000	—
实际利用外资	万美元	103971	43.5
固定资产投资额	万元	1764196	-7.5
其中：基础设施投资	万元	1520	-93.2
开发公司投资	万元	2900	—
期末施工房屋建筑面积	万平方米	131950	—
其中：在建厂房面积	万平方米	131950	—
竣工房屋建筑面积	万平方米	701909	—
其中：已建成厂房面积	万平方米	651909	—
已建成仓库面积	万平方米	50000	—
土地实际已租售面积	万平方米	1380560	—
已投产企业	个	5	-50.0
投资额 1000 万（含）-3000 万美元以上	个	1	—
各种税收收入总额	万元	49491	269.4
其中：海关税收及代征税	万元	2911	69.8
工商税收	万元	46580	299.0
期末从业人员	万人	27804	53.0
其中：外资企业从业人员	万人	27804	53.0
出口加工区批准面积	平方公里	2.98	0.0
出口加工区验收封关面积	平方公里	1.7	142.9

2007 年南通出口加工区主要经济指标完成情况表

指 标 名 称	单 位	2007 年	比上年增长（%）
增加值	万元	5825	17.5
工业总产值	万元	21966	16.5
其中：电子信息产业	万元	8628	7.5
工业产品销售额	万元	21933	16.1
工业企业利润总额	万元	-1225	—
综合能源耗费量	吨标准煤	2014	-10.3
当年批准项目数	个	1	-80.0
其中：外资项目批准数	个	1	-75.0
当年批准投资额	万美元	1080	-79.7
其中：外资项目投资额	万美元	1080	-79.5
增资额	万美元	230	—
合同外资	万美元	294	-88.1
其中：增资额	万美元	181	—
实际利用外资	万美元	1268	230.1
固定资产投资额	万元	5950	90.0
其中：基础设施投资	万元	450	—
期末施工房屋建筑面积	万平方米	9	116.9
其中：在建厂房面积	万平方米	9	116.9
竣工房屋建筑面积	万平方米	3	—
其中：已建成厂房面积	万平方米	3	—
土地实际已租售面积（历年累计）	万平方米	60	—
已投产企业	个	2	—
其中：投资额 1000 万(含)-3000 万美元	个	1	—
各种税收收入总额	万元	126	1150.0
其中：工商税收	万元	126	1150.0
期末从业人员	万人	4886	18.9
其中：外资企业从业人员	万人	4871	18.8
出口加工区批准面积	平方公里	2.98	—
出口加工区验收封关面积	平方公里	0.75	—

2007 年宁波出口加工区主要经济指标完成情况表

指 标 名 称	单 位	2007 年	比上年增长（%）
增加值	万元	393272	459.3
工业总产值	万元	3336148	294.2
工业产品销售额	万元	3223009	296.0
工业企业利润总额	万元	219029	1679.3
综合能源耗费量	吨标准煤	18043	—
当年批准投资额	万美元	41063	240.0
其中：外资项目投资额	万美元	41063	240.0
增资额	万美元	41063	240.0

续表

指标名称	单　位	2007年	比上年增长（%）
合同外资	万美元	14358	110.0
其中：增资额	万美元	14358	110.0
实际利用外资	万美元	10305	29.7
固定资产投资额	万元	227174	88.4
其中：基础设施投资	万元	8668	107.9
期末施工房屋建筑面积	万平方米	51	10.9
其中：在建厂房面积	万平方米	51	10.9
竣工房屋建筑面积	万平方米	8	-8.1
其中：已建成厂房面积	万平方米	8	-8.1
土地实际已租售面积	万平方米	50	—
已投产企业	个	4	300.0
投资额3000万（含）-5000万美元以上	个	2	—
投资额1000万（含）-3000万美元以上	个	2	—
期末从业人员	万人	1.63	88.8
其中：外资企业从业人员	万人	1.63	88.8
出口加工区批准面积	平方公里	3.0	0.0
出口加工区验收封关面积	平方公里	2.0	0.0

2007年秦皇岛出口加工区主要经济指标完成情况表

指标名称	单　位	2007年	比上年增长（%）
增加值	万元	3218	-2.8
工业总产值	万元	12093	38.1
工业产品销售额	万元	12337	44.0
工业企业利润总额	万元	1566	90.4
综合能源耗费量	吨标准煤	2462	—
实际利用外资	万美元	105	247.0
固定资产投资额	万元	5763	53.0
其中：基础设施投资	万元	4470	44.7
开发公司投资	万元	993	110.8
期末施工房屋建筑面积	万平方米	53701	45.1
其中：在建厂房面积	万平方米	41003	10.8
竣工房屋建筑面积	万平方米	32015	1448.9
其中：已建成厂房面积	万平方米	32015	1448.9
土地实际已租售面积	万平方米	43216	—
工商税收	万元	30	14.1
期末从业人员	人	1063	6.4
其中：外资企业从业人员	人	1050	13.9
出口加工区批准面积	平方公里	2.5	0.0
出口加工区验收封关面积	平方公里	0.67	0.0

2007 年芜湖出口加工区主要经济指标完成情况表

指标名称	单位	2007 年	比上年增长（%）
增加值	万元	1210	156.0
工业总产值	万元	42145	156.0
其中：高新技术产业	万元	2672	60.5
电子信息产业	万元	6328	81.8
工业产品销售额	万元	41845	110.0
当年批准项目数	个	4	100.0
其中：外资项目批准数	个	4	100.0
当年批准投资额	万美元	12111	9473.9
其中：外资项目投资额	万美元	12111	13507.9
合同外资	万美元	12111	74429.2
实际利用外资	万美元	5945	—
固定资产投资额	万元	10697	—
其中：基础设施投资	万元	10697	—
期末施工房屋建筑面积	平方米	245809	—
其中：在建厂房面积	平方米	198937	—
竣工房屋建筑面积	平方米	28029	—
其中：已建成厂房面积	平方米	23929	—
海关税收及代征税	万元	131.6	-22.1
期末从业人员	万人	0.20	500.6
出口加工区批准面积	平方公里	2.95	0.0
出口加工区验收封关面积	平方公里	1.1	0.0

2007 年西安出口加工区（A 区）主要经济指标完成情况表

指标名称	单位	2007 年	比上年增长（%）
增加值	万元	64043	48.8
工业总产值	万元	217076	51.8
其中：高新技术产业	万元	27064	—
电子信息产业	万元	55327	-26.8
工业产品销售额	万元	241977	52.0
工业企业利润总额	万元	4371	306.7
物流企业营业收入	万元	14210	—
综合能源耗费量	吨标准煤	567	—
当年批准项目数	个	9	-25.0
其中：外资项目批准数	个	3	-25.0
仓储物流企业	个	5	—
当年批准投资额	万美元	1058	-8.1
其中：外资项目投资额	万美元	348	-38.9
合同外资	万美元	348	31.6
其中：增资额	万美元	0	—

续表

指标名称	单位	2007年	比上年增长（%）
实际利用外资	万美元	348	31.6
固定资产投资额	万元	68300	22.8
其中：基础设施投资	万元	8468	84.2
开发公司投资	万元	16363	—
期末施工房屋建筑面积	平方米	54661	166
其中：在建厂房面积	平方米	54661	—
竣工房屋建筑面积	平方米	18000	-37.9
其中：已建成仓库面积	平方米	18000	—
土地实际已租售面积	平方米	63029	—
已投产企业	个	10	42.9
工商税收	万元	157	—
期末从业人员	人	1545	91.5
其中：外资企业从业人员	人	625	58.2
出口加工区批准面积	平方公里	1.46	0.0
出口加工区验收封关面积	平方公里	0.92	50.8

2007年郑州出口加工区主要经济指标完成情况表

指标名称	单位	2007年	比上年增长（%）
增加值	万元	10954	319.2
工业总产值	万元	26488	205.7
其中：高新技术产业	万元	4699	1083.6
电子信息产业	万元	4699	1083.6
工业产品销售额	万元	26233	203.8
工业企业利润总额	万元	1550	0.5
物流企业营业收入	亿元	488	—
综合能源耗费量	吨标准煤	830	—
当年批准项目数	个	10	66.7
其中：外资项目批准数	个	4	-33.3
仓储物流企业	个	3	—
当年批准投资额	万美元	11927	547.8
其中：外资项目投资额	万美元	11028	587.8
其中：增资额	万美元	10200	13500.0
合同外资	万美元	5148	854.0
其中：增资额	万美元	5000	8233.3
实际利用外资	万美元	8721	1009.5
固定资产投资额	万元	107677	143.7
其中：基础设施投资	万元	0	-100.0
开发公司投资	万元	72	-98.3
期末施工房屋建筑面积	万平方米	2.80	-12.9

续表

指 标 名 称	单 位	2007 年	比上年增长（%）
其中：在建厂房面积	万平方米	2.80	97.9
竣工房屋建筑面积	万平方米	4.74	-57.5
其中：已建成厂房面积	万平方米	4.31	-25.1
已建成仓库面积	万平方米	0.43	—
土地实际已租售面积	万平方米	1.60	—
已投产企业	个	3	-40.0
投资额 1000 万（含）-3000 万美元以上	个	1	—
各种税收收入总额	万元	292	1927.8
其中：海关税收及代征税	万元	156	6400.0
工商税收	万元	136	1033.3
期末从业人员	万人	0.21	179.3
其中：外资企业从业人员	万人	0.10	155.1
出口加工区批准面积	平方公里	2.7	—
出口加工区验收封关面积	平方公里	0.60	—

2007 年南京出口加工区主要经济指标完成情况表

指 标 名 称	单 位	2007 年	比上年增长（%）
增加值	万元	9653	5933.0
工业总产值	万元	33202	76.0
其中：高新技术产业	万元	3594	—
电子信息产业	万元	27356	45.0
工业产品销售额	万元	13576	215.0
工业企业利润总额	万元	-349	—
物流企业营业收入	万元	283	—
当年批准项目数	个	3	200.0
其中：外资项目批准数	个	2	100.0
当年批准投资额	万美元	10857	10757.0
其中：外资项目投资额	万美元	9857	9757.0
合同外资	万美元	3340	4671.0
固定资产投资额	万元	1987	197.0
其中：基础设施投资	万元	1987	207.6
开发公司投资	万元	25	—
期末施工房屋建筑面积	万平方米	2.14	0.0
其中：在建厂房面积	万平方米	2.14	0.0
土地实际已租售面积	万平方米	110	—
已投产企业	个	1	—
期末从业人员	人	610	23.0
其中：外资企业从业人员	人	524	35.0
出口加工区批准面积	平方公里	2.5	0.0
出口加工区验收封关面积	平方公里	1.5	0.0

2007 年连云港出口加工区主要经济指标完成情况表

指标名称	单 位	2007 年	比上年增长（%）
增加值	万元	2584	12.5
工业总产值	万元	13431	51.6
其中：电子信息产业	万元	2029	—
工业产品销售额	万元	13622	65.2
工业企业利润总额	万元	-1622	—
综合能源耗费量	吨标准煤	1362	—
当年批准项目数	个	1	-66.7
当年批准投资额	万美元	1350	-72.3
实际利用外资	万美元	484	1.9
固定资产投资额	万元	2710	-92.1
其中：开发公司投资	万元	724	-95.4
竣工房屋建筑面积	万平方米	10.85	70.1
其中：已建成厂房面积	万平方米	10.71	67.8
土地实际已租售面积	万平方米	23.13	—
各种税收收入总额	万元	248	175.2
其中：海关税收及代征税	万元	197	118.5
工商税收	万元	51	—
期末从业人员	人	2432	21.3
其中：外资企业从业人员	人	2432	21.3
出口加工区批准面积	平方公里	2.97	0.0
出口加工区验收封关面积	平方公里	0.71	0.0

2007 年苏州高新技术产业开发区出口加工区主要经济指标完成情况表

指标名称	单 位	2007 年	比上年增长（%）
增加值	万元	67654	18.6
工业总产值	万元	279448	40.6
其中：高新技术产业	万元	279448	—
电子信息产业	万元	230155	—
工业产品销售额	万元	280622	41.7
工业企业利润总额	万元	1098	-66.3
当年批准项目数	个	8	-52.9
其中：外资项目批准数	个	8	-52.9
仓储物流企业	个	1	—
当年批准投资额	万美元	55314	41.7

续表

指标名称	单位	2007年	比上年增长（%）
其中：外资项目投资额	万美元	55314	41.7
其中：增资额	万美元	33673	498.3
合同外资	万美元	21150	1.2
其中：增资额	万美元	11820	188.9
实际利用外资	万美元	16425	355.7
固定资产投资额	万元	72056	-9.7
其中：基础设施投资	万元	11460	-13.5
开发公司投资	万元	19258	387.5
期末施工房屋建筑面积	万平方米	280000	764.2
其中：在建厂房面积	万平方米	280000	—
竣工房屋建筑面积	万平方米	50000	-59.2
其中：已建成厂房面积	万平方米	50000	-59.2
已投产企业	个	7	-22.2
其中：投资额5000万美元（含）以上	个	3	200.0
投资额1000万(含)-3000万美元以上	个	1	-66.7
各种税收收入总额	万元	1615	55.6
其中：海关税收及代征税	万元	976	47.0
工商税收	万元	639	540.0
期末从业人员	万人	4520	50.7
其中：外资企业从业人员	万人	4520	50.7
出口加工区批准面积	平方公里	3	0.0
出口加工区验收封关面积	平方公里	3	0.0

2007年镇江出口加工区主要经济指标完成情况表

指标名称	单位	2007年	比上年增长（%）
增加值	万元	851	-64.8
工业总产值	万元	9478	-43.5
其中：电子信息产业	万元	9478	-43.5
工业产品销售额	万元	9078	-33.2
工业企业利润总额	万元	-1453	-1900.0
当年批准项目数	个	5	-37.5
其中：外资项目批准数	个	5	-37.5
当年批准投资额	万美元	6410	16.6
其中：外资项目投资额	万美元	6410	16.6
增资额	万美元	210	320.0

续表

指标名称	单位	2007年	比上年增长（%）
合同外资	万美元	3530	-1.4
其中：增资额	万美元	150	200.0
实际利用外资	万美元	1736	59.0
固定资产投资额	万元	1400	180.0
其中：基础设施投资	万元	1400	180.0
期末施工房屋建筑面积	万平方米	2	—
其中：在建厂房面积	万平方米	2	—
竣工房屋建筑面积	万平方米	4	400.0
其中：已建成厂房面积	万平方米	4	400.0
土地实际已租售面积	万平方米	10	—
已投产企业	个	2	100.0
其中：投资额1000万(含)-3000万美元	个	2	100.0
工商税收	万元	4	43.7
期末从业人员	人	294	-51.0
其中：外资企业从业人员	人	294	-51.0
出口加工区批准面积	平方公里	3.0	0.0
出口加工区验收封关面积	平方公里	1.0	0.0

2007年青浦出口加工区主要经济指标完成情况表

指标名称	单位	2007年	比上年增长（%）
增加值	万元	46321	-1.3
工业总产值	万元	118790	70.8
其中：电子信息产业	万元	27835	-4.8
工业产品销售额	万元	127296	83.11
工业企业利润总额	万元	14233	2188.3
物流企业营业收入	万元	29	100.0
综合能源耗费量	吨标准煤	2203	100.0
当年批准项目数	个	10	100.0
其中：外资项目批准数	个	9	125.0
当年批准投资额	万美元	16640	381.1
其中：外资项目投资额	万美元	16540	482.4
其中：增资额	万美元	1668	174.3
合同外资	万美元	6537	149.8
其中：增资额	万美元	834	174.3
实际利用外资	万美元	1964	-27.6
固定资产投资额	万元	81862	347.6

续表

指 标 名 称	单 位	2007 年	比上年增长（%）
其中：基础设施投资	万元	23137	169.3
开发公司投资	万元	58725	505.5
期末施工房屋建筑面积	万平方米	7.74	1619.2
竣工房屋建筑面积	万平方米	7.74	1619.2
其中：已建成厂房面积	万平方米	7.62	1592.5
已建成仓库面积	万平方米	0.12	—
土地实际已租售面积	万平方米	43.10	—
已投产企业	个	2	-60.0
其中：投资额5000万美元（含）以上	个	1	—
各种税收收入总额	万元	662	5620.0
其中：海关税收及代征税	万元	574	474.0
工商税收	万元	88	560.0
期末从业人员	万人	0.35	16.0
其中：外资企业从业人员	万人	0.29	22.0
出口加工区批准面积	平方公里	3.0	0.0
出口加工区验收封关面积	平方公里	1.6	0.0

2007 年漕河泾出口加工区主要经济指标完成情况表

指 标 名 称	单 位	2007 年	比上年增长（%）
增加值	万元	125591	10.5
工业总产值（现行价）	万元	6432746	-5.2
其中：电子信息产业	万元	6432746	-5.2
工业产品销售额	万元	6459283	-4.8
工业企业利润总额	万元	31526	-12.7
当年批准项目	个	5	—
其中：物流类项目	个	2	—
加工类项目	个	3	—
当年批准投资额	万美元	979	-76.5
合同外资	万美元	816	-79.3
实际利用外资	万美元	626	-83.3
固定资产投资额	万元	5.7	-41.6
竣工房屋建筑面积	万平方米	22	—
企业从业人员	万人	2.78	49.8
其中：中方人员	万人	2.7	49.8
出口加工区批准面积	平方公里	3.0	0.0
出口加工区验收封关面积	平方公里	0.9	0.0

2007 年闵行出口加工区主要经济指标完成情况表

指标名称	单　位	2007 年	比上年增长（%）
增加值	万元	55963	2879.3
工业总产值	万元	356754	5036.4
其中：电子信息产业	万元	259663	7651.9
工业产品销售额	万元	346861	6276.1
工业企业利润总额	万元	8057	430.0
综合能源耗费量	吨标准煤	1943	—
当年批准项目数	个	7	－12.5
其中：外资项目批准数	个	5	0.0
当年批准投资额	万美元	16415	12.0
其中：外资项目投资额	万美元	13360	30.3
增资额	万美元	6133	107.7
合同外资	万美元	5500	210.0
其中：增资额	万美元	2020	470.6
实际利用外资	万美元	1472	－29.2
固定资产投资额	万元	13987	118.5
其中：基础设施投资	万元	7334	626.2
开发公司投资	万元	15	—
竣工房屋建筑面积	万平方米	5	—
其中：已建成厂房面积	万平方米	5	—
土地实际已租售面积	万平方米	10	—
已投产企业	个	7	250
投资额 1000 万（含）－3000 万美元以上	个	2	100
各种税收收入总额	万元	584	420.8
其中：海关税收及代征税	万元	123	918.9
工商税收	万元	461	540.0
期末从业人员	万人	0.27	448.8
其中：外资企业从业人员	万人	0.26	430.3
出口加工区批准面积	平方公里	3.0	0.0
出口加工区验收封关面积	平方公里	1.9	0.0

2007 年济南出口加工区主要经济指标完成情况表

指标名称	单　位	2007 年	比上年增长（%）
增加值	万元	1773	67.3
工业总产值	万元	33423	61.9
工业产品销售额	万元	32898	60.1
工业企业利润总额	万元	815	77.4
综合能源耗费量	吨标准煤	159	—
当年批准项目数	个	4	33.3

续表

指 标 名 称	单　位	2007 年	比上年增长（%）
其中：外资项目批准数	个	4	100.0
当年批准投资额	万美元	633	-39.8
其中：外资项目投资额	万美元	633	-6.4
增资额	万美元	14	—
合同外资	万美元	992	379.4
其中：增资额	万美元	414	—
实际利用外资	万美元	542	7649.3
固定资产投资额	万元	11205	-19.3
其中：基础设施投资	万元	839	-74.5
开发公司投资	万元	1661	—
竣工房屋建筑面积	万平方米	4.46	520.0
其中：已建成厂房面积	万平方米	4.29	495.9
土地实际已租售面积	万平方米	3.33	0.0
已投产企业	个	2	100.0
工商税收	万元	162	36.8
期末从业人员	人	210	23.5
其中：外资企业从业人员	人	210	23.5
出口加工区批准面积	平方公里	3.2	0.0
出口加工区验收封关面积	平方公里	1.2	0.0

2007 年青岛出口加工区主要经济指标完成情况表

指 标 名 称	单　位	2007 年	比上年增长（%）
增加值	万元	68935	53.2
工业总产值	万元	248219	41.8
其中：高新技术产业	万元	88092	17.3
电子信息产业	万元	175779	16.1
工业产品销售额	万元	248219	41.8
工业企业利润总额	万元	244778	15.8
综合能源耗费量	吨标准煤	3618	—
当年批准项目数	个	8	-33.3
其中：外资项目批准数	个	7	-41.7
当年批准投资额	万美元	9711	-61.7
其中：外资项目投资额	万美元	4989	-79.0
增资额	万美元	1289	-83.2
合同外资	万美元	2442	-75.6
其中：增资额	万美元	642	-83.2

续表

指标名称	单位	2007年	比上年增长（%）
实际利用外资	万美元	4277	-53.6
固定资产投资额	万元	12923	-82.7
其中：基础设施投资	万元	1710	-93.4
竣工房屋建筑面积	万平方米	0.2	-97.8
其中：已建成仓库面积	万平方米	0.2	—
土地实际已租售面积	万平方米	91.91	—
已投产企业	个	8	-20.0
其中：投资额3000万(含)-5000万美元	个	2	100.0
投资额1000万（含）-3000万美元	个	1	-66.7
各种税收收入总额	万元	5980	60.6
其中：海关税收及代征税	万元	622	408.4
其中：工商税收	万元	5358	48.8
期末从业人员	人	6682	18.9
其中：外资企业从业人员	人	6682	18.9
出口加工区批准面积	平方公里	2.8	0.0
出口加工区验收封关面积	平方公里	1.7	0.0

2007年潍坊出口加工区主要经济指标完成情况表

指标名称	单位	2007年
增加值	万元	481
工业总产值	万元	4841
其中：高新技术产业	万元	4232
工业产品销售额	万元	4088
工业企业利润总额	万元	122
综合能源耗费量	吨标准煤	12
当年批准项目数	个	10
其中：外资项目批准数	个	4
当年批准投资额	万美元	24186
其中：外资项目投资额	万美元	3186
合同外资	万美元	1660
实际利用外资	万美元	120
固定资产投资额	万元	37017
其中：基础设施投资	万元	4241
开发公司投资	万元	6307
期末施工房屋建筑面积	万平方米	19.05
其中：在建厂房面积	万平方米	15.96
竣工房屋建筑面积	万平方米	17.78

续表

指标名称	单 位	2007年
其中：已建成厂房面积	万平方米	16.06
已建成仓库面积	万平方米	0.12
土地实际已租售面积	万平方米	50.33
已投产企业	个	3
工商税收	万元	631
期末从业人员	人	557
其中：外资企业从业人员	人	459
出口加工区批准面积	平方公里	3.0
出口加工区验收封关面积	平方公里	1.7

2007年北海出口加工区主要经济指标完成情况表

指标名称	单 位	2007年	比上年增长（%）
增加值	万元	27017	306.8
工业总产值	万元	83717	299.5
其中：电子信息产业	万元	83717	299.5
工业产品销售额	万元	83717	299.5
工业企业利润总额	万元	19915	295.5
综合能源耗费量	吨标准煤	526	
当年批准项目数	个	12	-25
其中：外资项目批准数	个	4	-60
当年批准投资额	万美元	22857	14.3
其中：外资项目投资额	万美元	9685	98.7
合同外资	万美元	9585	119.6
实际利用外资	万美元	2542.5	145.3
固定资产投资额	万元	23553	137.4
其中：基础设施投资	万元	4900	88.5
开发公司投资	万元	18653	154.8
期末施工房屋建筑面积	万平方米	37.6	—
其中：在建厂房面积	万平方米	28.8	—
竣工房屋建筑面积	万平方米	21.7	1217
其中：已建成厂房面积	万平方米	20.9	1169.2
已建成仓库面积	万平方米	0.8	—
土地实际已租售面积	万平方米	127	—
已投产企业	个	3	-70.0
工商税收	万元	460.5	100.0
期末从业人员	万人	0.52	126.1
其中：外资企业从业人员	万人	0.50	138.1
出口加工区批准面积	平方公里	1.45	0
出口加工区验收封关面积	平方公里	1.13	0

2007 年乌鲁木齐出口加工区主要经济指标完成情况表

指标名称	单位	2007 年	比上年增长（%）
增加值	万元	2143	—
工业总产值	万元	4829	249.5
其中：高新技术产业	万元	2494	269.5
工业产品销售额	万元	4070	215
工业企业利润总额	万元	73	—
综合能源耗费量	吨标准煤	314	—
当年批准投资额	万美元	26	—
固定资产投资额	万元	2402	113.8
其中：基础设施投资	万元	540	131.1
期末施工房屋建筑面积	万平方米	1.5	51.3
其中：在建厂房面积	万平方米	1.5	51.3
竣工房屋建筑面积	万平方米	0.09	—
其中：已建成厂房面积	万平方米	0.09	—
土地实际已租售面积	万平方米	10.6	—
工商税收	万元	4.73	14.25
期末从业人员	人	178	-40.5
出口加工区批准面积	平方公里	3.0	0.0
出口加工区验收封关面积	平方公里	0.4	0.0

2007 年常熟出口加工区主要经济指标完成情况表

指标名称	单位	2007 年
工业总产值	万元	10194
工业产品销售额	万元	10118
工业企业利润总额	万元	-571
当年批准项目数	个	4
其中：外资项目批准数	个	4
当年批准投资额	万美元	5260
其中：外资项目投资额	万美元	5260
合同外资	万美元	2360
实际利用外资	万美元	991
固定资产投资额	万元	23715
其中：基础设施投资	万元	20715
期末施工房屋建筑面积	万平方米	9.0
其中：在建厂房面积	万平方米	1.9
竣工房屋建筑面积	万平方米	7.1
其中：已建成厂房面积	万平方米	6.6
已建成仓库面积	万平方米	0.2

续表

指 标 名 称	单 位	2007 年
土地实际已租售面积	万平方米	7
已投产企业	个	4
其中：投资额 5000 万美元（含）以上	个	0
投资额 3000 万(含) - 5000 万美元以上	个	0
投资额 1000 万(含) - 3000 万美元以上	个	1
期末从业人员	人	280
其中：外资企业从业人员	人	280
出口加工区批准面积	平方公里	0.94
出口加工区验收封关面积	平方公里	0.94

2007年全国各出口加工区主要外商投资情况表

2007年昆山出口加工区主要外商投资情况表

按项目数排列			按投资额排列		
序　号	国　别	项目数（个）	序　号	国　别	投资额（万美元）
1	新加坡	2	1	新加坡	1300
2	中国香港	2	2	中国香港	1085
3	萨摩亚	1	3	萨摩亚	42
4	日本	1	4	日本	31

2007年松江出口加工区主要外商投资情况表

按项目数排列			按投资额排列		
序　号	国　别	项目数（个）	序　号	国　别	投资额（万美元）
1	日本	5	1	开曼群岛	18977
2	开曼群岛	4	2	美国	8845
3	美国	3	3	中国香港	2564
4	新加坡	3	4	中国台湾	2438
5	中国香港	2	5	日本	1235
6	挪威	2	6	新加坡	684
7	中国台湾	1	7	意大利	258
8	意大利	1	8	挪威	230
9	萨摩亚	1	9	萨摩亚	70
10	德国	1	10	德国	20

2007年烟台出口加工区主要外商投资情况表

按项目数排列			按投资额排列		
序　号	国　别	项目数（个）	序　号	国　别	投资额（万美元）
1	韩国	4	1	中国台湾	2500
2	日本	2	2	中国香港	2000
3	新加坡	2	3	韩国	268
4	中国香港	1			
5	中国台湾	1			

2007 年山东威海出口加工区主要外商投资情况表

按项目数排列			按投资额排列		
序　号	国　别	项目数（个）	序　号	国　别	投资额（万美元）
1	韩国	2	1	韩国	3345

2007 年深圳出口加工区主要外商投资情况表

按项目数排列			按项目数排列		
序　号	国别	项目数（个）	序　号	国别	投资额（万美元）
1	中国香港	6	1	中国香港	1458
2	加拿大	1	2	加拿大	100
3	中国台湾	1	3	中国台湾	51

2007 年厦门出口加工区主要外商投资情况表

按项目数排列			按投资额排列		
序　号	国　别	项目数（个）	序　号	国　别	投资额（万美元）
1	美国	3	1	毛里求斯	9000
2	中国香港	2	2	中国香港	1525
3	毛里求斯	1	3	美国	1349
4	日本	1	4	日本	400
5	荷兰	1	5	荷兰	100
6	英属维尔京群岛	1	6	英属维尔京群岛	100
7	新加坡	1	7	新加坡	66
8	澳大利亚	1	8	澳大利亚	30
9	中国台湾	1	9	中国台湾	28

2007 年杭州出口加工区主要外商投资情况表

按项目数排列			按投资额排列		
序　号	国　别	项目数（个）	序　号	国　别	投资额（万美元）
1	美国	1	1	日本（增资）	500
			2	中国台湾（增资）	500
			3	美国	85

2007 年天竺出口加工区主要外商投资情况表

按项目数排列			按投资额排列		
序　号	国　别	项目数（个）	序　号	国　别	投资额（万美元）
1	美国	2	1	美国	300
2	新加坡	1	2	新加坡	200
3	德国	1	3	德国	130

2007年天津出口加工区主要外商投资情况表

按项目数排列			按投资额排列		
序　号	国　别	项目数（个）	序　号	国　别	投资额（万美元）
1	英属维尔京群岛	2	1	英属维尔京群岛	625

2007年无锡出口加工区主要外商投资情况表

按项目数排列			按投资额排列		
序　号	国　别	项目数（个）	序　号	国　别	投资额（万美元）
1	韩国	3	1	韩国	16000
2	英国	1	2	英国	420
3	新加坡	1	3	新加坡	420

2007年南通出口加工区主要外商投资情况表

按项目数排列			按投资额排列		
序　号	国　别	项目数（个）	序　号	国　别	投资额（万美元）
1	日本	1个（增资）	1	日本	230
2	中国香港	1个（中港合资）	2	中国香港	213

2007年芜湖出口加工区主要外商投资情况表

按项目数排列			按投资额排列		
序　号	国　别	项目数（个）	序　号	国　别	投资额（万美元）
1	中国台湾	2	1	中国台湾	10420
2	美国	1	2	中国香港	420
3	中国香港	1	3	美国	299

2007年西安出口加工区（A区）主要外商投资情况表

按项目数排列			按投资额排列		
序　号	国　别（地区）	项目数（个）	序　号	国　别（地区）	投资额（万美元）
1	美国	1	1	美国	300
2	新加坡	1	2	新加坡	30
3	希腊	1	3	希腊	18

2007年河南郑州出口加工区主要外商投资情况表

按项目数排列			按投资额排列		
序　号	国　别	项目数（个）	序　号	国　别	投资额（万美元）
1	中国香港	3	1	中国香港	10858
2	澳大利亚	1	2	澳大利亚	100
3	美国	1	3	美国	70

2007 年南京出口加工区主要外商投资情况表

按项目数排列			按投资额排列		
序　号	国　别	项目数（个）	序　号	国　别	投资额（万美元）
1	毛里求斯	1	1	毛里求斯	9800
2	法国	1	2	法国	66

2007 年苏州高新区出口加工区主要外商投资情况表

按项目数排列			按投资额排列		
序　号	国　别（地区）	项目数（个）	序　号	国　别	投资额（万美元）
1	中国台湾	6	1	中国台湾	49033
2	中国香港	2	2	中国香港	4500
3	新加波	1	3	新加波	1000
4	匈牙利	1	4	匈牙利	781

2007 年镇江出口加工区主要外商投资情况表

按项目数排列			按投资额排列		
序　号	国　别	项目数（个）	序　号	国　别	投资额（万美元）
1	美国	2	1	中国香港	2800
2	加拿大	1	2	美国	1600
3	中国台湾	1	3	加拿大	900
4	中国香港	1	4	中国台湾	900

2007 年青浦出口加工区主要外商投资情况表

按项目数排列			按投资额排列		
序　号	国　别	项目数（个）	序　号	国　别	投资额（万美元）
1	美国	4	1	中美合资	9950
2	中国香港	2	2	中国香港	4500
3	中美合资	1	3	美国	2028

2007 年上海闵行出口加工区主要外商投资情况表

按项目数排列			按投资额排列		
序　号	国　别	项目数（个）	序　号	国　别	投资额（万美元）
1	日本	3	1	日本	5160
2	美国	1	2	美国	2980
3	意大利	1	3	意大利	1200

2007 年济南出口加工区主要外商投资情况表

按项目数排列			按投资额排列		
序　号	国　别	项目数（个）	序　号	国　别	投资额（万美元）
1	泰国	1	1	泰国	500
2	日本	1	2	荷兰	58
3	荷兰	1	3	美国	40
4	美国	1	4	日本	21
			5	英国（增资）	14

2007 年青岛出口加工区主要外商投资情况表

按项目数排列			按投资额排列		
序　号	国　别	项目数（个）	序　号	国　别	投资额（万美元）
1	中国香港	5	1	美国	2000
2	美国	1	2	中国香港	779
3	马来西亚	1	3	马来西亚	500

2007 年潍坊出口加工区主要外商投资情况表

按项目数排列			按投资额排列		
序　号	国　别	项目数（个）	序　号	国　别	投资额（万美元）
1	萨摩亚	1	1	萨摩亚	2500
2	中国香港	1	2	中国香港	500
3	印尼	1	3	印尼	100
4	德国	1	4	德国	86

2007 年北海出口加工区主要外商投资情况表

按项目数排列			按投资额排列		
序　号	国　别	项目数（个）	序　号	国　别	投资额（万美元）
1	英属维尔京群岛	2	1	英属维尔京群岛	9500
2	加拿大	1	2	中国香港	50
3	中国香港	1	3	加拿大	35

2007 年常熟出口加工区主要外商投资情况表

按项目数排列			按投资额排列		
序　号	国　别	项目数（个）	序　号	国　别	投资额（万美元）
1	美国	4	1	美国	3255
2	新加坡	2	2	新加坡	1920
3	中国香港	1	3	中国香港	300

2007年全国各出口加工区出口加工企业工业产值排名表

2007年昆山出口加工区出口加工企业工业产值前20位

序号	企业名称	序号	企业名称
1	纬智资通(昆山)有限公司	11	正鹏电子(昆山)有限公司
2	纬新资通(昆山)有限公司	12	凯博电脑(昆山)有限公司
3	纬创资通(昆山)有限公司	13	神讯电脑(昆山)有限公司
4	仁宝资讯工业(昆山)有限公司	14	元盛电子(昆山)有限公司
5	仁宝电子科技(昆山)有限公司	15	昆山扬明光学有限公司
6	仁宝信息技术(昆山)有限公司	16	昆山先创电子有限公司
7	昆达电脑科技(昆山)有限公司	17	六合轻合金(昆山)有限公司
8	彩晶光电科技(昆山)有限公司	18	启佳通讯(昆山)有限公司
9	牧田(昆山)有限公司	19	昆山沪铼光电科技有限公司
10	昆山扬皓光电有限公司	20	汉达精密电子(昆山)有限公司

2007年松江出口加工区出口加工企业工业产值前20位

单位:万元

序号	企业名称	工业总产值	序号	企业名称	工业总产值
1	达功(上海)电脑有限公司	7277750	11	大碇电脑配件(上海)有限公司	80283
2	达丰(上海)电脑有限公司	6660971	12	庆业电子(上海)有限公司	66241
3	达业(上海)电脑科技有限公司	3008374	13	兆普电子(上海)有限公司	65878
4	达福(上海)电脑科技有限公司	1634526	14	达辉(上海)电子有限公司	63412
5	国基电子(上海)有限公司	740602	15	达耐时工业(上海)有限公司	40501
6	达研(上海)光电有限公司	446061	16	思考电机(上海)有限公司	35988
7	斯丹达(上海)能源有限公司	218949	17	巨腾电子(上海)有限公司	34558
8	展运(上海)电子有限公司	169332	18	同和金属材料(上海)有限公司	31580
9	上海凯虹科技电子有限公司	135202	19	葵和精密电子(上海)有限公司	31448
10	上海璨宇光电有限公司	117369	20	上海元豪表面处理有限公司	28376

2007年上海金桥出口加工区出口加工企业工业产值前10位

单位:万元

序号	企业名称	工业总产值	序号	企业名称	工业总产值
1	明基电通(上海浦东)有限公司	92733	6	上海乐嘉刹车系统有限公司	5560
2	罗克韦尔自动化制造(上海)有限公司	41257	7	西蒙通讯产品(上海)有限公司	4096
3	丹柯斯船用系统(上海)有限公司	14283	8	埃得思自动化设备(上海)有限公司	2839
4	上海奇线汽车电气系统有限公司	12597	9	必达泰克光电设备(上海)有限公司	2108
5	英联川宁饮料(上海)有限公司	7081	10	钜立精密设备制造(上海)有限公司	1725

2007年山东威海出口加工区出口加工企业工业产值前20位

单位:万元

序号	企业名称	工业总产值	序号	企业名称	工业总产值
1	威海世一电子有限公司	52544	11	威海碧海光电子有限公司	4562
2	威海广濑电机有限公司	26767	12	威海久映汽车配件有限公司	4271
3	威海海纳开碧生活日用品有限公司	20821	13	威海味都食品有限公司	4132
4	威海世比亚食品有限公司	15616	14	威海元宇电子有限公司	4076
5	威海东源食品有限公司	10852	15	威海兴宝纺织有限公司	3428
6	威海爱一和一半导体有限公司	10005	16	威海侑昵机电有限公司	3118
7	威海金海食品有限公司	8719	17	威海仁昌电子有限公司	2409
8	威海艾迪姆汽车配件有限公司	7292	18	威海美京电子有限公司	2134
9	威海新韩精工有限公司	5693	19	威海多星电子有限公司	2117
10	威海日都食品有限公司	4591	20	威海钟宇化妆品包装有限公司	1393

2007年深圳出口加工区出口加工企业工业产值前20位

单位:万元

序号	企业名称	工业总产值	序号	企业名称	工业总产值
1	日立环球存储产品(深圳)有限公司	536995	11	怡程金属(深圳)有限公司	20512
2	迪高乐实业(深圳)有限公司	118697	12	阿特拉斯螺栓(深圳)有限公司	16085
3	主力实业(深圳)有限公司	82344	13	安柏家庭用品(深圳)有限公司	15463
4	山能科技(深圳)有限公司	68771	14	电之宝电器制品(深圳)有限公司	10048
5	福兴达科技实业(深圳)有限公司	65320	15	发财制造(深圳)有限公司	7802
6	乐得力钟表(深圳)有限公司	49792	16	深圳东红开发磁盘有限公司	7009
7	柯仕达家具(深圳)有限公司	34483	17	景全精密五金(深圳)有限公司	5707
8	深圳顶海电子有限公司	33446	18	田岛金属(深圳)有限公司	5576
9	华粤五金(深圳)有限公司	24073	19	全能电业科技(深圳)有限公司	4964
10	奥仕达主力电器(深圳)有限公司	20633	20	美联讯显示设备(深圳)公司	4444

2007 年厦门出口加工区出口加工企业工业产值前 19 位

序号	企业名称	序号	企业名称
1	厦门嘉鹭金属有限公司	11	万印资讯科技(厦门)有限公司
2	赫比(厦门)精密塑胶制品有限公司	12	威鸿(厦门)光学有限公司
3	百得(厦门)工业有限公司	13	快乐时光(厦门)糖果有限公司
4	厦门朋鹭金属有限公司	14	依诺丝(厦门)礼服有限公司
5	受兴家居饰品(厦门)有限公司	15	斯邦(厦门)功控电子有限公司
6	海拉宏发(厦门)汽车电子有限公司	16	奥得奥(厦门)空气净化系统有限公司
7	柯达(厦门)数码影像有限公司	17	腾扬科技(厦门)有限公司
8	三立(厦门)汽车配件有限公司	18	右昌(厦门)饰品有限公司
9	美磁(厦门)科技有限公司	19	厦门奔马科技有限公司
10	崇仁(厦门)医疗器械有限公司		

2007 年杭州出口加工区出口加工企业工业产值前 20 位

单位:万元

序号	企业名称	工业总产值	序号	企业名称	工业总产值
1	东芝信息机器(杭州)有限公司	798477	11	瑞奇包装系统(杭州)有限公司	6055
2	杭州矢崎配件有限公司	218477	12	真珠乐器(杭州)有限公司	5059
3	杭州松下住宅电器设备(出口加工区)有限公司	83471	13	聪缙电子(杭州)有限公司	4530
			14	杭州全镒橡塑制品有限公司	4266
4	中日龙电器制品(杭州)有限公司	30965	15	莱蒙斯密封件(杭州)有限公司	3727
5	杭州东芝家电技术电子有限公司	28100	16	新日东电子工业(杭州)有限公司	3074
6	美铝瓶盖系统(杭州)有限公司	20734	17	盛康橡胶(杭州)有限公司	2531
7	矢野电子(杭州)有限公司	18289	18	凯宁包装材料(杭州)有限公司	1818
8	晟铭电子(杭州)有限公司	12319	19	杭州杭琦电子有限公司	1544
9	杭州泰谷诺石英有限公司	7963	20	杭州万事达装饰用品有限公司	1493
10	运萨(杭州)包装制品有限公司	6667			

2007 年大连出口加工区出口加工企业工业产值前 20 位

单位:万元

序号	企业名称	工业总产值	序号	企业名称	工业总产值
1	大连爱丽思生活用品有限公司	115583	11	大连波莱特蜡业有限公司	8170
2	大连海尔空调器有限公司	84276	12	大连迈拓家具有限公司	6391
3	大连道氏硅业有限公司	59306	13	大连库利艾特医疗制品有限公司	6015
4	大连海尔电冰箱有限公司	58941	14	大连芳和精密机械有限公司	6015
5	大连菱星汽车配件有限公司	52527	15	新富士精器(大连)有限公司	3812
6	大连千代田机器有限公司	19541	16	大连保税区福兴钢构有限公司	3387
7	光洋轴承大连有限公司	10560	17	大连杰希阀业有限公司	3288
8	大连海尔精密制品有限公司	10064	18	大连凯士比埃姆里阀业有限公司	3250
9	大连三希电机有限公司	9962	19	荣光精密大连有限公司	3158
10	山口制作大连有限公司	9252	20	大连出口加工区宏达塑胶有限公司	2596

2007 年成都出口加工区出口加工企业工业产值前 9 位

序号	企业名称	序号	企业名称
1	英特尔产品（成都）有限公司	6	成都芯源系统有限公司
2	中芯国际集成电路制造（成都）有限公司	7	成都恒成工具制造有限公司
3	莫仕连接器（成都）有限公司	8	联华精密气体（成都）有限公司
4	宇芯集成电路封装测试有限公司	9	瓦格纳橡胶制品（成都）有限公司
5	四川高龙机械有限公司		

2007 年天竺出口加工区出口加工企业工业产值前 6 位

单位：万元

序号	企业名称	工业总产值	序号	企业名称	工业总产值
1	SMC（北京）制造有限公司	762860	4	海微芯仪集成电路设备制造（北京）有限公司	16692
2	北京创康自动化工程有限公司	104211	5	北京天拓义齿科技有限公司	14341
3	北京恒信凯博纺织品有限公司	28192	6	北京华璞钻石有限责任公司	10840

2007 年武汉出口加工区出口加工企业工业产值前 2 位

单位：万元

序号	企业名称	工业总产值	序号	企业名称	工业总产值
1	武汉唯冠科技有限公司	290222	2	冠捷科技（武汉）有限公司	240092

2007 年珲春出口加工区出口加工企业工业产值前 8 位

单位：万元

序号	企业名称	工业总产值	序号	企业名称	工业总产值
1	珲春兴家地板有限公司	28597	5	珲春五星水产品加工有限公司	1312
2	珲春比比爱农副产品加工有限公司	2925	6	珲春玉山制衣有限公司	678
3	珲春恩高富仁电子有限公司	2036	7	珲春三星甲壳素制造有限公司	150
4	珲春红松宝松仔产业有限公司	1978	8	珲春世现彩板制造有限公司	110

2007 年天津出口加工区出口加工企业工业产值前 5 位

单位：万元

序号	企业名称	工业总产值	序号	企业名称	工业总产值
1	通广（天津）三星电子有限公司	441517	4	天津爱津服装有限公司	11290
2	美克国际家私（天津）制造有限公司	91203	5	天津津欧包装制品有限公司	4212
3	汤浅（天津）实业有限公司	54972			

2007 年无锡出口加工区出口加工企业工业产值前 9 位

序号	企业名称	序号	企业名称
1	希捷国际科技（无锡）有限公司	6	无锡小天鹅通用电器有限公司
2	海力士—意法半导体有限公司	7	敦南微电子（无锡）有限公司
3	捷普电子（无锡）有限公司	8	夏普科技（无锡）有限公司
4	无锡村田电子有限公司	9	美德福（无锡）精密机械有限公司
5	海力士半导体（无锡）有限公司		

2007 年南通出口加工区出口加工企业工业产值前 6 位

序号	企 业 名 称	序号	企 业 名 称
1	南通新福达光电有限公司	4	南通欧曼钻机有限公司
2	南通天睦制衣有限公司	5	南通静和绿色家具有限公司
3	依姿美（南通）服饰有限公司	6	南通延锋江森座椅面套有限公司

2007 年宁波出口加工区出口加工企业工业产值前 15 位

单位：万元

序号	企 业 名 称	工业总产值	序号	企 业 名 称	工业总产值
1	宁波奇美电子有限公司	2528194	9	宁波奥威尔轮毂有限公司	23907
2	宁波中集物流装备有限公司	225482	10	宁波旺泉电子有限公司	17061
3	宁波菱茂光电有限公司	145426	11	宁波富敬电子有限公司	15327
4	冠捷科技（宁波）有限公司	130078	12	初田（宁波）消防器材有限公司	4218
5	宁波海天远华机械制造有限公司	72550	13	宁波京能泵业有限公司	3086
6	宁波大亿科技有限公司	55147	14	宁波东捷电子科技有限公司	2726
7	宁波瑧宇光电有限公司	38803	15	宁波海伯精工机械制造有限公司	2027
8	宁波斯易安清洁设备有限公司	28479			

2007 年河北秦皇岛出口加工区出口加工企业工业产值前 4 位

单位：万元

序号	企 业 名 称	工业总产值	序号	企 业 名 称	工业总产值
1	秦皇岛飞凯特金属制品有限公司	4929	3	秦皇岛途锦特种玻璃有限公司	1454
2	秦皇岛关东针织有限公司	4289	4	秦皇岛一心西服有限公司	1422

2007 年芜湖出口加工区出口加工企业工业产值前 7 位

单位：万元

序号	企 业 名 称	工业总产值	序号	企 业 名 称	工业总产值
1	芜湖奇瑞汽车零部件有限公司	32871	5	芜湖维德视频设备有限公司	1758
2	中达电子（芜湖）有限公司	2553	6	众禾纺织品（芜湖）有限公司	477
3	固镒电子（芜湖）有限公司	2006	7	芜湖市海晟塑业有限公司	256
4	联合玻璃陶瓷（芜湖）有限责任公司	2000			

2007 年西安出口加工区（A 区）出口加工企业工业产值前 9 位

单位：万元

序号	企 业 名 称	工业总产值	序号	企 业 名 称	工业总产值
1	西安彩瑞显示技术有限公司	51200	6	西安凤城精密机械有限公司	3052
2	碧辟普瑞太阳能有限公司	48026	7	西安西航集团莱特航空制造技术有限公司	2086
3	西安彩辉显示技术有限公司	24049			
4	西安商泰机械制造有限公司	7421	8	西安葵花针织制衣有限公司	883
5	西安阿尔斯通永济电气设备有限公司	2108	9	西安宜林门窗工业有限公司	843

2007 年河南郑州出口加工区出口加工企业工业产值前 11 位 单位:万元

序号	企业名称	工业总产值	序号	企业名称	工业总产值
1	郑州傲世实业有限公司	11312	7	郑州泰克电子玻璃有限公司	909
2	晶诚(郑州)科技有限公司	4151	8	郑州润嘉食品有限公司	808
3	郑州朝歌纺纱有限公司	3503	9	郑州亨泰电子有限公司	480
4	河南嘉奥运动器材有限公司	1805	10	子喜屋(郑州)纺织品有限公司	195
5	郑州东盛车辆部件有限公司	1765	11	郑州柏域工业研磨有限公司	40
6	河南飞鸿安全玻璃有限公司	1520			

2007 年南京出口加工区出口加工企业工业产值前 2 位 单位:万元

序号	企业名称	工业总产值	序号	企业名称	工业总产值
1	翰林泰科电子(南京)有限公司	29593	2	南京寰宇太阳能科技有限公司	3609

2007 年连云港出口加工区出口加工企业工业产值前 3 位

序号	企业名称	序号	企业名称
1	连云港艾业无纺布制品有限公司	3	连云港柏科医用制品有限公司
2	连云港倚天科技有限公司		

2007 年苏州高新技术产业开发区出口加工区出口加工企业工业产值前 20 位 单位:万元

序号	企业名称	工业总产值	序号	企业名称	工业总产值
1	阿特斯太阳能光电(苏州)有限公司	110762	11	东拓工业(苏州)有限公司	5053
2	倍雅电子护理制品(苏州)有限公司	38429	12	同庆科技(苏州)有限公司	4950
3	苏尔特科技(苏州)有限公司	26285	13	顺固通用工具(苏州)有限公司	3838
4	苏州源成铝制品制造有限公司	19170	14	雅龙材料科技(苏州)有限公司	3741
5	强茂电子(苏州)有限公司	13652	15	苏州东韩电子有限公司	3348
6	声扬科技(苏州)有限公司	9861	16	富兰半导体(苏州)有限公司	2511
7	铭裕科技(苏州)有限公司	8129	17	盖勒定量泵(苏州)有限公司	2462
8	铭友科技(苏州)有限公司	6222	18	苏州韩京姬电器有限公司	1948
9	莱普科电子材料(苏州)有限公司	5961	19	达磨电子(苏州)有限公司	1663
10	恩而希光电(苏州)有限公司	5759	20	苏州爱德克精密机械有限公司	1400

2007 年镇江出口加工区出口加工企业工业产值前 5 位 单位:万元

序号	企业名称	工业总产值	序号	企业名称	工业总产值
1	镇江高博能源技术有限公司	4143	4	先进光电科技(镇江)有限公司	657
2	立德电子(江苏)有限公司	3765	5	盈盛(镇江)电子有限公司	33
3	迪讯(镇江)电子有限公司	873			

2007 年青浦出口加工区出口加工企业工业产值排名前 5 位 单位:万元

序号	企业名称	工业总产值	序号	企业名称	工业总产值
1	上海欧菲滤清器有限公司	44460	4	美特尔金属制品(上海)有限公司	18564
2	日立海立汽车部件(上海)有限公司	35997	5	斯伦贝谢油田设备(上海)有限公司	11232
3	伯乐电路(上海)有限公司	27296			

2007 年上海漕河泾出口加工区出口加工企业工业产值前 7 位 单位:万元

序号	企业名称	工业总产值	序号	企业名称	工业总产值
1	英顺达科技有限公司	4551204	5	安凯精密金属零件工业(上海)有限公司	285
2	英华达科技有限公司	1710362			
3	英业达科技有限公司	520310	6	麦迪实信息软件(上海)有限公司	232
4	新进电子科技(上海)有限公司	421	7	德耐宝齿科(上海)有限公司	186

2007 年上海闵行出口加工区出口加工企业工业产值前 5 位 单位:万元

序号	企业名称	工业总产值	序号	企业名称	工业总产值
1	创见资讯(上海)有限公司	225882	4	上海双燕化工设备制造有限公司	6160
2	先锋电子科技(上海)有限公司	47771	5	新生电子(上海)有限公司	3773
3	赫科玛电缆(上海)有限公司	6770			

2007 年济南出口加工区出口加工企业工业产值前 6 位

序号	企业名称	序号	企业名称
1	山东冠世时装加工有限公司	4	济南新世纪生物化工有限公司
2	济南尼克焊接技术有限公司	5	济南优科模具有限公司
3	济南派克焊接技术有限公司	6	毅石机械制造(济南)有限公司

2007 年青岛出口加工区出口加工企业工业产值前 20 位

序号	企业名称	序号	企业名称
1	泰科电子(青岛)有限公司	11	青岛有真工艺品有限公司
2	星电高科技(青岛)有限公司	12	青岛中豪艺术品有限公司
3	青岛丹庵电子有限公司	13	青岛万林食品有限公司
4	青岛奥技科光学有限公司	14	青岛永东机械有限公司
5	青岛尖能办公用品有限公司	15	青岛泰帝精密电子有限公司
6	安德烈斯蒂尔动力工具(青岛)有限公司	16	奥美工业(青岛)有限公司
7	青岛晓源电子有限公司	17	汉克舍斯沃尔夫医疗器械(青岛)有限公司
8	青岛伟立精工塑胶有限公司	18	青岛瑞朗工艺品有限公司
9	青岛宇进工艺品有限公司	19	青岛科泰精密工业有限公司
10	青岛韩德服装有限公司	20	青岛水源精密电子部件有限公司

2007 年潍坊出口加工区出口加工企业工业产值前 3 位

序号	企 业 名 称	序号	企 业 名 称
1	山东日科塑胶有限公司	3	潍坊迪威信家庭用品有限公司
2	潍坊雷力发电设备有限公司		

2007 年广西北海出口加工区出口加工企业工业产值前 15 位

序号	企 业 名 称	序号	企 业 名 称
1	北海惠科电子有限公司	9	北海富达兴电子科技有限公司
2	北海美达电子有限公司	10	北海汇亿丰机电设备有限公司
3	北海西盟科技有限公司	11	北海惠科高分子材料有限公司
4	北海爱飞数码科技有限公司	12	北海味莱鲜海洋生物科技有限公司
5	北海大发电子科技有限公司	13	北海晓峰电子有限公司
6	卓群电子(北海)有限公司	14	北海华洲机电设备有限公司
7	北海顶业电子科技有限公司	15	鉴隆实业(北海)有限公司
8	北海双赢洋弓制造有限公司		

2007 年新疆乌鲁木齐出口加工区出口加工企业工业产值前 2 位

单位:万元

序号	企 业 名 称	工业总产值	序号	企 业 名 称	工业总产值
1	新疆中亚食品研发中心(有限公司)	2494	2	新疆好美佳家私有限公司	2335

2007 年常熟出口加工区出口加工企业工业产值前 4 位

单位:万元

序号	企 业 名 称	工业总产值	序号	企 业 名 称	工业总产值
1	常熟众达机械工程有限公司	4206	3	常熟密西西比车业有限公司	2528
2	常熟美信达科技能源有限公司	3408	4	常熟泛太平洋精密机电元件有限公司	52

2007年全国各出口加工区出口加工企业产品销售额排名表

2007年昆山出口加工区出口加工企业产品销售额前20位

序号	企业名称	序号	企业名称
1	纬智资通(昆山)有限公司	11	正鹏电子(昆山)有限公司
2	纬新资通(昆山)有限公司	12	凯博电脑(昆山)有限公司
3	纬创资通(昆山)有限公司	13	神讯电脑(昆山)有限公司
4	仁宝资讯工业(昆山)有限公司	14	元盛电子(昆山)有限公司
5	仁宝电子科技(昆山)有限公司	15	昆山扬明光学有限公司
6	仁宝信息技术(昆山)有限公司	16	昆山先创电子有限公司
7	昆达电脑科技(昆山)有限公司	17	六合轻合金(昆山)有限公司
8	彩晶光电科技(昆山)有限公司	18	启佳通讯(昆山)有限公司
9	牧田(昆山)有限公司	19	昆山沪铼光电科技有限公司
10	昆山扬皓光电有限公司	20	汉达精密电子(昆山)有限公司

2007年松江出口加工区出口加工企业产品销售额前20位

单位:万元

序号	企业名称	产品销售额	序号	企业名称	产品销售额
1	达功(上海)电脑有限公司	7321857	11	大碇电脑配件(上海)有限公司	78614
2	达丰(上海)电脑有限公司	6582109	12	兆普电子(上海)有限公司	71216
3	达业(上海)电脑科技有限公司	3227283	13	庆业电子(上海)有限公司	67855
4	达福(上海)电脑科技有限公司	1669908	14	达辉(上海)电子有限公司	59650
5	国基电子(上海)有限公司	721264	15	达耐时工业(上海)有限公司	39956
6	达研(上海)光电有限公司	414805	16	同和金属材料(上海)有限公司	36893
7	斯丹达(上海)能源有限公司	186555	17	葵和精密电子(上海)有限公司	36798
8	展运(上海)电子有限公司	179854	18	思考电机(上海)有限公司	33907
9	上海璨宇光电有限公司	138425	19	巨腾电子(上海)有限公司	33041
10	上海凯虹科技电子有限公司	136697	20	保思乐紧固件(上海)有限公司	31033

2007年上海金桥出口加工区出口加工企业产品销售额前10位

单位:万元

序号	企业名称	产品销售额	序号	企业名称	产品销售额
1	明基电通(上海浦东)有限公司	105481	6	上海乐嘉刹车系统有限公司	5858
2	罗克韦尔自动化制造(上海)有限公司	41257	7	西蒙通讯产品(上海)有限公司	4538
3	丹柯斯船用系统(上海)有限公司	13552	8	埃得思自动化设备(上海)有限公司	2839
4	上海奇线汽车电气系统有限公司	12597	9	必达泰克光电设备(上海)有限公司	2103
5	英联川宁饮料(上海)有限公司	7789	10	钜立精密设备制造(上海)有限公司	1461

2007年烟台出口加工区出口加工企业产品销售额前10位

序号	企业名称	序号	企业名称
1	烟台利时得拉索有限公司	6	烟台辉轮工业有限公司
2	烟台海杰食品有限公司	7	烟台但马汽车部件有限公司
3	烟台瑶辰化妆用品有限公司	8	烟台友信兴产金属制品有限公司
4	烟台韩科电子有限公司	9	烟台华丰电子有限公司
5	烟台赤外线桑拿制品有限公司	10	烟台釜山橡胶制品有限公司

2007年山东威海出口加工区出口加工企业产品销售额前19位 单位:万元

序号	企业名称	产品销售额	序号	企业名称	产品销售额
1	威海世一电子有限公司	52544	11	威海味都食品有限公司	4520
2	威海广濑电机有限公司	26767	12	威海日都食品有限公司	4501
3	威海海纳开碧生活日用品有限公司	20821	13	威海久映汽车配件有限公司	4271
4	威海世比亚食品有限公司	15616	14	威海元宇电子有限公司	4076
5	威海东源食品有限公司	10111	15	威海兴宝纺织有限公司	3428
6	威海爱一和一半导体有限公司	10005	16	威海侑昵机电有限公司	3118
7	威海金海食品有限公司	8466	17	威海仁昌电子有限公司	2409
8	威海艾迪姆汽车配件有限公司	7292	18	威海美京电子有限公司	2134
9	威海新韩精工有限公司	5424	19	威海多星电子有限公司	2117
10	威海碧海光电子有限公司	4562			

2007年深圳出口加工区出口加工企业产品销售额前20位 单位:万元

序号	企业名称	产品销售额	序号	企业名称	产品销售额
1	日立环球存储产品(深圳)有限公司	497408	11	华粤五金(深圳)有限公司	20573
2	迪高乐实业(深圳)有限公司	118697	12	安柏家庭用品(深圳)有限公司	15398
3	福兴达科技实业(深圳)有限公司	78090	13	阿特拉斯螺栓(深圳)有限公司	14854
4	主力实业(深圳)有限公司	72561	14	电之宝电器制品(深圳)有限公司	10055
5	山能科技(深圳)有限公司	68771	15	全能电业科技(深圳)有限公司	9850
6	乐得力钟表(深圳)有限公司	54728	16	发财制造(深圳)有限公司	7744
7	柯仕达家具(深圳)有限公司	34483	17	深圳东红开发磁盘有限公司	6992
8	深圳顶海电子有限公司	33446	18	景全精密五金(深圳)有限公司	5707
9	怡程金属(深圳)有限公司	20958	19	田岛金属(深圳)有限公司	4681
10	奥仕达主力电器(深圳)有限公司	20722	20	美联讯显示设备(深圳)公司	4444

2007 年厦门出口加工区出口加工企业产品销售额前 19 位

序号	企业名称	序号	企业名称
1	厦门嘉鹭金属有限公司	11	万印资讯科技(厦门)有限公司
2	赫比(厦门)精密塑胶制品有限公司	12	快乐时光(厦门)糖果有限公司
3	百得(厦门)工业有限公司	13	依诺丝(厦门)礼服有限公司
4	受兴家居饰品(厦门)有限公司	14	威鸿(厦门)光学有限公司
5	海拉宏发(厦门)汽车电子有限公司	15	斯邦(厦门)功控电子有限公司
6	厦门朋鹭金属有限公司	16	奥得奥(厦门)空气净化系统有限公司
7	柯达(厦门)数码影像有限公司	17	腾扬科技(厦门)有限公司
8	三立(厦门)汽车配件有限公司	18	右昌(厦门)饰品有限公司
9	美磁(厦门)科技有限公司	19	厦门奔马科技有限公司
10	崇仁(厦门)医疗器械有限公司		

2007 年杭州出口加工区出口加工企业产品销售额前 20 位

单位:万元

序号	企业名称	产品销售额	序号	企业名称	产品销售额
1	东芝信息机器(杭州)有限公司	804955	11	瑞奇包装系统(杭州)有限公司	6055
2	杭州矢崎配件有限公司	209107	12	真珠乐器(杭州)有限公司	5098
3	杭州松下住宅电器设备(出口加工区)有限公司	77810	13	聪缙电子(杭州)有限公司	4378
			14	莱蒙斯密封件(杭州)有限公司	3727
4	中日龙电器制品(杭州)有限公司	30797	15	杭州全镒橡塑制品有限公司	3173
5	杭州东芝家电技术电子有限公司	24726	16	新日东电子工业(杭州)有限公司	2823
6	美铝瓶盖系统(杭州)有限公司	20649	17	盛康橡胶(杭州)有限公司	2453
7	矢野电子(杭州)有限公司	17574	18	凯宁包装材料(杭州)有限公司	1816
8	晟铭电子(杭州)有限公司	14985	19	杭州杭琦电子有限公司	1544
9	杭州泰谷诺石英有限公司	7962	20	杭州万事达装饰用品有限公司	1503
10	运萨(杭州)包装制品有限公司	6215			

2007 年大连出口加工区出口加工企业产品销售额前 20 位

单位:万元

序号	企业名称	产品销售额	序号	企业名称	产品销售额
1	大连爱丽思生活用品有限公司	104438	11	大连波莱特蜡业有限公司	7920
2	大连海尔空调器有限公司	93564	12	大连迈拓家具有限公司	6093
3	大连海尔电冰箱有限公司	62083	13	大连库利艾特医疗制品有限公司	6015
4	大连道氏硅业有限公司	59309	14	大连芳和精密机械有限公司	4732
5	大连菱星汽车配件有限公司	53309	15	新富士精器(大连)有限公司	4022
6	大连千代田机器有限公司	19128	16	大连凯士比埃姆里阀业有限公司	3726
7	大连海尔精密制品有限公司	12067	17	大连保税区福兴钢构有限公司	3445
8	光洋轴承大连有限公司	11496	18	荣光精密大连有限公司	3091
9	大连三希电机有限公司	9887	19	大连杰希阀业有限公司	2693
10	山口制作大连有限公司	9260	20	大连出口加工区宏达塑胶有限公司	2596

2007年天竺出口加工区出口加工企业产品销售额前6位 单位:万元

序号	企业名称	产品销售额	序号	企业名称	产品销售额
1	SMC(北京)制造有限公司	674657	4	海微芯仪集成电路设备制造(北京)有限公司	17143
2	北京创康自动化工程有限公司	104211	5	北京天拓义齿科技有限公司	11636
3	北京恒信凯博纺织品有限公司	31325	6	北京华璞钻石有限责任公司	10840

2007年武汉出口加工区出口加工企业产品销售额前2位 单位:万元

序号	企业名称	产品销售额	序号	企业名称	产品销售额
1	武汉唯冠科技有限公司	248860	2	冠捷科技(武汉)有限公司	188269

2007年珲春出口加工区出口加工企业产品销售额前8位 单位:万元

序号	企业名称	产品销售额	序号	企业名称	产品销售额
1	珲春兴家地板有限公司	28597	5	珲春五星水产品加工有限公司	1312
2	珲春比比爱农副产品加工有限公司	2925	6	珲春玉山制衣有限公司	678
3	珲春恩高富仁电子有限公司	2036	7	珲春三星甲壳素制造有限公司	150
4	珲春红松宝松仔产业有限公司	1711	8	珲春世现彩板制造有限公司	110

2007年天津出口加工区出口加工企业产品销售额前5位 单位:万元

序号	企业名称	产品销售额	序号	企业名称	产品销售额
1	通广(天津)三星电子有限公司	419700	4	天津爱津服装有限公司	10455
2	美克国际家私(天津)制造有限公司	88245	5	天津津欧包装制品有限公司	4122
3	汤浅(天津)实业有限公司	49106			

2007年无锡出口加工区出口加工企业产品销售额前9位

序号	企业名称	序号	企业名称
1	希捷国际科技(无锡)有限公司	6	无锡小天鹅通用电器有限公司
2	海力士—意法半导体有限公司	7	敦南微电子(无锡)有限公司
3	捷普电子(无锡)有限公司	8	夏普科技(无锡)有限公司
4	无锡村田电子有限公司	9	美德福(无锡)精密机械有限公司
5	海力士半导体(无锡)有限公司		

2007年南通出口加工区出口加工企业产品销售额前6位

序号	企业名称	序号	企业名称
1	南通新福达光电有限公司	4	南通欧曼钻机有限公司
2	南通天睦制衣有限公司	5	南通静和绿色家具有限公司
3	依姿美(南通)服饰有限公司	6	南通延锋江森座椅面套有限公司

2007 年宁波出口加工区出口加工企业产品销售前 15 位 单位:万元

序号	企 业 名 称	产品销售额	序号	企 业 名 称	产品销售额
1	宁波奇美电子有限公司	2476681	9	宁波奥威尔轮毂有限公司	23907
2	宁波中集物流装备有限公司	211525	10	宁波旺泉电子有限公司	15769
3	宁波菱茂光电有限公司	136057	11	宁波富敬电子有限公司	15741
4	冠捷科技(宁波)有限公司	109775	12	宁波京能泵业有限公司	4200
5	宁波海天远华机械制造有限公司	72550	13	初田(宁波)消防器材有限公司	3883
6	宁波大亿科技有限公司	41101	14	宁波东捷电子科技有限公司	3879
7	宁波璨宇光电有限公司	34841	15	宁波海伯精工机械制造有限公司	2078
8	宁波斯易安清洁设备有限公司	28822			

2007 年河北秦皇岛出口加工区出口加工企业产品销售额前 4 位 单位:万元

序号	企 业 名 称	产品销售额	序号	企 业 名 称	产品销售额
1	秦皇岛飞凯特金属制品有限公司	4929	3	秦皇岛途锦特种玻璃有限公司	1675
2	秦皇岛关东针织有限公司	4311	4	秦皇岛一心西服有限公司	1422

2007 年芜湖出口加工区出口加工企业产品销售额前 7 位 单位:万元

序号	企 业 名 称	产品销售额	序号	企 业 名 称	产品销售额
1	芜湖奇瑞汽车零部件有限公司	33018	5	芜湖维德视频设备有限公司	1802
2	中达电子(芜湖)有限公司	2253	6	众禾纺织品(芜湖)有限公司	477
3	固镒电子(芜湖)有限公司	2006	7	芜湖市海晟塑业有限公司	299
4	联合玻璃陶瓷(芜湖)有限责任公司	1720			

2007 年西安出口加工区(A 区)出口加工企业产品销售额前 9 位 单位:万元

序号	企 业 名 称	产品销售额	序号	企 业 名 称	产品销售额
1	西安彩瑞显示技术有限公司	51200	6	西安阿尔斯通永济电气设备有限公司	2532
2	碧辟普瑞太阳能有限公司	53786	7	西安凤城精密机械有限公司	3369
3	西安陆海恒利物流服务有限公司	24198	8	西安西航集团莱特航空制造技术有限公司	2126
4	西安彩辉显示技术有限公司	24049			
5	西安商泰机械制造有限公司	7950	9	西安葵花针织制衣有限公司	919

2007 年河南郑州出口加工区出口加工企业产品销售额前 11 位 单位:万元

序号	企 业 名 称	产品销售额	序号	企 业 名 称	产品销售额
1	郑州傲世实业有限公司	11099	7	郑州泰克电子玻璃有限公司	909
2	晶诚(郑州)科技有限公司	4151	8	郑州润嘉食品有限公司	801
3	郑州朝歌纺纱有限公司	3427	9	郑州亨泰电子有限公司	480
4	河南嘉奥运动器材有限公司	1805	10	子喜屋(郑州)纺织品有限公司	193
5	郑州东盛车辆部件有限公司	1765	11	郑州柏域工业研磨有限公司	23
6	河南飞鸿安全玻璃有限公司	1580			

2007年南京出口加工区出口加工企业产品销售额前2位 单位：万元

序号	企业名称	产品销售额	序号	企业名称	产品销售额
1	翰林泰科电子（南京）有限公司	10369	2	南京寰宇太阳能科技有限公司	3207

2007年连云港出口加工区出口加工企业产品销售额前3位

序号	企业名称	序号	企业名称
1	连云港艾业无纺布制品有限公司	3	连云港柏科医用制品有限公司
2	连云港倚天科技有限公司		

2007年苏州高新技术产业开发区出口加工区出口加工企业产品销售额前20位 单位：万元

序号	企业名称	产品销售额	序号	企业名称	产品销售额
1	阿特斯太阳能光电（苏州）有限公司	116596	11	同庆科技（苏州）有限公司	4950
2	倍雅电子护理制品（苏州）有限公司	38118	12	顺固通用工具（苏州）有限公司	3838
3	苏尔特科技（苏州）有限公司	26285	13	雅龙材料科技（苏州）有限公司	3777
4	苏州源成铝制品制造有限公司	19710	14	苏州东韩电子有限公司	3348
5	强茂电子（苏州）有限公司	13688	15	盖勒定量泵（苏州）有限公司	3249
6	声扬科技（苏州）有限公司	9861	16	铭友科技（苏州）有限公司	3129
7	铭裕科技（苏州）有限公司	7745	17	富兰半导体（苏州）有限公司	2511
8	恩而希光电（苏州）有限公司	7421	18	苏州华祎科技有限公司	2069
9	莱普科电子材料（苏州）有限公司	5961	19	苏州韩京姬电器有限公司	2056
10	东拓工业（苏州）有限公司	5053	20	达磨电子（苏州）有限公司	1663

2007年镇江出口加工区出口加工企业产品销售额前5位 单位：万元

序号	企业名称	产品销售额	序号	企业名称	产品销售额
1	镇江高博能源技术有限公司	4117	4	先进光电科技（镇江）有限公司	440
2	立德电子（江苏）有限公司	3608	5	盈盛（镇江）电子有限公司	33
3	迪讯（镇江）电子有限公司	873			

2007年青浦出口加工区出口加工企业产品销售额前5位 单位：万元

序号	企业名称	产品销售额	序号	企业名称	产品销售额
1	上海欧菲滤清器有限公司	44460	4	美特尔金属制品（上海）有限公司	18564
2	日立海立汽车部件（上海）有限公司	35997	5	斯伦贝谢油田设备（上海）有限公司	11232
3	伯乐电路（上海）有限公司	27296			

2007年漕河泾出口加工区出口加工企业产品销售额前7位 单位：万元

序号	企业名称	产品销售额	序号	企业名称	产品销售额
1	英顺达科技有限公司	4551204	5	安凯精密金属零件工业（上海）有限公司	285
2	英华达科技有限公司	1710362			
3	英业达科技有限公司	520310	6	麦迪实信息软件（上海）有限公司	232
4	新进电子科技（上海）有限公司	421	7	德耐宝齿科（上海）有限公司	186

2007 年闵行出口加工区出口加工企业产品销售额前 5 位

单位:万元

序号	企 业 名 称	产品销售额	序号	企 业 名 称	产品销售额
1	创见资讯(上海)有限公司	255439	4	上海双燕化工设备制造有限公司	6160
2	先锋电子科技(上海)有限公司	45511	5	新生电子(上海)有限公司	3252
3	赫科玛电缆(上海)有限公司	8491			

2007 年济南出口加工区出口加工企业产品销售额前 6 位

序 号	企 业 名 称	序 号	企 业 名 称
1	山东冠世时装加工有限公司	4	济南新世纪生物化工有限公司
2	济南尼克焊接技术有限公司	5	济南优科模具有限公司
3	济南派克焊接技术有限公司	6	毅石机械制造(济南)有限公司

2007 年青岛出口加工区出口加工企业产品销售额前 20 位

序 号	企 业 名 称	序 号	企 业 名 称
1	泰科电子(青岛)有限公司	11	青岛有真工艺品有限公司
2	星电高科技(青岛)有限公司	12	青岛中豪艺术品有限公司
3	青岛丹庵电子有限公司	13	青岛万林食品有限公司
4	青岛奥技科光学有限公司	14	青岛永东机械有限公司
5	青岛尖能办公用品有限公司	15	青岛泰帝精密电子有限公司
6	安德烈斯蒂尔动力工具(青岛)有限公司	16	奥美工业(青岛)有限公司
7	青岛晓源电子有限公司	17	汉克舍斯沃尔夫医疗器械(青岛)有限公司
8	青岛伟立精工塑胶有限公司	18	青岛瑞朗工艺品有限公司
9	青岛宇进工艺品有限公司	19	青岛科泰精密工业有限公司
10	青岛韩德服装有限公司	20	青岛水源精密电子部件有限公司

2007 年潍坊出口加工区出口加工企业产品销售额前 3 位

序 号	企 业 名 称	序 号	企 业 名 称
1	山东日科塑胶有限公司	3	潍坊迪威信家庭用品有限公司
2	潍坊雷力发电设备有限公司		

2007 年广西北海出口加工区出口加工企业产品销售额前 15 位

序 号	企 业 名 称	序 号	企 业 名 称
1	北海惠科电子有限公司	9	北海富达兴电子科技有限公司
2	北海美达电子有限公司	10	北海汇亿丰机电设备有限公司
3	北海西盟科技有限公司	11	北海惠科高分子材料有限公司
4	北海爱飞数码科技有限公司	12	北海味莱鲜海洋生物科技有限公司
5	北海大发电子科技有限公司	13	北海晓峰电子有限公司
6	卓群电子(北海)有限公司	14	北海华洲机电设备有限公司
7	北海顶业电子科技有限公司	15	鉴隆实业(北海)有限公司
8	北海双赢洋弓制造有限公司		

2007 年新疆乌鲁木齐出口加工区出口加工企业产品销售额前 2 位

单位:万元

序号	企业名称	产品销售额	序号	企业名称	产品销售额
1	新疆中亚食品研发中心(有限公司)	2348	2	新疆好美佳家私有限公司	1721

2007 年常熟出口加工区出口加工企业产品销售额前 4 位

单位:万元

序号	企业名称	产品销售额	序号	企业名称	产品销售额
1	常熟众达机械工程有限公司	3709	3	常熟密西西比车业有限公司	2528
2	常熟美信达科技能源有限公司	3829	4	常熟泛太平洋精密机电元件有限公司	52